제4판

ACTUARIAL MODEL THEORY

# 계리모형론

## 손해보험계리학 원론서

강계욱

최양호

한국계리학회

박영사

보험 선진국에서는 순수 손해보험 상품[1] 계리와 생명보험 상품[2] 계리 분야가 명확히 구분되어 있다. 미국의 예를 들면 손해보험은 CAS(Casualty Actuarial Society)라는 기관에서 생명보험은 SOA(Society of Actuaries)라는 기관에서 각기 해당 계리 영역에 대한 독자적인 이론과 적용 방안들을 지속적으로 연구하고 있다. 이유는 보험(insurance)이란 의미 자체만 동일하지 손해보험 (property & casualty insurance)과 생명보험(life insurance)은 내용과 구성이 전혀 다르므로 계리적인 이론과 적용 또한 다를 수밖에 없기 때문이다. 그럼에도 불구하고 국내에서는 2013년부터 새로운 계리사 시험제도를 시행하고 있으나 아직도 손생보 계리의 구분이 불분명한 상황이다. 한국 보험계리사회는 예전부터 생명보험 상품 계리 위주로 운영되고 있으므로 손해보험상품 계리 분야의 전문계리사가 아직까지 거의 없다는 사실이 한국 보험계리 분야의 현실이다. 그나마 한국 계리사 자격시험 과목 중에 계리모형론만이 현재 손해보험 계리를 집중적으로 다루도록 시험제도에서 권고하고 있는 실정이다. 다시 재차 강조하지만 손해보험 상품과 생명보험 상품의 계리적인 이론은 동질성보다는 이질성이 압도적으로 많은 전혀 다른 이론임을 명백히 밝혀둔다.

이러한 환경하에 손해보험 계리를 위한 한국어로 통용되는 전문 서적이 전혀 없는 현실에서 손해보험 계리 분야에 대한 보다 전문적인 지식을 전파하는 데 일조를 하고자 금융감독원과 한국

---

1) 순수 손해보험 상품은 신체상의 손해나 재물 손해를 보상해주는 실손보상의 원칙이 적용되는 상품이다. 생명보험 상품과 달리 손해보험 상품은 가입 시 사고발생 여부, 시간, 규모가 모두 불확실하다. 또한, 계약기간이 상대적으로 짧으며 기간마다 갱신되는 구조이다. 상해보험, 자동차보험, 재물보험, 배상보험 등이 대표적인 상품들이다.

2) 생명보험 상품은 사람의 사망 또는 생존을 리스크로 하는 일체의 보험을 통칭한다. 손해보험 상품과 달리 손해의 유무나 대소에 관계없이 클레임 시 일정한 금액을 지급하는 정액보험으로 보장자격 여부를 결정할 수 있는 피보험이익(insurable interest)의 개념이 손해보험과 다르다. 보장형태(사망 또는 생존), 가입목적(보장성 또는 저축성), 이자율(금리확정 또는 연동), 투자실적(유니버설 또는 변액 등)에 따라 상품들이 분류된다. 한국손해보험회사에서 취급하고 있는 장기손해보험의 많은 담보들은 미국과 유럽 등지에서는 생명보험 상품 영역으로 분류된다.

보험학회의 추천으로 2013년 초판을 발간하게 되었고 그 후 두 차례의 개정판을 발행하였다. 초판을 발행한 지 10년이 지난 시점에 저자는 순수 손해보험 상품에 적용되는 계리를 다루는 계리모형론에 관련된 전문서적이 여전히 없다는 현실을 다시금 깨닫고 본서를 통해 더 깊은 전문 계리 내용들을 소개하여 한국 손해보험 계리 발전에 기여하고자 하는 책무를 느끼게 되었다. 또한, 30년 가까이 미국과 한국 보험계리업무를 실제로 경험한 저자가 학계에서 후학을 양성하는 교수님들의 이론적인 토대를 바탕으로 해외와 국내 현실 상황을 조화롭게 담아내는 다양성을 반영하여 이번 개정판은 이전보다 내용과 구성 등에서 매우 많은 변화를 주었다.

먼저, 새로운 이론과 내용이 보완되거나 추가되었다. 신뢰도 이론에서 뷸만-스트라웁 신뢰도, 책임준비금 산정에서 캐이프코드, 사고 종결모델, 버퀴스트 셔먼 모델 등 여러 방법론이 소개된다. 그리고 담보 조정이라는 새로운 장에 자기부담금, 보상한도, 공동보험의 요율산정 이론을 첨가하거나 새롭게 소개하였다. 이외에도 미국 손해보험 계리사 시험문제 등 새로운 예제를 확대하여 자세한 문제 풀이를 통해 독자들이 스스로 쉽게 이해할 수 있도록 하였다.

다른 하나는 용어정리라 할 수 있다. 한국에서 유사한 의미로 쓰이는 동일한 용어가 아직도 많은 점을 감안하여 보험실무자와 독자들의 혼돈을 최소화하도록 가급적 용어를 통일하는 데 초점을 맞추었다. 첫째, 한 단어에 여러 의미가 내포되어 있거나 정확한 의미의 한국어 표기가 어려운 경우에는 영어 단어를 발음 그대로 사용하고 이에 따른 설명을 자세히 하였다. 익스포저(exposure)와 프로세스 분산(process variance)이 이러한 경우이다. 둘째, 과거에 통용되었던 약어 또는 기호 중에 현재 변경되었거나 과거와 현재의 약어가 혼용되어 사용하는 경우 현재 보편적으로 사용하는 약어나 기호로 통일하였다. 그래서 프로세스 분산의 기댓값인 EVPV는 EPV로, 제한적 기댓값을 의미하는 기호 $E(X;Y)$는 $E(X \wedge Y)$로 교체하였다. 셋째, 통일된 한국어 용어가 없는 경우 업계에서 보편적으로 사용하는 용어를 사용하여 실무와 혼동이 없도록 하였다. Increased Limit Factors(ILFs)를 의미하는 보상한도 인상계수란 용어가 대표적이라 할 수 있다. 넷째, 보험계리의 선구자인 미국에서도 용어의 변화가 많이 나타나고 있다. 이런 경우 영어 단어를 모두 소개하고 해설을 하였다. 예를 들어 발생손해액은 과거에는 incurred losses로 대부분 표현했는데 최근에는 reported losses로도 많이 표현되고 있다. 이외에도 영어 단어가 한국어로 번역되어 표현될 때 영어를 그대로 직역하기보다는 뜻이 제대로 전달되도록 한국어 용어 선택에 신중을 기하였다. 예를 들면, indicated rate change는 직역에 의한 지시요율로 번역되는 경우가 있는데 요율 메커니즘에 맞게 추천요율 또는 제안요율이란 표현이 더 적합하다. 또한 ground up losses는 직역보다 이 단어의 의미를 포함한 초기손해액 또는 원손해액으로 표현하여 의미가 제대로 전달되도록 하였다.

위와 같은 기본 변화를 바탕으로 이번 개정판에서는 손해 보험 상품과 관련된 이론에 보다 초점을 맞추고 있으며, 대분류로 분류된 5개의 주제 PART가 각 부로 구분되어 각 부별로 세부 주제가 각 장(CHAPTER)으로 구별되도록 편집하였다.

제1부에서는 보험 계리모형 대부분의 이론적 배경이 통계학을 기초로 하고 있기 때문에 기본적인 통계적 모형과 관련된 이론들을 소개한다. 이 부에서는 기초통계학을 다루기 때문에 이번 개정판에서 내용의 변경은 매우 적은 편이다.

보험은 보험계약자가 보험 상품이 담보하는 위험(risk)의 대가를 지불하고 구매함으로써 성립되며, 이를 통하여 보험을 구매하는 사람은 예측 불가능한 사고로부터 발생하는 손실 또는 손해를 사전에 준비하게 된다. 따라서 보험 판매자는 보험 상품을 구매하고자 하는 사람들이 위험의 대가로 지불해야 하는 위험의 수준을 평가하고 예측해야 한다. 보험 계리는 보험 상품에서 담보하고자 하는 위험의 수준이 어느 정도이며, 구매자로부터 얼마만큼의 대가를 받아야 회사의 운영이 가능한지를 판단하게 되는 과정 중의 중요한 핵심요소라고 이해할 수 있으며, 이는 보험 구매자가 아닌 보험 판매자의 입장에서 결과물을 도출하고 제시해야 한다. 따라서 과거의 경험 또는 정보와 지식 등을 총동원하여 정확한 위험 수준을 판단하고 예측하는 과정은 보험계리의 필수 불가결한 핵심 요소가 된다. 이러한 위험의 평가는 모두 수학 또는 통계학적인 형태로 표현되며, 이런 이론들을 통하여 보다 정교한 예측을 도모하게 된다. 따라서 보험계리라는 주제의 전체적인 과정 속에서 주제별로 어떠한 방식을 통하여 위험을 평가하고 예측하는지에 대하여 소개하고 설명하는 부분이 제2부 손해보험의 기본계리이론과 제3부 손해보험 요율산정과 책임준비금 산정에서 설명된다.

제2부에서는 손해보험의 기본적인 계리이론 중 하나인 신뢰도 이론과 위험 평가에 있어 가장 널리 활용되는 통계적 분석 방식인 다변량 분석 방식이 소개된다. 신뢰도 이론에서는 더 많은 예제가 풀이와 함께 소개되며 뷸만-스트라웁 신뢰도의 내용이 새롭게 추가되었다.

제3부에서는 손해보험에서 위험을 평가하는 전반적인 과정이 소개되는데, 최종적으로 보험 구매자에게 제시되는 가격, 즉 요율을 산정하는 프로세스와 보험회사의 안정적인 운영을 위한 필수요소인 책임준비금의 개념에 대한 부분이라고 할 수 있다. 요율산정의 기본 원리와 개념들을 통해 최종적인 요율 산정 과정 전반에 더 많은 사례를 소개하였고 손해보험의 매우 중요한 요소인 자기부담금, 보상한도, 공동보험의 요율산정 이론을 다양한 예와 함께 담보 조정이라는 새로운 장으로 추가하였다. 책임준비금 산정에서는 기존의 이론뿐만 아니라 캐이프 코드 방법, 환경변화

에 따른 지급준비금 비교, 사고 종결 모델, 그리고 버퀴스트―셔먼 모델 등을 다양한 예와 함께 소개하므로 전문적 지식의 넓이와 깊이를 확장하도록 하였다.

컴퓨터의 발전과 더불어 대용량 데이터에 대한 분석이 모두 가능해짐에 따라 통계학에서 이론적으로 다루어지던 주제들이 실제 보험 분야에 적용되면서 그 예측도와 정교성의 향상을 가져오게 되었는데 이러한 현상을 일반적인 위험측도와 시뮬레이션의 적용법에 관련한 주제로 다루어 제4부와 제5부에서 소개한다.

본서는 손해보험 계리의 주제 중에서 실무에 적용할 수 있는 중요 부분을 중점적으로 다루었다. 그래서 보험계리라는 직종에 관심을 가진 사람들의 계리사 시험 준비서적인 동시에 손해보험 계리의 다양한 실무적 분야에 대하여 보다 쉽고 폭넓은 이해를 높이는 데 일조가 되도록 하였다. 현재 미국의 계리분야는 끊임없는 연구가 진행되고 발표되고 있는바, 본서를 통해 더욱 선진화된 주제들을 지속적으로 추가 발굴, 수정하여 소개함으로 국내 손해보험 계리분야의 발전과 선진화에 중추적인 역할을 담당하도록 다짐하고 있는 바이다.

마지막으로 초판부터 이번 개정판까지 내용이 충실해지도록 많은 조언을 주신 여러 선후배님과 지인분들에게 감사의 말씀을 드리고 싶다. 먼저 미국 계리학 논리와 실무적 적용에 대한 조언을 주신 미국 Nationwide Insurance의 Phillip Baum 부사장(FCAS)과 내 친구 The Cincinnati Insurance Companies의 Robert Weishaar 부사장(FCAS)에게 감사를 전한다. 다음으로 한국 보험 관련 산업 전반에 걸친 경험과 지혜를 공유해 주신 한양대 오창수 교수님, 강영구 한국화재보험 이사장님, 윤형모 전 삼성화재 부사장님, 손광기 전 삼성화재 감사님, 안형준 전 동부화재 감사님, 김승언 전 삼성화재 전무님, 안철경 전 보험연구원 원장님께도 감사의 말씀을 드린다. 본서에는 많은 보험실무이론이 다루어지는바, 실무적인 조언을 아낌없이 해주신 이기범 전 AXA 본부장님, 박상률 Marsh Korea 부사장님, 故 정준섭 전 GenRe 대표님, 보험개발원 임주혁 상무님, 배동한 상무님, 이익주 전 키움에셋플래너 부사장님, GS 계리컨설팅 김운환 대표님, AIG Korea 박세아 과장님, 라이나생명 이우경 과장님, 초판부터 내용 점검에 직접 관여해 주신 삼성화재 김현철 프로님께도 감사의 마음을 전한다. 한남대 김명준 교수님과 한양대 최양호 교수님은 본서 초판부터 같이 동반해 주셨고 변은석 변호사님은 법률 부분 조언을 주신 점에 감사드린다. 마지막으로 여러 방법으로 격려를 보내주신 분들, 옥경희 님, 강복희 님, 이상범 님, 강현진 님, 황부현 님, 최종관 님, 박종건 님, 이해범 님, 강영진 님, 손호상 님, 양승현 님 및 많은 지인분들께 감사의 마음을 전한다. 그리고 저자를 평생 계리사의 삶으로 명예롭게 이끌어주신 나의 스승이신 미국 조지아주립대학 계리학과 은사이셨던 미국 계리학계의 전설, Robert Batten 교수님께도 깊은 존경을 표한다.

끝으로, 전문서적임에도 불구하고 보험업계와 한국계리학계의 발전을 위해 집필과 출간의 기회를 주신 박영사의 안종만 회장님, 바쁜 일정 속에서 정성껏 편집과 교정에 애써주신 전채린 팀장님, 김한유 과장님, 김다혜 대리님께도 진심으로 감사를 드리는 바이다. 마지막으로 계리사라는 전문직으로 미국과 한국에서 살아가는 내내 삶의 버팀목이 되어준 아내 Sunyoung, 딸 Hemmie, 아들 Saejin에게도 고마운 마음과 끝없는 사랑을 전한다. 그리고 하늘에 계신 아버지와 어머니, 사랑하고 고맙습니다.

2024년 10월 어느 쾌청한 가을날에
저자 강계욱

2. 사고 심도(Severity) 모형 ················································································· 81

    2.1 경험적 확률을 활용한 심도 모형                                      81

    2.2 정규 분포를 활용한 심도 모형                                       82

    2.3 감마 분포를 활용한 심도 모형                                       85

    2.4 파레토 분포를 활용한 심도 모형                                     86

    2.5 기타 분포를 활용한 심도 모형                                       88

3. 총합 손해(Aggregate Loss) 모형 ···································································· 89

    3.1 지시 함수(Indication Function)를 활용한 총합 손해 모형               89

    3.2 개별 위험 모형(Individual Risk Model)                            91

    3.3 집단 위험 모형(Collective Risk Model)                            92

|연습문제| • 96


CHAPTER 03 | **경험적(Empirical) 추정 방식의 이해 · 98**

1. 통계적 추정(Statistical Estimation) 방식의 이해 ············································ 98

    1.1 점 추정(Point Estimation)                                       98

    1.2 구간 추정(Interval Estimation)                                  102

    1.3 가설 검정(Hypothesis Test)                                     106

    1.4 선형 회귀 모형을 이용한 가설 검정                                  120

    1.5 범주형 자료의 적합도 검정                                         127

2. 경험적 분포(Empirical Distribution) ······························································· 129

    2.1 개별적(Individual) 자료의 경험 분포 및 추정                        129

    2.2 그룹화된 자료의 경험 분포 및 추정                                  132

|연습문제| • 135


CHAPTER 04 | **모수적(Parametric) 추정 방식의 이해 · 137**

1. 최대 우도 추정 방식(Method of Maximum Likelihood Estimation, MLE) ············· 137

    1.1 적률 함수 추정 방식(Method of Moments Estimation, MME)         137

    1.2 최대 우도 추정 방식(Method of Maximum Likelihood Estimation, MLE)  138

2. 베이지안 추론(Bayesian Estimation) ······························································ 140

    2.1 조건부 확률(Conditional Probability)                            140

    2.2 상호 배반(Mutually Exclusive)과 전 확률(Total Probability)       142

    2.3 베이즈 이론(Bayes Theorem)                                     143

PART
02 손해보험의 기본계리이론(Basic Actuarial Theory of Property & Casualty Insurance)

CHAPTER 05 | 신뢰도 이론(Credibility Theory) · 159

CHAPTER 06 | 다변량 분석(Multivariate Analysis) · 226

PART 05 | **확률 모델**(Stochastic Model)

CHAPTER 15 | **확률과정(Stochastic Process)** · 615

계 리 모 형 론

# PART 01

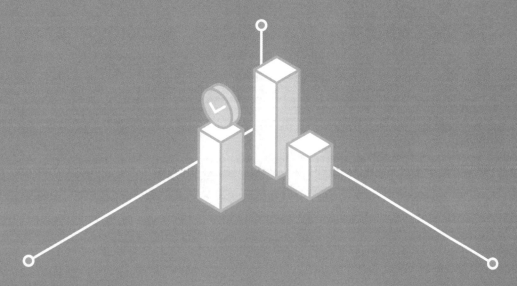

# 통계적 모형
## Statistical Models

보험 계리 분야에 있어서 가장 중요한 역할은 과거로부터 축적된 데이터, 경험적 자료, 그리고 이론적 근거에 의하여 미래를 예측하는 것이다. 이러한 미래에 대한 예측은 통계적이고 수리적인 방식에 의하여 결정되게 된다.

따라서 PART 1에서는 보험 계리 분야에서 기초적으로 활용되는 통계의 기본 이론과 활용에 대하여 살펴보기로 한다. 1장에서는 기본적인 통계 이론, 특히 확률과 관련한 내용과 데이터가 나타내는 대표 값들에 대하여 살펴보기로 한다. 그리고 일반적으로 널리 알려져 있는 확률 분포 모형과 그의 특징들에 대하여 다루기로 한다. 2장에서는 이러한 분포 모형이 사고의 특성을 나타내는 사고 심도와 사고 빈도에 어떤 방식으로 활용되는지에 대하여 알아보기로 한다.

1장과 2장에서 기본적인 통계 이론과 이에 대한 보험 분야에서의 활용을 학습한 후, 3장과 4장에서는 통계적 방법을 통하여 예측하고자 하는 모수에 대하여 어떠한 방식으로 추론되는가에 대하여 다루기로 한다. 추론하는 방식에는 경험적 방식과 모수적 방식으로 나뉘게 되는데, 3장에서는 경험적 방식을 통하여 모수를 추정하는 방식에 대하여, 4장에서는 모수적 방식을 통하여 추정하는 방식에 대하여 살펴보기로 한다.

# CHAPTER

# 01

# 통계이론의 이해

## 1. 확률 변수(Random Variable)와 확률 분포(Probability Distribution)

일반적인 숫자(number)의 개념은 상수(constant)이다. 예를 들어, 사고 발생 건수를 표현할 때 1건, 2건, 또는 3건이 발생했다는 것을 특정 숫자 1, 2, 3으로 표현한다면, 이러한 개념을 상수라고 한다. 이와는 달리 어떠한 사건(event)의 실행 가능성이 확률적으로 변하면서 나타나는 경우에는 특정한 숫자로 표현할 수 없게 되는데, 이러한 경우, 확률 변수(probability random variable)라는 것을 통하여 해당 사건을 표현하게 된다. 따라서 확률 변수는 모든 가능한 결과에 일정한 규칙을 통하여 특정한 값을 부여하고 문자로 표현되는 해당 변수가 특정한 값 또는 구간에 속할 가능성을 확률(probability)이라는 개념으로 표현하게 된다. 간단한 예로, 동전을 던지면 앞면 또는 뒷면 두 가지 경우만 발생하는데 이를 확률 변수 $X$로 정의하고 앞면을 0, 뒷면을 1로 수치화하여 표기하자고 정의한다. 그래서, 동전을 한 번 던질 때, $X$값이 0이 될 확률은 0.5, $X$값이 1이 될 확률은 0.5와 같이 표현하는 것이다.

이와 같은 확률 변수가 나타내는 결과값이 많은 형태인 경우, 1건, 2건 등과 같이 사고 건수가 명백히 표현되는 경우를 이산형 확률변수라고 하며, 이와는 달리 셀 수 없이 무수한 값을 가지며, 확률 변수의 값을 분리하여 표현하지 못하는 경우를 연속형 확률 변수라고 한다. 예를 들어 8월 여름 평균 기온을 일반적으로 29.2도로 표현하기는 하나 실질적으로 뒤에 무수한 변수들이 생략되어 함축되어 있음을 알 수 있는데, 이러한 확률 변수가 연속형 확률 변수에 속한다고 할 수 있다.

특정한 값이 나타날 수 있는 모든 경우의 집합을 표본공간(sample space)이라고 하며, 표본공간 내에서 확률 변수가 특정한 값 또는 특정 구간에 속할 확률을 표현한 것이 확률 분포 (probability distribution)이며, 이러한 확률 분포를 표로 표현한 것을 확률 분포표라 하고, 수식으로 표현한 것을 확률 분포 함수라 한다. 다음의 예제들을 통하여 확률 변수와 확률 분포의 개념에 대하여 보다 정확한 이해를 하도록 하자.

### 🗄️ |예제| **1-1**

부부가 운전하는 자동차 사고 발생 건수에 대하여 이를 확률 변수와 확률 분포를 통하여 표현하고자 한다. 단, 사고건수는 한 사람당 한 건의 사고로 가정하자. 사고를 일으킨 경우를 $Y$로, 사고를 일으키지 않은 경우를 $N$으로 표현하면 표본공간은 다음과 같이 정의된다.

$$\Omega = \{ NN, \ NY, \ YN, \ YY \}$$

첫 번째에 있는 기호는 남자의 사고 발생 여부, 두 번째 기호는 여자의 사고 발생 여부를 나타낸다. 여기서 확률 변수 $X$를 사고 건수로 정의하게 되면, 표본공간 중에서 $\{NN\}$의 경우, 즉 부부 어느 누구도 사고가 없는 경우인 $X=0$, $\{NY, \ YN\}$의 경우, 즉 부부 중 어느 한 명만 사고가 있고 다른 한 명은 사고가 없는 경우인 $X=1$, 그리고 $\{YY\}$의 경우 $X=2$라는 값을 가지게 되며, 수치로 표현된 확률 변수 $X$의 표본공간은 $\Omega = \{0, 1, 2\}$가 된다. 즉, 사건 발생 여부를 사고 건수라는 특정한 값으로 부여하여 확률 변수를 정의한 것이다. 사고 발생 확률을 10%라 하고 각각의 사고는 독립적이라 가정한다면,

$$P(X=0) = P(NN) = 0.9 \times 0.9 = 0.81$$
$$P(X=1) = P(NY) + P(YN) = 0.9 \times 0.1 + 0.1 \times 0.9 = 0.18$$
$$P(X=2) = P(YY) = 0.1 \times 0.1 = 0.01$$

따라서 이를 확률 분포표로 정리하면 〈표 1−1〉과 같다.

**표 1-1**

| 확률 변수 $(X)$ | 0 | 1 | 2 | 합계 |
|---|---|---|---|---|
| 확률, $P(X=x)$ | 0.81 | 0.18 | 0.01 | 1.00 |

여기서 확률 변수가 가질 수 있는 값의 모든 경우를 나타내는 것이 표본 공간이며, 확률 변수가 표본 공간에 정의되지 않는 값을 가질 수 있는 확률은 0이 되므로 별도로 표시하지 않는다. 또한, 확률 변수가 가질 수 있는 모든 경우의 합은 당연히 1이 된다.

### 🗄️ |예제| **1-2**

〈예제 1−1〉에서 운전자 중에 자녀가 한 명 추가되었다. 동일한 가정하에서 사고 건수 $X$라

는 확률 변수를 정의하고 확률 분포표를 작성하여 보자.

모든 경우의 상황을 나타내는 표본공간은 다음과 같이 정의된다.

$$\Omega = \{NNN,\ NNY,\ NYN,\ YNN,\ NYY,\ YYN,\ YNY,\ YYY\}$$

예를 들어, 표본공간 중에서 $\{NYN\}$의 경우는 3명의 운전자 중에 한 명만 사고가 있는 경우로 $\{NNY\}$ 또는 $\{YNN\}$과 동일한 상황임을 알아야 한다. 예제의 경우, 사고 발생을 어느 특정인으로 규정하지 않았기 때문에 세 가지의 표본공간은 동일한 의미를 지닌다.

따라서 확률 변수 $X$로 표현되는 표본공간은 $\Omega = \{0,\ 1,\ 2,\ 3\}$이 될 것이며, 각 확률 변수 값에 해당하는 확률을 계산하면 다음과 같다.

$$P(X=0) = P(NNN) = 0.9 \times 0.9 \times 0.9 = 0.729$$
$$P(X=1) = P(NNY) + P(NYN) + P(YNN) = (0.9 \times 0.9 \times 0.1) \times 3 = 0.243$$
$$P(X=2) = P(NYY) + P(YYN) + P(YNY) = (0.9 \times 0.1 \times 0.1) \times 3 = 0.027$$
$$P(X=3) = P(YYY) = 0.1 \times 0.1 \times 0.1 = 0.001$$

위에서 도출한 결과를 확률 분포표로 정리하면 다음과 같다. 확률 변수가 가질 수 있는 모든 경우의 합이 1임을 항상 확인할 필요가 있다.

| 확률 변수 ($X$) | 0 | 1 | 2 | 3 | 합계 |
|---|---|---|---|---|---|
| 확률, $P(X=x)$ | 0.729 | 0.243 | 0.027 | 0.001 | 1.000 |

### 예제 1-3

주사위를 던져서 나오는 숫자를 확률 변수로 정의하고, 확률 분포를 수식(확률 분포 함수)으로 표현하여 보자. 또한, 각 면이 나올 확률은 동일하다고 가정한다.

### 풀이

표본공간은 다음과 같이 정의된다.

$$\Omega = \{1,\ 2,\ 3,\ 4,\ 5,\ 6\}$$

따라서 확률 변수 $X$가 가지는 값은 $1, 2, 3, 4, 5, 6$이며, 각 확률 변수 값에 해당하는 확률은 동일하므로 다음과 같다.

$$P(X=1) = P(X=2) = P(X=3) = P(X=4) = P(X=5) = P(X=6) = \frac{1}{6}$$

이를 수식으로 표현하면 다음과 같다. 여기서 수식의 뒤에 표본 공간 이외의 값에 대한 정의에 대하여서는 일반적으로 생략하여 표현하기도 한다.

$$P(X=x) = \frac{1}{6},\ x = 1,\ 2,\ 3,\ 4,\ 5,\ 6$$

$$P(X=x) = 0, \ x \neq 1, \ 2, \ 3, \ 4, \ 5, \ 6$$

따라서 확률 변수는 모든 가능한 결과에 대해 일정한 규칙을 통하여 특정한 값으로 정의할 수 있으며, 표본공간으로부터 실수 값으로 변환하는 변환 함수라고도 정의할 수 있다. 확률 분포는 확률 변수가 특정한 값 또는 구간에 속할 가능성인 확률을 계산하여 각 변수의 값에 대응하도록 표 또는 수식으로 표현한 것이다. 〈예제 1-2〉는 표로 표현된, 〈예제 1-3〉은 수식으로 표현된 확률 분포의 모습이다. 앞의 예제들에서 확률 변수가 가지는 값에 대한 모든 확률의 합은 1임을 확인할 수 있어야 한다. 따라서 확률 분포라 함은 모든 경우에 대한 확률의 합, 즉 전체 확률이 1이 되어야만 성립되는 특징을 가지고 있다. 예를 들어 $P(X=x) = \dfrac{1}{3}$, $x = 1, 2, 3, 4$로 정의된 함수는 확률의 합이 $1\dfrac{1}{3}$이며 1을 초과하기 때문에 확률 분포라 할 수 없다.

확률 변수는 나타날 수 있는 변수의 값의 속성에 따라 두 가지로 나뉘게 된다. 앞의 예제와 같이 셀 수 있는 이산점에서 확률을 가지는 형태와 특정한 실수 구간에서 확률을 가지는 형태 두 가지로 나뉘는데, 전자의 경우를 이산형(discrete) 확률 변수, 후자의 경우를 연속형(continuous) 확률 변수라고 한다.

## 1.1 이산형(Discrete) 확률 변수와 분포 함수

이산형 확률 변수란 확률 변수가 가질 수 있는 값, 즉 발생 가능한 값이 셀 수 있는 이산점으로 구성된 확률 변수이다. 따라서 각 이산점에서 해당하는 확률을 가지고 있는 확률 변수를 의미한다. 이러한 이산형 확률 변수의 각 이산점에 대한 확률의 크기를 표현한 함수를 확률 질량 함수(probability mass function, pmf)라고 부른다. 확률 질량 함수는 확률에 대하여 정의되는 함수이기 때문에 확률이 가지는 특성을 그대로 가지고 있다. 이 함수는 나중에 다룰 연속 확률 변수의 확률 밀도 함수와 대응된다. 확률 질량 함수는 두 가지 특성을 만족하며, 확률의 공리라고도 한다.

(1) $0 \leq P(X=x_i) \leq 1$

(2) $\displaystyle\sum_{i=1}^{n} P(X=x_i) = 1$

두 가지 특성이 의미하는 바는 각 이산점에서 0보다 크거나 같은 확률을 가진다는 것과 $n$개의 가능한 사건이 존재할 경우, 모든 가능한 사건의 확률을 전부 합할 경우 1이 된다는 것이다. 확률 질량 함수는 〈표 1-2〉로 표현할 수 있다.

〈표 1-2〉에서 정의된 확률 분포표를 수식으로 정의하게 되는 경우 다음과 같은 수식으로 표현이 되며, 이를 확률 질량 함수라고 한다.

**표 1-2** 확률 질량 함수의 확률 분포표

| 확률 변수 $(X)$ | $x_1$ | $x_2$ | $\cdots$ | $x_n$ | 합계 |
|---|---|---|---|---|---|
| 확률, $P(X=x_i)$ | $p_1$ | $p_2$ | $\cdots$ | $p_n$ | 1 |

$$P(X=x_i) = p_i \,, \; i = 1, \, 2, \, \cdots, \, n$$

여기에 정의되지 않은 모든 경우의 확률은 모두 0이며, 정의되지 않는 사건에 대한 확률 질량 함수는 다음과 같이 표현될 수 있다.

$$P(X=x_i) = 0 \,, \; i \neq 1, \, 2, \, \cdots, \, n$$

앞에서 제시된 〈예제 1-1〉과 〈예제 1-3〉의 사고 건수와 주사위 수 등은 변수의 결과 값을 셀 수 있는 경우로, 모두 이산형 확률 변수라고 할 수 있다.

## 1.2 연속형(Continuous) 확률 변수와 분포 함수

연속형 확률 변수는 정의된 구간 내에 있는 모든 실수 값을 가질 수 있는 경우에 정의되는 변수이다. 사람의 몸무게, 기온, 자동차 운행거리 등이 이러한 연속 확률 변수의 사례라고 할 수 있다. 연속형 확률 변수는 이산형 확률 변수와는 달리 특정 실수 구간에서 0이 아닌 확률을 가지게 되므로 함수로 표현하여 정의하는 것이 일반적이며, 이러한 함수를 확률 밀도 함수(probability density function, pdf)라고 한다. 그리고 연속형 확률 변수 $X$에 대하여 확률 밀도 함수를 $f(x)$로 표기한다.

이산형 확률 변수와 마찬가지로 확률이 가지는 특성을 가지며, 다음과 같이 표현할 수 있다.

(1) $f(x) \geq 0$

(2) $\displaystyle\int_{-\infty}^{\infty} f(x)\,dx = 1$

따라서 다음의 조건이 만족되는 경우, 확률 밀도 함수라고 할 수 있다. 여기서 확률 밀도 함수가 가지는 값은 0보다 크거나 같지만 이산형 확률 변수와 같이 0에서 1 사이의 값을 가지는 것은 아니다. 이는 확률 밀도 함수의 값이 직접적인 확률을 의미하는 것이 아니기 때문이다. 왜냐하면 이산형 확률 변수의 경우는 각 해당 점들에 대한 확률로 정의되지만, 연속형의 경우 특정 구간에 속할 확률은 적분계산을 통하여 구하여지기 때문이다. 따라서 이산형 확률 변수처럼 확률을 구하는 경우에는 다음과 같이 $\displaystyle\int_{a}^{b} f(x)\,dx$로 표현하여 계산하고, 이를 연속형 확률 변수 $X$가 구간 $(a, \, b)$에 속할 확률이라고 말한다. 이를 수학적으로 해석하자면, 확률은 확률 밀도 함수로 생성되는 면적을 구하는 것으로 이해할 수 있다. 구간의 끝점인 $b$에서의 확률은 $\int_{b}^{b} f(x)dx$ 이며, 이의 값은 0이 된다. 즉, 연속형 확률 변수에서 모든 실수 범위 내에서 정의된 변수가 특정 값에서 확률을 가진다고 가정하는 경우 이는 무한개의 값들에 대한 확률의 합으로 확률의 합이 1이라는 대원칙을 위배하게 된다. 따라서 연속형 확률 함수에서 변수가 특정 값을 가질 수 있는 확률은 0으로 정의된다. 이와 같은 개념을 그림으로 표현하면 〈그림 1−1〉과 같다.

**그림 1-1**

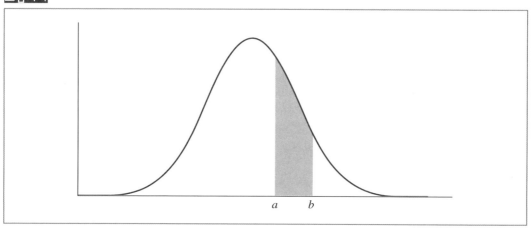

〈그림 1−1〉의 경우로 설명하면, $-\infty$ 에서 $\infty$ 까지 $f(x)$로 이루어진 함수의 아래 부분 면적, 즉 전체 면적의 합은 1이 되는 것이며, 색깔로 표시된 구간 $(a,\ b)$ 부분의 면적이 해당 구간에 속할 확률로 계산되는 것이며 $P(a < X < b)$로 표시할 수 있다. 한 점에서 가지는 확률은 0이므로 위의 표현은 $P(a \leq X \leq b)$와 동일하다.

**예제 1-4**

다음의 함수가 확률 밀도 함수 조건을 만족하는지 증명하여 보자.

$$f(x) = \begin{cases} 2x,\ 0 \leq x \leq 1 \\ 0,\quad otherwise \end{cases}$$

**풀이**

첫 번째 조건인 $f(x) \geq 0$이다.

두 번째 조건인 $\int_{-\infty}^{\infty} f(x)dx = \int_{0}^{1} 2x\,dx = x^2 \big]_{0}^{1} = 1$임을 만족한다.

따라서 위의 함수는 확률 밀도 함수이다. 위의 함수는 밑변이 1이고 높이가 2인 삼각형의 그림 형태로 표현이 가능하며, 삼각형의 넓이를 구하는 공식을 이용하면 동일한 면적 1이 계산된다. 직선으로 표현되는 확률 밀도 함수는 도형의 넓이를 직접 계산할 수도 있으나, 지수 함수 등 곡선으로 이루어진 확률 밀도 함수는 적분 계산을 통하여만 해당 면적이 계산된다. ■

**예제 1-5**

다음의 함수가 확률 밀도 함수일 경우 상수 $a$값은 무엇인가?

$$f(x) = \begin{cases} ax, \ 0 \le x \le 4 \\ 0, \quad otherwise \end{cases}$$

**풀이**

두 번째 조건으로부터, $\int_{-\infty}^{\infty} f(x)\,dx = \int_{0}^{4} ax\,dx = \frac{ax^2}{2}\big]_0^4 = 8a = 1$이므로 $a = 1/8$이 되어야 하고, 그럴 경우 첫 번째 조건인 $f(x) \ge 0$도 만족한다. ■

**예제 1-6**

다음과 같은 확률 밀도 함수가 주어진 경우 확률 변수 $X$가 구간 $(a,\,b)$에 포함될 확률을 구하라.

$$f(x) = \begin{cases} x, & 0 \le x \le 1 \\ -x + 2, & 1 \le x \le 2 \\ 0, & otherwise \end{cases}$$

**풀이**

$$\int_{0}^{1} x\,dx = \frac{x^2}{2}\big]_0^1 = \frac{1}{2},$$

$$\int_{1}^{2} (-x + 2)\,dx = -\frac{1}{2}x^2 + 2x\big]_1^2 = \frac{1}{2}$$

확률 밀도 함수는 구간별로 다른 형태의 함수로 정의가 가능하다는 점에 유의하기 바란다. ■

## 1.3 누적 분포 함수(Cumulative Distribution Function)

확률을 계산함에 있어 특정 값 또는 특정 구간의 확률을 구하는 경우도 있지만, 특정 값 이하의 확률을 계산하는 경우도 많이 발생한다. 예를 들어 자동차 사고가 1건 이하로 발생한 확률, 교통 법규 위반이 2건 이하로 발생할 확률들이며, 반대로 특정 값 이상의 확률 계산이 필요하게 되는 경우도 발생하는데, 그런 경우는 전체 확률값인 1에서 특정 값 이하의 확률을 차감하여 계산할 수 있다. 이러한 필요에 의하여 특정 값 이하에 대한 확률을 정의하는 함수를 누적 분포 함수

(cumulative distribution function, cdf)라고 하며 확률 변수 $X$가 특정 값 $b$ 이하의 확률을 표현하는 통계학적인 식은 다음과 같다.

$$F(b) = P(X \leq b)$$

앞에서 정의한 변수의 속성(이산형 또는 연속형)에 따라 확률을 구하는 식이 다르게 표현되는데, 이산형 확률 변수의 경우는

$$F(b) = \sum_{x_i \leq b} P(X \leq x_i)$$

연속형 확률 변수의 경우는

$$F(b) = \int_{-\infty}^{b} f(x)dx$$로 표현할 수 있다.

누적 분포 함수는 특정 상황에 대한 확률의 계산을 쉽게 할 수 있다는 장점과 동시에 이산형 또는 연속형 확률 변수의 구분 없이 모두 확률로 표현할 수 있는 장점이 있다. 즉, 확률 분포 함수의 경우에 이산형은 확률을 나타내고 연속형은 함수의 값을 나타내지만 누적 분포 함수에서는 이산형 또는 연속형이라는 확률 변수의 속성과 상관없이 모두 확률로 표현된다는 점이다. 즉, 누적 분포 함수에 필요한 숫자를 대입하는 경우 해당 숫자보다 작은 확률로 계산되어 나온다는 것이다. 다음의 예제들을 통하여 누적 분포 함수에 대한 이해를 보다 명확히 해보고자 한다.

### 예제 1-7

자동차 사고 건수라는 확률 변수의 확률이 다음과 같은 확률 분포표로 주어졌다.

| 사고 건수 ($X$) | 0 | 1 | 2 | 3 | 4 이상 |
|---|---|---|---|---|---|
| 확률, $P(X=x_i)$ | 0.90 | 0.05 | 0.03 | 0.01 | 0.01 |

(1) 누적 확률 분포표를 작성하여라.
(2) 사고 건수가 2건 이하일 확률을 계산하라.
(3) 사고가 3건 이상 발생할 확률을 계산하라.

#### 풀이

(1) 누적확률 분포표는 다음과 같다.

| 사고 건수 ($X$) | 0 | 1 | 2 | 3 | 4 이상 |
|---|---|---|---|---|---|
| 누적확률 $P(X \leq x_i)$ | 0.90 | 0.95 | 0.98 | 0.99 | 1.00 |

(2) $P(X \leq 2) = \sum_{x_i \leq 2} P(X=x_i) = P(X=0) + P(X=1) + P(X=2) = 0.9 + 0.05 + 0.03 = 0.98$

또는 $F(2) = 0.98$

(3) $P(X \geq 3) = 1 - P(X \leq 2) = 1 - F(2) = 1 - 0.98 = 0.02$ 또는
    $= P(X = 3) + P(X = 4) = 0.01 + 0.01 = 0.02$

위의 예제에서 주의해야 할 점은 이산형의 경우 특정 값의 포함여부에 따라 확률이 변한다는 것이다.

#### 예제 1-8

연속형 확률 분포 함수가 다음과 같이 주어졌다. 확률 변수 $X$의 누적 분포 함수를 도출하라.

$$f(x) = \begin{cases} 2x, & 0 \leq x \leq 1 \\ 0, & otherwise \end{cases}$$

##### 풀이

확률 분포 함수는 0에서부터 1까지만 확률을 가지는 함수이므로 $x$가 0보다 적을 경우, $x$가 0과 1 사이에 있을 경우, $x$가 1보다 클 경우 세 구간으로 나누어서 구하게 된다.

$x$가 0보다 적을 경우,

$$F(x) = \int_{-\infty}^{x} f(x)\, dx = \int_{-\infty}^{0} 0\, dx = 0$$

$x$가 0과 1 사이일 경우,

$$F(x) = \int_{-\infty}^{x} f(x)\, dx = \int_{0}^{x} f(x)\, dx = \int_{0}^{x} 2x\, dx = x^2 \big]_0^x = x^2$$

$x$가 1보다 클 경우,

$$F(x) = \int_{-\infty}^{x} f(x)\, dx = \int_{0}^{1} 2x\, dx + \int_{1}^{x} 0\, dx = x^2 \big]_0^1 = 1$$

따라서 위에서 구한 누적 분포 함수를 정리하면 다음과 같이 표현된다.

$$F(x) = \begin{cases} 0, & x < 0 \\ x^2, & 0 \leq x \leq 1 \\ 1, & x > 1 \end{cases}$$

앞의 예제에서 살펴본 이산형 확률 변수와 연속형 확률 변수의 누적 분포 함수를 살펴보면, 함수의 값이 1로 수렴하는 것을 확인할 수 있다. 즉, 가능한 변수의 값들에 대한 모든 확률의 합인 1로 수렴하게 되는 것이다. 이는 매우 단순한 명제임과 동시에 매우 중요한 정의임을 기억해야 한다.

〈예제 1-7〉과 〈예제 1-8〉에서 구한 누적 분포 함수를 그래프로 표현하면 〈그림 1-2〉와 〈그림 1-3〉으로 각각 나타낼 수 있다. 이산형 확률 변수의 경우는 계단형 그래프이고 연속형 확률 변수의 경우는 연속성을 가지며 1로 수렴하는 그래프임을 확인할 수 있다. 이산형 확률 변수

의 경우는 특정 값과 특정 값 사이에는 확률의 값이 존재하지 않으므로(확률이 0이므로) 누적 분포 함수의 값도 변하지 않고 일정 값을 계속 유지하다가 확률을 가지는 특정 값에 도달할 경우 추가된 확률이 더하여져 점프되는 모습을 나타내게 되며, 이것이 계단 형식의 그림으로 표현되는 것이다. 이산형과 연속형 두 경우 모두, 변수가 일정 값 이상이 되면 전체 확률의 합인 1로 수렴된다는 특징은 동일함을 알 수 있다.

**그림 1-2**

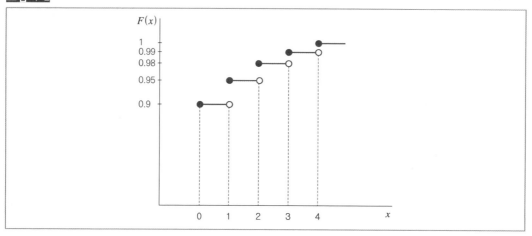

**그림 1-3**

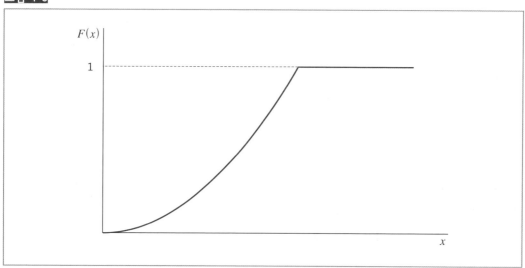

## 1.4 결합 확률 분포 함수(Joint Probability Distribution Function)

지금까지는 하나의 변수에 대한 확률과 분포에 대하여 논의하였다. 하지만, 두 개 또는 두 개 이상의 변수가 동시에 고려되는 경우가 많이 발생한다. 앞에서 사고 건수라는 한 가지 변수에 대한 확률을 고려하였는데, 사고 건수가 성별에 따라 어떻게 발생하는지에 대하여서 알아보도록 하자.

결합 확률 분포 함수는 두 개 이상의 변수를 동시에 고려하는 분포 함수를 말한다. 한 가지 변수만을 고려하는 경우 가로축이 변수의 값, 세로축이 확률의 값으로 이차원적 그래프로 표현되었다면, 두 가지 변수를 고려하는 경우는 가로축 2개와 확률을 나타내는 세로축 1개, 즉 3차원 공간에서 표현이 되는 것이다. 그 이상의 변수가 고려되는 경우에는 그래프로는 표현이 불가하기에 행렬(matrix)이라는 수단을 통하여 표현하기도 한다. 본서에서는 눈으로 확인 가능한 두 가지 변수에 대한 결합 확률 분포에 대하여만 알아보기로 한다.

하나의 확률 변수를 고려한 경우와 마찬가지로 두 개 이상의 변수를 동시에 고려할 때 이산형 변수인 경우와 연속형 변수인 경우를 고려할 수 있다.

먼저 이산형 확률 변수의 경우의 확률 분포 함수를 결합 확률 질량 함수(joint probability mass function)라고 하며, 이 함수의 정의와 함수가 가지는 성질은 다음과 같다. 두 개의 확률 변수를 각각 $X$, $Y$라고 가정할 경우 결합 확률 분포 함수는

$$P(X = x_i,\ Y = y_j) = p_{ij},\ \text{단},\ i = 1,\ 2,\ \cdots,\ n,\ j = 1,\ 2,\ \cdots,\ m$$

로 정의되며,

(1) $0 \leq p_{ij} \leq 1$

(2) $\displaystyle\sum_{i=1}^{n}\sum_{j=1}^{m} p_{ij} = 1$

두 조건은 모든 $i$, $j$에 대하여 만족한다.

두 조건이 의미하는 것은 (1) 한 개의 변수를 고려할 때와 동일하게 확률은 0과 1 사이의 값을 가져야 한다는 것과 (2) 표본 공간의 모든 경우에 대한 확률의 합은 1이 된다는 것을 의미한다.

또한 결합 확률 분포에서 각각의 변수에 대한 확률 분포 함수의 도출이 가능하게 되는데, 이를 주변 확률 분포(marginal probability distribution)라고 하며 다음과 같이 구할 수 있다.

$$P(X = x_i) = \sum_{j=1}^{m} P_{ij},\ i = 1,\ 2,\ \cdots,\ n$$

$$P(Y=y_j) = \sum_{i=1}^{n} P_{ij}, \; j=1, \, 2, \, \cdots, \, m$$

즉, 변수 한 개의 특정 값에 해당하는 다른 변수의 모든 가능한 확률을 더할 경우 해당 변수의 확률 계산이 가능하다는 개념이다. 예를 들어 2개의 주사위를 던지는 경우 가능한 모든 조합들의 개별 확률은 $\frac{1}{6} \times \frac{1}{6} = \frac{1}{36}$ 이고, 첫 번째 주사위가 1이 나올 확률은 두 번째 주사위가 나올 수 있는 모든 경우, 즉 1, 2, 3, 4, 5, 6이 나오는 경우의 확률들의 합인 $\frac{1}{6} \times \frac{6}{6} = \frac{1}{6}$ 이 된다.

### 예제 1-9

성별 변수와 자동차 사고 건수 변수에 대한 결합 확률 분포표는 다음과 같다.

| 사고 건수 ($X$) 성별 ($Y$) | 0 | 1 | 2 | 3 | 4 이상 | 합 |
|---|---|---|---|---|---|---|
| 남 | 0.7 | 0.02 | 0.01 | 0.01 | 0.01 | 0.75 |
| 여 | 0.1 | 0.08 | 0.04 | 0.02 | 0.01 | 0.25 |
| 합 | 0.8 | 0.1 | 0.05 | 0.03 | 0.02 | 1 |

(1) 남자가 사고 2건을 일으켰을 확률은 얼마인가?
(2) 사고 건수와 성별의 주변 확률 분포표를 작성하라.

#### 풀이

(1) $P(X=2, \, Y=남) = 0.01$
(2) 사고가 0건인 확률은 다음과 같이 구할 수 있다.
$$P(X=0) = P(X=0, \, Y=남) + P(X=0, \, Y=여) = 0.7 + 0.1 = 0.8$$
마찬가지로 남자일 확률은 다음과 같이 구할 수 있다.
$$P(Y=남) = P(X=0, \, Y=남) + P(X=1, \, Y=남) + P(X=2, \, Y=남)$$
$$1 + P(X=3, \, Y=남) + P(X=4, \, Y=남)$$
$$= 0.7 + 0.02 + 0.01 + 0.01 + 0.01 = 0.75$$
이러한 방식으로 각 변수별 특정 값에 대한 확률을 구하여 정리한 주변 확률 분포는 다음과 같다.

| 사고 건수 ($X$) | 0 | 1 | 2 | 3 | 4 이상 | 합 |
|---|---|---|---|---|---|---|
| 확률, $P(X=x_i)$ | 0.8 | 0.1 | 0.05 | 0.03 | 0.02 | 1 |

| 성별 ($Y$) | 남 | 여 | 합 |
|---|---|---|---|
| 확률, $P(Y=y_i)$ | 0.75 | 0.25 | 1 |

두 개의 주사위를 던지는 경우의 확률 분포 함수는 다음과 같이 표현할 수 있다.

$$f(x, y) = \frac{1}{36}, \ x = 1,\ 2,\ 3,\ 4,\ 5,\ 6,\ y = 1,\ 2,\ 3,\ 4,\ 5,\ 6$$

연속형 확률 변수로 이루어진 결합 확률 분포 함수를 결합 확률 밀도 함수(joint probability density function)라고 하며, 두 개의 확률 변수를 각각 $X$, $Y$라고 가정할 경우 $f(x, y)$로 표현하며, 이 함수가 가지는 성질은 다음과 같다.

(1) $f(x, y) \geq 0$

(2) $\int_{-\infty}^{\infty} \int_{-\infty}^{\infty} f(x, y) \, dx \, dy = 1$

단변량의 연속형 확률 분포와 동일하게 확률 분포 함수가 가지는 값은 0 이상이어야 하며 두 변수의 조합으로 이루어지는 확률의 합, 즉 그래프가 나타내는 면적의 합은 1이 된다는 것을 의미한다.

이산형 결합 확률 분포와 마찬가지로 연속형 주변 확률 분포 함수는 다음과 같은 방식으로 도출할 수 있다.

$$f(x) = \int_{-\infty}^{\infty} f(x, y) \, dy$$

$$f(y) = \int_{-\infty}^{\infty} f(x, y) \, dx$$

수식에서 무한대의 기호를 사용한 것은 각 변수가 어떤 범위를 가져도 상관없음을 나타내는 것이며, 해당하는 변수의 범위에 따라 수정하여 적용하면 된다. 이는 정의되지 않는 범위에서 확률 분포 함수는 0으로 정의되기 때문에 해당 범위에서의 적분은 의미가 없기 때문이다.

### 예제 1-10

두 개의 연속형 확률 변수로 이루어진 결합 확률 분포 함수가 다음과 같이 정의된 경우 다음 물음에 답하라.

$$f(x, y) = \begin{cases} 1,\ 0 \leq x \leq 1,\ 0 \leq y \leq 1 \\ 0,\ otherwise \end{cases}$$

(1) 결합 확률 밀도 함수의 성질을 만족하는가?
(2) 각 변수에 대한 주변 확률 밀도 함수를 구하라.

### 풀이

(1) $f(x, y) \geq 0$임이 만족되며,

$$\int_0^1 \int_0^1 f(x,y)\,dx\,dy = \int_0^1 \int_0^1 1\,dx\,dy = \int_0^1 y]_0^1\,dx = \int_0^1 1\,dx = x]_0^1 = 1$$

임이 만족하므로 결합 확률 밀도 함수라고 할 수 있다.

(2) $f(x) = \int_0^1 f(x,\,y)\,dy = \int_0^1 1\,dy = y]_0^1 = 1,\ 0 \le x \le 1$

$f(y) = \int_0^1 f(x,\,y)\,dx = \int_0^1 1\,dx = x]_0^1 = 1,\ 0 \le y \le 1$

## 1.5 두 변수간의 독립적(Independence) 개념

두 개의 확률 변수가 서로에게 영향을 미치는지 아닌지에 따라 확률의 개념은 다르다. 만일, 두 개의 변수가 '독립(independence) 또는 두 변수가 독립적 관계이다'라고 정의가 된다면, 이는 한 변수가 다른 변수에 영향을 미치지 않고 각각의 변수가 독립적으로 확률을 가진다는 것을 의미한다. 이런 경우, 이산형 확률 변수와 연속형 확률 변수에 대한 독립의 조건은 다음과 같다.

이산형 확률 변수의 경우 가능한 모든 점에서 다음 조건을 만족한다.

$$P(X = x,\ Y = y) = P(X = x) \times P(Y = y)$$

연속형 확률 변수의 경우 두 확률 밀도 함수와 결합 확률 밀도 함수는 다음 조건을 만족한다.

$$f(x,\,y) = f(x) \times f(y)$$

따라서 두 변수가 독립적 관계라는 것은 결합 확률 분포 함수가 각각의 개별 확률 분포 함수의 곱으로 표현 가능하다는 것을 의미한다.

**예제 1-11**

결합 확률 분포가 다음과 같이 주어진 경우, 두 변수가 독립적 관계임을 증명하라.

| Y \ X | 1 | 2 | 합 |
|---|---|---|---|
| 1 | 1/6 | 2/6 | 3/6 |
| 2 | 1/6 | 2/6 | 3/6 |
| 합 | 2/6 | 4/6 | 1 |

**풀이**

$$P(X=1) \times P(Y=1) = \frac{2}{6} \times \frac{3}{6} = \frac{1}{6} = P(X=1,\ Y=1)$$

$$P(X=1) \times P(Y=2) = \frac{2}{6} \times \frac{3}{6} = \frac{1}{6} = P(X=1,\ Y=2)$$

$$P(X=2) \times P(Y=1) = \frac{4}{6} \times \frac{3}{6} = \frac{2}{6} = P(X=2,\ Y=1)$$

$$P(X=2) \times P(Y=2) = \frac{4}{6} \times \frac{3}{6} = \frac{2}{6} = P(X=2,\ Y=2)$$

모든 값에서 독립의 조건을 만족하기 때문에 두 변수는 독립적 관계이다.

연속형 확률 분포인 경우의 〈예제 1-10〉에서 $f(x, y) = 1$은 $f(x) = 1$과 $f(y) = 1$의 곱과 동일하다. 즉, $f(x, y) = f(x)f(y)$의 관계가 성립하므로 두 변수가 독립임을 알 수 있다. 두 변수간의 독립적인지 아니면 의존적인지에 따라 확률 개념과 계산방법은 다르다. 이러한 차이점은 본서 신뢰도 이론에서 더 자세히 다루어질 것이다.

## 1.6 확률 변수의 대표적인 요약 값

확률 변수는 표본 공간에서 정의된 여러 값 또는 범위의 값들을 확률적으로 가질 수 있다. 따라서 확률 변수의 특성을 대표적으로 나타낼 수 있는 하나의 요약 값을 필요로 한다. 예를 들면, 보험계리사 수험생들의 시험 점수는 0점에서부터 만점에 이르기까지 다양하게 분포되어 있으나, 평균 점수는 얼마인지, 시험 점수의 분포 정도가 어느 수준인지를 요약된 형태로 표현할 수 있는 것과 같다. 확률 변수를 요약하는 수치에는 여러 가지가 있으나, 확률 변수의 중심을 나타내는 가장 대표적인 요약 값인 기댓값과 확률 변수의 분포 정도를 요약하는 값인 분산 그리고 두 변수의 관계를 설명할 수 있는 공분산과 상관계수에 대하여 알아보기로 한다.

### 1.6.1 기댓값(Expected Value)과 분산(Variance)

평균(mean)의 개념으로도 많이 사용되는 기댓값은 확률 변수가 확률적으로 어느 정도의 값을 가지게 되는 것을 나타내는 수치로 확률 변수의 중심 위치가 어디 정도인지를 나타내는 대표적인 수치이다. 흔히 사용하는 평균의 개념은 각 점들의 가지는 확률이 동일하다는 가정을 하는 것이지만, 기댓값은 각 점들의 값이 다른 확률을 가지는 경우, 이에 대한 중심 위치를 나타나게 되는 것이다.

예를 들어 1, 2, 3, 4, 5, 6이라는 수치가 주어질 경우 평균은 3.5라는 것을 쉽게 알 수 있다. 이는 각 점들의 값이 가질 수 있는 확률이 1/6로 동일하다는 가정을 하는 것이다. 이 경우 통상적으로 알려져 있는 평균의 식을 이용하면 $\frac{1+2+3+4+5+6}{6} = 3.5$이고, 분모에 나타난 숫자의 개수 6은 각 점이 동일한 확률을 가진다는 가정으로 계산되는 것이다.

여기서 만약 1의 값을 가질 확률이 매우 높을 경우, 해당 변수의 중심은 통상적인 평균인 3.5와는 다르게 나타나게 될 것이다. 즉, 확률 변수의 경우는 각 점들이 나타날 확률이 다를 경우 기댓값은 다른 값을 가질 수 있다는 것이다. 예를 들어, 큰 값에 대한 확률이 클 경우 3.5보다 큰 값이 기대될 것이고, 작은 값에 확률이 클 경우 3.5보다 낮은 값이 기대된다는 것으로, 가중평균의 개념으로 이해할 수 있다. 따라서 확률 변수의 기댓값이란 해당 변수가 가질 수 있는 값들의 확률을 고려하여 중심을 표현하는 요약값이라 할 수 있다.

확률 변수 $X$의 기댓값은 $E(X)$로 표현되며, 이산형 확률 변수의 경우는 다음과 같은 식을 통하여 계산할 수 있다.

$$E(X) = \sum_{i=1}^{n} x_i P(X = x_i) = \sum_{i=1}^{n} x_i p_i$$

여기에서 $x_1$에서부터 $x_n$까지는 확률 변수 $X$가 가질 수 있는 모든 값을 나타내는 것이고, $p_i$는 각 변수의 비중을 의미하여 모든 점에서 동일한 비중일 경우 $p_i$는 $1/n$이 되는 것이며 위의 식은 $\frac{1}{n} \sum_{i=1}^{n} x_i$로 표현할 수 있게 된다. 이것이 일반적으로 알려져 있는 평균값(mean)이다.

이산형 확률 변수와 마찬가지로 연속형 확률 변수의 경우는 다음과 같은 식을 통하여 계산할 수 있다.

$$E(X) = \int_{-\infty}^{\infty} x f(x) \, dx$$

### 예제 1-12

사고 건수라는 이산형 확률 변수 $X$의 확률 분포표가 다음과 같이 주어졌을 때, 확률 변수 $X$의 기댓값을 구하라.

| 사고 건수 ($X$) | 0 | 1 | 2 | 3 | 4 | 합 |
|---|---|---|---|---|---|---|
| 확률, $P(X = x_i)$ | 0.7 | 0.2 | 0.05 | 0.03 | 0.02 | 1 |

풀이

$$E(X) = \sum_{i=1}^{n} x_i P_i = 0 \times 0.7 + 1 \times 0.2 + 2 \times 0.05 + 3 \times 0.03 + 4 \times 0.02 = 0.47$$

즉, 위의 분포표에 따라 평균적으로 약 0.47건의 사고가 발생할 것으로 기대한다고 설명할 수 있다.

**|예제| 1-13**

연속형 확률 변수 $X$의 확률 분포 함수가 다음과 같이 주어졌을 때, 확률 $X$의 기댓값을 계산하라.

$$f(x) = \begin{cases} 2x, \ 0 \leq x \leq 1 \\ 0, \quad otherwise \end{cases}$$

**풀이**

$$E(X) = \int_0^1 x f(x) \, dx = \int_0^1 (x \times 2x) \, dx$$
$$= \int_0^1 2x^2 \, dx = \frac{2}{3} x^3 ]_0^1 = \frac{2}{3}$$

기댓값의 특성을 활용하면 여러 경우의 기댓값을 손쉽게 계산할 수도 있다. 많이 알려진 기댓값의 특성으로는 상수의 기댓값은 해당 상수의 값이라는 것과 확률 변수에 대한 상수의 곱은 확률 변수의 기댓값에 대한 상수의 값과 같다는 것이다. 또 두 확률 변수의 합의 기댓값은 각각의 확률 변수의 기댓값의 합과 동일하다는 것이다. 이를 수식으로 표현하면 다음과 같다.

특정 상수 $c$와 확률 변수 $X$, $Y$에 대하여

(1) $E(c) = c$

(2) $E(cX) = c\,E(X)$

(3) $E(X \pm c) = E(X) \pm c$

(4) $E(X \pm Y) = E(X) \pm E(Y)$

상수는 변하는 변수와 달리 고정된 수의 값이므로 기대되는 기댓값도 바로 그 상수가 되는 것을 표현한 것이 (1)항이다. 위에 나타난 기댓값의 성질 중 (1)과 (2)를 수식적으로 다음과 같이 증명할 수 있다. 이산형과 연속형 모두 동일한 증명 과정이며, 합($\Sigma$)의 기호로 표현하는 것과 적분($\int$)의 기호로 표현하는 차이로 이해할 수 있다.

(1) $E(c) = \int c f(x) dx = c \int f(x) dx = c$

여기서 $\int f(x) dx = 1$, 즉 확률 변수의 모든 공간에 대한 합은 1임을 이용하였다.

(2) $E(cX) = \int cx f(x) dx = c \int x f(x) dx = cE(X)$

(3)과 (4)의 경우도 유사하게 수식적인 증명이 가능하다.

### 예제 1-14

올해 자동차 사고로 지급된 평균 보험금은 70만원이다. 내년에는 정비수가(정비공의 인건비)가 20% 인상되어 모든 사고마다 20%의 추가 보험금이 지급될 것으로 보인다. 내년에 지급될 보험금의 기댓값은 얼마인가?

#### 풀이

올해의 지급보험금 확률 변수를 $X$라고 할 때, $E(X) = 70$만원임을 알고 있다. 내년에는 모든 사고에 대하여 20% 증가할 것으로 예상되기에, 내년의 지급보험금 확률 변수는 $Y = 1.2X$이다. 따라서, $E(Y) = E(1.2X) = 1.2\,E(X) = 1.2 \times 70 = 84$만원이 된다.

### 예제 1-15

서울의 하루 사고 건수를 나타내는 확률 변수 $X$의 기댓값이 12,000건이고, 경기지역의 하루 사고 건수를 나타내는 확률 변수 $Y$의 기댓값이 18,000건이라고 한다. 서울경기지역의 하루 사고 건수의 기댓값은 얼마인가?

#### 풀이

서울의 사고 건수가 $X$, 경기지역 사고 건수가 $Y$이므로 서울경기지역의 사고 건수는 $X + Y$라고 표현할 수 있다. 따라서, $E(X + Y) = E(X) + E(Y) = 12,000 + 18,000 = 30,000$건이 된다.

기댓값은 확률 변수의 중심 위치를 나타내는 요약 값이다. 따라서 확률 변수의 위치를 설명해 줄 수는 있으나, 그 확률 변수가 어디서부터 어디까지 얼마나 퍼져있는지에 대한 정보를 제공하지는 않는다. 기댓값이 같다는 것은 확률 분포의 무게 중심 위치가 같다는 의미이지, 확률 분포가 동일하다는 의미는 아니다.

예를 들어, 동일한 확률을 가지는 확률 변수의 값이 -1, 0, 1인 경우의 기댓값은 0이며, -100, 0, 100의 값을 가지는 확률 변수의 기댓값도 0으로 나타나지만 두 확률 변수의 분포는 다르다. 따라서 이러한 확률 변수의 분포 정도를 측정하는 요약 값이 필요하게 되는데 이를 나타내는 대표적인 요약값을 분산(variance)이라고 하며, 확률 변수 $X$에 대한 분산을 $V(X)$ 또는 $\sigma^2$로 표현하며, 다음과 같이 정의한다.

확률 변수 $X$의 기댓값을 $m$이라고 가정할 경우(즉, $E(X) = m$일 경우), 분산은 다음 식으로 정의한다.

$$\sigma^2 = V(X) = E(X - m)^2$$

분산의 수식이 나타내는 의미는 확률 변수 $X$가 해당 변수의 중심을 나타내는 기댓값 $m$으로부터 얼마나 떨어져 있느냐를 측정하는 것으로 이해할 수 있다. 분산의 수식이 제곱으로 표현되는 이유는 중심과의 거리가 양과 음으로 나타날 수 있는데, 이를 단순하게 합하게 되는 경우 음의 거리만큼이 축소되는 현상이 발생하므로 거리에 대한 동일한 기준을 부여하고자 제곱으로 계산하게 된 것으로 이해하면 된다. 분산은 제곱에 대한 기댓값을 나타내는 것으로 정의되기 때문에 항상 0보다 크며, 분산의 제곱근을 표준편차(standard deviation)라 하며 다음과 같이 표현할 수 있다.

$$\sigma = \sqrt{\sigma^2} = \sqrt{Var(X)}$$

이산형 확률 변수의 경우는 다음과 같이 표현되며,

$$\sigma^2 = E(X-m)^2 = \sum_{i=1}^{n}(x_i - m)^2 p_i$$

연속형 확률 변수의 경우는 다음과 같다.

$$\sigma^2 = E(X-m)^2 = \int_{-\infty}^{\infty}(x-m)^2 f(x)\,dx$$

위에서 정의한 분산의 공식은 계산이 복잡할 수 있다. 따라서 분산을 보다 용이하게 구하기 위한 공식이 사용되는데 다음과 같이 정의된다.

$$\sigma^2 = E(X-m)^2 = E(X^2) - E(X)^2 = E(X^2) - m^2$$

위의 식이 성립하는 것의 증명과정은 다음과 같다.

$$E(X-m)^2 = E(X^2 - 2mX + m^2) = E(X^2) - 2m\,E(X) + m^2 = E(X^2) - 2m^2 + m^2$$
$$= E(X^2) - m^2$$

여기서 $E(X^2)$은 기댓값을 계산하는 방식과 동일하게 다음과 같이 구할 수 있다.

$$\text{이산형 확률 변수} : E(X^2) = \sum_{i=1}^{n}x_i^2 p_i$$

$$\text{연속형 확률 변수} : E(X^2) = \int_{-\infty}^{\infty}x^2 f(x)\,dx$$

### 예제 1-16

사고 건수라는 이산형 확률 변수 $X$의 확률 분포표가 다음과 같이 주어졌을 때, 확률 변수 $X$의 분산을 계산하라.

| 사고 건수 $(X)$ | 0 | 1 | 2 | 3 | 4 | 합 |
|---|---|---|---|---|---|---|
| 확률, $P(X=x_i)$ | 0.7 | 0.2 | 0.05 | 0.03 | 0.02 | 1 |

💡 풀이

〈예제 1−12〉에서 $E(X) = m = 0.47$을 구하였다.

$$E(X^2) = \sum_{i=1}^{n} x_i^2 P_i = 0^2 \times 0.7 + 1^2 \times 0.2 + 2^2 \times 0.05 + 3^2 \times 0.03 + 4^2 \times 0.02 = 0.99$$

따라서 $\sigma^2 = E(X-m)^2 = E(X^2) - m^2 = 0.99 - 0.47^2 = 0.7691$

기본적인 통계학 논리로 분산을 계산하면 단순 계산이지만 복잡하고 시간이 오래 걸리는 단점이 있다.

$$\sigma^2 = 0.7(0-0.47)^2 + 0.2(1-0.47)^2 + 0.05(2-0.47)^2 + 0.03(3-0.47)^2 + 0.02(4-0.47)^2 = 0.7691$$ ▪

### 예제 1-17

연속형 확률 변수 $X$의 확률 분포 함수가 다음과 같이 주어졌을 때, 확률 변수 $X$의 분산을 구하라.

$$f(x) = \begin{cases} 2x, & 0 \leq x \leq 1 \\ 0, & otherwise \end{cases}$$

💡 풀이

$$\sigma^2 = E(X-m)^2 = \int_0^1 (x - \frac{2}{3})^2 f(x)\, dx = \int_0^1 (2x^3 - \frac{8}{3}x^2 + \frac{8}{9}x)\, dx = \frac{1}{18}$$

위의 계산은 다소 복잡하다. 간단한 방법을 이용한다면, 〈예제 1-13〉에서 $E(X) = m = \frac{2}{3}$을 구하였다.

$$E(X^2) = \int_0^1 x^2 f(x)\, dx = \int_0^1 (x^2 \times 2x)\, dx = \int_0^1 2x^3 dx = \frac{2}{4} x^4 \big]_0^1 = \frac{1}{2}$$

따라서 $\sigma^2 = E(X-m)^2 = E(X^2) - m^2 = \frac{1}{2} - \left(\frac{2}{3}\right)^2 = \frac{1}{18}$

즉, 동일한 답을 단순한 방법으로 계산할 수 있다. ▪

분산도 기댓값처럼 변수 $X$에 대하여 특정 상수 $c$의 특성을 가지고 있다.

(1)  $V(c) = 0$

(2)  $V(cX) = c^2 V(X)$

(3)  $V(X \pm c) = V(X)$

특정 상수는 변하는 값이 아닌 고정된 숫자이기 때문에 분산이 0이고, 확률 변수에 상수항을 더하거나 빼는 경우, 위치의 변동만이 발생할 뿐, 분포의 정도는 변화가 없다는 의미로 해석할 수 있다. 수식 (2)는 다음과 같이 증명할 수 있다.

$$(2) \quad V(cX) = E(cX - cm)^2 = c^2 E(X - m)^2 = c^2 V(X)$$

보다 일반적으로 표현하면, 확률 변수에 대한 함수로 정의된 경우에도 위에서 정의한 방식과 유사하게 해당 함수에 대한 기댓값을 계산할 수 있으며, 다음과 같이 구해진다.

$$\text{이산형} : E[g(X)] = \sum_x g(x) P(X = x)$$

$$\text{연속형} : E[g(X)] = \int_{-\infty}^{\infty} g(x) f(x) dx$$

지금까지 하나의 확률 변수에 대한 대표적 요약 값인 기댓값과 분산에 대하여 알아보았다. 이들 개념과 기본 공식은 통계학에 있어 기초가 되는 매우 중요한 것으로 항상 기억해 두는 것이 편리하다. 다음은 두 변수간의 관계를 설명하는 대표적 요약 값인 공분산과 상관계수에 대하여 알아보기로 한다.

## 1.6.2 공분산(Covariance)과 상관계수(Correlation Coefficient)

공분산은 두 확률 변수가 각각 평균과의 거리를 곱한 기댓값으로 정하게 되며, 두 확률 변수 $X$, $Y$에 대하여 수식으로 표현하면 다음과 같다.

$$Cov(X, Y) = \sigma_{XY} = E(X - m_X)(Y - m_Y)$$

여기서 $m_X$는 확률 변수 $X$의 기댓값, $m_Y$는 확률 변수 $Y$의 기댓값을 의미한다. 분산과 마찬가지로 계산상의 편의를 위하여 공분산은 다음과 같이 계산할 수 있다.

$$\begin{aligned} \sigma_{XY} &= E(X - m_X)(Y - m_Y) = E(XY - m_X Y - m_Y X + m_X m_Y) \\ &= E(XY) - m_X E(Y) - m_Y E(X) + m_X m_Y \\ &= E(XY) - m_X m_Y - m_Y m_X + m_X m_Y \\ &= E(XY) - m_X m_Y \end{aligned}$$

$E(XY)$는 두 확률 변수의 결합 확률 분포 함수를 통해 다음과 같이 계산할 수 있다.

$$\text{이산형 확률 변수} : \sum_{i=1}^{n} \sum_{j=1}^{m} x_i y_j p_{ij}$$

$$\text{연속형 확률 변수} : \int_{-\infty}^{\infty} \int_{-\infty}^{\infty} xy f(x, y) dx dy$$

두 확률 변수의 합에 대한 분산을 구하는 경우에도 공분산의 개념이 사용되는데, 이에 대한 수식은 다음과 같다.

(1) $V(X+Y) = V(X) + V(Y) + 2\,Cov(X,\ Y)$

(2) $V(X-Y) = V(X) + V(Y) - 2\,Cov(X,\ Y)$

(3) $V(aX+bY) = a^2\,V(X) + b^2\,V(Y) + 2ab\,Cov(X,\ Y)$

(4) $V(aX-bY) = a^2\,V(X) + b^2\,V(Y) - 2ab\,Cov(X,\ Y)$

공분산 수식이 의미하는 바는 두 확률 변수의 값과 평균의 차이를 곱한 면적으로 생각할 수 있는데, 두 변수의 차의 값이 같은 부호일 경우 면적은 양으로 다른 부호일 경우 음의 부호로 나타내게 된다. 즉, 양의 경우는 그래프상에서 1사분면과 3사분면에, 음의 경우는 2사분면과 4사분면에 나타나게 되는 것을 말하며, 1, 3사분면은 양의 방향성을 2, 4사분면은 음의 방향성을 가진다는 것으로 해석할 수 있다. 이를 그림으로 표현하면 〈그림 1-4〉와 같다.

**그림 1-4**

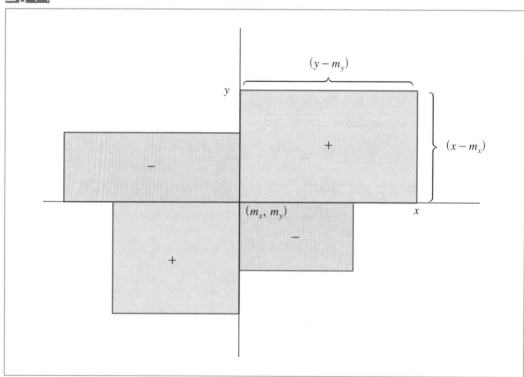

즉, 두 변수가 가지는 값이 1사분면과 3사분면에 많이 나타나서 공분산을 나타내는 기댓값이 양의 값을 가지는 경우에는 두 변수가 양의 관계가 있음을, 반대로 2사분면과 4사분면에 많이 나타나는 경우 공분산은 음의 값으로 나타나게 되고, 두 변수의 관계가 음의 관계라고 설명할 수 있는 것이다. 여기서 공분산이 가지는 한계는 공분산으로 요약되는 값의 크기이다. 예를 들어 키와 몸무게의 관계를 설명하고자 어떤 사람은 cm로 측정하여 공분산을 계산하고, 어떤 사람은 m 로 측정하여 계산한 경우, cm로 측정한 경우는 수치가 크게 나타나기 때문에 공분산의 값도 당연 히 크게 나타나게 된다. 따라서 동일한 자료라 할지라도 단위의 차이로 공분산의 값이 다르게 나 타나는 것이다.

이러한 한계점을 보완하고자, 두 확률 변수의 관계에서 방향성의 기댓값을 구하는 공분산 에서 관계 정도의 수준까지도 표현하고자 등장하는 개념이 상관계수(correlation coefficient)이 다. 예를 들어, 각각의 확률 변수가 나타내는 단위는 다른 척도를 가지고 있다고 하자. 즉, 키와 몸무게라는 두 변수가 있을 경우, 키는 센티미터, 몸무게는 킬로그램으로 표현되는 변수로 두 변 수의 크고 작음 등을 동일한 기준에서 비교할 수 없다. 따라서 두 변수의 관계 정도를 동일한 척 도에서 비교하고자 상관계수의 개념이 활용되는데, 수식은 다음으로 정의된다.

$$Corr(X, Y) = \rho_{XY} = \frac{Cov(X, Y)}{\sqrt{Var(X)}\sqrt{Var(Y)}} = \frac{\sigma_{XY}}{\sigma_X \sigma_Y}$$

두 변수 관계의 방향성인 공분산을 각각의 표준편차로 나눠 줌으로써 척도를 동일한 수준으 로 표현한 공식이며, 이에 따라 상관계수의 값은 항상 −1에서 1 사이의 값을 가지게 된다. 즉, 1에 가까워질수록 양의 상관관계가 크다는 것을 의미하며, −1에 가까워질수록 음의 상관관계가 크다는 것을 의미한다.

상관계수를 나타내는 수식에서 값이 가지는 부호는 분자인 공분산에 의지한다. 분모는 표준편 차로 모두 양의 값을 가지기 때문이며, 관계의 방향은 공분산이 결정하고 관계의 정도는 표준편 차로 나누어줌으로써 표준화가 되는 것으로 이해할 수 있다. 여기서 상관계수는 선형적 관계를 나타내는 수치임을 주지하기 바란다.

상관계수가 −1에서 1까지의 값을 가진다는 것은 다음과 같이 증명할 수 있다. 두 확률 변수 $X$, $Y$로 새로운 확률 변수 $Z$를 아래와 같이 정의할 경우,

$$Z = \frac{Y}{\sigma_Y} - \rho_{XY}\frac{X}{\sigma_X}$$

확률 변수 $Z$의 분산은 다음과 같이 계산할 수 있다.

$$Var(Z) = Var(\frac{Y}{\sigma_Y} - \rho_{XY}\frac{X}{\sigma_X}) = \frac{1}{\sigma_Y^2}Var(Y) + \frac{\rho_{XY}^2}{\sigma_X^2}Var(X) - 2\rho_{XY}\frac{Cov(X, Y)}{\sigma_Y \sigma_X}$$

$$= \frac{1}{\sigma_Y^2}\sigma_Y^2 + \frac{\rho_{XY}^2}{\sigma_X^2}\sigma_X^2 - 2\rho_{XY}\rho_{XY} = 1 - \rho_{XY}^2$$

분산은 항상 양의 값을 가지므로 $1 - \rho_{XY}^2 \geq 0$인 관계를 만족한다. 따라서 항상 $-1 \leq \rho_{XY} \leq 1$인 관계를 만족하게 되는 것이다.

### 예제 1-18

두 확률 변수의 확률 분포가 다음과 같이 주어진 경우, 각 변수의 기댓값과 분산 그리고 두 변수간의 공분산과 상관계수를 구하시오.

| Y \ X | 1 | 2 | 합 |
|---|---|---|---|
| 1 | 1/4 | 1/4 | 1/2 |
| 2 | 1/4 | 1/4 | 1/2 |
| 합 | 1/2 | 1/2 | 1 |

💡 풀이

확률 변수 $X$와 $Y$의 기댓값과 분산은 주변 확률 분포를 통하여 다음과 같이 구할 수 있다.

$$E(X) = 1 \times \frac{1}{2} + 2 \times \frac{1}{2} = \frac{3}{2}, \ E(Y) = 1 \times \frac{1}{2} + 2 \times \frac{1}{2} = \frac{3}{2}$$

$$E(X^2) = 1^2 \times \frac{1}{2} + 2^2 \times \frac{1}{2} = \frac{5}{2}, \ E(Y^2) = 1^2 \times \frac{1}{2} + 2^2 \times \frac{1}{2} = \frac{5}{2}$$

$$V(X) = E(X^2) - m_X^2 = \frac{5}{2} - \left(\frac{3}{2}\right)^2 = \frac{1}{4},$$

$$V(Y) = E(Y^2) - m_Y^2 = \frac{5}{2} - \left(\frac{3}{2}\right)^2 = \frac{1}{4}$$

$E(XY)$는 결합 확률 분포로부터 다음과 같이 계산할 수 있으며,

$$E(XY) = 1 \times 1 \times \frac{1}{4} + 1 \times 2 \times \frac{1}{4} + 2 \times 1 \times \frac{1}{4} + 2 \times 2 \times \frac{1}{4} = \frac{9}{4}$$

두 확률 변수의 공분산=

$$Cov(X, \ Y) = E(XY) - m_X m_Y = \frac{9}{4} - \frac{3}{2} \times \frac{3}{2} = 0$$

두 확률 변수의 상관계수=

$$Corr(X, \ Y) = \rho_{XY} = \frac{Cov(X, \ Y)}{\sigma_X \sigma_Y} = 0$$

두 변수가 독립적인 경우 두 변수간의 공분산과 상관계수는 항상 0의 값을 가진다. 하지만 공분산과 상관계수는 선형적인 관계성을 나타내는 요약 값으로, 상관계수가 0이라고 하더라도 두 변수가 항상 독립적인 것은 아님을 유의하여야 한다.

### 예제 1-19

두 개의 연속형 확률 변수로 이루어진 결합 확률 분포 함수가 다음과 같이 정의된 경우 두 변수 간의 상관계수를 구하시오.

$$f(x, y) = \begin{cases} 1, \ 0 \le x \le 1, \ 0 \le y \le 1 \\ 0, \ otherwise \end{cases}$$

### 풀이

〈예제 1-9〉에서 각 변수에 대한 주변 확률 분포를 다음과 같이 구하였다.

$$f(x) = \int_0^1 f(x, y)\,dy = \int_0^1 1\,dy = y\,]_0^1 = 1, \ 0 \le x \le 1$$

$$f(y) = \int_0^1 f(x, y)\,dx = \int_0^1 1\,dx = x\,]_0^1 = 1, \ 0 \le y \le 1$$

따라서 $E(X) = \int_0^1 x f(x)\,dy = \int_0^1 x\,dy = \frac{x^2}{2}\,]_0^1 = \frac{1}{2}$ 이며 $E(Y) = \frac{1}{2}$ 이다.

$$E(XY) = \int_0^1 \int_0^1 xy\,f(x, y)\,dx\,dy = \int_0^1 \int_0^1 xy\,dx\,dy = \int_0^1 \frac{x^2}{2}\,]_0^1\,y\,dy = \ = \int_0^1 \frac{1}{2}\,y\,dy$$

$$= \frac{1}{2}\frac{1}{2}y^2\,]_0^1 = \frac{1}{4}$$

따라서 $Cov(X, Y) = E(XY) - m_X m_Y = \frac{1}{4} - \frac{1}{2} \times \frac{1}{2} = 0$ 이므로 상관계수도 0이다.

앞의 〈예제 1-18〉과 마찬가지로 〈예제 1-19〉의 독립성도 앞에서 증명하였다. 따라서 공분산과 상관계수는 0으로 나타나는 것이다.

독립인 경우 공분산이 0이다 라는 것은 다음과 같은 수식으로 증명할 수 있다.

$$E(XY) = \int_{-\infty}^{\infty} \int_{-\infty}^{\infty} xy\,f(x, y)\,dx\,dy = \int_{-\infty}^{\infty} \int_{-\infty}^{\infty} xy\,f(x)f(y)\,dx\,dy$$

$$= \int_{-\infty}^{\infty} x f(x)\,dx \int_{-\infty}^{\infty} y\,f(y)\,dy = E(X)E(Y) = m_X m_Y$$

따라서, $Cov(X, Y) = E(XY) - m_X m_Y = m_X m_Y - m_X m_Y = 0$ 임을 만족하게 된다. 상관계수의 분자가 공분산으로 표현되므로 상관계수의 값도 당연히 0으로 나타나게 된다.

## 2. 주요 확률 분포 함수

앞에서 확률 변수는 이산형과 연속형으로 나뉘며, 확률 변수의 속성에 따라 확률 분포 역시 이산형 확률 분포와 연속형 확률 분포로 나뉘는 것을 확인하였다.

모든 확률 변수는 특정한 확률 분포를 가지게 되는데, 예전부터 방대한 데이터를 기반으로 자동차보험 사고 건수는 포아송 분포를, 자동차 운행거리는 정규 분포를 따른다는 점이 미국 보험계리학계의 주장이었으며 그들은 이를 증명하였다. 이와 같이 확률 변수가 가지는 속성과 정의에 따라 일정한 형태의 대표적인 확률 분포 함수의 형태를 가지는 경우가 있다. 이러한 확률 분포 함수의 중심과 분포의 형태를 결정하는 특성치가 있는데, 이를 통계학에서는 확률 분포 함수의 모수(parameter)라고 한다. 즉, 모수에 따라 확률 분포 함수의 위치와 모양이 결정된다고 생각하면 된다. 이 장에서는 확률 분포 중 일반적이고, 특히 보험산업에서 많이 활용되는 주요 확률 분포 함수와 분포 함수별 위치와 모양을 결정짓는 모수 및 대표적인 특성에 대하여 알아보기로 한다.

### 2.1 이산형 확률 분포

이산형 확률 분포는 확률 변수가 셀 수 있는 이산형 형태이며, 이에 해당하는 대표적인 이산형 확률 분포의 함수 형태, 요약 값 등에 대하여 알아보기로 한다.

### 2.1.1 이산형 균등(Discrete Uniform) 분포

가장 간단한 형태의 확률 분포로 모든 확률 변수의 값에 동일한 발생 확률을 가지는 분포 함수이다. 즉, $n$개의 가능한 사건이 있다면 각 사건은 $1/n$이라는 동일한 확률을 가지는 확률 분포이다. 따라서 이산형 균등 분포 함수의 표본공간은 $\Omega = \{1,\ 2,\ \cdots,\ n\}$로 정의할 수 있으며, 이산형 균등 분포의 모수는 발생 가능한 사건의 수인 $n$이다.

이와 같은 표본공간과 모수에 따라 정의되는 이산형 균등 분포는 다음과 같다.

$$P(X=x) = \frac{1}{n},\ x = 1,\ 2,\ \cdots,\ n$$

이산형 균등 분포의 기댓값과 분산에 대하여 알아보자. 기댓값은 공식에 따라 계산할 수 있다.

$$E(X) = \sum_{x=1}^{n} x \frac{1}{n} = \frac{1}{n} \sum_{x=1}^{n} x = \frac{1}{n} \frac{n(n+1)}{2} = \frac{n+1}{2}$$

분산은 $Var(X) = E(X^2) - E(X)^2$로 계산이 가능하다.

$$E(X^2) = \sum_{x=1}^{n} x^2 \frac{1}{n} = \frac{1}{n} \sum_{x=1}^{n} x^2 = \frac{1}{n} \frac{n(n+1)(2n+1)}{6} = \frac{(n+1)(2n+1)}{6}$$

$$Var(X) = E(X^2) - [E(X)]^2 = \frac{(n+1)(2n+1)}{6} - \left(\frac{n+1}{2}\right)^2 = \frac{(n-1)(n+1)}{12}$$

### 예제 1-20

확률 변수 $X$는 일정 보험기간 동안 발생하는 사고의 건수를 나타내는 확률 변수라 할 때, 그 보험기간 동안 발생 가능한 사고 건수는 1, 2, 3, 4건이며, 각 사고 건수가 발생할 확률은 동일하다고 가정한다.

(1) 보험기간 동안 발생하는 평균 사고 건수는 얼마인가?

(2) 발생하는 사고 건수의 분산은 얼마인가?

### 풀이

확률 변수의 정의상 발생 확률이 동일한 균등 분포임을 알 수 있다. 따라서 균등 분포의 평균과 분산식을 통하여 계산할 수 있다.

(1) $E(X) = \dfrac{n+1}{2} = \dfrac{4+1}{2} = \dfrac{5}{2}$

(2) $V(X) = \dfrac{(n-1)(n+1)}{12} = \dfrac{3 \times 5}{12} = \dfrac{15}{12} = \dfrac{5}{4}$

참고로, 균등 분포의 평균과 분산의 계산은 위의 공식을 이용하지 않고 아래와 같이 기본적인 통계이론으로도 구할 수 있지만 계산 시간이 더 오래 걸리며 경우에 따라 계산이 복잡할 수 있다.

(1) $E(X) = \dfrac{1}{4}(1+2+3+4) = \dfrac{5}{2}$

(2) $V(X) = \dfrac{1}{4}[(1-2.5)^2 + (2-2.5)^2 + (3-2.5)^2 + (4-2.5)^2]$

$\qquad = \dfrac{2.25 + 0.25 + 0.25 + 2.25}{4} = \dfrac{5}{4}$

## 2.1.2 베르누이(Bernoulli) 분포

어떠한 시행의 결과가 오로지 두 가지로 한정되는 경우, 이를 베르누이 시행이라고 하며, 베르누이 분포는 시행의 결과가 두 개로 한정된 베르누이 시행을 통하여 변수를 표현하는 확률 분포이다. 가장 일반적인 예가 동전이다. 동전을 던져서 나올 수 있는 결과는 앞면 또는 뒷면으로 오직 두 개의 결과만이 나타나는 경우이다. 보험에서는 사고의 유무와 같이 사고가 발생하는 경우와 사고가 발생하지 않은 경우의 두 가지 결과만이 나타나는데 이를 베르누이 시행이라 말 할 수 있다. 따라서 베르누이 확률 분포 함수의 표본공간은 $\Omega = \{0, 1\}$로 정의할 수 있으며, 0은 특정 사건이 일어나지 않은 경우, 1은 특정 사건이 일어난 경우를 나타낸다.

베르누이 분포의 모수는 한 가지 사건이 발생할 확률 $p$이다. 오로지 두 가지 결과만 나타나기 때문에 확률 $p$를 알면 반대 사건의 확률은 $1-p$이므로, 모든 확률 추정이 가능해지고, 베르누이 분포의 모수는 발생 확률 $p$가 된다.

이와 같은 표본공간과 모수에 따라 베르누이 분포는 다음과 같이 정의된다.

$$P(X=x) = p^x (1-p)^{1-x},\ x = 0,\ 1,\ 0 < p < 1$$

특정 사건이 발생할 경우, 즉 $X$값이 1인 경우 $P(X=1) = p^1 (1-p)^{1-1} = p$가 되는 것이며, 사건이 발생하지 않은 경우, 즉 $X$값이 0인 경우

$$P(X=0) = p^0 (1-p)^{1-0} = 1 - p$$ 가 되는 것이다.

베르누이 분포의 기댓값과 분산의 공식은 다음과 같이 도출된다.

$$기댓값 = E(X) = \sum_{x=0}^{1} x\, P(X=x) = \sum_{x=0}^{1} x\, p^x (1-p)^{1-x}$$

$$= 0 \times p^0 \times (1-p) + 1 \times p^1 \times (1-p)^{1-1} = p$$

$$분산 = Var(X) = E(X^2) - E(X)^2$$

$$E(X^2) = \sum_{x=0}^{1} x^2\, P(X=x) = \sum_{x=0}^{1} x^2\, p^x (1-p)^{1-x} = 1^2 \times p^1 \times (1-p)^{1-1} = p$$

$$Var(X) = E(X^2) - E(X)^2 = p - p^2 = p(1-p)$$

베르누이 분포의 기댓값과 분산은 기본적인 통계이론 방식에 의해서도 계산할 수 있으나 계산자체가 복잡하고 시간도 오래 걸리므로 공식 자체를 암기하는 것이 효율적이다.

### 예제 1-21

확률 변수 $X$는 보험기간 동안 사고 발생 여부를 나타내는 확률 변수이며, 사고 발생 확률은 10%라고 하자.
(1) 확률 변수 $X$에 대한 확률 분포 함수를 정의하라.
(2) 확률 변수 $X$의 기댓값과 분산은 얼마인가?

#### 풀이

확률 변수의 정의상 결과가 사고 발생 유무라는 두 가지로 나타나는 베르누이 분포임을 알 수 있다. 따라서 베르누이 분포의 정의와 평균, 분산 공식으로 쉽게 계산할 수 있다.
(1) $f(x) = (0.1)^x (0.9)^{1-x},\ x = 0, 1$
(2) $E(X) = p = 0.1$

$$V(X) = p(1 - p) = 0.1 \times 0.9 = 0.09$$

### 2.1.3 이항(Binomial)분포

이항분포는 베르누이 분포의 확장된 개념으로 베르누이 시행을 $n$번 독립적으로 시행하였을 경우의 성공 횟수, 즉 특정 사건이 발생한 건수에 대하여 정의되는 분포 함수이다.

베르누이 분포의 표본공간은 1회 시행에서 성공여부에 따라 0, 1로만 나타나지만 이항 분포의 경우 성공 횟수에 대한 표본공간은 $\Omega = \{0, 1, 2, 3, \cdots, n\}$로 정의된다. 성공이 나타나는 경우가 한 번도 일어나지 않는 0번에서 모두 성공인 $n$번 사이에서 정의되는 것으로 이해할 수 있다. 이항 분포의 모수는 시행횟수인 $n$과 성공확률 $p$이며, 확률 변수 $X$가 이항 분포일 경우 $X \sim B(n, p)$라고 표기한다. 베르누이 분포는 $n = 1$인 이항 분포의 특수한 경우라고 볼 수 있다.

이항 분포의 확률 분포 함수는 다음과 같다.

$$P(X = x) = \binom{n}{x} p^x (1 - p)^{n - x}, \; x = 0, 1, 2, \cdots, n$$

확률 분포 함수에서 $p$는 사건이 발생하는 경우를 의미하며, 식의 1항은 $n$번의 시행에서 $x$번의 사건이 발생하는 경우의 수를, 2항 $p^x$는 사건이 $x$번 일어나는 확률을, 3항은 사건이 발생하지 않은 $(n - x)$번에 대한 확률을 나타내는 것으로 이해할 수 있다.

이항 분포가 확률 분포임을 만족하는지 여부는 모든 가능한 변수에 대한 확률의 값의 합이 1임을 통하여 확인 가능하다.

$$\sum_{x=0}^{n} P(X = x) = \sum_{x=0}^{n} \binom{n}{x} p^x (1 - p)^{n - x} = [\, p + (1 - p)\,]^n = 1$$

이항 분포에서 기댓값과 분산의 공식은 다음과 같다.

$$E(X) = np,$$
$$V(X) = np(1 - p) = npq, \; (단, q = 1 - p)$$

기댓값과 분산은 베르누이 분포, 독립의 성질, 기댓값과 분산의 특성 등을 활용하여 쉽게 증명할 수 있다.

이항 분포를 베르누이 시행의 합으로 정의할 수 있기 때문에 $Y_1, Y_2, \cdots, Y_n$을 베르누이 시행으로부터 정의된 베르누이 분포의 확률 변수라고 할 경우, 이항 분포 확률 변수 $X = \sum_{i=1}^{n} Y_i$로 표현할 수 있다. 따라서,

$$E(X) = E\left(\sum_{i=1}^{n} Y_i\right) = E(Y_1 + Y_2 + \cdots + Y_n) = E(Y_1) + E(Y_2) + \cdots + E(Y_n)$$
$$= p + p + \cdots + p = np$$
$$V(X) = V\left(\sum_{i=1}^{n} Y_i\right) = V(Y_1 + Y_2 + \cdots + Y_n) = V(Y_1) + V(Y_2) + \cdots + V(Y_n)$$
$$= p(1-p) + p(1-p) + \cdots + p(1-p) = np(1-p) = npq$$

증명과정 중 선형결합의 분산에서 공분산 항이 없어진 것은 각각의 시행이 독립적이라는 것을 만족하기 때문이다.

이항 분포에서 종종 확률 변수 $X$가 일정한 값보다 큰 확률을 구하게 되는 경우가 있다. 예를 들어, 사고 건수가 1건 이상인 경우의 $P(X \geq 1)$인 확률을 구할 경우, 확률의 계산은 $\sum_{x=1}^{n} P(X=x)$로 계산은 가능하나, $n-1$항을 계산하여야 하는 번거로움이 발생한다. 따라서 이러한 경우는 확률의 성질을 이용하여, 아래와 같이 쉽고 간편하게 구할 수 있다.

$$P(X \geq 1) = 1 - P(X < 1) = 1 - P(X = 0)$$
$$= 1 - \binom{n}{0}p^0(1-p)^{n-0} = 1 - (1-p)^n$$

### 예제 1-22

특정 보험 상품에 가입한 계약자가 10명이며, 개별 계약자의 사고 확률은 각 10%로 알려져 있다. 계약자 중 사고가 발생하는 사람의 수를 확률 변수 $X$로 정의할 때, 다음 물음에 답하라.
(1) 확률 변수 $X$에 대한 확률 분포 함수를 정의하시오.
(2) 확률 변수 $X$의 기댓값과 분산은 얼마인가?

#### 풀이

확률 변수가 사고 유무로 정의되는 $n=10$, $p=0.1$인 이항 분포임을 알 수 있다. 따라서 이항 분포의 정의와 평균, 분산식을 통하여 계산할 수 있다.

(1) $f(x) = \binom{10}{x}(0.1)^x(0.9)^{10-x}$, $x = 0, 1, 2, \cdots, 10$

(2) $E(X) = np = 10 \times 0.1 = 1$
$V(X) = np(1-p) = 10 \times 0.1 \times 0.9 = 0.9$

베르누이 분포의 기댓값과 분산 계산과 마찬가지로 이항 분포의 계산도 기본적인 통계이론 방식에 의할 수 있으나 계산자체가 복잡하고 시간도 오래 걸리므로 공식 자체를 암기하는 것이 효율적이다.

**예제 1-23**

〈예제 1-22〉와 동일한 가정하에 다음 확률을 계산하시오.

(1) 사고가 0건 또는 1건 일어날 확률은?

(2) 사고가 1건 이상 일어날 확률은?

**풀이**

이항 분포 함수에 변수의 값을 대입하는 경우 확률 계산이 되므로 다음의 계산식을 통하여 확률을 구할 수 있다.

(1) $P(X=0\,\text{or}\,1) = P(X=0) + P(X=1) = \binom{10}{0}(0.1)^0(0.9)^{10-0} + \binom{10}{1}(0.1)^1(0.9)^{10-1}$

$$= (0.9)^{10} + 10(0.1)(0.9)^9$$

(2) $P(X \geq 1) = 1 - P(X=0) = 1 - (0.9)^{10}$

### 2.1.4 포아송(Poisson) 분포

자동차보험이나 재물보험 등의 손해보험 분야에서 많이 활용되는 분포 중 하나인 포아송 분포는 단위시간 또는 단위구간 내에 발생하는 사고건수에 대한 분포로 정의된다. 따라서 보험기간을 단위시간으로 가정하는 경우, 보험기간 동안 발생한 사고건수는 분포의 정의에 따라 포아송 분포로 가정할 수 있다는 특성이 있다.

포아송 분포의 경우 발생하는 사고건수에 대한 표본공간은 $\Omega = \{0, 1, 2, 3, \cdots\}$로 정의된다. 사고는 계속 발생할 수 있기 때문에 표본공간의 마지막 부분은 무한대까지 가능하다고 정의한다. 포아송 분포의 모수는 평균적으로 발생하는 사고건수인 $\lambda$이며, 확률 변수 $X$가 포아송 분포일 경우 $X \sim Poi(\lambda)$라고 표기한다. 포아송 분포의 확률 분포 함수는 다음과 같다.

$$P(X=x) = \frac{e^{-\lambda}\lambda^x}{x!}, \; x = 0, 1, 2, 3, \cdots,$$

포아송 분포도 확률 분포의 성질을 만족하게 되는데, 모든 $x$에 대하여 0보다 큰 값을 가지며, 가능한 모든 값의 합은 1이 된다.

$$\sum_{x=0}^{\infty} P(X=x) = \sum_{x=0}^{\infty} \frac{e^{-\lambda}\lambda^x}{x!} = e^{-\lambda}\sum_{x=0}^{\infty}\frac{\lambda^x}{x!} = e^{-\lambda}e^{\lambda} = 1$$

포아송 분포의 기댓값과 분산은 다음과 같다.

$$E(X) = \lambda,$$
$$V(X) = \lambda$$

즉, 평균과 분산이 동일한 성질을 가지는 분포 함수이다. 포아송 분포의 기댓값에 대한 증명은 다음과 같은 방식으로 가능하다.

$$E(X) = \sum_{x=0}^{\infty} x \frac{e^{-\lambda}\lambda^x}{x!} = \sum_{x=1}^{\infty} x \frac{e^{-\lambda}\lambda^x}{(x-1)!}$$

$$= \lambda \sum_{x=1}^{\infty} \frac{e^{-\lambda}\lambda^{x-1}}{(x-1)!} = \lambda \sum_{x-1=0}^{\infty} \frac{e^{-\lambda}\lambda^{(x-1)}}{(x-1)!} = \lambda$$

마지막 항의 경우 $x-1$이라는 새로운 변수에 대한 또 하나의 포아송 분포로 인식할 수 있으며, 모든 가능한 공간에서의 합은 1이 됨을 이용한 것이다. $x!$이라는 항이 가지는 특성을 이용하여 분산은 다음과 같은 과정을 통하여 얻을 수 있다.

$$E[X(X-1)] = \sum_{x=0}^{\infty} x(x-1)\frac{e^{-\lambda}\lambda^x}{x!} = \lambda^2 \sum_{x=2}^{\infty} x(x-1) \cdot \frac{e^{-\lambda}\lambda^{x-2}}{(x-2)!}$$

$$= \lambda^2 \sum_{x-2=0}^{\infty} \frac{e^{-\lambda}\lambda^{(x-2)}}{(x-2)!} = \lambda^2$$

$$E[X(X-1)] = E[X^2 - X] = E(X^2) - E(X) = \lambda^2$$

$$E(X^2) = E(X) + \lambda^2 = \lambda + \lambda^2$$

$$V(X) = E(X^2) - E(X)^2 = \lambda + \lambda^2 - \lambda^2 = \lambda$$

### 예제 1-24

확률 변수 $X$는 특정 보험기간 동안 발생한 사고건수를 나타내는 확률 변수라 하고, 그 보험기간 동안 발생하는 평균 사고건수가 1건이라고 하자.
(1) 확률 변수 $X$에 대한 확률 분포 함수를 정의하시오.
(2) 확률 변수 $X$의 기댓값과 분산은 얼마인가?

#### 풀이

특정기간 동안 발생하는 사고건수로 정의되는 확률 변수의 속성상 포아송 분포임을 가정할 수 있고, 평균적인 사고 건수를 통하여 포아송 분포의 모수 추정이 가능하므로, 확률 변수 $X$의 확률 분포 함수는 다음과 같이 정의할 수 있으며, 포아송 분포의 평균, 분산은 다음과 같다.

(1) $P(X=x) = \dfrac{e^{-1}1^x}{x!}$ , $x = 0,1,2,3,\ldots$

(2) $E(X) = \lambda = 1$
   $V(X) = \lambda = 1$

### 예제 1-25

보험기간 동안 발생한 사고건수를 나타내는 확률 변수를 $X$라고 하고, 포아송 분포를 따른다. 동일한 보험기간 동안 발생하는 평균 사고건수는 2건이다.

(1) 같은 보험기간 동안 사고가 1건도 발생하지 않을 확률은 얼마인가?

(2) 사고가 2건 이상 발생할 확률은 얼마인가?

☀ 풀이

포아송 분포이므로 평균 사고건수를 통하여 모수 추정이 가능하다. 따라서 확률 변수 $X$의 확률 분포 함수는 다음과 같이 정의할 수 있다.

$$P(X=x)=\frac{e^{-2}2^x}{x!}$$

(1) $P(X=0)=\frac{e^{-2}2^0}{0!}=e^{-2}$

(2) $P(X\geq 2)=1-P(X\leq 1)=1-P(X=0)-P(X=1)$

$P(X=1)=\frac{e^{-2}2^1}{1!}=2e^{-2}$

$P(X\geq 2)=1-e^{-2}-2e^{-2}=1-3e^{-2}$

### 2.1.5 기하(Geometric) 분포

베르누이 분포와 이항 분포가 성공 횟수에 대한 분포라면 기하 분포는 첫 번째 성공이 일어날 때까지 실패 횟수로 정의되는 확률 분포이다. 즉, 베르누이 시행이 반복적으로 이루어진다고 가정할 경우 첫 번째 성공의 사건이 발생할 때까지 소요되는 실패 횟수라고 이해할 수 있으며, 이산형 형태의 대기시간 분포라고 불리기도 한다.

기하 분포의 경우 실패 횟수에 대한 표본공간은 $\Omega=\{0,\ 1,\ 2,\ 3,\ \cdots\}$로 정의된다. 즉, 성공이 나타날 때까지 무한번의 실패가 가능하므로 표본공간의 마지막 부분은 무한하다고 정의된다. 기하 분포의 모수는 필요한 성공확률 $p$이며, 확률 변수 $X$가 기하 분포일 경우 $X\sim Geo(p)$라고 표기한다.

기하 분포의 확률 분포 함수는 다음과 같다.

$$P(X=x)=p(1-p)^x,\ x=0,\ 1,\ 2,\ 3,\ \cdots,$$

즉, 확률 분포 함수의 2항 $(1-p)^x$가 의미하는 바는 $x$번의 실패가 반복적으로 나타나는 확률을 의미하며, 1항의 $p$는 $x$번의 실패 다음 시도에서 첫 번째 성공이 발생할 확률을 의미하는 것으로 이해할 수 있다. 따라서 총 시행회수는 $x+1$번이 되는 것이다.

기하 분포의 기댓값과 분산은 다음과 같다.

$$E(X)=\frac{(1-p)}{p},$$

$$V(X) = \frac{(1-p)}{p^2}$$

위의 식은 다음과 같이 증명할 수 있다.

$$E(X) = \sum_{x=0}^{\infty} x P(X=x) = \sum_{x=0}^{\infty} x p (1-p)^x = \sum_{x=0}^{\infty} p q \, x q^{x-1}$$

$$= \sum_{x=0}^{\infty} p q \left\{ \frac{d}{dq} q^x \right\} = p q \frac{d}{dq} \sum_{x=0}^{\infty} q^x$$

$$= p q \frac{d}{dq} (1-q)^{-1} = p q (1-q)^{-2}$$

$$= p q \frac{1}{p^2} = \frac{q}{p} = \frac{1-p}{p}$$

분산도 유사한 과정을 통하여 도출이 가능하며, 기하 분포는 음이항 분포의 특이한 형태로 음이항 분포의 평균과 분산을 통하여서도 계산이 쉽게 가능하다.

기하 분포는 확률 변수의 정의에 따라 변형이 가능한데, 성공이 발생할 때까지 나오는 실패의 수로 정의할 수도 있고, 이와는 다르게 성공이 나올 때까지 시행의 수로 정의할 수도 있다. 후자로 정의되는 경우, 위의 확률 분포 함수는 다음과 같이 바뀔 수도 있다.

$$P(X=x) = p(1-p)^{x-1}, \; x = 1, \, 2, \, 3, \, \cdots,$$

즉, 시행의 횟수로 정의된 변수이기 때문에 $X$의 범위가 0이 아닌 1에서 시작됨을 확인할 수 있으며, $x-1$번의 실패횟수와 1번의 성공횟수를 합한 $x$번의 시행횟수로 이해할 수 있다. 이 경우 분산의 변화는 없으나, 기댓값은 다음과 같이 바뀌게 된다.

$$E(X) = \frac{1}{p}$$

<br>

#### 🔬 예제 1-26

특정 보험기간 동안 발생하는 사고의 확률이 10%라고 한다. 보험만기에 보험을 연속적으로 계속 갱신한다고 가정하고, 처음 사고가 날 때까지 무사고로 가입한 보험의 횟수를 확률 변수 $X$라고 정의하는 경우 다음 물음에 답하라.
(1) 확률 변수 $X$에 대한 확률 분포 함수를 정의하라.
(2) 확률 변수 $X$의 기댓값과 분산은 얼마인가?

#### 💡 풀이

처음 사고라는 특정 사고가 발생하기까지 무사고, 즉 실패가 계속된다고 정의되는 확률 변수는 기하 분포임을 알 수 있다. 따라서 기하 분포 함수는 다음과 같이 표현할 수 있으며, 평균, 분산 계산도 가능하다.

(1) $P(X=x) = p(1-p)^x = (0.1)(0.9)^x$, $x = 0, 1, 2, 3, \cdots$

(2) $E(X) = \dfrac{1-p}{p} = \dfrac{0.9}{0.1} = 9$

$V(X) = \dfrac{1-p}{p^2} = \dfrac{0.9}{0.1^2} = 90$

이는 보험기간 동안 사고의 확률이 10%일 때. 평균 9회 연속 무사고 가입이 이루어지고 있다고 해석할 수 있다.

### 예제 1-27

보험기간 동안 사고가 발생할 확률은 10%이다. 보험을 계속 갱신한다고 가정하고 처음 사고가 날 때까지 무사고로 가입한 보험 횟수를 확률 변수 $X$라고 한다면, 보험 가입자가 4번째 가입한 기간에 첫 사고가 날 확률은 얼마인가? 단, X는 기하 분포에 따른다.

#### 풀이

성공(사고)의 확률이 10%이므로 확률 변수 $X$의 확률 분포 함수는 다음과 같이 정의할 수 있으며, 확률의 계산은 3번의 무사고 가입에 해당하는 경우의 값으로 대입하여 계산할 수 있다.

$P(X=x) = p(1-p)^x$ 따라서,

$P(X=3) = p(1-p)^3 = 0.1 \times (0.9)^3$

### 2.1.6 음이항(Negative Binomial) 분포

이항 분포가 성공 횟수에 대한 것이라면, 음이항 분포는 $r$번째 성공하기까지 발생하는 실패 횟수로 정의되는 확률 변수로 정의되는 분포 함수이다. 이항 분포와 마찬가지로 서로 독립적인 베르누이 시행의 반복된 결과로 이루어진다. 음이항 분포의 경우 실패 횟수에 대한 표본공간은 $\Omega = \{0, 1, 2, 3, \cdots\}$로 정의된다. 즉, 성공이 나타날 때까지 무한번의 실패가 가능하므로 표본공간의 마지막 부분은 무한대로 정의된다.

음이항 분포의 모수는 필요한 성공 횟수인 $r$과 성공확률 $p$이며, 확률 변수 $X$가 음이항 분포일 경우 $X \sim NB(r, p)$라고 표기한다. 음이항 분포의 확률 분포 함수는 다음과 같다.

$$P(X=x) = \binom{x+r-1}{x} p^r (1-p)^x, \ x = 0, 1, 2, 3, \cdots,$$

즉, 성공이 $r$번 발생할 때까지의 실패횟수는 $x$번이며, 총 $x+r-1$번째 시도 중 $x$번의 실패가 나오고, 마지막에 $r$번째 성공이 나오는 것으로 분포 함수를 이해할 수 있다. 즉, $P(X=x) = \binom{x+r-1}{x} p^{r-1}(1-p)^x \times p$로 분리하여 이항 분포와 한 번의 추가적인 성공의 결과가 결합된 형태로 해석할 수 있는 것이다.

앞에서 논의된 기하 분포는 $r$번째 성공이 첫 번째인, 즉 $r = 1$인 음이항 분포의 특수한 형태라고 이해하면 된다. 음이항 분포의 기댓값과 분산은 다음과 같다.

$$E(X) = \frac{r(1-p)}{p},$$

$$V(X) = \frac{r(1-p)}{p^2}$$

기댓값의 증명은 다음과 같은 방식으로 가능하다.

$$
\begin{aligned}
E(X) &= \sum_{x=0}^{\infty} x \binom{x+r-1}{x} p^r (1-p)^x = \sum_{x=1}^{\infty} x \binom{x+r-1}{x} p^r (1-p)^x \\
&= \sum_{x=1}^{\infty} \frac{(x+r-1)!}{(x-1)!\,(r-1)!} p^r (1-p)^x = \sum_{x=1}^{\infty} r \frac{(x+r-1)!}{(x-1)!\,r!} p^r (1-p)^x \\
&= \sum_{x=1}^{\infty} r \binom{x+r-1}{x-1} p^r (1-p)^{(x-1)+1} \\
&= \sum_{x-1=0}^{\infty} r \binom{x-1+r}{x-1} p^r (1-p)^{(x-1)+1} \\
&= \frac{r(1-p)}{p} \sum_{x-1=0}^{\infty} \binom{x-1+(r+1)-1}{x-1} p^{r+1} (1-p)^{(x-1)} = \frac{r(1-p)}{p}
\end{aligned}
$$

증명의 마지막은 $NB(r+1,\ p)$의 분포로 만들어서 확률 변수의 모든 가능한 값을 더하면 1이 된다는 성질을 이용한 것이다. 분산의 경우도 기댓값을 구하는 기법을 이용하여 동일하게 구할 수 있다. 기하 분포의 기댓값과 분산은 $r = 1$인 형태의 음이항 분포이므로 기하 분포의 기댓값과 분산의 증명도 이 과정에서 도출 가능하다.

### 예제 1-28

보험기간 동안 발생하는 사고의 확률은 10%라고 한다. 보험을 연속하여 계속 가입하는 경우 처음 3번째 사고가 날 때까지 무사고로 가입한 보험의 횟수를 확률 변수 $X$라고 정의하는 경우 다음 물음에 답하시오.

(1) 확률 변수 $X$에 대한 확률 분포 함수를 정의하라.

(2) 확률 변수 $X$의 기댓값과 분산은 얼마인가?

#### 풀이

3번째 사고가 발생하기까지 무사고, 즉 실패의 수로 정의되는 확률 변수는 음이항 분포임을 알 수 있다. 따라서 음이항 분포 함수로 다음과 같이 표현할 수 있으며, 평균, 분산 계산도 가능하다.

(1) $P(X=x) = \binom{x+r-1}{x} p^r (1-p)^x = \binom{x+2}{x} (0.1)^3 (0.9)^x,\ x = 0,\ 1,\ 2,\ 3,\ \cdots$

(2) $E(X) = \dfrac{r(1-p)}{p} = \dfrac{3 \times 0.9}{0.1} = 27$

$V(X) = \dfrac{r(1-p)}{p^2} = \dfrac{3 \times 0.9}{0.1^2} = 270$

## 2.2 연속형 확률 분포

이산형 확률 분포와 연속형 확률 분포는 개념상 본질적으로 유사하다. 이산형 확률 분포는 확률 변수가 셀 수 있는 이산형 형태인 반면, 연속형 확률 분포는 모든 실수 값을 가질 수 있는 연속형 확률 변수에 대한 확률 분포이다. 그러나, 우리가 가장 쉽고 간단하게 이산형 형태와 연속형 형태를 구별할 수 있는 방법은 주어진 확률 분포 함수에서 평균값과 분산을 계산하는 방식이라 할 수 있는데, 이산형 확률 분포에서 평균값과 분산은 $\Sigma$를 이용하여 계산하고 연속형 확률 분포에서 평균값과 분산은 적분 $\int$을 이용해서 계산한다는 점이다.

다음은 대표적인 연속형 확률 분포의 함수 형태, 요약 값 등에 대하여 알아보기로 한다.

### 2.2.1 균등(Uniform) 분포

균등(Uniform) 분포는 수많은 확률 분포들 중에서 가장 간단한 형태의 연속형 확률 분포로 특정 구간에서 정의된 확률 변수에 대하여 동일한 구간에 속할 확률이 일정한 형태로 나타나는 분포 함수이다. 균등 분포에서 정의되는 표본공간은 $a \le x \le b$이며, 이산형 확률 분포와 달리 구간의 형태로 정의되며, 확률 변수 $X$가 특정 구간 $a \le x \le b$에서 균등 분포일 경우 $X \sim U(a, b)$라고 표기한다.

균등 분포의 확률 분포 함수(pdf; probability density function)는 다음과 같다.

$f(x) = \dfrac{1}{b-a}, \ a \le x \le b$

균등 분포의 기댓값과 분산은 다음과 같이 도출하여 정의된다.

$E(X) = \int_a^b x f(x) dx = \int_a^b x \dfrac{1}{b-a} dx = \dfrac{1}{b-a} \dfrac{x^2}{2}]_a^b = \dfrac{1}{b-a} \dfrac{b^2 - a^2}{2} = \dfrac{a+b}{2}$

$E(X^2) = \int_a^b x^2 f(x) dx = \int_a^b x^2 \dfrac{1}{b-a} dx = \dfrac{1}{b-a} \dfrac{x^3}{3}]_a^b = \dfrac{1}{b-a} \dfrac{b^3 - a^3}{3} = \dfrac{(a^2 + ab + b^2)}{3}$

$V(X) = E(X^2) - E(X)^2 = \dfrac{a^2 + ab + b^2}{3} - \left(\dfrac{a+b}{2}\right)^2 = \dfrac{(a-b)^2}{12}$

연속형 확률 분포에서는 특정한 점에서 확률이 존재하지 않으므로 확률 변수가 특정 구간에 속할 확률의 계산을 하게 되며, 이는 해당 구간에 대한 적분, 즉 면적을 구하는 것으로 확률을 계산한다. 앞에서도 유사하게 설명했듯이 통계학의 기본 개념으로 기댓값과 분산을 도출할 수 있으나 시간적인 요소와 계산의 복잡성의 이유로 균등 분포의 분포 함수와 기댓값 그리고 분산은 암기해 두는 게 효율적이다.

**예제 1-29**

확률 변수 $X$가 0에서부터 1까지 균등한 확률을 가지는 경우, $0.3 < X < 0.75$ 구간에서 가지는 확률은 얼마인가?

**풀이**

균등 분포이므로 확률 분포 함수는 다음과 같이 정의되며,

$$f(x) = \frac{1}{1-0} = 1$$

$$P(0.3 < X < 0.75) = \int_{0.3}^{0.75} 1\, dx = x]_{0.3}^{0.75} = 0.45$$

이는 밑변의 길이가 0.45이고 높이(확률 분포 $f(x)$가 가지는 값)가 1인 사각형 면적의 넓이로 표현할 수 있다. 또는 전체 길이가 1인 경우 그 안에서 0.3부터 0.75까지에 속한 부분은 전체 길이 중에 얼마인지로 쉽게 이해할 수도 있다. 따라서 직선 형태의 확률 분포 함수에서는 적분을 이용하지 않고도 해당 구간에 대한 확률의 계산이 가능하기도 하다.

## 2.2.2 정규(Normal) 분포

통계학에서 이론적인 증명과 분석 등에 매우 많이 활용되는 분포로서 연속형 확률 분포에서 가장 대표적인 확률 분포이다. 정규 분포가 가지는 큰 특징은 평균을 중심으로 좌우 대칭의 볼록 모양 형태를 가지는 분포 함수라는 것이다. 정규 분포 확률 변수의 표본공간은 $-\infty < x < \infty$로 모든 실수의 값이 가능하다.

정규 분포의 모수는 분포의 중심을 보여주는, 평균 $\mu$와 퍼짐의 정도를 보여주는 분산 $\sigma^2$이다. 즉, 평균의 위치와 분산의 크기에 따라 확률 분포 함수의 모양이 결정된다. 다시 말해, 평균을 중심으로 좌우 대칭의 볼록 모양 형태는 그대로 유지하되, 볼록 형태가 넓게 퍼졌는지 아니면 뾰족하고 좁게 퍼졌는지를 결정하여 준다. 확률 변수 $X$가 정규 분포일 경우 $X \sim N(\mu, \sigma^2)$라고 표기한다.

정규 분포의 확률 분포 함수는 다음과 같다.

$$f(x) = \frac{1}{\sqrt{2\pi}\,\sigma} e^{-\frac{(x-\mu)^2}{2\sigma^2}}, \quad \infty < x < \infty$$

정규 분포의 기댓값과 분산은 분포 함수의 모수이므로 분포 함수로부터 바로 도출이 가능하고, 증명은 다음 장에 논의되는 적률함수에서 다루기로 한다.

정규 분포의 함수 그래프는 〈그림 1-5〉와 같이 나타난다. 그림에서 여러 개의 볼록 모양은

정규 분포의 분산은 동일하고 평균이 다를 경우, 볼록 모양은 동일한데 평균값에 따라 볼록 모양의 중심 위치만 다른 것을 보여주는 것이다. 즉 평균이 높아지면 함수의 모양은 오른쪽으로 이동하게 된다. 〈그림 1−6〉은 평균이 동일한 정규 분포에서 분산, 즉 퍼짐의 정도의 차이에 따라 중심의 위치 변화는 없고 볼록 모양 형태의 변화를 보여주는 것이다. 즉, 분산이 작을수록 평균을 중심으로 밀집해져 있는 모습이며 분산이 클수록 평균을 중심으로 넓게 퍼져있는 모습을 보인다. 〈그림 1−5〉와 〈그림 1−6〉에서처럼 평균 또는 분산이 다를 경우 함수의 모양은 달라지지만 평균을 중심으로 좌우대칭이란 사실은 여전히 유지된다는 점을 기억해야 한다.

**그림 1-5**

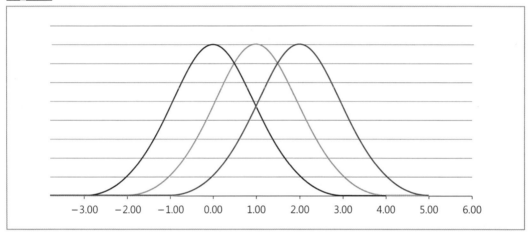

**그림 1-6**

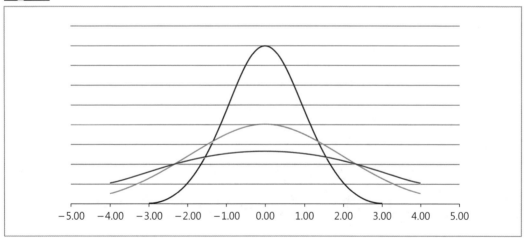

또한 정규 분포를 따르는 확률 변수에 대하여 다음의 성질을 만족한다.

$$X \pm a \sim N(\mu \pm a, \sigma^2)$$

$$aX \sim N(a\mu,\ a^2\sigma^2)$$

확률 변수 $X \sim N(\mu,\ \sigma^2)$일 때, 임의의 상수 $a$에 대하여 위와 같이 만족한다. 즉, 정규 분포 확률 변수에 임의의 상수를 가감하는 경우, 분산에 변화는 없고 중심의 위치만 변하는 정규 분포를 따르고, 임의의 상수를 곱하거나 나누는 경우에는 중심의 위치와 분산이 상수의 크기에 따라 변화된 정규분포를 따르게 된다는 것을 의미한다. 모수, 즉 위치와 퍼짐의 변화만 있을 뿐 정규 분포라는 분포 함수는 그대로 유지됨을 의미하는 것이다. 그리고 정규 분포를 따르는 두 확률 변수가 독립적일 경우는 다음과 같은 성질을 만족하게 된다. 두 확률 변수가 $X \sim N(\mu_X,\ \sigma_X^2)$와 $Y \sim N(\mu_Y,\ \sigma_Y^2)$일 때, 두 확률 변수를 가감하는 경우, $X \pm Y \sim N(\mu_X \pm \mu_Y,\ \sigma_X^2 + \sigma_Y^2)$를 만족한다. 즉, 분포 함수인 정규 분포 함수의 형태는 유지된 채, 모수의 변화만 발생하게 되고, 분산의 경우 독립이라는 가정으로 인하여, 각각의 분산의 합으로 나타나게 된다.

정규 분포가 통계학에서 중요시되는 이유 중 하나는 중심극한 정리(central limit theorem) 때문이다. 중심극한 정리란 평균이 $\mu$이고 분산이 $\sigma^2$인 확률 분포로부터 표본을 추출하여 표본평균을 구하면, 이 표본평균은 원래의 분포 함수와 상관없이 표본의 크기가 일정 수준으로 커지면 정규 분포로 수렴된다는 이론이다. 따라서 표본평균이 관심의 대상인 경우 표본의 수를 적당히 크게 하는 경우 정규 분포로 근사시켜 활용할 수 있다는 점이다.

확률표본이 $(X_1,\ X_2,\ \cdots,\ X_n)$라고 할 때 표본평균 $\overline{X} = \dfrac{1}{n}\sum_{i=1}^{n}X_i$은 표본의 수가 일정 수준 이상이면 정규 분포로 근사한 분포를 가지며, 다음과 같이 정의할 수 있다.

$$\overline{X} \sim N\!\left(\mu,\ \frac{\sigma^2}{n}\right)$$

표본평균에 대한 기댓값과 분산은 다음과 같이 증명할 수 있다.

$$E(\overline{X}) = E\!\left(\frac{1}{n}\sum_{i=1}^{n}X_i\right) = \frac{1}{n}E(X_1 + X_2 + \cdots + X_n)$$

$$= \frac{1}{n}\left[E(X_1) + E(X_2) + \cdots + E(X_n)\right] = \frac{1}{n}(\mu + \mu + \cdots + \mu) = \frac{1}{n}n\mu = \mu$$

$$V(\overline{X}) = V\!\left(\frac{1}{n}\sum_{i=1}^{n}X_i\right) = \frac{1}{n^2}V(X_1 + X_2 + \cdots + X_n)$$

$$= \frac{1}{n^2}\left[V(X_1) + V(X_2) + \cdots + V(X_n)\right] = \frac{1}{n^2}(\sigma^2 + \sigma^2 + \cdots + \sigma^2) = \frac{1}{n^2}n\sigma^2$$

$$= \frac{\sigma^2}{n}$$

정규 분포는 모든 실수에서 정의되는 함수로 특정 구간에 대한 확률 계산이 쉽지 않다. 또한 각각의 변수가 정규 분포를 따르는 경우, 각 변수의 측정단위들이 다르므로 중심과 퍼짐에 대한 직접적인 비교가 어렵다. 예를 들어, 학생들의 시험성적을 과목별로 채점하는데, 한 선생님은 1점 단위로, 한 선생님은 10점 단위로 평가하는 경우, 1점 단위에서 나타난 분산을 3, 10점 단위에서 나타난 분산을 20이라고 할 때, 10점 단위에서 평가된 과목의 분산이 더 크다고 말할 수 없는 것이다. 물론 평균도 마찬가지로 다르게 해석될 수 있다. 따라서 이와 같은 정규 분포에 대한 표준화된 분포의 형태가 요구되었고, 이러한 필요에 의하여 제안된 것이 다음에서 설명되는 표준 정규 분포이다.

**예제 1-30**

확률 변수 $X$가 정규 분포를 따른다고 할 때, 즉 $X \sim N(\mu, \sigma^2)$일 때, 다음의 물음에 답하여라.
(1) $P(X < \mu)$의 확률은?
(2) $P(X > \mu)$의 확률은?

**풀이**

정규 분포는 평균을 중심으로 좌우 대칭이므로, 좌우의 면적이 동일함을 알 수 있다. 따라서 평균보다 클 확률, 평균보다 작을 확률 모두 전체 면적 1의 절반인 0.5가 된다.

### 2.2.3 표준 정규(Standard Normal) 분포

정규 분포가 표준화된 형태를 표준 정규 분포라고 하는데, 정규 분포를 따르는 확률 변수 $X \sim N(\mu, \sigma^2)$에 대하여 다음과 같은 변환을 하여 도출되는 분포이다.

$$Z = \frac{X - \mu}{\sigma}$$

즉, 정규 분포 확률 변수에서 평균과의 거리를 없애고, 이를 표준편차로 나누는 변수변환의 형태로 이런 변수변환을 하게 될 경우의 기댓값과 분산은 다음과 같이 구할 수 있다.

$$E(Z) = E\left(\frac{X - \mu}{\sigma}\right) = \frac{1}{\sigma}[E(X) - \mu] = \frac{1}{\sigma}[\mu - \mu] = 0$$

$$V(Z) = V\left(\frac{X - \mu}{\sigma}\right) = \frac{1}{\sigma^2}V(X) = \frac{1}{\sigma^2}\sigma^2 = 1$$

앞 절에서 정규 분포 확률 변수에 임의의 상수를 가감, 승산 등의 경우 모수의 변화만 있을 뿐 분포 함수는 유지되는 성질에 대하여 알아보았다. 따라서 확률 변수 $Z$는 평균 0, 분산 1인 정규 분포를 따르게 되고, 이를 표준 정규 분포라고 하며 $Z \sim N(0, 1)$로 표기한다. 모든 정규 분포의 확률 변수를 통일된 평균과 분산을 가지는 표준 정규 분포로 변환하였기 때문에 특정 구간에 대한 확률 또한 하나의 확률 표를 통하여 구할 수 있으며, 본서 부록에 나와있는 표준 정규 분포표를 통하여 특정 구간에 대한 확률을 확인할 수 있다.

표준 정규 분포의 함수는 정규 분포의 평균과 분산이 각각 0, 1인 경우의 함수로 다음과 같이 표시할 수 있다.

$$f(z) = \frac{1}{\sqrt{2\pi}} \, e^{-\frac{z^2}{2}}, \;\; \infty < z < \infty$$

다음은 표준 정규 분포에서 가장 많이 활용되는 확률들에 대한 사례이다.

$$P(Z > 0) = P(Z < 0) = \frac{1}{2}$$
$$P(Z > 1.645) = P(Z < -1.645) = 0.05$$
$$P(Z > 1.96) = P(Z < -1.96) = 0.025$$
$$P(Z > 2.57) = P(Z < -2.57) = 0.005$$

분포의 중심인 0을 기준으로 반반의 확률을 가지고 있음을 확인할 수 있으며, 좌우 대칭인 분포의 특징을 활용하면 위의 확률들을 이용하여 다음과 같은 쉽게 확률을 도출해 낼 수 있다.

$$P(-1.645 < Z < 1.645) = 0.9$$
$$P(-1.96 < Z < 1.96) = 0.95$$
$$P(-2.57 < Z < 2.57) = 0.99$$

위와 같이 가장 많이 활용되는 표준 정규 분포의 확률들은 본서 중반부의 신뢰도 이론에서도 많이 다루게 될 것이다.

### 예제 1-31

확률 변수 $Z$가 표준 정규 분포를 따른다고 할 경우 확률 변수 $Z$가 0보다 클 확률은 얼마인가?

**풀이**

정규 분포와 마찬가지로 표준 정규 분포도 볼록 모양의 대칭함수이다. 표준 정규 분포는 평균 0을 중심으로 대칭인 함수가 되기 때문에, 중심을 기준으로 좌우 동일한 확률을 가진다고 할 수 있다.

$$P(Z > 0) = \frac{1}{2}$$

### 예제 1-32

확률 변수 $Z$가 표준 정규 분포를 따른다고 할 경우 다음의 확률을 계산하라.

(1) $P(0 < Z < 1.96)$의 확률은?

(2) $P(-1.96 < Z)$의 확률은?

💡 **풀이**

(1) 위에 제시된 확률을 이용하면, $P(Z > 0) = 0.5$이고 $P(Z > 1.96) = 0.025$이다.

따라서 $P(0 < Z < 1.96) = P(0 < Z) - P(Z > 1.96) = 0.5 - 0.025 = 0.475$로 구할 수 있다.

(2) 정규 분포는 좌우 대칭이므로 $P(Z < -1.96)$의 확률과 $P(Z > 1.96)$의 확률은 0.025로 동일하다. 따라서 해당 확률은 $1 - P(Z < -1.96)$과 같은 의미이고 $1 - 0.025 = 0.975$이다. ■

정규 분포의 경우는 각 확률 변수마다 평균과 분산이 달라서 획일화된 분포표를 통하여 확률을 계산할 수가 없다. 따라서 정규 분포의 확률도 표준 정규 분포로 변환하여 확률을 계산하게 되는데, 다음 예제를 통하여 그 과정을 살펴보기로 한다.

**예제 1-33**

확률 변수 $X$가 정규 분포 $X \sim N(10,\, 10^2)$를 따른다고 할 경우 확률 변수 $X$가 30보다 작을 확률은 얼마인가?

💡 **풀이**

다음과 같은 변수변환을 통하여 확률을 계산할 수 있다.

$$P(X < 30) = P\left(\frac{X - \mu}{\sigma} < \frac{30 - 10}{10}\right) = P(Z < 2) \approx 0.9772$$

정규 분포를 표준 정규 분포로 변환하기 위하여 $Z$라는 표준 정규 분포의 확률 변수로 변환한 후에 본서 부록에 있는 표준 정규 분포표를 이용하여 구할 수 있다. ■

### 2.2.4 카이 제곱(Chi-Square) 분포

표준 정규 분포로부터 또 하나의 연속형 분포를 도출할 수 있는데, 그것이 바로 $\chi^2$(chi-square) 분포이다. 확률 변수 $Z$가 표준 정규 분포인 경우, 이의 제곱이 $\chi^2(1)$ 분포가 되며, 여기서 모수는 괄호 안의 숫자가 된다. 즉, 수식으로 표현하면 다음과 같다.

$$Z \sim N(0,\, 1) \rightarrow Z^2 \sim \chi^2(1)$$

그리고 서로 독립인 표준 정규 분포 확률 변수의 합은 해당 확률 변수의 개수가 모수인 $\chi^2$분포를 따른다. 즉, 확률 변수 $Z_1, Z_2, \cdots, Z_n \sim N(0, 1)$이며 서로 독립일 때, 다음과 같은 성질을 만족한다.

$$X = \sum_{i=1}^{n} Z_i \sim \chi^2(n)$$

여기서 $n$이 $\chi^2$-분포의 모수가 되며, 이를 자유도(degree of freedom)라고 한다. $\chi^2(n)$ 분포의 기댓값과 분산은 다음과 같이 정의된다.

$$E(X) = n,$$

$$Var(X) = 2n$$

### 2.2.5 지수(Exponential) 분포

지수 분포란 어떤 사건이 발생할 때까지 걸린 시간으로 정의되는 확률 분포이다. 어떤 사건이 포아송 분포에 의하여 발생될 때, 처음으로 해당 사건이 발생할 때까지 걸리는 시간에 대한 함수이다. 기하 분포가 첫 번째 성공까지 시행한 실패의 횟수, 즉 대기 시간에 대한 이산형 분포라고 하면, 지수 분포는 대기시간에 대한 연속형 분포라고 이해하면 된다.

지수 분포 확률 변수의 대기시간 $t$의 표본공간은 $0 < t < \infty$로, 0보다 큰 모든 실수의 값이 가능하다. 지수 분포가 포아송 분포에 의하여 발생하는 사건으로 정의되기 때문에 지수 분포의 모수는 포아송 분포의 평균 발생 건수를 나타내는 $\lambda$이며, $T$가 지수 분포일 경우 $T \sim \mathrm{Exp}(\lambda)$라고 표기한다. 지수 분포의 확률 분포 함수는 다음과 같다.

$$f(t) = \lambda e^{-\lambda t}, \quad 0 < t < \infty$$

지수 분포 함수는 포아송 분포의 개념으로부터 도출이 가능한데, 확률 변수 $X$가 평균 $\lambda$인 포아송 분포를 따른다고 가정하고, $t$구간에서 발생하는 사건의 수를 확률 변수 $Y$로 정의하면 평균 발생 건수는 $\lambda t$인 포아송 분포가 되며 확률 분포 함수는 다음과 같이 정의된다.

$$P(Y = y) = \frac{(\lambda t)^y e^{-(\lambda t)}}{y!}, \quad y = 0, 1, 2, \cdots,$$

대기시간이 일정시간 이상이라는 의미는, 해당 시간까지 아무런 사건이 발생하지 않았다는 의미이고 그러므로 동일한 확률로 간주할 수 있어 포아송 분포를 활용하여 표현할 수 있다.

$$P(T \geq t) = P(Y = 0) = \frac{(\lambda t)^0 e^{-\lambda t}}{0!} = e^{-\lambda t}$$

확률 변수 $T$의 누적 분포 함수는 다음과 같이 표현할 수 있다.

$$F(t) = P(T \leq t) = 1 - P(T > t) = 1 - e^{-\lambda t}$$

따라서 확률 분포 함수는 분포 함수의 미분을 통하여 지수 분포의 형태를 정의할 수 있다.

$$f(t) = \lambda e^{-\lambda t}, \quad t > 0$$

지수 분포의 기댓값과 분산은 다음과 같다.

$$E(T) = \frac{1}{\lambda},$$

$$V(T) = \frac{1}{\lambda^2}$$

지수 분포의 기댓값은 아래의 증명과정을 통하여 유도된 것이다.

$$E(T) = \int_0^\infty t\,f(t)\,dt = \int_0^\infty t\,\lambda e^{-\lambda t}\,dt = t\,(-e^{-\lambda t})]_0^\infty - \int_0^\infty -e^{-\lambda t}\,dt$$

$$= 0 + -\frac{1}{\lambda}e^{-\lambda t}]_0^\infty = \frac{1}{\lambda}$$

분산도 기댓값을 유도하는 방식처럼 미분의 성질을 이용하여 구할 수 있다.

### 🗫 예제 1-34

입원비를 보장하여 주는 특정 건강보험에서 어느 위험군은 1년에 평균 2번 입원비 청구가 발생한다.
(1) 입원비 청구가 발생한 이후 다시 입원비 청구가 발생할 때까지 소요되는 연수에 대한 분포 함수를 정의하여라.
(2) 1년 이내에 입원비 청구가 일어나지 않을 확률은 얼마인가?
(3) 입원비 청구 이후에 다시 입원비 청구까지 평균 소요기간은 얼마인가?

#### 💡 풀이

(1) 입원비 청구를 발생시키는 기본단위가 1년인 $\lambda = 2$인 지수 분포이다.
$$f(t) = 2e^{-2t}$$
(2) 1년 이내에 입원비 청구를 일으키지 않을 확률은 대기시간이 1년 이상인 확률로서 $P(T > 1) = 1 - P(T \le 1)$이다.
$$P(T > 1) = 1 - P(T \le 1) = 1 - \int_0^1 2e^{-2t}\,dt = 1 - (-e^{-2t}]_0^1)$$
$$= 1 - (1 - e^{-2}) = e^{-2}$$
(3) 평균 대기시간에 대한 기댓값이 $E(T) = \frac{1}{\lambda} = \frac{1}{2}$이므로 재사고까지 약 0.5년, 즉 6개월 정도 소요된다고 볼 수 있다.

### 2.2.6 감마(Gamma) 분포

이산형 분포에서 첫 번째 성공까지의 대기시간에 대한 분포가 기하 분포이고, $r$번째 성공까지의 대기시간에 대한 분포를 음이항 분포로 정의하였다. 연속형에서도 이와 같은 논리로 첫 번째 성공까지 대기시간에 대한 분포가 지수 분포이고 $r$번째 성공까지의 대기 시간에 대한 분포가 감마 분포이다. 따라서 감마 분포 확률 변수의 대기시간 $t$의 표본공간은 $0 < t < \infty$로, 0보다 큰

모든 실수의 값이 가능하며, 감마 분포의 모수는 평균 발생 건수를 나타내는 $\lambda$와 성공 횟수를 나타내는 $r$이 된다. 확률 변수 $X$가 감마 분포일 경우 $X \sim Gam(r, \lambda)$로 표기한다.

감마 분포의 확률 분포 함수는 다음과 같다.

$$f(x) = \frac{\lambda^r}{\Gamma(r)} x^{r-1} e^{-\lambda x}, \; 0 < x < \infty$$

때로는 다음과 같이 표현하는 경우도 있다.

$$f(x) = \frac{\lambda}{\Gamma(r)} (\lambda x)^{r-1} e^{-\lambda x}, \; 0 < x < \infty$$

감마 분포에서 $r = 1$인 경우, 지수 분포의 확률 분포 함수와 동일함을 쉽게 확인할 수 있다. 감마 분포의 기댓값과 분산은 다음과 같다.

$$E(X) = \frac{r}{\lambda},$$
$$V(X) = \frac{r}{\lambda^2}$$

지수 분포의 기댓값, 분산과 유사한 형태임을 확인할 수 있으며 $r = 1$인 경우, 즉 첫 번째 성공에 대한 경우가 감마 분포의 특별한 형태임을 확인할 수 있다.

앞서 $\chi^2$분포가 표준 정규 분포와 어떤 관계가 있는지 살펴보았는데, 이 분포는 감마 분포의 특별한 형태로도 변형이 되는 분포이다. 확률 변수 $X \sim Gam(r, \lambda)$인 경우, 감마 분포의 모수가 다음과 같을 때에 $\chi^2$분포와 동일한 분포가 된다.

$$r = \frac{v}{2}, \; \lambda = \frac{1}{2}$$ 인 경우 $X \sim \chi^2\left(\frac{v}{2}\right)$임을 만족한다.

감마 분포는 자동차보험을 포함한 손해보험분야에서 손해액의 심도를 분석할 때 분포로 많이 활용되는데, 오래전에 미국 보험계리학회에서 과거 경험에 의해 축적된 손해액의 분포가 감마 분포 모형과 매우 흡사함을 증명한 적이 있다. 〈그림 1-7〉과 같이 감마 분포는 오른쪽 꼬리가 긴, 좌편향 형태의 모습을 나타낸다. 이는 일반적인 보험 사고 금액의 경우, 일정 수준의 소액사고가 대부분을 차지하고, 고액의 사고일수록 발생 빈도가 적은 손해 심도에 적합한 형태라고 볼 수 있다. 자동차보험의 사고 금액 분포가 이와 매우 유사한 모습을 보인다. 따라서 손해보험 상품의 사고 심도 분석을 위한 분포로 가정하는 경우가 많이 있다.

**그림 1-7**

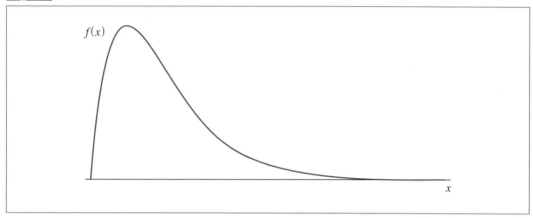

### 2.2.7  $t$ - 분포

$t$-분포는 서로 독립적인 표준 정규 분포와 $\chi^2$분포로 생성되는 연속형 확률 분포이다. 두 확률 변수는 $Z \sim N(0,\ 1)$와 $W \sim \chi^2(n)$으로 정의되고, 두 확률 변수가 서로 독립적인 경우, $t$-분포는 다음과 같이 정의된다.

$$T = \frac{Z}{\sqrt{W/n}}$$

여기서 $t$-분포의 모수는 자유도 $n$이 되며, 확률 변수 $T$가 자유도 $n$인 $t$-분포를 따르는 경우 $T \sim t(n)$으로 표기한다. $t$-분포를 따르는 확률 변수의 표본공간은 정규 분포와 동일한 $-\infty < t < \infty$이며, $t$-분포의 확률 분포 함수는 다음과 같이 정의된다.

$$f(t) = \frac{\Gamma\left(\dfrac{n+1}{2}\right)}{\Gamma\left(\dfrac{n}{2}\right)\sqrt{n\pi}}\left(1 + \frac{t^2}{n}\right)^{-(n+1)/2} ,\quad -\infty < t < \infty$$

$t$-분포의 자유도가 1인 경우를 Cauchy 분포라고도 하며, $t$-분포의 가장 큰 특징은 자유도가 일정 수준 이상이 되면 표준 정규 분포로 근사하는 성질을 가진다는 것이다. 일반적으로 자유도가 30이상이면 표준 정규 분포로 근사한다고 알려져 있으며, 이런 경우 표준 정규 분포로 가정하여 확률을 계산하는 경우가 많다. $t$-분포의 기댓값과 분산은 다음과 같으며, 증명과정은 생략하기로 한다.

$$E(T) = 0,$$
$$Var(T) = \frac{n}{n-2} ,\quad n > 2$$

〈그림 1-8〉은 $t$-분포의 자유도가 10인 경우와 표준 정규 분포를 비교하여 그린 그림이다.

그림에서 확인하는 바와 같이 $t$-분포는 표준 정규 분포와 같이 좌우 대칭이면서 매우 흡사한 형태를 가지며 중심은 0으로 동일함을 확인할 수 있다. 즉, 자유도가 증가할수록 표준 정규 분포 방향으로 점점 수렴해간다고 이해할 수 있다.

**그림 1-8**

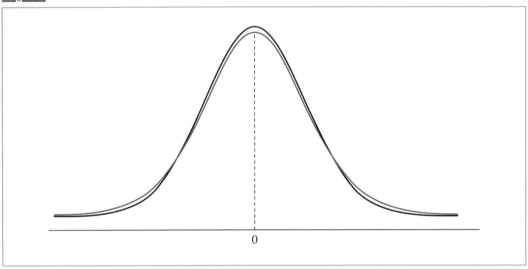

**예제 1-35**

확률 변수 $T$는 자유도가 10인 $t$ 분포를 따른다고 할 경우 확률 변수 $T$가 0보다 클 확률은 얼마인가?

**풀이**

$t$ 분포는 표준 정규 분포와 마찬가지로 평균을 중심으로 한 종모양의 대칭함수이다. $t$ 분포의 평균이 0이므로 $P(T > 0) = \dfrac{1}{2}$ 이다.

즉, 중심을 기준으로 좌우 동일한 확률을 가진다고 할 수 있다.

### 2.2.8 기타 분포 - 파레토(Pareto) 분포, 트위디(Tweedie) 분포

앞에서 언급한 연속형 분포 이외에 보험 분야에 활용되는 특수한 경우의 분포로 파레토 분포와 트위디 분포가 있다.

파레토 분포의 경우 특정 값 이상을 가지는 변수에 대한 분포로 정의되는데, 주로 특정 수준 이상의 손해액 분포 등에 활용되는 분포로 파레토 분포의 확률 분포 함수는 다음과 같다.

$$f(x) = \frac{\theta}{a} \left( \frac{a}{x} \right)^{\theta+1}, \ a < x < \infty$$

따라서 파레토 분포의 모수는 $a$, $\theta$이며, 파레토 분포의 기댓값과 분산은 다음과 같다.

$$E(X) = \frac{a\theta}{\theta-1}, \ \theta > 1,$$
$$Var(X) = \frac{a^2\theta}{\theta-2} - \left( \frac{a\theta}{\theta-1} \right)^2, \ \theta > 2$$

**그림 1-9**

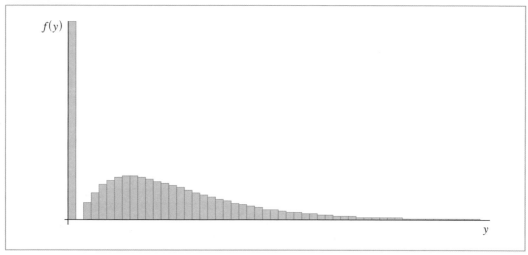

자동차보험 분야에 많이 활용되는 분포 중 하나는 트위디 분포이다. Compound Poisson 분포라고도 불리는 이 분포는 이산형 형태와 연속형 형태가 결합되어 있는 분포 함수로서 다음과 같이 정의된다.

$$P(Y=0) = e^{-\lambda}$$
$$f(y) = e^{-\beta y} e^{-\lambda} \sum_{n=1}^{\infty} \frac{\beta^{n\alpha}}{\Gamma(n\alpha)} y^{n\alpha-1} \frac{\lambda^n}{n!}, \ y > 0$$

따라서 트위디 분포의 모수는 $\alpha$, $\beta$, $\lambda$이며, $Y=0$인 지점에서는 이산형 분포 중 포아송 분포를, 그 이상의 점에서는 연속형 분포 중 감마 분포의 형태를 나타내는 분포 함수이며, 이를 그림으로 나타내면 〈그림 1-9〉와 같이 표현할 수 있다. $Y=0$인 점에서 대량의 빈도를 나타낸 후, 오른쪽 꼬리가 긴 형태를 나타내는데, 자동차보험의 손해 분포는 0에서 대량의 무사고 빈도가 존재하고, 사고가 발생한 경우에는 좌편향 형태의 감마 분포의 모습을 나타내게 된다.

과거에 자동차보험에서 순보험료에 관련된 분석을 할 때, 포아송 분포로 빈도를 감마 분포로 심도 분석을 따로 한 후, 결과물을 곱하여 순보험료를 분석하였다. 그런데 결합된 순보험료 분포의 모형은 순보험료 데이터 자체의 실제 분포 모형과 다소 차이가 생긴다. 이런 단점에 의해서 순보험료 분포 모델링에 주로 사용되는 분포가 트위디 분포이다. 이들에 관한 자세한 해설은 다음 장의 손해 분포 모형의 이해와 중반부 신뢰도 이론과 요율산정의 기본원리 등에서 자세히 다루어진다.

트위디 분포의 기댓값과 분산은 다음과 같다.

$$E(X) = \frac{\lambda \alpha}{\beta},$$

$$V(X) = \frac{\lambda \alpha (\alpha + 1)}{\beta^2}$$

지금까지 살펴본 이산형 확률 분포와 연속형 확률 분포를 요약한 것이 〈표 1−3〉과 〈표 1−4〉이다.

**표 1-3** 이산형 확률 분포

| 확률분포 | 표기방식 및 모수 | 확률 분포 함수 | 평균 | 분산 |
|---|---|---|---|---|
| 균등 | $U(n)$ | $P(X=x) = \frac{1}{n}$ <br> $x = 1, 2, \cdots, n$ | $\frac{n+1}{2}$ | $\frac{(n-1)(n+1)}{12}$ |
| 베르누이 | $B(p)$ | $P(X=x) = p^x (1-p)^{1-x}$ <br> $x = 0, 1$ | $p$ | $p(1-p)$ |
| 이항 | $B(n, p)$ | $P(X=x) = \binom{n}{x} p^x (1-p)^{n-x}$ <br> $x = 0, 1, 2, \cdots, n$ | $np$ | $np(1-p)$ |
| 포아송 | $Poi(\lambda)$ | $P(X=x) = \frac{e^{-\lambda} \lambda^x}{x!}$ <br> $x = 0, 1, 2, 3, \cdots$ | $\lambda$ | $\lambda$ |
| 기하 | $Geo(p)$ | $P(X=x) = p(1-p)^x$ <br> $x = 0, 1, 2, 3, \cdots$ | $\frac{(1-p)}{p}$ | $\frac{(1-p)}{p^2}$ |
| 음이항 | $NB(r, p)$ | $P(X=x) = \binom{x+r-1}{x} p^r (1-p)^x$ <br> $x = 0, 1, 2, 3, \cdots$ | $\frac{r(1-p)}{p}$ | $\frac{r(1-p)}{p^2}$ |

**표 1-4** 연속형 확률 분포

| 확률 분포 | 표기방식 및 모수 | 확률 분포 함수 | 평균 | 분산 |
|---|---|---|---|---|
| 균등 | $U(a, b)$ | $f(x) = \dfrac{1}{b-a}$ <br><br> $a \leq x \leq b$ | $\dfrac{a+b}{2}$ | $\dfrac{(a-b)^2}{12}$ |
| 정규 | $N(\mu, \sigma^2)$ | $f(x) = \dfrac{1}{\sqrt{2\pi}\,\sigma}\, e^{-\frac{(x-\mu)^2}{2\sigma^2}}$ <br><br> $-\infty < x < \infty$ | $\mu$ | $\sigma^2$ |
| 표준 정규 | $N(0, 1)$ | $f(z) = \dfrac{1}{\sqrt{2\pi}}\, e^{-\frac{z^2}{2}}$ <br><br> $-\infty < z < \infty$ | $0$ | $1$ |
| 지수 | $\text{Exp}(\lambda)$ | $f(x) = \lambda e^{-\lambda x}$ <br><br> $x > 0$ | $\dfrac{1}{\lambda}$ | $\dfrac{1}{\lambda^2}$ |
| 감마 | $Gam(r, \lambda)$ | $f(x) = \dfrac{\lambda^r}{\Gamma(r)} x^{r-1} e^{-\lambda x}$ <br><br> $0 < x < \infty$ | $\dfrac{r}{\lambda}$ | $\dfrac{r}{\lambda^2}$ |
| $t$ | $t(n)$ | $f(t) = \dfrac{\Gamma\left(\dfrac{n+1}{2}\right)}{\Gamma\left(\dfrac{n}{2}\right)\sqrt{n\pi}}\left(1 + \dfrac{t^2}{n}\right)^{-(n+1)/2}$ <br><br> $-\infty < t < \infty$ | $0$ | $\dfrac{n}{n-2}$ |
| $\chi^2$ | $\chi^2(v)$ | $f(x) = \dfrac{1}{2^{\frac{v}{2}}\,\Gamma\left(\dfrac{v}{2}\right)} x^{\frac{v}{2}-1} e^{-\frac{x}{2}}$ <br><br> $0 < x < \infty$ | $v$ | $2v$ |
| 파레토 | $Par(a, \theta)$ | $f(x) = \dfrac{\theta}{a}\left(\dfrac{a}{x}\right)^{\theta+1}$ <br><br> $a < x < \infty$ | $\dfrac{a\theta}{\theta-1}$ | $\dfrac{a^2\theta}{\theta-2} - \left(\dfrac{a\theta}{\theta-1}\right)^2$ |
| 트위디 | $Tw(\alpha, \beta, \lambda)$ | $P(Y=0) = e^{-\lambda}$ <br><br> $f(y) = e^{-\beta y}\, e^{-\lambda} \displaystyle\sum_{n=1}^{\infty} \dfrac{\beta^{n\alpha}}{\Gamma(n\alpha)}\, y^{n\alpha-1} \dfrac{\lambda^n}{n!}$ <br><br> $y > 0$ | $\dfrac{\lambda\alpha}{\beta}$ | $\dfrac{\lambda\alpha(\alpha+1)}{\beta^2}$ |

## 3. 적률(Moment Generating) 함수

적률 함수(moment generating function)는 특정 형태의 기댓값을 구하는 것으로 $m(t)$로 표기하고 다음과 같이 정의한다.

$$\text{이산형}: m(t) = E(e^{tx}) = \sum_x e^{tx} f(x)$$

$$\text{연속형}: m(t) = E(e^{tx}) = \int_{-\infty}^{\infty} e^{tx} f(x) dx$$

적률(또는 모먼트) 함수를 고려하는 이유에는 크게 두 가지로 구분하는데, 첫째는 특정 확률 변수의 적률 함수가 존재할 경우 적률 함수는 유일하다는 점이다. 따라서 적률 함수의 형태를 보고 확률 변수의 확률 분포를 유추할 수 있다는 장점이 있다. 두 번째로 평균과 분산을 손쉽게 구할 수 있다는 점이다. 함수의 특성상 계산이 어려운 경우 적률 함수를 통하여 쉽게 계산이 가능하기 때문이다. 예를 들어 지수의 적분은 지수라는 특성이 있기 때문에, 적분이 불가능한 경우 적률 함수를 통하여 계산이 가능한 경우가 있다. 적률 함수에 관한 두 번째 특징을 다음과 같은 수식으로 표현할 수 있다.

$$\frac{d^r}{dt^r} m(t) = \int_{-\infty}^{\infty} x^r e^{tx} f(x) dx$$

즉, 적률 함수 미분의 차항이 변수의 차항과 동일하게 변하는 성질을 가지는 것인데, 여기서 $t$를 0으로 수렴시키면, 다음과 같이 정리될 수 있다.

$$\frac{d^r}{dt^r} m(0) = \int_{-\infty}^{\infty} x^r f(x) dx = E(X^r)$$

이는 다음과 같은 방식을 통하여 증명 가능하다.

$$m'(t) = \frac{d}{dt} m(t) = \frac{d}{dt} E(e^{tX}) = E\left(\frac{d}{dt} e^{tX}\right) = E(Xe^{tX})$$

$$m'(0) = E(Xe^{0X}) = E(X)$$

$$m''(t) = E\left(\frac{d}{dt} Xe^{tX}\right) = E(X^2 e^{tX})$$

$$m''(0) = E(X^2 e^{0X}) = E(X^2)$$

따라서 다음과 같은 일반화된 결과가 도출되는 것이다.

$$\frac{d^r}{dt^r} m(0) = m^{(r)}(0) = E(X^r e^{0X}) = E(X^r)$$

따라서 확률 변수의 승차항에 대한 기댓값을 구할 수 있다. $r = 1$(1차 모먼트)인 경우가 기댓값이며 $r = 2$(2차 모먼트)인 $E(X^2)$으로 분산의 계산 공식을 이용하여 분산을 쉽게 계산할 수 있게 되는 것이다.

지수 분포 예를 통하여 적률 함수를 구하는 과정과 기댓값, 분산을 어떻게 계산할 수 있는지를 살펴보기로 한다. 지수 확률 분포는 $f(x) = \lambda e^{-\lambda x}$ 이므로, 적률 함수 정의에 의하여 다음과 같이 도출할 수 있다.

$$m(t) = E(e^{tx}) = \int_{-\infty}^{\infty} e^{tx} \lambda e^{-\lambda x} \, dx = \int_{0}^{\infty} \lambda e^{-(\lambda - t)x} \, dx$$

$$= -\frac{\lambda}{\lambda - t} e^{-(\lambda - t)x} \Big]_{0}^{\infty} = \frac{\lambda}{\lambda - t}$$

따라서 위와 같은 적률 함수의 형태를 나타내는 확률 변수는 적률 함수의 유일성이라는 성질을 통하여 지수 분포라는 것과 모수가 $\lambda$임을 알 수 있게 되는 것이다.

기댓값은 적률 함수를 한 번 미분(1차 모먼트)하여 $t$를 0으로 수렴하면 유도된다는 사실을 알고 있으므로, 적률 함수를 미분할 경우 다음과 같은 결과가 나오고,

$$m'(t) = \frac{d}{dt} m(t) = \frac{\lambda}{(\lambda - t)^2}$$

$t$를 0으로 수렴시키면 다음과 같이 정리될 수 있다.

$$m'(0) = \frac{\lambda}{\lambda^2} = \frac{1}{\lambda}$$

이는 앞 절에서 증명한 지수 분포의 기댓값(평균)과 동일함을 알 수 있다.

적률 함수를 두 번 미분(2차 모먼트)하여 $t$를 0으로 수렴시키면 다음과 같은 결과를 얻을 수 있다.

$$m''(t) = \frac{d^2}{dt^2} m(t) = \frac{d}{dt} \frac{\lambda}{(\lambda - t)^2} = \frac{2\lambda}{(\lambda - t)^3}$$

$$m''(0) = \frac{2\lambda}{\lambda^3} = \frac{2}{\lambda^2} = E(X^2)$$

따라서 분산의 계산 공식에 의하여,

$$V(X) = E(X^2) - E(X)^2 = \frac{2}{\lambda^2} - \left(\frac{1}{\lambda}\right)^2 = \frac{1}{\lambda^2}$$

기댓값과 마찬가지로 앞 절에서 증명한 지수 분포의 분산이 동일하게 나타나는 것을 확인할 수 있다.

**예제 1-36**

확률 변수 $X$가 표준 정규 분포를 따른다고 한다. 즉, $X \sim N(0,\ 1)$이다.
(1) 표준 정규 분포의 적률 함수를 구하시오.
(2) 적률 함수를 이용하여 표준 정규 분포의 기댓값과 분산을 구하시오.

**풀이**

(1) 적률 함수의 정의에 따라,

$$m(t) = E(e^{tx}) = \int_{-\infty}^{\infty} e^{tx} \frac{1}{\sqrt{2\pi}} e^{-\frac{x^2}{2}} dx = \int_{-\infty}^{\infty} \frac{1}{\sqrt{2\pi}} e^{-\frac{x^2 - 2tx}{2}} dx$$

$$= \int_{-\infty}^{\infty} \frac{1}{\sqrt{2\pi}} e^{-\frac{x^2 - 2tx}{2}} dx = \int_{-\infty}^{\infty} e^{\frac{t^2}{2}} \frac{1}{\sqrt{2\pi}} e^{-\frac{x^2 - 2tx + t^2}{2}} dx$$

$$= e^{\frac{t^2}{2}} \int_{-\infty}^{\infty} \frac{1}{\sqrt{2\pi}} e^{-\frac{(x-t)^2}{2}} dx = e^{\frac{t^2}{2}}$$

(2) 1차, 2차 미분을 하고, t를 0으로 수렴시킴으로써 표준 정규 분포의 기댓값과 분산을 구할 수 있다.

$$m'(t) = \frac{d}{dt} e^{\frac{t^2}{2}} = t e^{\frac{t^2}{2}}$$

$$m''(t) = \frac{d}{dt} t e^{\frac{t^2}{2}} = e^{\frac{t^2}{2}} + t^2 e^{\frac{t^2}{2}}$$

$$E(X) = m'(0) = 0,\ \ E(X^2) = m''(0) = 1$$

$$V(X) = E(X^2) - E(X)^2 = 1$$

앞 절에서 살펴본 주요 확률 분포 함수에 대한 적률 함수를 요약하여 정리한 표가 〈표 1-5〉이다. 요약된 적률 함수를 통하여 확률 변수가 해당 분포를 따른다는 사실과 기댓값과 분산을 쉽게 증명할 수 있음을 알 수 있다.

표 1-5

| 확률 분포 | 확률 분포 함수 | 적률 함수 $m(t)$ |
|---|---|---|
| 균등 분포<br>(이산형) | $P(X = x) = \dfrac{1}{n}$<br>$x = 1,\ 2,\ \cdots,\ n$ | $\dfrac{1}{n} \dfrac{e^t - e^{(n+1)t}}{1 - e^t}$ |
| 베르누이 분포 | $P(X = x) = p^x (1-p)^{1-x}$<br>$x = 0,\ 1$ | $p\,e^t + q,\quad q = 1 - p$ |
| 이항 분포 | $P(X = x) = \dbinom{n}{x} p^x (1-p)^{n-x}$<br>$x = 1,\ 2,\ \cdots,\ n$ | $(p\,e^t + q)^n,\quad q = 1 - p$ |
| 포아송 분포 | $P(X = x) = \dfrac{e^{-\lambda}\lambda^x}{x!}$<br>$x = 1,\ 2,\ 3,\ \cdots$ | $e^{\lambda(e^t - 1)}$ |
| 기하 분포 | $P(X = x) = p(1-p)^x$<br>$x = 1,\ 2,\ 3,\ \cdots$ | $\dfrac{p\,e^t}{1 - q\,e^t},\quad q = 1 - p$ |
| 음이항 분포 | $P(X = x) = \dbinom{x + r - 1}{x} p^r (1-p)^x$<br>$x = 1,\ 2,\ 3,\ \cdots$ | $\left(\dfrac{p\,e^t}{1 - q\,e^t}\right)^r,\quad q = 1 - p$ |
| 균등 분포<br>(연속형) | $f(x) = \dfrac{1}{b - a}$<br>$a \leq x \leq b$ | $\dfrac{e^{bt} - e^{at}}{(b - a)t}$ |
| 정규 분포 | $f(x) = \dfrac{1}{\sqrt{2\pi}\,\sigma} e^{-\frac{(x-\mu)^2}{2\sigma^2}}$<br>$-\infty < x < \infty$ | $e^{\mu t + \frac{\sigma^2 t^2}{2}}$ |
| 표준 정규 분포 | $f(z) = \dfrac{1}{\sqrt{2\pi}} e^{-\frac{z^2}{2}}$<br>$-\infty < x < \infty$ | $e^{\frac{t^2}{2}}$ |
| 지수 분포 | $f(x) = \dfrac{1}{\lambda} e^{-\frac{x}{\lambda}}$<br>$x > 0$ | $\dfrac{1}{1 - \lambda t}$ |
| 감마 분포 | $f(x) = \dfrac{1}{\lambda^r\,\Gamma(r)} x^{r-1} e^{-\frac{x}{\lambda}}$<br>$-\infty < x < \infty$ | $\left(\dfrac{1}{1 - \lambda t}\right)^r$ |
| $\chi^2$ 분포 | $f(x) = \dfrac{1}{2^{\frac{v}{2}}\,\Gamma\!\left(\dfrac{v}{2}\right)} x^{\frac{v}{2} - 1} e^{-\frac{x}{2}}$<br>$0 < x < \infty$ | $\left(\dfrac{1}{1 - 2t}\right)^{\frac{v}{2}}$ |

적률 함수와 유사한 형태로 확률 생성 함수(probability generating function)라는 것도 종종 활용된다. 이 함수는 $E(t^X)$로 정의되며, 적률 함수와 달리 미분 시행 후 $t$를 1로 수렴시키면서 기댓값의 승차항을 계산하는 방식이다. 다시 말하면 적률 함수는 $t$가 0으로 수렴하면서, 다음과 같은 결과가 나온다,

$$\frac{d}{dt} e^{tX} = X e^{tX} \rightarrow X$$

확률 생성 함수는 $t$가 1로 수렴하면서 다음과 같은 동일한 결과가 나타나게 되는 구조이다.

$$\frac{d}{dt} t^X = X t^{(X-1)} \rightarrow X$$

이러한 방식은 이산형 변수에 대한 기댓값과 분산을 구하는 방식으로 활용되는 경우가 있다.

### 예제 1-37

확률 변수 $X$가 $X \sim Poi(\lambda)$인 포아송 분포를 따른다고 한다.
(1) 포아송 분포의 확률 생성 함수를 구하시오.
(2) 확률 생성 함수를 이용하여 포아송 분포의 기댓값을 구하시오.

#### 풀이

(1) 확률 생성 함수의 정의를 이용하여

$$E(t^X) = \sum_{x=0}^{\infty} \frac{t^x e^{-\lambda} \lambda^x}{x!} = \sum_{x=0}^{\infty} \frac{e^{-\lambda} (\lambda t)^x}{x!} e^{-\lambda t} e^{\lambda t}$$

$$= e^{-\lambda} e^{\lambda t} \sum_{x=0}^{\infty} \frac{e^{-\lambda t} (\lambda t)^x}{x!} = e^{\lambda(t-1)}$$

(2) (1)에서 구한 확률 생성 함수를 미분하고 $t$를 1로 수렴시킴으로써 기댓값을 구할 수 있다.

$$\frac{d}{dt} E(t^X) = \frac{d}{dt} e^{\lambda(t-1)} = \lambda e^{\lambda(t-1)} \rightarrow \lambda = E(X)$$

적률 함수는 항상 존재하는 것이 아니지만, 존재하는 경우에는 적률 함수의 유익한 성질을 이용하여 원하는 해답을 쉽게 찾을 수 있다.

### 예제 1-38

확률 변수 $X$의 적률 함수가 다음과 같을 때, 물음에 답하라.

$$M(t) = e^{3t + \frac{9t^2}{2}}$$

(1) 확률 변수 $X$는 어떤 분포라고 할 수 있는가?

(2) 확률 변수 $X$의 평균과 분산은?

🔅 **풀이**

(1) 정규 분포의 적률 함수는 다음과 같이 정의된다. $M(t) = e^{\mu t + \frac{\sigma^2 t^2}{2}}$

따라서 확률 변수 $X$는 정규 분포라고 할 수 있으며, 정규 분포의 적률 함수에서 $\mu$가 3으로 $\sigma^2$이 9인 형태임을 확인할 수 있다.

(2) 평균=3, 분산=9

### 예제 1-39

〈표 1-5〉에 정의된 적률 함수를 이용하여 다음에 답하여라.

(1) 이항 분포의 기댓값은?

(2) 지수 분포의 기댓값은?

🔅 **풀이**

적률 함수의 1차 미분으로 기댓값을 구할 수 있다.

(1) $m'(t) = \dfrac{d}{dt}(pe^t + q)^n = n(pe^t + q)^{n-1} pe^t \rightarrow n \times 1 \times p = np$

(2) $m'(t) = \dfrac{d}{dt}\dfrac{1}{1 - \lambda t} = \dfrac{\lambda}{(1 - \lambda t)^2} \rightarrow \lambda$

### 예제 1-40

확률 변수 $X$의 적률 함수가 $\left(\dfrac{1}{1 - 2t}\right)^{\frac{9}{2}}$ 이고, 확률 변수 $Y$의 적률 함수가 $\left(\dfrac{1}{1 - 2t}\right)^{\frac{5}{2}}$ 이라고 한다. 확률 변수 $Z$는 $Z = X + Y$로 정의된다고 한다. 단, 확률 변수 $X$와 확률 변수 $Y$는 서로 독립임을 가정한다.

(1) 확률 변수 $Z$의 분포와 자유도(degree of freedom)를 계산하라.

(2) 확률 변수 $Z$의 기댓값과 분산을 구하라.

🔅 **풀이**

(1) 적률 함수의 정의 및 독립의 가정에 의해,

$E(e^{tZ}) = E(e^{t(X+Y)}) = E(e^{tX})\, E(e^{tY})$로 나타낼 수 있으며,

$E(e^{tX})\, E(e^{tY}) = \left(\dfrac{1}{1-2t}\right)^{\frac{9}{2}} \left(\dfrac{1}{1-2t}\right)^{\frac{5}{2}} = \left(\dfrac{1}{1-2t}\right)^{\frac{14}{2}}$

따라서, 확률 변수 $Z$는 자유도 14인 $\chi^2$ 분포를 따른다.

(2) $\chi^2$ 분포의 기댓값과 분산은, $E(X) = v$, $V(X) = 2v$이므로, 기댓값과 분산은 14와 28이다.

## 3.1 확률 분포 함수의 활용

### 3.1.1 최대값과 최소값 변수에 대한 확률 분포

때때로 보험 관련 연구에서는 최대값 또는 최소값과 관련한 변수에 대한 확률계산이 필요한 경우가 나타난다. 앞에서 학습한 확률분포함수와 누적확률분포함수의 개념을 이용하여 지금부터 이러한 확률 분포를 어떻게 정의하고 활용하는지를 알아보자.

먼저 최대값에 대한 확률 분포 도출과정은 다음과 같이 설명할 수 있다. 랜덤하게 추출한 확률 표본 $X_1$, $X_2$, $X_3$, $\cdots$, $X_n$에서 Y 변수를 최대값으로 정의하는 경우 확률 변수 $Y$는 다음과 같이 표현할 수 있다.

$$Y = \max(X_1,\ X_2,\ X_3,\ \cdots,\ X_n)$$

이러한 경우 확률 변수 $Y$의 누적확률분포함수는 다음과 같이 정의된다.

$$F(y) = P(Y \leq y) = P(X_{(n)} \leq x_{(n)})$$

여기서 $X_{(n)}$은 최대값을 나타낸다. 이를 다르게 생각하면, 확률 표본으로 뽑히는 모든 변수들이 최대값보다 작은 확률과 동일한 것으로 해석할 수 있으며, 따라서 위의 식은 다음과 같이 표현할 수 있다.

$$F(y) = P(X_{(n)} \leq x_{(n)}) = P(all\ X_i \leq x_{(n)})$$

랜덤하게 뽑히는 확률 표본은 상호 독립임을 가정할 수 있으므로 우변에 있는 확률은 각각의 확률의 곱으로 바꾸어 표현할 수 있으며, 이는 다음과 같이 다시 재표현할 수 있다.

$$P(all\ X_i \leq x_{(n)}) = P(X_1 \leq x_{(n)}) \cdots P(X_n \leq x_{(n)}) = [F(x_{(n)})]^n$$

따라서 구하고자 하는 최대값의 확률분포함수는 누적분포함수의 미분을 통하여 구하여질 수 있으며 이는 다음과 같다.

$$f(y) = \frac{d}{dx_{(n)}}[F(x_{(n)})]^n = n\,[F(x_{(n)})]^{n-1}f(x_{(n)})$$

이와 반대로 최소값에 대한 확률 분포함수도 최대값의 확률분포함수 유도과정과 유사하게 구할 수 있으며, 이를 정리하면 다음과 같다.

$$F(y) = P(X_{(1)} \leq x_{(1)}) = 1 - P(X_{(1)} > x_{(1)}) = 1 - P(all\ X_i \leq x_{(1)})$$
$$= 1 - [1 - F(x_{(1)})]^n$$

$$f(y) = \frac{d}{dx_{(1)}}\left[1 - [1 - F(x_{(1)})]^n\right] = n\left[1 - F(x_{(1)})\right]^{n-1} f(x_{(1)})$$

위와 같은 로직을 잘 이해할 수 있는 경우 $k$번째에 해당하는 확률 변수에 대한 확률 분포도 이항분포의 개념과 연결하여 도출해 낼 수 있게 된다.

### 3.1.2 자기부담금을 반영한 확률 변수에 대한 확률 분포

보험에서는 상품별 또는 담보별로 위험에 대한 안정장치로 자기부담금(deductible)을 설정하는 경우가 대부분이다. 이러한 경우 어떻게 확률분포 함수를 도출할 수 있는지에 대하여 간단히 알아보기로 한다.

자기부담금과 같은 공제액에서 회사가 고려할 확률변수는 2가지로 구분할 수 있는데, 하나는 손해액 측면이고, 다른 하나는 지급액 기준이다. 손해액의 경우 공제액 이하인 경우, 실제 사고가 발생히였고 손해엑도 추징되지만 보험회사의 입상에서는 보험계약에 따라 지급해야 할 금액이 공제액 이하이므로 보험회사 회계상 0으로 간주할 수 있고, 지급액 측면에서도 지급된 금액이 0이므로 사고로 정의될 수 없다. 여기서 지급액에 대한 확률 변수를 $Y_P$라 하고 손해액에 대한 확률 변수를 $Y_L$로 정의하여 수식으로 표현하면 다음과 같이 나타낼 수 있다. $d$는 정액으로 공제하는 금액이라고 가정한다.

$$Y_P = \begin{cases} undefined, & X \le d \\ X - d, & X > d \end{cases}$$

$$Y_L = \begin{cases} 0, & X \le d \\ X - d, & X > d \end{cases}$$

손해액에 해당하는 변수인 $Y_L$인 경우는 $X = Y + d$의 관계로 변환하여 쉽게 적용할 수 있으며, 따라서 손해액에 대한 확률 분포함수는 다음과 같이 표현할 수 있다.

$$F_{Y_L}(y) = f_X(y + d), \ y > 0$$

따라서 이에 해당하는 누적 확률분포함수도 유사하게 정의할 수 있다.

$$F_{Y_L}(y) = F_X(y + d), \ y > 0$$

지급액에 해당하는 확률 변수의 경우 공제액 수준이 초과해야 한다는 조건이 필요한 확률 변수로서 $Y_P = X - d \mid X > d$로 정의할 수 있다. 따라서 확률 분포함수는 조건부 확률의 성질을 이용하여 다음과 같이 정의할 수 있다.

$$F_{Y_P}(y) = \frac{F_X(y+d)}{P(X>d)} = \frac{F_X(y+d)}{1-F_x(d)}, \ y > 0$$

따라서 이에 해당하는 누적 확률분포함수도는 다음과 같이 정의할 수 있다.

$$F_{Y_L}(y) = \frac{F_X(y+d) - F_X(d)}{1 - F_X(d)}, \ y > 0$$

이와 관련하여 전체적인 손해액과 지급금액에 대한 기댓값도 다음과 같이 구해질 수 있다.

$$E(Y_L) = \int_0^\infty y f_{Y_L}(y)\,dy = \int_0^\infty y f(y+d)\,dy$$

$$E(Y_P) = \int_0^\infty y f_{Y_P}(y)\,dy = \int_0^\infty y \frac{f(y+d)}{1-F(d)}\,dy = \frac{E(Y_L)}{1-F(d)}$$

또한 보험업계에서 사용하는 공제 방식 중 프랜차이즈 자기부담금이 있는데 이는 일반적인 공제 방식과 유사하나, 일정 공제 수준이 초과하는 경우 손해액을 전액 지급한다는 것만 차이가 있는 것으로 앞에서 정의한 손해액과 지급금액에 대한 변수 정의가 다음과 같이 차이가 날 뿐, 이에 대한 확률 분포함수, 누적 분포함수와 이와 관련된 전체적인 손해금액에 대한 기댓값은 동일한 방식으로 계산할 수 있다.

$$Y_P = \begin{cases} undefined, \ X \le d \\ X, \qquad\quad X > d \end{cases}$$

$$Y_L = \begin{cases} 0, \qquad X \le d \\ X, \qquad X > d \end{cases}$$

보험에서 이야기하는 공제액에는 크게 두 가지로 구분할 수 있다. 첫째, 약정된 금액 이하의 손해액 부분은 보험계약자가 자체 부담하고 보험회사는 책임지지 않는 자기부담금(deductible)이고, 다른 하나는 약정된 금액 이상의 손해액 부분은 보험계약자가 자체 부담하고 보험회사는 책임지지 않는 보상한도(limit) 개념이다. 이러한 조항은 계약자로 하여금 소액사고의 미청구로 인해 보험료 경감의 효과를 가질 수 있고 보험회사 측면에서도 보상에서 운영비를 경감하여 보험료 경감으로 이루어질 수 있기 때문에 보험계약자와 보험회사 모두 그리고 소액사고를 미연에 예방, 방지할 수 있는 사회적인 측면에서도 매우 이로운 보험제도라 할 수 있다. 이러한 제도에 의해 보험계리사는 손해액을 어떻게 분석하여 보험료에 적용할 수 있는지에 대한 내용은 본서의 중반부 담보 조정에서 확률 분포와 함께 다시 깊게 다루도록 하겠다.

## Chapter 01
# 연습문제

1. 동전을 3개 던지는 경우 앞면이 나타나면 $H$, 뒷면이 나타나면 $T$로 정의하기로 한다. 표본공간을 정의하고, 아래의 확률 분포표의 빈칸을 채우시오.

| $X$ | 0 | 1 | 2 | 3 |
|---|---|---|---|---|
| 확률 | | | | |

2. 균일하지 않은 육면체 주사위를 던져서 각 면이 나오는 확률이 다음과 같다.

$$P(X=1) = \frac{1}{2}, \ P(X=2) = \frac{1}{4}, \ P(X=3) = \frac{1}{8}, \ P(X=4) = \frac{1}{8}$$

5와 6이 나올 확률이 동일하다면, 5의 면이 나올 확률은 얼마인가?

3. 다음과 같은 함수가 주어졌다. 다음 물음에 답하시오.

$$f(x) = e^{-x}, \ x > 0$$

(1) 주어진 함수가 확률 밀도 함수임을 증명하시오.

(2) 확률 변수 $X$가 구간 $(0, 1)$, $(2, \infty)$에 속할 확률을 각각 구하시오.

(3) 확률 변수 $X$가 구간 $(1, 2)$에 속할 확률을 구하시오. (단, (2)번 답을 이용하여 계산하시오.)

4. ‘문제 2’에서 정의한 확률 분포표를 이용하여 다음 물음에 답하시오.

(1) 확률 변수 $X$에 대한 누적 분포 함수를 정의하고, 그래프로 표현하시오.

(2) 확률 변수 $X$가 3보다 클 확률은 얼마인지, 누적 분포 함수를 이용하여 계산하시오.

5. ‘문제 3’에서 주어진 확률 밀도 함수를 이용하여 다음 물음에 답하시오.

(1) 누적 분포 함수를 정의하고, 그래프로 표현하시오.

(2) 확률 변수 $X$가 3보다 클 확률은 얼마인지, 누적 분포 함수를 이용하여 계산하시오.

6. 다음과 같은 함수가 주어졌다. 다음 물음에 답하시오.

$$f(x, y) = e^{-x-y}, \ x > 0, \ y > 0$$

(1) 주어진 함수가 확률 밀도 함수임을 증명하시오.

(2) 각각의 주변 확률 밀도 함수를 구하시오.

(3) 두 변수가 독립임을 증명하시오.

**7.** 다음은 각 월별 손해액과 이에 해당하는 사고 발생 확률에 대한 확률 분포표이다.

| 구분 | 1월 | 2월 | 3월 | 4월 | 5월 | 6월 |
|---|---|---|---|---|---|---|
| 금액(만원) | 130 | 120 | 140 | 150 | 110 | 100 |
| 확률 | 1/12 | 1/12 | 1/12 | 1/12 | 1/12 | 1/12 |
| 구분 | 7월 | 8월 | 9월 | 10월 | 11월 | 12월 |
| 금액(만원) | 180 | 190 | 210 | 160 | 110 | 120 |
| 확률 | 1/12 | 1/12 | 1/12 | 1/12 | 1/12 | 1/12 |

(1) 손해액에 대한 기댓값을 구하시오.

(2) 각 월별로 손해사정비 10만원이 추가로 부과되어 있음을 확인하였다. 손해사정비가 수정된 후의 손해액에 대한 기댓값을 구하시오.

**8.** 확률 변수 $X$의 기댓값은 100이고 분산이 100이다. 확률 변수 $Y$의 기댓값은 200이며, 분산이 400이다. 두 변수는 독립이라고 한다.

(1) 두 변수 합에 대한 기댓값과 분산을 구하시오.

(2) $Z = 3X + 2Y$로 정의된 확률 변수 $Z$의 기댓값과 분산을 구하시오.

**9.** 확률 변수 $X$가 이항분포, $B(4, 0.1)$라고 할 경우 다음 물음에 답하시오.

(1) 확률 변수 $X$의 기댓값과 분산은?

(2) $P(X = 1)$와 $P(X \geq 1)$의 확률은?

**10.** 자동차 경주에서 사고가 발생할 확률은 30%라고 한다. 한 운전자가 10번의 경기에 참가하였을 경우 다음 물음에 답하시오.

(1) 해당 운전자가 발생시킬 사고 변수에 대한 확률 분포를 구하시오.

(2) 해당 운전자가 사고를 2번 또는 3번 일으킬 확률은 얼마인가?

(3) 이 운전자의 사고 건수에 대한 기댓값과 분산은?

**11.** 주사위를 던져서 1이 나오면 이기는 경기를 한다.

(1) 3번째에 처음으로 1이 나와서 이기는 확률을 구하시오.

(2) 1이 나올 때까지 주사위를 던지는 평균 횟수는 얼마인가?

**12.** 손해 보험회사의 경험 통계에 의하면 1년 동안 한 가구당 자동차 사고는 평균 1건이 발생한다고 한다.

(1) 사고가 1건 이하로 발생할 확률은 얼마인가?

(2) 사고가 3건 이상 발생하는 경우를 고위험군이라고 정의한다. 고위험군에 포함될 확률은 얼마인가?

**13.** 자동차 사고에 의해 지급되는 보험금은 평균 300만원, 분산 100만원인 정규 분포를 따른다고 알려져 있다.

(1) 사고가 발생하였을 경우 지급 보험금이 300만원 이상일 확률은 얼마인가?

(2) 사고가 발생하였을 경우 지급 보험금이 200만원에서 300만원 사이일 확률은 얼마인가?

(3) 사고가 발생하였을 경우 지급 보험금이 1,000만원 이상일 경우를 고액사고로 정의한다. 고액사고가 발생할 확률은 얼마인가?

(4) 고액사고 1%에 해당하는 지급 보험금은 얼마 이상인가?

(5) 고액사고 5%에 해당하는 건들에 대하여 인수여부 검토를 하려고 한다. 인수 여부 검토 기준이 되는 지급 보험금은 얼마인가?

(부록에 있는 표준 정규 분포표를 이용하여 답하시오)

**14.** 눈이 내리는 경우, 고객 콜센터로 긴급 출동 접수가 평균 10분에 5통 걸려온다고 한다.

(1) 텔러가 1통의 전화를 응대하고 다음 전화를 응대하기까지 대기하는 시간을 1분 단위로 표현하는 확률 분포 함수를 정의하시오.

(2) 텔러가 1통의 전화를 응대하고 1분 이내에 다른 전화를 응대할 확률은?

(3) 텔러가 1통의 전화를 응대하고 3분 이상 대기할 확률은?

**15.** 다음과 같은 적률 함수가 주어졌다고 가정하는 경우, 확률 분포와 해당 확률 분포의 모수를 구하시오.

(1) $\dfrac{1}{1 - 3t}$

(2) $e^{10t + \frac{4t^2}{2}}$

**16.** 확률 변수 $X$의 적률 함수가 $e^{10t + \frac{4t^2}{2}}$ 이고, 확률 변수 $Y$의 적률 함수가 $e^{t + \frac{5t^2}{2}}$ 이라고 한다. 확률 변수 $Z = X + Y$의 분포와 모수를 구하시오.

# CHAPTER
# 02

# 손해 분포 모형의 이해

보험회사가 보험 계약자에게 제시하는 보험료는 보험 사고의 심도(사고건당 손해액)와 빈도(사고 발생 확률)의 분석이 매우 중요한 요소가 된다. 즉, 피보험자(보험 계약의 대상이 되는 사람)가 가지는 위험도라는 것은 계약기간 동안 몇 번 사고가 일어나는지를 결정하는 빈도와 사고가 발생할 경우 그 손해의 규모가 어느 정도인지를 결정하는 심도에 의하여 결정된다고 볼 수 있다. 따라서 사업비가 배제된 위험요소로만 구성되는 순보험료(pure premium)는 심도와 빈도의 곱으로 나타나게 되고, 여기에 보험 회사의 운영에 필요한 사업비를 고려하는 LCM(loss cost multiplier) 계수를 적용하는 일련의 단계가 최종적으로 결정되는 보험료 산출 과정이라 할 수 있다.

고객의 위험도를 측정하는 손해 분포(loss distribution) 모형은 사고의 발생 확률에 관한 사고 빈도 모형과 사고가 발생한 경우 지급 보험금의 크기에 관한 사고 심도 모형으로 구분될 수 있다. 앞에서 다룬 분포 함수들을 통하여 빈도와 심도 모형을 적합시킬 수 있는데, 일반적으로 사고 빈도의 경우는 사고 건수를 나타내는 이산형 자료에 관한 것으로 포아송 분포와 음이항 분포가 분포의 속성상 많이 활용되며, 사고 심도의 경우는 사고 금액을 나타내는 연속형 자료에 관한 것으로 감마 분포, 정규 분포, 지수 분포 등이 많이 활용된다. 이번 장에서는 이러한 빈도 모형과 심도 모형에 관하여 학습하기로 한다.

 ## 1. 사고 빈도(Frequency) 모형

사고 빈도는 사고 건수, 사고 발생 여부 등을 확률 변수에 어떻게 정의하느냐에 따라 적용되는 분포 모형이 결정된다고 할 수 있으며, 확률 변수의 속성은 이산형 자료임을 쉽게 파악할 수 있다.

## 1.1 경험적 확률을 활용한 빈도 모형

확률 변수 $X$를 사고 발생 유무라고 정의하는 경우, 확률 변수가 가질 수 있는 값은, $x = 0,\ 1$, 즉 사고가 발생하지 않을 경우를 0, 사고가 발생할 경우를 1로 정의하여, 확률 분포 모형을 다음과 같이 표현할 수 있다.

$$f(x) = P(X = x),\ x = 0,\ 1$$

또한 확률 변수 $X$를 사고 건수라고 정의하는 경우, 확률 변수가 가질 수 있는 값은, $x = 0,\ 1,\ 2,\ 3,\ \cdots$이며, 확률 분포 모형은 다음과 같이 표현할 수 있다.

$$f(x) = P(X = x),\ x = 0,\ 1,\ 2,\ 3,\ \cdots$$

즉, 사고가 일어나지 않을 확률부터, 1건, 2건, 3건 등이 일어날 확률로 정의되는 것이다. 이러한 모형은 주로 보험회사에서 과거에 발생한 사고들의 경험적인 자료를 통하여 각각의 확률을 부여하게 되는 경우가 많다.

**표 2-1** 적용 사례

| 사고 건수 ($X$) | 0 | 1 | 2 | 3 | 4 이상 | 합 |
|---|---|---|---|---|---|---|
| 확률, $P(X = x_i)$ | 0.8 | 0.1 | 0.07 | 0.02 | 0.01 | 1 |

## 1.2 베르누이 분포를 활용한 빈도 모형

사고 건수보다 사고 발생 유무에 관심이 있다면, 확률 변수는 사고 유무 두 개의 사건으로 구성되며, 이러한 경우에는 베르누이 분포를 이용하여 빈도 모형을 설정할 수 있다.

$$P(X = x) = p^x (1-p)^{1-x},\ 0 < p < 1$$

여기서 확률 변수 $X$는 사고가 발생할 경우 1의 값을, 사고가 발생하지 않을 경우 0의 값을 가지는 변수가 되며 모수 $p$는 사고가 발생할 확률이 된다.

⟨표 2-1⟩의 사례를 가지고 베르누이 분포로 적용하게 되면, 사고가 발생하지 않을 확률은 80% 또는 0.8, 사고가 발생할 확률은 20% 또는 0.2가 되고, 이에 대한 분포 함수는 다음과 같이 적용할 수 있다.

$$P(X = x) = (0.2)^x (0.8)^{1-x}$$

여기서 확률 20% 또는 0.2는 사고 건수 1건 이상인, 즉 사고가 발생할 경우의 확률들의 합이 된다.

**예제 2-1**

K 보험 회사에서 상해보험 상품에 대한 사고 분석 결과, 한 건 이상의 사고가 20% 발생했다. 이 보험 상품의 사고 유무에 대한 확률 분포 함수를 정의하라.

**풀이**

사고 유무를 나타내는 경우는 베르누이 분포로 적용할 수 있으며, 한 건 이상 사고가 발생할 확률이 0.2 이고, 무사고 확률은 0.8로 정의된다. 따라서 분포 함수는 다음과 같이 정의된다.

$$P(X = x) = (0.2)^x (0.8)^{1-x}$$

## 1.3 이항 분포를 활용한 빈도 모형

개인별 사고 발생 여부에 대한 확률 변수에서 보험 계약자가 다수인 경우, 그중에서 몇 명이 사고를 발생시키는지를 변수로 해서 논리를 확장할 수 있다. 이러한 경우, 독립적인 베르누이 시행의 반복 시행으로 정의된 이항 분포를 활용하여 나타낼 수 있다.

$$P(X = x) = \binom{n}{x} p^x (1-p)^{n-x}, \quad x = 0,\ 1,\ 2,\ \cdots,\ n$$

여기서 모수 $n$은 보험 계약자의 수를 의미하며, 모수 $p$는 사고 발생 확률이다. 따라서, 확률 변수는 전체 보험 계약자 중 사고가 발생한 보험 계약자의 수로 해석된다. 예를 들어, 특정 상품의 계약자 수는 100이고, 계약자당 평균 사고 발생 확률이 0.1이라고 가정할 경우, 100명의 보험 계약자 중 사고가 발생한 보험 계약자의 수에 대한 확률 분포 함수는 다음과 같이 정의할 수 있다.

$$P(X = x) = \binom{100}{x} (0.1)^x (0.9)^{100-x}, \quad x = 0,\ 1,\ 2,\ \cdots,\ 100$$

앞 장에서 논의된 분포 함수와 도출된 대표 값들의 결과를 통하여 확률 변수에 대한 추론이 가능해진다.

**예제 2-2**

앞의 사례의 상품을 가정하여 다음 물음에 답하시오.
(1) 100명의 보험 계약자 중 몇 명의 보험 계약자가 사고를 경험할 것으로 기대되는가?
(2) 1명의 계약자도 사고가 발생하지 않을 확률은 얼마인가?
(3) 1명 이상의 계약자가 사고를 경험할 확률은 얼마인가?

💡 풀이

(1) 이항 분포의 기댓값 결과를 이용하여 $E(X) = np = 100 \times 0.1 = 10$, 따라서 계약자 중 10명은 사고를 경험할 것으로 예상된다.

(2) 보험 계약자 중 누구도 사고를 발생시키지 않을 확률은 확률 변수 $X$가 0의 값을 가지는 경우로, 다음과 같이 구할 수 있다.

$$P(X=0) = \binom{100}{0}(0.1)^0(0.9)^{100} = (0.9)^{100}$$

(3) 1명 이상의 계약자가 사고를 경험할 확률은 전체에서 1명의 계약자도 사고가 발생하지 않을 확률을 뺀 것과 같은 의미이다.

$P(X \geq 1) = 1 - P(X < 1) = 1 - P(X=0)$이므로 $1 - (0.9)^{100}$과 같다.

## 1.4 포아송 분포를 활용한 빈도 모형

사고 발생 건수에 대한 평균적인 경험치가 있는 경우, 단위시간당 발생하는 사고 건수에 대한 확률 변수로 정의할 수 있으며, 이에 대한 확률 변수에는 다음과 같은 포아송 분포가 적용될 수 있다.

$$P(X=x) = \frac{e^{-\lambda}\lambda^x}{x!}, \quad x = 0,\ 1,\ 2,\ 3,\ \cdots,$$

확률 변수는 사고 건수를 나타내며, 모수 $\lambda$는 평균적인 사고 건수를 의미한다. 포아송 분포는 자동차 보험 상품의 빈도 분석에서 많이 활용되는 분포 모형이다. 자동차 보험은 1년 단위로 갱신되는 단기 보험으로, 단위시간을 1년으로 가정하여 계약자당 평균적으로 2건의 사고가 발생한다고 가정하는 경우, 포아송 분포를 이용하여 다음과 같이 적용할 수 있다.

$$P(X=x) = \frac{e^{-2}2^x}{x!}, \quad x = 0,\ 1,\ 2,\ 3,\ \cdots,$$

예제 **2-3**

앞의 포아송 분포 사례를 가정하여 다음 물음에 답하라.
(1) 보험 계약자가 1년간 무사고일 확률은 얼마인가?
(2) 보험 계약자가 1년간 1건 이상의 사고를 일으킬 확률은 얼마인가?

💡 풀이

(1) 보험 계약자가 1년간 무사고일 확률은 확률 변수 $X$가 0의 값을 가지는 경우로, 다음과 같이 구할 수 있다.

$$P(X=0) = \frac{e^{-2}2^0}{0!} = e^{-2}$$

(2) 1년간 1건 이상인 확률

$$= P(X \geq 1) = 1 - P(X < 1) = 1 - P(X=0) = 1 - e^{-2}$$

포아송 분포가 가지고 있는 특징 중 하나는 독립적으로 포아송 분포를 따르는 확률 변수의 합도 포아송 분포를 따른다는 것이다. 즉, 확률 변수 $X_1$, $X_2$, $\cdots$, $X_n$이 각각 모수 $\lambda_1$, $\lambda_2$, $\cdots$, $\lambda_n$을 따르는 포아송 분포이고, 각각의 확률 변수가 독립일 경우, 확률 변수의 합 $X = \sum_{i=1}^{n} X_i$는 모수 $\lambda = \sum_{i=1}^{n} \lambda_i$인 포아송 분포를 따른다는 것이다.

이는 포아송 분포의 적률 함수를 이용하여 다음과 같이 증명할 수 있다.

$X_1$, $X_2$, $\cdots$, $X_n$의 적률 함수는 $e^{\lambda_1(e^t - 1)}$, $e^{\lambda_2(e^t - 1)}$, $\cdots$, $e^{\lambda_n(e^t - 1)}$이며, 확률 변수의 합 $X$의 적률 함수는 다음과 같이 표현할 수 있다.

$$E(e^{tX}) = E(e^{t \sum X_i}) = E(e^{tX_1} e^{tX_2} \cdots e^{tX_n})$$

각 확률 변수가 독립인 경우,

$$E(e^{tX_1} e^{tX_2} \cdots e^{tX_n}) = E(e^{tX_1}) E(e^{tX_2}) \cdots E(e^{tX_n})$$

각 항의 기댓값은 포아송 분포의 적률 함수의 승산으로 계산이 가능하다.

$$E(e^{tX}) = E(e^{tX_1}) E(e^{tX_2}) \cdots E(e^{tX_n}) = e^{\lambda_1(e^t - 1)} e^{\lambda_2(e^t - 1)} \cdots e^{\lambda_n(e^t - 1)}$$

$$= e^{\sum \lambda_i(e^t - 1)} = e^{\lambda(e^t - 1)}$$

적률 함수의 유일성이라는 성질을 통하여 확률 변수 $X$가 모수가 $\lambda$인 포아송 분포임이 증명된다.

**예제 2-4**

자동차보험은 사용 용도에 따라 개인용, 업무용, 영업용으로 구분된다. 세 상품은 동일하게 보험 계약기간이 1년이며, 각각의 상품에 대한 보험 계약자들의 1년간 평균 사고 건수는 2건, 3건, 4건으로 알려져 있다.

(1) 각각 상품의 분포를 정의하고, 세 상품을 모두 합친 경우의 분포를 정의하라.

(2) 한 보험 계약자가 세 상품을 모두 가입한 경우, 보험회사는 1년간 전체적으로 몇 건의 사고 건수가 발생할 것으로 예측할 수 있는가?

💡 풀이

(1) 각각의 상품은 단위시간당 사고 건수로 정의되는 포아송 분포로 가정할 수 있으면, 각 분포의 모수는 2, 3, 4이다. 따라서 세 상품의 합도 포아송 분포의 성질에 따라 포아송 분포로 가정할 수 있으며, 모수는 세 상품 모수의 합인 9가 된다.

(2) 세 상품을 모두 가입한 계약자의 경우 모수가 9인 포아송 분포를 따르고, 포아송 분포의 기댓값은 $E(X) = \lambda$이므로 9건이라 예측할 수 있다.

앞서 언급한 포아송 분포의 특징이 포아송 분포의 분해라는 성질로 인하여 반대의 경우도 성립하게 된다. 즉, 확률 변수 $X \sim Poi(\lambda)$이고, 사고 건수가 여러 사고 형태의 합으로 이루어져 있는 경우, 즉 $X = \sum_{i=1}^{n} X_i$이고, 각각의 사고 형태가 일어날 확률이 $p_1, p_2, \cdots, p_n$으로 나누어져 있으며, 모든 확률의 합, 즉 $\sum_{i=1}^{n} p_i = 1$인 경우, 포아송 분포를 이루고 있는 각각의 변수 또한 포아송 분포이며, 각 변수의 모수는 확률 변수 $X$의 모수 $\lambda$에 각 사고의 형태가 발생할 확률이 곱하여진 형태를 이루게 된다.

$$X_1 \sim Poi(\lambda p_1), \; X_2 \sim Poi(\lambda p_2), \; \cdots, \; X_n \sim Poi(\lambda p_n)$$

즉, 위와 같이 분해가 되고, 포아송 분포의 기댓값에 의하여, 각각 사고 형태가 발생할 사고 건수에 대한 기댓값은 다음과 같이 계산할 수 있다.

$$E(X_1) = \lambda p_1, \; E(X_2) = \lambda p_2, \; \cdots, \; E(X_n) = \lambda p_n$$

이에 대한 증명과정은 아래와 같다. 확률 변수 $X$의 특정 값인 $x$라는 가정하에 확률 변수 $X_i$의 확률 분포는 이항 분포로 정의할 수 있다.

$$P(X_i = x_i | X = x) = \binom{x}{x_i} p_i^{x_i} (1-p_i)^{x-x_i}$$

$$P(X_i = x_i) = \sum_{x=x_i}^{\infty} P(X_i = x_i | X = x) P(X = x) = \sum_{x=x_i}^{\infty} \binom{x}{x_i} p_i^{x_i} (1-p_i)^{x-x_i} \frac{e^{-\lambda} \lambda^x}{x!}$$

$$= \frac{e^{-\lambda} (\lambda p_i)^{x_i}}{x_i!} \sum_{x=x_i}^{\infty} \frac{1}{(x-x_i)!} (\lambda(1-p_i))^{x-x_i}$$

$$= \frac{e^{-\lambda} (\lambda p_i)^{x_i}}{x_i!} e^{(\lambda(1-p_i))} \sum_{x-x_i=0}^{\infty} \frac{e^{-(\lambda(1-p_i))}}{(x-x_i)!} (\lambda(1-p_i))^{x-x_i}$$

$$= \frac{e^{-\lambda} (\lambda p_i)^{x_i}}{x_i!} e^{(\lambda(1-p_i))} = \frac{e^{-\lambda p_i} (\lambda p_i)^{x_i}}{x_i!}$$

각각의 확률 변수는 모수가 $\lambda p_i$인 포아송 분포임이 증명된다.

**예제 2-5**

자동차보험에서 어떤 연령 집단은 1년 동안 평균 10건의 사고가 발생한다. 그리고, 사고 중에서 1천만원이 넘는 고액 사고 발생 확률은 20%라고 한다.

(1) 고액사고와 일반사고 변수에 대한 분포를 정의하여라.

(2) 1년간 고액사고가 일어나지 않을 확률은 얼마인가?

**풀이**

(1) 포아송 분포의 분해 공식에 의하여 고액사고($X_1$)와 일반사고($X_2$) 두 개의 포아송 분포로 분해가 가능하다. 그리고 각각의 모수는

$$X_1 \sim Poi(\lambda p) = Poi(10 \times 0.2) = Poi(2)$$
$$X_2 \sim Poi(\lambda(1-p)) = Poi(10 \times 0.8) = Poi(8)$$

(2) 일반사고 확률 변수는 $Poi(8)$로 확률 분포 함수는 다음과 같다.

$$P(X = x) = \frac{e^{-8}8^x}{x!}, \ x = 0, \ 1, \ 2, \ 3, \ \cdots,$$

사고가 발생하지 않을 확률은 다음과 같이 계산 가능하다.

$$P(X = 0) = \frac{e^{-8}8^0}{0!} = e^{-8}$$

여기서 0!은 1임을 참고하기 바란다.

## 1.5 음이항 분포를 활용한 빈도 모형

보험에서 포아송 분포와 함께 사고 건수에 대하여 많이 활용되는 분포 중 하나가 음이항 분포이다. 성공이 나타날 때까지의 회수를 정의한 음이항 분포는 사고 건수에 대한 개념으로 적용 가능하다. 앞 장에서 논의한 음이항 분포에서 모수의 형태를 변형하여 적용하는 경우가 있는데, 사고 발생 확률과 미발생 확률의 비율(ratio)을 통해 변형된 음이항 분포를 이용하면 다음과 같이 정의할 수 있다.

$$R = \frac{1-p}{p} \rightarrow p = \frac{1}{1+R}$$
$$P(X = x) = \binom{x+r-1}{x}p^r(1-p)^x$$
$$\rightarrow P(X = x) = \binom{x+r-1}{x}\left(\frac{1}{1+R}\right)^r\left(\frac{R}{1+R}\right)^x$$

위와 같이 변형하여 사용하는 경우 음이항 분포의 기댓값과 분산은 다음과 같게 된다.

$$E(X) = \frac{r(1-p)}{p} \rightarrow rR$$

$$V(X) = \frac{r(1-p)}{p^2} \rightarrow rR(1+R)$$

이렇게 적용되는 경우 음이항 분포의 평균과 기댓값의 형태가 일반적인 이항 분포의 형태와 유사하게 나타나는 것을 확인할 수 있다.

기하 분포는 음이항 분포에서 $r=1$인 특별한 경우의 분포로서 음이항 분포의 변형 형태를 적용하면 다음과 같은 분포 함수로도 정의할 수 있으며, 이에 대한 기댓값과 분산도 다음과 같이 정의할 수 있다.

$$P(X=x) = p(1-p)^x \rightarrow \left(\frac{1}{1+R}\right)\left(\frac{R}{1+R}\right)^x$$

$$E(X) = \frac{1-p}{p} \rightarrow R$$

$$V(X) = \frac{1-p}{p^2} \rightarrow R(1+R)$$

기하 분포가 가지는 특성 중 하나는 무기억성 성질(no-memory property)이다. 이는 과거에 사건이 발생하기까지의 대기시간이, 해당 시간 이후에 사건이 발생하는 시간에 영향을 주지 않는다는 성질로서 다음과 같이 표현된다.

$$P(X > j+k \,|\, X > j) = P(X > k)$$

즉, 기하 분포를 따르는 확률 변수에서, 사고 발생 없이 $j$번 시도가 있었다는 가정하에, 추가적인 $k$번 시도를 하면서 아무런 사고가 발생하지 않을 확률은, 이전 $j$번 시도가 이후 시행되는 $k$번에서 발생할 수 있는 사고에 영향을 주지 않는다는 성질이다. 이에 대한 증명은 다음을 통하여 확인할 수 있다.

$$P(X > j+k \,|\, X > j) = \frac{P(X > j+k)}{P(X > j)} = \frac{(1-p)^{j+k}}{(1-p)^j}$$

즉, $j$번 시도와 $j+k$번 시도에서 한 번의 사고 발생 없이 실패가 연속적으로 발생한 확률로 설명될 수 있으며, 이는 앞에서 시행한 $j$번 시도와 상관없이 $k$번의 시도에서 사고가 발생하지 않는 확률로 나타남이 증명된다.

$$\frac{(1-p)^{j+k}}{(1-p)^j} = (1-p)^k = P(X > k)$$

참고로, 조건부 확률에 대한 기본적인 이론은 제4장의 베이지안 추론 부분을 참고하기 바란다. 지금까지 사고 빈도에 적용되는 확률 분포에 대하여 살펴보았다. 보험회사에서 사고 빈도에 주로 사용하는 분포는 포아송 분포와 음이항 분포인데, 사고 건수에 대한 보험회사의 경험적 확률이 포아송 분포와 음이항 분포를 통하여 어떤 방식으로 추정되는지 다음 예제를 통하여 알아보기로 한다.

### 예제 2-6

다음 표는 자동차보험 상품을 취급하는 보험회사에서 경험적으로 축적한 자료의 결과이다. 교통 법규 위반 사고건수는 포아송 분포와 음이항 분포로 따른다고 가정하였을 경우의 결과들을 도표화하고, 추정의 정확성에 대하여 논하여라.

교통 법규 위반 건수 :

| $X$ | 0건 | 1건 | 2건 | 3건 | 4건 | 합계 |
|---|---|---|---|---|---|---|
| 빈도 | 220 | 120 | 48 | 8 | 4 | 400 |

#### 풀이

주어진 자료를 통하여 경험적 확률 $P(X=x)$를 구한다.

| $X$ | 0건 | 1건 | 2건 | 3건 | 4건 | 합계 |
|---|---|---|---|---|---|---|
| 빈도 | 220 | 120 | 48 | 8 | 4 | 400 |
| $P(X=x)$ | 0.55 | 0.30 | 0.12 | 0.02 | 0.01 | 1 |

이는 전체 빈도에서 각각의 빈도를 나눈, 즉 모든 사건의 확률이 동일하다는 가정하에서 구해진 경험적 확률이 된다. 앞의 결과를 통하여 기댓값을 구하면, $E(X) = 0 \times 0.55 + 1 \times 0.30 + 2 \times 0.12 + 3 \times 0.02 + 4 \times 0.01 = 0.64$가 된다. 따라서 포아송 분포를 가정할 경우 포아송 분포의 모수는 기댓값인 $\lambda$이므로, $\lambda = 0.64$인 포아송 분포를 따른다고 할 수 있다. 이에 대한 확률 분포 함수는

$P(X=x) = \dfrac{e^{-0.64}(0.64)^x}{x!}$, $x = 0, 1, 2, 3, 4$로 정의되며, 각 사고 건수에 대한 확률은 다음과 같이 구해진다.

$$P(X=0) = \frac{e^{-0.64}(0.64)^0}{0!} = 0.527$$

$$P(X=1) = \frac{e^{-0.64}(0.64)^1}{1!} = 0.337$$

$$P(X=2) = \frac{e^{-0.64}(0.64)^2}{2!} = 0.108$$

$$P(X=3) = \frac{e^{-0.64}(0.64)^3}{3!} = 0.023$$

$$P(X=4) = 1 - P(X=0) - P(X=1) - P(X=2) - P(X=3) = 0.004$$

사고 건수에 대한 기대 빈도는 총 빈도에 각각의 확률을 곱하여 구할 수 있으며, 이를 정리하면 아래의 표와 같다. 예를 들어 사고가 0건인 경우의 기대 빈도는 $400 \times 0.527 \approx 211$과 같이 구할 수 있다. (빈도의 경우 대체로 정수형으로 근사시킨다.)

| $X$ | 0건 | 1건 | 2건 | 3건 | 4건 | 합계 |
|---|---|---|---|---|---|---|
| 빈도 | 211 | 135 | 43 | 9 | 2 | 400 |
| $P(X=x)$ | 0.527 | 0.337 | 0.108 | 0.023 | 0.004 | 1 |

다음은 음이항 분포를 통하여 빈도를 추정하는 방식에 대하여 알아보기로 한다. 음이항 분포의 경우는 모수가 두 개이기 때문에 분산까지 활용하여 연립 방정식의 해를 구함으로 모수 추정이 가능해진다. 주어진 표에서 분산$\{E(X^2) - E(X)^2\}$을 구하면, 0.71이 구해진다. 음이항 분포의 변형된 형태의 평균과 분산은 같으므로,

$$E(X) = rR, \quad V(X) = rR(1+R) \quad rR = 0.64, \quad rR(1+R) = 0.71$$

연립 방정식을 통하여 $R = 0.11$이 구해지고, $r = 5.8$이 된다. $r$은 성공횟수에 대한 변수로 6으로 근사하게 적용하면, 음이항 분포는 다음과 같이 정의된다.

$$P(X=x) = \binom{x+5}{x}(\frac{1}{1+0.11})^6(\frac{0.11}{1+0.11})^x \approx \binom{x+5}{x}(0.9)^6(0.1)^x$$

따라서 각 사고 빈도별 확률은,

$$P(X=0) = \binom{5}{0}(0.9)^6(0.1)^0 = 0.531$$

$$P(X=1) = \binom{6}{1}(0.9)^6(0.1)^1 = 0.319$$

$$P(X=2) = \binom{7}{2}(0.9)^6(0.1)^2 = 0.112$$

$$P(X=3) = \binom{8}{3}(0.9)^6(0.1)^3 = 0.030$$

$$P(X=4) = 1 - P(X=0) - P(X=1) - P(X=2) - P(X=3) - P(X=4) = 0.008$$

사고 건수에 대한 분포 함수의 확률을 통하여 음이항 분포로 추정되는 각 사고 건수별 기대 빈도의 표도 포아송 분포처럼 도출할 수 있으며, 〈표 2−2〉와 〈표 2−3〉은 이를 정리한 것이다.

**표 2-2**

| $X$ | 0건 | 1건 | 2건 | 3건 | 4건 | 합계 |
|---|---|---|---|---|---|---|
| 빈도 | 212 | 128 | 45 | 12 | 3 | 400 |
| $P(X=x)$ | 0.531 | 0.319 | 0.112 | 0.030 | 0.008 | 1 |

두 분포로 추정된 기대 빈도와 실제 빈도의 차이는 분포 함수의 가정에 대한 적합성을 나타낼 수 있는 지표가 되는데, 〈표 2−3〉을 통하여 교통 법규 위반 사고 건수에 대해 음이항 분포가 다소 적합도 면에서 우월한 것으로 볼 수 있다. 차이 계산에 있어서는 음수와 양수가 서로 상쇄되는 효과를 배제하기 위하여 절대값이 적용되었다.

**표 2-3**

| $X$ | 0건 | 1건 | 2건 | 3건 | 4건 | 합계 |
|---|---|---|---|---|---|---|
| 실제 | 220 | 120 | 48 | 8 | 4 | 400 |
| 포아송 | 211 | 135 | 43 | 9 | 2 | 400 |
| 차이 | 9 | 15 | 5 | 1 | 2 | 32 |
| 음이항 | 212 | 128 | 45 | 12 | 3 | 400 |
| 차이 | 8 | 8 | 3 | 4 | 1 | 24 |

## 1.6 특별 형태의 분포를 활용한 빈도 모형

앞 장에서 논의한 일반적인 분포 함수 이외에 손해 분포 함수로 특이하게 적용되는 형태가 있다. 그 대표적인 형태가 $(a, b, 0)$ 분포 모형과 $(a, b, 1)$ 분포 모형이다.

### 1.6.1 $(a, b, 0)$ 분포 모형(Class)

음이항 분포의 다른 표현을 학습하면서 실패와 성공의 비율(ratio)에 대하여 언급하였다. 성공과 실패의 비율이 아니라 전 시점과 현 시점에 대한 성공의 비율에 대한 관계가 일정한 함수 형태의 수식을 반복적으로 만족하는 경우, $(a, b, 0)$ 분포 모형이라고 하며, 다음과 같은 수식으로 나타낸다.

$$\frac{p_k}{p_{k-1}} = a + \frac{b}{k}, \ k = 1, 2, 3, \cdots,$$

즉, 연속적으로 발생하는 비율의 관계를 만족하는 상수 $a$, $b$가 존재하는 경우를 의미하며, 최초 시점인 $p_0$는 확률 분포 전체의 합인 1에서 나머지 항의 합을 뺀 값으로 정의된다. 분포 함수의 만족 조건에서 확인할 수 있듯이, 이러한 형태를 가지는 분포 함수는 $a$, $b$ 두 개의 모수를 가지게 되며, 이를 만족하는 분포 함수에는 이항 분포, 음이항 분포, 기하 분포, 포아송 분포가 있으며, 각각의 분포에 정의되는 $a$, $b$ 값과 초기 확률 $p_0$의 값은 〈표 2-4〉와 같다.

**표 2-4** $(a, b, 0)$ 분포 모형의 모수와 초기값

| 확률 분포 | $a$ | $b$ | $p_0$ |
|---|---|---|---|
| 이항 분포 | $-\dfrac{p}{1-p}$ | $(n+1)\dfrac{p}{1-p}$ | $(1-p)^n$ |
| 포아송 분포 | $0$ | $\lambda$ | $e^{-\lambda}$ |
| 기하 분포 | $\dfrac{\beta}{1+\beta}, \ \beta=\dfrac{1-p}{p}$ | $0$ | $(1+\beta)^{-1}$ |
| 음이항 분포 | $\dfrac{\beta}{1+\beta}, \ \beta=\dfrac{1-p}{p}$ | $(r-1)\dfrac{\beta}{1+\beta}$ | $(1+\beta)^{-r}$ |

$(a, b, 0)$ 분포 모형은 아래 표현이 가능하다.

$$k\frac{p_k}{p_{k-1}} = ak+b$$

즉, 기울기가 $a$인 $k$의 함수 형태로 표현된다. 〈표 2-4〉의 정의에 따르면, 포아송 분포의 경우, 기울기 $a$가 0이며, 기하 분포, 음이항 분포의 경우는 기울기가 양의 값을, 이항 분포의 경우는 기울기가 음의 값임을 알 수 있다.

현실에서는 연속되는 시점의 발생 확률의 비율(ratio)을 다음과 같이 추정하여 산점도를 그리고, 이에 대한 기울기를 통하여 분포를 적합시킨다.

$$k\frac{n_k}{n_{k-1}} \rightarrow k\frac{p_k}{p_{k-1}}$$

전 시점과 현 시점의 발생 횟수의 빈도로 해당 비율을 추정하고, 이에 대한 기울기의 방향성을 통하여 분포를 적합시키는 과정으로 이해하면 된다. 여기서 유의할 점은 특정 사건에 대한 발생 빈도가 0으로 나타나는 경우 이를 적합시키는 것이 불가능하므로, 소규모 빈도가 발생하는 변수의 추정에는 적합하지 않다는 것이다. 이러한 분포 선택은 이론적인 증명과정 없이 경험적인 빈도를 통하여 적합시키는 과정이라고 이해할 수 있다. 따라서 모수에 대한 확률적 이론에 근거한 추정 방식에 대하여서는 '제4장 모수적 추정 방식의 이해'에서 최대 우도 추정법을 통한 방식을 참고하기 바란다.

**예제 2-7**

확률 변수 $X$와 $Y$는 전 시점과 현 시점의 발생 비율에 대하여 아래와 같은 형태가 반복적으로 발생한다고 한다.

(1) 확률 변수 $X : \dfrac{3}{k}$, $k = 1, 2, 3, \cdots$

(2) 확률 변수 $Y : \dfrac{1}{2}$, $k = 1, 2, 3, \cdots$

확률 변수 $X$와 $Y$에 적합한 분포 함수 모형은 무엇인가?

🔆 **풀이**

(1) $\dfrac{3}{k} = 0 + \dfrac{3}{k}$ 로 포아송 분포의 $(a, b, 0)$ 형태임을 알 수 있으며, $b = 3 = \lambda$이므로, 모수 $\lambda = 3$인 포아송 분포에 적합하다.

(2) $\dfrac{1}{2} = \dfrac{1}{2} + \dfrac{0}{k}$ 로 기하 분포의 $(a, b, 0)$ 형태임을 알 수 있으며, $a = \dfrac{1}{2} = \dfrac{\beta}{1 + \beta}$ 이므로, $\beta = \dfrac{1}{2}$ 인 기하 분포에 적합하다.

**예제 2-8**

아래의 경험적 빈도를 통하여 어떤 분포 함수가 적정한지를 도출하라.

교통 법규 위반 건수 :

| $X$ | 0건 | 1건 | 2건 | 3건 | 4건 | 합계 |
|---|---|---|---|---|---|---|
| 빈도 | 218 | 130 | 44 | 6 | 2 | 400 |

🔆 **풀이**

경험적 빈도를 통하여 전 시점과의 발생 빈도 비율을 도출하면 다음과 같다.

| $X$ | 0건 | 1건 | 2건 | 3건 | 4건 | 합계 |
|---|---|---|---|---|---|---|
| 빈도 | 218 | 130 | 44 | 6 | 2 | 400 |
| $k\dfrac{n_k}{n_{k-1}}$ | | 0.5 | 0.8 | 0.5 | 2.0 | |

빈도 발생의 비율이 양의 관계를 가지는 기울기를 나타나는 것으로 추정된다. 따라서 $(a, b, 0)$ 형태 중 음이항 분포로 적합시키는 것이 타당하다고 볼 수 있다.

### 1.6.2 $(a, b, 1)$ 분포 모형(Class)

보험 사고 데이터가 가지는 특성 중 하나는 사고가 발생하지 않는, 즉 무사고인 경우가 매우 많은 빈도를 나타내고, 사고 건수가 증가함에 따라 빈도가 줄어드는 형태를 가지는 것이 일반적이다. 따라서, 보험계리사는 확률 변수의 값이 0인 경우, 즉 무사고인 경우에 대하여 보다 많은 관심을 가져야 하며, 해당 점에 대한 분포 적합에 보다 많은 주의를 기울여야 한다. 하지만 일반적인 분포의 형태는 확률 변수의 값이 0인 특정 값에 대하여, 별다른 조치 없이 분포의 확률을 추정하게 된다. 이러한 단점을 보완하고자 제안된 분포의 형태가 $(a, b, 1)$ 분포 모형이며, 다음과 같은 수식으로 정의된다.

$$\frac{p_k}{p_{k-1}} = a + \frac{b}{k}, \quad k = 2, 3, 4, \cdots$$

수식으로는 $(a, b, 0)$ 분포 모형과 동일한 반면, $k$의 범위가 2부터 시작한다는 점이다. 즉, $p_0$ 값은 별도로 고려하여 결정하는 구조이다.

여기서 $p_0$의 값을 0으로 조정하는 경우를 절단 분포(truncated distribution)라고 하며, 0에서 절단되었다는 것을 나타내기 위해 zero 절단 분포(zero truncated distribution)라고 한다. $p_0$의 값이 0이 아닌 다른 확률의 값으로 조정하는 경우를 수정 분포(modified distribution)라고 하며, 보험 데이터에서는 0지점에서 수정을 하는 경우가 대부분이기 때문에, zero 수정 분포(zero modified distribution)라고 한다.

zero 절단 분포는 zero 수정 분포에서 확률의 값을 0으로 수정한 특별한 형태이며, 즉 사고가 발생한 경우에만 관심을 가지는 분포의 형태라고도 이해할 수 있다. 〈표 2-5〉는 zero점에서 절단된 분포와 zero에서 확률이 수정되는 분포에 대한 요약표이다. 〈표 2-4〉의 모수와 유사한 형태이며, 초기 값들만 수정되는 것을 확인할 수 있다.

**표 2-5** $(a, b, 1)$ 분포 모형의 모수와 초기값

| 확률 분포 | $a$ | $b$ | $zero$ 절단분포 $p_0$ | $zero$ 수정분포 $p_0$ |
|---|---|---|---|---|
| 이항 분포 | $-\dfrac{p}{1-p}$ | $(n+1)\dfrac{p}{1-p}$ | 0 | 임의의 값 |
| 포아송 분포 | 0 | $\lambda$ | 0 | 임의의 값 |
| 기하 분포 | $\dfrac{\beta}{1+\beta}$ | 0 | 0 | 임의의 값 |
| 음이항 분포 | $\dfrac{\beta}{1+\beta}$ | $(r-1)\dfrac{\beta}{1+\beta}$ | 0 | 임의의 값 |

이러한 수정을 통하여 분포가 정의되면서 각 분포가 가지는 모수의 값이 일부 제한되기도 한다. 음이항 분포의 경우는 $r > -1$, $\beta > 0$, 포아송 분포의 경우 $\lambda > 0$과 같은 모수의 공간 변화가 일어난다. 여기서는 이에 대한 수리적인 증명 또는 논리적 전개는 생략하기로 한다.

**예제 2-9**

확률 변수 $X$가 포아송 분포를 따른다고 할 때, 확률 변수 $Y$는 확률 변수 $X$의 zero 절단 포아송 분포를 따른다고 한다. $P(Y=1)$인 확률은 무엇인가.

☼ **풀이**

포아송 분포에서 $P(X=0)=e^{-\lambda}$임을 알고 있다. 확률 변수 $Y$는 0인 지점에서 확률이 0인 절단 함수이므로 나머지 전체 항의 합은 $1-P(X=0)=1-e^{-\lambda}$가 된다. 따라서 확률 변수 $Y$가 정상적인 포아송 분포일 때의 확률은 $P(Y=1)=e^{-\lambda}\lambda$가 되고 이를 절단된 전체 확률인 $1-e^{-\lambda}$로 나눈다.

$$P(Y=1)=\frac{e^{-\lambda}\lambda}{1-e^{-\lambda}}=\frac{e^{\lambda}e^{-\lambda}\lambda}{e^{\lambda}(1-e^{-\lambda})}=\frac{\lambda}{e^{\lambda}-1}$$

■

**👥 예제 2-10**

확률 변수 $X$가 포아송 분포를 따른다고 할 때, 확률 변수 $Y$는 확률 변수 $X$의 zero 수정 포아송 분포를 따르며, $P(Y=0)=0.5$으로 수정되는 분포라고 할 때, $P(Y=1)$인 확률을 구하시오.

☼ **풀이**

포아송 분포에서 $P(Y=0)=0.5$로 수정되었기 때문에, 나머지 전체 항의 합은 $1-P(Y=0)=0.5$가 된다. 따라서 확률 변수 $Y$가 정상적인 포아송 분포일 때의 확률은 $P(Y=1)=e^{-\lambda}\lambda$가 되고 이를 수정된 전체 확률인 $1-e^{-\lambda}$로 나누어 주면, $P(Y=1)=\frac{e^{-\lambda}\lambda}{1-e^{-\lambda}}=\frac{e^{\lambda}e^{-\lambda}\lambda}{e^{\lambda}(1-e^{-\lambda})}=\frac{\lambda}{e^{\lambda}-1}$가 되는데 나머지 항에 대한 확률의 합이 0.5가 되어야 하므로, $P(Y=1)=\frac{1}{2}\frac{\lambda}{e^{\lambda}-1}$가 된다. 다음의 표를 이용하면 보다 명확하게 이해할 수 있다.

| $X$ | 0 | 1 | 2 | 합계 |
|---|---|---|---|---|
| 원확률 | 0.4 | 0.3 | 0.3 | 1.0 |
| 수정확률 | 0.6 | 0.2 | 0.2 | 1.0 |

0인 지점에서의 확률이 0.6으로 수정되는 경우, $\frac{0.4}{1-P(X=0)}=\frac{0.4}{1-0.4}=\frac{0.4}{0.6}=\frac{2}{3}$가 되고(여기서 분자의 0.4는 나머지 항의 합이 되는 확률이다) 원확률에 수정되는 값을 곱하면, 1, 2지점에서 가지는 확률은 0.2로 수정이 되는 구조이다.

■

예제에서 살펴보았듯이 절단 함수의 경우는 0에서 가지는 분포의 확률을 0으로 가정하고, 해당 확률을 나머지 점들의 확률 값들에 비례하여 배분하는 방식이며, 수정 함수의 경우는 0에서 가지는 확률을 특정 확률로 가정하고, 전체 확률인 1에서 0의 지점의 확률을 차감한 나머지 확률을 각 지점으로 비례하도록 배분하는 방식으로 이해할 수 있다.

지금까지 사고 발생 여부, 사고 건수 등을 적합시키는 사고 빈도 모형에 대하여 알아보았다. 사고 빈도에 관련된 추가적인 해설은 본서 중반부 신뢰도 이론에서 다시 다루어진다. 다음 절에서는 사고 건당 발생하는 손해액, 즉 사고 심도와 관련한 모형들에 대하여 살펴보기로 한다.

## 2. 사고 심도(Severity) 모형

사고 빈도가 사고 건수, 사고 발생 여부 등에 관련한 확률 변수라면, 사고 심도는 사고가 발생한 경우에만 의미를 가지며, 사고 건당 손해액이라고도 불리는 용어이다. 즉, 사고가 발생한 경우 한 사고당 평균적으로 얼마의 손해액이 발생하는지를 정의하는 변수이다. 흔히, 보험 상품에는 사람을 담보하는 인보험과 사물을 담보하는 물보험으로 나뉘는데, 이러한 담보의 형태에 따라 심도에 영향을 주며, 사고의 정도에 따라 크기가 달라진다. 특히, 사람을 담보로 하는 손해액과 관련된 변수는 연속형 자료로 되어 있는 연속형 확률 변수가 대부분으로, 이러한 손해액에 적합한 확률 분포에 대해 알아보기로 한다.

### 2.1 경험적 확률을 활용한 심도 모형

확률 변수 $X$를 손해액이라고 정의하는 경우, 손해액은 사고가 발생하여 지급된 보험금이므로 확률 변수는 양수의 값만을 가지게 된다. 즉, 변수의 범위는 $x > 0$으로 정의된다. 경험적으로 발생한 사고 심도에 대한 확률 분포 모형은 다음과 같이 정의할 수 있다.

$$f(x) = P(a < X \le b)$$

즉, 사고가 발생한 경우, 손해액의 범위에 따라, 해당 범위에 포함되는 확률이 결정되며, 전체 발생한 사고 중 해당 범위에 포함하는 확률로 정의되는 것이다. 이러한 모형은 주로 보험회사에서 특정 기간(예: 자동차 보험의 경우 1년) 동안 발생한 사고 손해 금액에 대한 경험 데이터를 통해 각각의 확률을 부여하게 된다. 그리고 손해액에 대한 기댓값과 분산은 경험적 확률을 이용하여 계산하게 되는데, 이때 구간으로 정의된 손해액 변수에 대하여 어떤 대표값을 적용할지가 중요하게 된다.

**표 2-6** 적용 사례

| 손해액 $(X)$ | 빈도 | 확률 |
|---|---|---|
| 0~100만원 | 67 | 0.335 |
| 100~200만원 | 45 | 0.225 |
| 200~300만원 | 34 | 0.170 |
| 300~500만원 | 21 | 0.105 |
| 500~1,000만원 | 18 | 0.090 |
| 1,000~2000만원 | 15 | 0.075 |
| 합계 | 200 | 1.000 |

일반적으로 손해액 구간 내에 균일하게 손해액이 퍼져 있다고 가정을 하게 되는 경우, 구간 내 평균과 중위수(중간값)는 같은 값이 되고, 해당 값을 활용하는 것이 일반적이다. 이와 같은 대표 값으로 〈표 2-6〉 자료의 손해액에 대한 기댓값과 분산을 계산하면 다음과 같다.

$$E(X) = 50 \times 0.335 + 150 \times 0.225 + 250 \times 0.170 + 400 \times 0.105$$
$$+ 750 \times 0.09 + 1,500 \times 0.075 = 315$$
$$E(X^2) = 50^2 \times 0.335 + 150^2 \times 0.225 + 250^2 \times 0.170 + 400^2 \times 0.105$$
$$+ 750^2 \times 0.09 + 1,500^2 \times 0.075 = 252,700$$
$$V(X) = E(X^2) - E(X)^2 = 153,475$$

보험회사에서 위와 같은 경험적 확률을 활용하여 적용하는 경우, 손해액 구간을 어떻게 정하는 것이 타당한지, 예를 들어, 소액 사고에 대한 구간과 고액 사고에 대한 구간을 어떻게 차별할지에 대한 이슈가 발생한다. 또한 〈표 2-6〉에서 고려하지 않고 있는 2,000만원 이상의 사고에 대해서는 어떤 대표값을 적용하는 것이 타당한 것인지에 대한 기준도 필요하게 된다. 따라서 이산형을 다루는 빈도 모형보다 연속형을 다루는 연속형 모형에서 검토되어야 할 사항이 많게 된다.

## 2.2 정규 분포를 활용한 심도 모형

손해액이 정규 분포를 따르는 경우에는 손해액이 평균을 중심으로 좌우 대칭적으로 분포된다. 하지만, 정규 분포의 확률 변수 범위는 $-\infty < x < \infty$로 음수의 값을 가지는 확률이 존재한다는 점에서 음수가 없는 손해액 분포에 적합하기 어려운 점이 있다. (참고: 보험회계에서 단기적으로 음수의 손해액이 발생하는 경우가 있다. 보험회사 입장에서 음수의 손해액이란 보험금을 되돌려 받는다는 개념인데 대표적인 예는 회수재산 처분대금과 구상이 이루어질 때 발생한다. 그러나, 이는 어떤 기간 동안의 손해액 흐름 때문에 보여지는 것이지 사고건에 대한 최종 손해액 자체는 음수가 될 수 없다. 이에 대한 자세한 설명은 '손해액과 손해사정비' 장에서 더 다루도록 한다.)

정규 분포는 가장 일반적으로 널리 알려진 분포이며, 좋은 성질들을 가진 분포이기에 위와 같은 단점에도 불구하고, 종종 활용되기도 한다. 단, 이 경우 발생하지 않는 음수의 값에 대하여 유의하여 접근할 필요가 있다. 앞 장에서 학습한 확률 분포를 활용하여 손해액에 대한 분포 함수는 다음과 같이 정의된다.

$$f(x) = \frac{1}{\sqrt{2\pi}\,\sigma}\, e^{-\frac{(x-\mu)^2}{2\sigma^2}}$$

정규 분포는 평균이라는 위치 모수(location parameter)와 분산이라는 척도 모수(scale parameter) 2가지로 구성되는 분포 함수이다.

**예제 2-11**

확률 변수 $X$가 손해액을 나타내며 평균이 200만원, 분산이 200만원인 정규 분포를 따른다고 할 때, 확률 분포 함수를 정의하고, 이에 대한 문제점을 논하시오.

**☼ 풀이**

정규 분포 정의에 따라 다음과 같이 나타낼 수 있다. 단 변수의 단위를 만원으로 설정하였음을 주지하기 바란다.

$$f(x) = \frac{1}{\sqrt{2\pi(100)}} e^{-\frac{(x-200)^2}{400}}$$

여기서 문제점은 확률 변수 $X$의 범위이다. 중심이 200만원이기는 하나, 이론적으로 0보다 작은 값을 가질 수 있다는 점이다.

손해액이 가지는 일반적인 특성은 오른쪽 꼬리부분(tail)이 길다는 것이다. 즉, 초대형 사고의 발생 확률이 희박하기는 하나, 대다수의 소형 사고의 존재되어 분포를 이루고 있다는 점이나. 이는 정규 분포의 대칭성 가정에 위배되는 모습이기에, 이를 보완하고자 제시된 또 다른 형태의 정규 분포가 로그 정규 분포(log-noraml distribution)이다.

확률 변수 $X$가 정규 분포 $N(\mu, \sigma^2)$를 따르는 경우, 확률 변수 $Y$를 $Y = \exp(X)$와 같이 정의할 때 로그 정규 분포라고 하며, 확률 분포 함수는 다음과 같다.

$$f(y) = \frac{1}{\sqrt{2\pi}\,\sigma y} e^{-\frac{(\ln y - \mu)^2}{2\sigma^2}}, \quad y > 0$$

이렇게 변수 변환이 되는 경우 음수를 가질 수 있는 정규 분포의 단점과 오른쪽 꼬리가 긴 손해액 분포의 특성을 모두 보완해 주는 분포 함수가 되며, 심도분포를 연구하는 데 많이 활용하는 분포 함수라고 할 수 있다. 정규 분포와 마찬가지로 위치 모수인 평균과 척도 모수인 분산이 로그 정규 분포 함수의 모수가 됨을 확인할 수 있다. 로그 정규 분포의 기댓값과 분산은 다음과 같다.

$$E(Y) = \exp\left(\mu + \frac{\sigma^2}{2}\right)$$

$$V(Y) = \exp(2\mu + \sigma^2)\left[\exp(\sigma^2) - 1\right]$$

이에 대한 증명과정은 정규 분포의 적률 함수를 이용하여 가능한데, $E(Y) = E(e^x)$로 정규 분포의 적률 함수의 정의에서 $t = 1$인 특수한 형태가 되므로, 다음과 같이 증명된다.

$$E(e^{tX}) = \exp\left(\mu t + \frac{\sigma^2 t^2}{2}\right) \rightarrow E(Y) = E(e^X) = \exp\left(\mu + \frac{\sigma^2}{2}\right)$$

분산의 증명도 동일한 논리를 통하여 도출이 가능하다.

$$E(Y^2) = E(e^X e^X) = E(e^{2X}) = \exp\left(2\mu + \frac{4\sigma^2}{2}\right) = \exp(2\mu + 2\sigma^2)$$

$$V(Y) = E(Y^2) - E(Y)^2 = \exp(2\mu + 2\sigma^2) - \left[\exp\left(\mu + \frac{\sigma^2}{2}\right)\right]^2$$

$$= \exp(2\mu + 2\sigma^2) - \exp(2\mu + \sigma^2) = \exp(2\mu + \sigma^2)\exp(\sigma^2) - \exp(2\mu + \sigma^2)$$

$$= \exp(2\mu + \sigma^2)[\exp(\sigma^2) - 1]$$

이와 같은 논리를 전개하면 $k$차 적률에 대한 기댓값을 일반화하여 다음과 같이 표현 가능하다.

$$E(Y^k) = E(e^{kX}) = \exp\left(k\mu + \frac{k^2\sigma^2}{2}\right)$$

변수 변환이 반대로 발생하는 경우도 있는데, 즉, 확률 변수 $Y$가 로그 정규 분포를 따른다고 하는 경우, 확률 변수 $\ln(Y)$는 정규 분포를 따른다는 것을 쉽게 확인할 수 있다.

$$Y = \exp(X) \;\rightarrow\; \ln(Y) = \ln[\exp(X)] = X$$

### 예제 2-12

확률 변수 $X$가 로그 정규 분포를 따르고 이에 대한 손해액 분포는 다음과 같다. 이때, 로그 정규 분포 함수의 모수인 $\mu$, $\sigma^2$를 구하라.

| 손해액 ($X$) | 빈도 | 확률 |
|---|---|---|
| 100만원 | 70 | 0.350 |
| 200만원 | 48 | 0.240 |
| 300만원 | 37 | 0.185 |
| 500만원 | 24 | 0.120 |
| 1,000만원 | 21 | 0.105 |
| 합계 | 200 | 1.000 |

#### 풀이

손해액에 대한 기댓값과 분산은 다음과 같이 계산 가능하다.

$$E(X) = 100 \times 0.350 + 200 \times 0.240 + 300 \times 0.185 + 500 \times 0.120 + 1{,}000 \times 0.105 = 303.5$$

$$E(X^2) = 100^2 \times 0.350 + 200^2 \times 0.240 + 300^2 \times 0.185 + 500^2 \times 0.120 + 1{,}000^2 \times 0.105 = 164{,}750$$

$$V(X) = E(X^2) - E(X)^2 = 72{,}638$$

로그 정규 분포 함수의 기댓값과 분산의 공식에 따라, 2차 연립 방정식의 해를 구하면, $\mu = 5.5$, $\sigma^2 = 0.7$ 을 계산할 수 있다.

$$E(X) = 303.5 = \exp\left(\mu + \frac{\sigma^2}{2}\right)$$

$$V(X) = 72{,}638 = \exp(2\mu + \sigma^2)\left[\exp(\sigma^2) - 1\right]$$

위의 풀이에서 손해액 확률 변수 $X$가 로그 정규 분포인 경우 자연로그를 취하여 정규 분포화 해서 추가적인 확률 계산 등에 관한 논리 전개가 가능하며, 자연로그를 통하여 거대 손해액이 조정됨을 확인할 수 있다.

## 2.3 감마 분포를 활용한 심도 모형

앞에서 언급했듯이 보험 손해액은 주로 오른쪽 꼬리가 긴 형태를 보이는 경우가 많은데, 이러한 손해액의 특성에 따라 감마 분포 또한 손해액 분포에 널리 활용된다. 감마 분포는 변수의 범위가 0보다 큰 경우로 정의됨에 따라 손해액이 가지는 속성과 일치하기도 한다. 1장에서 정의한 감마 분포의 확률 분포를 활용하여 손해액에 대한 추정에 활용하게 된다.

$$f(x) = \frac{\lambda^r}{\Gamma(r)} x^{r-1} e^{-\lambda x}, \ x > 0$$

감마 분포의 기댓값과 분산은 다음과 같이 정의된다.

$$E(X) = \frac{r}{\lambda},$$

$$V(X) = \frac{r}{\lambda^2}$$

감마 분포의 적률 함수를 이용하여 손해액에 대한 $k$차 적률에 대한 기댓값 계산이 가능하며 다음과 같이 표현된다.

$$M(t) = \left(\frac{1}{1 - \lambda t}\right)^r$$

$$\rightarrow M^{(k)}(r) = (r + k - 1) \cdots (r + 1) r \, \lambda^k (1 - \lambda t)^{-r-k}$$

$$= \frac{\Gamma(r+k)}{\Gamma(r)} \lambda^k (1 - \lambda t)^{-r-k}$$

$$E(X^k) = M^{(k)}(0) = \frac{\Gamma(r+k)}{\Gamma(r)} \lambda^k$$

감마 분포의 모수 $r$은 형태 모수(shape parameter)이고, $\lambda$는 척도 모수이며, 형태 모수인 $r$과 관련된 $\Gamma(r)$ 함수는 다음과 같이 정의된다.

$$\Gamma(r) = (r - 1)!$$

$$\Gamma(1) = 1, \quad \Gamma\left(\frac{1}{2}\right) = \sqrt{\pi}$$

형태 모수인 $r = 1$인 경우가 지수 분포로 감마 분포의 특별 형태로 이해하면 된다. 따라서 지수 분포인 경우에는 분산이 평균의 제곱 형태로 나타나는 특성을 가지게 된다. 지수 분포는 기하분포와 유사하게 대기시간에 대하여 정의되는 분포 함수로 기하 분포에서 설명된 무기억성의 성질을 동일하게 가지고 있다. 즉, 지수 분포를 따르는 확률 변수 $X$에 대하여 다음과 같은 조건을 만족한다.

$$P(X > j+k \mid X > j) = P(X > k)$$

이와 같은 성질은 생명 보험에서 생존 함수로 많이 사용하게 되는데, 향후 생존기간에 대한 분포 함수를 도출할 수 있기 때문이다. 예를 들어, 확률 변수 $X$가 모수 $\lambda$인 지수 분포를 따른다고 할 때, 현재까지 10년을 생존했다는 가정하에, 향후 추가적으로 10년을 더 생존할 수 있는 확률을 예측하고자 한다. 따라서 확률 공식으로 이를 표현하면 다음과 같다.

$$P(X > 10+10 \mid X > 10) = P(X > 10)$$

이는 또 다른 지수 분포의 확률과 동일하게 계산이 가능하기 때문이다. 손해액 분포가 감마 분포를 따를 때, 형태 모수인 $r$이 충분히 큰 경우에는 손해액을 정규 분포로 근사하여 확률 계산이 가능하다는 점도 주지할 필요가 있다.

### 예제 2-13

자동차보험 가입고객 중에 사고 위험군에 속하는 집단은 1년에 평균 2번씩 사고가 발생한다.
(1) 첫 사고 발생시까지 소요되는 연수에 대한 분포 함수를 정의하라.
(2) 첫 사고 이후에 다음 사고까지 평균 소요기간은 얼마인가?

**풀이**

(1) 사고를 발생시키는 기본단위를 1년이라고 하는 $\lambda = 2$인 지수 분포이다.
$$f(t) = 2e^{-2t}$$

(2) 평균 대기시간에 대한 기댓값이 $E(T) = \dfrac{1}{\lambda} = \dfrac{1}{2}$이므로 첫 사고까지 약 0.5년, 즉 6개월 정도 소요된다. 또한 지수 분포의 무기억 성질에 따라 재사고까지도 6개월이 소요될 것으로 예상할 수 있다.

## 2.4 파레토 분포를 활용한 심도 모형

손해 분포에 대한 정규 분포의 비현실적 대칭성 및 고액사고에 대한 이질성이라는 단점을 보완하고자 로그 정규 분포가 활용된다고 앞에서 언급되었다. 이러한 로그 정규 분포보다 오른쪽 꼬리가 두꺼우며, 고액사고를 넘어 거대 손해의 발생 확률이 존재하는 경우 활용되는 분포 중 하나가 파레토 분포이다. 즉, 손해가 증가함에 따라 발생 확률이 0으로 수렴하는 속도가 로그 정규 분포보다 느린 경우라고 이해하면 된다.

앞 장에서 정의한 파레토 분포는 다음과 같다.

$$f(x) = \frac{\theta}{a}\left(\frac{a}{x}\right)^{\theta+1}, \quad a < x$$

여기에서 손해액에 대한 확률 변수가 특정 지점보다 큰 것이 아니라 일반적인 발생손해액인 0보다 큰 범위로 전환하게 되는 경우, 확률 변수 $Y = X - a$로 정의할 수 있다. 따라서 위의 파레토 분포 함수는 다음과 같이 변형이 가능하다.

$$f(y) = \frac{\theta}{a}\left(\frac{a}{y+a}\right)^{\theta+1} = \frac{\theta}{a}\left(1+\frac{y}{a}\right)^{-(\theta+1)}, \quad y > 0$$

여기서 $\theta$는 형태를 결정짓는 모수가 되며, $a$는 척도를 결정짓는 모수가 된다. 확률 변수 $X$에 대한 파레토 분포의 기댓값과 분산은 다음과 같다.

$$E(X) = \frac{a\theta}{\theta-1}$$

$$V(X) = \frac{a^2\theta}{\theta-2} - \left(\frac{a\theta}{\theta-1}\right)^2$$

따라서, 변형된 형태의 확률 변수 $Y = X - a$ 기댓값은 다음과 같이 바뀐다.

$$E(Y) = E(X-a) = \frac{a\theta}{\theta-1} - a = \frac{a}{\theta-1}$$

분산의 경우는 상수항의 차감에 변함이 없는 분산의 성질에 따라 변함없이 동일하다는 것을 알 수 있다. 파레토 분포는 고액 또는 거대 손해에 강점을 가지는 분포 함수이기 때문에, 이는 손해보험 상품 중에 대재해 사고 발생이 상대적으로 높은 그래서 손해액 규모가 매우 높을 가능성이 있는 사람이 보험 담보인 인보험 상품들, 또는 대형 물건에 대한 재물 손해보험 등의 보험 상품 분야에 주로 활용되는 분포 함수이다. 따라서 특정 손해액을 초과하는 확률은 분포 함수를 통하여 계산할 수 있다. 다음에 주어진 함수는 파레토 분포의 분포 함수이다.

$$P(Y < y) = F(y) = 1 - \left(1+\frac{y}{a}\right)^{-\theta}$$

따라서, 분포 함수를 활용하여 특정 손해액을 초과하는 확률은 다음과 같이 계산할 수 있다.

$$P(Y > y) = 1 - F(y) = \left(1 + \frac{y}{a}\right)^{-\theta}$$

### 예제 2-14

확률 변수 $X$가 파레토 분포를 따르고, 해당하는 모수가 다음과 같다고 한다.

$a = 9, \ \theta = 1$ (단, 확률 변수의 단위는 억 단위이다.)

손해액이 1억원을 초과할 확률은 얼마인가?

#### 풀이

파레토 분포의 분포 함수 정의를 이용하면, $P(X > 1) = \left(1 + \frac{1}{9}\right)^{-1} = \frac{9}{10}$ 이므로 손해액이 1억원을 초과할 확률은 90%라고 추정할 수 있다.

## 2.5 기타 분포를 활용한 심도 모형

앞에서 제시한 연속형 확률 분포 이외에 손해액을 적합시키는 분포로 웨이블(weibull)분포가 있다. 웨이블 분포는 지수 분포와 마찬가지로 사건이 발생되기까지의 대기시간과 관련한 분포로, 생명보험에서 생존 분석을 하는 모형에 주로 활용되는 분포이다. 척도 모수인 $\theta$, 형태 모수인 $\beta$, 두 개의 모수로 이루어진 분포 함수이며, 확률 분포 함수는 다음과 같다.

$$f(x) = \frac{\beta}{\theta^\beta} x^{\beta-1} e^{-\left(\frac{x}{\theta}\right)^\beta}, \ x > 0$$

웨이블 분포는 형태 모수인 $\beta$의 값에 따라 세 가지 형태를 보이는데, $\beta$의 값이 1을 기준으로 하여 1보다 커지거나 작아지는 모습을 보인다. 웨이블 분포의 기댓값과 분산은 다음과 같다.

$$E(X) = \theta \, \Gamma\left(1 + \frac{1}{\beta}\right)$$

$$V(X) = \theta^2 \left[ \Gamma\left(1 + \frac{2}{\beta}\right) - \Gamma^2\left(1 + \frac{1}{\beta}\right) \right]$$

특정 손해액보다 큰 경우에 대한 확률은 분포 함수를 이용하여 계산이 가능하며 이를 위한 웨이블 분포의 분포 함수는 다음과 같이 정의된다.

$$F(x) = 1 - e^{-\left(\frac{x}{\theta}\right)^\beta}, \ x > 0$$

이 외에 Burr 분포, inverse 정규 분포 등이 있으나, 현재 보험업계에서 활용폭이 낮으므로 본서에서는 언급하지 않는다.

직접적인 분포를 적합하는 방식 이외에 사전에 알고 있는 경험적인 정보를 통하여 사전 분포를 정의하고, 이를 바탕으로 사후 분포를 도출하는 베이지안 분포 추론 방식이 있다. 이에 대한 자세한 논의는 뒤의 베이지안 추론 부분에서 다루기로 한다.

## 3. 총합 손해(Aggregate Loss) 모형

지금까지 사고 발생 여부, 사고 건수와 관련된 사고 빈도 모형과 사고 발생 시 나타나는 손해액과 관련된 사고 심도 모형에 대하여 알아보았다. 일반적으로 보험회사에서는 빈도와 심도에 대하여 개별적으로 분석을 하여 특성을 파악하기도 하지만, 사고 발생 여부 및 건수와 해당 사고에 대한 손해액을 동시에 고려하여 전체적인 총 손해액에 대한 추정을 한다. 이때 사용하는 것이 총합 손해(aggregate loss) 모형이다. 따라서 개별적으로 사고 발생 빈도에 대한 확률과 손해액에 대한 분포 등을 적합시키는 경우와는 달리 총액의 개념은 이러한 개별(사람 또는 사물)건들이 발생시키는 총 손해액에 대한 추정을 하는 경우라고 이해하면 된다. 일반적으로, 보험계리 분야에서 사용하는 총합(aggregate)이라는 용어는 합(total)과 매우 유사하게 쓰이기는 하지만 모든 고려사항들을 반영한 최종의 의미를 가지고 있다고 이해하면 편하다. 여기서 설명하는 총합 손해액도 손해란 개념 안에 내재되어 있는 빈도와 심도가 모두 반영된 것으로 이해하면 된다.

보험 가입자 개인별로 발생시킨 손해액을 $X_i$라 하며, 사고를 발생시킨 계약자의 수를 $n$이라고 가정하고, 총합 손해에 대한 확률 변수를 $T$라고 한다면, 총합 손해는 다음과 같이 표현할 수 있다.

$$Aggregate\ Loss = T = X_1 + X_2 + \cdots + X_n = \sum_{i=1}^{n} X_i$$

즉, 보험 계약자 개인별로 발생시킨 손해액의 총합이라고 할 수 있다.

### 3.1 지시 함수(Indication Function)를 활용한 총합 손해 모형

지시 함수란 어떤 특정 값 또는 범위에 있을 경우는 1의 값을 가지고, 나머지 값 또는 범위에서는 0의 값을 가지는 함수이다. 이를 수식으로 표현하면 다음과 같이 나타낼 수 있다.

$$I(x) = 1, \ x \in S,$$

$$I(x) = 0, \ x \notin S$$

즉, $S$라는 특정 공간에 확률 변수가 속하는 경우에만 1이라는 값으로 정의되는 함수를 말하는데, 베르누이 분포에서 사고가 발생이라는 사건을 1로 정의되는 특정 공간이라고 하면, $P(I(x) = 1) = P(x \in S) = P(x = 1) = p$와 같이 표현할 수 있다.

이러한 지시 함수를 활용하면 무사고가 포함된 손해액 분포는 $X_i = I_i \times Z_i$와 같이 표현할 수 있다. 여기서 확률 변수 $Z_i$는 평균 $\mu$, 분산 $\sigma^2$인 개인별 보험 가입자가 손해 발생 시 손해액을 나타내는 연속형 확률 변수이며, 사고 여부를 나타내는 지시 변수와 연속형 변수는 서로 독립적임을 가정한다. 따라서, 지시 함수로 표현되는 확률 변수 $I$는 모수인 성공 확률이 $p$인 베르누이 분포로 정의할 수 있으며, 이러한 성공 확률에 사고 발생 보험 가입자의 손해액을 나타내는 연속형 확률 변수가 승산되어 손해액이 결정된다. 이렇게 정의된 손해액 확률 변수에 대한 기댓값과 분산은 다음과 같이 도출할 수 있다.

$$E(X) = E(IZ) = E(I)E(Z) = p\mu$$
$$E(X^2) = E(I^2 Z^2) = E(I^2)E(Z^2) = p(\mu + \sigma^2)$$
$$V(X) = E(X^2) - E(X)^2 = p(\mu^2 + \sigma^2) - p^2\mu^2 = \mu^2 p(1-p) + p\sigma^2$$

따라서 전체 보험 가입자에 대한 총 손해액 분포는 다음과 같이 표현된다.

$$T = \sum_{i=1}^{n} X_i = \sum_{i=1}^{n} I_i \times Z_i$$

즉, 사고 미발생 고객의 경우는 모두 0이 되므로, 앞서 정의한 총합 손해액 확률 변수 $T$와 동일한 표현이 된다. 각각의 사고가 독립적이라는 가정하에 $n$명의 보험 가입자가 가입한 상품에 대한 총합 손해액의 기댓값과 분산은 다음과 같다.

$$E(T) = \sum_{i=1} E(X_i) = np\mu$$

$$V(T) = \sum_{i=1} V(X_i) = n\mu^2 p(1-p) + np\sigma^2$$

**👥 예제 2-15**

자동차 보험에서 개인별 차량담보 평균 지급보험금은 300만원이다. 차량담보의 사고 발생 확률이 25%일 때, 100만명이 가입한 차량담보에 의해 발생되는 총 손해액은 얼마인가?

🔆 **풀이**

지시함수를 이용한 총합 손해액의 기댓값을 활용하면, 총 손해액은 7천 5백억원 수준이라고 추정할 수 있다.

$$E(T) = np\mu = 1,000,000 \times 0.25 \times 3,000,000 = 750,000,000,000$$

총합 손해액 모형은 크게 개별 위험 모형(individual risk model)과 집단 위험 모형(collective risk model) 두 가지로 구분하여 생각할 수 있으며, 다음은 이 두 가지 모형에 대하여 알아보기로 한다.

## 3.2 개별 위험 모형(Individual Risk Model)

개별 위험 모형은 보험 계약자의 수를 먼저 고정시킨 상태에서 총합 손해액을 추정을 하는 방식이다. 예를 들어, $n$개의 보험 계약이 있다고 가정하고, $n$개의 계약에 대한 손해액을 $X_1$, $X_2$, $\cdots$, $X_n$라 할 경우, 이들 전체 합으로 추정하는 방식이다. 집합 위험 모형과는 달리, $X_i$가 독립적이기는 하나 동일 분포를 따른다는 가정을 하지는 않는다. 따라서 각 계약에 대한 손해액을 나타내는 변수 $X_i$는 0인 지점, 즉 무사고의 확률이 매우 높은 모습을 보이는 것이 일반적이다.

$X_i$가 동일 분포인 경우, 사고 빈도에 대한 변수 $N = n$인 집합 위험 모형의 특별한 형태가 개별 위험 모형이다. 개별 위험 모형은 빈도 모형과 심도 모형의 정보를 각각 활용하여 총합 손해액을 추정하게 된다. 이러면, 빈도와 심도에 영향을 미치는 변수를 별도로 고려할 수 있는 장점이 있다. 예를 들어 자기 부담금의 변경을 반영하게 되는 경우 개별 심도 모형에 일정 금액을 개별로 변경하여 반영하면 효과가 그대로 모형에 반영되는 장점이 생긴다. 또한 심도 모형의 꼬리가 빈도 모형의 꼬리보다 상당 부분 길게 나타나는 경우, 총합 손해액을 고려할 때, 빈도 모형은 민감하게 반응하지 않고 대부분의 효과가 심도 모형으로부터 나타나는 것이기 때문에, 심도 모형에 집중하여 추정할 수 있는 장점도 개별 위험 모형의 장점에 속한다.

이는 지시 함수를 활용한 총합 손해액 모형과 매우 흡사한 형태이며, 보험 계약의 수가 대부분 일정 수준을 넘기 때문에 정규 분포로 근접하는 성질을 활용하게 된다. 특히 포아송, 이항, 음이항 분포를 따르는 중심 극한 정리에 의하여 정규 분포로 수렴하는 성질을 가지고 있으며, 한쪽으로 치우친 분포의 경우에는 앞서 언급한 로그 정규 분포를 이용, 정규 분포화하여 활용이 가능하다.

개별 위험 함수의 기댓값과 분산은 지시 함수를 이용한 기댓값과 분산과 동일하다.

$$E(T) = \sum_{i=1}^{} E(X_i) = np\mu$$

$$V(T) = \sum_{i=1}^{} V(X_i) = n\mu^2 p(1-p) + np\sigma^2$$

**예제 2-16**

자동차 보험의 평균 사고 빈도는 10%이고, 평균 심도는 1백만원, 분산은 4백만원이라고 한다. 이 회사의 전체 계약 건수는 10,000건이라고 할 경우, 총합 손해액이 9억원을 초과할 확률은 얼마인가?

**풀이**

총합 손해액의 기댓값은 다음과 같이 10억원이 되고,

$$E(T) = np\mu = 10,000 \times 0.1 \times 1,000,000 = 1,000,000,000$$

분산은 $V(T) = n\mu^2 p(1-p) + np\sigma^2$를 이용하여 $10,000 \times (1,000,000)^2 \times (0.1) \times (0.9) + 10,000 \times (0.1) \times 4,000,000$ 계산이 가능하며 구하고자 하는 확률은

$$P(T > 10) = P\left(\frac{T - E(T)}{\sqrt{Var(T)}} > \frac{10 - E(T)}{\sqrt{Var(T)}}\right)$$

이므로, 정규 분포표를 통하여 계산 가능하다.

## 3.3 집단 위험 모형(Collective Risk Model)

집단 위험 모형은 지시 함수를 이용한 총합 손해액 모형과 유사하기는 하나, 손해가 발생한 손해 심도(손해액)만을 고려하면서, 발생한 사고 건수를 또 하나의 분포로 가정하는 방식이다. 따라서 해당 모형은 다음과 같이 표현된다.

$$T = \sum_{i=1}^{N} X_i = X_1 + X_2 + \cdots + X_N$$

여기서 확률 변수 $X$는 사고 심도 분포이며, 손해액이 발생한 사고 건수의 범위를 나타내는 $N$이 사고 빈도 분포가 되는 것이다.

집합 위험 모형에서는 동일 독립 분포(identical independent distribution) 가정을 하게 되는데, 이를 다음과 같이 설명할 수 있다.

(1) $n$개의 사고가 발생했다는 가정하에, 확률 변수 $X_1$, $X_2$, $\cdots$, $X_n$은 동일 독립 분포를 따른다(통계학에서는 동일 독립 분포의 약자로 i.i.d.라고 표기한다).

(2) $n$개의 사고가 발생했다는 가정하에, 확률 변수 $X_1$, $X_2$, $\cdots$, $X_n$의 분포 함수는 사고 건수 $n$에 의존하지 않는다.

(3) 확률 변수 $N$의 분포 함수는 확률 변수 $X_i$들에 의존하지 않는다.

위의 세 가지 가정은 동일 독립 분포의 가정에 대한 다른 표현들이며, 이를 만족하는 경우, 집단 위험 모형이라고 부른다.

집단 위험 모형에 대한 분포는 다음과 같이 유추된다.

$$F_T(x) = \Pr(T \le x) = \sum_{n=0}^{\infty} p_n \Pr(T \le x \,|\, N = n)$$

여기서 $F_T(x) = \Pr(T \le x)$는 확률 변수 $X_i$들의 분포 함수를 나타내며, $p_n = \Pr(N = n)$을 나타낸다. 이런 경우 총합 손해 확률 변수 $T$의 분포 함수를 복합 분포(compound distribution) 함수라고 부른다. 즉, 2개의 분포 함수가 복합적으로 연결되어 있음을 나타내는 것이다.

위에 정의한 총합 손해에 대한 분포 함수는 결합(convolution) 함수를 이용하여 다음과 같은 표현이 가능하나.

$$F_T(x) = \sum_{n=0}^{\infty} p_n \Pr(T \le x \,|\, N = n) = \sum_{n=0}^{\infty} p_n F_X^{*n}(x)$$

$F_X^{*n}(x)$를 $n$겹의 결합 함수라고 하며, 다음과 같이 정의된다.

$$F_X^{*0}(x) = \begin{cases} 0, & x < 0 \\ 1, & x \ge 0 \end{cases}, \quad F_X^{*1}(x) = F_X(x)$$

$$F_X^{*k}(x) = \int_0^x F_X^{*(k-1)}(x-y) f_X(y) \, dy, \text{ for } k = 2, 3, 4, \cdots$$

$$f_X^{*k}(x) = \int_0^x f_X^{*(k-1)}(x-y) f_X(y) \, dy, \text{ for } k = 2, 3, 4, \cdots$$

따라서, 총합 손해액에 대한 확률 분포 함수는 분포 함수의 미분을 통하여 다음과 같이 구할 수 있다.

$$f_T(x) = \sum_{n=0}^{\infty} p_n f_X^{*n}(x)$$

위와 같이 정의된 총합 손해액 분포는 적률 함수를 이용하여 해당 기댓값과 분산을 계산하여 활용할 수 있다. 적률 함수를 도출하는 과정은 다음과 같다.

$$m_T(t) = E(e^{tT}) = E(e^0) P(N=0) + \sum_{n=1}^{\infty} E(e^{tX_1 + tX_2 + \cdots + tX_n} \,|\, N = n) P(N = n)$$

$$= P(N=0) + \sum_{n=1}^{\infty} E(e^{tX_1}e^{tX_2} \cdots e^{tX_n}) P(N=n) = \sum_{n=0}^{\infty} E(e^{tX})^n P(N=n)$$

$$= E[(e^{tX})^N] = E[m_X(t)^N]$$

따라서 적률 함수의 1차 미분과 2차 미분을 통하여 총합 손해액 분포의 기댓값과 분산 계산이 가능하며, 총합 손해액 분포의 기댓값과 분산은 다음과 같다.

$$E[T] = E[N]E[X]$$
$$V[T] = E[N]V[X] + V[N]E[X]^2$$

이에 대한 증명은 사고 빈도 확률 변수 $N$과 사고 심도 확률 변수 $X$의 동일 독립 분포 가정을 이용하여 다음과 같이 가능해진다.

$$m'_T(t) = \frac{d}{dt}E[m_X(t)^N] = E[Nm_X(t)^{N-1}m'_X(t)]$$

$$E[T] = m'_T(0) = E[Nm_X(0)^{N-1}m'_X(0)] = E[Nm'_X(0)] = E[N]E[X]$$

$$m''_T(t) = \frac{d}{dt}E[m'_T(t)] = E[N(N-1)m_X(t)^{N-1}m'_X(t)^2 + Nm_X(t)^{N-1}m''_X(t)]$$

$$E(T^2) = m''_T(0) = E[N(N-1)m_X(0)^{N-1}m'_X(0)^2 + Nm_X(0)^{N-1}m''_X(0)]$$

$$= E[N(N-1)]E[X^2] + E[N]E[X^2]$$

$$V[T] = E[N(N-1)]E[X]^2 + E[N]E[X^2] - E[N]^2E[X]^2$$

$$= E[N^2]E[X]^2 - E[N]E[X]^2 + E[N]E[X^2] - E[N]^2E[X]^2$$

$$= E[N](E[X^2] - E[X]^2) + E[X]^2(E[N^2] - E[N]^2)$$

$$= E[N]V[X] + E[X]^2V[N]$$

위의 결과를 이용하면, 빈도 분포와 심도 분포의 특성 값들을 활용해서 총합 손해액에 대한 특성 값들을 추정해 낼 수 있다.

**|예제| 2-17**

자동차보험의 사고 빈도는 모수가 2인 포아송 분포를 따른다고 한다. 사고 심도의 경우 감마 분포를 따르며, 모수는 $r = 400$, $\lambda = 0.2$라고 한다(단위는 백만원임을 가정한다). 총합 손해액의 기댓값은 얼마인가?

⚡ 풀이

총합 손해액의 기댓값 $= E[T] = E[N]E[X]$

$$E[N] = 2$$

$$E[X] = \frac{400}{0.2} = 2,000$$

$$E[T] = E[N]E[X] = 2 \times 2{,}000 = 4{,}000$$

총 손해액은 4천만원으로 추정된다.

지금까지 통계적인 확률 함수들이 보험회사에서 추정하고자 하는 대상들에 대하여 어떻게 활용되는지를 살펴보았다. 다음 장부터는 이러한 확률 분포로부터 실제적인 추정이 어떻게 진행되는지에 대하여 살펴보기로 한다.

## Chapter 02

# 연습문제

1. 사고 발생 확률이 20%라고 알려져 있다. 보험 가입자가 100명인 보험 상품에 대하여 다음 물음에 답하시오.

   (1) 100명의 보험 가입자당 평균적으로 발생 가능한 사고 건수는?

   (2) 사고가 20건 이상 발생할 보험 가입자 확률은?

2. 보험 회사에 자동차 사고 건수는 시간당 평균 5대인 포아송 분포를 따른다고 한다. 다음 물음에 답하시오.

   (1) 1시간 동안 사고가 한 건도 없을 확률은?

   (2) 1시간 동안 사고가 한 건 이상일 확률은?

   (3) 사고 후에 다음 사고까지 대기 시간이 1시간 이상일 확률은?

3. 사고 건수 모형이 다음과 같은 분포를 따른다고 할 때 사고 건수에 대한 평균과 분산을 각각 구하시오.

   (1) 포아송 분포, 모수 10

   (2) 음이항 분포, 모수 10, 1/2

4. 개별 손해액 모형이 다음과 같은 분포를 따른다고 할 때 개별 손해액에 대한 평균과 분산을 각각 구하시오.

   (1) 감마 분포, 모수 10, 20

   (2) 균등 분포, 구간 100~200

5. 확률 변수 $X$, $Y$가 전 시점과 현 시점의 발생 비율에 대하여 다음과 같은 형태가 반복적으로 발생한다고 한다.

   - 확률 변수 $X : -1 + \dfrac{4}{k}$, $k = 1, 2, 3, \ldots$

   - 확률 변수 $Y : \dfrac{3}{2k} + \dfrac{1}{2}$, $k = 1, 2, 3, \ldots$

(1) 확률 변수 $X$의 분포 함수를 적합시키시오.

(2) 확률 변수 $Y$의 분포 함수를 적합시키시오.

6. 사고 접수 대기 시간은 지수 분포 함수로 알려져 있으며, 10시간 이상 사고 접수가 일어나지 않을 확률이 0.01이다. 사고 접수가 10시간 이상 일어나지 않았다는 가정하에 추가로 10시간 이상 사고 접수가 일어나지 않을 확률은?

7. 자동차 보험 사고 빈도는 모수가 10인 포아송 분포를 따르고, 사고 심도의 경우 감마 분포를 따르며, 모수는 $r = 100$ $\lambda = 0.1$를 따른다고 할 때, 다음 물음에 답하시오(단, 심도에 대한 단위는 백만원 기준이다).

(1) 총합 손해액의 기댓값은 얼마인지 추정하시오.

(2) 총합 손해액의 분산은 얼마인지 추정하시오.

# CHAPTER
# 03

# 경험적(Empirical) 추정 방식의 이해

## 1. 통계적 추정(Statistical Estimation) 방식의 이해

통계적 추정에는 추정하는 대상에 대한 표현 방식에 따라 점 추정과 구간 추정으로 구분한다. 점 추정이란 한 점의 값이 무엇이 될 것이라는 것에 초점을 두고 확률 등의 이론에 의해 밝혀내는 방식이며, 구간 추정은 추정하고자 하는 하나의 값이 어떤 구간에 포함될 확률이 얼마만큼 될 것인지를 추정하는 방식이다. 이번 장에서는 대표적인 두 가지 추정에 대한 표현 방식인 점 추정과 구간 추정을 살펴본 후 추정하는 방식에 따라 구분되는 경험적 추정 방식과 모수적 추정 방식에 대하여 살펴보기로 한다.

### 1.1 점 추정(Point Estimation)

영어 단어인 Estimation은 평가 또는 견적이라는 한국어 뜻이 있으나 통계학적인 관점에서는 추정이라는 해석이 더 적당하다. 이 추정이라는 용어 자체에는 모르는 어떤 값이 이럴 것이라고 예측하는 의미도 포함하기 때문이다. 이러한 추정에 사용하는 용어에 대하여 먼저 정의하기로 한다.

어떤 $\theta$값을 추정하기 위하여 사용되는 통계량 $T = t(X_1, X_2, \cdots, X_n)$를 추정량(estimator)이라고 하며, $\hat{\theta}$로 표기하기도 한다. 이를 위하여 실제 관측된 값으로 이루어진 통계량, $t = t(x_1, x_2, \cdots, x_n)$를 추정치(estimate)라고 한다. 여기서 $t$는 $x$들로 이루어진 함수의 형태를 의미하며, 모르는 값 $\theta$ 역시 함수의 형태로 나타날 수도 있다.

### 예제 3-1

1,000만명이 가입하고 있는 어느 특정 보험 상품의 평균 손해액을 추정하기 위해 무작위로 가입자 10명의 표본을 추출하여 표본 평균을 계산하였다. 추정하고자 하는 모수와 모수를 추정하기 위해 사용된 추정량을 정의하시오.

### 풀이

추정하고자 대상은 전체 손해액 평균이므로 모수 $\theta$는 1,000만명의 전체 평균이 되는 것이며, 표본 평균을 통하여 전체 평균을 추정하고자 하므로 $\overline{X} = \dfrac{1}{10}\sum\limits_{i=1}^{10} X_i$가 추정량이 되는 것이다. 따라서 10명의 평균을 구하여 전체 평균은 이럴 것이라고 추정하는 것이다.

### 1.1.1 비편향성(unbiased)

추정이라는 단어가 이럴 것이라고 기대한다는 의미를 가지고 있기 때문에 추정의 정확성을 측정하는 도구가 필요하게 된다. 이 중 하나가 기댓값과의 차이를 나타내는 편향성(bias)이며, 다음과 같이 성의된다.

$$bias(\hat{\theta}) = E(\hat{\theta}) - \theta$$

즉, 추정량의 기댓값과 추정하고자 하는 대상과의 차이를 나타내는 도구이며, 차이가 0일 때 즉, 차이가 없을 때를 비편향(unbiasedness) 또는 무편향이라고 하여, 비편향성을 수식으로 표현하면 다음과 같이 정의할 수 있다.

$$E(\hat{\theta}) - \theta = 0 \leftrightarrow E(\hat{\theta}) = \theta$$

위와 같이 편향성이 0으로 나타나는 추정량을 불편(不便)추정량(unbiased estimator)이라고 부른다.

편향성을 측정하는 또 다른 도구는 MSE라고 알려져 있는 평균 제곱 오차(mean squared error)이며 다음과 같이 정의된다.

$$MSE(\hat{\theta}) = E(\hat{\theta} - \theta)^2$$

추정량과 추정의 대상과의 차이의 제곱에 대한 기댓값을 나타내는 것이며, 이는 차이에 대한 방향성을 동시에 고려하는 것으로 이해할 수 있다. 즉, 음수의 오차와 양수의 오차가 기댓값을 계산하면서 상쇄되는 효과를 방지하는 것으로 이해하면 된다. MSE는 다음과 같이 표현되기도 한다.

$$MSE(\hat{\theta}) = V(\hat{\theta}) + bias(\hat{\theta})^2$$

이에 대한 증명과정은 다음과 같다.

$$MSE(\hat{\theta}) = E(\hat{\theta} - \theta)^2 = E(\hat{\theta} - E(\hat{\theta}) + E(\hat{\theta}) - \theta)^2$$
$$= E[\hat{\theta} - E(\hat{\theta})]^2 + [E(\hat{\theta}) - \theta]^2 + 2E[\hat{\theta} - E(\hat{\theta})][E(\hat{\theta}) - \theta]$$
$$= E[\hat{\theta} - E(\hat{\theta})]^2 + [E(\hat{\theta}) - \theta]^2 = V(\hat{\theta}) + bias(\hat{\theta})^2$$

### 예제 3-2

자동차보험 사고에서 5명의 손해액은 각각 100, 200, 300, 400, 500만원으로 조사되었다. 그 중 2명을 무작위로 추출하여 계산된 표본 평균으로 전체 평균에 대한 사고 금액을 추정하고자 한다. 이때 표본 평균이 전체 평균을 추정하는 불편 추정량임을 증명하시오.

### 풀이

추정하고자 하는 값은 전체 평균인 300만원이다. 5명 중에서 무작위로 2명을 추출할 수 있는 조합은 $_5C_2 = \dfrac{5 \times 4}{2} = 10$가지이며 표본 평균은 $\dfrac{1}{2}\sum\limits_{i=1}^{2} X_i$로 정의될 수 있다. 이를 표로 정리하면 다음과 같다.

| 표본 조합 | 표본 평균 | 확률 |
|---|---|---|
| 100, 200 | 150 | 1/10 |
| 100, 300 | 200 | 1/10 |
| 100, 400 | 250 | 1/10 |
| 100, 500 | 300 | 1/10 |
| 200, 300 | 250 | 1/10 |
| 200, 400 | 300 | 1/10 |
| 200, 500 | 350 | 1/10 |
| 300, 400 | 350 | 1/10 |
| 300, 500 | 400 | 1/10 |
| 400, 500 | 450 | 1/10 |

| 표본 평균 | 확률 |
|---|---|
| 150 | 1/10 |
| 200 | 1/10 |
| 250 | 2/10 |
| 300 | 2/10 |
| 350 | 2/10 |
| 400 | 1/10 |
| 450 | 1/10 |

표본 평균의 기댓값,

$$E(\hat{\theta}) = E(\overline{X}) = \frac{1 \times 150 + 2 \times 200 + 2 \times 250 + 2 \times 350 + 1 \times 400 + 1 \times 500}{10} = 300$$

따라서, 추정량인 표본 평균의 기댓값과 추정하고자 하는 전체 평균이 일치하므로 표본 평균은 전체 평균에 대한 불편 추정량이 된다. 즉, 추정량의 기댓값과 추정하고자 하는 대상과의 차이가 없다. ■

### 예제 3-3

표본 평균이 추정하고자 하는 모수인 전체 평균의 불편 추정량임을 증명하시오.

### 풀이

$$E(\overline{X}) = E(\frac{1}{n}\sum_{i=1}^{n} X_i) = \frac{1}{n}\sum_{i=1}^{n} E(X_i) = \frac{1}{n}\sum_{i=1}^{n} \mu = \frac{1}{n}n\mu = \mu$$

## 1.1.2 일치성(consistency)

추정의 적정성을 측정하는 방식 중 다른 하나를 일치성(consistency)이라 하며, 평균 제곱 오차를 이용하여 MSE 일치성(MSE consistency)이라고 불리는 이 방식은 다음과 같이 정의된다.

모수 $\theta$의 연속적(sequence)인 추정량들의 집합을 $\{T_n\}$이라고 할 때, 평균 제곱 오차가 일치하는 성질을 가진다는 것은 다음 수식을 만족할 때를 말한다.

$$\lim_{n \to \infty} E(T_n - \theta)^2 = 0 \leftrightarrow \lim_{n \to \infty} MSE(T_n) = 0$$

일치성이 가지는 의미는 표본의 개수가 증가하게 되면, 추정하고자 하는 대상에 더욱 근접하게 된다는 의미이며, 표본의 수가 충분히 클 경우 추정하고자 하는 대상을 정확하게 추정할 수 있음을 말한다. 이와 같이 표본의 수가 충분히 커짐에 따라 편향성에 대한 추가적인 정의가 있는데 이를 근사적 비편향성(asymptotic unbiased)이라고 하며 다음과 같이 정의된다.

$$\lim_{n \to \infty} E(T_n) = \theta$$

추정량은 비록 불편 추정량이 아닐 수는 있으나, 충분한 표본이 추출 가능한 경우, 비편향 성질로 수렴해감을 의미하는 것이다. 따라서 연속적인 추정량이 MSE 일치성을 만족한다는 것은 표본의 수가 충분히 클 경우 근사적 비편향성과 추정량의 분산이 0으로 수렴한다는 것을 의미한다. 이는 평균 제곱 오차의 정의에 따라 다음과 같이 확인할 수 있다.

$$MSE(T_n) = V(T_n) + [E(T_n) - \theta]^2$$

## 1.1.3 최소 분산(minimum variance)

통계학에서 비편향성은 매우 중요한 요소로 고려한다. 추정량이 비편향성을 가진다는 전제하에, 즉 추정량의 기댓값이 추정하고자 하는 대상이 되는 대상들 가운에서 가장 좋은 추정량을 찾는 것은 중요하다. 그래서, 비편향성을 만족하는 추정량들 가운데에서 분산을 최소화하는 추정량을 찾아내야 한다. 이는 평균 제곱 오차 정의의 두 부분 중 하나인 비편현상을 만족시키면서 나머지 부분인 분산을 최소화하기 때문에 평균 제곱 오차가 최소화되는 것과 동일하다. 이러한 의미에서 제안된 추정량이 바로 최소 분산 불편 추정량(uniformly minimum variance unbiased estimator)이라고 불리는 UMVUE이다.

이는 앞서 제시한 비편향성을 만족하는 불편 추정량들 중에서, 분산이 최소화되는 추정량이 UMVUE가 되는 것이며, uniformly가 의미하는 것은 항상 분산이 최소화된다는 것을 의미한다. 일반적으로 이러한 추정량을 찾는 것은 쉽지 않으므로 두 추정량의 적정성 비교 시에는 평균 제곱 오차를 통하여 오차를 작게 하는 추정량을 선택하게 된다.

## 1.2 구간 추정(Interval Estimation)

앞 절에서는 추정하고자 하는 모수에 대한 점 추정에 대하여 살펴보았다. 추정량을 통하여 모수를 추정함에 있어 기댓값을 일치시키고, 오차를 최소화하는 방식 등이 활용되기는 하나, 추정량이 모수와 정확히 일치하는 확률은 매우 낮다.

연속형 확률 분포에서 한 점에서의 확률은 확률의 정의에 따라, $P(X = a) = 0$이다. 즉, 추정량이 정확히 모수와 일치할 확률은 없음을 나타내는 것이며, 앞서 불편 추정량으로 알려진 표본 평균도 좋은 성질을 가지고 있는 추정량이기는 하지만, 전체 모평균과 일치할 확률은 0이다. 즉, $P(\overline{X} = \mu) = 0$이다. 따라서 이러한 좋은 추정량이 일정 범위에 포함될 확률로 표시하는 것이 구간 추정(interval estimation) 방식이다. 즉, 점으로 표현하는 점 추정과는 달리 구간으로 추정하는 방식으로 이해할 수 있다. 이 장에서는 구간 추정에 대하여 알아보기로 한다.

### 1.2.1 신뢰 구간(confidence interval)

구간 추정에서 가장 대표적인 방식이 신뢰 구간(confidence interval)이며, 신뢰 구간은 다음과 같이 정의한다. $100\gamma\%$ 신뢰 구간이란 $P(L < \theta < U) = \gamma$, 즉 모수 $\theta$가 구간 $(L, U)$에 포함될 확률이 $\gamma$라는 것을 의미하며, 여기서 $\gamma$를 신뢰 수준(confidence level), $L$을 하한(lower limit), $U$를 상한(upper limit)이라 부른다. 신뢰 수준을 유의 수준과 상응하여 사용하기도 하는데, 신뢰 수준과 유의 수준의 관계는 $\gamma = 1 - \alpha$이며, 이때, $\alpha$를 유의 수준이라고 한다. 즉, $100\gamma\%$ 신뢰 구간은 $100(1-\alpha)\%$ 신뢰 구간과 동일한 표현인 것이다.

하한과 상한이 동시에 존재하는 구간과 달리 한쪽 방향에만 한계점이 있는 경우를 한방향(one-sided) 신뢰 구간이라고 하며, 하한만 존재하는 경우와 상한만 존재하는 경우가 있고 다음과 같이 표현된다.

상한만 존재 : $P(\theta < U) = \gamma$
하한만 존재 : $P(L < \theta) = \gamma$

확률 변수 $X$가 정규 분포인 경우, 전체 평균 $\mu$에 대한 구간 추정은 불편 추정량으로 증명된 표본 평균 $\overline{X}$를 통하여 다음과 같이 추정하게 된다.

$$P\left(-Z_{\alpha/2} < \frac{\overline{X} - \mu}{\sigma/\sqrt{n}} < Z_{\alpha/2}\right) = 1 - \alpha$$

$\dfrac{\overline{X} - \mu}{\sigma/\sqrt{n}}$는 평균과 분산의 성질에 의거 평균이 0, 분산이 1인 표준 정규 분포가 되고, $Z$는 유

의 수준에 해당하는 표준 정규 분포 $x$축의 값이 된다. 여기에서 상한과 하한을 부호만 다른 동일한 값으로 사용하는 이유는 다음과 같다. 동일한 확률을 가지는 신뢰 구간은 짧게 표현할수록 좋은 신뢰 구간이 된다. 즉, 어떤 모수가 −100에서 100 사이에 포함될 확률이 95%이다보다는 −10에서 10 사이에 있을 확률이 95%라고 표현되는 것이 보다 많은 의미와 좋은 정보를 제공한다고 할 수 있다. 좌우 대칭인 분포에서 신뢰구간을 가장 짧게 표현할 수 있는 방법이 바로 0을 중심으로 동일한 거리에 위치와 상한과 하한을 선택하는 것이므로 위의 수식과 같은 신뢰 구간을 사용하게 된다.

위의 식을 변형하여 전체 평균 $\mu$에 대한 신뢰 구간은 다음과 같이 정의된다.

$$P(\overline{X} - Z_{\alpha/2}\frac{\sigma}{\sqrt{n}} < \mu < \overline{X} + Z_{\alpha/2}\frac{\sigma}{\sqrt{n}}) = 1 - \alpha$$

따라서, $\overline{X} - Z_{\alpha/2}\frac{\sigma}{\sqrt{n}}$가 하한, $\overline{X} + Z_{\alpha/2}\frac{\sigma}{\sqrt{n}}$가 상한이 되는 $1 - \alpha$ 신뢰 수준의 신뢰 구간이 된다.

수식에서 분산 $\sigma^2$을 모르는 경우 분산 또한 추정하게 되는데, 분산에 대한 불편 추정량은 표본 분산으로 알려져 있고, 다음과 같이 정의된다. 표본 분산을 사용하는 이유는 모분산에 대한 불편 추정량이 바로 표본 분산이기 때문이다.

$$S^2 = \frac{1}{n-1}\sum_{i=1}^{n}(X_i - \overline{X})^2$$

분산을 추정하게 되는 경우, 위에서 논의된 표준 정규 분포를 따르는 변수 $\frac{\overline{X} - \mu}{\sigma/\sqrt{n}}$는 $\frac{\overline{X} - \mu}{s/\sqrt{n}}$로 대체되며, 이 변수는 자유도가 $n-1$인 $t$-분포를 따른다고 알려져 있으며, $1 - \alpha$ 신뢰 수준의 신뢰 구간 하한과 상한은 다음과 같이 바뀐다.

$$하한 : \overline{X} - t_{(\alpha/2,\, n-1)}\frac{s}{\sqrt{n}},$$

$$상한 : \overline{X} + t_{(\alpha/2,\, n-1)}\frac{s}{\sqrt{n}}$$

신뢰 구간에 대한 개념은 대부분 통계학 분야에서도 중요한 부분이지만, 보험 분야에서는 더욱더 중요한 개념이라 할 수 있다. 보험은 미래에 발생할지도 모를 불확실성에 대하여 보상을 하는 개념이기 때문에 경험데이터를 토대로 미래의 발생 가능성을 추정해야 되고 이 추정값에 대한 신뢰 수준을 보여줌으로써 이를 토대로 계산된 보험료가 합리적임을 증명할 수 있기 때문이다. 보험실무에서 활용되는 신뢰 구간에 대한 내용은 본서 중반부의 신뢰도 이론에서 자세히 다루어질 것이다.

### 🔍 예제 3-4

정규 분포를 따르는 확률 변수에서 100개의 표본을 추출한 결과, 표본 평균이 100으로 조사되었다.

(1) 모분산이 100으로 알려져 있다고 가정하는 경우 모평균에 대한 95% 신뢰구간은 무엇인가?

(2) 모분산이 알려져 있지 않아서, 표본 분산을 확인한 결과 400으로 조사되었다. 모평균에 대한 95% 신뢰 구간은 무엇인가?

### 💡 풀이

(1) 95% 신뢰 구간은 유의 수준이 5%임을 의미하며, 표본 정규 분포의 해당 값은 $Z_{0.025} = 1.96$임을 표본 정규 분포표를 통하여 확인할 수 있으며, 대칭인 분포에서는 양쪽의 값이 부호만 바뀔 뿐 동일함을 확인할 수 있다. 따라서 95% 신뢰 구간은 다음과 같이 98.04부터 101.96까지가 된다.

$$\left(\overline{X} - Z_{\alpha/2}\frac{\sigma}{\sqrt{n}}, \ \overline{X} - Z_{\alpha/2}\frac{\sigma}{\sqrt{n}}\right) = \left(100 - 1.96\frac{10}{10}, 100 + 1.96\frac{10}{10}\right)$$

$$= (98.04, 101.96)$$

(2) 모분산을 모르는 경우 표본 분산의 값을 추정하고, $t$ 분포를 활용하므로, 95% 신뢰 구간은 다음과 같이 구할 수 있다.

$$\left(\overline{X} - t_{0.025, 99}\frac{s}{\sqrt{n}}, \ \overline{X} + t_{0.025, 99}\frac{s}{\sqrt{n}}\right) = \left(100 - 1.98\frac{20}{10}, \ 100 + 1.98\frac{20}{10}\right)$$

$$= (96.04, 103.96)$$

### 🔍 예제 3-5

표본 분산의 함수 중 하나인 $\frac{(n-1)s^2}{\sigma^2}$는 자유도가 $n-1$인 $\chi^2$ 분포를 따른다고 알려져 있다. 모분산 $\sigma^2$에 대한 95% 신뢰 구간을 구하시오.

### 💡 풀이

$\chi^2$ 분포에 대한 95% 신뢰 구간은 다음과 같이 정의된다.

$$P\left(\chi^2_{0.025} < \frac{(n-1)s^2}{\sigma^2} < \chi^2_{0.975}\right) = 0.95$$

따라서 위의 식을 변형하여 모분산에 대한 95% 신뢰 구간은 다음과 같이 표현할 수 있다.

$$P\left(\frac{(n-1)s^2}{\chi^2_{0.975}} < \sigma^2 < \frac{(n-1)s^2}{\chi^2_{0.025}}\right) = 0.95$$

$\chi^2$ 분포는 대칭 분포가 아니므로 $\chi^2$ 분포표에서 상한과 하한에 표시되어 있는 $\chi^2_{0.025}$값과 $\chi^2_{0.975}$값을 각각 확인해야 함을 유의하여야 한다.

### 1.2.2 정규 근사(normal approximation)

통계학에서 중심 극한 정리(central limit theorem)는 표본의 수가 일정 수준 이상이 되는 경우 표본 평균의 분포가 정규 분포로 근사한다는 매우 유용한 이론이다. 따라서 앞서 논의한 분포들의 모수들은 정규 분포로 근사시켜 구간 추정이 가능해진다.

먼저 이항 분포의 경우, 베르누이 시행이 $n$번 이루어진 분포로 모수인 확률 $p$는 $\hat{p} = \dfrac{1}{n}\sum_{i=1}^{n}X_i$ 로 추정되며, 이는 불편 추정량임을 알 수 있다. $\hat{p}$의 분산은 다음과 같이 도출 가능하다.

$$Var(\hat{p}) = \frac{1}{n^2}Var\left(\sum_{i=1}^{n}X_i\right) = \frac{1}{n^2}np(1-p) = \frac{p(1-p)}{n}$$

따라서, 중심 극한 정리에 의하여 $\dfrac{\hat{p} - p}{\sqrt{p(1-p)/n}}$ 은 표본의 개수가 일정 수준 이상이 되면 표준 정규 분포로 근사함을 알 수 있다. 이러한 성질을 이용하여, 아래와 같은 신뢰 구간을 만들 수 있다.

$$P\left(-Z_{\alpha/2} < \frac{\hat{p} - p}{\sqrt{p(1-p)/n}} < Z_{\alpha/2}\right) = 1 - \alpha$$

여기서 분산에 해당하는 $p$는 알지 못하는 모수에 해당하므로 통상적으로 표본에서 추출한 추정량을 대체하여 계산하게 되므로, 위의 식은 아래와 같이 표현 가능하며, 모수에 대해 정리하면 다음과 같은 신뢰 구간을 구할 수 있게 된다.

$$P\left(-Z_{\alpha/2} < \frac{\hat{p} - p}{\sqrt{\hat{p}(1-\hat{p})/n}} < Z_{\alpha/2}\right) = 1 - \alpha$$

$$P\left(\hat{p} - Z_{\alpha/2}\sqrt{\hat{p}(1-\hat{p})/n} < p < \hat{p} + Z_{\alpha/2}\sqrt{\hat{p}(1-\hat{p})/n}\right) = 1 - \alpha$$

위와 같은 방식으로 여러 분포들의 평균과 이에 해당하는 분산을 도출하여 정규 분포로 근사시킴으로써, 정규 근사화된 신뢰 구간 도출이 가능하다.

**예제 3-6**

동전을 100번 던져 40번이 앞면으로 나왔다. 정규 근사를 이용하여 앞면이 나올 확률에 대한 95% 신뢰 구간을 구하라.

---

💡 **풀이**

$\hat{p} = \dfrac{40}{100} = 0.4$이므로 정규 근사에 의한 95% 신뢰구간은 구할 수 있다.

$$P(0.4 - 1.96\sqrt{(0.4)(0.6)/100} < p < 0.4 + 1.96\sqrt{(0.4)(0.6)/100}) = 0.95$$

---

**예제 3-7**

확률 변수 $X$가 모수 $\lambda$인 포아송 분포를 따르고 표본의 수가 100이라고 한다. 표본 평균에 대하여 정규 분포로 근사화된 95% 신뢰 구간을 구하시오.

💡 **풀이**

포아송 분포의 평균과 분산은 모수 $\lambda$이므로, 표본 평균에 대한 기댓값은 $\lambda$, 분산은 $\dfrac{\lambda}{n}$이므로 $\dfrac{\overline{X} - \lambda}{\sqrt{\lambda/n}}$ 가 표준 정규 분포로 근사화된다. 분산에 관련한 모수를 표본 평균 $\overline{X}$로 추정하게 되면 $\dfrac{\overline{X} - \lambda}{\sqrt{\overline{X}/n}}$ 도 정규 분포로 근사화되므로, $P(\overline{X} - Z_{\alpha/2}\sqrt{\overline{X}/n} < \lambda < \overline{X} + Z_{\alpha/2}\sqrt{\overline{X}/n}) = 1 - \alpha$인 신뢰 구간 도출이 가능하다. 여기서 $n$은 표본의 수인 100이 됨을 주지하기 바란다.

## 1.3 가설 검정(Hypothesis Test)

가설 검정이란 미지의 정보에 대하여 통계학적이고 확률적인 분석을 통해 결론을 도출해 내는 과정을 말한다. 다시 말해, 먼저 가설을 세우고 세운 가설이 확률적으로 타당한 것인지를 검정하는 과정으로 이해할 수 있다.

가설에는 귀무 가설(null hypothesis)과 대립 가설(alternative hypothesis)이 있으며, 귀무 가설을 $H_0$, 대립 가설을 $H_1$이라고 표기한다. 따라서 통계적 가설 검정이란 표본으로부터 정보를 이용하여 두 가설 중 한 개를 선택하는 과정이라고 할 수 있다.

가설의 종류 외에 가설 검정에 사용되는 주요 용어로 검정 통계량(test statistic), 유의 수준(significance level), 기각역(critical region) 등이 있다. 검정 통계량이란 모수에 대한 가설 검정에서 의사결정 도구로서 사용되는 통계량이고 표본의 함수로 나타나며, 이 또한 확률 변수로서 특정한 확률 분포를 따르게 된다. 가설 검정에서 확률의 계산은 확률 분포를 통하여 계산되기 때문에 검정 통계량이 어떤 확률 분포를 따르는지를 아는 것이 중요하다. 가설 검정의 과정은 귀무 가설 $H_0$이 옳다는 가정하에서 검정 통계량의 값을 계산하고, 이러한 값이 나타날 가능성이 크면 귀무 가설을 채택하고 이러한 값이 나타날 가능성이 작으면 귀무 가설을 기각하는, 즉 대립 가설 $H_1$을 선택하는 과정이다. 즉, 귀무 가설이 사실이라고 할 때, 그러한 결론이 참(true)일 가능성에 대한 확률적 해석으로 볼 수 있다. 가설 검정 과정에서 귀무 가설이 사실이라고 할 때, 이를 기각하는 오류를 제1종 오류(type-I error)라고 하고, 오류를 범할 확률의 최대 허용 범위를 유의 수준이라고 하며, 다음과 같은 수식으로 표현이 가능하다.

$$P(reject\ H_0 | H_0\ true) = \alpha$$

신뢰 수준은 1에서 이러한 오류의 확률, 즉 유의 수준의 값을 뺀 값과 동일하다.

기각역은 주어진 유의 수준 하에서 귀무 가설을 기각하는 검정 통계량 값의 범위이며, 유의 수준의 크기에 따라 결정되는 값이다. 따라서 유의 수준과 연결된 식으로 다음과 같이 표현할 수 있다.

$$P(reject\ H_0 | H_0\ true) = P(T \in C | H_0)$$

여기서 C는 기각역을 T는 검정 통계량을 의미한다.

### 1.3.1 단측 검정과 양측 검정

대립 가설의 형태에 따라 검정 방식은 단측 검정과 양측 검정으로 구분된다. 단측 검정일 경우의 대립 가설의 형태는 다음과 같다.

$$H_1 : \mu < 0 \ 또는 \ H_1 : \mu > 0$$

이러한 경우의 기각역과 유의 수준 등을 그림으로 표현하면 〈그림 3-1〉과 〈그림 3-2〉와 같다.

**그림 3-1**

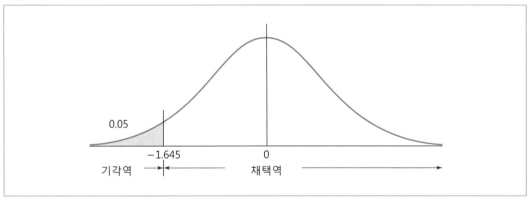

**그림 3-2**

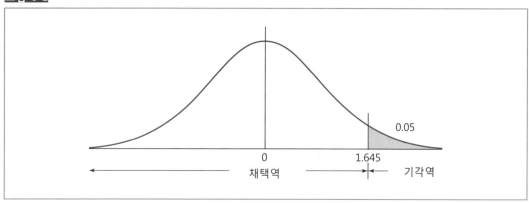

〈그림 3-1〉은 대립 가설이 $H_1 : \mu < 0$인 경우이며, 〈그림 3-2〉는 대립 가설이 $H_1 : \mu > 0$인 경우이다. 0.05는 유의 수준인 5%를 의미하며, 이에 해당하는 기각역의 값이 1.645 또는 $-1.645$가 되는 것이다.

양측 검정일 경우의 대립 가설의 형태는 다음과 같으며, 이러한 경우의 기각역과 유의 수준 등을 그림으로 표현하면 〈그림 3-3〉과 같다.

$$H_1 : \mu \neq 0$$

**그림 3-3**

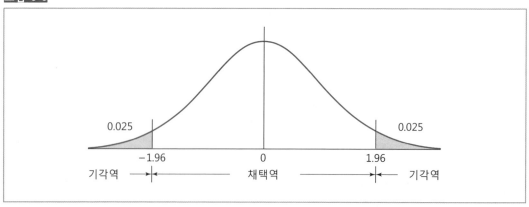

〈그림 3-3〉은 양측 검정이므로 기각역이 양쪽으로 나타나며, 유의 수준 0.05도 양쪽으로 나뉘게 된다. 이때 기각역의 값은 $\pm 1.96$으로 나타난다.

그림에서 확인할 수 있듯이 귀무 가설로 가정되는 평균 0에서 차이가 많이 나는 경우 귀무 가설을 기각하고 대립 가설을 채택하는 과정으로 이해할 수 있다.

### 1.3.2 단일 집단의 평균 검정

아래는 가설 검정의 기본 절차를 나열한 것이다.

(1) 가설의 설정 : 귀무 가설, 대립 가설
(2) 유의 수준의 설정 : 오차 허용 최대 범위
(3) 검정 통계량 선정 및 표본을 통한 검정 통계량 값 계산
(4) 유의 수준하에서의 기각역 확인
(5) 기각역과 검정 통계량 비교를 통한 의사결정

위와 같은 절차에 의해 단일 집단의 평균 검정 과정에 대해서 하나의 사례를 들어 살펴보기로 하자.

(1) 가설의 설정 : $H_0 : \mu = 100$ $vs.$ $H_1 : \mu > 100$

이는 모평균이 100인지, 100보다 큰지를 검정하는 단측 검정이며 대립 가설이 100이 아니라고 표현되는 경우는 양측 검정의 형태가 되는 것이다.

(2) 유의 수준의 설정 : $\alpha = 0.05$

유의 수준은 통상 5%를 사용하는 것이 일반적이며, 때에 따라서 10%, 1% 등이 사용되기도 한다.

(3) 검정 통계량 선정 및 표본을 통한 계산

평균에 대한 검정 통계량은 특정 분포를 따르는 것으로 결정하게 되는데, 중심 극한 정리를 이용하여 정규 분포로 수렴하는 것으로 선정하는 경우 다음과 같은 검정 통계량이 선정된다.

$$T = \frac{\overline{X} - \mu}{\sigma/\sqrt{n}}$$

모분산이 알려져 있지 않은 경우에는 표본 분산으로 추정하여 계산하고, 자유도 $n-1$인 $t$분포를 다음의 검정 통계량을 선정하여 활용하게 된다.

$$T = \frac{\overline{X} - \mu}{s/\sqrt{n}}$$

(4) 유의 수준하에서의 기각역 확인 :  표준 정규 분포일 경우 $1.645$

검정 통계량이 따르는 해당 분포표를 통하여 5% 유의 수준 하에서의 기각역 값을 확인한다. 표준 정규 분포의 경우 1.645이다. 양측 검정의 경우 $+1.96$, $-1.96$이 된다.

(5) 기각역과 검정 통계량 비교를 통한 의사결정 :
검정 통계량〉기각역 기준 → 기각

표본으로 계산한 검정 통계량과 선택한 유의 수준 하에서의 기각역의 기준점과 비교하여 검정 통계량이 클 경우 기각, 아닐 경우 채택하게 된다.

평균이 작은 경우의 검정은 방향만 반대로 진행될 뿐 동일한 과정이며, 양측 검정도 양쪽을 고려하는 차이가 있을 뿐 위에 제시한 과정과 동일한 과정을 통하여 검정할 수 있다. 즉, 평균이 검정하고자 하는 기준보다 큰가에 관심이 있는 경우에는 양수만을 고려하게 되고, 기준보다 작은가에 관심이 있는 경우에는 음수만을 고려하게 되는 것이며, 동일한지 아닌지에 대한 관심이 있는 경우라면 양수와 음수 모두를 고려하는 검정 절차라고 이해하면 된다.

### 예제 3-8

자동차보험에서 대형차량의 평균 손해액이 500만원인지 그 이상인지를 확인하고자 한다. 대형차량 100대를 표본 추출하여 조사한 결과 표본 평균이 510만원으로 확인되었다. 모분산이 100만원으로 알려져 있다고 가정하는 경우, 평균이 500만원 수준인지에 대한 가설 검정을 위에서 설명한 기본 절차에 따라 진행하라.

#### 풀이

단계별로 가설 검정을 진행하면,

(1) 가설의 설정 : $H_0 : \mu = 500$ *vs.* $H_1 : \mu > 500$ → 단측 검정의 형태이다.

(2) 유의 수준의 설정 : $\alpha = 0.05$, 즉 5% 유의 수준으로 결정

(3) 검정 통계량 선정 및 표본을 통한 계산 : 모분산을 알고 있는 상황에서 정규 근사를 하기 위한 검정 통계량은 $T = \dfrac{\overline{X} - \mu}{\sigma/\sqrt{n}}$ 이므로, $T = \dfrac{510 - 500}{10/\sqrt{100}} = \dfrac{10}{1} = 10$

(4) 유의 수준하에서의 기각역 확인 : 정규 분포의 단측 검정 5% 유의 수준의 기각역 값은 1.645이다.

(5) 기각역과 검정 통계량 비교를 통한 의사결정 : $T = 10 > 1.645$이므로 검정 통계량의 값이 기각역에 포함된다. 따라서 귀무 가설을 기각한다. 즉, 평균은 500만원보다 크다고 할 수 있다. ▪

### 예제 3-9

위의 〈예제 3-8〉에 대하여 유의 수준 5%하에서 양측 검정을 하시오.

#### 풀이

위의 예제와 달라지는 것은 가설과 기각역이다.

가설은 $H_0 : \mu = 500$ *vs.* $H_1 : \mu \neq 500$ → 양측 검정의 형태이다. 양측 검정 5% 유의 수준의 기각역 값은 -1.96, +1.96이다. 따라서 $T = 10 > 1.96$이므로 검정 통계량의 값이 기각역에 포함되고 귀무 가설을 기각한다. 즉, 평균은 500만원보다 크다고 할 수 있다. 만약 검정 통계량의 값이 음수가 나오는 경우에는 -1.96과의 비교를 통하여 의사결정이 이루어진다고 생각하면 된다. ▪

### 1.3.3 두 집단의 평균 검정

두 집단의 평균 검정을 이표본 평균 검정이라고 하며, 이표본은 독립 이표본과 대응 표본으로 구분된다. 독립 이표본은 서로 독립적인 두 모집단에서 추출된 표본을 말하며, 대응 표본은 짝진 표본이라고도 불리는데 동일한 대상에서 쌍으로 두 개의 관측치가 대응하여 나타나는 표본을 의미한다. 대응 표본의 경우에는 대응되는 두 표본의 차이를 나타내는 또 다른 확률 변수를 생성시키면 된다. 즉, $Z = X - Y$라는 확률 변수를 생성하게 되는 경우 두 집단의 평균이 동일한지에 대한 검정은 단일 표본에서 평균이 0인지의 평균 검정과 동일한 형태의 모습으로 나타나기 때문에 여기서는 독립 이표본에 대한 평균 검정에 대하여서만 다루기로 한다.

가설 검정 절차에 의거하여 독립 이표본의 평균 검정 과정은 다음과 같다.

#### (1) 가설의 설정 : $H_0 : \mu_1 = \mu_2 \ vs. \ H_1 : \mu_1 \neq \mu_2$

이는 독립적인 두 집단의 평균이 동일한지 아닌지를 검정하는 가설이며, 제1집단의 평균이 크거나 작다의 형태로 대립 가설이 설정되는 경우에는 단측 검정의 형태가 되는 것이고, 위에 주어진 가설은 양측 검정의 형태이다. 유의 수준과 기각역의 결정은 단일 표본의 평균 검정과 동일하므로 여기서는 생략하고 검정 통계량에 대하여 알아보기로 한다.

#### (2) 검정 통계량 선정 및 표본을 통한 검정 통계량의 값 계산

독립 이표본에서 추출된 표본 $X_1$, $X_2$, $\cdots$, $X_m$과 $Y_1$, $Y_2$, $\cdots$, $Y_n$이 각각 평균 $\mu_1$, $\mu_2$, 분산 $\sigma_1^2$, $\sigma_2^2$을 가지며, 상호 독립이라고 가정하는 경우, 표본 평균은 각각 다음과 같은 성질을 가지게 된다.

$$\overline{X} = \frac{1}{m}\sum_{i=1}^{m} X_i \sim N\left(\mu_1, \frac{\sigma_1^2}{m}\right)$$

$$\overline{Y} = \frac{1}{n}\sum_{i=1}^{m} Y_i \sim N\left(\mu_2, \frac{\sigma_2^2}{n}\right)$$

따라서 두 표본 평균의 차이로 이루어진 확률 변수는 기댓값, 분산의 성질 및 독립성이라는 가정을 통하여 다음과 같이 정의된다.

$$\overline{X} - \overline{Y} = N\left(\mu_1 - \mu_2, \frac{\sigma_1^2}{m} + \frac{\sigma_2^2}{n}\right)$$

또한, 해당 확률 변수는 표준 정규 분포로 다음과 같다.

$$\frac{(\overline{X} - \overline{Y}) - (\mu_1 - \mu_2)}{\sqrt{\dfrac{\sigma_1^2}{m} + \dfrac{\sigma_2^2}{n}}} \sim N(0, 1)$$

그리고 귀무 가설인 $H_0 : \mu_1 = \mu_2$ 은 $H_0 : \mu_1 - \mu_2 = 0$ 으로 동일하게 표현할 수 있으므로, 귀무 가설하에서 검정 통계량의 분포는 다음과 같다.

$$T = \frac{(\overline{X} - \overline{Y})}{\sqrt{\dfrac{\sigma_1^2}{m} + \dfrac{\sigma_2^2}{n}}} \sim N(0, 1)$$

이에 따라, 단일 표본 평균의 검정과 동일한 과정을 통하여 기각역을 정하고, 기각역에 검정 통계량이 포함되는지 여부에 따라 귀무 가설의 채택 기각 여부를 결정할 수 있게 된다.

### 예제 3-10

실손보험에서 남성과 여성의 평균 보험금이 동일한지, 여성의 평균 보험금이 더 높게 나타나는지를 확인해 보고자 한다. 남성 100명을 표본 추출하여 조사한 결과 표본 평균 보험금이 500만원이었고, 여성 100명을 표본 추출하여 조사한 결과 표본 평균 보험금이 515만원이었다. 남성의 보험금에 대한 모분산은 300만원이고, 여성의 경우는 모분산이 600만원이다. 평균 보험금이 동일한지에 대한 검정을 실시하여라.

#### 풀이

단계별로 가설 검정을 진행하면,

(1) 가설의 설정 : $H_0 : \mu_1 = \mu_2$  *vs.*  $H_1 : \mu_1 < \mu_2$

  → 단측 검정의 형태이다.

  여기서 $\mu_1$ 은 남성의 평균, $\mu_2$ 는 여성의 평균을 나타낸다.

(2) 유의 수준의 설정 : $\alpha = 0.05$, 즉 5% 유의 수준으로 결정

(3) 검정 통계량 선정 및 표본을 통한 계산

$$T = \frac{(\overline{X} - \overline{Y})}{\sqrt{\dfrac{\sigma_1^2}{m} + \dfrac{\sigma_2^2}{n}}} = \frac{(515 - 500)}{\sqrt{\dfrac{600}{100} + \dfrac{300}{100}}} = \frac{15}{3} = 5$$

(4) 유의 수준하에서의 기각역 확인 : 정규 분포의 단측 검정 5% 유의 수준의 기각역 값은 1.645이다.

(5) 기각역과 검정 통계량 비교를 통한 의사결정 : $T = 5 > 1.645$ 이므로 검정 통계량의 값이 기각역에 포함된다. 따라서 귀무 가설을 기각한다. 즉, 여성의 평균 보험금이 남성의 평균 보험금보다 크다고 할 수 있다.

### 예제 3-11

위의 〈예제 3-10〉과 모든 것이 동일한 조건하에서 여성 100명의 표본 평균만 515만원에서 503만원으로 변경된 경우 평균 보험금이 동일한지에 대한 검정을 실시하라.

💡 **풀이**

위의 예제의 과정과 모든 것이 동일하며, 검정 통계량의 값은 1이 된다.

검정 통계량 $T = \dfrac{(\overline{X} - \overline{Y})}{\sqrt{\dfrac{\sigma_1^2}{m} + \dfrac{\sigma_2^2}{n}}} = \dfrac{(503 - 500)}{\sqrt{\dfrac{600}{100} + \dfrac{300}{100}}} = \dfrac{3}{3} = 1$

따라서 $T = 1 < 1.645$이므로 검정 통계량의 값이 기각역에 포함되지 않으며 귀무 가설을 채택하게 된다. 즉, 여성의 평균 보험금과 남성의 평균 보험금은 동일한 수준으로 판단할 수 있다. ■

모분산이 알려져 있는 경우, 위와 같은 과정을 통하여 검정 진행이 가능하지만, 모분산은 알려져 있지 않은 경우가 대부분이고, 이럴 경우, 이를 추정해서 사용하여야 한다. 이때, 독립 이표본 집단의 분산 동일 여부에 대한 검정을 우선적으로 실시한 후, 동일 여부 검정 결과에 따라 두 가지 경우로 나뉘게 된다. 두 분산의 동일성 검정은 카이제곱 분포와 $F$ 분포의 성질을 이용하여 가능하나, 여기서는 논하지 않을 것이다.

독립 이표본의 분산이 동일하지 않은 경우, 각각의 분산은 각각의 표본 분산을 통하여 추정되며 다음과 같다.

$$\widehat{\sigma_1^2} = S_1^2 = \sum_{i=1}^{m} \frac{(X_i - \overline{X})^2}{m-1}$$

$$\widehat{\sigma_2^2} = S_2^2 = \sum_{i=1}^{n} \frac{(Y_i - \overline{Y})^2}{n-1}$$

검정 통계량에서 각각의 모분산을 표본 분산으로 대체하여, 검정 통계량의 값을 계산할 수 있다.

$$T = \frac{(\overline{X} - \overline{Y})}{\sqrt{\dfrac{S_1^2}{m} + \dfrac{S_2^2}{n}}}$$

표본의 수가 일정 수준 이상인 경우, 정규 분포로 근사하여 기각역을 구한 후 비교하여 의사 결정이 가능하다.

분산이 동일하다고 판단되는 경우, 모분산은 합동 표본 분산(pooled sample variance)이라는 것으로 추정하여 사용하는데, 합동 표본 분산은 다음과 같이 정의된다.

$$\hat{\sigma}^2 = S_p^2 = \frac{(m-1)S_1^2 + (n-1)S_2^2}{m+n-2}$$

이 경우 두 표본 평균의 차에 대한 분포는 다음과 같이 정의할 수 있다. 즉, 두 집단의 분산은 $\sigma^2$로 동일하다고 가정하는 것이다.

$$\overline{X} - \overline{Y} = N\left(\mu_1 - \mu_2, \sigma^2\left(\frac{1}{m} + \frac{1}{n}\right)\right)$$

따라서 검정 통계량에서 모분산은 합동 표본 분산으로 추정하여 다음과 같이 표현할 수 있으며, 해당 검정 통계량은 자유도가 $m+n-2$인 $t$ 분포를 따르므로 해당 확률 분포의 기각역 값과 비교하여 의사결정이 가능하다.

$$T = \frac{(\overline{X} - \overline{Y})}{S_p\sqrt{\dfrac{1}{m} + \dfrac{1}{n}}}$$

### 예제 3-12

위의 예제들에서처럼, 실손 보험에서 남성과 여성의 평균 보험금이 동일한지, 여성의 평균 보험금이 더 높게 나타나는지를 확인하고자 한다. 남성 8명을 무작위로 표본 추출하여 조사한 결과 표본 평균 보험금이 500만원이었고, 여성 8명을 표본 추출하여 조사한 결과 표본 평균이 510만원이었다. 남성과 여성의 보험금에 분산 동일성 검정 결과, 분산이 동일하다는 결론이 내려졌으며, 표본 합동 분산 계산 결과, $S_p^2$은 400만원으로 나타났다. 평균 손해액 동일성 여부에 대한 가설 검정을 하여라.

#### 풀이

단계별로 가설 검정을 진행하면,

(1) 가설의 설정 : $H_0 : \mu_1 = \mu_2$ *vs.* $H_1 : \mu_1 < \mu_2$

   → 단측 검정의 형태이다.

   여기서 $\mu_1$은 남성의 평균, $\mu_2$는 여성의 평균을 나타낸다.

(2) 유의 수준의 설정 : $\alpha = 0.05$, 즉 5% 유의 수준으로 결정

(3) 검정 통계량 선정 및 표본을 통한 계산

$$T = \frac{(\overline{X} - \overline{Y})}{S_p\sqrt{\dfrac{1}{m} + \dfrac{1}{n}}} = \frac{(510 - 500)}{20\sqrt{\dfrac{1}{8} + \dfrac{1}{8}}} = \frac{10}{10} = 1$$

(4) 유의 수준하에서의 기각역 확인 : 자유도 14인 $t$−분포의 기각역 값을 확인한다.

(5) 기각역과 검정 통계량 비교를 통한 의사결정 : 검정 통계량 값 $T = 1$은 해당 분포의 기각역에 포함되지 않는다. 즉, 기각역의 값이 1보다 크므로 귀무 가설을 채택한다. 즉, 여성과 남성의 평균 보험금은 같다고 본다.

**예제 3-13**

위의 〈예제 3-12〉와 동일한 표본을 가정한다. 남성 8명을 표본 추출하여 조사한 결과 표본 평균이 500만원이었고, 여성 8명을 표본 추출하여 조사한 결과 표본 평균이 510만원이었다. 남성과 여성의 보험금에 대한 분산은 동일하지 않다고 판단되어 각각의 표본분산을 계산한 결과, 여성의 분산 $S_1^2$ 은 120만원이고 남성의 분산 $S_2^2$ 은 80만원이었다. 평균 보험금 동일성 여부에 대한 가설 검정을 하여라.

💡 **풀이**

$$T = \frac{(\overline{X} - \overline{Y})}{\sqrt{\dfrac{S_1^2}{m} + \dfrac{S_2^2}{n}}} = \frac{(510 - 500)}{\sqrt{\dfrac{120}{8} + \dfrac{80}{8}}} = \frac{10}{5} = 2$$

검정 통계량 값 $T = 2$는 해당 분포의 기각역에 포함되므로 귀무 가설을 기각하고 여성의 평균 보험금이 남성의 평균 손해액보다 크다는 결론을 내린다.

지금까지 모집단의 수, 모집단의 형태 등에 따라 해당 집단의 평균에 대한 가설 검정 절차를 살펴보았다. 비교되는 모집단의 수가 3개 이상이 되는 경우는 정규 분포로 근사시키는 검정 통계량의 선정이 불가능하기 때문에 ANOVA라고 불리는 분산 분석(analysis of variance) 기법을 활용하게 된다. 다음 절에서는 분산 분석 중에서 기초가 되는 일원배치 분산 분석(one-way ANOVA)에 대하여 살펴보기로 한다.

## 1.3.4 분산 분석을 통한 평균 검정

지금까지는 한 개 또는 두 개 집단에 대한 평균 검정에 대하여 알아보았다. 두 개 이하의 집단에 대한 평균 검정은 정규 분포로 수렴하는 검정 통계량의 설정이 가능하나, 3개 이상의 집단에 대한 평균 검정부터는 이러한 정규 분포로 가정할 수 있는 검정 통계량의 설정이 불가능하다. 따라서 집단 간에 분산과 집단 내의 분산을 비교함으로써 집단들 사이의 평균 검정을 하고자 제안된 방식이 ANOVA라고 불리는 분산 분석이다.

예를 들어 자동차 보험에서 소형, 중형, 대형 차량에 대한 손해 정도가 동일한지, 운전자 연령 20대, 30대, 40대, 그리고 50대 이상의 연령대별 사고 발생률은 동일한 것인지 등이 이에 해당한다고 할 수 있으며, 이러한 사례는 보험업계에서 많이 분석하는 방식 중의 하나이다.

**그림 3-4**

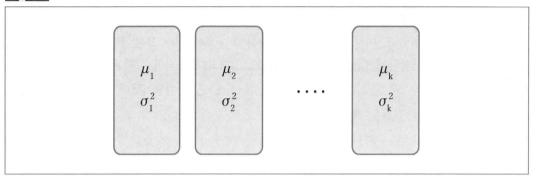

가설 검정 절차에 의하여 3개 이상 집단에 대한 평균 검정 과정은 다음과 같다.

(1) 가설의 설정 : $H_0 : \mu_1 = \mu_2 = \cdots = \mu_k$ $vs.$ $H_1 : not\ H_0$

이는 $k$개 집단의 평균이 동일한지 아닌지를 검정하는 가설이며, $k$는 3 이상의 임의의 숫자로 적용이 가능하다. 위의 예에서 차량의 종류가 소형, 중형, 대형 3개인 경우는 $k = 3$이 되며, 연령대와 같이 4개의 그룹이면 $k = 4$가 되는 것이다. 대립 가설은 귀무 가설에 해당 되지 않는 모든 경우를 포함한다. 즉, $k$개의 집단 평균이 모두 동일한 경우를 제외한 모든 경우이다. 이와 같은 검정을 위해 〈그림 3 - 5〉와 같은 표본을 추출하게 된다.

**그림 3-5**

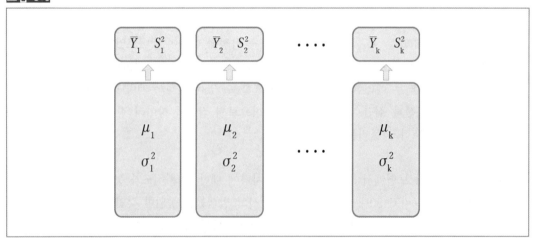

(2) 자료의 구조

위의 그림에서 나타난 것과 같이 추출된 표본 자료의 구조는 다음과 같다.

| 집단 | 1 | 2 | ⋯ | k |
|---|---|---|---|---|
| 자료 | $Y_{11}$ | $Y_{21}$ | ⋯ | $Y_{k1}$ |
| | $Y_{12}$ | $Y_{22}$ | ⋯ | $Y_{k2}$ |
| | ⋯ | ⋯ | ⋯ | ⋯ |
| | $Y_{1n}$ | $Y_{2n}$ | ⋯ | $Y_{kn}$ |

$k$개의 집단에 대하여 각각 $n$개의 관측치를 표현한 표이다. 각 집단별로 관측치의 개수는 상이할 수 있으나, 본 절에서는 이해의 용이함을 위하여 모두 동일한 수의 관측치가 있는 것으로 가정한다.

### (3) 분산 분석의 가정 및 모형

분산 분석에서 각 집단의 분산이 모두 동일함을 가정한다. 이를 등분산성이라 하며 관측된 자료로 표현하면 다음과 같다.

$$Y_{11}, \ Y_{12}, \ \cdots, \ Y_{1n} \ \sim N(\mu_1, \sigma^2)$$
$$Y_{21}, \ Y_{22}, \ \cdots, \ Y_{2n} \ \sim N(\mu_2, \sigma^2)$$
$$\vdots \quad \vdots \qquad\quad \vdots$$
$$Y_{k1}, \ Y_{k2}, \ \cdots, \ Y_{kn} \ \sim N(\mu_k, \sigma^2)$$

그리고 각 집단별로 관측된 자료는 독립임을 가정한다. 따라서 위의 등분산성과 독립의 가정을 포함하여 다음과 같이 간단하게 표현할 수 있으며,

$$Y_{ij} \ \sim indep., \ N(\mu_i, \sigma^2), \ i = 1, \ 2, \cdots, \ k \ \ \text{and} \ \ j = 1, \ 2, \ \cdots, \ n$$

이를 이용하여 자료를 모형화하면 다음과 같다.

$$Y_{ij} = \mu_i + \epsilon_{ij}, \ \ \epsilon_{ij} \sim iid \ N(0, \sigma^2)$$

즉, 표본으로 관측된 자료들은 각 집단의 평균과 오차로 구성되는 것으로 이해할 수 있다. 그리고, 오차들은 독립적이고 등분산성을 가진다는 가정의 내용을 모두 포함하고 있다.

### (4) 분산 분석 자료의 분해

관측된 자료들은 다음과 같이 분해하여 표현할 수 있다.

$$Y_{ij} = \overline{Y}_{..} + (\overline{Y}_{i.} - \overline{Y}_{..}) + (Y_{ij} - \overline{Y}_{i.})$$

여기서 $\overline{Y}_{..} = \dfrac{1}{nk} \displaystyle\sum_{i=1}^{k} \sum_{j=1}^{n} Y_{ij}$는 전체평균을, $\overline{Y}_{i.} = \dfrac{1}{n} \displaystyle\sum_{j=1}^{n} Y_{ij}$는 $i$번째 집단의 평균을 의미하며, 위의 수식은 다음과 같이 표현할 수 있다.

$$(Y_{ij} - \overline{Y}_{..}) = (\overline{Y}_{i.} - \overline{Y}_{..}) + (Y_{ij} - \overline{Y}_{i.})$$

좌변항 $(Y_{ij} - \overline{Y}_{..})$는 개별 관측치와 전체평균의 차이로서 총편차로 해석되며, 우변 첫 번째 항의 $(\overline{Y}_{i.} - \overline{Y}_{..})$는 $i$번째 집단평균과 전체평균의 차이로 해석할 수 있으며, 이 부분이 크다는 의미는 각 집단의 평균들이 각각 다른 값을 가지면서, 전체평균과의 거리가 멀어진다는 것으로 해석할 수 있다. 우변 두번째항의 $(Y_{ij} - \overline{Y}_{i.})$는 $i$번째 집단 내의 $j$번째 관측치와 $i$번째 집단평균의 차이로 각 집단 내에 존재하는 편차를 의미하며, 이 부분이 적다는 의미는 각 집단별 관측치가 유사한 성향을 가지고 해당 집단의 평균 근처에 존재한다는 것으로 집단평균이 대표값으로 의미하게 된다.

위에 표현한 수식에서 각 항들은 편차, 즉 분산의 의미를 가지며 다음과 같은 제곱합의 구성으로 분해될 수 있다.

$$\sum_{i=1}^{k}\sum_{j=1}^{n}(Y_{ij} - \overline{Y}_{..})^2 = \sum_{i=1}^{k}\sum_{j=1}^{n}[(\overline{Y}_{i.} - \overline{Y}_{..}) + (Y_{ij} - \overline{Y}_{i.})]^2$$

$$= \sum_{i=1}^{k}\sum_{j=1}^{n}(\overline{Y}_{i.} - \overline{Y}_{..})^2 + \sum_{i=1}^{k}\sum_{j=1}^{n}(Y_{ij} - \overline{Y}_{i.})^2$$

$$= \sum_{i=1}^{k}n(\overline{Y}_{i.} - \overline{Y}_{..})^2 + \sum_{i=1}^{k}\sum_{j=1}^{n}(Y_{ij} - \overline{Y}_{i.})^2$$

여기서 좌변을 전체변동 제곱의 합(Sum of Squares Total)의 약자로 $SST$라 하고, 우변의 1항을 그룹 간의 변동 제곱의 합(Sum of Squares Between) $SSB$라 하며, 2항은 그룹 내에 존재하는 변동 제곱의 합(Sum of Squares Within) $SSW$, 또는 오차의 개념으로 $SSE$(Sim of Squares Error)라고 한다.

### (5) 분산 분석표의 구성과 이해

분산 분석을 하게 되면 위의 식으로 분해된 값과 이를 이용한 검정 통계량 그리고 검정 통계량의 값에 해당하는 유의 확률이 계산된 분산 분석표가 구해지며, 이는 다음 표와 같이 구성된다.

| 구분 | 제곱합 | 자유도 | 제곱평균 | $F$ 값 | $p$-value |
|------|--------|--------|----------|--------|-----------|
| 집단 | $SSB$ | $k-1$ | $MSB$ | $F_0 = \dfrac{MSB}{MSE}$ | $P[F_{k-1,nk-k} \geq F_0]$ |
| 오차 | $SSE$ | $nk-k$ | $MSE$ | | |
| 총합 | $SST$ | $nk-1$ | | | |

표의 제곱합은 분해된 분산들을 나타낸 것으로 $SST = SSB + SSE$의 관계가 성립하며, 자유도는 집단의 자유도와 오차의 자유도 합이 총합의 자유도와 일치하게 된다. 제곱 평균은 구해

진 제곱합을 자유도로 나눈 값으로 다음과 같은 수식으로 표현할 수 있다.

$$MSB = \frac{SSB}{k-1}, \quad MSE = \frac{SSE}{nk-k}$$

두 개의 제곱평균의 비율이 $F$값으로 구해지며, 이 검정 통계량은 $F$-분포를 따른다는 것을 의미한다. 검정 통계량의 분자의 값이 커진다는 것은 총합으로 구성되는 집단합과 오차합 중 집단 간의 분산이 커진다는 것을 의미하며, 이는 집단 간에 평균이 다르게 나타난다는 것으로 이해할 수 있다.

유의 확률이라고 정의되는 $p$-value는 구해진 검정 통계량이 가지는 확률을 의미하며, 검정 통계량의 값이 커지면 커질수록 $p$-value는 작아지는 관계가 있고, 이는 집단 간의 평균이 다르다는 결론을 내릴 수 있는 근거가 된다.

### (6) 분산 분석 결과의 해석 및 결론

분산 분석표가 구해지면, 분석자가 가지는 유의 수준과 유의 확률을 비교하여 유의 확률이 유의 수준보다 작은 경우, 귀무 가설을 기각하고, 반대의 경우 귀무 가설을 채택하는 결정을 내리게 된다. 유의 수준과 유의 확률은 분포에서 해당 값이 가지는 면적을 의미하므로, 유의 수준보다 유의 확률이 작다는 의미는 유의 수준에 해당하는 $F$-값보다 검정 통계량에서 계산된 $F$값이 더 크다는 것과 동일한 의미이며, 이는 총 분산에서 분자가 차지하는 비중이 커졌다는 것을 의미하며, 이는 집단 간의 평균의 차이가 커져서 발생한 결과로 각각의 평균이 동일하다는 결론을 내릴 수 없다는 것으로 이해하면 된다.

### 예제 3-14

차량의 형태를 소형, 중형, 대형 3가지로 구분하여 차량의 형태가 사고 손해에 다른 영향을 미치는지에 대한 분석을 하고자 분산 분석을 시행하여 다음과 같은 분산 분석표를 얻었다. 분산 분석표를 바탕으로 아래 물음에 답하라.

| 구분 | 제곱합 | 자유도 | 제곱평균 | $F$값 | $p$-value |
|------|--------|--------|----------|-------|-----------|
| 집단 | 44 | 2 | ③ | ⑤ | 0.005 |
| 오차 | ① | 12 | ④ | | |
| 총합 | 140 | ② | | | |

(1) 차량 형태별로 동일한 수의 표본을 추출하였다면 각각 몇 개씩을 표본으로 추출한 것인가?
(2) ①, ②, ③, ④, ⑤에 들어갈 값은?
(3) 유의 수준 1%하에서 가설 검정의 결론은 무엇인가?

☼ 풀이

(1) 총합의 자유도 = 2 + 12 = 14

전체 관측 개수 = 14 = $nk - 1$

차량의 형태가 3가지이므로 $k = 3$ 그러므로, $n = 5$

(2) ① = 140 − 44 = 96, ② = 2 + 12 = 14, ③ = 44/2 = 22

④ = ①/12 = 96/12 = 8, ⑤ = ③/④ = 22/8

(3) p-value = 0.005 < 유의 수준 = 0.01이므로 귀무 가설인 3집단의 평균이 동일하다는 것을 기각한다. 따라서 3개의 차량 형태별 손해 수준이 동일하다고 볼 수 없다는 결론을 내릴 수 있다. ■

분산 분석을 수행하고 귀무 가설이 기각되는 경우, 즉 집단별 평균이 동일하지 않다는 결론을 내리게 되면, 어떤 집단 간에서 차이가 발생했는지에 대한 사후 분석이 추가로 요구된다. 이 경우에는 2개의 집단 조합별로 앞에서 학습한 두 집단의 평균 비교를 통하여 원인을 밝혀낼 수 있다.

## 1.4 선형 회귀 모형을 이용한 가설 검정

선형 회귀분석(linear regression analysis)이라 불리는 검정은 1990년대 후반부터 미국과 영국 등 보험 선진국에서 주도적으로 미래를 예측하는 논리로 활용했던 방식으로 지금은 보험의 선진화를 이룬 대부분의 보험업계에서 이 방법을 따르고 있으며 여기에 추가로 AI기법까지 추가하여 발전하고 있는 추세이다. 기초적인 선형 회귀분석의 예는 강수량이 증가하면 사고의 빈도가 높아질 것인가? 또는 강설량이 증가하면 사고의 심도가 커진다고 볼 수 있는가? 등과 같은 원인과 결과에 대한 의문을 풀어내는 분석방식이라 할 수 있다. 이와 같이, 원인이 되는 변수와 결과로 측정되는 변수 사이의 함수관계를 찾고자 하는 것이 회귀분석(regression analysis)이며, 특히, 변수들 사이의 관계를 일반적으로 선형관계(linear relation)로 가정하여 진행하는 분석방식을 선형 회귀분석이라고 한다.

여기서 원인이 되는 변수를 설명변수 또는 독립변수 또는 예측변수(explanatory variable = independent variable)라 하며, 결과가 되는 변수를 의존변수 또는 종속변수 또는 반응변수(response variable = dependent variable)라 한다(이 장에서는 편의상 설명변수와 반응변수로 통일하여 지칭한다). 일반적으로 반응변수는 $Y$로 표현하고, 설명변수는 $X$로 표현하는데, 반응변수 $Y$에 영향을 미치는 설명변수를 $X$ 한 개만 고려하여 이들 사이의 선형관계를 분석하는 것을 단순 선형 회귀분석(simple linear regression analysis)이라 하고, 반응변수 $Y$에 영향을 미치는 설명변수를 $X_1$, $X_2$, ⋯, $X_k$와 같이 두 개 이상 고려하여 이들 사이의 선형 회귀관계를 분석하는 것을 다중 선형 회귀분석(multiple linear regression analysis)이라 한다. 다중 선형 회귀 분석은 단순 선형 회귀 분석의 확장된 형태이므로 이 장에서는 단순 선형회귀분석의 원리와 검정 방식에 대해 살펴보기로 하고 본서 중반에 있는 다변량 분석에서 다중 선형 회귀 분석에 대해 깊이 다룰 것이다.

## 1.4.1 단순 선형 회귀 모형 및 계수의 추정

단순 선형 회귀분석은 쌍으로 관측된 두 연속형 확률변수들 사이에 선형관계가 있다는 가정하에서 한 변수를 원인(독립변수)으로 하고 다른 변수를 결과(종속변수)로 하여 두 변수 사이의 선형 관계식을 구하는 분석방법이다. 그래서 이러한 두 변수를 이 장에서 지칭하는 설명변수와 반응변수란 용어 대신에 독립변수와 종속변수로 칭하는 경우가 많다. 그러나 어떤 용어를 사용하더라도 의미하는 내용은 같다.

단순 선형 회귀분석에서 반응변수를 $Y$, 설명변수를 $X$라 하고, $n$개의 데이터 $(X_i, Y_i)$, $i = 1, 2, \cdots, n$를 가정하는 경우 다음과 같이 표현할 수 있다.

$$Y_i = \beta_0 + \beta_1 X_i + \epsilon_i, \ \epsilon_i \sim iid \ N(0, \sigma^2), \ i = 1, 2, \cdots, n$$

따라서 $E(Y_i) = \beta_0 + \beta_1 X_i$, $Var(Y_i) = \sigma^2$이 되며, 단순 선형 모형은 3가지 가정을 포함하고 있는데, 이는 (1) 선형성 (2) 독립성(오차 $\epsilon_i$는 서로 독립) (3) 정규성 및 등분산성 $(\epsilon_i \sim iid \ N(0, \sigma^2), \ i = 1, 2, \cdots, n)$이다.

단순 선형 회귀분석 모형 $Y_i = \beta_0 + \beta_1 X_i + \epsilon_i$에서 $y$-절편 $\beta_0$와 기울기 $\beta_1$을 회귀계수(regression coefficient)라고 하고, 단순 선형 회귀분석의 기본적인 목적은 관측된 데이터를 이용하여 회귀계수 $\beta_0$, $\beta_1$에 대한 추정과 검정을 하는 것이다. 기울기 $\beta_1$은 $X$가 한 단위 증가할 때 $Y$가 얼마나 증가 또는 감소하는지를 나타내므로 일반적으로 $\beta_1$에 관심을 더 갖게 된다. 즉, 수학의 일차방정식에서 기울기가 의미하는 것과 유사하다. 회귀계수 $\beta_0$, $\beta_1$를 추정하는 방법을 최소제곱법(method of least square)이라 하고 이 방법을 통해 얻어진 회귀계수 $\beta_0$, $\beta_1$의 추정량 $\widehat{\beta_0}$, $\widehat{\beta_1}$을 최소제곱 추정량(least square estimator; LSE)라고 하는데, 이를 위해 먼저 오차제곱합 $Q$를 다음과 같이 정의하며, 이 오차를 최소화하는 기울기와 절편을 추정하게 된다.

$$Q = \sum_{i=1}^{n} \epsilon_i^2 = \sum_{i=1}^{n} (Y_i - \beta_0 - \beta_1 X_i)^2$$

오차제곱합 $Q$를 최소화하는 $\beta_0$, $\beta_1$의 값 $\widehat{\beta_0}$, $\widehat{\beta_1}$을 구하기 위해 $Q$를 $\beta_0$, $\beta_1$에 대하여 각각 편미분하여 0으로 놓는다.

$$\frac{\partial Q}{\partial \beta_0} = -2 \sum_{i=1}^{n} (Y_i - \beta_0 - \beta_1 X_i) = 0$$

$$\frac{\partial Q}{\partial \beta_1} = -2 \sum_{i=1}^{n} (Y_i - \beta_0 - \beta_1 X_i) X_i = 0$$

위 식을 간단히 정리하고 이를 만족하는 $\beta_0$, $\beta_1$의 값을 $\widehat{\beta_0}$, $\widehat{\beta_1}$이라 하면 다음과 같은 식을 얻게 되는데 이를 정규방정식(normal equation)이라고 한다.

$$n\widehat{\beta_0} + \widehat{\beta_1} \sum_{i=1}^{n} X_i = \sum_{i=1}^{n} Y_i$$

$$\widehat{\beta_0} \sum_{i=1}^{n} X_i + \widehat{\beta_1} \sum_{i=1}^{n} X_i^2 = \sum_{i=1}^{n} X_i Y_i$$

위 정규방정식으로부터 $\widehat{\beta_0}$, $\widehat{\beta_1}$을 구하면 다음과 같다.

$$\widehat{\beta_1} = \frac{S_{XY}}{S_{XX}}, \quad \widehat{\beta_0} = \overline{Y} - \widehat{\beta_1} \overline{X}$$

참고로, 위 식에 사용된 기호는 다음의 정의를 따르며 아래의 성질을 적용하면 편리하게 증명이 가능하다.

$$S_{XX} = \sum_{i=1}^{n} (X_i - \overline{X})^2 = \sum_{i=1}^{n} X_i(X_i - \overline{X})$$

$$S_{YY} = \sum_{i=1}^{n} (Y_i - \overline{Y})^2 = \sum_{i=1}^{n} Y_i(Y_i - \overline{Y})$$

$$S_{XY} = \sum_{i=1}^{n} (X_i - \overline{X})(Y_i - \overline{Y}) = \sum_{i=1}^{n} X_i(Y_i - \overline{Y})$$

### 1.4.2 회귀 계수 추정량의 분포

단순 선형 회귀분석 모형에서 회귀계수 $\beta_0$, $\beta_1$의 추정량 $\widehat{\beta_0}$, $\widehat{\beta_1}$의 평균과 분산을 구하면 다음과 같다.

$$E[\widehat{\beta_1}] = E\left(\frac{S_{XY}}{S_{XX}}\right) = \frac{1}{S_{XX}} E(S_{XY})$$

$$= \frac{1}{S_{XX}} E\left(\sum_{i=1}^{n} (X_i - \overline{X})(Y_i - \overline{Y})\right) = \frac{1}{S_{XX}} E\left(\sum_{i=1}^{n} (X_i - \overline{X}) Y_i\right)$$

$$= \frac{1}{S_{XX}} \left(\sum_{i=1}^{n} (X_i - \overline{X}) E[Y_i]\right) \quad \leftarrow E[Y_i] = \beta_0 + \beta_1 X_i$$

$$= \frac{1}{S_{XX}} \left( \beta_0 \sum_{i=1}^{n} (X_i - \overline{X}) + \beta_1 \sum_{i=1}^{n} (X_i - \overline{X})^2 \right)$$

$$= \frac{1}{S_{XX}} (\beta_1 S_{XX}) = \beta_1$$

$$E(\widehat{\beta_0}) = E(\overline{Y} - \widehat{\beta_1} \overline{X}) = E(\overline{Y}) - \overline{X} E(\widehat{\beta_1})$$

$$= \beta_0 + \beta_1 \overline{X} - \overline{X} \beta_1 = \beta_0$$

따라서 $\widehat{\beta_0}$, $\widehat{\beta_1}$은 각각 $\beta_0$, $\beta_1$의 불편추정량(unbiased estimator)이다. 또한 추정량들의 분산은 다음과 같이 구할 수 있다.

$$Var(\widehat{\beta_1}) = Var\left( \frac{S_{XY}}{S_{XX}} \right) = \left( \frac{1}{S_{XX}} \right)^2 Var(S_{XY})$$

$$= \left( \frac{1}{S_{XX}} \right)^2 Var\left( \sum_{i=1}^{n} (X_i - \overline{X})(Y_i - \overline{Y}) \right) = \left( \frac{1}{S_{XX}} \right)^2 Var\left( \sum_{i=1}^{n} (X_i - \overline{X}) Y_i \right)$$

$$= \left( \frac{1}{S_{XX}} \right)^2 \left( \sum_{i=1}^{n} (X_i - \overline{X})^2 Var(Y_i) \right) \leftarrow Var(Y_i) = \sigma^2$$

$$= \left( \frac{1}{S_{XX}} \right)^2 \left( \sigma^2 \sum_{i=1}^{n} (X_i - \overline{X})^2 \right) = \frac{\sigma^2}{S_{XX}}$$

$$Var(\widehat{\beta_0}) = Var(\overline{Y} - \widehat{\beta_1} \overline{X})$$

$$= Var(\overline{Y}) + (\overline{X})^2 Var(\widehat{\beta_1}) - 2Cov(\overline{Y}, \widehat{\beta_1}) \quad \Leftarrow Cov(\overline{Y}, \widehat{\beta_1}) = 0$$

$$= Var(\overline{Y}) + (\overline{X})^2 Var(\widehat{\beta_1})$$

$$= \frac{\sigma^2}{n} + \frac{(\overline{X})^2 \sigma^2}{S_{XX}} = \sigma^2 \left( \frac{1}{n} + \frac{(\overline{X})^2}{S_{XX}} \right)$$

추정량 $\widehat{\beta_0}$, $\widehat{\beta_1}$의 평균과 분산을 구하면, 정규 확률변수의 선형결합으로 만들어지는 확률변수는 정규분포를 따른다는 통계적 사실을 적용하여 이들의 분포를 찾을 수 있다. 즉, $\widehat{\beta_0}$, $\widehat{\beta_1}$은 정규 확률변수의 선형 결합으로 만들어졌으므로 이들의 분포도 정규분포인 것이다. 따라서 다음과 같은 사실을 알 수 있다.

$$\widehat{\beta_0} \sim N\left( \beta_0, \ \sigma^2 \left( \frac{1}{n} + \frac{(\overline{X})^2}{S_{XX}} \right) \right)$$

$$\widehat{\beta_1} \sim N\left( \beta_1, \ \frac{\sigma^2}{S_{XX}} \right)$$

여기서 $\sigma^2$는 잔차평균제곱합(mean square error; MSE)으로 추정하여 추정량들의 구간 추정을 할 수 있는데, 이는 분석 절차에서 추가적으로 설명하기로 한다.

### 1.4.3 단순 선형 회귀 모형 검정 절차

회귀 모형의 검정은 오차항을 최소로 하는 기울기와 절편을 추정한 후, 도출된 식이 선형식으로서 의미가 있는지 여부를 판단하는 과정이며, 이는 설명변수의 변화에 따라 반응변수의 변화가 의미 있는지를 판단하는 과정으로 다음의 가설을 이용하여 표현할 수 있다. 즉, 설명변수의 변화에 따라 특정 기울기로 반응하는지 여부를 판단하는 과정으로 이해할 수 있고, 절편은 특정한 경우를 제외하고는 회귀분석에서 관심 대상이 아니다.

$$H_0 : \beta_1 = 0 \quad vs. \quad H_1 : \beta_1 \neq 0$$

이를 그림으로 표현하면 다음과 같은 관계로 설명할 수 있다.

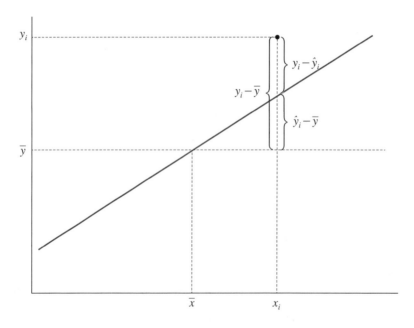

① 전체 변동 $= Y_i - \overline{Y}$

② 회귀 $= \widehat{Y_i} - \overline{Y}$

③ 잔차 $= Y_i - \widehat{Y_i}$

④ 전체 변동 = 회귀 + 잔차 $= \widehat{Y_i} - \overline{Y} + Y_i - \widehat{Y_i} = Y_i - \overline{Y}$

따라서 회귀선이 의미가 없다면 회귀 부분에 대한 변동이 작아지면서 회귀선은 설명 변수의 값과 상관없이 반응변수의 평균과 동일한 평행한 선이 되어, 두 변수 간에 관계가 없는 것으로 나타나게 되며, 반대로 오차 부분이 회귀 부분보다 상대적으로 작아진다면, 회귀선은 의미가 있는 것으로 판단할 수 있다는 원리이다. 즉, 회귀선의 의미를 판단하는 것은 총 변동이 분해된 두 부분 중에서 회귀항이 오차항보다 상대적으로 얼마나 더 큰지를 확인하는 과정으로 이해할 수 있다.

또한 위에서 정의된 변동은 다음과 같이 분해될 수 있다.

$$\sum_{i=1}^{n} = (Y_i - \overline{Y})^2 = \sum_{i=1}^{n} \left[ (Y_i - \widehat{Y_i}) + (\widehat{Y_i} - \overline{Y}) \right]^2$$

$$= \sum_{i=1}^{n} (Y_i - \widehat{Y_i})^2 + \sum_{i=1}^{n} (\widehat{Y_i} - \overline{Y})^2 + 2 \sum_{i=1}^{n} (Y_i - \widehat{Y_i})(\widehat{Y_i} - \overline{Y})$$

위의 식에서 마지막 세 번째 항은 정규방정식에 의해 0임을 증명할 수 있지만, 이 과정은 생략한다. 따라서 변동은 다음과 같이 간단히 분해될 수 있다.

$$\sum_{i=1}^{n} (Y_i - \overline{Y})^2 = \sum_{i=1}^{n} (\widehat{Y_i} - \overline{Y})^2 + \sum_{i=1}^{n} (Y_i - \widehat{Y_i})^2$$

위의 식에서 좌변은 전체 변동의 제곱합으로 총변동 $SST$(sum of squares for total)이라고 하며, 우변의 첫째 항을 회귀제곱합 $SSR$(sum of squares for regression), 그리고 둘째 항을 잔차제곱합 $SSE$(sum of squares for residual(error))라고 정의하며 위의 식은 아래와 같이 간단하게 표현할 수 있다

$$SST(총제곱합) = SSR(회귀제곱합) + SSE(잔차제곱합)$$

분산 분석에서와 동일하게 각각의 제곱합이 가지는 자유도를 구하게 된다. 단순 선형 회귀모형에서 SSR 통계량이 가지는 자유도는 설명변수의 수와 동일한 1이 되고, 전체 변동의 자유도는 전체 관측 수에서 1을 뺀 $n-1$이 되며, 두 자유도의 차이인 $n-2$가 오차항의 자유도가 된다.

각각의 제곱합을 자유도로 나눈 통계량을 각각 $MSR$(mean of square regression). $MSE$(mean of square error)라고 하며, $MSR$과 $MSE$의 상대적 크기를 통하여 회귀선의 유의성을 검정하게 된다.

$$MSR = \frac{SSR}{d.f} = \frac{SSR}{1} = SSR$$

$$MSE = \frac{SSE}{d.f} = \frac{SSE}{n-2}$$

따라서 위에 정의된 두 식은 검정 통계량을 구성하는 것에 활용되며, 해당 검정 통계량 값의 크기 또는 해당 값에 해당하는 유의 확률과 유의 수준을 비교하여 회귀선의 유의성을 검정하기 위한 가설 $H_0 : \beta_1 = 0$ $vs.$ $H_1 : \beta_1 \neq 0$에 대한 판단을 내리게 된다.

$$F = \frac{SSR/1}{SSE/(n-2)} = \frac{MSR}{MSE} \sim F_{1, n-2}$$

이를 정리한 것이 분산 분석표이며 다음과 같다.

| 요인 | 제곱합 | 자유도 | 제곱평균 | $F_0$ | $p$-value |
|---|---|---|---|---|---|
| 회귀 | $SSR$ | 1 | $MSR$ | $F = \dfrac{MSR}{MSE}$ | $P[F_{1, n-2} \geq F_0]$ |
| 오차 | $SSE$ | $n-2$ | $MSE$ | | |
| 총합 | $SST$ | $n-1$ | | | |

추정된 회귀식이 좋은 추정식이 되기 위해서는 총제곱합에서 회귀제곱합이 잔차제곱합보다 더 커야 한다. 따라서 총제곱합에서 회귀제곱합의 비율은 의미 있는 값이 되며, 이를 결정계수 (coefficient of determination; $R^2$)라 하고 다음과 같이 정의한다.

$$R^2 = \frac{SSR}{SST} = 1 - \frac{SSE}{SST}, \quad 0 \leq R^2 \leq 1$$

결정계수는 총변동에서 회귀식에 의해 설명되는 변동의 비율로서 그 값이 클수록 회귀모형의 설명력이 높음을 의미한다. 만약 모든 측정값들이 정확하게 회귀직선상에 모두 위치하면 $SSE = 0$이고 따라서 $SSR = SST$이므로 $R^2 = 1$이고, 반대로 반응변수와 설명변수 사이에 전혀 선형 회귀관계가 없으면 $SSR = 0$이므로 $R^2 = 0$이 된다. $R^2 = 1$인 경우, 설명변수의 움직임과 동일하게 반응변수도 움직인다고 이해할 수 있으며, $R^2 = 0$인 경우에는 설명변수와 반응변수는 전혀 연관이 없이 독립적으로 움직인다고 이해할 수 있다. 참고로, 결정계수의 값은 그 값이 클수록 설명력이 높다고 해석하지만, 얼마 이상이어야 설명력이 높다고 할 수 있는 기준은 존재하지 않는다. 결정계수에 관련된 보험 실무의 활용은 본서 중반의 신뢰도 이론과 요율산정의 추이선 선택에서 다루어진다.

### 예제 3-15

강수량이 사고의 심도에 영향을 미치는지를 확인하고자 지역 22곳의 강수량과 사고손해 데이터를 바탕으로 단순 선형 회귀 분석을 시행하여 다음과 같은 분산 분석표를 얻었다. 분산 분석표를 바탕으로 아래 물음에 답하여라.

| 구분 | 제곱합 | 자유도 | 제곱평균 | $F$값 | $p$-value |
|---|---|---|---|---|---|
| 회귀 | 40 | ② | 40 | 8.0 | ⟨0.0001 |
| 잔차 | ① | ③ | ⑥ | | |
| 총합 | 140 | ④ | | | |

(1) ①, ②, ③, ④, ⑤에 들어갈 값은?

(2) 설명력을 나타내는 결정계수를 구하라.

💡 풀이

(1) ① $140 - 40 = 100$    ② $1$ (단순선형)    ③ $22 - 2 = 20$

    ④ $22 - 1 = 21$    ⑤ ①/③ $= 100/20 = 5$

(2) 결정계수 $= 40/140$

## 1.5 범주형 자료의 적합도 검정

모집단으로부터 크기 $n$인 표본을 추출하여 $k$개의 속성을 가지고 있는 한 변수를 측정했을 때 각 속성에 속하는 관측빈도(observed frequency)를 $O_1$, $O_2$, $\cdots$, $O_{k-1}$, $O_k$라 하면, 관측빈도($O_1$, $O_2$, $\cdots$, $O_{k-1}$, $O_k$)의 분포는 다항분포(multinomial distribution)를 따른다. 즉, 각 속성에 속하는 관측빈도를 $O_i$, $i = 1, 2, \cdots, k$ $(\sum_{i-1}^{k} O_i = n)$, 각 속성에 속할 확률을 $p_i$, $i = 1, 2, \cdots, k$ $(\sum_{i=1}^{k} p_i = 1)$, 각 속성에 속할 관측빈도의 기댓값(기대빈도; expected frequency)을 $E_i$, $i = 1, 2, \cdots, k$ $(\sum_{i=1}^{k} E_i = n)$라 하면, 단일 범주형자료는 아래와 같은 일차원표로 표현할 수 있다.

| 속성 | $C_1$ | $C_2$ | $\cdots$ | $C_k$ | 합계 |
|---|---|---|---|---|---|
| 확률 | $p_1$ | $p_2$ | $\cdots$ | $p_k$ | $1$ |
| 관측빈도 | $O_1$ | $O_2$ | $\cdots$ | $O_k$ | $n$ |
| 기대빈도 | $E_1$ | $E_2$ | $\cdots$ | $E_k$ | $n$ |

여기서 각 속성에 속하는 확률 $p_i$의 추정량은 $\hat{p_i} = \dfrac{O_i}{n}(i = 1, 2, \cdots, k)$이고, 각 속성에 속하는 기대빈도(값)는 $E_i = np_i(i = 1, 2, \cdots, k)$이다.

단일 범주형 자료 분석에서 관측결과가 가설에 의해 주어진 확률분포를 잘 따르는지는 중요한 사항이다. 즉, 검정하고자 하는 영가설은 '관측빈도는 기대빈도와 비슷한가'와 같이 표현할 수 있다. 이와 같이 단일 범주형 자료분석에서는 관측빈도의 기대빈도(값)에 대한 적합성 여부를 검정하는데 이를 적합도검정(goodness-of-fit test)이라고 한다. 적합도검정에서 영가설과 대립가설은 다음과 같다.

    $H_0 : p_1 = p_{10}, \cdots, p_{k-1} = p_{k-1, 0}$

    $H_1 : H_0$은 사실이 아님.

만일 영가설이 사실이라면 기대빈도는 다음과 같다.

$$E_{i0} = \begin{cases} np_{i0} & , \quad i = 1, 2, \cdots, k-1 \\ n\left(1 - \sum_{i=1}^{k-1} p_{i0}\right), & i = k \end{cases}$$

위와 같은 가설을 검정하기 위한 검정통계량 $X^2$은 다항분포의 근사 분포에 관측빈도 $O_i$와 기대빈도 $E_i$를 사용하여 다음과 같이 설정한다.

$$X^2 = \sum_{i=1}^{k} \frac{(O_i - np_i)^2}{np_i} = \sum_{i=1}^{k} \frac{(O_i - E_i)^2}{E_i} \sim \chi^2_{k-1}$$

따라서, 영가설하에서의 검정통계량 $X_0^2$은 다음과 같다.

$$X_0^2 = \sum_{i=1}^{k} \frac{(O_i - E_{i0})^2}{E_{i0}} \sim \chi^2_{k-1}$$

영가설하에서는 관측빈도와 기대빈도가 비슷해지므로 $X_0^2$의 값은 작아지고, 영가설이 옳지 않다면 $X_0^2$ 값은 증가하므로 유의수준 $\alpha$인 기각역은 다음과 같이 표현할 수 있다.

$$C_\alpha = \left\{ X_0^2 \geq \chi^2_{k-1,\,\alpha} \right\}$$

**예제 3-16**

연령대별에 의한 질병 사망률이 동일한지에 대한 검정을 하기 위하여 150명을 조사한 결과는 아래와 같다. 유의 수준 5%에서 의사결정을 하라.

| 속성 | 저연령대 | 중연령대 | 고연령대 | 합계 |
|------|---------|---------|---------|------|
| 빈도 | 47 | 69 | 34 | 150 |

**풀이**

세 구분의 연령대별 사망률을 각각 $p_1$, $p_2$, $p_3$이라 하면, 사망률이 동일한가에 대한 가설은 다음과 같다.

$$H_0 : p_1 = \frac{1}{3}, \quad p_2 = \frac{1}{3}, \quad p_3 = \frac{1}{3}$$

$H_1 : H_0$은 사실이 아님.

| 속성 | 저연령대 | 중연령대 | 고연령대 | 합계 |
|------|---------|---------|---------|------|
| 관측빈도(O) | 47 | 69 | 34 | 150 |
| 기대빈토(E) | 50 | 50 | 50 | 150 |

따라서 영가설하에서의 검정통계량의 값:

$$X_0^2 = \sum_{i=1}^{3} \frac{(O_i - E_{i0})^2}{E_{i0}}$$

$$= \frac{(47-50)^2}{50} + \frac{(69-50)^2}{50} + \frac{(34-50)^2}{50} = 12.52$$

유의수준이 0.05인 기각역은 $C_{0.05} = \left\{ X_0^2 \geq \chi_{2,\,0.05}^2 = 5.991 \right\}$ 이므로 영가설을 기각하고, 세 연령대의 질병 사망률이 동일하다고 볼 수 없다는 결론을 내린다.

## 2. 경험적 분포(Empirical Distribution)

확률 분포 함수는 모수적(parametric) 확률 분포 함수와 경험적(empirical) 확률 분포 함수로 나뉘는데, 모수적 확률 분포 함수란 확률 분포 함수가 특징적인 몇 개의 모수에 의존하여 결정되는 분포 함수이다. 예를 들어 정규 분포 함수의 경우 평균과 분산이 모수이고, 두 모수의 값이 결정되면 확률 변수에 대한 분포 함수가 결정되는 것을 말한다. 이에 반해 경험적 확률 분포 함수는 이런 특정한 분포 함수나 모수와 상관없이 경험적으로 발생한 사건에 대하여 확률을 부여하는 방식이다. 즉, 발생된 각각의 사건을 전체 발생 건수로 나누어 해당되는 확률을 부여하는 방식을 말한다. 이번 절에서는 이러한 경험적 확률 분포 함수에 대하여 살펴보기로 한다.

### 2.1 개별적(Individual) 자료의 경험 분포 및 추정

보험 계약자 개별로 발생한 사건에 대하여 정의되는 경험적 확률 분포 함수는 일반적으로 심도와 빈도로 구분하여 생각할 수 있다. 경험적 확률 분포 함수 정의에 따라 빈도의 경우에는 각각의 사건들이 전체 계약 중에서 동일한 확률로 정의되는 확률 분포 함수이다. 〈표 3-1〉은 상해 보험에서 특정 기간 동안 발생한 사고 건수별 보험 계약자의 경험적 결과 값들을 나타낸 표이다.

**표 3-1**

| 사고 건수 | 보험계약자 |
|---|---|
| 0건 | 20,000 |
| 1건 | 5,000 |
| 2건 | 1,000 |
| 3건 | 500 |
| 4건 | 100 |
| 5건 | 50 |
| 5건 초과 | 10 |
| 합계 | 26,660 |

$$p_{26,660}(x) = \begin{cases} x = 0 \text{일 때}, \ 20{,}000/26{,}660 = 0.7502 \\ x = 1 \text{일 때}, \quad 5{,}000/26{,}660 = 0.1875 \\ x = 2 \text{일 때}, \quad 1{,}000/26{,}660 = 0.0375 \\ x = 3 \text{일 때}, \qquad 500/26{,}660 = 0.0188 \\ x = 4 \text{일 때}, \qquad 100/26{,}660 = 0.0038 \\ x = 5 \text{일 때}, \qquad 50/26{,}660 = 0.0019 \\ x > 5 \text{일 때}, \qquad 10/26{,}660 = 0.0004 \end{cases}$$

위에서 확률의 분모는 전체 데이터의 숫자를 의미한다. 보험회사의 데이터는 자기부담금의 경우에는 손해액의 아래에서 보상한도의 경우에는 손해액의 위에서 절단된 형태로 나타나는 경우가 많고, 0건 이하의 데이터는 존재하지 않으므로 0 미만의 값은 의미가 없다.

보험회사에서는 이러한 경험적 확률 분포뿐만 아니라, 누적 분포 함수를 활용하는 경우가 많이 있다. 즉, 사고가 몇 건 이하로 발생할 확률, 손해액이 얼마 이하일 확률 등은 이러한 누적 분포 함수의 정의와 일치되는 것이다. 경험적 확률 분포에서 어느 시점 이하까지의 확률을 나타내는 분포 함수의 정의는 다음과 같이 누적 분포 함수의 형태로 표현된다. 즉, 특정 $x$보다 작은 모든 관측치의 합으로 이루어진다.

$$F_n(x) = \frac{\text{관측치} \leq x}{n}$$

〈표 3-1〉에 제시된 예제에 대한 누적 분포 함수를 구하면 다음과 같다.

$$F_{26,660}(x) = \begin{cases} x = 0, \ 20{,}000/26{,}660 = 0.7502 \\ x \leq 1, \ 25{,}000/26{,}660 = 0.9377 \\ x \leq 2, \ 26{,}000/26{,}660 = 0.9752 \\ x \leq 3, \ 26{,}500/26{,}660 = 0.9940 \\ x \leq 4, \ 26{,}600/26{,}660 = 0.9977 \\ x \leq 5, \ 26{,}650/26{,}660 = 0.9996 \\ x \geq 0, \ 26{,}660/26{,}660 = 1 \end{cases}$$

위의 $x \leq 2$인 경우, 사고건수 0,1,2가 모두 해당되므로 계약자수는 $20{,}000 + 5{,}000 + 1{,}000 = 26{,}000$이 되어 누적분포는 $26{,}000/26{,}660 = 0.9752$가 된다.

심도의 경우 개별 손해액이 제시되는 경우와 범위로 제시되는 경우가 있는데 〈표 3-2〉는 개별 데이터가 주어진 경우의 대표적 사례이다.

### 표 3-2

| 손해액(백만원) |
| --- |
| 1, 2, 2, 3, 3, 3, 3, 5, 5, 5, 7, 7, 7, 7, 7, 8, 8, 8, 9, 9 |

〈표 3-2〉는 개별 손해액이 백만원 단위로 나타나는 경우로 이에 대한 확률 분포 함수를 정의하면 다음과 같다.

$$p_{20}(x) = \begin{cases} 1/20 = 0.05 & when\ x = 1 \\ 2/20 = 0.10 & when\ x = 2 \\ 4/20 = 0.20 & when\ x = 3 \\ 3/20 = 0.15 & when\ x = 5 \\ 5/20 = 0.25 & when\ x = 7 \\ 3/20 = 0.15 & when\ x = 8 \\ 2/20 = 0.10 & when\ x = 9 \end{cases}$$

위에서 정의된 $x$ 이외의 값에 대한 확률은 0이 되고, 이에 대한 경험적 분포 함수는 다음과 같이 표현할 수 있다.

$$F_n(x) = \begin{cases} 0 & ,\ x < y_1 \\ 1 - \dfrac{r_j}{n} & ,\ y_{j-1} \le x < y_j,\ j = 2,\ 3,\ \cdots,\ k \\ 1 & ,\ y_k \le x \end{cases}$$

여기서 $n$은 표본의 수를 의미하며, $y_i$들은 손해액을 의미한다. 단순화되어 오름차순으로 정렬되어 있는 기준이며, 각각의 $y_i$들은 유일한 값을 가진다. 동일하게 발생한 손해액의 빈도를 $f_i$라고 하는 경우, $\sum_{i=1}^{k} f_i = n$의 관계가 성립되며, $k$는 발생한 손해액의 유일한 값들의 전체 개수를 의미하게 된다. 따라서 분포 함수에 나타나 있는 $r_j$는 $\sum_{i=j}^{k} f_i$로 정의할 수 있으며, 이는 누적 빈도의 개념임을 알 수 있다. 따라서 분포 함수의 정의에 따라 표현하면, 다음과 같다.

$$F_{20}(x) = \begin{cases} 0 & when \ x < 1 \\ 1 - 19/20 = 0.05 & when \ x < 2 \\ 1 - 17/20 = 0.15 & when \ x < 3 \\ 1 - 13/20 = 0.35 & when \ x < 5 \\ 1 - 10/20 = 0.50 & when \ x < 7 \\ 1 - 5/20 = 0.75 & when \ x < 8 \\ 1 - 2/20 = 0.90 & when \ x < 9 \\ 1 & when \ x \leq 9 \end{cases}$$

지금까지 보험회사에서 가지고 있는 경험데이터를 바탕으로 각 사건에 동일한 확률을 부여하는 개별적인 경험적 확률 분포 함수에 대하여 살펴보았다. 다음은 범위로 표현되는 그룹 자료에 대하여 살펴보기로 한다.

## 2.2 그룹화된 자료의 경험 분포 및 추정

〈표 3-3〉과 같이 손해액이 범위 또는 그룹으로 표현되는 경우, 이에 대한 정확한 확률 분포 함수를 정의하기가 어려워진다. 특히, 손해보험분야에서는 어느 부류의 사고에 대해 정해진 금액을 보험금으로 지급하기보다는 실손배상의 원칙(Principle of Indemnity)에 따라 실제로 발생한 손해액을 보험금으로 지급하는 경우가 많으므로, 정확한 확률 분포 함수를 구하는 것은 불가능에 가깝다. 따라서 합리적으로 근사시킬 수 있는 방법들을 통하여 분포 함수를 정의하고, 이를 미분하여 확률 분포 함수를 도출하게 되는 것이 타당하다.

**표 3-3**

| 손해액 범위(만원) | 지급 건수 |
|---|---|
| 0~100 | 150 |
| 100~200 | 100 |
| 200~300 | 50 |
| 300~400 | 50 |
| 400~500 | 100 |
| 500~600 | 50 |
| 합계 | 500 |

위와 같이 손해액에 대한 빈도가 범위로 주어진 경우의 경험적 분포 함수의 정의는 다음과 같다.

$$F_n(x) = \frac{c_j - x}{c_j - c_{j-1}} F_n(c_{j-1}) + \frac{x - c_{j-1}}{c_j - c_{j-1}} F_n(c_j), \quad c_{j-1} \le x \le c_j$$

여기서 $c_{j-1}$은 해당 구간의 하한을 $c_j$는 해당 구간의 상한을 의미한다. 즉, 해당 지점에 대한 정확한 정보가 없기 때문에, 해당 구간의 시작점에서 해당 점으로부터의 거리와 해당 점부터 해당 구간의 마지막 지점까지의 거리의 가중 평균의 형태로 이해할 수 있다. 따라서 위와 같이 고려된 분포 함수의 미분 과정을 통하여 확률 분포 함수를 도출할 수 있으며, 그룹화된 자료의 경험적 확률 분포 함수의 정의는 다음과 같이 도출된다.

$$f_n(x) = F_n'(x) = \frac{-F_n(c_{j-1})}{c_j - c_{j-1}} + \frac{F_n(c_j)}{c_j - c_{j-1}} = \frac{F_n(c_j) - F_n(c_{j-1})}{c_j - c_{j-1}}, \quad c_{j-1} \le x \le c_j$$

경험적 확률 분포 함수를 다음과 같이 표현도 가능하다.

$$f_n(x) = \frac{F_n(c_j) - F_n(c_{j-1})}{c_j - c_{j-1}} = \left(\frac{n_j}{n}\right) \frac{1}{c_j - c_{j-1}}, \quad c_{j-1} \le x \le c_j$$

즉, 해당 구간에 속한 데이터를 전체 데이터의 개수에 비례하도록 배열하여 해당 확률을 도출하는 과정이라고 이해할 수 있다. 일반적으로 많은 보험 상품들은 다양한 계층을 대상으로 한다. 대상이 사람일 수도 있고 사물일 수도 있는데 선택된 대상 자체도 각기 다른 특성에 의해 손해액의 분포는 이질적인 경우가 다반사이다. 예를 들어, 30대 남성을 대상으로 하는 보험 상품인 경우, 기혼여부, 직업 분류, 거주 지역, 소득 수준, 기호 성향 등 많은 부분에서 서로 다른 성향을 가질 것이고 이에 따라 예상 손해액의 분포도 다른 게 사실이다. 정확한 분석을 위해서는 개별적인 경험분석을 해야 함이 올바를 수 있지만, 방대한 양의 대상을 상대로 개별적인 분석을 한다는 것은 과거 경험 통계의 부족으로 통계적인 결과에 객관성이 결여될 수 있고, 시간적으로나 경제적으로나 매우 비현실적이 될 수 있으며, 이에 따른 비용의 증가는 결국 소비자들의 보험료로 전가될 수 있기에 보험회사에서는 많은 경우, 개별적인 분석보다는 그룹화된 분석을 선호하고 있는 것이 현실적이다. 다만, 특정 대상만을 전제로 보험 영업이 이루어질 경우, 예를 들어 손해보험의 특정 기업성 상품인 경우는 그 대상만을 개별적으로 분석하는 경우도 있다. 손해액 구간에 의한 분석은 본서의 보충 신뢰도 방법과 담보 조정에서 자세히 추가 설명될 것이다.

### 예제 3-17

〈표 3-3〉과 같이 손해액의 범위가 주어졌다. 손해액 300~400만원에 속한 어느 지점 x까지의 누적 확률을 구하라.

(참고로, 손해액 300~400만원 구간은 300보다 큰 손해액은 모두 해당되는 걸로 이해해야 한다. 예를 들어 손해액이 450인 경우 이 구간에 해당되는 손해액은 100이고, 손해액이 350이면 이 구간에 해당되는 손해액은 50이다.)

[💡 풀이]

경험적 확률 분포의 정의를 이용하여, 해당 지점에 대한 누적 확률을 추정할 수 있다.

$$F_n(x) = \frac{400-x}{400-300}\frac{300}{500} + \frac{x-300}{400-300}\frac{350}{500}$$

지금까지 경험적으로 보험회사에서 가지고 있는 자료를 바탕으로 경험적 누적 분포 함수와 확률 분포 함수에 대하여 살펴보았다. 다음 장에서는 사고 빈도 또는 사고 심도가 특정 분포와 그 분포에 해당하는 모수의 성질을 만족하는 경우의 추정 방식에 대하여 살펴보기로 한다.

## Chapter 03
# 연습문제

1. 확률 변수 $X$가 지수 분포를 따른다고 할 때, 표본 평균 $\overline{X}$가 지수 분포 모수의 불편 추정량임을 증명하시오.

2. $X_1$, $X_2$, $\cdots$, $X_n$ 이 모평균 $\mu$, 모분산 $\sigma^2$인 모집단에서 추출된 확률 표본이라고 한다. 표분 분산을 $S^2 = \dfrac{1}{n-1}\displaystyle\sum_{i=1}^{n}(X_2 - \overline{X})^2$이라고 하면, 표본 분산이 모분산 $\sigma^2$의 불편 추정량임을 증명하시오.

3. 다음은 소형차량에서 발생한 손해액의 범위를 확인하고자 표본을 추출하여 얻은 결과이다. 조사한 결과를 바탕으로 소형차량 손해액의 95%신뢰 구간을 구하시오.

| 표본 수 | 표본 평균(만원) | 표본 분산(만원) |
|---|---|---|
| 100 | 150 | 400 |

4. 다음은 자동차보험 사고율과 사고 건수에 대하여 확인하고자 표본을 추출하여 얻은 결과이다. 조사한 결과를 바탕으로 다음 물음에 답하시오.

| 표본 수 (차량 수) | 표본 사고율 | 표본 사고 건수 |
|---|---|---|
| 100 | 0.2 | 20 |

(1) 정규 분포로 근사화하여 사고율에 대한 95% 신뢰 구간을 구하시오.
(2) 사고 건수가 포아송 분포를 따른다고 가정할 경우, 정규 분포로 근사화하여 차량 100대당 사고 건수에 대한 95% 신뢰 구간을 구하시오.

5. 가설 검정에서 제1종 오류와 제2종 오류에 대하여 설명하시오.

6. 3번 문제의 조사 결과를 바탕으로 소형차량의 평균 손해액이 100만원 수준인지를 5% 유의 수준하에서 검정하시오.

7. 다음은 대형차량의 손해액의 범위를 확인하고자 표본을 추가로 추출하여 얻은 결과이다.

| 표본 수 | 표본 평균(만원) | 표본 분산(만원) |
|---|---|---|
| 100 | 170 | 900 |

3번 문제에서 조사한 소형차량의 평균 손해액과 대형차량의 평균 손해액이 동일한 수준인지 5% 유의 수준 하에서 검정하시오.

8. 보험회사의 손해액 분포가 다음과 같이 그룹화된 손해액 범위(구간)로 요약되어 있다.

| 손해액 범위(만원) | 지급 건수 |
|---|---|
| 0~100 | 150 |
| 100~200 | 100 |
| 200~300 | 50 |
| 300~400 | 50 |
| 400~500 | 100 |
| 500~600 | 50 |
| 합계 | 500 |

(1) 위에 정의된 표를 통하여 손해액에 대한 누적 분포 함수를 구하시오.
(2) 손해액에 대한 확률 분포 함수를 구하시오.

# CHAPTER

# 04

# 모수적(Parametric) 추정 방식의 이해

## 1. 최대 우도 추정 방식
## (Method of Maximum Likelihood Estimation, MLE)

최대 우도(Maximum Likelihood Estimation, MLE)라는 의미는 확률적으로 모수를 추정하는 추정량 중에서 해당 확률이 가장 큰, 확률적으로 발생 가능성이 가장 높은 추정량을 사용하겠다는 의미가 담겨 있다. 이번 절에서는 이러한 모수를 추정하는 방식 중 적률 추정 방식과 최대 우도 추정 방식에 관하여 이해해 보기로 한다.

### 1.1 적률 함수 추정 방식(Method of Moments Estimation, MME)

적률 함수를 이용하여 추정하는 방식은 앞에서 살펴본 적률 함수의 성질에서 발전된 이론이다. 앞서 적률 함수를 한 번 미분한 함수에서 0에 해당하는 값이 평균임을 살펴보았다. 예를 들어, 확률 분포 함수가 $f(x; \theta_1, \theta_2, \cdots, \theta_k)$ $k$개의 모수로 이루어진 함수라고 할 때, 적률 함수를 $j$번 미분하여 0을 대입하여 구한 함수를 $\mu_j$라고 하면, 일반화된 적률 함수는 다음과 같이 표현된다.

$$\mu_j(\theta_1, \theta_2, \cdots, \theta_k) = E(X^j), \quad j = 1, 2, \cdots, k$$

따라서, $X_1, X_2, \cdots, X_n$이 확률 분포 함수 $f(x; \theta_1, \theta_2, \cdots, \theta_k)$에서 추출된 표본이라 한다면, 적률 함수를 이용한 추정량은 다음과 같이 정의할 수 있다.

$$M_j = \frac{\sum_{i=1}^{n} X_i^j}{n}, \quad j = 1, 2, \cdots, k$$

여기서 $M_j$는 적률 함수에서 $j$차 미분하여 0의 값에 해당하는 $\mu_j$를 추정하는 추정량이 되는 것이다. 가장 간단한 1차 적률 $M_1$은 표본 평균 $\overline{X} = \dfrac{\sum_{i=1}^{n} X_i}{n}$ 으로 적률 함수를 이용하여 계산되는 모평균 $\mu_1$의 추정량으로 활용하는 것이다.

### 예제 4-1

어떤 확률 변수가 모평균이 $\mu$, 모분산이 $\sigma^2$인 확률 분포 함수를 따른다고 할 때, 적률 함수 추정 방식을 이용하여 다음을 구하라.
(1) 1차, 2차 적률에 대한 추정량을 구하라.
(2) MME 방식을 이용하여 구한 추정량을 이용해서 모평균과 모분산의 추정량은 구하라.

#### 풀이

(1) 적률 함수 방식을 이용한다.

$$M_1 = \frac{\sum_{i=1}^{n} X_i}{n} = \overline{X},$$

$$M_2 = \frac{\sum_{i=1}^{n} X_i^2}{n}$$

(2) 모평균의 추정량은 $M_1 = \overline{X}$ 가 되는 것이며, 모분산 $\sigma^2 = E(X^2) - \mu^2$이므로, 추정량은 $\sigma^2 = M_2 - M_1^2$이다. 따라서 모분산의 추정량은 다음과 같다.

$$\hat{\sigma}^2 = \frac{\sum_{i=1}^{n} X_i^2}{n} - \overline{X}^2 = \frac{1}{n} \sum_{i=1}^{n} (X_i - \overline{X})^2$$

## 1.2 최대 우도 추정 방식(Method of Maximum Likelihood Estimation, MLE)

모수에 대한 점추정 방식 중 가장 대표적인 방식 중 하나가 최대 우도 추정 방식이다. 이는 관측된 표본을 통하여 모르는 모수를 추정함에 있어서 확률적으로 가장 많이 일어날 것 같은 (likelihood) 추정량을 선택하는 방식으로 이해할 수 있다. 간단한 사례를 통해 최대 우도 추정 방식에 대한 개념을 이해하고자 한다. 앞면과 뒷면이 나올 확률이 동일하지 않은 동전 세 개가 있다고 하자. 각 동전은 모수인 앞면이 나올 확률이 0.1, 0.4, 0.8 중 하나이다. 동전 하나를 선택해서 같은 동전을 두 번 던져 나온 앞면의 수를 표시하는 확률 변수는 〈표 4-1〉이다.

**표 4-1**

| 확률 | 0번 | 1번 | 2번 |
|---|---|---|---|
| 0.1 | 0.81 | 0.09 | 0.01 |
| 0.4 | 0.36 | 0.24 | 0.16 |
| 0.8 | 0.04 | 0.16 | 0.64 |

즉, 모확률이 0.1인 동전의 경우, 동전을 두 번 던져서 앞면이 한 번도 나타나지 않을 확률은 $0.9 \times 0.9 = 0.81$과 같이 계산되며, 〈표 4-1〉은 이를 정리한 것이다. 따라서 두 번의 시행을 통하여 앞면이 한 번도 나타나지 않았다면, 즉 0번 나올 확률을 최대화해 주는 것은 0.81이고, 이때, 모확률은 0.1이 되기 때문에 모확률을 0.1로 추정하게 되는 것이다. 마찬가지로 모확률이 0.8인 동전의 경우, 앞면이 2번 모두 나오는 표본을 가지고 있다면, 이에 대한 확률을 최대화시켜주는 것은 0.64이며, 이때 모확률은 0.8이 되므로 0.8로 모확률을 추정하는 방식으로 이해하면 된다.

이론에 대하여 일반적인 정의 과정을 설명하기 위해서 우도 함수(likelihood function)라는 개념이 필요하다. 우도 함수는 확률 변수 $X_1$, $X_2$, $\cdots$, $X_n$이 확률 분포 함수 $f(x;\theta)$를 따르고, 각각의 확률 변수에서 관측된 값을 $x_1$, $x_2$, $\cdots$, $x_n$이라고 할 때, 우도 함수는 $L(\theta) = f(x_1;\theta)f(x_2;\theta) \cdots f(x_n;\theta)$로 정의된다. 그리고 관측된 값들로 이루어진 우도 함수에서 해당 함수 값을 최대화하는 추정량 $\hat{\theta}$을 최대 우도 추정량(maximum likelihood estimator)이라고 한다. 이를 수식으로 표현하면 다음과 같다.

$$f(x_1, x_2, \cdots, x_n; \hat{\theta}) = \max f(x_1, x_2, \cdots, x_n; \theta), \text{ for } all \ \theta \in \Omega$$

즉, 모든 추정량 가운데에서 우도 함수를 최대화하는 추정량을 찾는 것이다. 일반적으로 이러한 추정량을 구하는 방식은 다음과 같은 과정을 통하여 가능하다.

$$\frac{d}{d\theta}L(\theta) = 0$$

또한 단조 함수의 성질을 이용하면, 위의 수식을 만족하는 경우 로그 변환된 우도 함수의 최대치도 동일하게 구해질 수 있으므로, 지수 함수 등이 포함된 확률 분포 함수 계산의 용이함을 위해 아래처럼 구하기도 하는데, 자세한 계산과정은 생략한다.

$$\frac{d}{d\theta}\ln L(\theta) = 0$$

**|예제| 4-2**

확률 변수 $X_i$는 사고 건수로 포아송 분포 $\theta$를 따른다. 모수 $\theta$에 대한 MLE를 구하라.

**풀이**

우도 함수는 다음과 같다.

$$L(\theta) = f(x_1;\theta)f(x_2;\theta)...f(x_n;\theta) = \prod_{i=1}^{n} f(x_i;\theta) = \prod_{i=1}^{n} \frac{e^{-\theta}\theta^{x_i}}{x_i!} = \frac{e^{-n\theta}\theta^{\sum_{i=1}^{n} x_i}}{\prod_{i=1}^{n} x_i!}$$

계산의 편이성을 위하여 자연 로그를 취하면 위의 식은 아래처럼 변형된다.

$$\ln L(\theta) = -n\theta + \sum_{i=1}^{n} x_i \ln\theta - \ln(\prod_{i=1}^{n} x_i!)$$

따라서, $\dfrac{d}{d\theta}\ln L(\theta) = -n + \dfrac{1}{\theta}\sum_{i=1}^{n} x_i$이 되고, MLE는 로그 우도 함수가 0이 되는 점이 되므로, 표본 평균이 모수 $\theta$의 최대 우도 추정량이 된다.

$$\frac{d}{d\theta}\ln L(\theta) = -n + \frac{1}{\theta}\sum_{i=1}^{n} x_i = 0 \ \leftrightarrow \ \hat{\theta} = \frac{1}{n}\sum_{i=1}^{n} x_i = \overline{x}$$

# 2. 베이지안 추론(Bayesian Estimation)

## 2.1 조건부 확률(Conditional Probability)

확률을 계산하는 데 특정한 조건을 고려하는 경우가 매우 많다. 야구 경기에서 접전 상황이고 주자 만루일 때 다음 타자의 타율과 같은 것이다. 한 선수의 타율도 궁금한 사항이기는 하지만 현재 상황이 만루라면 그 상황에서의 타율이 일반적인 타율보다 더 의미 있는 수치가 될 것이다. 보험 분석에 있어서 특정한 조건하에서 확률과 이에 따른 예상 손해액을 평가하는 것은 매우 중요하다. 예를 들어, 어떤 금액 이상의 사고가 발생할 확률을 알고자 할 때, 관심 있는 다른 여러 상황의 조건 등을 제한하면서 해당 확률을 구하는 것이 더 의미가 있을 수 있다.

특정 조건하에서 관심 있는 사건의 확률을 조건부 확률(conditional probability)이라고 하며 다음과 같이 정의한다.

$$P(A|B) = \frac{P(A \cap B)}{P(B)} \Leftrightarrow P(A|B) = P(A|B)P(B)$$

즉, $B$라는 사건이 발생하였다는 조건하에서의 사건 $A$의 발생 확률을 의미하는 것이며, $B$사건 중 $A$사건과 $B$사건의 교집합 비중이라고 해석할 수 있다. 우리가 알고 있는 확률은 전체 모집단 내에서의 확률로 위의 식과 같이 표현하면 다음과 같이 나타낼 수 있다.

$$P(A|\Omega) = \frac{P(A \cap \Omega)}{P(\Omega)} = \frac{P(A)}{1} = P(A)$$

$A$와 $B$가 독립적일 경우 $P(AB) = P(A)P(B)$임이 만족하기 때문에 조건부 확률은 다음과 같이 정리될 수 있다.

$$P(A|B) = \frac{P(AB)}{P(B)} = \frac{P(A)P(B)}{P(B)} = P(A)$$

이는 두 사건이 독립적일 경우 한 사건이 발생했다는 조건이 다른 사건 발생에 영향을 주지 못한다는 의미로, 조건부 확률과 해당 사건의 일반적인 확률이 동일해지는 것을 의미한다.

### 예제 4 3

성별 변수와 상해사고 건수 변수에 대한 확률이 다음과 같이 주어졌다.

| 사고 건수($X$)<br>성별($Y$) | 0 | 1 | 2 | 3 | 4 이상 | 합 |
|---|---|---|---|---|---|---|
| 남 | 0.70 | 0.02 | 0.01 | 0.01 | 0.01 | 0.75 |
| 여 | 0.10 | 0.08 | 0.04 | 0.02 | 0.01 | 0.25 |
| 합 | 0.80 | 0.10 | 0.05 | 0.03 | 0.02 | 1.00 |

(1) 사고를 발생한 사람이 남자라는 가정하에 사고 건수가 1개일 확률은?
(2) 사고를 발생한 사람이 여자라는 가정하에 사고 건수가 1개일 확률은?

#### 풀이

(1) $P(X=1|Y=남) = \dfrac{P(X=1, Y=남)}{P(Y=남)} = \dfrac{0.02}{0.75} = 0.027$

(2) $P(X=1|Y=여) = \dfrac{P(X=1, Y=여)}{P(Y=여)} = \dfrac{0.08}{0.25} = 0.32$

성별이라는 조건에 따라 사고 건수에 대한 확률은 매우 다르게 나타남을 알 수 있다. 이러한 이유로 조건부 확률은 보험에서 매우 중요하게 활용된다.

조건부 확률을 이용하여 조건부 기댓값과 분산의 계산이 가능해지며, 이를 이용한 유용한 성질들 중 2가지는 아래와 같다.

(1) $E(Y) = E[E(Y|X)]$
(2) $V(Y) = E[V(Y|X)] + V[E(Y|X)]$

이에 대한 증명은 다음과 같다.

$$(1) \ E[E(Y|X)] = \int E(Y|x)f(x)dx = \int\int yf(y|x)f(x)dy\,dx$$

$$= \int y\int \frac{f(x,y)}{f(x)}f(x)\,dx\,dy = \int y\int f(x,y)\,dx\,dy$$

$$= \int yf(y)\,dy = E(Y)$$

$$(2) \ E[V(Y|X)] = E[E(Y^2|X) - E(Y|X)^2] = E(Y^2) - E[E(Y|X)^2]$$

$$= E(Y^2) - E(Y)^2 - \{E[E(Y|X)^2] - E(Y)^2\} = V(Y) - V[E(Y|X)]$$

베이지언 추론의 조건부 확률은 본서 중반부 신뢰도 이론의 베이지언 분석에서 좀 더 구체적인 설명과 예제가 추가된다.

## 2.2 상호 배반(Mutually Exclusive)과 전 확률(Total Probability)

각각의 사건이 발생하는 데 있어 교집합이 없는 경우를 상호 배반(mutually exclusive) 사건이라고 하며, 전체 모집단이 사건들로 분할(partition)되었다고도 한다. 즉, $A \cap B = \varnothing$ 인 경우 사건 $A$와 사건 $B$는 상호 배반인 사건이 되는 것이며 그림으로 표현하면 〈그림 4-1〉과 같다.

**그림 4-1**

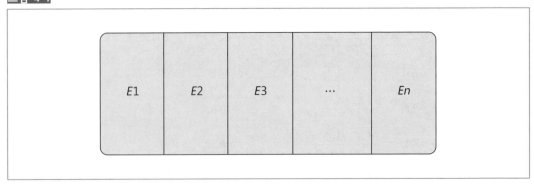

사건 $E1$부터 $En$까지 서로 교집합이 존재하지 않으므로 각각의 사건은 상호 배반 사건이라고 할 수 있다. 따라서 집합의 개념으로 보면 전체 공간이 각각의 사건들로 구분되어 있는 구조이기에 다음과 같이 나타낼 수 있으며,

$$\Omega = (E1 \cup E2 \cup E3 \cup \cdots \cup En)$$

확률의 성질을 이용하면 전확률이라고 불리는 전체 확률은 다음과 같다.

$$P(\Omega) = P(E1 \cup E2 \cup E3 \cup \cdots \cup En)$$

$$= P(E1) + P(E2) + P(E3) + \cdots + P(En)$$

이렇게 정의된 전확률과 조건부 확률을 같이 활용하여 관심 있는 확률을 구하고자 하는 것이 다음에 다룰 베이즈 이론이다.

## 2.3 베이즈 이론(Bayes Theorem)

전체 모집단이 사건들로 분할되는 경우, 특정한 다른 사건에 대하여 관심이 있을 수 있다. 이런 경우 모집단 내에서 특정한 사건이 일어날 확률을 전확률 공식이라는 방식을 통하여 구할 수 있다. 〈그림 4-2〉의 경우 사건 A의 확률은 E라는 사건들로 분할(partition)되어 있다. 따라서 A라는 사건은 다음과 같이 표시할 수 있으며,

$$A = (A \cap E_1) \cup (A \cap E_2) \cup (A \cap E_3) \cup \cdots \cup (A \cap E_n)$$

**그림 4-2**

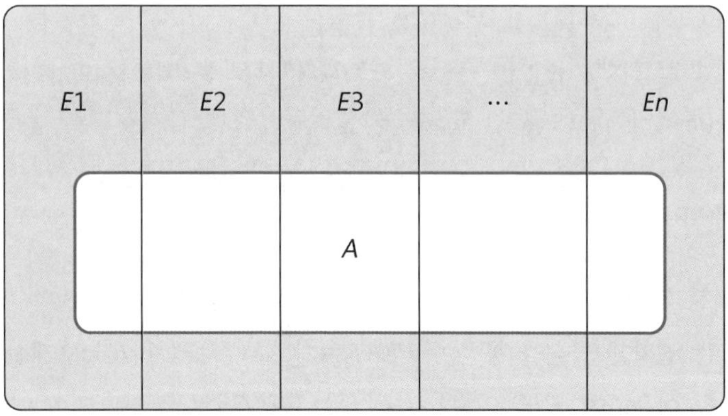

그림은 상호 배반의 사건들로 이루어져 있음을 알 수 있다. 따라서 확률의 성질에 따라 아래의 식을 만족한다.

$$P(A) = P(A \cap E_1) + P(A \cap E_2) + P(A \cap E_3) + \cdots + P(A \cap E_n)$$

앞서 논의한 조건부 확률의 공식을 이용하여 다음과 같이 정의할 수 있으며, 이를 전확률 공식이라고 부르기도 한다.

$$P(A) = P(E_1)P(A|E_1) + P(E_2)P(A|E_2) + P(E_3)P(A|E_3) + \cdots + P(E_n)P(A|E_n)$$

$$= \sum_{i=1}^{n} P(E_i) P(A|E_i)$$

### 예제 4-4

건강보험 가입자는 남자와 여자로 구분된다. 1년 이내에 입원치료가 발생할 확률이 남자의 경우는 30%, 여자의 경우는 2배 많은 60%라고 할 경우, 임의의 보험 가입자가 1년 이내에 입원치료가 발생할 확률은 얼마인가? (단, 남녀 비율은 60:40으로 가정한다.)

#### 풀이

A를 1년 내 입원치료가 발생하는 사건이라고 정의할 경우, $P(A|\text{남}) = 0.3$, $P(A|\text{여}) = 0.6$이다. 그리고 사전에 주어진 정보에 의하면 $P(\text{남}) = 0.6$과 $P(\text{여}) = 0.4$이다. 따라서 구하고자 하는 확률 $P(A)$는 전확률 공식에 의거하여, $P(A) = P(\text{남}) P(A|\text{남}) + P(\text{여}) P(A|\text{여}) = 0.6 \times 0.3 + 0.4 \times 0.6 = 0.42$

위에 정의한 전확률 공식과 조건부 확률을 이용한 베이즈(Bayes) 이론은 다음과 같다.

⟨베이즈 이론⟩

표본공간 $\Omega$이 사건 $E_1, E_2, E_3, \ldots, E_n$으로 분할(partition)된 경우, 특정 사건 A에 대하여 (단, $P(A) > 0$), 사건 A가 발생했을 때, 이 사건이 $E_j$에서 발생할 확률의 계산은 다음과 같다.

$$P(E_j|A) = \frac{P(E_j) P(A|E_j)}{\sum_{i=1}^{n} P(E_i) P(A|E_i)}$$

위의 식을 구하는 과정을 살펴보면, 조건부 확률 정의에 의하여 $P(E_j|A) = \dfrac{P(E_j \cap A)}{P(A)}$로 표현 가능하며, 분모는 전확률 공식을 통하여 $P(A) = \sum_{i=1}^{n} P(E_i) P(A|E_i)$로 계산이 가능하며 분자 역시 조건부 확률을 이용하여 $P(E_j \cap A) = P(E_j) P(A|E_j)$로 정의되므로 베이즈 이론이 완성된다.

통계적 용어로는 $P(E_i)$를 사전확률(prior probability)이라고 하며, $P(E_i|A)$를 사후확률(posterior probability)이라고 한다. 이와 같은 베이즈 이론이 활용되는 이유는 수식에서 분자와 분모에 사용되는 확률들은 알려져 있는 경우가 있으나, 관심의 대상인 확률이 알려져 있지 않아 주어진 정보를 통하여 관심 있는 확률을 계산하는 방식으로 이해할 수 있다. 이러한 논리에 대한 추가적인 설명과 예제는 다음 장의 신뢰도 이론에서 더 다루어질 것이다.

### 예제 4-5

〈예제 4-4〉와 동일한 상황을 가정한다. 1년 이내에 사고를 발생했을 경우, 사고를 일으킨 사람이 남자일 확률은 얼마인가?

#### 풀이

관심 있는 확률은 $P(남|A)$이다. 〈예제 4-4〉에서 $P(A)$의 확률은 전확률 공식을 통하여 이미 계산했기 때문에,

$$P(남|A) = \frac{P(남 \cap A)}{P(A)} = \frac{P(A|남) \times P(남)}{P(A)} = \frac{0.3 \times 0.6}{0.42} = \frac{3}{7}$$

즉, 약 1년 이내 사고가 발생할 경우 사고를 일으킨 사람이 남자일 경우는 약3/7이라는 결론을 내릴 수 있다. 마찬가지로 여자일 경우는

$$P(여|A) = \frac{P(여 \cap A)}{P(A)} = \frac{P(A|여) \times P(여)}{P(A)} = \frac{0.6 \times 0.4}{0.42} = \frac{4}{7}$$

로 구하여지며, 이는 $P(여|A) = 1 - P(남|A) = 1 - \frac{3}{7} = \frac{4}{7}$과 같다. 사고가 남자이건 여자이건 발생된다는 가정이기 때문에 사고 발생확률은 반드시 1이 되어야 하는 전제 조건을 만족한다. ■

### 예제 4-6

객관식 수학 문제는 보기가 4개 있고 그중 하나를 고른다. 학생이 정답을 알고 있을 확률을 $p\,(0 < p < 1)$라 하고, 답을 모를 때 추측해서 고른 것이 정답일 확률은 1/4이라 하자. 한 학생의 답이 정답일 때, 이 학생이 정답을 알고 답을 골랐을 확률은 얼마인가?

#### 풀이

정답인 사건을 $C$라고 하고, 학생이 정답을 알고 있는 사건을 $Y$라고 정의할 경우, 우리가 구하고자 하는 확률은 $P(Y|C)$이다.

$$P(Y|C) = \frac{P(Y \cap C)}{P(C)} = \frac{P(C|Y)P(Y)}{P(C|Y)P(Y) + P(C|\overline{Y})P(\overline{Y})}$$

$$= \frac{1 \times p}{1 \times p + \frac{1}{4} \times (1-p)} = \frac{p}{3p/4 + 1/4} = \frac{4p}{1 + 3p}$$

여기서 확률 $P(C|Y)$는 학생이 정답을 알고 있으면서 정답을 맞힐 확률이므로 확률 값은 당연히 1이된다. 학생이 정답을 알고 있는 확률이 50%일 경우는 해당 확률은 80%이고, 알고 있을 확률이 90%일 경우 해당 확률은 3.6/3.7=97.3%이다. 이는 소위 찍어서 맞힐 확률과는 상당 부분 다르게 계산되고 있음을 알 수 있다. ■

## 2.4 통계적 추론과 베이지안 추론의 이해

통계적 추론은 알 수 없는 모수에 대하여 추론을 해 나가는 과정과 표본 관측 값을 기반으로 하여 미래 관측치에 대한 예측을 해 나가는 과정으로 이해할 수 있다. 고전적인 통계적 추론 방

식은 관측된 데이터의 모형만을 사용하는 방식으로 표본으로부터 얻은 정보, 즉 우도 함수만을 이용하여 추론하는 방식인데 이를 프리퀀티스트(frequentist)적인 방식이라 부르기도 한다.

이에 반해 베이지안(Bayesian) 추론의 방식은 관측된 데이터와 더불어 모수에 대한 확률 모형을 동시에 사용하는 방식으로, 모수에 대한 확률 모형을 베이지안 추론에서는 사전 정보(prior information)라 말한다. 즉, 모수에 관하여 활용할 수 있는 사전 정보가 존재한다면, 보다 합리적인 의사결정이 가능할 것이라는 생각에서 출발된 이론이다.

현실에서는 모수에 대한 사전 정보가 구체적이지 않은 경우가 대부분이라서, 모수가 취할 수 있는 다양한 값들에 대해 확률적으로 고려한다는 점은 합리적인 생각이라 하겠다. 따라서 확률적으로 고려하는 부분에서는 확률 분포 함수의 개념을 활용하여 추론을 전개해 나가는 과정이 타당한 방법이라 할 수 있다. 이러한 베이지안 추론의 특징은 추론의 관심사 중 하나인 모수는 불확실하며, 이러한 불확실성을 확률 분포라는 개념을 이용하여 표현하는 것이며, 데이터로부터 얻어지는 모수의 정보와 더불어 모수에 관한 과거 경험치 또는 사전 지식 등을 동시에 수치화함으로써 모수에 대한 보다 정확한 추론을 지향한다는 점이다.

여기서 고전적 추론 방식과의 근본적인 차이점이 존재하게 되며, 과거의 경험치 또는 사전 지식으로 고려되는 사전 정보, 즉 사전 확률 분포가 중요한 요소로 등장하게 되는 것이다. 사전 분포를 결정하는 방식으로는 주관적(subjective), 무정보적(noninformative), 공액적(conjugate)인 방식이 있으며, 이에 대한 자세한 내용은 다음 절에서 살펴보기로 한다.

## 2.5 베이지안 추론의 구성

베이지안 추론의 구성은 다음과 같은 4단계를 거쳐서 이루어진다.

(1) 모수에 대한 사전 분포의 결정
(2) 관측된 데이터의 확률 분포 확인
(3) 데이터의 확률 분포와 사전 분포를 통한 사후 확률 분포 함수(posterior probability density distribution function) 도출
(4) 사후 분포에 근거한 모수의 추론

즉, 사전 분포와 관측된 데이터를 통하여 모수에 대한 사후 분포를 계산하고, 이를 통하여 모수를 추론해 가는 과정이라고 할 수 있다. 이를 수식화하여 표현하면 다음과 같다. 알지 못하는 모수를 $\theta$라 하고, $x$를 관측된 데이터라고 가정하며, 모수에 대한 확률 분포 함수와 관측된 데이터에 대한 확률 분포 모형을 각각 $\pi(\theta)$, $f(x|\theta)$이라 한다면, 베이즈 정리에 의하여 모수 $\theta$에 대

한 사후 분포 함수 $p(\theta|x)$를 아래와 같이 계산할 수 있다.

$$p(\theta|x) = \frac{p(\theta, x)}{f(x)} = \frac{f(x|\theta)\pi(\theta)}{f(x)}$$

여기서 $f(x)$는 $x$의 주변 확률 분포 함수로 이산형과 연속형 변수에 따라 다음과 같은 과정을 통하여 구할 수 있다.

$$\text{이산형 변수} : \sum_{\theta} f(x, \theta) = \sum_{\theta} f(x|\theta)\pi(\theta)$$

$$\text{연속형 변수} : \int_{\theta} f(x, \theta)d\theta = \int_{\theta} f(x|\theta)\pi(\theta)d\theta$$

$x$의 주변 확률 분포 함수는 모수 $\theta$에 의존하지 않는 함수이므로 사후 분포 함수를 다음과 같이 표현할 수 있다.

$$p(\theta|x) \propto f(x|\theta)\pi(\theta)$$

즉, 사후 분포 함수는 관측된 데이터의 확률 분포와 사전 분포 함수의 곱에 대하여 모수 $\theta$와 비례적인 관계를 나타낸다고 할 수 있는 것이다. 이와 같은 과정을 통하여 사후 분포 함수가 계산이 되면, 사후 분포 함수를 기반으로 하여 모수에 대한 추론을 전개해 나갈 수 있다. 이에 따라, 사후 분포 함수에 대한 요약 통계량들을 계산할 수 있으며, 대표적으로 알려져 있는 사후 평균의 경우는 아래의 식으로 계산할 수 있다.

$$E(\theta|y) = \int_{\theta} \theta f(\theta|x)\,d\theta$$

### 예제 4-7

질병 상해 보험의 특약을 새롭게 개발하기 위하여 해당 특약이 담보하는 사고 발생 여부에 대한 사전 확률을 조사한 결과 다음과 같은 사전 분포 함수 결과를 얻었다.

$$\pi(\theta) = 2(1-\theta),\ 0 < \theta < 1$$

보험회사의 고객 중에서 해당 특약의 가입 가능성이 높은 100명을 무작위로 추출하여, 해당 담보와 관련된 사고가 존재하였는지 여부를 확인하려고 한다.

(1) 모수인 사고 확률 사고 $\theta$에 대한 사후 분포를 구하라.
(2) 표본 100명 중 10명이 해당 담보와 관련한 사고가 있다고 조사된 경우, 사후 평균은 얼마인가.

### 풀이

(1) 관측된 데이터를 통한 확률 모형은 다음과 같은 이항 분포이다.

$$p(x|\theta) \propto \theta^x (1-\theta)^{100-x}$$

그리고 사전 분포는 $\pi(\theta) = 2(1-\theta)$로 주어져 있으므로, 사후 분포 함수는 $p(\theta|x) \propto f(x|\theta)$ $\pi(\theta) = \theta^x(1-\theta)^{100-x} \times 2(1-\theta)$ 이며, 이를 다시 표현하면, $p(\theta|x) \propto \theta^x(1-\theta)^{101-x} = \theta^{(x+1)-1}$ $(1-\theta)^{(102-x)-1}$이다. 위의 함수는 베타 분포의 모습이므로 사후 분포는 $B(x+1, 102-x)$이다.

(2) 베타 분포 $B(a, b)$의 평균은 $\dfrac{a}{a+b}$이고, 10명의 사고가 발생한 것으로 나타났으므로 사후 분포는 $B(11, 92)$이 되고, 사후 평균은 $\dfrac{11}{11+92} = \dfrac{11}{103} = 0.1068$이 된다.

베이지안 추론에서 모수에 대한 추론 이외에 다른 한 축은 미래 값에 대한 예측이다. 즉, 현재 관측된 데이터 $x$를 통하여 미래의 예측값 $\tilde{x}$를 추론하는 것이다. 이와 관련한 수식적 증명은 다음과 같은 과정을 통하여 이루어진다.

$$p(\tilde{x}|x) = \frac{f(\tilde{x}, x)}{f(x)} = \frac{\int f(\tilde{x}, x, \theta) d\theta}{f(x)} = \frac{\int f(\tilde{x}|x, \theta)p(x, \theta) d\theta}{f(x)}$$
$$= \int f(\tilde{x}|x, \theta)p(\theta|x) d\theta$$

여기서 현재 관측된 값과 미래에 예측할 값이 독립적이라는 가정이 성립될 경우, 위의 식은 다음과 같은 표현이 가능하다.

$$p(\tilde{x}|x) = \int f(\tilde{x}|\theta)p(\theta|x) d\theta$$

이러한 베이지안 추론은 해석이 쉽다는 장점과 대표본 이론을 요구하지 않는다는 장점 등을 가지고 있다. 1990년대 이후 컴퓨터의 통계 계산 능력의 탁월한 향상으로 인하여 MCMC(markov chain monte carlo) 방식들이 제안되고, 이를 통한 사후 분포의 계산이 정확하게 이루어지면서 베이지안 추론 방식 또한 급속하게 발전이 이루어지고 있다. 다음 절에서는 사전 지식 또는 경험치 등으로 통하여 사전 분포를 정의하는 방식에 대하여 살펴보기로 한다.

## 2.6 사전 분포(Prior Distribution) 및 추론

고전적인 통계적 추론 방식이 아닌 베이지안 추론 방식에서는 사전 분포 함수가 또 하나의 역할을 하게 되는데, 이러한 사전 분포의 선택이 모수를 추론하는 데에 중요한 역할을 함으로, 이에 대한 설명이 베이지안 추론의 주요한 논점이다. 따라서 여기에서는 사전 분포 함수를 선택하는 몇 가지 기준에 대하여 살펴보기로 한다.

### 2.6.1 공액적 사전 분포 및 추론

모수의 사전 분포를 모를 때, 특정 형태의 분포 함수를 사용하는 것이 편리한 경우가 많다. 그 중에서, 사전 분포와 사후 분포가 같은 분포족(distribution family)에 속하도록 선택하는 것을 공액적 사정 분포(conjugate prior distribution)라고 한다. 이러한 공액적 사전 분포를 사용하는 이유는 결과의 이해가 쉬울 뿐 아니라, 수학적 연산이 간편하게 이루어지는 장점이 있기 때문이다.

관측된 데이터, 즉 표본 분포의 확률 분포 형태에 따라 주로 활용되는 공액 사전 분포는 〈표 4-2〉와 같이 정리할 수 있다.

**표 4-2 공액 사전 분포표**

| 표본 분포 | 공액 사전 분포 |
|---|---|
| 이항 분포 | 베타 분포 |
| 포아송 분포 | 감마 분포 |
| 정규 분포 | 정규 분포(평균) |
| 감마 분포 | 감마 분포($\lambda$) |

다음은 공액 사전 분포를 통한 통계적인 추론 과정의 사례이다. 자동차보험에서 사고 발생 건수(또는 빈도)는 포아송 분포를 따른다고 알려져 있다. 따라서 사고 건수에 대한 우도 함수는 다음과 같이 표현할 수 있다.

$$p(y_1, y_2, \dots, y_n | \theta) \propto \theta^{\sum_{i=1}^{n} y_i} e^{-n\theta}$$

즉, 이는 모수 $\theta$를 따르는 포아송 분포의 관측 값에 대한 우도 함수가 된다. 포아송 분포 모수에 대한 공액 사전 분포는 〈표 4-2〉에서처럼 감마 분포로 알려져 있는데, 이를 가정할 경우 모수 $\theta$에 대한 사전 분포는 다음과 같이 정의된다.

$$\pi(\theta) \propto \theta^{\alpha-1} e^{-\beta\theta}$$

이것은 모수 $\alpha$, $\beta$를 따르는 감마 분포로 가정되며, 이를 통하여 모수 $\theta$에 대한 사후 분포는 $p(\theta | y_1, y_2, \dots, y_n) \propto f(y_1, y_2, \dots, y_n | \theta) \pi(\theta)$의 관계가 되므로 아래의 사후 분포에 대한 추정이 이루어진다.

$$p(\theta | y_1, y_2, \dots, y_n) \propto \theta^{\sum_{i=1}^{n} y_i} e^{-n\theta} \times \theta^{\alpha-1} e^{-\beta\theta} = \theta^{\sum_{i=1}^{n} y_i + \alpha - 1} e^{-(n+\beta)\theta}$$

공액 사전 분포의 장점은 사후 분포가 사전 분포와 동일한 분포 함수의 형태를 가진다는 것이며, 위에서 도출한 사후 분포도 감마 분포의 형태임을 확인할 수 있게 되며, 모수는 $\sum_{i=1}^{n} y_i + \alpha$, $n + \beta$가 된다. 즉, 다음과 같이 정의된다.

$$p(\theta \,|\, y_1, y_2, \ldots, y_n) \sim Gamma\left(\sum_{i=1}^{n} y_i + \alpha, n + \beta\right)$$

따라서 감마 분포로 정의된 사후 분포의 평균인 사후 평균(posterior mean)은 다음과 같이 여러 형태로 도출할 수 있다.

$$
\begin{aligned}
E(\theta \,|\, y_1, y_2, \cdots, y_n) &= \frac{\displaystyle\sum_{i=1}^{n} y_i + \alpha}{n + \beta} \\
&= \left(\frac{n}{n+\beta}\right) \frac{1}{n} \sum_{i=1}^{n} y_i + \left(\frac{\beta}{n+\beta}\right) \frac{\alpha}{\beta} \\
&= \left(\frac{n}{n+\beta}\right) \bar{y} + \left(\frac{\beta}{n+\beta}\right) \frac{\alpha}{\beta}
\end{aligned}
$$

위의 식은 관측된 표본의 평균, 즉 우도 함수로부터 도출되는 MLE와 사전 분포 함수의 가중평균 형태임을 알 수 있다.

동일한 분포로 가정할 때, 미래 값에 대한 예측 과정은 과거 관측 값과 미래 예측 값이 독립적이라는 가정하에서 출발하며, 위에서 도출된 사후 분포를 이용하여 사후 예측 분포를 다음과 같이 구할 수 있다.

$$
\begin{aligned}
p(\tilde{y} \,|\, y_1, y_2, \cdots, y_n) &= \int f(\tilde{y} \,|\, \theta) p(\theta \,|\, y_1, y_2, \cdots, y_n) d\theta \\
&= \int_0^{\infty} \frac{e^{-\theta} \theta^{\tilde{y}}}{\tilde{y}!} \theta^{\sum_{i=1}^{n} y_i + \alpha - 1} e^{-(n+\beta)\theta} \frac{(n+\beta)^{\sum_{i=1}^{n} y_i + \alpha}}{\Gamma\left(\sum_{i=1}^{n} y_i + \alpha\right)} d\theta \\
&= \frac{(n+\beta)^{\sum_{i=1}^{n} y_i + \alpha}}{\Gamma\left(\sum_{i=1}^{n} y_i + \alpha\right) \tilde{y}!} \int_0^{\infty} e^{-(n+\beta+1)\theta} \theta^{\tilde{y} + \sum_{i=1}^{n} y_i + \alpha - 1} e^{-)\theta} d\theta
\end{aligned}
$$

적분 안에 포함되어 있는 함수 또한 감마 분포의 형태이므로 전체 적분의 값이 1이 되도록 감마 부분의 나머지 항을 적절하게 나누고 곱하여서 정리하면 다음과 같다.

$$f(\tilde{y} \mid y_1,\ y_2,\ \cdots,\ y_n) = \frac{(n+\beta)^{\sum_{i=1}^{n} y_i + \alpha}}{\Gamma\left(\sum_{i=1}^{n} y_i + \alpha\right) \tilde{y}!} \; \frac{\Gamma\left(\tilde{y} + \sum_{i=1}^{n} y_i + \alpha\right)}{(n+\beta+1)^{\tilde{y} + \sum_{i=1}^{n} y_i + \alpha}}$$

$$= \frac{\Gamma\left(\tilde{y} + \sum_{i=1}^{n} y_i + \alpha\right)}{\Gamma\left(\sum_{i=1}^{n} y_i + \alpha\right) \tilde{y}!} \left(\frac{n+\beta}{n+\beta+1}\right)^{\sum_{i=1}^{n} y_i + \alpha} \left(\frac{1}{n+\beta+1}\right)^{\tilde{y}}$$

$$= \frac{\Gamma\left(\tilde{y} + \sum_{i=1}^{n} y_i + \alpha\right)}{\Gamma\left(\sum_{i=1}^{n} y_i + \alpha\right) \tilde{y}!} \, x^{\sum_{i=1}^{n} y_i + \alpha} (1-x)^{\tilde{y}}$$

여기서 $x = \dfrac{n+\beta}{n+\beta+1}$로 정의되며, 사후 예측 분포는 음이항 분포임을 확인할 수 있다. 이와 같이 공액 사전 분포를 활용하여 모수에 대한 추론과 미래 값에 대한 예측의 추론도 전개할 수 있는 것이다. 공액적 사전 분포는 계산이 용이하다는 장점이 있으나, 사전 분포에 대한 가정을 하는 것이기 때문에 이에 대한 가정이 성립되지 않을 경우 정확한 추정이 가능하지 않을 수 있다는 단점이 존재한다. 이러한 단점을 보완하고자 제시된 방법 중 하나가 다음 절에서 소개하는 무정보적 사전 분포 방식이다.

### 2.6.2 무정보적 사전 분포및 추론

무정보적 사전 분포(noninformative prior distribution)는 모수에 대한 사전 정보가 거의 존재하지 않는 경우, 사전 정보에 대한 의존도를 최소화하고자 제안된 방식으로 이해할 수 있다. 따라서 사후 분포를 도출하는 데 있어 최소한의 역할을 수행하는 사전 분포라고 할 수 있으며, 이러한 의미에서 무정보적 사전 정보를 영어로 flat prior 또는 vague prior라고 표현하기도 한다. 영어 용어 그대로 해석하자면 평평하게 또는 모호하게 사전 정보에 대한 가정을 한다는 의미이다.

무정보적 사전 분포를 활용하여 추론을 하게 되는 경우에는 사전 분포 활용에 따른 영향력이 극히 미미하며, 관측된 데이터가 가지고 있는 정보 대부분을 설명할 수 있도록 하는 방식으로 이해하게 된다. 무정보적 사전 분포의 가장 단순한 사례는 균등 분포를 사전 정보로 활용하는 경우이다. 즉, 모수 $\theta$가 0에서 1 사이의 값을 가지는 경우, 사전 분포를 $\pi(\theta) = 1$로 정의하는 것이다. 즉, 평평한(flat) 사전 정보를 활용하는 경우라고 볼 수 있다. 그런데, 이러한 무정보적 사전 분포는 분포 함수가 가지는 성질에 위배되는 경우가 있다. 즉, $\int \pi(\theta)d\theta = \infty$인 경우가 발생할 수 있다는 것이다. 이러한 부적절성이 사전 분포에서 발생하는 것은 상관없으나, 사후 분포에서 이러한 경우가 발생하면 분포의 성질을 위배하게 되므로 추론 자체의 의미가 없어질 수 있다. 따라서 부적절한 사전 분포를 가정하는 경우 반드시 사후 분포에 대한 적정성 여부를 확인하여야 한다.

무정보적 사전 분포를 통하여 추론하는 간단한 사례를 소개해본다. 확률 변수 $Y_i|\theta \sim iid\ N(\theta, \sigma^2)$이고, 분산이 알려져 있다고 가정하는 경우 모수 $\theta$에 대한 무정보적 사전 분포를 $\pi(\theta) \propto a$와 같이 정의할 수 있다. 이것은 특정 상수 $a$에 비례한다고 가정하는 것이다. 이렇게 정의된 사전 분포의 경우, 다음과 같이 부적절한 사전 분포임을 확인할 수 있다.

$$\int_{-\infty}^{\infty} \pi(\theta) d\theta = \int_{-\infty}^{\infty} a\, d\theta = +\infty$$

이러한 부적절한 무정보적 사전 분포를 통하여 사후 분포를 도출하는 과정은 다음과 같다.

$$p(\theta|y_1, y_2, \cdots, y_n) \propto \exp\left(-\frac{1}{2\sigma^2}\sum_{i=1}^{n}(y_i-\theta)^2\right) \propto \exp\left(-\frac{n}{2\sigma^2}(\theta-\bar{y})^2\right)$$

따라서 모수 $\theta$의 사후 분포는 평균이 $\bar{y}$이고, 분산이 $\frac{\sigma^2}{n}$인 정규 분포의 형태임을 알 수 있으며, 적절한 사후 분포가 도출되었음을 확인할 수 있다. 이는 부적절한 무정보적 사전 분포의 가정에도 불구하고 적절한 사후 분포가 도출되는 사례라고 할 수 있다.

이와는 반대로 부적절한 무정보적 사전 분포의 가정에 의해 부적절한 사후 분포가 도출되는 사례를 살펴보자. 예를 들어, $Y|\theta \sim \exp(\theta)$, 지수 분포라고 가정하고, 모수 $\theta$에 대한 무정보적 사전 분포를 $\pi(\theta) \propto 1$로 가정하면, 사전 분포의 경우는 위의 사례와 마찬가지로 부적절한 형태를 띠고 있는 분포 함수이다. 이를 통하여 사후 분포를 도출하면 아래와 같이 나타난다.

$$p(y|\theta) \propto \frac{1}{\theta}e^{-\frac{y}{\theta}},\ \pi(\theta) \propto 1 \rightarrow p(\theta|y) \propto \frac{1}{\theta}e^{-\frac{y}{\theta}}$$

$\frac{1}{\theta}$을 $x$라 하여 변수 변환을 하면, $p(x|y) \propto xe^{-yx}\frac{1}{x^2}$이 되며, 이를 만족하는 구간에서 적분하는 경우, $\int_0^{\infty} xe^{-yx}\frac{1}{x^2}dx = +\infty$가 되어 전체 확률이 발산하는 부적절한 사후 분포가 나타난다. 이러한 경우가 부적절한 무정보적 사전 분포의 가정이 사후 분포를 부적절하게 도출하는 경우의 사례라고 할 수 있다.

지금까지 모수적 추론 방식 중에서 우도 함수를 이용한 M.L.E 방식과 모수에 대한 사전 정보를 활용하는 베이지안 추론 방식 등에 대하여 살펴보았다. 이를 통하여 미지의 모수 및 미래 예측 값에 대하여 추론이 가능함을 확인할 수 있었다. 이러한 방식들을 통하여 보험회사는 미지의 모수에 대한 추정과 예측을 통하여 향후 발생할 위험에 대한 전략 수립이 가능한 것이다.

　지금까지 베이지언 추론에 대한 기본적인 개념을 충분히 이해하도록 할 필요가 있다. 다음 장의 신뢰도 이론에서는 베이지언 분석에 관련된 좀 더 구체적으로 보험과 연관된 사례들을 다룰 것이고 다양한 연습문제도 포함하게 될 것이다.

## Chapter 04
# 연습문제

1. 확률 변수 $X_i$는 감마 분포를 따른다. 즉, $X_i \sim Gamma(\alpha, \beta)$이고 $E(X) = \alpha\beta$, $V(X) = \alpha\beta^2$이다. 두 모수에 대한 MME를 구하라.

2. 다음 분포 모수에 대한 최대 우도 추정량(MLE)을 구하라.
   (1) 정규 분포 $X_i \sim N(\mu, \sigma^2)$
   (2) 지수 분포 $X_i \sim \exp(\theta)$

3. 영업용 택시 회사에서 운전자의 운전 경력별로 최근 6개월간의 자동차 사고 정보가 다음과 같은 표로 주어졌다.

| 구분 | 사고 경험 있음 | 사고 경험 없음 | 합계 |
|---|---|---|---|
| 저경력 | 20명 | 40명 | 60명 |
| 고경력 | 30명 | 10명 | 40명 |
| 합계 | 50명 | 50명 | 100명 |

   (1) 임의로 운전자를 선택하였는데, 경력이 없는 운전자가 선택되었다. 이 운전자가 사고를 일으킬 확률은 얼마인가?
   (2) 경력과 사고 유무 두 변수의 상호 독립 여부를 확인하라.

4. 보험 회사는 자동차 사고에 대하여 가입 경력별로 사고 발생 확률과 가입자의 분포를 다음 표와 같이 정리하였다.

| 가입 경력 | 사고 발생 확률 | 보험 가입자 분포 |
|---|---|---|
| 1년 미만 | 0.30 | 100명 |
| 1~2년 미만 | 0.20 | 200명 |
| 2~3년 미만 | 0.15 | 300명 |
| 3년 이상 | 0.05 | 400명 |

   (1) 보험 가입 경력별로 보험 계약자가 속할 확률을 계산하라.

(2) 어떤 보험 가입자가 교통사고를 일으켰다. 이때 사고를 일으킨 보험 가입자의 가입경력
이 1~2년 미만의 가입자일 확률은 얼마인가.

5. 다음과 같이 분포가 주어진 경우 물음에 답하라.

$Y_1$, $Y_2$, $\cdots$, $Y_n | \theta \sim iid\ N(\theta, \sigma^2)$, 단 분산은 알려져 있다고 가정한다.

(1) 정규 분포에 대한 공액 사전 분포를 가정하여 사후 분포를 도출하라.

(2) 도출된 사후 분포 함수를 통하여 사후 평균을 구하라.

6. 자동차 보험회사에 한 달 사고 건수 $Y$는 평균이 $\theta$인 포아송 분포를 따른다고 한다. 과거 사고
경험 자료에 의해, 모수 평균 $\theta \sim Gamma(6, 2)$가 알려져 있다. 지난달 사고는 8건 발생하
였다고 한다.

(1) 관측된 지난달 사고 건수 정보를 이용하여 $\theta$의 사후 확률 분포를 구하라.

(2) 모수 $\theta$의 사전 분포의 평균과 사후 분포의 평균을 비교하라.

7. 자동차 보험회사에 사고 건수 $Y$변수에 대하여 다음과 같은 가정이 주어졌다. $Y_1$, $Y_2$, $\cdots$,
$Y_n | \theta \sim iid\ Poisson(\theta)$

사전적인 정보가 부족하여 무정보적 사전 분포를 다음과 같이 가정하자.

$$\pi(\theta) \propto \theta^{-\frac{1}{2}}$$

(1) 주어진 사전 분포의 적절성 여부를 논하라.

(2) 주어진 무정보적 사전 정보를 이용하여 사후 분포 함수를 도출하라.

(3) 도출된 사후 분포의 적절성을 논하라.

# PART 02

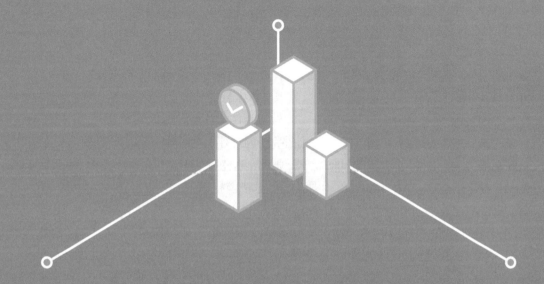

# 손해보험의 기본계리이론
# Basic Actuarial Theory of Property & Casualty Insurance

손해보험에서 거의 모든 계리모형 분석 업무의 시작점은 데이터의 집적과 활용이다. 분석을 위해 집적한 데이터의 질(Quality)은 분석 결과의 정확성과 타당성을 설명할 수 있는 중요한 자료인 반면, 데이터의 양은 분석결과의 신뢰성과 오차범위를 설명하는 것이라 할 수 있다. 생명보험은 생명표가 상품 개발과 분석에서 가장 핵심요소인 것과 달리, 손해보험은 과거의 경험데이터가 제대로 적당하게 집적되어 있는지가 상품개발과 분석의 시작점이라 할 수 있다. 이런 측면에서, Part 2는 현재까지 개발되고 발전되어온 많은 계리모형의 기본이론이라 할 수 있는 신뢰도 이론(Credibility Theory)과 현재 손해보험의 거의 모든 분야에서 활용하고 있는 GLM(Generalized Linear Model)에 기반한 다변량 분석 이론을 중점적으로 다루도록 하겠다. 본서 Part 1이 이론적인 개념에 중점을 두었다면 Part 2부터는 실무적인 적용에 중점을 두었다. 그래서 Part 2를 쉽게 이해하기 위해서는 앞의 Part 1. 통계적 모형을 먼저 숙지할 필요가 있음을 밝혀둔다.

신뢰도 이론에서는 신뢰도의 기본요건과 함께 빈도, 심도, 그리고 순보험료에 의한 전신뢰도의 개념을 네 가지의 신뢰도 평가 방법, 즉 고전적 신뢰도(Classical Credibility), 뷸만 신뢰도(Bühlmann Credibility), 뷸만−스트라웁 신뢰도(Bühlmann−Straub Credibility), 그리고 베이지언(Bayesian) 분석에 의해 이해하도록 하겠다. 한편, 보험 상품 분석을 위해 사용할 데이터가 충분하지 않을 경우, 부족한 부분을 만족시킬 대안으로서 보충신뢰도의 개념이 필요하게 되는데, 원수보험부분과 초과보험부분을 구분하여 여러 대안이론이 후반부에 설명될 것이다.

다변량 분석 이론은 다변량 분석이 특히 손해보험산업에서 활발하게 사용하게 된 배경과 함께 과거의 분석이론인 단변량 분석 이론의 한계를 동시에 다루도록 하겠다. 다음에는 GLM(Generalized Linear Model) 기법에 대한 소개와 이론이 요약되어 정리될 것이다.

# CHAPTER
# 05

# 신뢰도 이론(Credibility Theory)

본서 중반 제3부에서 다룰 손해보험 요율산정 모델에서는 경험데이터를 이용하여 미래의 손해에 대해 계리적인 방법으로 예측하고 평가하는 기법을 다룰 것이다. 요율산정 모델작업의 시작점인 경험데이터는 대수의 법칙(Law of Large Numbers)에 따라 데이터의 양이 많아짐에 따라 과거 경험은 미래에 다가올 실제 경험에 근접하게 된다. 개인 피보험자들의 사고내용은 매년 달라지고 다양화되고 있고 그 사고내용만으로는 객관적이고 일관성 있는 분석을 하기가 어려움으로 많은 수량의 계약과 보상 데이터 집합을 통한 분석에 의해, 더 안정적이며 정확한 예측을 도모하게 된다. 그러나, 요율산정 모델이나 개별 요율요소 분석에 사용되는 데이터는 정확한 요율을 예측할 정도로 충분하게 항상 준비되어 있지 않은 경우가 많다. 이럴 경우, 계리사는 충분치 못한 부분을 충족할 수 있는 정보와 사실을 요율산정 결과에 보완하는 작업을 해야 한다.

요율산정 모델에서 신뢰도 이론은 미래의 예측값을 산출하기 위해 사용되는 임의의 데이터를 정확성의 방향으로 이끌어내는 도구라 할 수 있다. 보험회사는 미래에 일어날 수 있는 사고에 대한 보장을 제공하고, 그 보상액과 비용을 예측하기 위해 과거의 손해데이터를 사용하게 된다. 그러나, 미래의 사고는 임의적으로 일어나며, 또한 과거에 발생했던 유사한 내용과 다르게 일어나는 현상이 보편적일 수 있다. 이런 경우, 과거 경험에 의해 예측한 사고 비용, 즉 손해액은 미래의 손해액보다 많거나 적게 될 것이다. 이러한 예측에 정확성을 기대하는 것은 손해액의 변동성과 함수관계에 있다고 볼 수 있다. 결과적으로, 경험데이터만을 가지고 미래의 사고에 대한 담보를 제공할 수 있는 비용, 즉 보험료를 계산한다고 하는 것은 모순이 될 것이다. 그러므로, 신뢰도 이론은 예측 값의 정확성을 향상시키기 위해 경험데이터에 의해 산출되는 계리적인 평가에 경험데이터에 가장 밀접한 유사한 정보와 사실을 첨가하는 과정이라 하겠다.

데이터의 신뢰도는 빈도와 심도에 관련된 분포도 분산(variance)의 함수 역할을 한다. 예를 들어, 손해액이 0에서 1백만원까지 분포될 때 계리사는 적어도 3,000건의 사고건수 데이터가 있는 경우를 분포도가 충분한 신뢰도를 지닌 데이터로 적합하다고 말할 수 있을지 모른다. 유사한 예로, 손해액이 0에서 1천만원까지 분포될 때는 적어도 10,000건의 사고건수가 충분한 신뢰도라고 정의할 수도 있다. 그러므로, 충분한 신뢰도 지표는 빈도와 심도뿐만 아니라 손해액의 범위 등을 고려하여 산출하게 된다.

신뢰도를 계산하는 첫 번째 단계는 경험데이터를 이용해 계리적인 평가의 타당성을 결정하는 것이다. 신뢰도를 적용할 때 사용되는 신뢰도지수(credibility factor)를 $Z$라 표시할 때, $Z$는 다음 세 가지 속성을 만족하여야 한다.

(1) $0 \leq Z \leq 1$, 만일 $Z = 1$이면, 데이터의 결과는 충분히 신뢰(fully credible)할 수 있다고 간주하며, 반대로 $Z = 0$이라면, 데이터로부터 산출되는 예측값은 전혀 신뢰도가 없는 것으로 평가될 수 있다. 그러므로, $Z$값이 1에 가까울수록 예측하는 평가액을 더 신뢰할 수 있다고 본다.

(2) $\dfrac{dZ}{dE} > 0$, 사용하는 데이터의 익스포저 수($E$)가 증가할수록 $Z$는 증가한다. 즉, 신뢰도를 계산하는 기초데이터의 익스포저의 수가 많을수록 신뢰도는 증가하게 된다.

(3) $\dfrac{d}{dE}\left(\dfrac{Z}{E}\right) < 0$, 사용되는 데이터의 익스포저 수($E$)가 증가할수록 신뢰도의 증가폭은 감소한다. 예를 들어, 1,000개의 데이터에 100개를 추가할 때가 10,000개의 데이터에 100개를 추가할 때보다 신뢰도의 변동폭이 크다. 즉, 신뢰도는 일정한 양으로 증가하지 않고 증가폭은 서서히 감소하는 모습이다. 신뢰도의 변화를 그래프로 표시하면 〈그림 5-1〉과 같다.

신뢰도를 계산하는 방법에서는 통계학에서 많이 쓰이는 용어가 등장하게 되는데 본서 앞 부분에서 설명되었지만 대표적인 용어들의 의미를 신뢰도 이론의 관점에서 먼저 이해하도록 하겠다.

**그림 5-1**

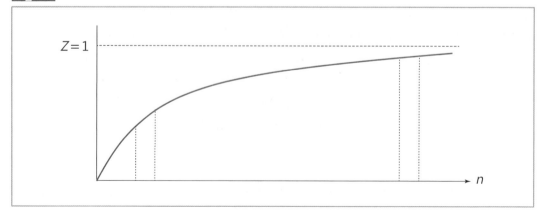

- 가설평균(hypothetical mean): 위험집단 안에 개별적인 조합의 평균빈도, 평균심도, 평균순보험료를 의미한다. 즉, 위험특성들의 특별한 조합이 주어질 때의 조건부 기댓값이다.
- 가설평균의 분산(VHM, variance of hypothetical mean): 위험특성들의 각 조합은 적합한 평균과 분산이 계산되어 진다. 위험특성들의 전체 집단에서 각 조합들의 평균값의 분산이 가설평균의 분산이다.
- 프로세스 분산(process variance): 각각의 프로세스 분산은 위험특성들에서 개별적인 조합의 빈도, 심도, 총순보험료를 언급한다. 여기에서 프로세스란 용어는 클레임 수나 손해액을 생성하는 과정을 언급한다. 그러므로, 프로세스 분산은 주어진 위험특성들의 조합에서 조건적인 분산을 의미한다. 참고로, 프로세스를 직역하여 과정이라 표기할 수도 있지만 의미가 희석될 수 있어 본서에서는 프로세스 분산이란 표현을 쓴다.
- 프로세스 분산의 기댓값(EPV: expected value of process variance): 위험특성들 조합의 개별적인 프로세스 분산의 단순히 대수적인 평균을 의미한다.

지금부터 아래와 같은 내용을 집중적으로 다루기로 하겠다.
(1) 신뢰도 평가법: 고전적 신뢰도, 뷸만 신뢰도, 뷸만−스트라웁 신뢰도
(2) 베이지언 분석
(3) 전신뢰도($Z=1$)가 아닐 때 부족분을 충족하는 여러 가지 신뢰도 보완방법

# 1. 신뢰도 평가법

신뢰도라 함은 계리사가 특정한 분석을 위해 사용하는 데이터로부터 산출한 예측값에 대한 평가라고 정의할 수 있다. 신뢰도를 구하는 방법에는 여러 이론이 존재하지만, 여기서 다룰 방법들이 보험업계에서 가장 널리 알려져 있고 이론적 타당성이 가장 높다. 고전적 신뢰도, 뷸만 신뢰도, 그리고 뷸만−스트라웁 신뢰도는 경험데이터와 관련 유사데이터의 혼합을 통해 신뢰도를 평가하는 직접적인 계산이 수반된다.

## 1.1 고전적 신뢰도(Classical Credibility)

고전적 신뢰도(classical credibility)는 오래전부터 손해보험 요율산정 과정에서 가장 널리 사용되는 기법으로 제한적 변동 신뢰도(limited fluctuation credibility)라는 의미로도 알려져 있는데, 이는 분석을 위한 기초통계에서 결과에 영향을 끼칠 수 있는 임의적인 변동성 효과를 제한하려는

데 목적이 있기 때문이다. 신뢰도 $Z$값은 기초통계로부터 산출된 결과에 일차 함수의 형식으로 적용된다.

$$최종평가(예측값) = Z \times 기초자료\ 결과 + (1-Z) \times 유사자료\ 결과$$

예를 들어, A사는 자체 데이터를 통해 요율산정 모델로부터 5%의 요율인상이 결과로 산출되었고 신뢰도는 계산에 의해 80%라 가정하자. 나머지 신뢰도 부분 20%는 업계 평균 조정률인 2%를 감안하려고 한다. 이 가정에 의해 A사는 신뢰도를 감안하여 4.4%의 최종 조정률을 계산할 수 있다.

신뢰도 감안 최종 조정률
$$= Z \times 최종\ 조정률 + (1-Z) \times 업계\ 평균$$
$$= 0.80 \times 5\% + (1-0.80) \times 2\% = 4.4\%$$

이러한 의미는 5%의 자체 조정률은 데이터의 부족에 의해 80%만 적합성을 담보하기 때문에 나머지 20%의 적합성은 업계 평균 조정률을 적용하여 최종적인 요율에 반영하겠다는 것이다.

다음에는 고전적 신뢰도에서 빈도, 심도, 순보험료를 평가할 때, 전신뢰도(full credibility)를 결정하는 기준에 대하여 각각 알아볼 것이며, 전신뢰도 기준에 도달하지 못했을 때 부분신뢰도(partial credibility) 또는 보충신뢰도의 양을 결정하는 방법에 대해 이해하게 될 것이다. 참고로, 한국의 대부분 서적에서 full credibility를 오랫동안 전신뢰도란 용어로 표기함으로 본서에서도 충분신뢰도 대신에 전신뢰도로 통일하기로 한다. 전신뢰도의 용어적인 의미가 기존 통계자료에 신뢰도 전부를 적용시킨다는 뜻이겠지만, 여기서 다루는 신뢰도의 계산 결과 $Z$값이 100%라고 해서 기초 데이터로부터 산출된 결과값을 완전히 신뢰한다는 의미가 절대 아니고 충분히 신뢰할 수 있는 수준이라는 의미이기 때문에 전신뢰도란 용어보다 충분신뢰도란 표현이 더 적합한 용어일 수 있다. 계리사가 보험에서 미래의 값을 예측하는 데에 오차 없는 완전히 신뢰한 숫자를 제시할 수는 없다. 그래서 complete 또는 total credibility라고 표현하지 않고 full credibility로 표기한다고 여러 신뢰도 이론 영문 서적에서는 밝히고 있다.

### 1.1.1 빈도의 전신뢰도

빈도에 의한 전신뢰도 방법은 다음 세 가지의 가정을 전제로 할 때 성립된다. 첫째, 빈도에 의한 전신뢰도 방법은 빈도 또는 경험 사고건수를 평가하는 것이다. 둘째, 빈도는 분산(variance)과 평균(mean)이 같은 포아송 분포도에 따른다. 마지막으로 포아송 분포도에 정규근사를 사용하기 위해서 사고건수는 충분히 많을 것이라고 예상한다.

손해보험에서 사고빈도(frequency)는 포아송 분포가 가장 적합하다. 예를 들어, 연평균 1,000

건의 사고가 발생했다고 가정하면 매년 사고건수는 평균 1,000건에서 많거나 적게 발생될 것으로 예측할 수 있다. 포아송 분포에 의해 분산값은 평균값인 1,000과 같다. 이런 포아송 분포도는 평균값과 분산이 1,000인 정규분포(normal distribution)와 매우 유사하다.

정규근사(normal approximation)는 경험결과가 평균값으로부터 얼마만큼 분포되었는지를 평가하는 데 사용된다. 예를 들어, 평균 1,000건의 사고분포에서 1,050건 이상의 사고가 발생할 가능성이 얼마인지를 알고자 한다면, 표준편차(standard deviation)값을 구함으로써 시작할 수 있다. 포아송 분포를 따른다고 했으므로 분산 1,000건의 표준편차는 $31.62(=\sqrt{1,000}\,)$이며, 1,050건은 평균값보다 표준편차 $1.58(=50/31.62)$만큼 큰 방향에 위치하고 있음을 알 수 있다. 표준 정규분포표에 의해 $\phi(1.58)=0.9429$이므로 1,050건 이상의 사고가 발생할 확률은 약 $5.71\%(=1-0.9429)$라고 해석할 수 있다. 달리 표현하면, 평균 사고 건수보다 5% 이상 발생할 확률은 약 5.71% 정도라고 이해할 수 있다.

위와 유사하게, 950건 이하로 사고가 발생할 가능성도 표준 정규분포표에 의해 대략 5.71%가 된다. 이는 평균 1,000건의 사고에서 평균 5% 이상 사고가 발생하거나 평균 5% 이하 사고가 발생할 확률은 약 11.42%가 되며, 유사한 의미로 평균 사고건수에서 ±5% 범위 안에서 사고건수가 발생할 확률은 88.58%가 되는 것이다.

이를 통계학 이론에 의한 공식으로 표현한다면, 실제 사고건수 $X$가 평균건수 $\mu$에서 ±$k\%$ 범위 안에 있을 확률 $P$는 $P=$확률$[\mu-k\mu \leq X \leq \mu+k\mu]$가 된다. 이 공식에서 $\mu$를 뺀 후 표준편차 $\sigma$로 나누면 $P=$확률$[-k(\mu/\sigma) \leq (X-\mu)/\sigma \leq k(\mu/\sigma)]$로 전환된다. 정규분포도를 가정하면, $(X-\mu)/\sigma$는 정규분포된다. 포아송 분포도에서 평균 사고건수가 $n$이면, $\mu=n$과 $\sigma=\sqrt{n}$이 된다. 그러므로, 실제 사고건수 $X$가 평균 사고건수 $\mu=n$의 ±$k\%$ 안에 있을 확률 $P$는 $P=$확률$[-k(n/\sqrt{n}) \leq (X-\mu)/\sigma \leq k(n/\sqrt{n})]=$확률$[-k\sqrt{n} \leq (X-\mu)/\sigma \leq k\sqrt{n}\,]$과 같게 된다.

누적정규분포(cumulative normal distribution) 함수로 표현하면,

$$P=\Phi(k\sqrt{n})-\Phi(-k\sqrt{n})=\Phi(k\sqrt{n})-(1-\Phi(k\sqrt{n}))=2\Phi(k\sqrt{n})-1$$

그 결과, $\Phi(k\sqrt{n})=(1+P)/2$이 도출된다.

〈표 5-1〉은 각기 다른 평균 사고건수의 경우, $k=1\%$, 2.5%, 5%, 7.5%, 10% 안의 범위 내에 실제 사고건수가 발생할 확률을 보여주는 표이다. $\Phi(k\sqrt{n})=(1+P)/2$의 공식을 적용하여, $k=5\%$와 $n=1,000$일 때, $\Phi(0.05\sqrt{1,000})=\Phi(1.58)$이며, 부록에서 보여주는 표준 정규분포표로 $\Phi(1.58)$ 값을 찾은 후 확률 $P$를 계산할 수 있다. $\Phi(k\sqrt{n})=(1+P)/2$의 공식에서 $k\sqrt{n}$를 $y$라고 가정하면 $y=k\sqrt{n}$이 되며 $n=(y/k)^2$이 성립한다. 적어도 $P$의 확률과 함께 평균사고건

**표 5-1** 평균값의 ±k% 범위 내에 있을 확률

| 평균값 | $k =$ | | | | |
|---|---|---|---|---|---|
| $\mu = n$ | 1.0% | 2.5% | 5.0% | 7.5% | 10.0% |
| 100 | 7.96% | 19.74% | 38.29% | 54.68% | 68.27% |
| 500 | 17.69% | 42.39% | 73.64% | 90.50% | 97.47% |
| 1,000 | 24.82% | 57.08% | 88.62% | 98.22% | 99.84% |
| 2,500 | 38.30% | 78.88% | 98.76% | 100.00% | 100.00% |
| 5,000 | 52.05% | 92.29% | 99.96% | 100.00% | 100.00% |
| 10,000 | 68.27% | 98.76% | 100.00% | 100.00% | 100.00% |
| 25,000 | 88.58% | 100.00% | 100.00% | 100.00% | 100.00% |

수 또는 평균빈도의 ±k% 안에 사고건수 또는 빈도가 될 조건을 구할 때 이를 전신뢰도의 기준이라 하며 이 기준에 충족하는 사고건수의 공식은 다음과 같다.

전신뢰도 사고건수= $n_0 = (y/k)^2 \times (\sigma_f^2/\mu_f)$

만일, 빈도가 포아송분포에 의한다면, 포아송분포는 분산값과 평균값이 같으므로 전신뢰도 사고건수는 $n_0 = (y/k)^2$가 됨을 알 수 있다.

$y$값은 표준 정규분포표에 의해 얻을 수 있으며 $k$값에 따라 전신뢰도의 사고건수를 구할 수 있다. 예를 들어, $P = 90\%$와 $k = 5\%$의 조건하에 포아송 분포에 의한 전신뢰도 기준에 충족하는 사고건수를 구하고자 한다. 다른 말로 표현하면, 표본 사고건수가 평균 사고건수의 ±5%범위 안에서 발생할 확률이 90%가 되기 위한 사고건수를 구하려고 하는 것이다. $\Phi(k\sqrt{n}) = (1 + P)/2$의 공식에 의해, $(1 + P)/2 = 95\%$이며 표준 정규분포표에 의해 $\Phi(1.645)$, 즉 $y = 1.645$가 되므로, $n_0 = (y/k)^2 = (1.645/0.05)^2 = 1,082$가 전신뢰도 기준에 충족하는 사고건수가 된다.

**표 5-2** 빈도(사고건수) 전신뢰도 기준

| $P$ | $(1+P)/2$ | $y$ | $k =$ | | | | |
|---|---|---|---|---|---|---|---|
| | | | 1.0% | 2.5% | 5.0% | 7.5% | 10.0% |
| 70% | 85.0% | 1.037 | 10,754 | 1,721 | 430 | 191 | 108 |
| 80% | 90.0% | 1.282 | 16,435 | 2,630 | 657 | 292 | 164 |
| 90% | 95.0% | 1.645 | 27,060 | 4,330 | 1,082 | 481 | 271 |
| 95% | 97.5% | 1.960 | 38,416 | 6,147 | 1,537 | 683 | 384 |
| 99% | 99.5% | 2.575 | 66,306 | 10,609 | 2,652 | 1,179 | 663 |

사고건수 1,082는 손해보험 개인담보, 특히 자동차보험 등에서 전형적으로 가장 많이 사용하는 전신뢰도 기준 발생사고건수(incurred claims)로 쓰이고 있다. 즉, 손해보험 분석시 사용하는 데이터의 경험 발생사고수가 1,082건이 넘을 경우, 그 데이터를 이용한 분석결과는 충분히 신뢰할 수 있는 평가값으로서 해석하는 것이 일반적이다.

실제로, 100% 완벽한 신뢰도를 얻기 위해서는 경험데이터의 양이 많으면 많을수록 신뢰도는 올라갈 수 있다. 그러기 위해서, $P$의 확률값을 100%로 하고, $k$값은 가능한 한 적게 가정한다면 전신뢰도의 한계를 초과하는 완전신뢰도를 구축할 수도 있다. 그러나, 이 경우 요구되는 사고건수는 너무 많게 된다. 예를 들어, $P = 99.8\%$와 $k = 0.1\%$의 조건하에 완벽에 가까운 신뢰도 기준에 충족하는 사고건수를 구해보자. $(1 + P)/2 = 0.999$이며, $y = 3.09$가 된다. 그 결과, $n_0 = (y/k)^2 = (3.09/0.001)^2 = 9,548,100$건은 완전신뢰도 기준을 위한 발생사고건수가 된다. 그러나, 대부분 손해보험사의 담보별 평균 사고건수를 감안한다면 요구조건을 충족할 수 있는 보험회사는 거의 존재하지 않을 수 있다. 그래서, 분석결과를 충분히 신뢰할 수 있는 정도의 기준을 정하는 것이 바람직하다.

손해보험 기업물건 담보의 경우, 사고건수는 개인담보에 비해 현저히 적다. 일반적으로, 발생되는 사고건수가 평균사고건수의 ±7.5%($k$값) 안에서 발생할 확률이 95%($P$값)가 되기 위한 조건을 충족하는 683건을 전신뢰도 기준 사고건수로 사용하고 있다.

적당한 $P$와 $k$값의 선택은 보험회사 고유의 판단에 의해 결정될 수 있다. 일반적으로, 약 95%의 통계적인 신뢰구간에 상응하는 ±2 표준편차에 의한 구간을 전신뢰도의 기준으로 삼는 경향이 보편적이기는 하나, ±2 표준편차에 의한 구간이 ±1.9 표준편차나 ±2.1 표준편차 구간보다 더 정확하다고 논할 수는 없는바, 고전적 신뢰도 방법은 다소 자유재량에 의한 임의적인 판단으로 사용되고 있고 정확한 신뢰도 계산이라고 하기에 타당성이 부족한 것은 사실이다. 이와 같은 단점에도 불구하고, 계산의 편리성과 개념의 단순함에 의해 아직도 고전적 신뢰도 방법을 널리 활용하고 있는 것도 사실이다.

때때로 사고빈도의 분산과 평균값이 같지 않은 분포를 보이는 경우, 즉 포아송 분포가 아닌 이항분포(binomial distribution) 또는 부정이항분포(negative binomial distribution)를 따를 수 있다. 예를 들어, 보험료를 계산하는 기본 단위인 익스포저가 2,000이고 사고발생 확률이 $p = 0.2$인 경우 이항분포에 의한 신뢰도 계산을 하면, 평균 사고건수는 $2,000 \times 0.2 = 400$이며, 분산은 $2,000 \times 0.2 \times 0.8 = 320$이 된다. 만일 $k = \pm 5\%$ 범위 내에 적합한 확률을 계산한다면 다음과 같다.

$$\Phi(0.05 \times 400/320) - \Phi(-0.05 \times 400/320) = \Phi(1.118) - \Phi(-1.118)$$
$$= 0.8681 - 0.1319 = 0.7362 = 73.62\%$$

즉, 사고 발생확률 $p = 0.2$인 이항분포의 경우, $P = 73.62\%$와 $k = \pm 5\%$인 조건에 해당하는 전신뢰도의 기준은 익스포저 2,000 또는 사고건수는 400이 된다. 달리 표현하면, 사고건수가 380과 420 사이에서 발생할 확률은 73.6%라고 설명할 수 있다.

전신뢰도의 기준은 대체로 사고건수의 기댓값으로 계산되나 사고건수를 빈도율로 나눔에 의해 익스포저로 전환하여 사용할 수 있다. 예를 들어, 자동차 보험의 전신뢰도 기준이 1,082 사고수라 하고 차량 한 대당 사고빈도가 0.08이라 가정할 때, 전신뢰도 기준을 익스포저, 즉 자동차 유효대수로 전환한다면 전신뢰도 기준 자동차 유효대수는 13,525대(=1,082/0.08)가 된다. 익스포저는 보험료 산출의 근간이 되는 보험의 기본 단위로서, 보험회사가 잠재손해를 평가하고 추정하는 기준을 의미한다. 익스포저의 의미와 활용 등에 대해서는 제3부 요율산정의 기본원리와 구조이해의 장에서 상세한 설명과 예와 함께 다루어질 것이다.

### 1.1.2 심도의 전신뢰도

고전적 신뢰도 기법은 사고심도(severity), 즉 사고건당 평균손해액을 측정하기 위해 적용될 수 있다. 손해액 데이터에서 추출한 독립적인 손해액 표본을 가지고 심도의 전신뢰도 기준을 알아보도록 하겠다.

전체 평균손해액(mean): $\mu_s$

전체 손해액 분산(variance): $\sigma_s^2$

표본 $n$ 사고건수의 개별 손해액: $X_1, X_2, X_3, \cdots, X_n$

위의 가정하에서 표본의 평균손해액과 분산은 다음과 같다.

표본 평균손해액 $= (X_1 + X_2 + X_3 + \cdots + X_n)/n$

표본 분산 $= 분산(\Sigma X_i/n) = (1/n^2)\Sigma 분산(X_i) = \sigma_s^2/n$

표본 표준편차 $= \sigma_s/\sqrt{n}$

발생하는 사고손해액 $S$가 평균손해액 $\mu_s$의 $\pm k\%$ 범위 안에서 발생할 확률은 $P =$ 확률 $[\mu_s - k\mu_s \leq S \leq \mu_s + k\mu_s]$이다. 여기에 평균손해액 $\mu_s$을 빼고 표준편차 $\sigma_s/\sqrt{n}$를 나누면 다음과 같은 확률 방정식이 도출된다.

$$P = 확률[-k\sqrt{n}(\mu_s/\sigma_s) \leq \sqrt{n}(S-\mu_s)/\sigma_s \leq k\sqrt{n}(\mu_s/\sigma_s)]$$

이러한 심도의 확률공식은 빈도의 확률공식에다 $(\mu_s/\sigma_s)$의 변수가 들어간 것과 동일하다. 충분히 많은 수의 상호 독립적인 확률변수들의 합 또는 평균의 표본분포가 근사적으로 정규분포를 따른다는 중심극한 정리에 따라, 표본심도분포$(X_1 + X_2 + X_3 + \cdots + X_n)/n$는 대략 정규 분포에 근사하게 된다. 빈도에서처럼, 정규근사가 적용되면 $\Phi\{k\sqrt{n}\,(\mu_s/\sigma_s)\}=(1+P)/2$이며, $k\sqrt{n}\,(\mu_s/\sigma_s)$를 $y$라 가정할 때 $n=(y/k)^2(\sigma_s/\mu_s)^2$이 성립된다. 표본심도가 실제심도보다 $\pm k\mu_s$ 내에서 발생할 확률을 $P$라 하면, 공식 $y=k\sqrt{n}\,(\mu_s/\sigma_s)$에서 $n$값은 전신뢰도의 기준을 의미하게 된다.

$$\text{심도평가를 위한 전신뢰도의 기준}=n=(y/k)^2(\sigma_s/\mu_s)^2$$

표준편차를 평균으로 나눈 수치, 즉 $(\sigma_s/\mu_s)$는 변이계수(CV: coefficient of variation)라 하여 손해액 분포의 상대적인 일탈도를 알아보기 위한 것이며, $(y/k)^2$는 주어진 확률 $P$에 의한 빈도의 전신뢰도 기준, 즉 $n_0=(y/k)^2$이므로 심도평가를 위한 전신뢰도의 기준은 다음과 같이 표현할 수 있다.

$$\text{심도평가를 위한 전신뢰도의 기준}=n=n_0CV^2$$

예를 들어, 심도의 변이계수를 2라 하고 확률 $P=90\%$와 $k=2.5\%$로 가정할 때, 심도 평가를 위한 전신뢰도 기준에 부합하는 사고건수를 구하면 〈표 5-2〉의 전신뢰도 기준표에 의해 $n_0=4,330$이므로 구하고자 하는 사고건수는 $17,320(=4,330\times2^2)$건이 된다.

### 1.1.3 순보험료의 프로세스 분산

확률 계산을 할 때 무작위적으로 변동이 발생할 수 있다. 이런 무작위적 변동은 실제 관측이 언제 진행됐는지에 따라 다른 확률 결과를 가져오게 한다. 관측하려는 보험의 대상, 즉 대인 또는 대물의 순보험료 예측시에도 무작위적 변동에 의해 다른 예측 결과가 발생할 수 있는데, 이러한 무작위적 변동을 감안한 순보험료의 분산을 프로세스 분산(process variance)이라 한다. 이는 샘플링 과정과는 연관이 없는 전체 데이터 매개변수의 분산이라 할 수 있다.

관측 기간 동안 발생한 손해액을 $X_1$, $X_2$, $X_3$, $\cdots$, $X_n$라 가정할 때, 총손해액, 순보험료, 그리고 손해율은 아래와 같이 계산할 수 있다.

$$\text{총손해액}=L=X_1+X_2+X_3+\cdots+X_n$$
$$\text{순보험료}=PP=\text{총손해액/익스포저}$$
$$=(\text{사고건수/익스포저})\times(\text{총손해액/사고건수})$$
$$=\text{사고빈도}\times\text{사고심도}$$
$$\text{손해율}=LR=\text{총손해액/경과보험료}$$

순보험료는 클레임수와 클레임 금액의 크기에 의존하게 되는데, 사고빈도와 사고심도가 서로 독립적이지 않을 경우와 독립적일 경우에 따라 순보험료의 프로세스 분산 값은 달리 계산된다.

다음은 이 두 가지의 경우에 있어서 분산 값이 어떻게 계산되는지 알아보도록 하겠다.

### 1.1.3.1 빈도와 심도가 서로 독립적이지 않을 경우의 순보험료 프로세스 분산

예를 들어, 어느 단일 익스포저, 즉 위험이 노출되는 기간 동안 발생되는 사고 건수는 오직 0, 1, 또는 2건의 경우만이 존재하고 발생 손해액은 건당 100만원 또는 200만원만 가능하다고 가정하자. 사고 건수가 0, 1, 또는 2건의 경우의 확률은 50%, 30%, 그리고 20%로 알려져 있다. 만일 1건만이 발생하고 그 손해액이 100만원일 확률은 70%, 그리고 200만원일 확률은 30%라고 하자. 또한, 2건이 발생할 경우에 각 손해액이 100만원일 확률을 50%, 그리고 200만원일 확률도 50%라 가정한다. 이와 같은 가정하에서 순보험료 분산을 계산하도록 하겠다.

먼저, 모든 가능한 경우의 순보험료 값에 대한 확률을 계산한다. 사고가 한 건도 발생하지 않을 확률은 50%라 주어졌고, 이에 따른 순보험료는 당연히 0원이 된다. 만일 사고가 1건만 발생하고 그 손해액이 100만원일 확률은 사고 1건의 발생 확률 30%에 그 중 손해액이 100만원일 확률 70%를 곱한 21%가 되고, 손해액은 100만원이며 단일 익스포저이므로 순보험료는 손해액과 같다(순보험료＝손해액/익스포저＝손해액/1＝손해액). 사고가 2건 발생하고 각 손해액이 100만원일 경우의 확률은 사고 2건의 발생 확률 20%에 처음 사고 손해액이 100만원일 확률 50%와 두 번째 사고 손해액이 100만원일 확률 50%를 곱한 5%(＝20%×50%×50%)가 되고, 이에 따른 총손해액은 200만원으로 단일 익스포저에 의해 순보험료 역시 200만원이 된다.

다음 단계는 모든 경우의 순보험료 2차모먼트(second moment) 값을 계산한다. 분산을 직접 계산하는 것이 복잡하고 계산상 오류의 가능성이 있을 경우, 2차모먼트를 구하고 평균값의 자승을 빼면 쉽게 분산을 구하는 방법을 택하게 된다.

$$V(X) = E(X^2) - E(X)^2$$

그 후, 경우의 확률을 가지고 중량평균(weight average)을 이용하여 평균 순보험료와 평균 순보험료 2차모먼트를 구한다. 참고로, 본서 제1장 통계이론의 이해에서 다룬 적률 함수에서 r＝2인 $E(X^2)$를 이번 장에서부터 2차모먼트라는 표현으로 쓴다.

평균 순보험료
＝0.5(0)＋0.21(100)＋0.09(200)＋0.05(200)＋0.10(300)＋0.05(400)＝99
평균 순보험료 2차모먼트
＝0.5(0)＋0.21(10,000)＋0.09(40,000)＋0.05(40,000)＋0.10(90,000)＋0.05(160,000)
＝24,700

이에 따라 순보험료의 분산은 $E(X^2) - \mu^2 = 24,700 - 99^2 = 14,899$가 된다. 〈표 5－3〉은

위의 계산 결과를 정리한 표이다.

**표 5-3**

| 가능한 경우 | 확률 | 순보험료 | 순보험료$^2$ |
|---|---|---|---|
| 사고건수 0 | 50.0% | 0 | 0 |
| 사고 1건과 손해액 100만원 | 21.0% | 100 | 10,000 |
| 사고 1건과 손해액 200만원 | 9.0% | 200 | 40,000 |
| 사고 2건과 각 손해액 100만원 | 5.0% | 200 | 40,000 |
| 사고 2건과 100/200만원 손해액 | 10.0% | 300 | 90,000 |
| 사고 2건이며 각 손해액 200만원 | 5.0% | 400 | 160,000 |
| 총계 | 100.0% | 99 | 24,700 |

### 1.1.3.2 사고빈도와 사고심도가 서로 독립적일 경우의 순보험료 프로세스 분산

어느 단일 익스포저, 즉 위험이 노출되는 기간 동안 $p = 0.2$와 $n = 2$인 이항분포를 가진 손해액이 100만원일 확률이 70%, 또는 200만원일 확률이 30%일 때, 사고빈도와 사고심도가 서로 독립적일 경우의 순보험료 분산을 계산하도록 하겠다.

이항분포에서 $p$는 사고가 발생할 확률을 의미하고 $n = 2$ 이므로, 사고가 전혀 발생하지 않을 확률은 $(1-0.2) \times (1-0.2) = 0.64$, 즉 64%가 된다. 사고가 1건만 발생하고 손해액이 100만원일 확률은 두 가지 경우에서 발생할 수 있다. 처음 사고가 발생하고 후에 사고가 없는 경우와 반대로 처음에 사고가 없고 후에 사고가 발생하는 경우이다. 처음 경우의 확률은 $(0.2)(0.7)(1-0.2) = 0.112$ 이며 두 번째 경우의 확률도 $(1-0.2)(0.2)(0.7) = 0.112$이므로, 사고가 1건 발생하고 손해액이 100만원일 확률은 22.4%가 된다. 같은 논리로, 사고가 1건만 발생했는데 손해액이 200만원인 확률은 $(0.2)(0.3)(1-0.2) + (1-0.2)(0.2)(0.3) = 9.6$%가 된다. 사고가 2건 발생하고 손해액이 100만원과 200만원인 경우, 역시 두 가지 경우의 수가 생긴다. 손해액이 100만원인 사고가 먼저 발생하고 후에 200만원 사고가 발생하는 경우와 그 반대인 경우가 있다. 처음 경우의 확률은 0.84%이며, 반대 경우의 확률도 또한 0.84%가 되어 사고가 2건 발생하고 손해액이 100만원과 200만원인 경우의 확률은 1.68%가 된다.

$(0.2)(0.7)(0.2)(0.3) + (0.2)(0.3)(0.2)(0.7) = 0.0168$ 또는 1.68%

**표 5-4**

| 가능한 경우 | 확률 | 순보험료 | 순보험료$^2$ |
|---|---|---|---|
| 사고건수 0 | 64.00% | 0 | 0 |
| 사고 1건과 손해액 100만원 | 22.40% | 100 | 10,000 |
| 사고 1건과 손해액 200만원 | 9.60% | 200 | 40,000 |
| 사고 2건과 각 손해액 100만원 | 1.96% | 200 | 40,000 |
| 사고 2건과 100/200만원 손해액 | 1.68% | 300 | 90,000 |
| 사고 2건이며 각 손해액 200만원 | 0.36% | 400 | 160,000 |
| 총계 | 100.0% | 52 | 8,952 |

각 경우의 수에서 순보험료와 순보험료 2차모먼트(second moment) 값은 이전 예와 동일하다. 다음으로 각 경우의 확률을 사용하여 중량평균(weight average)을 구하여 평균 순보험료와 평균 순보험료 2차모먼트를 계산한다.

평균 순보험료
$$= 0.64(0) + 0.224(100) + 0.096(200) + 0.0196(200) + 0.0168(300) + 0.0036(400)$$
$$= 52$$

평균 순보험료 2차모먼트
$$= 0.64(0) + 0.224(10,000) + 0.096(40,000) + 0.0196(40,000) + 0.0168(90,000) + 0.0036(160,000)$$
$$= 8,952$$

이에 따라, 평균 순보험료는 52만원이고 순보험료의 분산은 $E(X^2) - \mu^2 = 8,952 - 52^2 = 6,248$이 된다. 〈표 5-4〉는 위의 계산 결과를 정리한 표이다.

사고빈도와 사고심도가 서로 독립적이므로 순보험료의 프로세스 분산은 다음과 같은 공식으로 표현할 수 있다.

순보험료 프로세스 분산 = (빈도평균)(심도분산) + (심도평균)$^2$(빈도분산)
$$\sigma_{pp}^2 = \mu_f \sigma_s^2 + \mu_s^2 \sigma_f^2$$

참고로, 아래첨자 $pp$는 순보험료(pure premium), $f$는 빈도(frequency), 그리고 $s$는 심도(severity)를 의미한다.

순보험료 프로세스 분산에서 각 항목은 빈도와 심도로부터 평균값과 분산을 가진다. 이 공식을 이용하여 위의 예를 적용하여 보자.

빈도평균 = $np = (2)(0.2) = 0.4$
빈도분산 = $npq = (2)(0.2)(0.8) = 0.32$

심도평균 $= 100(0.7) + 200(0.3) = 130$

심도분산 $= (0.7)(100-130)^2 + (0.3)(200-130)^2 = 2,100$

그러므로, 순보험료 프로세스 분산 $= (0.4)(2,100) + (130)^2(0.32) = 6,248$로 위에서 계산한 결과와 동일함을 알 수 있다. 이 공식은 사고빈도와 사고심도가 서로 독립적일 때, 총손해액이나 손해율의 프로세스 분산의 계산에 쉽게 적용하여 사용할 수 있다.

## 1.1.4 순보험료의 전신뢰도

순보험료와 손해율은 클레임 수와 클레임 금액 크기에 의해 크게 영향을 받으므로 예측 값의 변동폭이 사고빈도나 사고심도보다 클 수 있다. 여타 다른 조건이 동일하다고 가정할 때, 순보험료는 사고빈도보다 예측이 더 어려울 수 있으므로 전신뢰도의 기준 역시 사고빈도의 경우보다 더 크다고 할 수 있다.

일반적인 순보험료의 분산 공식은 $\sigma_{pp}^2 = \mu_f \sigma_s^2 + \mu_s^2 \sigma_f^2$이다. 보험영역에서 대체로 빈도는 포아송 분포를 보이고, 포아송 분포의 평균과 분산은 같으므로, 포아송 빈도분포에 의한 순보험료의 분산 공식은 $\sigma_{pp}^2 = \mu_f \sigma_s^2 + \mu_s^2 \mu_f = \mu_f(\sigma_s^2 + \mu_s^2) = \mu_f \times$(심도의 2차모먼트)로 정리할 수 있다.

$u = (PP - \mu_{pp})/\sigma_{pp}$로 정의하고 정규근사 가정하에 표준정규분포 변수라 한다면, 관측되는 순보험료가 순보험료 평균값 $\mu_{pp}$의 $\pm k\%$ 안에 있을 확률 $P$는 확률$[\mu_{pp} - k\mu_{pp} \le PP \le \mu_{pp} + k\mu_{pp}]$ $=$ 확률$[\mu_{pp} - k\mu_{pp} \le u\sigma_{pp} + \mu_{pp} \le \mu_{pp} + k\mu_{pp}]=$확률$[-k(\mu_{pp}/\sigma_{pp}) \le u \le k(\mu_{pp}/\sigma_{pp})]$이다.

다음은 $\Phi(y) = (1+P)/2$를 충족시키는 $y$를 정의할 때, 관측되는 순보험료가 실제 순보험료의 $\pm k\mu_{pp}$ 범위 내에 존재할 확률이 되기 위해서는 $y = k(\mu_{pp}/\sigma_{pp})$가 된다. 빈도가 포아송 분포를 보이고 $n_F$가 순보험료의 전신뢰도를 위해 요구되는 사고건수의 기댓값이라 한다면, 빈도와 심도가 서로 독립적이라는 가정하에서 $\mu_f = \sigma_f^2 = n_F$가 되며, $\mu_{pp} = \mu_f \mu_s = n_F \mu_s$가 성립하게 된다. 그래서, $\sigma_{pp}^2 = \mu_f(\sigma_s^2 + \mu_s^2) = n_F(\sigma_s^2 + \mu_s^2)$가 된다. $y = k(\mu_{pp}/\sigma_{pp})$에서 위의 $\mu_{pp}$와 $\sigma_{pp}$를 대입하면, $y = k[n_F \mu_s/\{n_F(\sigma_s^2 + \mu_s^2)\}^{1/2}]$로 달리 표현할 수 있다.

$n_F$가 순보험료의 전신뢰도를 위해 요구되는 사고건수의 기댓값이라 정의했으므로, 이 수식을 $n_F$로 전환하면, $n_F = (y/k)^2[1 + (\sigma_s^2/\mu_s^2)] = n_0(1 + CV_S^2)$이 되며, 이것이 순보험료의 전신뢰도 기준이 된다. 순보험료의 전신뢰도 기준에서 $n_0 = (y/k)^2$은 빈도의 전신뢰도 기준이며 $CV_S = \sigma_s/\mu_s$는 심도의 변이계수다. 참고로, 심도분포 2차모먼트를 $n_F$로 표현한다면, $n_F = n_0(\mu_s^2 + \sigma_s^2)/\mu_s^2$가 되며, $(\mu_s^2 + \sigma_s^2)$은 심도분포의 2차모먼트다.

실제로 순보험료의 전신뢰도 기준은 빈도의 전신뢰도 기준과 심도의 전신뢰도 기준의 합이라는 사실을 알 수 있다.

$$n_F = n_0(1 + CV_S^2) = n_0 + n_0 CV_S^2 = 빈도\ 전신뢰도 + 심도\ 전신뢰도$$

사고금액을 어느 한도로 제한한다면 심도의 표준편차 범위가 당연히 작아지게 되며, 이에 따라 변이계수도 작아지게 된다. 그러므로, 기본한도, 즉 최소보장 한도 금액에 의한 손해액의 전신뢰도는 전체 손해액의 전신뢰도보다 작게 된다.

일반적으로, 손해보험에서 순보험료의 분포는 트위디(Tweedie)분포에 가장 근접한다. 만일, 클레임의 예상기대수를 많게 하거나, 빈도 및 심도분포의 꼬리(tail)에 해당하는 부분이 짧다면, 정규분포에 더 근접하게 된다. 일반적으로, 충분한 사고건수가 존재한다면 총손해액은 정규분포에 근접한다고 추정할 수 있다.

**표 5-5** 전신뢰도=1,082일 때 부분신뢰도

| 클레임 수 | 신뢰도 |
|---|---|
| 0 | 0.0% |
| 100 | 30.4% |
| 500 | 68.0% |
| 750 | 83.3% |
| 1,000 | 96.1% |
| 1,082 | 100.0% |
| 1,200 | 100.0% |

### 1.1.5 부분신뢰도(Partial Credibility)

전신뢰도에 필요한 최소 사고건수가 경험데이터에 있다면, 분석대상인 경험치에 100% 신뢰도를 할당하게 된다. 그러나, 전신뢰도 조건에 필요한 사고건수가 부족하다면, 100%보다 적은 신뢰도를 분석대상인 경험치에 할당해야 한다.

빈도, 심도, 또는 순보험료 분석시 부분신뢰도의 계산은 루트원칙(square root rule)에 따르며, 공식은 다음과 같다.

$$Z = \sqrt{\frac{n}{n_F}}, \quad 0 \le Z \le 1$$

$n$ = 사고건수

$n_F$ = 전신뢰도에 요구되는 사고건수

예를 들어, 자동차보험 대물담보 분석시 전신뢰도 기준을 1,082 사고건수로 정의할 때, 분석 데이터에 할당할 수 있는 신뢰도는 〈표 5-5〉와 같다. 〈표 5-5〉에서처럼, 분석시 이용하는 데이터 안의 사고수가 750건일 경우, 루트원칙에 따라 $Z = \sqrt{750/1,062} = 83.3\%$의 신뢰도가 분석 데이터의 결과값에 할당된다.

$F_P$를 전신뢰도의 기준에 부합하지 못한 데이터로부터 계산된 사고빈도라 하고 $F_F$를 전신뢰도 기준에 맞는 데이터로부터 계산된 사고빈도라고 가정할 때, 전신뢰도 기준에 맞는 데이터로부터 계산되는 빈도 추정값은 당연히 $F_F$가 된다. 그러나, 전신뢰도의 기준에 부합하지 못한, 즉 부분적으로 신뢰할 수 있는 데이터로부터 예측하는 빈도 추정값은 신뢰도 $Z$의 가중치를 이용하여 예측해야 한다. 즉, 빈도 추정값$= ZF_P + (1-Z)$(유효한 여타 정보)로 신뢰도 $Z$값은 산정되고, 1보다 작은 신뢰도 $Z$를 선택함으로 $ZF_P$의 표준편차를 줄일 수 있다.

지금까지 고전신뢰도의 전신뢰도 조건을 빈도, 심도, 순보험료별로 살펴보았고 부분신뢰도에 대한 이해를 하였다. 아래의 예제는 고전적 신뢰도에 대한 이해를 돕기 위한 것이다.

### 예제 5-1

예측하는 빈도가 실제 값의 ±7.5% 안에 있을 가능성이 98%일 때, 이 조건을 충족할 수 있는 전신뢰도의 사고건수는 얼마인가?

**풀이**

$$\Phi(2.327) = 0.99 = (1+0.98)/2$$
$$y = 2.327,$$
$$n_0 = (y/k)^2 = (2.327/0.075)^2 = 963 건$$

### 예제 5-2

아래의 정보를 이용하여 순보험료의 분산을 계산하라.

빈도평균=13, 빈도분산=37, 심도평균=300, 심도분산=200,000

빈도와 심도는 상호 독립적인 관계이다.

**풀이**

$$분산(S) = \mu_f \sigma_s^2 + \mu_s^2 \sigma_f^2 = (13)(200,000) + (300)^2(37) = 5,930,000$$

### 예제 5-3

1년 기간 동안 사고 1건이 발생할 확률은 4/5, 2건이 발생할 확률은 1/5이다. 만일, 1건이 발생하고, 그 사고보상금액이 50만원일 경우는 3/4이며, 200만원일 경우는 1/4이다. 2건이 발생할 경우에, 사고건당 보상금액이 50만원일 경우는 3/5이며, 150만원일 경우는 2/5이다. 단, 2건 사고는 서로 독립적으로 발생한다. 순보험료의 분산을 계산하라.

#### 풀이

먼저, 모든 가능한 경우의 확률과 순보험료, 순보험료$^2$를 구한다.

| 가능한 경우 | 확률 | 순보험료 | 순보험료$^2$ |
|---|---|---|---|
| 사고 1건과 손해액 50만원 | 60.0% | 50 | 2,500 |
| 사고 1건과 손해액 200만원 | 20.0% | 200 | 40,000 |
| 사고 2건과 각 손해액 50만원 | 7.2% | 100 | 10,000 |
| 사고 2건, 50만원 1건, 150만원 1건 | 9.6% | 200 | 40,000 |
| 사고 2건이며 각 손해액 150만원 | 3.2% | 300 | 90,000 |
| 총계 | 100.0% | 106 | 16,940 |

확률:

사고 1건과 손해액 50만원인 경우 $= (4/5) \times (3/4) = 0.60$

사고 2건과 각 손해액 50만원인 경우 $= (1/5)(3/5)(3/5) = 0.072$

사고 2건, 50만원 1건, 150만원 1건인 경우 $= (1/5)(3/5)(2/5) + (1/5)(2/5)(3/5) = 0.096$

평균순보험료 $= (0.6)(50) + (0.2)(200) + (0.072)(100) + (0.096)(200) + (0.032)(300) = 106$

순보험료$^2$의 평균

$= (0.6)(2,500) + (0.2)(40,000) + (0.072)(10,000) + (0.096)(40,000) + (0.032)(90,000)$

$= 16,940$

분산 $= 16,940 - (106)^2 = 5,704$

### 예제 5-4

빈도는 포아송 분포에 의한다. 심도는 $\mu = 4$와 $\sigma = 0.8$인 로그정규분포한다. 전신뢰도는 실제 순보험료의 ±2.5% 안에 있을 확률을 90%라 정의한다. 이 정보에 따라 전신뢰도 조건에 맞는 최소 사고건수를 구하라. [참고: 로그정규분포 평균 $= \exp(\mu + .5\sigma^2)$, $n$차 모먼트 $= E[X^n] = \exp(n\mu + .5n^2\sigma^2)$]

#### 풀이

심도평균 $= \exp(\mu + .5\sigma^2) = \exp(4.32) = 75.19$

심도 2차모먼트 $= E[X^2] = \exp(2 \times 4 + 0.5 \times 4 \times 0.64) = \exp(9.28) = 10,721$

$\qquad 1 + CV^2 = E(X^2)/\{E(X)\}^2 = 10,721/75.19^2 = 1.896$

$\qquad y = 1.645$

$$n_0 = (y/k)^2 = (1.645/0.025)^2 = 4{,}330$$
$$n_F = n_0(1 + CV_S^2) = (4{,}330)(1.896) = 8{,}210$$

### 예제 5-5

모든 $i = 1, 2, \cdots$를 위해 $X_i = d$($d$는 양수)라 하고, 확률 $P(X_i = d) = 1$이라 가정할 때, 심도분포의 변이계수($CV$)가 0이 됨을 보여라.

#### 풀이

모든 클레임의 크기는 상수(常數)이기 때문에, $\sigma = \sqrt{Var(X_i)} = 0$이 된다. 그러므로 $CV = \sigma/\mu = 0$이 된다.

### 예제 5-6

전신뢰도 조건은 전체 사고건수가 기댓값, 즉 평균의 5% 안에 있을 확률이 98%라고 정의한다. 만일, 위에서 결정된 전신뢰도의 조건을 순보험료에 의한다면, 실제 전체 순보험료가 기댓값의 $100a\%$ 안에 있을 확률은 95%가 된다. 심도분포의 변이계수가 0.894라고 한다면, 전체 손해 분포는 정규분포에 근사될 수 있다. 이 조건에 만족하는 $a$값을 계산하라.

#### 풀이

먼저, 정규분포함수표에서 $P = 98\%$에 해당하는 $y = 2.327$을 찾는다.

전신뢰도 사고건수 $= n_0 = (y/k)^2 = (2.327/0.05)^2 = 2{,}165.97$

다음으로, 정규분포함수표에서 $P = 95\%$에 해당하는 $y = 1.96$을 찾는다. 심도의 $CV = 0.894$이므로,

$$n_F = n_0(1 + CV_S^2) = (1.96/a)^2(1 + 0.894^2) = 6.912/a^2$$

위의 두 가지 상황에서 전신뢰도 기준이 같으므로,

$$6.912/a^2 = 2{,}165.97$$
$$\therefore\ a = 0.0565$$

### 예제 5-7

아래의 내용에 따라 사고금액 총액이 기댓값의 20% 내에 존재할 확률 95%가 되기 위한 사고건수를 결정하여라. 사고건수는 분산값이 평균값보다 2배 많은 부정이항분포를 따른다(참고: 부정이항분포 평균 $= k(1-p)/p$, 분산 $= k(1-p)/p^2$).
심도의 분포는 다음과 같다.

| 심도 | 확률 |
| --- | --- |
| 10 | 0.50 |
| 20 | 0.30 |
| 50 | 0.20 |

> **☀ 풀이**
>
> $\Phi(1.960) = 0.975$, 그러므로, $y = 1.960$
>
> $n_0 = (y/k)^2 = (1.960/0.2)^2 = 96.04$
>
> 심도평균 $= 21$
>
> 심도분산 $= 0.50(10-21)^2 + 0.30(20-21)^2 + 0.20(50-21)^2 = 229$
>
> $CV^2 = 229/21^2 = 0.519$
>
> $n_F = n_0(\sigma_f^2/\mu_f + CV_S^2) = 96.04(2 + 0.519) = 242$
>
> (참고: 포아송 분포가 적용되지 않으며 빈도분산은 빈도평균의 2배로 문제에서 주어짐)

### 예제 5-8

심도를 위한 전신뢰도는 2,500건이다. 어느 집단을 관측한 결과, 803건의 사고로부터 총 20억원의 손해액이 발생하였다. 유사한 집단의 평균 건당 손해액은 2백만원이라 할 때, 원집단의 신뢰도를 반영한 평균 건당 손해액을 예측하라.

> **☀ 풀이**
>
> $Z = \sqrt{803/2,500} = 0.567$
>
> 원집단 경험 평균 건당 손해액 $= 2,000,000,000/803 = 2,490,660$
>
> ∴ 예측값 $= (0.567)(2,490,660) + (1 - 0.567)(2,000,000) = 2,278,204$

### 예제 5-9

다음은 보험계약에 관련된 정보이다.

| | |
|---|---|
| 전체 손해의 경험 평가액 | 20,000,000 |
| 관측된 전체 손해액 | 25,000,000 |
| 향후 기간 동안 예측하는 사고건수 | 10,000 |
| 전신뢰도의 최소 사고건수 | 17,500 |

루트원칙에 의한 부분신뢰도를 이용하여 향후 기간 동안 예측할 수 있는 전체 손해액을 계산하라.

> **☀ 풀이**
>
> $Z = \sqrt{n/n_F} = \sqrt{10,000/17,500} = 0.756$
>
> 예측 손해액 $= Z \times$ 기초자료 결과 $+ (1 - Z) \times$ 유사자료 결과
>
> $\qquad = (0.756)(25,000,000) + (1 - 0.756)(20,000,000)$
>
> $\qquad = 23,780,000$

## 1.2 뷜만 신뢰도(Bühlmann Credibility)

뷜만 신뢰도는 최소자승(least squares) 신뢰도라고도 일컬어지며, 신뢰도를 구하는 방법 중 가장 정확성이 높은 방법으로 알려져 있다. 신뢰도의 공식은 아래와 같다.

$$뷜만\ 신뢰도 = Z = \frac{N}{N+K}$$

공식에서 $N$은 분석되는 데이터에서 관측되는 수(number of observations)의 수량으로 $N$이 증가함에 따라 신뢰도는 1, 즉 전신뢰도에 근접하도록 되어 있다. $K$는 뷜만 신뢰도 퍼래미터(parameter) 또는 모수로서, 뷜만 신뢰도에서 $K$값의 계산과 평가는 매우 중요하다. 이 $K$값은 프로세스 분산의 기댓값(EPV: the expected value of the process variance)에 가설평균의 분산(VHM: the variance of the hypothetical means)을 나눈 값으로 위험단위 평균의 분산과 위험단위 간의 분산 비율로도 설명될 수 있다.

$K$값의 계산은 어렵고 상대적으로 복잡한 계산과정을 요구하기 때문에 여기서는 가급적 간단하고 쉽게 풀이하여 설명토록 하겠다. 참고로, Bühlmann의 원발음은 뷜맨에 가까우나 한국의 대부분 서적에서 오랫동안 뷜만으로 표기하기에 본서에서도 뷜만으로 통일해서 표기하기로 한다.

### 1.2.1 분산의 분석

뷜만 신뢰도의 모수인 $K$값을 계산하기 위해 프로세스 분산의 기댓값과 가설평균의 분산값, 그리고 이들 두 개의 합인 총분산값을 아래의 주사위 예와 함께 계산해 보도록 하겠다.

전체 10개의 주사위가 있으며 그 중 5개는 각 면이 1에서 4까지 있는 4면 주사위이고, 나머지 5개의 주사위는 6면으로 이루어져 있고 1에서 6까지의 숫자를 보인다고 가정하자. 또한, 모든 주사위는 각 면이 나올 가능성이 동일하다는 전제 조건이 있다. 우리는 임의로 한 개의 주사위를 골라서 던진 다음, 그 결과를 기록하도록 한다. 그리고, 같은 주사위를 다시 던질 때 나오는 결과를 예측하려고 한다.

### 1.2.1.1 프로세스 분산의 기댓값(EPV) 계산

**표 5-6** 4면인 주사위 경우

| (1)<br>주사위면 | (2)<br>확률 | (3)<br>평균값 | (4)<br>$(1)^2×(2)$ |
|---|---|---|---|
| 1 | 0.25 | 0.25 | 0.25 |
| 2 | 0.25 | 0.50 | 1.00 |
| 3 | 0.25 | 0.75 | 2.25 |
| 4 | 0.25 | 1.00 | 4.00 |
| 합계 | 1.00 | 2.50 | 7.50 |

**표 5-7** 6면인 주사위 경우

| (1)<br>주사위면 | (2)<br>확률 | (3)<br>평균값 | (4)<br>$(1)^2×(2)$ |
|---|---|---|---|
| 1 | 0.1667 | 0.167 | 0.167 |
| 2 | 0.1667 | 0.333 | 0.667 |
| 3 | 0.1667 | 0.500 | 1.500 |
| 4 | 0.1667 | 0.667 | 2.667 |
| 5 | 0.1667 | 0.833 | 4.167 |
| 6 | 0.1667 | 1.000 | 6.000 |
| 합계 | 1.0000 | 3.5 | 15.167 |

우리는 다음과 같은 두 종류의 주사위로부터 평균값과 분산을 계산할 수 있다. 〈표 5-6〉에서처럼, 4면인 주사위 경우, 평균은 2.5이며, 분산은 $7.50-2.5^2=1.25$이다. 6면인 주사위 경우, 〈표 5-7〉과 같이 평균은 3.5이며, 분산은 $15.167-3.5^2=2.9167$임을 알 수 있다.

프로세스 분산의 기댓값은 이들 주사위 값의 분산에 주사위가 선택될 확률을 적용한 것으로, $\text{EPV}=(50\%)(1.250)+(50\%)(2.9167)=2.08335$가 되며, 임의로 선택된 주사위 한 개로 한 번만 던졌을 경우, 분산의 기댓값이 된다.

위의 주사위 경우처럼, 어떤 상태가 확실하게 이산적으로 나타나며, 또한 그 상태 확률의 합이 1이 되는 것과 같은 이산분포(discrete distribution)에서는 프로세스 분산의 기댓값은 상태 값의 분산에 상태가 선택될 확률을 적용하지만, 감마(Gamma)-포아송(Poisson) 분포와 같은 연속분포(continuous distribution)인 경우에는 적분을 취해서 프로세스 분산의 기댓값을 구해야 한다.

### 1.2.1.2 가설평균의 분산(VHM) 계산

위에서, 두 종류의 주사위로부터 가설평균인 2.5와 3.5를 각각 계산하였다. 다음은 가설평균과 이들의 2차모먼트를 계산하여 가설평균의 분산(VHM)값을 계산하도록 하겠다.

두 종류의 주사위가 선택될 확률은 각각 전체 10개 중에 5개인 50%이다. 가설평균과 가설평균의 2차모먼트는 아래와 같다.

$$가설평균 = (0.5)(2.50) + (0.5)(3.50) = 3.00$$
$$가설평균의\ 2차모먼트 = (0.5)(6.25) + (0.5)(12.25) = 9.25$$

가설평균의 분산은 가설평균의 2차모먼트에서 가설평균의 자승을 뺀, $9.25 - 3^2 = 0.25$임을 알 수 있다. 이 값은 한 번의 시도, 즉 주사위 한 개를 골라서 단 한 번만 던진 경우에 대한 분산값이다.

**표 5-8** 가설평균의 분산(VHM) 계산

| 주사위 | 주사위가 선택될 확률 | 주사위유형의 평균값 | 평균값의 2차모먼트 |
|---|---|---|---|
| 4면 | 0.50 | 2.50 | 6.25 |
| 6면 | 0.50 | 3.50 | 12.25 |
| 합계 | 1.00 | 3.00 | 9.25 |

### 1.2.1.3 총분산(Total Variance) 계산

주사위의 경우에서, 우리는 반복적으로 주사위를 던져서 나온 결과의 총분산을 구할 수 있는데, 그러기 위해서는 가능한 결과값에 대한 확률만을 단지 계산할 필요가 있게 된다.

〈표 5-9〉에서처럼, 10개의 주사위에서 임의로 선택한 한 개의 주사위가 4면 주사위이고 그 주사위를 던졌을 때 값이 1일 가능성은 $50\% \times (1/4) = 12.5\%$이다. 동일하게 2,3,4가 나올 확률도 12.5%이다. 유사하게, 6면 주사위가 선택되어 1이 나올 가능성은 $50\% \times (1/6) = 8.3\%$가 되며, 다른 값이 나올 확률 역시 8.3%가 된다. 결과적으로, 임의로 선택한 주사위로부터 1이 나올 가능성은 $12.5\% + 8.33\% = 20.83\%$가 된다. 임의로 선택한 주사위로부터 기대할 수 있는 평균값은 주사위 값이 나올 확률에 주사위 면의 값을 곱한 3이 된다. 또한 2차모먼트는 11.333이므로, 총분산은 $11.333 - 3^2 = 2.333$이 된다.

총분산은 프로세스 분산의 기댓값과 가설평균 분산값의 합이다. 위에서 계산한 프로세스 분산의 기댓값과 가설평균의 분산값을 이용하면, 총분산 = EPV + VHM = 2.083 + 0.25 = 2.333으로 동일함을 알 수 있다.

총분산 = 프로세스 분산의 기댓값(EPV) + 가설평균의 분산(VHM)

**표 5-9** 총분산(Total Variance) 계산

| (1)<br>주사위면 | (2)<br>4면주사위<br>확률 | (3)<br>6면주사위<br>확률 | (4)<br>=(2)+(3)<br>확률 | (5)<br>=(1)×(4)<br>평균값 | (6)<br>$(1)^2×(4)$ |
|---|---|---|---|---|---|
| 1 | 0.1250 | 0.0833 | 0.2083 | 0.2083 | 0.2083 |
| 2 | 0.1250 | 0.0833 | 0.2083 | 0.4167 | 0.8333 |
| 3 | 0.1250 | 0.0833 | 0.2083 | 0.6250 | 1.8750 |
| 4 | 0.1250 | 0.0833 | 0.2083 | 0.8333 | 3.3333 |
| 5 | | 0.0833 | 0.0833 | 0.4167 | 2.0833 |
| 6 | | 0.0833 | 0.0833 | 0.5000 | 3.0000 |
| 합 | 0.5000 | 0.5000 | 1.0000 | 3.0000 | 11.333 |

프로세스 분산의 기댓값과 가설평균의 분산을 계산하는 방식은 서로 상이하다. 프로세스 분산의 기댓값은 먼저 각 위험집단의 프로세스 분산을 계산한 후, 모든 위험집단의 분산에 가중치를 감안한 평균을 구하는 것인 반면, 가설평균의 분산은 각 위험집단의 평균을 먼저 계산하고 난 후, 모든 위험집단 평균들의 분산을 구하는 방식이다.

### 1.2.2 뷜만 신뢰도 계산

앞의 주사위 예를 다시 인용하여 뷜만 신뢰도를 이해하도록 하겠다. 우리는 무작위로 한 개의 주사위를 선택하고 한 번 던진 후 그 결과를 기록해 둔다. 그리고, 선택된 주사위를 다시 던질 때 나온 결과를 예측하고자 한다. 여기에서, 전체 평균은 무작위로 한 개의 주사위를 선택하고 던진 결과의 평균값인 3이 된다. 우리는 무작위로 선택한 주사위의 결과값, 즉 경험값에 대한 정보를 가지고 있으므로 뷜만 신뢰도를 이용하여 다음 주사위 결과에 대한 더 좋은 예측을 할 수 있게 된다. 관측하는 데이터량의 부족 또는 다른 여타의 이유에 의해, 관측데이터의 결과를 충분히 신뢰하지 못할 때, 더 좋은 예측값을 구하기 위해 전체 평균값에 보충 신뢰도(complement of credibility), 즉 $(1-Z)$를 적용하게 된다.

뷜만 신뢰도에 의한 예측값 $= Z($관측값$) + (1-Z)($전체 경험 평균값$)$

뷜만 신뢰도의 퍼래미터(parameter) 또는 모수인 $K$는 프로세스 분산의 기댓값(EPV)에 가설평균의 분산(VHM)을 나눈 값으로 EPV와 VHM은 단일 관측을 위해 계산된다. 주사위 예의 경우, $K = $ EPV/VHM $= 2.0833/0.25 = 8.333$이 된다.

$$뷜만 신뢰도 = Z = \frac{N}{N+K}$$

$$K = \frac{프로세스\ 분산의\ 기댓값}{가설평균의\ 분산}$$

공식으로부터, 처음 결과를 관측했을 경우, $N=1$이며, 이에 따라 신뢰도 $Z=1/(1+8.333)=0.107$로서 만일 처음 주사위의 결과가 2였다면, 다음 회의 예측값은 $(0.107)(2)+(1-0.107)(3)=2.893$이 된다. 그러므로, 뷸만 신뢰도에 의한 예측값은 관측횟수의 일차함수로 나타난다.

**표 5-10**

| 첫회 관측시 주사위값 | 첫회 관측 후 뷸만 신뢰도에 의한 예측값 |
|---|---|
| 1 | 2.7860=0.107(1)+(1-0.107)(3) |
| 2 | 2.8930=0.107(2)+(1-0.107)(3) |
| 3 | 3.0000=0.107(3)+(1-0.107)(3) |
| 4 | 3.1070=0.107(4)+(1-0.107)(3) |
| 5 | 3.2140=0.107(5)+(1-0.107)(3) |
| 6 | 3.3210=0.107(6)+(1-0.107)(3) |

$N=1$인 경우, $Z=N/(N+K)=1/(1+K)=VHM/(VHM+EPV)=VHM/총분산$으로 표현될 수 있음을 알 수 있다. 이는 $Z=VHM/총분산=0.25/2.333=0.107$로서 위의 계산과 동일함을 알 수 있다.

만일 선택된 주사위를 반복해서 던지게 된다면, 선택된 주사위의 유형을 알기 때문에 예측값의 신뢰도는 더 올라갈 수 있다. 또한 관측하는 횟수가 많을수록 신뢰도는 올라간다. 예를 들어, 5회 관측을 했다면, 즉 5번 주사위를 던져 결과값을 기록했다면 신뢰도는 $Z=5/(5+8.333)=37.5\%$가 되므로 1회 관측시보다 예측값을 계산하기 위한 신뢰도는 올라가게 된다. 뷸만 신뢰도의 공식에서 보듯이, $N$이 증가함에 따라 $Z$값은 1에 근접하게 된다. 즉, 신뢰도는 100%에 근접하게 된다. 그러나, 뷸만 신뢰도는 공식에서 보듯이 결코 100%에 도달하지는 못한다.

〈그림 5-2〉는 고전적 신뢰도와 뷸만 신뢰도가 $N$값이 증가함에 따라 어떻게 신뢰도가 변화하는지 보여주는데, 고전적 신뢰도와 달리 뷸만 신뢰도는 결코 $Z=1$이 되는 예는 발생하지 않음을 주목해야 한다.

결론적으로, 뷸만 신뢰도 $Z=VHM/총분산=VHM/(VHM+EPV)=N/(N+K)$로 표현됨을 알 수 있다.

**그림 5-2** 고전적 신뢰도와 뷸만 신뢰도

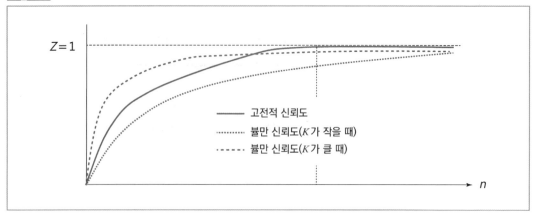

### 1.2.3 빈도, 심도, 순보험료에 의한 뷸만 신뢰도

보험회사는 계약자 또는 피보험자의 사고율, 사고금액 등을 분석하여 고위험군(poor risk) 또는 저위험군(good risk) 등으로 집단화(grouping)하여 분리하고 마케팅, 언더라이팅, 보상 등을 세분화하여 관리한다. 그러므로, 과거 무사고자의 미래 무사고 가능성이라든지 과거 사고 경험 피보험자의 미래 사고발생 가능성 등을 세분화하여 분석할 필요가 있다. 또한, 사고율뿐만 아니라 각 집단의 사고심도와 순보험료 등을 예측하여 손해율 관리를 사전에 할 수 있는 전략을 갖추어야 한다.

다음은 빈도, 심도, 또는 순보험료를 예측할 때, 뷸만 신뢰도는 어떻게 계산되는지 아래의 예와 함께 각 과정을 살펴보도록 하겠다. 먼저, 피보험자 유형의 각각은 동질성향을 지닌 사람들로 구성되었다고 가정하자. 예를 들면, A유형의 모든 피보험자들은 동일한 빈도와 심도분포를 가진다. 그리고, 같은 유형 속에 피보험자 개인의 빈도와 심도는 독립적이라 가정한다.

**표 5-11**

| 피보험자 유형 | 특정 유형비율 | 벌루니빈도분포(年) | 감마심도분포 |
|:---:|:---:|:---:|:---:|
| A | 20% | $p$=80% | $\alpha$=2, $\lambda$=0.01 |
| B | 30% | $p$=70% | $\alpha$=3, $\lambda$=0.01 |
| C | 50% | $p$=40% | $\alpha$=4, $\lambda$=0.01 |

⟨표 5−11⟩에서 빈도는 베르누이분포(Bernoulli distribution, 또는 벌루니분포)를 따른다. 베르누이 정의에 의해 $p$는 정확히 사고가 1건일 확률을 의미하며, $(1-p)$은 사고가 없을, 즉 무사고일 확률을 뜻한다. 베르누이분포의 평균값은 $p$이며, 분산값은 $pq$ 또는 $p(1-p)$가 된다. 심도는 감마분포(Gamma distribution)에 의하고, 감마 정의에 의해 평균은 $\alpha/\lambda$이며, 분산은 $\alpha/\lambda^2$가 된다.

이전의 프로세스 분산의 기댓값(EPV)과 가설평균 분산(VHM)의 계산방법을 이용하여 뷸만 신뢰도 모수 $K$를 구할 수 있다. 여기서, 우리는 한 명의 피보험자를 무작위로 선택하고, 그 선택된 피보험자가 과거 3년 동안 2건의 사고를 일으켰으며 청구한 보험금 총액은 500만원이었다고 가정하자. 선택된 피보험자의 유형은 모르는 것을 전제로 이 피보험자의 향후 사고빈도, 사고심도, 그리고 순보험료를 예측하기 위해 어떻게 뷸만 신뢰도를 적용하는지에 대해 이해하도록 하겠다.

### 1.2.3.1 빈도예측

빈도예측을 위한 뷸만 신뢰도의 $K$값을 구하여 보자. 먼저 $K = EPV / VHM$이므로 프로세스 분산의 기댓값(EPV)과 가설평균의 분산(VHM)을 계산하여야 한다.

프로세스 분산의 기댓값 계산을 위해 베르누이 정의에 의한 각 피보험자 유형별 분산값을 계산한다.

A유형 빈도의 분산값: $pq = 0.8(1 - 0.8) = 0.16$
B유형 빈도의 분산값: $pq = 0.7(1 - 0.7) = 0.21$
C유형 빈도의 분산값: $pq = 0.4(1 - 0.4) = 0.24$

이에 따라, $EPV = 0.2(0.16) + 0.3(0.21) + 0.5(0.24) = 0.215$가 된다.

다음은 가설평균의 분산(VHM) 계산을 위해 각 피보험자 유형별 평균빈도를 구한 뒤, 분산을 계산한다. 베르누이 정의에서 평균값은 $p$이므로, A유형 평균빈도는 0.8, B유형은 0.7, 그리고 C유형은 0.4가 된다. 이에 따라, 각 유형별 평균에 유형별 비율을 적용한 1차모먼트 중량평균값과 2차모먼트 중량평균값을 구한다.

1차모먼트 중량평균값: $0.2(0.8) + 0.3(0.7) + 0.5(0.4) = 0.57$
2차모먼트 중량평균값: $0.2(0.8)^2 + 0.3(0.7)^2 + 0.5(0.4)^2 = 0.355$

이에 따라, $VHM = 0.355 - (0.57)^2 = 0.0301$이 된다.

그러므로, $K = \dfrac{\text{프로세스 분산의 기댓값}}{\text{가설평균의 분산}} = \dfrac{0.215}{0.0301} = 7.14$이다.

선택된 피보험자의 과거 3년 동안의 경험을 토대로 미래의 빈도를 예측하기 때문에 $N = 3$이며, 과거 3년의 경험 결과에 주어지는 신뢰도는 $Z = 3/(3 + 7.14) = 29.6\%$이다. 무작위로 선택된 피보험자의 실제 경험빈도는 과거 3년 동안 2건의 사고가 있었으므로 $2/3 = 0.667$이며, 보험회사 전체 피보험자의 빈도평균은 0.57이므로 이 피보험자의 미래 빈도 예측값은 $0.296(0.667) + (1 - 0.296)(0.57) = 0.599$가 된다. 이를 해석한다면, 모든 계약자의 연간 사고 발생 가능성은 57%이며, 그 중 무작위로 선택된 피보험자가 과거 3년 동안 2건의 사고 기록이 있다면, 그 피보험자가 다음 해 사고를 일으킬 가능성은 뷸만 신뢰도 기법을 적용하여 59.9%로 예측할 수 있는 것이다.

### 1.2.3.2 심도예측

빈도예측처럼 심도예측을 위해서도 뷜만 신뢰도의 모수 $K$값을 계산해야 하며, $K = \dfrac{EPV}{VHM}$ 이므로 $EPV$와 $VHM$을 구해야 한다.

심도의 프로세스 분산의 기댓값($EPV$)을 계산하기 위해서 먼저 각 유형별 비율과 평균빈도를 곱하여 비중을 구한다. A유형은 $20\% \times 0.8 = 0.16$, B유형은 $30\% \times 0.7 = 0.21$이 되듯이, 이들 비중의 합은 $0.16 + 0.21 + 0.20 = 0.57$이다. 그래서 각 피보험자 유형의 사고 확률은 A 피보험자 그룹은 $0.16/0.57 = 0.281$, B와 C 피보험자 그룹은 각각 $0.368$과 $0.351$이다. 심도의 프로세스 분산의 기댓값($EPV$)은 각 피보험자 그룹 분산의 중량평균이다.

즉, 감마심도분포의 정의에 의해 유형별 분산은:

$$A유형\ 분산 = \alpha/\lambda^2 = 2/(0.01)^2 = 20{,}000$$
$$B유형\ 분산 = 3/(0.01)^2 = 30{,}000$$
$$C유형\ 분산 = 4/(0.01)^2 = 40{,}000$$

각 피보험자 그룹 분산의 중량평균이 프로세스 분산의 기댓값이므로,

$$EPV = [0.16(20{,}000) + 0.21(30{,}000) + 0.20(40{,}000)]/0.57 = 30{,}702$$

**표 5-12** 심도의 프로세스 분산 기댓값

| 유형 | 비율 | 평균빈도 | 비율×평균빈도 | 감마분포 $\alpha$ | 감마분포 $\lambda$ | $\alpha/\lambda^2$ 분산 |
|---|---|---|---|---|---|---|
| A | 20% | 0.8 | 0.16 | 2 | 0.01 | 20,000 |
| B | 30% | 0.7 | 0.21 | 3 | 0.01 | 30,000 |
| C | 50% | 0.4 | 0.20 | 4 | 0.01 | 40,000 |
| 평균 | | | 0.57 | | | $EVPV=30{,}702$ |

심도의 가설평균 분산($VHM$)을 계산하기 위해서는 프로세스 분산의 기댓값 계산처럼 각 유형별 비율과 평균빈도를 곱한 비중을 사용해야 한다. 감마심도분포의 정의에 의해 평균값은 $\alpha/\lambda$ 이므로 A유형의 평균값은 $2/0.01 = 200$, B유형은 $3/0.01 = 300$, C유형은 $4/0.01 = 400$이 된다. 가설평균 분산($VHM$)은 다른 어떠한 분산을 계산하는 것과 같은 방식에 의한다. 먼저, 각 유형별 평균에 유형별 비중을 적용한 1차모먼트 중량평균값과 2차모먼트 중량평균값을 구한다.

**표 5-13** 심도의 가설평균 분산

| 유형 | 비율 | 평균빈도 | 비율×평균빈도 | 감마분포 | | $\alpha/\lambda$ | $(\alpha/\lambda)^2$ |
| --- | --- | --- | --- | --- | --- | --- | --- |
| | | | | $\alpha$ | $\lambda$ | 평균심도 | 평균심도$^2$ |
| A | 20% | 0.8 | 0.16 | 2 | 0.01 | 200 | 40,000 |
| B | 30% | 0.7 | 0.21 | 3 | 0.01 | 300 | 90,000 |
| C | 50% | 0.4 | 0.20 | 4 | 0.01 | 400 | 160,000 |
| 평균 | | | 0.57 | | | 307.017 | 100,526 |

1차모먼트 중량평균값 $= [0.16(200) + 0.21(300) + 0.20(400)]/0.57 = 307.017$
2차모먼트 중량평균값 $= [0.16(200)^2 + 0.21(300)^2 + 0.20(400)^2]/0.57 = 100,526$

이에 따라, 가설평균의 분산, 즉 $VHM$은 $100,526 - (307.017)^2 = 6,267$이다. 그러므로, 뷜만 신뢰도 모수인 $K = EPV/VHM = 30,702/6,267 = 4.90$이다. 선택된 피보험자는 과거 3년 동안 2건의 사고가 있었으므로, 과거 2건 사고의 경험에 할당되는 뷜만 신뢰도 $Z$는 $2/(2 + 4.90) = 29.0\%$가된다. 예에서 무작위로 선택된 피보험자가 2건의 사고로 인해 보험금 500만원이 지급되었으므로 과거 경험의 사고심도는 $500/2 = 250$만원이며, 보험회사 전체 피보험자의 평균심도, 즉 사고당 보험금은 1차모먼트 중량평균값인 307만원이 된다.

선택된 그 피보험자의 미래 심도 예측값, 즉 미래 사고건당 예상 보험금은 $0.29(250) + (1 - 0.29)(307) = 290.47$만원으로 평가된다. 이를 달리 표현하면, 모든 피보험자의 연간 사고당 보험금액은 307만원이고, 그 중 무작위로 선택된 피보험자가 과거 3년 동안 2건의 사고 기록과 함께 500만원의 보험금이 지급되었을 때, 그 피보험자가 다음 해 사고를 일으킬 경우 뷜만 신뢰도 기법을 적용하여 사고당 약 290.47만원의 보험금 지급을 예측할 수 있는 것이다.

### 1.2.3.3 순보험료 예측

순보험료를 예측하는 것은 앞에서의 사고빈도나 사고심도에 비해 계산상 다소 복잡한 과정을 거치게 된다. 그러나, 순보험료를 예측하는 것 역시 뷜만 신뢰도 모수 $K$값을 먼저 구하는 것으로부터 시작한다. 〈표 5-14〉와 함께 프로세스 분산의 기댓값($EPV$)과 가설평균의 분산($VHM$)을 계산한다.

피보험자 개인의 빈도와 심도는 서로 독립적이라 가정한다면, 피보험자 유형별 프로세스 분산을 계산하기 위해서는 다음 공식을 기억해 두어야 한다.

순보험료 프로세스 분산 $=$ (빈도평균)(심도분산) $+$ (심도평균)$^2$(빈도분산)
$$\sigma_{pp}^2 = \mu_f \sigma_s^2 + \mu_s^2 \sigma_f^2$$

**표 5-14** 순보험료의 프로세스 분산의 기댓값

| 유형 | 비율 | 빈도 평균 | 빈도 분산 | 심도 평균 | 심도 분산 | 프로세스 분산 |
|------|------|-----------|-----------|-----------|-----------|----------------|
| A | 20% | 0.8 | 0.16 | 200 | 20,000 | 22,400 |
| B | 30% | 0.7 | 0.21 | 300 | 30,000 | 39,900 |
| C | 50% | 0.4 | 0.24 | 400 | 40,000 | 54,400 |
| 평균 | | | | | $EVPV=$ | 43,650 |

먼저, 유형별 빈도평균, 빈도분산, 심도평균, 심도분산을 주어진 분포의 정의에 의해 계산한다. 예를 들어, 피보험자 B유형인 경우, 빈도평균$=p=0.7$, 빈도분산$=p(1-p)=0.7(1-0.7)=0.21$, 심도평균$=\alpha/\lambda=3/0.01=300$, 심도분산$=\alpha/\lambda^2=3/(0.01)^2=30,000$이다. 이와 같은 방식에 의해 각 유형별 프로세스 분산값은 아래와 같다.

피보험자 A유형의 프로세스 분산$=(0.8)(20,000)+(200)^2(0.16)=22,400$

피보험자 B유형의 프로세스 분산$=(0.7)(30,000)+(300)^2(0.21)=39,900$

피보험자 C유형의 프로세스 분산$=(0.4)(40,000)+(400)^2(0.24)=54,400$

각 유형별로 프로세스 분산을 구한 후 유형별 비율을 적용한 중량평균이 순보험료의 프로세스 분산 기댓값이 된다.

$$EPV=20\%(22,400)+30\%(39,900)+50\%(54,400)=43,650$$

순보험료의 가설평균의 분산($VHM$) 계산은 빈도의 계산방법과 유사한데, 먼저 유형별 순보험료의 평균값을 구한다. 피보험자 개인의 빈도와 심도는 독립적이라고 가정했으므로, 순보험료의 평균은 빈도평균에 심도평균을 곱한 것과 동일하다. 따라서, A유형의 순보험료 평균은 $0.8\times200=160$, B유형의 평균은 $0.7\times300=210$, C유형의 평균은 $0.4\times400=160$이 된다.

다음은 유형별 평균의 제곱, 즉 2차모먼트를 구하고 유형별 비율에 의한 전체 순보험료 평균과 2차모먼트 값을 계산한다.

전체 순보험료 평균$=(0.2)(160)+(0.3)(210)+(0.5)(160)=175$

2차모먼트 순보험료 평균
$=(0.2)(25,600)+(0.3)(44,100)+(0.5)(25,600)=31,150$

이에 따라, 순보험료의 가설평균의 분산, 즉 $VHM=31,150-175^2=525$가 된다.

**표 5-15** 순보험료의 가설평균의 분산

| 유형 | 비율 | 빈도 평균 | 심도 평균 | 순보험료 평균 | 순보험료 평균$^2$ |
|---|---|---|---|---|---|
| A | 20% | 0.8 | 200 | 160 | 25,600 |
| B | 30% | 0.7 | 300 | 210 | 44,100 |
| C | 50% | 0.4 | 400 | 160 | 25,600 |
| 평균 | | | | 175 | 31,150 |

그러므로, 뷸만 신뢰도의 모수 $K$는 43,650/525 = 83.1이 된다. 선택된 피보험자는 3년의 경험데이터는 3/(3 + 83.1) = 3.5%의 신뢰도가 주어지게 된다. 무작위로 선택된 3년 경험 동안 2번의 사고로 500만원이 지급된 피보험자의 연평균 순보험료는 500/3 = 166.67만원이며, 보험회사 전체 피보험자의 순보험료 평균은 175만원이다. 그러므로, 이 피보험자의 미래 순보험료는 뷸만 신뢰도를 적용하여 174.7만원을 예측할 수 있다.

미래 순보험료 예측값 = (0.035)(166.67) + (1 − 0.035)(175) = 174.7만원

이를 달리 표현한다면, 모든 피보험자의 연간 순보험료는 175만원이었고, 그 중 무작위로 선택된 피보험자가 과거 3년 동안 2건의 사고 기록과 함께 500만원의 보험금이 지급되었을 때, 이 피보험자에게 다음 해 예상되는 순보험료는 뷸만 신뢰도 기법을 적용하여 약 174.7만원이라 예측할 수 있는 것이다. 여기서 주의해야 할 점은, 순보험료의 예측값(175)은 단순히 이전에 평가한 빈도의 예측값(0.599)에 심도의 예측값(290.47)을 곱한 것과 같지 않다는 것이다.

175 ≠ 0.599 × 290.47

일반적으로 순보험료를 직접 평가하지 않고 빈도와 심도를 따로 분리하여 평가하여 신뢰도를 적용한다면 같은 결과값은 얻지 못한다.

### 1.2.4 뷸만 신뢰도의 이해

뷸만 신뢰도는 일반적으로 관측하는 경험치, 즉 $N$값이 클수록 $Z = 1$에 근접하면서 예측값은 경험데이터의 결과에 근접하게 되는 반면, $N$값이 적으면 예측값은 전체데이터의 결과에 근접하게 된다. 프로세스 분산의 기댓값(EPV)이 0에 접근하거나 가설평균의 분산(VHM)이 ∞로 갈수록 뷸만 신뢰도의 모수 $K$는 0에 근접하여 그 결과 신뢰도 $Z$는 전신뢰도($Z = 1$)에 가깝게 된다. 반대의 경우, 즉 $EPV = ∞$ 또는 $VHM = 0$일 때, 신뢰도 $Z$는 0에 근접하게 되는데 이런 상황은 극히 예외적인 현상일 때 발생한다.

프로세스 분산의 기댓값이 0일 경우는 경험에 의한 결과가 거의 확실할 때 발생한다. 즉, 경험값이 편차가 거의 없는 상태로 분산이 0에 가깝고 이에 따라 분산의 기댓값 역시 0에 근접하게 되므로 모수 $K$는 0에 근접하여 경험값의 신뢰도 수준은 완전 신뢰도 수준이 되는바, 예측값은

경험값 그 자체가 될 수 있다. 예를 들어, 내일 아침이 다시 돌아올지를 예측할 때, 오랫동안 축적된 과거 경험상 항상 아침은 돌아왔기 때문에 경험의 분산과 분산의 기댓값은 0이다. 그러므로, 내일의 예측값은 100% 과거 경험 결과에 의존하므로 내일 아침이 돌아올 거라 100% 확신할 수 있게 된다. 가설평균의 분산이 ∞일 경우는 가설에 대한 정보가 거의 없거나 또한 가설평균의 편차가 너무 심한 경우 발생하게 된다.

경험데이터에서 어느 유형 하나라도 위험집단의 분산이 무한대일 경우 프로세스 분산의 기댓값은 무한대가 될 수 있다. 만일 심도의 경험이 $\alpha \leq 2$인 퍼레도분포(Pareto distribution)를 따를 경우, 분산값은 무한이 되며 이에 따라 분산의 기댓값도 무한이 된다. 가설평균의 분산은 모든 유형의 평균값이 같으면, 평균의 분산은 0이 되어 $K$값은 무한이 되고 신뢰도 $Z$값은 0이 된다. 위의 두 가지 경우, 예측값은 경험에 의존하지 않게 된다.

그러나, 거의 모든 경우, 프로세스 분산의 기댓값과 가설평균의 분산은 유한의 수를 지니며 이로 인해 뷸만 신뢰도 모수 $K$값은 유한의 수가 되어, 즉 $0 < K < \infty$와 $0 < N < \infty$을 가정하여 $0 < Z < 1$이 성립하게 되는데, 뷸만 신뢰도는 0보다 크거나 1보다 작은 범위 내에 존재하게 된다.

지금까지 뷸만 신뢰도를 빈도, 심도, 순보험료별로 간단히 살펴보았으며 다음 예제는 뷸만 신뢰도의 개념을 복습하려는 것이다.

### 👥 예제 5-10

항아리 안에 두 개의 주사위($B_1$과 $B_2$)만 있다. 각 주사위가 선택될 확률은 동일하다. $B_1$주사위는 6개의 동일한 크기의 면으로 되어 있으며 그 중 5개의 면은 "2"로 한 개의 면은 "14"로 표시되어 있다. $B_2$주사위 또한 동일한 크기의 6개 면으로 되어 있는데 그 중 3개의 면이 "2", 다른 3개의 면이 "14"로 표시되어 있다. $S$를 $i$번째 ($i = 1, 2, \cdots$) 던진 주사위의 결과값을 나타내는 임의 변수(random variable)라 할 때, 한 개의 주사위가 선택되어 단 한 차례 던져졌다.

(1) 그 주사위가 $B_1$일 때의 조건적인 기댓값, $E(S_1/B_1)$을 구하라.

(2) 확률$(B_1/S_1 = 2)$의 값을 구하라.

(3) 임의적 변수 $S_1$의 기댓값, $E(S_1)$을 구하라.

#### ☀ 풀이

(1) $E(S_1/B_1)$

    $= 2 \times$확률$(S_1 = 2/B_1) + 14 \times$확률$(S_1 = 14/B_1) = = 2(5/6) + 14(1/6) = 4$

    참고로, 유사한 방법에 의해, $E(S_1/B_2) = 2 \times$확률$(S_1 = 2/B_2) + 14 \times$확률$(S_1 = 14/B_2)$

$$= 2(3/6) + 14(3/6) = 8$$

(2) 확률$(B_1/S_1 = 2)$의 뜻은 주사위가 단 한 차례 던져졌고 그 결과값이 2였을 때, 선택한 그 주사위가 $B_1$일 확률을 구하라는 뜻이다.

확률$(B_1/S_1 = 2) = \{$확률$(B_1) \times$확률$(S_1 = 2/B_1)\}/$확률$(S_1 = 2)$

확률$(S_1 = 2/B_1) = 5/6$, 확률$(B_1) = 1/2$

확률$(S_1 = 2) = $확률$(S_1 = 2/B_1)$확률$(B_1) + $확률$(S_1 = 2/B_2)$확률$(B_2)$

$$= (5/6)(1/2) + (3/6)(1/2) = 2/3$$

∴ 확률$(B_1/S_1 = 2) = \{(1/2) \times (5/6)\}/(2/3) = 5/8$ 또는 62.5%

(3) $E(S_1) = \Sigma_{i=1}^2$확률$(B_i)E(S_1/B_i) = (1/2)(4) + (1/2)(8) = 6$

### 예제 5-11

개인 계약자의 사고빈도는 포아송 분포를 따르며, 포아송 분포의 매개변수 $\lambda$는 $(0.07, 0.13)$의 구간을 가진 균등분포(uniform distribution)를 따른다. 심도는 이산형분포(discrete distribution)로서 $B_1$은 40%, $B_2$는 60%의 분포를 보이고, 아래와 같은 심도확률이 정해진다.

| 심도 | $B_1$확률 | $B_2$확률 |
|---|---|---|
| 2 | 5/6 | 1/2 |
| 14 | 1/6 | 1/2 |

조합$(\lambda, B_i)$의 전제하에 빈도와 심도는 서로 독립적 관계에 있다. 뷸만 신뢰도 기법을 사용하여, 관측기관 3년 동안의 순보험료를 위한 모수 $K$와 신뢰도 $Z$값을 계산하라.

#### 풀이

먼저, 프로세스 분산을 구한다. (아래첨자 $f$는 빈도, $s$는 심도를 의미한다.)

| 조합 | $\mu_f$ | $\sigma_f^2$ | $\mu_s$ | $\mu_s^2$ | $\sigma_s^2$ | 프로세스분산 |
|---|---|---|---|---|---|---|
| $(\lambda, B_1)$ | $\lambda$ | $\lambda$ | 4 | 16 | 20 | $36\lambda$ |
| $(\lambda, B_2)$ | $\lambda$ | $\lambda$ | 8 | 64 | 36 | $100\lambda$ |

조합$(\lambda, B_1): \mu_s = 2(5/6) + 14(1/6) = 4$, $\sigma_s^2 = \{2^2(5/6) + 14^2(1/6)\} - 4^2 = 20$

프로세스 분산$= \sigma_{pp}^2 = \mu_f \sigma_s^2 + \mu_s^2 \sigma_f^2 = \lambda(20) + 16\lambda = 36\lambda$

$\lambda$는 균등분포함수이므로 밀도확률함수는:

$$f(\lambda) = \begin{cases} 1/0.06, & 0.07 < \lambda < 0.13 \\ 0, & 기타 \end{cases}$$

밀도확률함수에 의해 $\lambda$의 평균과 2차모먼트값을 구한다.

$$E(\lambda) = \int_{0.07}^{0.13} \left(\frac{\lambda}{0.06}\right) d\lambda = (1/0.12)(0.13^2 - 0.07^2) = 0.10$$

$$E(\lambda^2) = \int_{0.07}^{0.13}\left(\frac{\lambda^2}{0.06}\right)d\lambda = (1/0.18)(0.13^3 - 0.07^3) = 0.0103$$

$$EPV = (0.40)E(36\lambda) + (0.60)E(100\lambda)$$
$$= (0.40)(36)E(\lambda) + (0.60)(100)E(\lambda)$$
$$= 74.4E(\lambda) = (74.4)(0.10) = 7.44$$

조합$(\lambda, B_1)$의 가설평균값$= 4\lambda$

조합$(\lambda, B_2)$의 가설평균값$= 8\lambda$

가설평균의 기댓값$= (0.40)E(4\lambda) + (0.60)E(8\lambda) = 6.4E(\lambda) = 6.4(0.1) = 0.64$

조합$(\lambda, B_1)$의 가설평균값$^2 = 16\lambda^2$

조합$(\lambda, B_2)$의 가설평균값$^2 = 64\lambda^2$

가설평균 자승의 기댓값$= (0.40)E(16\lambda^2) + (0.60)E(64\lambda^2)$
$$= 44.8E(\lambda^2) = 44.8(0.0103) = 0.46144$$

$VHM = 0.46144 - (0.64)^2 = 0.05184$

모수 $K = 7.44/0.05184 = 143.52$

3년 관측기간이므로, 신뢰도 $Z = 3/(3+143.52) = 0.02$

### 예제 5-12

보험계약자 300명의 1년 동안 사고건수의 분포는 다음과 같다.

| 사고건수 | 0 | 1 | 2 | 3 | 4 | 5 |
|---|---|---|---|---|---|---|
| 계약자수 | 123 | 97 | 49 | 21 | 8 | 2 |

개별 계약자의 사고건수는 포아송 분포를 보인다. 그러나, 각 분포의 평균은 개인에 따라 다를 수 있다. 뷸만 신뢰도 $K$값을 구하라.

☀ 풀이

평균사고건수$= [(1)(97) + (2)(49) + (3)(21) + (4)(8) + (5)(2)]/300 = 1.0$

포아송 분포에 의해,

$EPV =$ 개별 분산의 예측 기댓값$=$ 개별 평균의 기댓값$= 1.0$

건수자승의 기댓값
$$= [(1)^2(97) + (2)^2(49) + (3)^2(21) + (4)^2(8) + (5)^2(2)]/300 = 2.2$$

건수의 전체분산 $=$ 총분산$= 2.2 - (1.0)^2 = 1.2$

총분산 $= EPV + VHM$

$VHM = 1.2 - 1.0 = 0.2$

$K = 1.0/0.2 = 5$

**예제 5-13**

다음 정보를 참고하여 아래의 문제를 계산하라.

- 개별계약자의 빈도와 심도는 상호 독립적인 관계이다.
- $\lambda = 0.01$인 포아송 빈도 분포와 지수(exponential) 심도 분포를 따른다.
- 계약자는 동일한 빈도와 심도과정을 가진다.
- 지수분포 모먼트는 $E[X^n] = (n!)/\lambda^n$이다.

| 형태 | 비중 | 빈도평균 | 심도평균 |
|------|------|----------|----------|
| 1 | 40% | 6 | 100 |
| 2 | 35% | 7 | 125 |
| 3 | 25% | 9 | 200 |

(1) 빈도의 $EPV$

(2) 빈도의 $VHM$

(3) 심도의 $EPV$

(4) 심도의 $VHM$

(5) 순보험료의 $EPV$

(6) 순보험료의 $VHM$

**풀이**

(1) $(40\%)(6) + (35\%)(7) + (25\%)(9) = 7.10$

(2) (빈도평균)$^2$의 가중평균 $= (40\%)(6)^2 + (35\%)(7)^2 + (25\%)(9)^2 = 51.8$

| 형태 | 비중 | 빈도평균 | (빈도평균)$^2$ |
|------|------|----------|----------------|
| 1 | 40% | 6 | 36 |
| 2 | 35% | 7 | 49 |
| 3 | 25% | 9 | 81 |

빈도의 $VHM = 51.8 - (7.1)^2 = 1.39$

(3) 지수분포 모먼트 $= E[X^n] = (n!)/\lambda^n$, 평균 $= 1/\lambda$, 분산 $= 1/\lambda^2$

| 형태 | 비중[1] | 빈도평균[2] | (1)×(2) | 지수 $\lambda$값 | 프로세스분산 |
|------|---------|-------------|---------|------------------|--------------|
| 1 | 40% | 6 | 2.40 | 0.010 | 10,000 |
| 2 | 35% | 7 | 2.45 | 0.008 | 15,625 |
| 3 | 25% | 9 | 2.25 | 0.005 | 40,000 |

형태1: 프로세스 분산 $= 1/\lambda^2 = 1/0.01^2 = 10,000\,(1/\lambda = 100)$

형태2: 프로세스 분산 $= 1/\lambda^2 = 1/0.008^2 = 15,625\,(1/\lambda = 125)$

형태3: 프로세스 분산 $= 1/\lambda^2 = 1/0.005^2 = 40,000\,(1/\lambda = 200)$

심도 $EPV$

$= \{(2.4)(10,000) + (2.45)(15,625) + (2.25)(40,000)\}/(2.40 + 2.45 + 2.25)$

$$= 21,448$$

(4) 심도의 가중평균

$$= \{(2.4)(100) + (2.45)(125) + (2.25)(200)\} / (2.40 + 2.45 + 2.25) = 140.32$$

심도의 $VHM = 21,448 - (140.32)^2 = 1,758$

(5) 형태1: 프로세스 분산 $= (6)(10,000) + (100)^2(6) = 120,000$

형태2: 프로세스 분산 $= (7)(15,625) + (125)^2(7) = 218,750$

형태3: 프로세스 분산 $= (9)(40,000) + (200)^2(9) = 720,000$

순보험료 $EPV = (40\%)(120,000) + (35\%)(218,750) + (25\%)(720,000) = 304,562$

| 형태 | 비중 | $\mu_f$ | $\sigma_f^2$ | $\mu_s$ | $\sigma_s^2$ | 프로세스분산 |
|---|---|---|---|---|---|---|
| 1 | 40% | 6 | 6 | 100 | 10,000 | 120,000 |
| 2 | 35% | 7 | 7 | 125 | 15,625 | 218,750 |
| 3 | 25% | 9 | 9 | 200 | 40,000 | 720,000 |

(6) 빈도와 심도는 상호 독립적인 관계이므로,

평균순보험료 = 평균빈도×평균심도

| 형태 | 비중 | $\mu_f$ | $\mu_s$ | 평균순보험료 | 평균순보험료$^2$ |
|---|---|---|---|---|---|
| 1 | 40% | 6 | 100 | 600 | 360,000 |
| 2 | 35% | 7 | 125 | 875 | 765,625 |
| 3 | 25% | 9 | 200 | 1,800 | 3,240,000 |

평균순보험료의 가중평균 $= (40\%)(600) + (35\%)(875) + (25\%)(1,800) = 996.25$

(평균순보험료)$^2$의 가중평균 $= (40\%)(360,000) + (35\%)(765,625) + (25\%)(3,240,000) = 1,221,969$

순보험료의 $VHM = 1,221,969 - (996.25)^2 = 229,455$

### 예제 5-14  미국 손해보험 계리사 시험문제

A보험회사는 종업원상해배상책임보험상품을 세분류의 직군으로 구분하여 판매한다. 각 직군은 모수 $\lambda$를 가진 포아송 분포인 빈도 $N$과 모수 $\alpha$와 $\beta$를 가진 감마분포인 심도 $X$를 가지고 있다. 각 직군의 빈도와 심도는 독립적으로 분포된다. 총합 손해액(aggregate loss)은 $S$라고 한다. 직군의 데이터가 아래와 같을 때, (1) 클레임 빈도 $N$, (2) 클레임 심도 $X$, (3) 총합 손해액 $S$에 대해 EVP, VHM, 그리고 총분산(total variance)을 계산하라.

| 직군 | 상대적 비율 | 분포 $N$: $PN(\lambda)$ | 분포 $X$: $X(\alpha, \beta)$ |
|---|---|---|---|
| A | 0.2 | $\lambda = 20$ | $\alpha = 5, \beta = 2$ |
| B | 0.4 | $\lambda = 30$ | $\alpha = 4, \beta = 3$ |
| C | 0.4 | $\lambda = 40$ | $\alpha = 3, \beta = 2$ |

💡 풀이

(1) 클레임 빈도 $N$

| 직군 | 상대적 비율 | $E(N\,|\,\Lambda)=\mu_N(\Lambda)$ | $Var(N\,|\,\Lambda)=\sigma_N^2(\Lambda)$ |
|---|---|---|---|
| A | 0.2 | 20 | 20 |
| B | 0.4 | 30 | 30 |
| C | 0.4 | 40 | 40 |

$EVP = \mu_{PV} = E[Var(N\,|\,\Lambda)] = (0.2)(20) + (0.4)(30) + (0.4)(40) = 32$

$E[\mu_N(\Lambda)]^2 = (0.2)(20)^2 + (0.4)(30)^2 + (0.4)(40)^2 = 1{,}080$

$VHM = \sigma_{HM}^2 = Var[\mu_N(\Lambda)] = E[\mu_N(\Lambda)]^2 - [E[\mu_N(\Lambda)]]^2 = 1{,}080 - (32)^2 = 56$

총분산$= Var(N) = \mu_{PV} + \sigma_{HM}^2 = 32 + 56 = 88$

(2) 클레임 심도 $X$

| 직군 | 비율 | $\lambda$ | 비율 $\times\,\lambda$ | 심도 $X$의 확률 | $E(X\,|\,\Gamma)=\mu_X(\Gamma)$ | $Var(X\,|\,\Gamma)=\sigma_X^2(\Gamma)$ |
|---|---|---|---|---|---|---|
| A | 0.2 | 20 | 4 | 0.125 | 10 | 20 |
| B | 0.4 | 30 | 12 | 0.375 | 12 | 36 |
| C | 0.4 | 40 | 16 | 0.500 | 6 | 12 |

$E(X) = E[E(X|\Gamma)] = (0.125)(10) + (0.375)(12) + (0.500)(6) = 8.75$

$EPV = \mu_{PV} = (0.125)(20) + (0.375)(36) + (0.500)(12) = 22$

$E[\mu_X(\Gamma)]^2 = (0.125)(10)^2 + (0.375)(12)^2 + (0.5)(6)^2 = 84.50$

$VHM = \sigma_{HM}^2 = Var[\mu_X(\Gamma)] = E[\mu_X(\Gamma)]^2 - [E[\mu_X(\Gamma)]]^2 = 84.50 - (8.75)^2 = 7.9375$

총분산$= Var(X) = \mu_{PV} + \sigma_{HM}^2 = 22 + 7.9375 = 29.9375$

(3) 총합 손해액 $S$

$E(S|\Theta) = E(N|\Theta)E(X|\Theta) = \lambda\alpha\beta$

$Var(S|\Theta) = \lambda[\sigma_X^2(\Gamma) + \mu_X^2(\Gamma)] = \lambda(\alpha\beta^2 + \alpha^2\beta^2)$

| 직군 | 비율 | 모수 $\lambda, \alpha, \beta$ | $E(S\,|\,\Theta)=\mu_S(\Theta)$ | $Var(S\,|\,\Theta)=\sigma_S^2(\Theta)$ |
|---|---|---|---|---|
| A | 0.2 | 20, 5, 2 | 200 | 2,400 |
| B | 0.4 | 30, 4, 3 | 360 | 5,400 |
| C | 0.4 | 40, 3, 2 | 240 | 1,920 |

$E(S) = E[E(S\,|\,\Theta)] = (0.2)(200) + (0.4)(360) + (0.4)(240) = 280$

$\mu_{PV} = (0.2)(2{,}400) + (0.4)(5{,}400) + (0.4)(1{,}920) = 3{,}408$

$\sigma_{HM}^2 = Var[\mu_S(\Theta)] = E[\mu_S(\Theta)]^2 - [E[\mu_S(\Theta)]]^2$
$= [(0.2)(200)^2 + (0.4)(360)^2 + (0.4)(240)^2] - (280)^2 = 4{,}480$

총분산$= Var(S) = 3{,}408 + 4{,}480 = 7{,}888$

**예제 5-15**

〈예제 5-14〉를 참고하라. 올해 사고는 26건이 있었고 평균 건당 손해액은 12였다. 뷸만 신뢰도 기법을 응용하여 내년도 (1) 클레임 빈도 (2) 평균 건당 손해액 (3) 총합 손해액을 예측하라.

**풀이**

(1) 클레임 빈도

〈예제 5-14〉로부터 $k = 0.5714$와 $M = E(N) = 32$를 알고 있다. $n = 1$이고

$$Z = \frac{1}{1 + 0.5714} = 0.6364$$

예측 클레임 빈도 $= (0.6364)(26) + (1 - 0.6364)(32) = 28.1816$

(2) 평균 건당 손해액

$k = 2.7717, M = E(X) = 8.75, n = 26$을 알고 있다.

$$Z = \frac{26}{26 + 2.7717} = 0.9037$$

예측 평균 건당 손해액 $= (0.9037)(12) + (1 - 0.9037)(8.75) = 11.6870$

(3) 총합 손해액

$k = 0.7607, M = E(S) = 280, n = 1$을 알고 있다.

$$Z = \frac{1}{1 + 0.7607} = 0.5680$$

예측 총액 손해액 $= (0.5680)(26)(12) + (1 - 0.5680)(280) = 298.1760$

## 1.3 고전적 신뢰도와 뷸만 신뢰도의 비교

고전적 신뢰도와 뷸만 신뢰도의 공식은 서로 상이한 것처럼 보이지만 아래에서처럼 매우 유사한 그래프를 보여준다.

**그림 5-3** 고전적 신뢰도와 뷸만 신뢰도

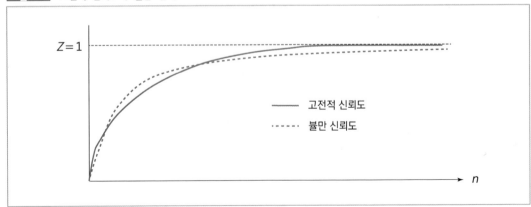

두 신뢰도의 가장 큰 차이점은 뷸만 신뢰도의 $Z$는 결코 1이 될 수 없다는 사실이다. 두 신뢰도는 주어진 상황에 따라 각각 예측값의 정확성과 안정성을 효율적으로 증진시킬 수 있다. 만일 뷸만 신뢰도의 모수 $K$가 사고건수로 표현된다면 고전적 신뢰도의 전신뢰도 기준 $n_0$이 뷸만 신뢰도의 $K$값보다 대략 7~8배 큰 범위 내에서 두 신뢰도는 매우 유사한 모습을 보일 수 있다.

뷸만 신뢰도 기법은, 특히 담보의 요율 등 세부적인 요율변수들의 가장 정확한 요율을 산출하고자 할 때 최소의 오차로 가장 정확한 결과를 도출해내는 방법으로 기법 자체가 매우 견고한 반면, EPV와 VHM 계산의 복잡성이 뒤따른다. 반면에, 고전적 신뢰도는 EPV와 VHM 계산이 어렵거나 불가능할 때 사용될 수 있는데, 상품의 종합적인 요율계산(인상 또는 인하)을 결정할 때 적용된다. 계산하기가 편리하다는 장점이 있으나, 객관성과 정확성 면에서 뷸만 신뢰도에 비해 떨어지는 단점이 있다.

## 1.3.1 고전적 신뢰도와 뷸만 신뢰도의 혼합모델

이 두 신뢰도의 단점을 보완하기 위해 두 신뢰도를 혼합하는 방법이 있다. 두 신뢰도의 기본 공식은 다음과 같다.

$$\text{고전적 신뢰도 } Z_C = \sqrt{\frac{n}{n_F}}$$

$$\text{뷸만 신뢰도 } Z_B = \frac{N}{N+K}$$

$Z_B = N/(N+K) = (N/N_F)^{0.5} = Z_C$로 등식이 성립되도록 만든다면, 두 신뢰도의 $Z$값은 동일하게 된다. 이를 $K$함수로 풀면, $K = N_F(N/N_F)^{0.5}[1-(N/N_F)^{0.5}] = N_F Z_C(1-Z_C)$가 된다. $Z_B = Z_C$라 가정했으므로, $K = N_F Z(1-Z)$가 된다.

만일 $R = N_F/K$로 가정하면, $1/R = Z(1-Z)$이 되는데, 〈그림 5-3〉에서처럼, $R = 1/Z(1-Z)$이 주어질 때 $Z$값과 $(1-Z)$값이 되는 곳에서 두 그래프는 서로 교차하게 된다. 즉, R의 공식은 동일한 신뢰도를 가지는 두 개의 점을 의미한다. $Z = 50\%$일 때, $R = 4$가 되고 두 곡선은 그래프의 중간 부분에서 교차하게 된다. 그래프의 끝 부분 가까이에서 교차하려면, $Z$값은 0 또는 1에 가까워야 한다. 이럴 경우, $R$값은 무한대에 가까워지므로 $R$값은 적어도 4여야 한다.

우리는 두 곡선이 가능한 한 전 범위에서 근접하게 만들 필요가 있다. 그러기 위해, 두 곡선 사이의 공간을 최소화시켜야 한다. 먼저, 고전적 신뢰도의 전신뢰도 기준을 정한다. 예를 들면, 전신뢰도 기준을 $P = 90\%$와 $k = 5\%$라 할 경우, 이에 상응하는 클레임은 1,082건이 된다. 신뢰도 계산을 클레임 건수에 의한다면, 여러 클레임 수들의 고전적 신뢰도에 의한 부분 신뢰도를 구하고, 여러 클레임 수들의 예를 뷸만 신뢰도의 $N$값으로 그리고 임의의 $K$값들과 함께 뷸만 신뢰도

$Z$값을 계산한다. 고전적 신뢰도값과 여러 임의의 $K$값들에 의한 뷸만 신뢰도값과의 차액에 제곱을 한 후, 제곱의 합이 최소화될 때까지 여러 임의의 $K$값을 적용하여 본다. 합이 최소화될 때의 $K$값이 뷸만 신뢰도에 적용되며, 이때가 바로 고전적 신뢰도에 가장 근접한 시점이 된다. 위와 같은 반복적인 작업이 요구되는데 컴퓨터 프로그램으로 쉽게 행하여질 수 있다.

위에서는 빈도와 심도의 분석시, 몇 가지의 통계 분포모형만을 다루었으나, 계리사들은 다른 모든 통계 분포를 이용해 분석할 능력을 갖추어야 한다. 부록에서는 빈도와 심도 분석시 가장 일반적으로 사용되는 통계 분포의 평균값과 분산을 정리하고 있다. 그러므로, 다른 여러 통계 분포에 의한 $EPV$와 $VHM$ 계산에 응용할 필요가 있다.

## 1.4 뷸만-스트라웁 신뢰도(Bühlmann-Straub Credibility)

뷸만 신뢰도의 중요한 한계는 손해액 데이터 변수 $X_i$가 동등하게 분포되어 있다고 가정하는 것이다. 즉, 각 등급별 익스포저수가 동일하다고 본다. 만일, 데이터가 다른 익스포저로 다른 기간 동안 수집되었다면 이런 가정은 모순이 된다. 즉, 뷸만 신뢰도는 익스포저의 크기나 변동성을 고려하지 않는다. 뷸만-스트라웁 신뢰도는 손해액 데이터 변수 $X_i$가 동등하게 분포되어 있지 않은 경우에 뷸만 신뢰도의 연장이라 할 수 있다. 즉, 각 등급별 익스포저수가 다른 경우에도 가능하다. 특히, 프로세스 분산이 익스포저에 의존한다는 가정에서다. 이 점을 제외하고는 계산방법 등 모든 면에서 유사하다.

변수 $m_i$는 익스포저, 변수 $X_i$를 1 익스포저당 손해액이라 하자. 여기서 익스포저가 반드시 피보험자의 수가 될 필요는 없다. 모수 $\theta$는 임의변수(random sample) $\Theta$의 관측값이다. $X_i$의 조건부 기댓값과 분산값은 다음과 같다.

$$E(X_i|\theta) = \mu_X(\theta), \ \ Var(X_i|\Theta) = \frac{\sigma_X^2(\Theta)}{m_i}$$

여기서 몇 가지 예를 들어본다. $X_i$는 $i$년도의 피보험자당 평균 사고건수이며, $\sigma_X^2(\Theta)$는 피보험자당 사고빈도의 분산이면, 익스포저 $m_i$는 $i$년도에 보장된 피보험자수이다. 두 번째 예는, $X_i$가 계약집단 중 $i$번째일 때 매월 평균 총손해액이고, $\sigma_X^2(\Theta)$는 한 달 안에 그 계약집단의 총손해액 분산이면, 익스포저 $m_i$는 계약들 중 $i$번째 집단의 클레임 개월 수이다. 세 번째 예는, $X_i$는 $i$년도의 보험료 단위당 평균 손해액이고, $\sigma_X^2(\Theta)$는 연간 한 피보험자의 손해액을 피보험자당 보험료로 나눈 분산이면, 익스포저 $m_i$는 $i$년도에 받은 보험료이다.

모수 $\theta$는 임의변수 $\Theta$의 관측치이다. 주어진 $\theta$에서, $X_i$의 조건부 평균과 분산값은 다음과 같은데, $\sigma_X^2(\theta)$는 위 세 가지 예로서 적합하게 정의되며, $i \in (1,...,n)$이다.

$$E(X_i|\theta) = \mu_X(\theta)$$

$$Var(X_i|\theta) = \frac{\sigma_X^2(\theta)}{m_i}$$

$X_i$의 무조건 평균과 조건적 분산의 평균(mean of the conditional variance)은 다음과 같다. 참고로, $EPV$는 $\mu_{PV}$로 VHM은 $\sigma_{HM}^2$으로 표기되기도 한다.

$$E(X_i) = E[E(X_i|\Theta] = E[\mu_X(\Theta)] = \mu_X$$

$$E[Var(X_i|\Theta)] = E[\frac{\sigma_X^2(\Theta)}{m_i}] = \frac{\mu_{PV}}{m_i}, \ i \in (1,...,n)$$이며,

$i \in (1,...,n)$이며 $\mu_{PV} = E[\sigma_X^2(\Theta)]$이다.

조건적 기댓값의 분산(variance of the conditional mean)
$$= Var[E(X_i|\Theta)] = Var[\mu_X(\Theta)] = \sigma_{HM}^2$$ 이다.

이에 따라, 뷸만-스트라웁 신뢰도의 계산방법을 정리하면 다음과 같다.

$$m = \sum_{i=1}^{n} m_i$$

$$\overline{X} = \frac{1}{m}\sum_{i=1}^{n} m_i X_i \ and \ k = \frac{\mu_{PV}}{\sigma_{HM}^2}$$

$$Z = \frac{m}{m+k}$$

예측 $X_{n+1} = Z\overline{X} + (1-Z)\mu_X$

뷸만-스트라웁 방법을 아래의 예와 함께 이해해보도록 하겠다. 피보험자 한 명당 연간 발생 사고수는 임의변수 $\beta N(2,\theta)$를 가진 이항분포(binomial distribution)이며, 사고는 피보험자 간에 서로 독립적이다. 이항분포 확률변수 $\theta$는 모수 $\alpha=1$과 $\beta=10$인 베타 분포이다. 아래의 표는 어느 계약집단에게 주어진 데이터이다. 뷸만-스트라웁 신뢰도 기법으로 2024년도 클레임수를 예측하겠다.

| 연도 | 피보험자수 | 클레임 수 |
|------|-----------|----------|
| 2021 | 100 | 7 |
| 2022 | 200 | 13 |
| 2023 | 250 | 18 |
| 2024 | 280 | ? |

$m_i$는 $i$년의 피보험자수, $X_i$는 $i$년의 피보험자당 클레임수, $X_{ij}$를 $\beta N(2,\theta)$로 분포된 $i$년의 $j$번째 피보험자의 클레임수라고 정의하면 다음의 조건부 기댓값과 분산을 구할 수 있다.

$$E(X_i|\Theta) = \frac{1}{m}\sum_{j=1}^{m_i} E(X_{ij}|\Theta) = 2\Theta$$

$$\sigma_{HM}^2 = Var[E(X_i|\Theta)] = Var(2\Theta) = 4\,Var(\Theta)$$

변수 $\Theta$가 모수 $\alpha = 1$과 $\beta = 10$로 분포되므로 다음을 계산할 수 있다.

$$Var(\Theta) = \frac{\alpha\beta}{(\alpha+\beta)^2(\alpha+\beta+1)} = \frac{10}{(11)^2(12)} = 0.006887$$

$$Var(X_i|\Theta) = \frac{2\Theta(1-\Theta)}{m_i}, \ \ \mu_{PV} = 2E[\Theta(1-\Theta)]$$

$$E(\Theta) = \frac{\alpha}{\alpha+\beta} = 0.0909$$

$$\begin{aligned}\mu_{PV} &= 2E[(\Theta) - E(\Theta^2)] = 2E(\Theta) - (Var(\Theta) + [E(\Theta)]^2) \\ &= 2(0.0909) - [0.006887 + (0.0909)^2] = 0.1515\end{aligned}$$

뷸만−스트라웁 방법의 매개변수 $k$는 다음과 같이 계산된다.

$$k = \frac{\mu_{PV}}{\sigma_{HM}^2} = \frac{0.1515}{(4)(0.006887)} = 5.5$$

$m = 100 + 200 + 250 = 550$이므로 뷸만−스트라웁 신뢰도를 계산한다.

$$Z = \frac{550}{550 + 5.5} = 0.9901$$

현재, $\mu_X = E[E(X_i|\Theta)] = (2)(0.0909) = 0.1818$

$$\overline{X} = \frac{7 + 13 + 18}{550} = 0.0691$$

그러므로, 피보험자당 예측 클레임수는=

$$(0.9901)(0.0691) + (1 - 0.9901)(0.1818) = 0.0702$$

2024년 총 클레임수를 예측하면, $(280)(0.0702) = 19.66$건이 된다.

과거부터 현재까지도 대부분 미국 손해보험 상품들의 요율분석에서는 고전적 신뢰도 또는 뷸만 신뢰도를 사용하고 있으며, 뷸만−스트라웁 신뢰도는 건강보험 상품에 적용되는 것이 일반화되어 있다.

## 2. 베이지언 분석(Bayesian Analysis)

본서 앞부분 제4장 모수적 추정 방식의 이해에 있는 베이지언 추론에서 다루었던 내용을 여기에서 중복으로 다루지는 않는다. 베이지언 추론에서는 베이지언 이론의 기본적인 개념을 통계학적인 관점에서 설명하였다면 여기서는 베이지언 이론이 어떻게 신뢰도 이론에 연관되는지와 보험 실무에 어떻게 적용되고 활용되는지에 초점을 맞추어 설명한다.

베이지언 분석은 사전가정(prior hypothesis)을 업데이트하는 하나의 기법으로 뷸만 신뢰도의 사용과 깊이 연관되어 있다. 베이지언 분석은 신뢰도 평가를 직접 계산하기보다 신뢰도의 확률 평가를 의미한다. 베이지언 분석은 $Z$를 구하는 특별한 계산법이 있는 것은 아니다. 다만, 경험치에 분포되어 있는 가정이 만들어져 경험에 의한 평가는 새로운 정보가 반영되도록 수정되어야 한다는 개념에 의한다. 다시 말해, 새로운 정보는 경험치 안에 확률적인 방법이 수반되어야 한다. 이것이 경험치의 비중에 의해 신뢰도를 구하는 뷸만 신뢰도와 다른 점이다. 다만, 어떤 특별한 수학적인 경우에서 베이지언 분석에 의한 예측값과 뷸만 신뢰도에 의한 예측값은 같을 수 있다. 실제로, 확률적인 방법에 의해 새로운 정보를 경험치에 반영하는 것은 매우 복잡하고 어려운 문제로 보험업계에서 베이지언 분석을 자주 사용하고 있지는 않으나, 그 이론의 중요성과 보험계리의 전문성을 위해 이해해야 하는 이론임에는 분명하다.

조건분포(conditional distribution)의 예와 함께 베이지언 분석에 대해 알아보도록 하겠다.

예를 들어, 보험계리학을 전공하는 학생 중에 40%는 계리모형론 시험 강의를 듣고, 보험계리학을 전공하는 학생 중에 30%는 강의도 듣고 계리모형론 시험에도 합격한다고 가정하자. 강의를 들은 학생의 얼마가 계리모형론 시험에 합격하는가?

위의 예에서, 보험계리학을 전공하는 학생이 100명이라면, 40명은 계리모형론 시험 강의를 듣는다. 이 40명 중에 30명은 계리모형론 시험에 합격한다. 그래서 강의를 듣는 학생의 30%/40%＝75%는 계리모형론 시험에 합격한다. 이것이 조건확률(conditional probability)의 매우 단순한 예이다.

제4장에서 다루었던 내용을 다시 상기하여 보자. 사건 $B$가 발생한 전제하에 사건 $A$가 발생할 조건확률은 $P(A|B) = P(A\&B)/P(B)$로 정의된다. 위의 단순한 예에서 사건 $A$는 시험에 합격한 학생이고 사건 $B$는 강의를 들은 학생이라 하면, $P(A\&B)$은 강의도 듣고 시험도 합격한 학생의 확률로서 30%이며, $P(B)$는 40%이다. 그러므로, 강의를 듣는 전제하에 시험에 합격할 조

건확률 $P(A|B) = P(A\&B)/P(B) = 30\%/40\% = 75\%$가 된다.

또 하나의 조건분포(conditional distribution) 예와 함께 베이지언 분석을 알아보자.

**표 5-16**

| 피보험자 유형 | 선택확률 | 1클레임 발생 가능성 |
|---|---|---|
| A | 75% | 10% |
| B | 25% | 20% |

〈표 5−16〉에서처럼, 베르누이 빈도분포를 따르는 두 종류의 피보험자 유형이 있다. A유형이 선택될 확률은 75%로서 클레임 하나가 발생할 가능성이 10%이며, B유형이 선택될 확률은 25%로서 클레임 하나가 발생할 가능성이 20%라 가정하자. 무작위로 한 명의 피보험자가 선택될 때, 그 피보험자가 어느 유형인지 상관없이 클레임이 발생할 가능성은 $0.75(0.10) + 0.25(0.20) = 0.125$, 즉 $P(n = 1) = 12.5\%$이다. 반대로, 클레임이 발생하지 않을 가능성은 $P(n = 0) = 87.5\%$가 된다.

만일, 무작위로 선택한 한 명에게 클레임이 발생하지 않았을 경우, 이 피보험자가 A유형일 가능성은 조건부 확률의 법칙에 의해 확률은 $P(유형 = A|n = 0) = P(유형 = A \text{ and } n = 0)/P(n = 0)$이며, $P(유형 = A \text{ and } n = 0) = P(n = 0|유형 = A)P(유형 = A) = 0.9(0.75)$가 되므로, $P(유형 = A|n = 0) = \{P(n = 0|유형 = A)P(유형 = A)\}/P(n = 0) = 0.9(0.75)/0.875 = 0.7714$이다. 반대로, 이 피보험자가 B유형일 가능성은 $1 - 0.7714 = 0.2286$이 된다.

베이지언 이론에 의해, 조건확률의 공식은
$P(A|B) = P(A\&B)/P(B) = [P(B|A)P(A)]/P(B)$로 정의된다.

무작위로 한 명의 피보험자가 선택되어 관측 후의 확률뿐만 아니라 이를 이용하여 동일한 피보험자가 다시 선택될 때의 클레임이 발생할 확률을 측정할 수 있다. 클레임이 발생하지 않은 것을 관측한 후, 동일 피보험자의 사고 가능성을 예측할 경우, 이는 $0.7714(10\%) + 0.2286(20\%) = 12.29\%$가 된다. 처음 관측 후의 예측값 12.29%는 주어진 가설의 범위인 10%에서 20% 내에 있으며 베이지언 분석의 일반적인 현상이라 하겠다.

베이지언 분석의 예측값은 주어진 가설의 범위 내에 있으나, 신뢰도에 적용할 때에는 반드시 같은 결과값이 나오는 것은 아니다. 베이지언 법칙은 어떤 사건의 사후확률(posterior probability), 즉 어떤 사건이 이미 일어났을 때 연속해서 또 다른 어떤 사건이 일어날 조건부 확률을 구하기 위하여 사용된다.

**표 5-17**

| (1)<br>유형 | (2)<br>사전확률 | (3)<br>클레임 확률 | (4)<br>(2)x(3) | (5)<br>동일유형 사후확률 |
|---|---|---|---|---|
| A | 75% | 10% | 0.075 | 0.600 |
| B | 25% | 20% | 0.050 | 0.400 |
| 합계 | | | 0.125 | 1.000 |

무작위로 한 명을 선택하였고 그 사람에게 클레임이 발생하였다. 그 피보험자가 A유형일 가능성은 조건부 확률의 법칙에 의해 $P(유형 = A \mid n = 1) = P(유형 = A \ \text{and} \ n = 1)/P(n = 1)$ $= (0.75)(0.10)/(0.125) = 0.60$, B유형일 가능성은 $P(유형 = B \mid n = 1) = P(유형 = B \ \& \ n = 1)/P(n = 1) = (0.25)(0.20)/(0.125) = 0.40 = 1 - P(유형 = A \mid n = 1)$이 된다. 이는 $0.6 = 0.075/0.125$과 $0.4 = 0.05/0.125$와 동일하다. 무작위로 선택된 피보험자가 클레임이 있었고 동일한 피보험자로부터 다시 클레임이 발생할 가능성은 $(0.6)(10\%) + (0.4)(20\%) = 14.0\%$가 된다. 클레임을 관측한 후, 예측값 14.0%는 관측 전 예측값인 12.5%보다 크다. 유사하게, 클레임이 발생하지 않음을 안 후 클레임이 발생할 예측값 12.29%는 관측 전 예측값인 12.5%보다 작음을 알 수 있다.

관측 후 예측값의 가중평균은 관측 전의 평균과 같다. 수식으로 표현하면, 클레임이 발생할 가능성은 12.5%이며 클레임이 발생하지 않을 가능성은 87.5%이므로, $(0.125)(14.0\%) + (0.875)(12.29\%) = 12.5\%$이다. 다시 말해, 베이지언 분석에 의한 예측값은 항상 균형을 이룬다. 만일, $D_i$를 발생 가능한 결과라 한다면, 베이지언 분석에 의한 예측값은 $E[X \mid D_i]$이며, $\Sigma P(D_i) E[X \mid D_i] = E[X]$로서 관측 전의 평균값이 된다.

베이지언 분석의 결과는 일반적으로 뷸만 신뢰도 예측값에 근접한다. 뷸만 신뢰도는 $N$의 일차함수이나, 베이지언 분석은 관측되는 모수 $N$의 일차함수가 되지는 않는다. 그러나, 일반적으로 뷸만 신뢰도 예측값은 베이지언 분석 결과의 가중 최소자승 선형근사(least square linear approximation)에 맞춰지는 경향이 있다.

베이지언 분석이 보험분야에서 어떻게 활용될 수 있는지의 예를 들어보자. 어느 보험계약자가 특정 보험상품을 갱신하려고 한다. 현재 계약 기간 동안 사고가 발생하여 보험금이 지급되고 있는 상태이다. 이 보험상품은 관련된 과거 경험 통계가 많지 않고 상당한 고액의 보험료와 함께 상당한 고액의 보험금이 청구될 수 있는 보험 상품이라서, 보험 회사는 재계약을 인수하기 전에 리스크 분석뿐만 아니라 베이지언 분석을 통해 빈도와 심도를 분석하여 그 결과를 언더라이팅에 활용할 수 있다. 또한, 적절한 보험료 산출을 위한 정보를 제공할 수도 있다. 항공 보험이나 전문인 배상책임 보험과 같은 특종 보험상품에 해당되는 예이다. 그러므로, 베이지언 분석은 여러 보험분야에서 널리 활용할 수 있는 이론이다.

## 예제 5-16

네 개의 다른 접시 안에는 많은 수의 검정콩과 빨간색 콩이 들어있다. 각 접시 속에 검은색 콩은 각기 다른 비율로 들어 있으며 접시를 선택할 가능성도 아래의 표와 같이 다르다.

| 접시형태 | 사전확률 | 검은콩이 선택될 확률 |
|---|---|---|
| A | 40% | 5% |
| B | 30% | 8% |
| C | 20% | 13% |
| D | 10% | 18% |

(1) 접시 하나가 선택되고 콩 한 개를 그 접시에서 뽑았을 때, 그 콩이 검은색일 확률은?

(2) 접시 하나가 선택되었고 그 접시에서 콩 한 개를 뽑았는데, 만일 그 콩이 검은색이었다면, 선택된 접시가 A일 확률은?

(3) 접시 하나가 선택되었고 그 접시에서 콩 한 개를 뽑았는데, 만일 그 콩이 검은색이었다면, 선택된 접시가 B일 확률은?

(4) 접시 하나가 선택되었고 그 접시에서 콩 한 개를 뽑았는데, 만일 그 콩이 검은색이었다면, 선택된 접시가 C일 확률은?

(5) 접시 하나가 선택되었고 그 접시에서 콩 한 개를 뽑았는데, 만일 그 콩이 검은색이었다면, 선택된 접시가 D일 확률은?

(6) 접시 하나가 선택되었고 그 접시에서 콩 한 개를 뽑았는데, 만일 그 콩이 검은색이었다면, 같은 접시에서 다음 콩을 뽑을 때 그 콩이 검은색일 확률은?

### 풀이

| 접시형태 | 사전확률[1] | 검은콩 확률[2] | (1)×(2) |
|---|---|---|---|
| A | 40% | 5% | 0.020 |
| B | 30% | 8% | 0.024 |
| C | 20% | 13% | 0.026 |
| D | 10% | 18% | 0.018 |

(1) $(0.4)(0.05) + (0.3)(0.08) + (0.2)(0.13) + (0.1)(0.18) = 0.088$

(2) $P(접시A|검은콩) = P(접시A\&검은콩)/P(검은콩) = 0.02/0.088 = 22.7\%$

(3) $P(접시B|검은콩) = P(접시B\&검은콩)/P(검은콩) = 0.024/0.088 = 27.3\%$

(4) $P(접시C|검은콩) = P(접시C\&검은콩)/P(검은콩) = 0.026/0.088 = 29.5\%$

(5) $P(접시D|검은콩) = P(접시D\&검은콩)/P(검은콩) = 0.018/0.088 = 20.5\%$

(6) $(22.7\%)(5\%) + (27.3\%)(8\%) + (29.5\%)(13\%) + (20.5\%)(18\%) = 0.108$

**예제 5-17**

사격선수 3명이 있다. 그들의 사격경기 결과는 평균점수와 표준편차와 함께 정규분포되며 그 결과는 다음과 같다.

| 선수 | 평균점수 | 표준편차 |
|---|---|---|
| A | 10 | 3 |
| B | 20 | 5 |
| C | 30 | 15 |

(1) 한 명의 사격선수가 차출되어 두 발을 발사한 결과, 10과 14의 점수를 얻었다. 이 사격선수가 B일 가능성은 얼마인가?

(2) 한 명의 사격선수가 차출되어 두 발을 발사한 결과, 10과 14의 점수를 얻었다. 같은 선수가 다시 한 발을 발사할 때, 그 결과의 베이지언 예측은 얼마인가?

💡 풀이

(1) 정규분포의 밀도함수는 $f(x) = \exp[-.5\{(x-\mu)/\sigma\}^2]/\{\sigma\sqrt{2\pi}\}$이다. 그러므로, 사격선수 A의 14점에서 밀도함수는 $\exp[-.5\{(14-10)/3\}^2]/\{3\sqrt{2\pi}\} = 0.0547$이다.

| 선수 | $\mu$ | $\sigma$ | 사전확률[(1)] | 10 확률 | 14 확률 | 관측확률[(2)] | (1)×(2) |
|---|---|---|---|---|---|---|---|
| A | 10 | 3 | 1/3 | 0.1330 | 0.0547 | .007270 | .002423 |
| B | 20 | 5 | 1/3 | 0.0108 | 0.0388 | .000419 | .000140 |
| C | 30 | 15 | 1/3 | 0.0109 | 0.0151 | .000165 | .000055 |

B일 가능성 $= 0.000140/(0.002423 + 0.000140 + 0.000055) = 5.34\%$

(2) 위 (1)의 방법에 의해,

A일 가능성 $= 0.002423/(0.002423 + 0.000140 + 0.000055) = 92.56\%$

C일 가능성 $= 0.000055/(0.002423 + 0.000140 + 0.000055) = 2.10\%$

베이지언 예측값 $= 0.9256(10) + 0.0534(20) + 0.0210(30) = 10.954$

## 3. 보충신뢰도 방법

신뢰도를 감안한 계리적인 예측값을 계산하는 기본공식은 아래와 같다.

$$\text{예측값} = Z \times \text{경험결과} + (1-Z) \times \text{관련경험결과}$$

공식의 앞부분 '$Z \times$경험결과'는 분석하려고 하는 대상의 경험치로부터 도출된 결과에 대한 신뢰부분인 반면, 뒷부분은 경험치에 신뢰도를 적용하고 남은 신뢰도를 적용하는 부분, 즉 '$(1-$

$Z) \times$관련경험결과'를 보충(또는 보완) 신뢰도(complement of credibility)라 표현한다. 때에 따라서, 보충신뢰도 부분이 경험치보다 더 중요할 수도 있다. 여분 신뢰도 $(1-Z)$가 적용될 보충신뢰도 부분을 위한 이상적인 조건이 있는데, 우선 편견 없이 정확해야 한다. 또한, 계산하기가 간편하고 수시로 활용될 수 있는 통계가 바람직하다. 비록 통계적으로 경험데이터와 독립적이어야 하지만, 논리적으로는 경험데이터와 연관성이 있어야 한다.

보충신뢰도 부분은 경험치 결과보다 너무 크거나 작아서는 안 된다. 그럴 경우, 편견이 존재할 수 있다. 요율산정시 미래의 예측 손실을 평가하는 데 오차가 클 경우 보충신뢰도는 정확하다고 설명할 수 없다. 보충신뢰도 부분을 정하는 데 있어 계산은 간단하고 쉽게 얻어질 수 있어야 한다. 이것은 특히 요율 승인을 위해 해당 감독기관에 제출시 중요할 수 있다.

만일, 보충신뢰도 부분이 통계적으로 경험데이터와 독립적이지 않으면, 경험데이터의 결과가 중복되어 반영될 수 있다. 예를 들어, 경험데이터는 20대 연령인데 보충신뢰도 부분에 쓰일 데이터는 전연령인 경우이다. 그렇지만, 경험데이터와는 논리적인 연관성을 유지해야 한다. 예를 들면, 자동차 사고 빈도 예측시 보충신뢰도 부분을 전자회사의 물품 고장률로 사용한다면 논리적인 해석을 할 수 없게 된다.

미국의 저명한 계리사인 조셉 보어(Joshep Boor)는 오래전에 보충신뢰도에 관해 매우 타당성 있는 이론과 방법론을 미국 손해보험계리사회를 통해 발표했는데, 보충신뢰도를 결정하는 여러 합리적인 방법론을 원수보험부분과 초과보험부분 두 가지로 나누어 발표하였다. 현재까지, 거의 많은 미국 손해보험회사들은 그의 방법론을 사용하고 있는데, 여기서는 요율산정시 적용되는 예를 가정으로 설명하도록 하겠다.

## 3.1 원수보험부분의 보충신뢰도 방법

원수보험은 거의 대부분 일부 소액의 자기부담금 후 일정한 책임한도까지를 보상해 주는 상품으로 구성되며, 자동차보험, 집보험, 책임보험, 산재보험 등이 이에 해당되고, 요율산정시 경험결과를 기본 통계로 사용한다. 여기서 언급하는 경험 기본 통계란 분석에 직접적으로 사용하는 자료를 말한다. 예를 들어, 보험금으로 6천만원이 책정되었는데 자기부담금이 1백만원이고 최대 보상한도가 5천만원인 상품의 경우, 원수보험사는 자기부담금 1백만원과 최대 보상한도 5천만원을 초과한 부분을 제외한 4,900만원을 경험 기본 통계로 사용한다. 만일, 최대 보상한도가 1억원인 경우 원수보험사는 5천만원을 초과하는 보험금에 대해서 재보험에 가입할 수 있다. 이런 경우도 마찬가지로 원수보험사는 4,900만원을 경험 기본 통계로 사용한다. 5천만원을 초과한 보험금에 대해서는 물론 초과금액이 재보험으로 전가돼서 부담은 없지만 재보험료 분석이나 재보험 가입 시 적정한도(threshold) 분석을 위한 기본 통계로 활용한다. 이들 초과부분에 대한 보충신뢰도 방법은 바로 다음에 설명된다.

원수보험의 보충신뢰도 부분을 정하는 방법은 다음과 같다.

(1) 모데이터를 포함한 대집단 정보
(2) 연관 대집단 정보
(3) 현재요율이 적용되는 대집단의 수정
(4) 추이된 현재요율
(5) 하웨인(Harwayne) 방법
(6) 경쟁사 요율

이들 방법은 순보험료 방식이나 손해율 방식 어디에도 적용될 수 있다.

### 3.1.1 모데이터를 포함한 대집단 정보(Loss costs of a large group including the class)

예를 들어, 직전 1년간의 경험데이터를 이용해 요율 조정을 산출하고자 한다. 요율산정 방식에 의해 요구된 요율은 3% 인상이었고 경험데이터의 양에 의해 계산된 신뢰도를 30%라 가정하자. 최근 몇 해 동안 경험치에 의한 요율변경이 미미했다고 할 경우, 보충신뢰도는 직전 3년간 경험데이터에 의해 산출된 추천요율을 적용하는 것이다. 직전 3년의 데이터는 직전 1년의 모데이터를 포함하고 있으며 직전 3년의 데이터를 분석한 결과, 추천 요율을 5%라고 한다면, 최종 변경률은 $30\%(3\%) + (1-30\%)(5\%) = 4.4\%$로 결정하는 것이다.

다른 예는, 대인상해보험에서 30대 계약자의 손해율을 예측하고자 한다. 경험데이터를 통해 얻은 손해율은 60%이며, 통계 부족으로 인해 신뢰도는 20%로 계산되었다. 계리사는 보충신뢰도로 전연령 계약자의 손해율, 70%를 이용하고자 한다. 그 결과, 30대 계약자의 예측 손해율은 $20\%(60\%) + (1-20\%)(70\%) = 68\%$가 된다.

모데이터를 포함한 대집단 정보를 보충신뢰도로 사용하는 방법은, 처음 예에서처럼, 보충신뢰도에서 사용하는 3년의 경험데이터 안에 1년의 모데이터가 포함됨으로서 통계적으로 경험데이터와 독립적이어야 하는 이상적인 조건에서 벗어나는 단점이 있다. 반면에, 3년의 경험데이터는 1년의 모데이터보다 프로세스 분산이 작을 수 있기 때문에 더 정확한 예측을 할 수 있는 장점도 내포한다.

대집단 정보 안에 모데이터를 제외하고 보충신뢰도를 구성한다면, 모데이터와 독립적인 관계를 갖게 된다. 대집단 정보 안에 모데이터를 포함할 때는, 모데이터가 보충신뢰도를 위한 데이터 안에 너무 큰 비중을 차지하지 않도록 주의할 필요가 있다. 예를 들어, 위의 예에서 직전 1년의 데이터 양이 직전 3년 동안의 총데이터 양에 70%를 차지한다면 이 방법에 의한 예측은 적합하다고 볼 수 없다는 의미이다. 보험에서 신규 상품 출시 후 몇 년이 안 된 상품의 분석에는 적합하지 않다고 말할 수 있다.

이 방법은 일반적으로 이용하기 간편하고 계산하기 쉬우며, 모데이터와 논리적인 연관성이 있는 장점이 있다.

### 3.1.2 연관 대집단 정보(Loss costs of a larger related class)

자동차 보험에서 대형차종의 순보험료 계산시, 보충신뢰도로 다목적 또는 중형차종의 요율을 사용하는 경우가 이에 해당한다. 이는 모데이터를 포함한 대집단 정보 방법과 매우 유사하다. 그러나, 다목적차량이 대형차량과 동일하지는 않으므로 통계적인 편차를 줄일 수 있도록, 계산과정에서 조정이 필요할 수 있다.

모데이터를 포함하지 않으므로, 연관 대집단 정보 방법은 모데이터를 포함한 대집단 정보 방법보다 나은 독립적인 선택이라 할 수 있다. 이 방법 역시, 이용이 간편하고 계산하기 쉽다. 한 가지 주의할 점은, 얼마만큼 모데이터와 연관성이 깊은가라는 것이다. 예를 들어, 다목적 차종은 대형차종과 연관성이 깊으나, 이륜차와는 연관성이 멀어 이륜차를 보충신뢰도로 이용하는 것은 부적절하다고 하겠다. 또 다른 예로는 20대 남성 대상 실손보험의 순보험료 분석에서, 20대 남성 실손보험의 경험데이터 부족으로 보충신뢰도 부분에 60대 남성의 경험값을 이용한다면 두 연령대의 건강 패턴이 전혀 다르기 때문에 60대 남성을 보충신뢰도로 이용하는 것은 부적절하다.

### 3.1.3 현재요율로 적용되는 대집단의 수정(Rate change from the larger group applied to present rate)

모데이터를 포함한 대집단 정보 방법에서 대집단 정보의 순보험료를 사용할 경우, 통계적인 편차가 발생할 수 있는데, 순보험료 대신 조정률을 사용한다면, 편차를 줄일 수 있게 된다.

예를 들어, 모데이터에는 20대 남성만이 있고 대집단은 전연령을 포함한다고 가정하자. 그리고, 모데이터에서 분석된 순보험료는 90만원이나, 대집단의 추천 순보험료는 110만원, 대집단의 현재 평균 순보험료는 100만원이라 할 때, 보충신뢰도는 대집단의 추천 순보험료를 수정한 $900,000 \times (1,100,000/1,000,000) = 990,000$원을 이용한다.

$$\text{보충신뢰도} = \text{모데이터의 순보험료} \times \frac{\text{대집단의 추천 순보험료}}{\text{대집단의 현재 평균 순보험료}}$$

이 방법은 모데이터와 대집단 데이터의 순보험료가 크게 다를 경우, 보충신뢰도의 편차를 크게 줄일 수 있다. 특히, 요율변경이 적을 경우, 보충신뢰도의 정확성은 상대적으로 향상된다고 볼 수 있다. 이 방법 역시, 이용이 간편하고 계산이 쉬우며 논리적인 해석이 가능한 면이 있다.

### 3.1.4 추이된 현재요율(Trended present rates)

보충신뢰도를 위해 다른 여타 데이터 또는 대집단 데이터 사용이 어려울 때, 또는 모데이터에 의한 값과 대집단의 값이 비슷하여 보충신뢰도 부분에 대집단 값을 사용하는 데 의미가 없을 때, 현재요율에 추이를 감안한 결과를 대안으로 사용한다. 추이된 현재요율을 이용한 보충신뢰도 공식은 다음과 같다.

$$보충신뢰도 = 현요율(순보험료) \times 손해추이계수 \times \frac{이전\ 추천\ 순보험료}{이전\ 반영\ 순보험료}$$

아래의 예와 함께, 보충신뢰도 계산을 하여보자. 현재 순보험료 수준은 100만원이며, 연간 평균 손해액은 물가 상승 등에 따라 자연적으로 10%씩 상승하고 있다고 가정하자. 2024년 7월 1일, 손해율 조정시 추천된 순보험료 조정률은 +10%였으나, +5%만이 실행되어 실제 요율에 반영되었다. 새로운 순보험료 조정률의 실행은 2025년 4월 1일로 결정되었다. 우선, 손해액의 추이 기간을 측정해야 한다. 이 기간은 이전 순보험료 조정 유효일에서부터 새로운 순보험료 실행일까지인 기간으로 9개월, 즉 3/4년이 된다. 공식에 의해,

$$보충신뢰도 = 1,000,000 \times (1.10)^{3/4} \times \frac{1.10}{1.05} = 1,125,250$$

위의 식에서 두 번째 항의 1.10은 자연적인 상승 10%를 의미하며, 식의 분수는 2024년 7월 1일에 원래 10%의 조정이 필요했으나 5%만 반영되었기에 미반영된 부분을 의미하는 것이다. 만일, 현재 순보험료 수준에 적용되는 신뢰도 $Z$값이 70%라면, 추이된 현재요율 방식에 의한 새로운 추천요율은

$$추천\ 순보험료 = (0.70)(1,000,000) + (1-0.70)(1,125,250) = 1,037,580으로\ 계산된다.$$

이 방법은 모데이터의 분산에 크게 좌우되기 때문에 주로 대량의 데이터와 함께 적용하는 것이 바람직하다.

### 3.1.5 하웨인 방법(Harwayne's method)

하웨인 방법은 모데이터와 연관 데이터가 매우 다른 분포를 보일 경우에 적합하다. 예를 들어, 배상책임보험에서 30대 계약자의 순보험료를 예측하고자 할 때, 가장 바람직한 보충신뢰도는 다른 연령대의 순보험료라고 가정하자. 연령대별로 순보험료는 인구수 또는 생활방식의 차이로 인해 순보험료의 분포는 상이할 수 있으며, 계리사는 이러한 차이를 조정해야 한다.

〈표 5-18〉의 예와 함께, 30대 여성계약자의 순보험료 산정을 위해 보충신뢰도 부분을 계산하고자 한다.

**표 5-18** 하웨인 방법

| 연령대 | 성별 | 계약자수 | 손해액 | 순보험료 |
|---|---|---|---|---|
| 30대 | 남 | 100 | 250 | 2.50 |
| | 여 | 200 | 600 | 3.00 |
| | 합 | 300 | 850 | 2.83 |
| 40대 | 남 | 180 | 468 | 2.60 |
| | 여 | 350 | 1,225 | 3.50 |
| | 합 | 530 | 1,693 | 3.19 |
| 50대 | 남 | 200 | 550 | 2.75 |
| | 여 | 400 | 1,500 | 3.75 |
| | 합 | 600 | 2,050 | 3.42 |
| 합계 | 남 | 480 | 1,268 | 2.64 |
| | 여 | 950 | 3,325 | 3.50 |
| | 합 | 1,430 | 4,593 | 3.21 |

먼저, 각 연령대별 순보험료를 계산한다.

$$30대 \ 순보험료 = \frac{100 \times 2.50 + 200 \times 3.00}{100 + 200} = 2.83$$

$$40대 \ 순보험료 = \frac{180 \times 2.60 + 350 \times 3.50}{180 + 350} = 3.19$$

$$50대 \ 순보험료 = \frac{200 \times 2.75 + 400 \times 3.75}{200 + 400} = 3.42$$

다음은, 기준이 되는 30대 순보험료에 40대, 50대의 순보험료를 나눈 수정계수를 구한다.

$$40대 \ 수정계수 = \frac{30대 \ 순보험료}{40대 \ 순보험료} = \frac{2.83}{3.19} = 0.89$$

$$50대 \ 수정계수 = \frac{30대 \ 순보험료}{50대 \ 순보험료} = \frac{2.83}{3.42} = 0.83$$

이들 수정계수는 40대, 50대 여성계약자의 순보험료에 적용한다.

$$40대 \ 여성 \ 수정 \ 순보험료 = 3.50 \times 0.89 = 3.12$$
$$50대 \ 여성 \ 수정 \ 순보험료 = 3.75 \times 0.83 = 3.11$$

위의 수정계수를 구하여 새롭게 수정 순보험료를 계산하는 과정은 보충신뢰도에 쓰일 40대와 50대 여성 데이터값을 모데이터인 30대 여성과 동일한 수준으로 조정하는 과정으로 이해하면 된다. 최종적으로, 보충신뢰도는 40대, 50대 여성 수정 순보험료에 계약자수를 가중한 평균값이 된다. 이로써, 40대와 50대 여성 순보험료를 30대 여성 순보험료 수준으로 수정하였다.

$$보충신뢰도 = \frac{350 \times 3.12 + 400 \times 3.11}{350 + 400} = 3.11$$

예를 들어, 현재 적용되는 신뢰도 $Z$값이 60%이고 하웨인 방법에 의한 30대 여성계약자의 신뢰도에 의해 수정된 추천 순보험료를 계산하면,

$$추천 순보험료 = (0.60)(3.00) + (1 - 0.60)(3.11) = 3.04 가 된다.$$

이 방법은 분포의 차이를 수정함으로 모데이터의 결과와 편차를 제한하는 데 효과적이다. 또한, 모데이터와 보충신뢰도의 데이터와는 논리적인 연관성을 유지하면서 대부분 독립적인 관계에 있다. 다만, 계산의 복잡성에 의해 계리사가 아닌 보험회사의 최고경영자에게 보충신뢰도 기법의 타당성을 설명하기에 어려운 점이 있을 수 있다. 이 방법은 미국의 기업성보험이나 산재보험 등에 활용하는 독특한 방식이다.

### 3.1.6 경쟁사 요율(Competitor's rates)

소규모 보험회사인 경우, 요율산정을 위해 보유하고 있는 데이터의 양이 부족하기 때문에 보충신뢰도로서 경쟁사 요율을 적용하는 것은 가장 쉬운 방법 중에 하나이다. 또한, 업계 간에 경쟁이 갈수록 치열하기 때문에 가장 이해하기 쉬운 방법이라 하겠다. 경쟁사 요율 이외에도 업계 평균 요율을 대신 사용하기도 한다. 이러한 방식은 한국에서 특히 많이 활용되고 있다. 그러나, 경쟁사 요율은 그들과 다른 회사의 영업에 의한 손해경험이기 때문에 경쟁사 요율 적용시 마케팅 고려사항, 자회사의 경영 판단, 또는 감독기관을 설득할 수 있는 논리 등과 함께 준비해야 함은 기본 사항이라 하겠다.

## 3.2 초과보험 부분의 보충신뢰도 방법

원수보험 부분을 초과한 초과보험 부분은 대부분의 경우, 소량의 데이터에 의해 변동성이 심하게 나타난다. 여기서 초과보험 부분이란 앞의 원수보험부분의 보충신뢰도 방법의 예에서 보험금의 어느 일정 수준을 초과한 손해액에 대한 부분을 의미한다. 경험적으로, 담보가입한도 구간 내에는 소량의 클레임만이 존재하므로, 가입한도 이하의 손해 데이터도 같이 더해서 초과부분을 예측하도록 할 필요가 있다. 책임보험인 경우, 손해액의 진전은 상당한 시간이 요구되며, 인플레이션에 의한 영향력도 담보가입한도 구간 안에서 서로 다르게 나타날 수 있다.

이러한 초과보험부분의 예측을 위해 사용될 보충신뢰도는 일반적으로 다음과 같은 네 가지가 있다.

(1) 보상한도 인상계수 또는 담보가입한도 적용계수

(2) 저가입한도 분석법

(3) 가입한도 분석법

(4) 적합 곡선법(fitted curves)

처음 세 가지 방법들은 보충신뢰도를 계산하기 위한 보상한도 인상계수와 손해 데이터가 필요한 반면, 마지막 방법은 적합곡선을 위한 경험 데이터가 필요하며, 분포도로부터 보충신뢰도를 구한다.

### 3.2.1 보상한도 인상계수(Increased limit factor)

보상한도 인상계수 또는 담보가입한도 적용계수(increased limit factors)라 불리는 방법은 담보가입한도 이하에 해당하는 모든 손해 데이터도 포함하여 진행되어야 한다. 담보가입한도 구간 사이의 손해액을 예측하기 위한 보충신뢰도 공식은 다음과 같다.

$$보충신뢰도 = L_A \times (ILF_B - ILF_A)/ILF_A = L_A \times \{(ILF_B/ILF_A) - 1\}$$

$L_A$ = 담보가입한도 $A$ 이하 모든 손해액

$ILF_A$ = 가입한도 구간 중 낮은 한도의 적용계수

$ILF_B$ = 가입한도 구간 중 높은 한도의 적용계수

단, $B > A$

〈표 5-19〉 보상한도 인상계수의 예와 함께, 사고건당 300 한도와 500 한도 구간 사이의 손해액을 예측하고자 보충신뢰도를 구하려 한다.

**표 5-19** 보상한도 인상계수

| 담보가입한도 | 보상한도 인상계수 |
|---|---|
| 100 | 1.00 |
| 200 | 1.15 |
| 300 | 1.40 |
| 500 | 1.75 |
| 1,000 | 2.25 |

경험통계에 의해 사고건당 보장금액 300에 제한된 총손해액을 25,000이라 가정하자. 즉, 300 이하의 모든 사고와 300을 초과한 사고는 300으로 제한한 금액을 모두 합한 것이 25,000이라는 의미이다. 300 한도의 적용계수는 1.40이므로, 300으로 제한된 총손해액을 기본한도 100으로 제한한다면 총손해액은 17,857(=25,000/1.40)으로 동등하게 유추할 수 있다.

500 한도의 적용계수는 1.75이며, 기본한도 100으로 제한되어 수정된 총손해액 17,857은 담보한도 500으로 제한한다면 총손해액 31,250(=17,857×1.75)으로 동등하게 유추할 수 있다. 그러므로, 사고건당 300 한도와 500 한도 구간 사이의 이론적인 손해액은 31,250−25,000=6,250이된다. 이러한 해석은 공식에 의한 계산 결과와 동일하게 된다.

$$보충신뢰도 = 25,000 \times \{(1.75/1.40) - 1\} = 6,250$$

예를 들어, 사고건당 300 한도와 500 한도 구간 사이에 해당하는 실제 손해액이 5,000이지만 신뢰수준이 낮아 $Z=20\%$이었다면, 이 구간의 예측 손해액은 보완신뢰도 부분에 이론적인 손해액을 적용하여 $5,000(0.20) + 6,250(1-0.20) = 6,000$이 된다.

일반적으로, 보상한도 인상계수 또는 담보가입한도 적용계수는 보험회사 자체의 경험데이터에 의해 구해진다. 그러나, 적용계수가 업계 데이터에 의해 계산되고, 회사와 업계의 손해액 분포도가 서로 상이할 경우, 정확성의 오류가 발생할 가능성이 존재한다. 특히, 업계 데이터기 담보가입한도 이하 부분의 모든 손해 데이터를 포함하지 않고 담보가입한도보다 적은 가입한도에 의한 손해액 부분이 제거될 경우, 오류의 가능성은 커진다. 또한, 이 방법은 현재 적용하고 있는 보상한도 인상계수가 적절하다는 전제를 필요로 한다.

그럼에도 불구하고, 보상한도 인상계수 또는 담보가입한도 적용계수 방법은 무비례재보험인 경우 보편적으로 사용되는 요율 기법이라 할 수 있다.

### 3.2.2 저가입한도 분석법(Lower limits analysis)

만일, 손해액의 분포가 널리 퍼져 있어서 데이터에 의존하기가 어려울 때, 계리사는 특정 해당 가입한도보다 적은 한도에서 마감된 손해액을 이용하여 보충신뢰도를 계산할 수 있게 된다. 해당 가입한도보다 적은 한도는 보통 기본 가입한도일 수 있다. 이 방식에 의한 담보가입한도 구간 사이의 손해액을 예측하기 위한 보충신뢰도 공식은 다음과 같다.

보충신뢰도$= L_d \times (ILF_B - ILF_A)/ILF_d$

$L_d$ = 담보가입한도 $d$ 이하 모든 손해액

$ILF_A$ = 가입한도 구간 중 낮은 한도의 적용계수

$ILF_B$ = 가입한도 구간 중 높은 한도의 적용계수

$ILF_d$ = 담보저가입한도 $d$의 적용계수

단, $B > A > d$

〈표 5−19〉에서처럼, 300 한도와 500 한도 구간 사이의 손해액을 예측하기 위해 보충신뢰도를 계산하려 한다. 그러나, 고가입한도의 부족한 손해액 데이터 분포에 의해 저가입한도 분석법을 이용하고자 하며, 가입한도 200의 손해액을 보충신뢰도의 계산에 사용하고자 한다. 가입한도

200의 경험 손해액을 20,000이라 가정하고, 〈표 5-19〉의 적용계수를 이용하면, 보충신뢰도는 $20,000 \times (1.75 - 1.40)/1.15 = 6,087$이다.

담보가입한도가 높을수록 사고건당 손해액의 편차는 커지기 때문에 고가입한도의 총손해액 규모는 분석할 때마다 지속적이지 않게 된다. 이런 경우, 저가입한도 분석법을 이용하게 되는데, 그러나 이 방법이 보상한도 인상계수 또는 담보가입한도 적용계수 방법보다 더 정확한지 아닌지를 판단하기는 어렵다. 특히, 정확성은 가입한도의 손해액 데이터 분포에 크게 좌우하기 때문이다.

### 3.2.3 가입한도 분석법(Limits amalysis)

일반적으로, 원수보험회사는 다양한 종류의 가입한도를 가진 상품을 판매한다. 가입한도 분석법은 모든 가입한도 구간들의 보험료 규모, 기대손해율, 그리고 담보가입한도 적용계수를 이용하여 예상손해액을 구하는 것이다.

$$보충신뢰도 = ELR \times \Sigma P_d \times \{(ILF_B - ILF_A)/ILF_d\}$$

$ELR = $ 전체 기대손해율

$P_d = $ 가입한도 $d$ 계약의 총보험료

$ILF_A = $ 가입한도 구간 중 낮은 한도의 적용계수

$ILF_B = $ 가입한도 구간 중 높은 한도의 적용계수

$ILF_d = $ 담보가입한도 $d$의 적용계수

단, $B > A$

〈표 5-20〉과 함께, 전체 기대손해율을 70%로 가정하고 3백만원 한도와 5백만원 한도 사이의 보충신뢰도를 위한 손해액을 계산하여 보자.

**표 5-20  가입한도 분석법**  (단위: 만원)

| (1)<br>가입한도 | (2)<br>보험료 | (3)<br>기대<br>손해율 | (4)<br>=(2)×(3)<br>예측손해액 | (5)<br>보상한도<br>인상계수 | (6)<br>구간 내<br>(3백~5백)% | (7)=(4)×(6)<br>구간 내 (3백~5백)<br>기대손해액 |
|---|---|---|---|---|---|---|
| 100 | 100,000 | 0.70 | 70,000 | 1.00 | 0.0% | 0 |
| 200 | 40,000 | 0.70 | 28,000 | 1.15 | 0.0% | 0 |
| 300 | 15,000 | 0.70 | 10,500 | 1.40 | 0.0% | 0 |
| 500 | 15,000 | 0.70 | 10,500 | 1.75 | 20.0% | 2,100 |
| 1,000 | 10,000 | 0.70 | 7,000 | 2.25 | 15.6% | 1,090 |
| 합계 | 180,000 | | 126,000 | | | 3,190 |

〈표 5-20〉의 (4) 가입한도별 예측손해액은 한도별 보험료에 기대손해율을 곱한 값이다. (6) 구간 내 %는 적용계수를 이용하여 예측하고자 하는 구간 내 손해액이 각 가입한도의 예측손해액에서 차지하는 비중을 의미한다. 즉, 5백만원 한도 계약에서 발생하는 손해액 중 주어진 구간(3백만원과 5백만원 사이)의 손해액은 약 20%=(1.75-1.40)/1.75라는 의미가 된다. 나머지 80%는 3백만원 이하에서 발생하는 손해액으로 구성되어 있음을 이해할 수 있다. 1,000만원 한도 계약의 경우, 이 보상한도의 계약에서 발생하는 예측손해액은 7,000만원이며 그 중 15.6%에 해당하는 1,090만원은 3백만원과 5백만원 사이에서 발생된 손해액으로 예측한다는 의미이다. 그러므로, 구간 내 %에 예측손해액을 곱한 값이 기대손해액이 되며, 가입한도별 기대손해액의 합이 보충신뢰도가 된다. 즉, 3백만원과 5백만원 사이에서 발생할 예측 손해액은 5백만원 한도 계약으로부터 2,100만원과 1천만원 한도 계약으로부터 1,090만원의 합, 즉 3,190만원이라 예측하며, 보충신뢰도에 사용되는 부분이 된다.

이 방법은 동일한 기대손해율이 각 가입한도에 적용된다는 점에서 오류가 발생할 가능성이 있다. 그러므로, 보상한도별로 적절한 기대손해율을 달리 적용하는 것은 오류를 최소화시킬 수 있는 방법일 수 있다. 이러한 분석은 가입한도별 손해액의 분포가 일정하지 않고 또는 미흡한 분포의 정보를 가질 수 있는 재보험사에서 흔히 이용하는 분석 방법이라 하겠다. 원수보험사에서도 보상한도별 손해액을 분석하기 위해 일반적으로 사용하는 접근방식이다. 전반적으로 이 방법은 계산은 어렵지 않으나 시간이 오래 걸릴 수 있는 불편함이 따른다.

### 3.2.4 접합 곡선법(Fitted curves)

고액사고 때문에 손해액 분포도는 일정하지 않고 손해액 추이의 지속성이 왜곡될 수 있게 된다. 많은 경우, 이런 실제 손해액 분포도에 의한 예측은 부정확할 가능성이 매우 커진다. 접합 곡선법은 고액 손해의 분포를 추정하고 분포의 실제 변동성을 완화하기 위해 데이터에 접합 곡선을 만들어 예측하는 방법이다.

접합 곡선이 결정되면 가입한도별 예측손해액을 결정할 수 있게 된다. 곡선의 총손해액에서 구간 내에서 예측되는 손해액의 비중을 나타내는 공식은 다음과 같다.

$$구간(A\sim B) \ 내 \ 비중(\%) = \left\{ \int_A^B (x-A)f(x)dx + \int_B^\infty Lf(x)dx \right\} \bigg/ \int_{-\infty}^\infty xf(x)dx$$

위의 식에서 적분의 시작이 음수인 이유는 손해보험인 경우 회수재산의 처분으로 인한 대금(salvage cost)이나 구상(subrogation)이 발생할 수 있기 때문이다. 위의 구간 내 비중(%)을 총손해액에 곱한 값이 구간 내 예측 손해액이 된다. 적합 곡선이 실제 데이터의 일반적인 형태와 유사하다면, 이 방법에 의한 보충신뢰도, 또는 예측 값은 다른 방법들보다 오류가 적고 더 안정적인 결과를 보일 수 있다.

적합 곡선법은 특히 데이터가 충분하지 못할 경우, 계산이 매우 복잡할 수 있는 등 여러 단점이 있으나 실제 데이터를 상당 부분 감안한 점 등으로 가장 논리적인 방법이라 할 수도 있다.

### 예제 5-18

원수보험부분의 보충신뢰도 방법 중, 현재요율이 적용되는 대집단의 수정절차를 이용하여 남성의 순보험료에 적용할 보충신뢰도를 계산하여라.

| | |
|---|---|
| 남성 현재 순보험료 | 125 |
| 남성 추천 순보험료 | 115 |
| 전체 현재 평균 순보험료 | 150 |
| 전체 추천 순보험료 | 165 |

#### 풀이

$$보충신뢰도 = 모데이터의 순보험료 \times \frac{대집단의 \; 추천 \; 순보험료}{대집단의 \; 현재 \; 평균 \; 순보험료}$$

$$= 125 \times (165/150) = 137.5$$

### 예제 5-19

100,000에서 제한된 손해액을 사용하여, 500,000한도와 1,000,000한도 사이에 속하는 보충신뢰도의 손해액을 예측하라. (참고로, 적용계수는 보상한도 인상계수를 의미한다.)

| 한도 | 적용계수 | 한도내 제한된 손해액 |
|---|---|---|
| 50,000 | 1.00 | 350,000 |
| 100,000 | 1.65 | 650,000 |
| 250,000 | 2.00 | 800,000 |
| 500,000 | 2.75 | 1,050,000 |
| 1,000,000 | 3.30 | 1,200,000 |

#### 풀이

가입한도당 100,000까지의 손해액은 650,000이다. 참고로, 100,000의 적용계수는 1.65이므로 50,000 한도의 손해액은 650,000/1.65 = 393,940과 동일하다. 유사한 방법으로, 500,000까지의 손해액은 $(650,000/1.65) \times 2.75 = 1,083,333$과 같고, 1,000,000까지의 손해액은 $(650,000/1.65) \times 3.30 = 1,300,000$이 된다. 그러므로, 500,000한도와 1,000,000한도 사이에 떨어지는 보충신뢰도의 손해액은 1,300,000 $-1,083,333 = 216,667$이다. 공식에 의해 계산한다면, $L \times \{(ILF_B - ILF_A)/ILF_d\} = (650,000)(3.30 - 2.75)/1.65 = 216,667$로 위의 답과 동일하다.

### 예제 5-20  한국 보험계리사 시험문제

보험계리사 시험은 5과목으로 시행되고, 과목별로 합격과 불합격이 결정된다. 한국보험회사는 소속직원이 한 번에 5과목을 모두 응시하여 일부 과목에 합격하면 아래의 방식에 따라 총포인트를 지급한다.

- 총포인트는 합격과목별로 얻는 포인트들의 합이다.
- 과목별 합격여부는 서로 독립적이고, 각 과목의 합격률은 $q = 0.4$이다.
- 합격 과목 수의 합격과목별 포인트들은 독립적이다.
- 합격 과목 수가 결정되었을 때, 합격과목별 포인트들은 무작위적이고, 서로 독립적이며, 다음과 같은 분포를 동일하게 따른다.

| 합격과목별 포인트 | 확률 |
|---|---|
| 2 | 0.1 |
| 4 | 0.5 |
| 6 | 0.2 |
| 8 | 0.2 |

총 포인트가 5 미만인 경우 보상금을 지급하지 않고, 총포인트가 5 이상인 경우 그 중 5를 초과하는 부분을 보상금으로 지급한다. 보상금의 기대가치를 구하라.

### 풀이

$E(N) = nq = 5 \times 0.4 = 2$

$E(X) = 0.1(2) + 0.5(4) + 0.2(6) + 0.2(8) = 5$

$E(S) = E(N)E(S) = 10$

확률$(N=0) = {}_5C_0(1-0.4)^5 0.4^0 = 0.078$

확률$(N=1) = {}_5C_1(1-0.4)^4 0.4^1 = 0.259$

확률$(N=2) = {}_5C_2(1-0.4)^3 0.4^2 = 0.346$

확률$(N=3) = {}_5C_3(1-0.4)^2 0.4^3 = 0.230$

확률$(N=4) = {}_5C_4(1-0.4)^1 0.4^4 = 0.077$

$g_0 = p_0 = 0.078$

$g_2 = p_1 f_2 = 0.257(0.1) = 0.026$

$g_4 = p_1 f_4 + p_2 f_2^2 = 0.259(0.5) + (0.346)(0.1)^2 = 0.133$

$\Pr(S \geq 6) = 1 - g_0 - g_2 - g_4 = 0.763$

$E(S \wedge 5) = g_0(0) + g_2(2) + g_4(4) + \Pr(S \geq 5)(5) = 4.4$

$E(S) - E(S \wedge 5) = 10 - 4.4 = 5.6$

## Chapter 05
# 연습문제

1. 전신뢰도의 기준은 사고 수가 실제 값의 ±6% 안에 있을 가능성이 $P$라 정의한다. 그 결과, 전신뢰도가 900건으로 계산되었다면 확률 $P$값은 무엇인가?

2. 예측하는 빈도가 실제 값의 ±2.5% 안에 있을 가능성이 99%일 때, 이 조건을 충족할 수 있는 전신뢰도의 사고수를 구하라.

3. 빈도가 포아송 분포를 따른다는 가정하에 전신뢰도 기준을 결정하였다. 만일, 빈도가 매개변수 $k = 12$와 $p = 0.7$인 부정이항분포를 따른다고 가정할 때, 부정이항분포에 의한 전신뢰도는 처음의 전신뢰도보다 얼마나 크거나 작은가? (참고: 부정이항분포 평균 $= k(1-p)/p$, 분산 $= k(1-p)/p^2$)

4. 클레임의 분포는 평균 1,000과 분산 6,000,000을 가진다. 심도의 예측이 ±1% 내에 존재할 가능성 90%와 함께 전신뢰도 기준에 충족하는 사고수를 구하라.

5. 사고 분포 $A$의 심도에 의한 전신뢰도 기준은 $p$와 $k$를 전제로 하는 $N$ 사고건수이다. 사고 분포 $B$는 사고 분포 $A$와 평균값은 동일하나, 표준편차가 $A$보다 2배 크다. 동일한 $p$와 $k$하에서, 사고 분포 $B$의 심도에 의한 전신뢰도 기준은 무엇인가?

6. 다음 정보를 참고하여 개인 계약자의 순보험료 프로세스 분산값을 결정하라.
   - 개인 계약자의 사고건수는 평균 0.25를 가진 포아송 분포를 따른다.
   - 단일 사고 금액은 (0, 5,000)구간의 균등분포한다.
   - 사고건수와 금액은 서로 독립적이다.

7. 다음 정보를 참고하여 순보험료 전체의 기댓값과 분산을 결정하여라. 단, 사고건수와 금액은 서로 독립적이다.
   - 1년 동안 사고건수는 평균 8,200건을 가진 포아송 분포에 의한다.

- 심도는 $\mu = 4$, $\sigma = 0.8$인 로그정규분포한다.

8. 빈도는 평균 0.5를 가진 포아송 분포를 따른다. 심도분포의 2차모먼트는 1,000이다. 순보험료의 프로세스 분산을 계산하라.

9. 통속에 4개의 빨간색 공과 6개의 하얀색 공이 들어있다. 통 속에서 3개의 공을 차례로 꺼냈다. (1개의 공을 꺼낸 후 통 속에 다시 집어넣지 않고 다음 공을 꺼냄) 적어도 2개의 공은 하얀색일 조건하에 1개의 빨간색 공과 2개의 하얀색 공을 꺼낼 확률은 얼마인가?

10. 공장에서 불량제품은 독립적으로 발생하며, 제품이 불량일 확률은 5%이다. 100개의 제품을 무작위 샘플로 선택할 때, 샘플에 있는 제품 중에 적어도 99개가 불량이 아닐 조건하에서 첫 번째로 선택한 제품이 불량이 아닐 확률을 계산하라.

11. 상자 A 안에는 3개의 빨간 돌과 2개의 파란 돌이 들어 있다. 상자 B 안에는 3개의 빨간 돌과 7개의 파란 돌이 들어 있다. 상자 A가 선택될 확률은 2/3이며, 상자 B가 선택될 확률은 1/3이다. 상자 한 개가 선택되었고, 선택된 상자 안에서 빨간 돌을 뽑았다. 그 상자가 상자 A일 확률은 얼마인가?

12. 자동차 보험 계약자는 1,500명의 여성 운전자와 8,500명의 남성 운전자로 구성된다. 아래의 표는 계약 기간 1년 동안 계약자의 사고건의 확률 분포를 설명한다.

| 사고수 | 여성확률 | 남성확률 |
|---|---|---|
| 0 | 0.50 | 0.80 |
| 1 | 0.30 | 0.15 |
| 2 | 0.15 | 0.05 |
| 3 | 0.05 | 0.00 |

특정한 한 계약에는 하나의 사고만 발생한다. 계약자가 여성 운전자일 확률은 얼마인가?

13. 계약기간 1년 동안 접수된 사고수 $R$은 매개변수 $x$와 함께 $r = 0, 1, 2, 3$인 이항분포를 보인다. 밀도함수는 $f(x) = 6(x - x^2)$, $0 < x < 1$라 가정할 때, 조건 없는 사고건수 기댓값 $E(R)$을 구하라.

14. 다음 조건을 이용하여 순보험료 분석을 위한 전신뢰도에 만족하는 최소 예측사고수를 계산하라.
조건: $P = 90\%$, $k = 5\%$, 평균심도 $= 500$, 심도 표준편차 $= 1,000$

15. 사고심도는 상수이며, 전신뢰도에 적합한 사고수는 2,670건이다. 만일, 심도가 평균값 1,000 과 분산 1,500,000을 가진 로그정규분포를 보일 때, 전신뢰도를 만족할 수 있는 사고수의 기 댓값은 얼마인가?

16. $X$를 $P=90\%$와 $k=\pm 5\%$ 조건의 전신뢰도를 만족할 수 있는 사고건수라 하고, $Y$를 $P=90\%$와 $k=\pm 10\%$인 조건의 전신뢰도를 만족할 수 있는 사고건수라 할 때, $X/Y$의 값은 무엇인가?

17. 자동차 사고 2,401건은 $P=95\%$와 $k=\pm 4\%$ 조건의 전신뢰도를 만족할 수 있는 사고수라 하자. 자동차 유효대수(익스포저)가 40,000대이고 사고빈도가 0.0441일 때 신뢰도 $Z$를 구하라.

18. 다음 정보를 참조하여 순보험료 분석에서 전신뢰도를 충족하는 최소 계약건수를 구하라.
    - 평균빈도＝계약당 0.04건(포아송 분포 가정)
    - 평균심도＝1,000
    - 심도분산＝2,000,000
    - 전신뢰도 정의는 실제값의 ±10%안에 있을 확률이 99%이다.

19. 한국보험회사의 계리사는 30대 주부 계약자를 위한 새로운 요율을 개발하여 신뢰도를 감안한 순보험료 125,000원을 산출하였다.
    (1) 예전 순보험료는 100,000원이었고, 관측된 경험 순보험료는 200,000원이었을 때, 신뢰 도 $Z$를 구하라.
    (2) 관측기간 동안 주부 계약자 10,000명의 평균 사고빈도는 0.021이었다. 전신뢰도를 만 족하는 사고수의 기댓값을 구하라.

20. 영남보험회사는 요율 분석을 위해 $P=90\%$와 $k=5\%$인 조건에 의한 전신뢰도를 만족하는 클 레임 수, $n_F$를 구하고자 한다. 개별 손해액은 상호 독립적인 관계에 있으며, 밀도함수는 $f(x)=1/200,000,\ 0<x<200,000$의 분포를 가진다. 사고건수는 포아송 분포도에 의한다 고 가정하자. 최근 기간 동안 1,082건의 클레임이 관측되었다고 가정하면, 그 기간을 위한 신 뢰도 $Z$를 구하라.

21. 다음 내용을 참조하여 사고 150건에 할당되는 신뢰도를 구하라.
    - 빈도는 포아송 분포한다.
    - 심도는 $\alpha=1.5$인 감마분포에 따른다.
    - 빈도와 심도는 상호 독립적 관계이다.

- 전신뢰도가 실제값 ±4% 안에 있을 확률은 97%이다.

22. 관측기간 1년에 의해 결정된 불만 신뢰도 $Z$는 1/3이다. 관측기간 4년에 의한 불만 신뢰도 $Z$ 를 구하라.

23. 두 개의 항아리 안에는 숫자 0, 1, 2가 표시된 공이 다음과 같은 비중으로 들어있다.

| 항아리 | 0 | 1 | 2 |
|---|---|---|---|
| A | 0.2 | 0.4 | 0.4 |
| B | 0.7 | 0.2 | 0.1 |

무작위로 하나의 항아리가 선택될 확률은 1/2이다. 하나의 항아리가 선택되고 그 안에서 2개의 공이 선택된다. 선택된 처음 공은 다시 항아리 속에 넣어지며 이미 선택된 항아리에서 다음 공을 선택한다. 그 결과, 2개의 공에서 표시된 수의 합은 2이다. 선택된 그 항아리에서 선택된 공은 다시 항아리 속에 넣어지는 방식으로 2개의 공을 더 꺼낸다. $n = 1$인 물만 신뢰도 기법을 이용하여 다음을 구하라.

(1) 가설 평균의 분산
(2) 프로세스 분산의 기댓값
(3) $k$값
(4) 신뢰도 $Z$
(5) 두 개의 공에 표시된 수의 기댓값

24. 자동차 운전자는 동일한 수의 두 그룹(A와 B)으로 구성된다. A그룹의 운전자가 매년 한 건의 사고를 낼 가능성은 20%이며, B그룹 운전자가 매년 한 건의 사고를 낼 가능성은 40%라고 하자. 어느 누구도 일 년에 1건 이상 사고를 내지는 않는다. 전체 운전자 그룹의 모든 사람은 아래의 심도 분포를 가진다.

| 확률 | 사고액(만원) |
|---|---|
| 0.8 | 100 |
| 0.1 | 200 |
| 0.1 | 400 |

불만 신뢰도 기법을 이용하여 다음을 계산하라.
(1) 가설 평균의 분산
(2) 프로세스 분산의 기댓값
(3) $k$값
(4) 신뢰도 $Z$

25. 프로세스 분산의 기댓값은 100이며, 가설적 평균의 분산은 8이다. 관측대상 20개에 할당되는 뷸만 신뢰도는 얼마인가?

26. 계약자 한 명의 1년간 사고수는 매개변수 $A$를 가진 포아송 분포를 따른다. 매개변수 $A$는 확률밀도함수 $f(a) = ae^{-a}$, $0 < a < \infty$를 가진 감마분포를 보인다. 단일 관측치에 할당되는 뷸만 신뢰도 $Z$를 결정하라.

27. 계약자 한 명의 1년간 사고수는 매개변수 A를 가진 포아송 분포를 따른다. 매개변수 $A$는 $(1,3)$의 구간 안에서 균등분포된다. 계약 첫해, 계약자는 오직 1건의 사고가 발생한다. 뷸만 신뢰도 기법을 이용하여 다음 해에 그 계약자의 기대 사고건수를 예측하라.

28. 우범지역에 거주하는 340명의 보험계약자들은 1년 동안 210건의 도난 사고를 경험했고, 도난 사고의 분포는 다음과 같다.

| 도난사고수 | 0 | 1 | 2 | 3 |
|---|---|---|---|---|
| 계약자수 | 200 | 80 | 50 | 10 |

각 계약자의 도난 사고수는 포아송 분포를 따르나, 각 분포의 평균은 개인마다 다르다. 1년의 관측기간 동안, 어느 한 명은 2건의 도난사고를 경험하였다. 뷸만 신뢰도 기법을 사용하여, 다음을 계산하라.

(1) 개인당 관측된 평균 도난사고수
(2) 프로세스 분산의 기댓값
(3) 가설적 평균의 분산
(4) $k$값
(5) 개인 계약자의 경험에 할당될 신뢰도 $Z$
(6) 다음 1년 동안, 그 개인의 도난사고 뷸만 신뢰도 예측값

29. 계약자들의 1년 동안 사고빈도의 상대도는 다음과 같다.

| 사고수 | 0 | 1 | 2 | 3 | 4 | 5 이상 |
|---|---|---|---|---|---|---|
| 빈도 상대도 | 61.9% | 28.4% | 7.8% | 1.6% | 0.3% | 0 |

상대도는 포아송 분포를 따르며 항상 상수이다. 뷸만 신뢰도 기법을 사용하여, 다음을 계산하라.
(1) 개인당 관측된 평균 사고수
(2) 프로세스 분산의 기댓값
(3) 가설적 평균의 분산
(4) $k$값

(5) 개인 계약자 경험에 할당될 신뢰도 $Z$

(6) 1년 동안 무사고 계약자의 다음 해 예측 사고수

**30.** 건축업 대상 산재보험의 현재 요율은 급여 100원당 18원으로 책정되고 있다. 전 직종의 평균 요율은 10% 감소로 지적된다. 최근 데이터에 의한 건축업의 요율은 급여 100원당 15원으로 산출되었고, 데이터는 약 3억원의 예측 손해액을 보인다. 다음 각 경우에 따라서 건축업 산재보험의 추천요율을 계산하라.

(1) 매개변수 $K$=5억원인 뷸만 신뢰도를 이용하라.

(2) 매개변수 $K$=10억원인 뷸만 신뢰도를 이용하라.

(3) 전신뢰도의 기준으로 예측 손해액 60억을 이용하라.

**31.** 다음은 세 부류 운전자들의 빈도와 심도에 관한 정보이다. 심도와 빈도는 상호 독립적 관계를 지닌다. (참고 : 피레토 함수 평균$= \lambda/(\alpha-1)$,분산$= \lambda^2\alpha/\{(\alpha-2)(\alpha-1)^2\}$)

| 형태 | 확률 | 포아송 빈도 | 퍼레도 심도 |
|------|------|------------|-------------|
| A | 0.60 | 5% | $\alpha$=5, $\lambda$=10,000 |
| B | 0.30 | 10% | $\alpha$=4, $\lambda$=10,000 |
| C | 0.10 | 20% | $\alpha$=3, $\lambda$=10,000 |

(1) 한 명의 운전자로부터 5년 동안 1건의 사고가 관측되었다. 뷸만 신뢰도를 사용하여 이 운전자의 미래의 연간 빈도값을 예측하라.

(2) 단 1건 사고의 관측을 통한 심도의 $EPV$는?

(3) 단 1건 사고의 관측을 통한 심도의 $VHM$은?

(4) 여러 해 동안 한 명의 운전자를 관측한 결과, 사고건은 한 건이며 금액은 25,000이다. 뷸만 신뢰도를 사용하여 이 운전자의 미래 평균 심도값을 예측하라.

(5) 순보험료의 $EPV$를 구하라.

(6) 순보험료의 $VHM$을 구하라.

(7) 5년 동안 관측한 운전자 한 명의 손해액 총액은 25,000이다. 뷸만 신뢰도를 사용하여 이 운전자의 미래 순보험료를 예측하라.

**32.** 다음은 지역별 운전자들의 구성비와 무사고 운전자의 비율을 나타내는 표이다. 베이지언 이론을 응용하여 각 질문에 답하라.

(1) 무작위로 뽑힌 한 명의 운전자가 무사고자였다면, 그 운전자가 서울지역 운전자일 가능성은?

(2) 무작위로 뽑힌 한 명의 운전자가 사고자였다면, 그 운전자가 남부지역 운전자일 가능성은?

| 지역 | 운전자 구성비 | 무사고 비율 |
|---|---|---|
| 서울 | 40% | 80% |
| 경기 | 25% | 85% |
| 중부 | 20% | 90% |
| 남부 | 15% | 95% |

33. $X_1$은 첫 번째 시험 결과이며, $E(X_2 | X_1)$은 두 번째 시험 결과의 기댓값이라 정의하자. 아래의 내용을 참조하여 $E(X_2 | X_1 = 16)$의 베이지언 예측을 하라.

| 결과값= $T$ | $P(X_1 = T)$ | $E(X_2 / X_1 = T)$의 베이지언 예측 |
|---|---|---|
| 1 | 5/8 | 1.4 |
| 4 | 2/8 | 3.6 |
| 16 | 1/8 | – |

34. 두 개의 상자가 있고, 각 상자 안에는 "1"과 "2"라 표시된 공들이 들어있다.

| 상자형태 | 상자 선택확률 | 공 "1"의 비율 | 공 "2"의 비율 |
|---|---|---|---|
| I | 0.80 | 90% | 10% |
| II | 0.20 | 70% | 30% |

(1) 무작위로 상자 하나를 선택하여 공 하나를 뽑았다. 만일, 그 공이 "2"였다면, 같은 상자에서 다음에 뽑힐 공의 기댓값은?

(2) 무작위로 상자 하나를 선택하여 하나의 공이 뽑힌 다음, 그 공은 다시 같은 상자 안에 집어넣고 다음 공을 뽑는 방법으로 공 3개를 뽑는다. 공들 중 2개가 "1"로 표시되었고, 나머지 하나는 "2"로 표시되었다면 같은 상자에서 다음 공을 뽑을 때, 그 공의 기댓값을 예측하라.

35. 1년 동안 한 사람의 클레임 수는 $n = 5$와 클레임 확률 $Q$를 매개변수로 하는 이항분포를 따른다. 매개변수 $Q$의 밀도함수는 $f(q) = 60q^3(1-q)^2$, $0 \le q \le 1$이다. 첫해에 사고가 없었다는 전제하에 $Q$의 사후 밀도함수는 $q^n(1-q)^m$에 비례한다. 베이지언 이론을 응용하여 $n$과 $m$값을 구하라.

36. 계약자 20명의 사고수는 평균값 $M$을 가진 포아송 분포를 따르며, $M$은 평균값 0.10과 분산 0.0025를 가진 감마분포를 따른다. 첫해 20명의 계약자로부터 6건의 사고가 발생하였다. $M$의 사후분포 분산값을 구하라.

**37.** 첫해 동안, 피보험자 한 명의 사고수는 매개변수 $A$인 포아송 분포를 따르며, $A$의 사후분포는 $(1,3)$구간의 균등분포를 따른다. 조건 없는 사전확률 $P(N=0)$을 구하라.

**38.** 계약자 한 명이 다음 해에 무사고일 확률은 $e^{-\lambda}$이다. 매개변수 $\lambda$는 계약자마다 다르며, 밀도함수 $f(\lambda) = 36\lambda e^{-6\lambda}$, $0 < \lambda < \infty$인 분포를 가진다. 무작위로 선택된 한 명의 계약자가 다음 해에 무사고일 확률은 얼마인가?

**39.** 서울시에서 일하는 건축업 종사자들을 위한 산재보험 요율을 산출하려고 한다. 회사는 서울, 인천, 그리고 경기지역에서만 보험영업을 하며, 오직 건축업과 제조업 종사자들의 산재보험만을 취급한다. 서울시 건축업 종사자들의 신뢰도를 감안한 순보험료를 산정하려 한다.

| 지역 | 업종 | 익스포저 | 손해액 | 순보험료 |
|---|---|---|---|---|
| 서울 | 건축업 | 100 | 200 | 2.00 |
|  | 제조입 | 180 | 600 | 3.33 |
| 인천 | 건축업 | 150 | 550 | 3.67 |
|  | 제조업 | 300 | 1,200 | 4.00 |
| 경기 | 건축업 | 90 | 200 | 2.22 |
|  | 제조업 | 220 | 900 | 4.09 |

하웨인의 보충신뢰도 기법을 사용하여, 서울시 건축업 종사자들의 보충신뢰도에 적용될 값을 구하라.

**40.** 2024년 7월 1일부터 유효할 한국 건축회사의 산재요율을 산정하려 한다. 이를 위해 2020년부터 2022년까지의 3년 경험통계를 이용하며, 각 20%, 30%, 50%의 비중을 적용한다. 통계에 의한 순보험료는 매출 1,000당 35이며, 현재요율을 감안한 순보험료는 매출 1,000당 30이다. 가장 최근 요율 조정은 +15% 인상으로 2022년 4월 1일자 조정신청을 했으나, 감독기관은 +10%만을 승인하였고, 2022년 7월 1일부터 유효하도록 하였다. 손해액 추이는 연 +5% 이다. 요율검토를 위해 추이된 현재요율 방법을 이용하여 보충신뢰도에 적용될 값을 계산하라.

**41.** 우리는 사고건당 100만원과 250만원 사이 구간에 해당하는 요율을 산정하려 하며, 가입한도 250만원보다 같거나 큰 계약의 경험통계만을 보고자 한다. 사고건당 100만원에 제한된 손해액 총액은 3천만원이었고 250만원에 제한된 손해액 총액은 4천 5백만원이었다.

| 담보가입한도 | 적용계수 |
|---|---|
| 500,000 | 1.00 |
| 1,000,000 | 1.60 |
| 2,500,000 | 2.10 |
| 5,000,000 | 2.50 |
| 10,000,000 | 2.80 |

(1) 담보가입한도 적용계수 기법을 이용하여 보충신뢰도에 적용될 값을 계산하라.

(2) 사고건당 50만원과 100만원 사이의 손해액도 참고로 관찰하려 한다. 그리고, 가입한도 50만원에 제한된 손해액 총액은 1천 5백만원으로 추정한다. 저가입한도 분석법을 이용하여, 사고건당 100만원과 250만원 사이 구간에 대한 요율을 산정할 때 보충신뢰도에 적용할 값을 계산하라.

(3) 우리는 사고건당 100만원까지의 경험통계 만을 믿을 수 있다고 판단한다. 사고건당 500만원과 1천만원 사이 구간에 대한 요율을 산정할 때 보충신뢰도에 적용할 값을 계산하라.

42. 초과보험부분의 보충신뢰도 방법 중, 가입한도 분석법을 이용하여 가입한도 250만원과 500만원 사이에 있는 손해액을 예측할 수 있는 보충신뢰도에 적용할 손해액을 구하라. 모든 가입한도의 예상 손해율은 65%이다.

| 담보가입한도 | 보험료 | 적용계수 |
|---|---|---|
| 2,500,000 | 10,000,000 | 1.80 |
| 5,000,000 | 7,000,000 | 2.60 |
| 10,000,000 | 5,000,000 | 3.20 |

43. 다음의 표를 이용하여 유형 B의 보충신뢰도를 구하라.

| 유형 | 추천 순보험료 | 현재 순보험료 | 보충신뢰도 |
|---|---|---|---|
| A | 150 | 120 | 140 |
| B | 160 | 150 | ? |

44. 다음 내용에 따라 보험금이 기댓값 20% 내에 있을 확률이 95%가 되기 위한 보상건수를 결정하라.

* 보상건수는 분산이 평균값보다 2배 많은 부정이항분포를 따른다.

   부정이항분포 평균$= k(1-p)/p$, 분산$= k(1-p)/p^2$

* 심도가 10일 확률은 0.50, 20일 확률은 0.30, 50일 확률은 0.20으로 가정한다.

**45.** 계약자가 1년 동안 사고가 발생할 확률은 $(0.07, 0.13)$의 구간을 가진 균등분포(uniform distribution)에 따른다. 계약기간 동안 어느 누구도 1건 이상의 사고를 발생시키지 않는다. 사고는 두 가지 형태로 나타나고 손해액에 따른 분포는 다음과 같다.

| 사고형태 | 5만원 | 10만원 | 20만원 |
|---|---|---|---|
| A | 1/3 | 1/2 | 1/6 |
| B | 1/2 | 1/4 | 1/4 |

빈도와 심도는 서로 독립적이며, 사고형태 A의 가능성은 60%이며, 사고형태 B의 가능성은 40%이다. 뷸만 신뢰도 기법을 이용하여 다음에 답하라.

(1) 가설적 평균의 분산

(2) 프로세스 분산의 기댓값

(3) $k$값

(4) 계약자 경험에 할당될 신뢰도 $Z$값

# CHAPTER
# 06

# 다변량 분석(Multivariate Analysis)

과거에 보험회사가 역사적으로 사용했던 전형적인 요율산정 방법은 특정한 담보에 대한 유사한 대상 집단(risk group)의 손해 경험을 분석함으로 개별 대상(individual risk)의 요율을 산출하는 것이었다. 이러한 과정은 시장에서 영업손익에 해를 끼칠 수 있는 역선택(adverse selection)을 방지하는 것으로서, 효율적인 개별 요율산정은 보험회사 손익 건전성을 유지하면서 가격 경쟁력을 제공하는 수단이 될 수 있었다.

제6장은 전통적인 요율산정 기법인 단변량 분석(one-way analysis)에 대한 설명으로부터 시작한다. 단변량 분석에 대한 한계를 이해하고 한 단계 발전된 기법인 반복적인 단변량 분석(iterative one-way anaysis), 즉 최소편차 접근법(minimum bias approaches)을 다룰 것이다. 그리고 나머지 대부분은 현재 보험시장에서 광범위하게 활용하고 있는 다변량 분석(multivariate analysis)에 대한 해설에 집중할 것이다. 여기에서는, 다변량 분석에 대한 광범위한 활용의 배경과 장점을 이해할 것이며, 대표적 다변량 기법인 GLM(generalized linear models)의 기본적인 설명과 GLM기법 결과물의 해석, 그리고 GLM을 이용한 통계 분석의 예를 포함할 것이다.

GLM 기법에 관한 자세한 과정, 예를 들어 데이터마이닝(data mining)이라든지 모델의 검증과정 등은 여기서는 다루지 않을 것이나, GLM 모델링 작업의 중요한 과정임을 이해하여야 한다. 또한, GLM의 기본 개념이 담겨 있는 빅데이터(Big Data)나 AI의 개념에 대해서도 여기서는 다루지 않을 것이다.

## 1. 단변량 분석(One-Way Analysis)

단변량 분석에서는 개별 요율변수안에 여러 계층(level)의 손해경험을 순보험료 방식 또는 손해율 방식에 의해 독립적으로 분석하고, 기준이 되는 계층(base level)과의 순보험료 또는 손해율에 의한 상대도(relativity) 분석을 통해 적정한 요율을 결정한다. 즉, 단변량 분석은 서로 다른 변수간의 상관관계를 고려하지 않고 개별 변수의 통계를 독립적으로 분석하여 나온 결과를 활용하는 기법이라 하겠다.

다음의 예와 함께 단변량 분석을 이해하도록 하자. 한국보험회사에서는 자동차 보험 통계로 차량연식과 피보험자 연령의 요율분석을 하려고 한다. 먼저, 피보험자가 보유한 차량의 연식에 의한 손해율을 분석하였고 그 결과는 〈표 6−1〉과 같다.

**표 6-1** 차량 연식별 손해율

| 변수 | 구분 | 보험료 | 손해액 | 손해율 |
|---|---|---|---|---|
| 차량 연식 | 신형 | 1,000 | 480 | 48.0% |
| | 구형 | 1,000 | 720 | 72.0% |
| 계 | | 2,000 | 1,200 | 60.0% |

전체 손해율 60%를 기준 계층 또는 목표 손해율로 가정한다면, 손해율 상대도에 의해 신형 차량 소유 피보험자 집단은 $0.48/0.60-1=20\%$의 보험료 인하가, 구형 차량 소유 피보험자 집단은 $0.72/0.60-1=20\%$의 보험료 인상이 불가피하게 보인다.

다음은 피보험자의 연령별 손해율을 분석하였고 그 결과는 〈표 6−2〉에 요약된다.

**표 6-2** 연령별 손해율

| 변수 | 구분 | 보험료 | 손해액 | 손해율 |
|---|---|---|---|---|
| 연령 | 저연령 | 1,000 | 800 | 80.0% |
| | 고연령 | 1,000 | 400 | 40.0% |
| 계 | | 2,000 | 1,200 | 60.0% |

피보험자의 연령별 분석 역시, 전체 손해율 60%를 기준 계층 또는 목표 손해율로 가정한 결과, 저연령 운전자 집단은 $0.80/0.60-1=33\%$의 보험료 인상이, 반면에 고연령 운전자 집단은 $0.40/0.60-1=33\%$의 보험료 인하가 대수적으로 계산된다.

이러한 두 개의 요율 변수에 대한 분석을 토대로 각 변수 계층간을 통합적으로 본다면 그 결과는 〈표 6-3〉과 같다.

**표 6-3** 단변량에 의한 최종 조정률

| 연령 | 조정률1 | 연식 | 조정률2 | 최종 조정률 |
|---|---|---|---|---|
| 저연령 | +33% | 신형 | -20% | +6.4% |
| | +33% | 구형 | +20% | +59.6% |
| 고연령 | -33% | 신형 | -20% | -46.4% |
| | -33% | 구형 | +20% | -19.6% |

즉, 신형 차량을 소유한 저연령 피보험자 집단은 저연령 분석에 의한 33% 요율인상과 신형 차량 분석에 의한 20% 요율인하 결과에 의해, 최종적으로 $1.33 \times 0.80 - 1 = 6.4\%$의 요율인상 조정이 필요하게 된다. 반면에, 구형 차량을 소유한 저연령 피보험자 집단은 $1.33 \times 1.20 - 1 = 59.6\%$의 요율인상 조정이 불가피하게 보인다. 같은 방식으로 고연령 피보험자 집단을 차량 연식별로 본다면, 신형 차량을 소유한 고연령 피보험자 집단은 $0.67 \times 0.80 - 1 = 46.4\%$의 요율인하, 그리고 구형 차량을 소유한 고연령 피보험자 집단은 $0.67 \times 1.20 - 1 = 19.6\%$의 요율인하가 계산된다. 이들 결과가 단변량 방식에 의한 최종 조정 요율이다.

여기에서, 주어진 통계를 다변량으로 세분화해서 살펴보도록 하자. 〈표 6-4〉는 〈표 6-1〉과 〈표 6-2〉의 기초 통계를 혼합한 결과물이다. 저연령과 고연령 피보험자 집단의 손해율은 각각 80%와 40%이며, 신형 차량의 손해율은 보험료 $200 + 800 = 1,000$과 손해액 $160 + 320 = 480$에 의한 48%이며, 구형 차종은 보험료 $800 + 200 = 1,000$과 손해액 $640 + 80 = 720$에 의한 72%로, 〈표 6-1〉과 〈표 6-2〉의 결과와 동일함을 알 수 있다.

**표 6-4** 다변량식 데이터 분석

| 연령 | 연식 | 보험료 | 손해액 | 손해율 |
|---|---|---|---|---|
| 저연령 | 신형 | 200 | 160 | 80.0% |
| | 구형 | 800 | 640 | 80.0% |
| 고연령 | 신형 | 800 | 320 | 40.0% |
| | 구형 | 200 | 80 | 40.0% |
| 계 | | 2,000 | 1,200 | 60.0% |

그러나, 다변량 방식의 통계 분석을 자세히 살펴보면 저연령 피보험자 집단의 손해율 80%가 고연령 피보험자 집단의 손해율 40%보다 높은 것은 사실이나, 저연령 피보험자 집단 안에 있는 신형 차량과 구형 차량 간의 손해율에는 아무런 차이가 없음을 알 수 있다. 유사한 이해로, 고연령 피보험자 집단의 신형 차량과 구형 차량간의 손해율은 동일함을 알 수 있다. 즉, 동일한 통계

를 사용하였으나, 단변량 방식과 다변량 방식에 의한 해석은 다르게 나타나는 것을 알 수 있다.

다변량 방식에 의해 통계를 자세히 해석하면, 〈표 6-4〉에서처럼, 저연령 집단의 대부분 피보험자는 구형 차량을 소유한 사람들이며, 고연령 피보험자 집단은 신형 차량 소유자가 대다수임을 알 수 있다. 다른 의미로 해석한다면, 결과적으로 연령과 차량 연식의 피보험자 집단은 매우 유사한 형태로 이해할 수 있고 그러므로 이 두 개의 요율 변수는 매우 유사한 추세를 형성한다고 이해할 수 있게 된다. 즉, 요율 변수임을 감안할 때 이 두 개 변수는 변수 자체의 성격과 내용은 서로 다르지만 목적변수(target variable 또는 dependent variable)와의 결과적인 측면으로 해석할 때 매우 유사하다고 볼 수 있는 것이다. 통계적인 의미로 해석한다면, 두 변수의 상관관계(correlation)는 매우 높다고 할 수 있다. 또 다른 의미로 표현하면, 한 변수의 목적변수 변화는 다른 한 변수의 목적변수 변화와 매우 유사한 형태를 지닌다고 할 수 있다. 그러므로, 두 변수를 독립적으로 분석하여 요율산정을 하게 되면, 위의 예시에서처럼 구형 차량을 소유한 저연령 피보험자 집단은 비슷한 형태의 두 가지 변수에 의해 중복 요율 할증을 받게 될 가능성이 상당히 높게 될 것이다. 반대로, 신형 차종을 소유한 고연령 피보험자 집단은 유사한 형태의 두 가지 변수에 의해 중복 요율 할인을 받게 될 가능성도 있다. 결과적으로, 어느 고객 집단의 중복할인은 다른 고객 집단의 과도한 중복할증으로 보조(subsidize) 받게 되는 비합리적인 구조가 될 수 있다. 이것이 단변량 분석 방식의 가장 핵심적인 한계가 된다.

단변량 방식은 목적변수 측면에서 볼 때, 다른 요율 변수간의 효과, 즉 변수간의 상관관계를 정확하게 고려하지 않는다. 만일, 요율변수의 종류가 단순하거나 적으면 이변량(two-way) 방식이나 간단한 수정에 의해 단변량 방식의 한계를 어느 정도 극복할 수 있다. 그러나, 오늘날 요율변수의 종류는 계속 증가하며 요율 산출 과정 자체가 계속 복잡해지고 있으므로 단변량에 의한 한계를 수작업으로 수정하는 것 자체가 불가능하거나 비효율적일 수밖에 없다.

이러한 단변량 방식에 의한 데이터 해석의 한계는 요율산정 측면에서뿐만 아니라 다른 평가에서도 유사하게 나타날 수 있다. 예를 들어, 손해율에 의해 영업평가를 할 경우, 상대적으로 손해율이 높은 지역에서 영업하는 영업조직은 손해율이 낮은 지역에서 영업하는 영업조직보다 항상 불이익을 받을 수 있는 것이다.

## 2. 최소편차 접근법

최소편차 접근법(minimum bias approache)은 1960년대 후반부터 베일리(Robert Bailey)와 싸이먼(LeRoy Simon)에 의해 선진 보험시장에서 널리 보급되어 사용되어 싸이먼 & 베일리 접근법(Simon & Bailey approache)으로도 알려져 있다.

최소편차의 개념은 여러 다른 방법에 의해 분류될 수 있는 변수의 계층(class)간 공정한 요율 또는 상대도를 구하는 수단으로 처음 소개되었으며, 변수간의 상관관계 편차를 최소화하기 위해 반복적인(iteratively) 계산을 요구하며 사용되어 왔다. 이 접근법은 요율구조의 선택과 편차함수의 선택이 필수적으로 수반된다. 요율구조의 선택은 요율구조가 합산방식(additive) 또는 곱셈방식(multiplicative), 아니면 혼합방식(combined)에 의해 구분된다. 편차함수의 선택은 균형원리(balance principle), 최소자승(least square), 콰이스퀘어(chi-square), 최대우도(maximum likelihood) 편차함수 등으로 구분된다. 편차함수는 반복절차의 관측 통계값과 결과 통계값을 비교하고 변수간의 모순치를 평가하는 수단이 된다. 함수 방정식의 좌우 수식은 불안정한 수량의 규모를 수정하기 위해 익스포저수에 의해 가중된다. 일반적으로 최소편차 접근법은 모든 요율변수와 그 변수 안에 있는 모든 계층(level)의 중량(weight)적 순보험료의 합과 중량 결과의 순보험료 합이 일치되게 하는 균형원리법으로 알려져 있다.

모든 변수들 계층(level)의 중량적 관측 순보험료와 중량 결과의 순보험료는 동일함을 요구한다. 예를 들어, $n_{ij}$를 변수와 계층인 매개변수 $x_i$와 $y_j$에 해당하는 익스포저라 하고, $r_{ij}$를 동일한 $x_i$와 $y_j$에 해당하는 경험 또는 관측 순보험료라 할 때, 곱셈방식에 의한 균형원리법의 기본 공식은 아래와 같다.

$$\Sigma_{ij}(n_{ij} \times r_{ij}) = \Sigma_{ij}(n_{ij} \times x_i \times y_j)$$

이 공식에서 $x_i$는 $x$변수의 $i$계층 상대도를, $y_j$는 $y$변수의 $j$계층 상대도를 의미한다. 이에 따라 $x_i$와 $y_j$ 상대도는 다음과 같다.

$$x_i = \Sigma_j(n_{ij} \times r_{ij})/\Sigma_j(n_{ij} \times y_j)$$
$$y_j = \Sigma_i(n_{ij} \times r_{ij})/\Sigma_i(n_{ij} \times x_i)$$

합산방식(additive)에 의한 균형원리법의 기본 공식은 아래와 같다.

$$\Sigma_{ij}(n_{ij} + r_{ij}) = \Sigma_{ij}(n_{ij} + x_i + y_j)$$

곱셈방식과 마찬가지로 합산방식에 의한 $x_i$와 $y_j$ 상대도는 다음과 같다.

$$x_i = \Sigma_j n_{ij}(r_{ij} - y_j)/\Sigma_j n_{ij}$$
$$y_j = \Sigma_i n_{ij}(r_{ij} - x_i)/\Sigma_i n_{ij}$$

다음은 곱셈방식에 의한 균형원리법이 어떻게 보험 요율구조에 적용되는지 살펴보도록 하자. 예를 들어, 자동차보험 요율에서 계산상 편리성을 위해 오로지 두 개의 요율변수, 즉 성별과 차종만을 사용하여 산정한다고 가정하자. 성별은 남($g_1$)과 여($g_2$)로 구분하고 차종은 신형차종($c_1$)과 구형 차종($c_2$)만으로 상대도를 분석하고자 한다. 즉, 요율산정에 오로지 두 개의 변수만 적용하고 각 변수는 두 개의 계층만으로 구성된다고 가정한다. 요율의 기준이 되는 기본 순보험료는 100이며, 모든 계층은 곱셈방식에 의하고 기준이 되는 계층(base level)은 구형 차종을 가진 여성 피보험자 집단으로 가정하자. 즉, $g_2$와 $c_2$의 순보험료 상대도는 1.00이 된다. 순보험료 방식의 균형원리법을 이용하여 각 계층의 상대도를 계산하고자 한다. 실제 경험 데이터에 의한 순보험료와 익스포서의 정보는 〈표 6-5〉와 〈표 6-6〉과 같다.

**표 6-5** 순보험료

|  | 신형($c_1$) | 구형($c_2$) | 계 |
|---|---|---|---|
| 남($g_1$) | 500 | 250 | 413 |
| 여($g_2$) | 200 | 190 | 195 |
| 계 | 388 | 217 | 314 |

**표 6-6** 익스포저

|  | 신형($c_1$) | 구형($c_2$) | 계 |
|---|---|---|---|
| 남($g_1$) | 150 | 80 | 230 |
| 여($g_2$) | 90 | 100 | 190 |
| 계 | 240 | 180 | 420 |

이런 경험통계에 의한 계층별 평균 순보험료는 아래와 같다.

남성 평균 순보험료 = (500×150+250×80)/(150+80) = 413
여성 평균 순보험료 = (200×90+190×100)/(90+100) = 195
신형차종 평균 순보험료 = (500×150+200×90)/(150+90) = 388
구형차종 평균 순보험료 = (250×80+190×100)/(80+100) = 217

앞에서 언급했듯이, 균형원리법은 변수들 모든 계층(level)의 중량적 관측 순보험료와 중량 결

232 PART 02 손해보험의 기본계리이론 Basic Actuarial Theory of Property & Casualty Insurance

과의 순보험료는 동일함을 요구한다. 이에 따라, 부등호 왼편에 중량적 관측 순보험료를 오른편에는 기본요율과 익스포저수 그리고 반복적인 계산 결과의 상대도를 곱으로 중량 결과의 순보험료를 계산하여 좌우면을 균형적으로 일치시킨다.

남성: $500 \times 150 + 250 \times 80 = 100 \times 150 \times g_1 \times c_1 + 100 \times 80 \times g_1 \times c_2$

여성: $200 \times 90 + 190 \times 100 = 100 \times 90 \times g_2 \times c_1 + 100 \times 100 \times g_2 \times c_2$

신형: $500 \times 150 + 200 \times 90 = 100 \times 150 \times g_1 \times c_1 + 100 \times 90 \times g_2 \times c_1$

구형: $250 \times 80 + 190 \times 100 = 100 \times 80 \times g_1 \times c_2 + 100 \times 100 \times g_2 \times c_2$

다음 단계는 신형과 구형의 순보험료를 이용하여 상대도를 계산하는 것이다. 〈표 6-5〉에서처럼 신형과 구형의 평균 순보험료는 각각 388과 217이다. 기준 계층 $c_2$는 1.00이므로 $c_1$의 상대도는 388/217=1.79가 되며, 이 두 가지의 상대도를 대입하여 $g_1$과 $g_2$의 첫 번째 상대도를 계산함으로써 균형원리법의 반복계산(iterative computation)이 시작된다.

$$500 \times 150 + 250 \times 80 = (100 \times 150 \times g_1 \times 1.79) + (100 \times 80 \times g_1 \times 1.00)$$

$$95,000 = (26,850 \times g_1) + (8,000 \times g_1) = 34,850 \times g_1$$

$$g_1 = 2.73$$

$$200 \times 90 + 190 \times 100 = (100 \times 90 \times g_2 \times 1.79) + (100 \times 100 \times g_2 \times 1.00)$$

$$37,000 = (16,110 \times g_2) + (10,000 \times g_2) = 26,110 \times g_2$$

$$g_2 = 1.42$$

다음은 새로 산출된 $g_1$과 $g_2$의 상대도를 대입하여 $c_1$과 $c_2$의 새로운 상대도를 구한다. 이때, $c_1$과 $c_2$의 단변량에 의한 처음 상대도 값은 무시되고 버려진다.

$$500 \times 150 + 200 \times 90 = (100 \times 150 \times 2.73 \times c_1) + (100 \times 90 \times 1.42 \times c_1)$$

$$93,000 = (40,950 \times c_1) + (12,780 \times c_1) = 53,730 \times c_1$$

$$c_1 = 1.73$$

$$250 \times 80 + 190 \times 100 = (100 \times 80 \times 2.73 \times c_2) + (100 \times 100 \times 1.42 \times c_2)$$

$$39,000 = (21,840 \times c_2) + (14,200 \times c_2) = 36,040 \times c_2$$

$$c_2 = 1.08$$

여기까지가 균형원리법의 첫 번째 반복계산(initial iteration)이 된다. 이후 동일한 절차가 반복적으로 진행되며, 매번 반복 계산시 이전 상대도는 버려지고 새로운 상대도를 계산하는 작업을 반복해서 실행한다. 이러한 반복 절차는 $g_1$, $g_2$, $c_1$, $c_2$의 각각의 상대도 값이 바로 직전 상대도 값과 거의 차이가 없을 때까지 계속 반복해서 진행된다. 직전 상대도 값과 차이가 없을 때, 즉 컨버전스(convergence) 상태에서 기준계층의 상대도인 1.00으로 정규화(normalize)시킨다. 예를 들어, 위의 예에서 첫 번째 반복계산의 상대도 값을 마지막 반복계산의 상대도라 가정하면, $g_2$와 $c_2$는 기준 계층이므로 다른 계층의 정규화된 상대도 값은 아래와 같이 된다.

$$g_1 = 2.73/1.42 = 1.92$$
$$g_2 = 1.41/1.42 = 1.00$$
$$c_1 = 1.73/1.08 = 1.60$$
$$c_2 = 1.08/1.08 = 1.00$$

단변량에 의한 $c_1$의 처음 상대도는 1.79이었다. 균형원리법의 첫 번째 반복계산 후, $c_1$의 상대도는 1.73으로 변경된다. 최소편차 접근법은 신형차를 가진 남성이 다른 집단보다 더 많은 익스포저를 가지고 있으며, 그래서 더 많은 가중치가 반영되었음을 보여준다. 또한, 정규화를 반영하기 위해 기본 순보험료는 $100 \times 1.42 \times 1.08 = 153.36$으로 수정된다.

위에서 설명한, 최소편차 접근법은 요율변수들의 단변량 분석을 재반복 계산하는 과정이 수반한다. 위의 예는 순보험료 통계치를 이용한 최소편차 접근법의 여러 방법 중 가장 잘 알려진 균형원리에 의한 곱셈방법만을 언급하였다. 또한, 두 개의 변수와 변수 안에 두 개의 계층만을 이용한 단순한 예였음을 알고 있어야 한다. 만일, 여러 변수들을 동시에 반영할 경우, 수작업에 의한 계산은 매우 복잡해지며 시간도 오래 걸리므로 컴퓨터 프로그램에 의하는 것이 편리하다. 최소편차 접근법에 의한 요율변수 상대도 분석은 상대도 계산을 위해 처음 선택된 변수의 단변량 분석을 수행하게 된다. 그 결과를 가지고 순서대로 다른 변수의 상대도를 반복적으로 계산하는데, 이 절차의 주요 단점은 최종적인 결과 상대도를 구하는 기본 형태를 지니고 있지 않다는 점이다. 다시 말해, 반복계산과정에 들어가는 요율변수의 순서에 따라 결과값이 달라질 수 있는 점이다.

## 3. 다변량 분석(Multivariate Analysis)

최소편차 접근법은 기술적으로 다변량 분석이라 할 수 없고 통계이론에 직접적인 근거도 미약하다. 그러나, 여러 최소편차 접근법은 GLM(generalized linear models)의 기초가 되는 부분이라 볼 수 있고 그래서 한때 GLIM(generalized linear interactive model)이라 부르기도 했었다. 실제로, 최소편차 접근법에서 수없이 많은 반복계산과정을 수행한다면 GLM의 결과와 유사하게 될지도 모른다. 물론, 수없이 많은 반복계산 과정은 비효율적인 계산과정이 수반됨을 알 수 있다.

전 세계 보험시장의 선두주자인 미국에서 요율산정방법을 위한 새로운 통계기법, 특히 GLM
이 널리 보급된 것은 1990년대 후반부터라 할 수 있다. 그 배경은 다음과 같다. 첫째, 당시 컴퓨
터에서 통계 기능의 급속한 발전이 있었다. 그로 인해, 데이터는 분석을 위한 유사한 집단으로 집
합될 필요가 없어졌다. 예전에는 대용량 데이터를 기반으로 분석할 경우, 시스템 본체에 의해 실
행되었으나 이때부터는 개인용 PC를 이용해서도 충분히 작업할 수 있는 환경이 마련되었던 것이
다. 이로 인해, 분석시간을 획기적으로 단축시킬 수 있었으며, 이에 따른 비용도 대폭 절감할 수
있게 되었다. 둘째, 이런 컴퓨터 기능의 환경 변화는 데이터 보관용량을 확장시킬 수 있었고 요율
산정을 위해 분석될 데이터의 접근성도 용이하게 되었다. 또한, 관련 경험 데이터뿐만 아니라 유
사한 데이터의 이용가능성이 확대되게 되었다. 사실, GLM과 같은 통계기법은 이미 오래전에 존
재한 것이었으나, 당시에는 컴퓨터 Power라든지 더 많고 좋은 데이터를 관리하고 사용할 만한
환경적 요소가 매우 부족했었다. 마지막으로 경쟁력의 심화라 할 수 있다. 몇몇 선두주자인 보험
회사들이 탁월한 통계기법을 이용하여 요율산정을 함으로써, 더 정확한 요율에 의해 경쟁력 우위
를 차지하게 되므로 다른 경쟁회사들은 역선택의 위치에 있게 되었고 또한 손익에 영향을 끼치게
되는 결과를 보여 왔다고 볼 수 있다. 이러한 현상은 1990년대 후반 미국의 Geico, Allstate, 그
리고 Nationwide와 같은 대형보험회사들이 자동차보험 시장부터 시작하여 광범위하게 번져서 업
계의 선두자리를 계속해서 유지하게 되었다.

## 3.1 다변량 방법의 장점

다변량 분석 방법의 첫 번째 장점은, 모든 요율변수를 동시에 고려하고 단변량 분석의 최대
단점인 변수들간의 상관관계를 자동적으로 수정할 수 있다는 점이다.

둘째, 다변량 분석은 데이터의 비시스템적인 효과(예: 회선의 혼선으로 생기는 데이터의 오류), 일
명 noise를 제거하며 가능한 한 시스템적인 효과, 즉 signal만을 고려한다는 것이다. 참고로, 단
변량 분석은 데이터의 비시스템적인 효과와 시스템적인 효과 둘 다를 포함한다.

셋째, 다변량 분석은 결과값의 확실성에 관한 정보와 적합한 모델의 타당성 등 모델을 진단할
수 있는 기능을 지니고 있다.

넷째, 다변량 분석은 여러 변수간의 상호작용(interaction) 또는 상호의존성(interdependency)
모두를 고려한다. 변수간의 상호작용은 하나의 요율변수 효과가 다른 변수의 계층별로 영향도가
다르게 발생하는 효과를 의미한다. 예를 들어, 자동차 보험의 경우 연령 요율 변수의 효과는 차종
변수 안에 있는 여러 계층(예: 소형, 중형, 대형 등)에 다르게 영향을 끼치는 것이다. 변수간의 상호
작용은 예측값의 정확성을 올리기 위한 다변량 모델의 매우 중요한 요소이다. 다만, 상호작용은
오로지 두 변수간 아니면 세 변수간만의 분석으로 확장시킬 수밖에 없는 어려움이 있다. 또한, 변
수간 상호작용은 모델의 이해를 복잡하게 할 수 있으므로 회사 또는 업계 전체의 시각을 가지고
분석할 필요가 있다.

변수간의 상호작용(interaction)과 상관관계(correlation)는 비슷하게 보이나, 분명한 차이가 있음을 이해해야 한다. 예를 들어, 성별의 분포도는 전 연령에 균등하게 분포되어 있고, 20대의 남녀 구성비가 여러 다른 연령대 남녀 구성비와 거의 동일하다면, 성별과 연령 변수는 높은 상관관계를 갖는다. 그러나, 두 변수간에는 상호작용이 있을 수 있다. 즉, 여성 대비 남성의 손해경험이 연령대에 따라 다르게 나타난다면, 성별과 연령 변수는 상호작용을 한다고 볼 수 있다.

다변량 분석에는 여러 다른 형태가 존재하는데 각각의 장점은 다소 다르다. GLM기법은 매우 투명한 장점이 있는데 즉, 모델의 결과는 설명변수의 모든 계층에 예측값을 제시하고 통계적 신뢰성의 범위도 제공한다. 다변량 분석법들은 각각의 장단점이 있을 수 있으나, 모델 개발자에게 가장 중요한 요소는 어떻게 결과를 도출했고 그 결과를 어떻게 설명하느냐는 것이다.

## 3.2 GLM

2000년대 들어서 많은 선진보험시장에서 여러 보종의 요율산정을 위한 기본 방법으로 사용하는 다변량 기법은 GLM(generalized linear model)이다. GLM기법은 앞서 언급한 다변량 분석의 장점 모두를 가지고 있다.

### 3.2.1 GLM의 수학적 기초

다른 방법론보다 상대적으로 매우 투명한 GLM 기법은 전형적인 단변량 방식에 익숙한 요율 전문가에게는 GLM의 정확한 통계적 기초를 이해하는 데 어려움이 있을 수 있다. GLM을 제대로 이해하기 위해서 선형모형(LM: linear models)에 대한 이해가 선행될 필요가 있다. LM이나 GLM 모두 의존변수 또는 종속변수(response variable=dependent variable)와 다수의 설명변수 또는 독립변수 또는 예측변수(explanatory variable=independent variable=predictor variable)와의 관계를 표현한다.

선형모델은 평균값($\mu$)과 오차항으로 알려지는 임의 변수($\varepsilon$)의 합을 종속변수(Y)로 표현한 것으로 수식은 아래와 같다.

$$Y = \mu + \varepsilon$$

여기서 평균값은 설명변수들의 1차함수 또는 선형 조합으로 표현할 수 있다. 선형모델은 임의 변수($\varepsilon$)가 평균값 0과 상수 분산, $\sigma^2$에 의해 정규 분포된다고 가정한다.

$$Y = (\beta_1 X_1 + \beta_2 X_2 + \beta_3 X_3 + \cdots + \beta_n X_n) + \epsilon$$

$X_1, X_2, X_3 \cdots, X_n$: 각 설명변수

$\beta_1, \beta_2, \beta_3, \cdots, \beta_n$: 선형모델에 의해 유도된 각 설명변수의 계수 또는 가중치
(parameter estimate)

선형모델의 목표는 변수의 계수($\beta$) 값을 알아내는 데에 있다. 변수의 계수를 구하기 위한 함수는 일반적으로 우도함수(likelihood function) 또는 로그우도함수(log-likelihood function)다. 최대우도(maximum likelihood)는 등식을 풀기 위한 선형대수(linear algebra)에 의존한다. 우도함수는 실제값과 결과값 사이의 오차자승(squared error)의 합을 최소화시키는 것과 동일하다.

### 3.2.2 GLM의 정의

GLM은 선형모델의 일반화된 형태로서 손해율 또는 순보험료와 같은 기대종속변수($Y$)와 연령, 차종, 차령, 담보한도 금액과 같은 독립 변수($X$)들의 선형조합과의 관계를 정의하는 연결함수(link function)을 가진다.

GLM기법의 세부적인 과정은 본서에서 다루지 않으나, GLM을 이용하기 위해서 모델링을 작업하는 사람들은 다음 몇 가지 사항을 숙지하고 있어야 한다. 첫째, 종속변수와 연관된 독립변수들의 적합한 양의 관측치를 포함하는 데이터 셋(dataset)을 준비하여야 하며, 둘째, 시스템적인 요소와 임의적인 요소들의 관계를 정의하기 위한 연결함수를 선택해야 한다. 마지막으로 모델의 기초적 과정의 분포함수(예: 정규분포, 감마분포, 포아송분포 등)를 명시해야 한다. 그런 후에, 최대우도(maximum likelihood)는 우도함수의 대수를 극대화하여 각 요율변수의 예측값을 계산한다.

### 3.2.3 GLM의 결과물

전형적으로 손해율 또는 순보험료에 의해 손해분석을 하는 단변량 방식과 달리, GLM은 주로 빈도와 심도를 분리한 순보험료 데이터로 실행하게 되는데, 통계적이며 실질적인 이유는 다음과 같다. 첫째, 손해율로 모델링을 한다면 계약마다 보험료를 현재 요율수준으로 수정해야 하는데, 실질적으로 정확히 실행하기가 어려울 수 있다. 둘째, 계리사들은 빈도와 심도의 사전 기대치를 알고 있다. 예를 들어, 젊은 연령의 운전자는 높은 빈도를 보인다든지 방재시스템이 갖추어져 있지 않은 건물의 심도는 높다는 사전 기대치를 알고 있다. 반면에, 손해율의 형태는 현재 요율수준에 크게 의존한다. 그러므로, 순보험료 데이터로 모델을 개발할 때, 데이터의 비시스템적인 효과(noise)로부터 시스템적인 효과를 더 잘 구별할 수가 있다. 셋째, 손해율에 의한 모델은 요율이나 요율구조가 변경될 때마다 모델의 적합성이 확연히 떨어지게 된다. 마지막으로 손해율만을 위해 일반적으로 채택될 수 있는 분포함수가 없다는 점이다.

GLM을 더 정확히 이해하기 위해서는 그림에 의한 결과를 관찰하는 것이 효과적이다. 〈그림 6-1〉은 자동차보험 자차담보의 요율변수인 차령별 클레임 빈도의 효과를 보여주는 것이다. 이 요율변수는 17가지의 세부 계층을 가지고 있으며, 각 계층별 익스포저는 막대그래프로 표시된다. 각 계층은 차량의 연령을 대표한다고 가정한다. 이 결과물은 곱셈방식의 모델이다. 차령의 기준이 되는 계층(base level)은 차령 4로 정하며 상대도는 1.00으로 모든 다른 계층은 기준 계층을 기준

그림 6-1   자동차보험 자차 빈도의 차령별 효과

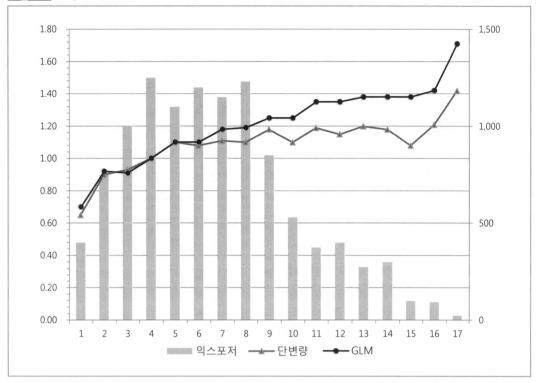

으로 상대도를 표시한다. 기준 계층은 일반적으로 익스포저수가 상대적으로 많은 계층을 선택하는 게 보편적이다. 이것은 상대적으로 큰 수를 가진 계층이 통계 분석상 견고한 결과값을 보이며, 이에 따라 다른 계층의 상대도 계산시 정확성을 높일 수 있다는 배경에 따르는 것이다. 단변량에 의한 상대도와 GLM에 의한 상대도는 선그래프로 보여준다. GLM 상대도는 모든 다른 변수들을 고려한 차령변수의 통계적 효과를 보여준다. 예를 들어, 차령 8은 차령 4보다 다른 모든 요율변수와의 관계를 감안한 후 자차빈도가 20% 더 높다는 것을 지적한다. 반면에, 단변량에 의한 상대도는 다른 요율변수를 감안하지 않고 차령변수만으로 분석했을 때 차령 8은 차령 4보다 자차빈도가 약 10% 높다는 것을 지적한다. 이러한 단변량과 GLM 상대도의 불일치는, 차령은 모델 안에 있는 다른 모든 요율 변수들(예: 운전자 연령, 차종 등)과 매우 상관되어 있다는 것을 의미한다.

　다변량 분석에서 다른 모든 요율변수를 감안한다는 말을 이해하는 것은 매우 중요하다. 변수한 개의 GLM결과는 다른 모든 요율변수들의 결과를 동시에 감안했을 때에만 의미를 가진다. 만일 다른 핵심 변수들의 계수 변경 또는 제외가 생긴다면, 기준 계층이 아닌 다른 모든 차령들의 GLM 상대도는 더 이상 유효하다고 할 수 없을 것이다. 다시 강조하는바, 변수 한 개의 GLM결과는 다른 모든 요율변수들의 결과를 동시에 감안했을 때에만 유효하기 때문에 차령 8의 상대도는 다른 상대도에 의존적이라 할 수 있다.

### 3.2.4 GLM 결과의 평가

GLM 결과의 확실성과 모델의 정합성을 이해하는 것은 매우 중요하다. 경우에 따라, 모델은 변수들의 계층을 세분화해서 작업할 필요가 있다. 연결함수와 오차항의 가정 또한 모델에 영향을 미친다. GLM 결과에 대한 평가와 진단은 통계적 이론에 바탕을 둔다.

한 개의 변수가 순보험료상에 시스템적인 효과를 가지고 있는지에 대한 결정을 위한 가장 일반적인 통계적 진단 방법은 표준오차(standard error)를 계산하는 것이다. 표준오차의 진단은 95%의 신뢰구간과 유사한 것으로 GLM 결과에 대해 95% 신뢰구간 범위를 보여주는 것이다. 〈그림 6-2〉는 이전 예시 자동차보험 자차 빈도의 차령별 효과와 동일한 그래프에 두 개의 신뢰구간 (+/-)을 첨부한 것이다. 일반적인 경우, 표준오차의 범위가 좁고 또한 상향 패턴은 이 변수가 통계적으로 중요하다는 것을 의미한다. 반면에, 신뢰구간이 넓은 패턴을 보일 경우 이 변수는 데이터의 오류(noise)에 의해 정확성이 떨어질 수 있으므로 모델에서 제외되는 것이 바람직하다고 할 수 있다. 〈그림 6-2〉에서처럼, 차령 16과 17은 넓은 표준오차 범위를 보이는데 이는 주로 이 계층의 데이터 양이 적기 때문에 나타나는 일반적인 현상이라 하겠다. 그러나, 차령 1에서부터

**그림 6-2** 자동차보험 자차 빈도 차령별 GLM 결과의 표준오차

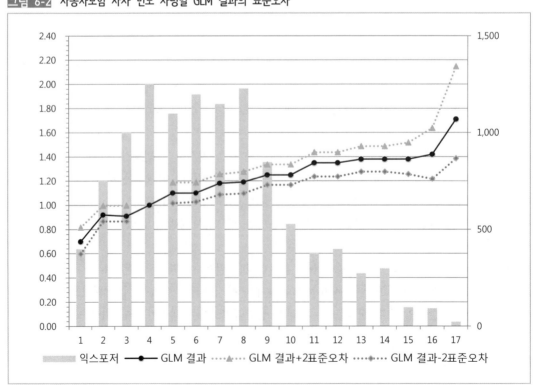

15까지는 충분한 양의 데이터에 의한 결과와 오차범위가 작으므로 매우 중요한 의미를 가지는 변수와 계층이라 할 수 있다.

편차값(deviance)의 측정은 설명변수의 통계적 중요도를 측정하기 위한 부연의 진단방법이다. 일반적으로, 편차값은 모델에서 도출된 적합값(fitted value)이 얼마나 관측치와 다른지에 대한 평가라 할 수 있는데, 편차실험은 주로 모델 안에 어느 변수를 첨가적으로 포함할지를 판단하기 위해 사용된다. 그러므로, 매번 모델의 편차값은 구해지고 각 결과값은 비교된다. 편차실험에는 주로 콰이스퀘어(chi-square) 또는 $F$-test가 사용되는데, 이는 변수를 더 첨가함으로 얻어지는 장점과 더 첨가함으로 발생할 수 있는 단점 간의 비교를 통한 이론적인 타협점을 측정하기 위한 것이다.

모델의 정합성에 대한 진단과 평가는 연도별 GLM 결과의 지속성을 비교함으로 알 수 있는데, 〈그림 6-3〉은 모델에 사용되는 경험기간을 연도별로 분리하여 자동차보험 자차 빈도의 차령별 효과를 보여주는 것이다. 2019년가 2020년의 두 선은 다소 치이기 있으나, 대체로 편차가 크시 않고 동일한 패턴을 가지고 있다. 그러므로, GLM 결과에 의한 모델은 안정적이라 할 수 있다.

**그림 6-3** 자동차보험 자차 빈도의 GLM 결과 연도별 지속성 평가

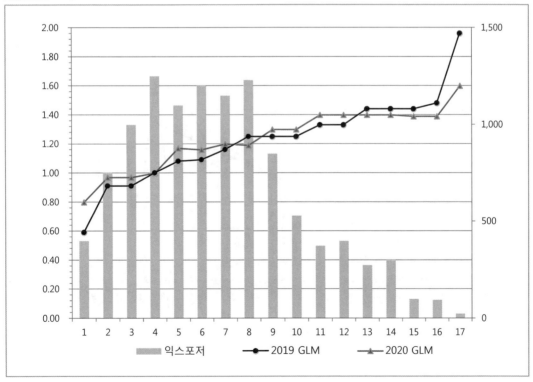

〈그림 6-3〉에서처럼, 연도별 GLM 예측값을 비교하는 평가 외에도, 모델의 정합성을 평가하는 가장 널리 알려진 방법은 모델 개발에 사용하지 않은 유사한 데이터를 개발된 모델에 적용하여 결과를 비교하는 것이다. 일반적으로, 데이터는 무작위로 반(경우에 따라서는 1/3)을 쪼개어 모델 개발에 사용하고 나머지 반은 개발된 모델의 정합성을 검증하기 위한 검증데이터로 이용한다. 개발된 모델의 GLM결과와 검증데이터를 이용한 경험 결과와의 차이 범위가 모델이 얼마만큼 정합한지를 설명해 주는 척도가 된다.

〈그림 6-4〉는 자동차보험 자차담보의 기대 빈도 범위 구간 내 모델에 의한 빈도수와 검증데이터에 의한 구간 내 빈도수를 비교한 것이다. 그림에서 대체로 모델데이터에 의한 빈도와 검증데이터에 의한 빈도는 GLM의 제일 높은 기대빈도 구간을 제외하고는 매우 유사한 패턴을 지닌다. 또한, GLM의 제일 높은 기대빈도 구간에서 편차가 크게 보이는 것은 이 구간의 데이터가 너무 적기 때문으로 데이터에 의한 기댓값의 변동성이 매우 크다. 만일, 두 결과의 패턴이 너무 상이할 경우 모델은 정합성이 미흡하거나 과도한 것으로 해석할 수 있다.

**그림 6-4**  모델 검증

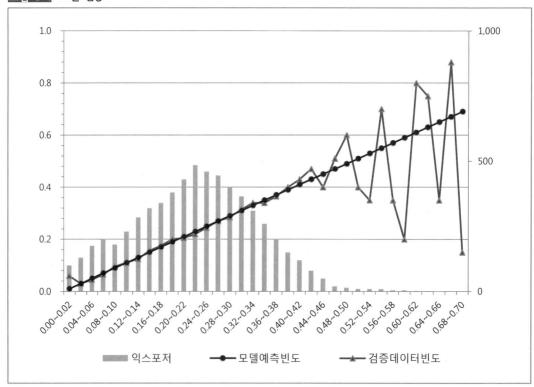

만일, 모델에서 중요한 통계적 효과가 반영되지 않았다면 모델의 정합성은 미흡하게 되는데 이 경우 모델은 미래의 결과를 어느 정도 예측할 수는 있으나 정합성의 합리적 설명이 어렵다. 반면에, 데이터의 noise가 반영된 변수가 포함된 모델인 경우, 모델에서 noise가 있는 데이터가 재반복적으로 돌아가므로 그 결과값은 미래 기간에 반영될 결과를 예측하는 데 정합성이 크게 떨어지게 된다.

### 3.2.5 GLM의 고려사항

현재 보험시장에서는 GLM 기법에 의한 여러 소프트웨어 프로그램을 이용하고 있고 프로그램 개발자들은 AI 내용도 포함한 다양화된 프로그램을 계속 개발하고 있는 중이다. 그래서 계리사들을 포함한 프로그램 사용자들은 GLM의 기본이 되는 공식과 개발 그리고 검증에 이르기까지 복잡한 프로그래밍 작업을 할 필요가 없어졌으나, 계리사들은 최소한 모델을 이해하고 아래의 사항을 항상 주의 깊게 고려해야 한다.

첫째, 모델 개발을 위한 데이터 추출시 필요한 데이터의 양, 클레임의 정의, 변수의 정확한 이해, 데이터 집합 방법(예: 달력연도, 사고연도 등), 계약 배서 발생 시 처리방법, 대형사고액의 처리, 손해액 진전 등 모든 부분을 세세히 감안해야 한다. 또한, 데이터 추출 시 IT에 관련된 내용, 마케팅 목적, 또는 금융당국의 현안 등을 종합적으로 고려하여 모델을 통한 통계분석 작업이 이루어져야 한다.

둘째, 요율산정을 담당하는 사람은 최소한 회사의 데이터 웨어하우스에 대한 견고한 지식을 가지고 있어야 한다. 이는 모델 개발에서 통계적 방법의 선택과 모델 검증 시 합리적인 사고를 줄 수 있으며, 프로그램을 이용할 때도 작업 도중 오류가 나올 때 오류의 원인을 쉽게 찾아서 고칠 수 있기 때문이다. 또한, 다른 모델 전문가와의 협업에 도움이 될 수 있다.

마지막으로, 요율산정 계리사는 모델 결과가 회사에 효율적으로 반영될 수 있도록 여러 관련 전문가들과 적극적인 의견교환이 이루어져야 한다.

### 3.2.6 데이터마이닝 기법

현재 여러 데이터마이닝 기법이 알려져 있는데 여기서는 요율산정 모델 개발에 필요한 기법에 대해서만 간략히 기술하기로 하겠다.

### 3.2.6.1 상대도 분석

상대도 분석에서 가장 널리 알려진 기법은 주성분 분석(principle components analysis)으로, 어떤 개체를 설명하는 데 $P$종의 데이터가 있다고 할 경우, 이 $P$종을 가장 적은 종류(특성)로 정리하거나 또는 변수안의 여러 계층(levels)이 있을 때 계층 수를 감소시키는 기법이다.

예를 들어, 두 개의 요율변수 사이에 상관관계가 높을 경우, 회귀선(regression line)은 두 변수의 선형관계를 요약하여 데이터에 가장 잘 맞는 곡선(fit)을 만들어 맞출 수 있다. 그 다음에 새로운 하나의 변수가 회귀선에 근접한 것으로 정해질 수 있다. 이러한 혼합변수는 원래의 두 변수를 대신할 뿐만 아니라 변수의 계수(parameter estimate)를 감소시킬 수 있다. 미국 선진보험사에서 주로 사용하는 혼합변수는 매트릭스(matrix)라 불리기도 하는데, 서로 상관관계가 높은 변수들과의 집합을 통해 합쳐진다. 자동차 보험의 경우, 직전 보험사와의 계약기간, 직전 대인담보 한도금액, 신계약 유무, 주택 소유 유무, 계약 직전 실효기간 등을 혼합한 하나의 새로운 요율변수를 가지고 있다. 주택보험인 경우는 지역 인구밀도, 주택소유 유무, 주택 연령, 침실 수 등의 개별변수를 혼합한 하나의 요율변수를 운영한다.

### 3.2.6.2 군집분석

군집분석(cluster analysis)은 유사한 성격을 가진 소규모 단위의 대상군을 혼합하여 더 큰 규모의 집단으로 만드는 데이터 분석 도구라 할 수 있다. 그래서, 집단 내부의 차이를 최소화하고 집단과 다른 집단과의 차이는 극대화하는 것이 군집분석의 목적이라 할 수 있다.

### 3.2.6.3 카트

카트(CART: classification and regression trees)의 목적은 "만일 그렇다면"이라는 논리적 조건에 의해 나뭇가지식으로 분석을 해결하는 알고리듬 개발에 있다고 하겠다.

자동차 보험의 경우, "만일 그렇다면"이라는 논리를 성별과 함께 시작하자. 만일 대상자가 남성이라면, 나뭇가지는 연령으로 넘어간다. 그 다음, 아래의 조건에 의해 대상자가 남성이고 30대라면 다음 "만일 그렇다면"의 조건은 과거 사고 유무로 계속된다. 만일 첫 번째 조건에서 대상자가 여성이었다면 다른 나뭇가지의 조건으로 순서가 정해질 수도 있다(예: 여성 → 결혼유무 → 연령 → 자녀수 등).

요율산정 과정에서 카트를 감안하는 이유는 여러 변수 중에서 어느 변수의 영향도가 가장 큰지를 확인할 수 있다는 것과 가장 강한 최초 변수에 의해 어떤 변수들이 영향을 받는지를 확인할 수 있게 한다. 또한 이는 변수간의 상호작용을 감지할 수도 있다.

### 3.2.6.4 마스

마스(MARS: multivariate adaptive regression spline) 알고리듬은 변수의 계층간 간격(시작점과 끝점)을 선형회귀방정식으로 여러 불연속 선형회귀를 조정한다. 이 기법은 일반적으로 연속변수

(continuous variable)의 계층간 간격을 정하는 데 사용된다. 예를 들어, 주택담보 한도 금액은 연속성을 가진 변수임에도 불구하고 계층간의 간격을 범주화(예: 5천만원 미만, 5천만원 이상~1억 미만, 등)시킬 수 있다. 그래서, 범주화된 변수는 GLM 실행을 용이하게 할 수 있다. 또한, 카트처럼 마스도 변수간의 상호작용을 감지할 수 있다.

### 3.2.7 외부 데이터

GLM 기법을 사용하는 많은 회사들은 회사 내부 계약 데이터만을 분석하는 한계에서 벗어나 다른 외부 데이터를 찾게 된다. 외부 데이터는 다양하며 매우 우수할 수 있는데 대표적인 외부 데이터는 다음과 같다. 지역인구 통계데이터(예: 지역별 인구밀도, 지역별 거주연수 등), 기후 데이터(예: 강우량, 적설량, 한파기간 등), 거주지 데이터(예: 실거주평수, 소방서 거리, 상가 편의점 비율 등), 그리고 개별정보(예: 직업 등) 등이 대표적이라 할 수 있다. 이들 데이터는 요율산정의 정합성을 향상시키는 데 도움이 된다. 만일, 감독당국의 규제에 의해 사용할 수 없을 경우에도 이와 관련한 대체변수의 개발에 도움이 될 수 있는바, 외부 데이터이 간안은 분석의 정합성 향상에 이바지될 수 있다.

지금은 미국의 보험산업을 주도하는 대형 보험회사에서 위와 같은 정량적인 데이터뿐만 아니라 사람의 성향을 예측하기 위해 검색창에서 많이 사용하는 용어, 구독하는 매체, 소비패턴 등의 자료를 이용하는 빅데이터(Big Data)뿐만 아니라 인공지능의 개념까지도 보험에 적용하는 추세이며, 이러한 현상은 광범위하게 널리 퍼져 나가고 있다.

#### 예제 6-1

건강보험 상품에서 두 개의 요율변수, 즉 성별과 흡연유무의 적정한 상대도를 구하고자 한다. 성별은 남과 여로 구분되고 흡연유무는 흡연자와 비흡연자로 구분하며, 현재 흡연자와 비흡연자의 상대도는 2:1이다. 아래의 표는 변수 계층별 순보험료를 보여주며, 모든 구역의 익스포저 수는 200으로 동일하다.

| | 흡연자 | 비흡연자 |
|---|---|---|
| 남자 | 800 | 500 |
| 여자 | 400 | 200 |

(1) 균형 원리법의 곱셈방식을 이용하여 첫 번째 반복계산(initial iteration) 후, 상대도의 결과 값을 계산하라.
(2) 두 번째 반복계산에 의한 상대도를 구하라.

☀ 풀이

(1) 먼저, 남자 열의 균형방정식과 여자 열의 균형방정식을 정한다.

$$800 + 500 = 200 \times 남 \times 흡 + 200 \times 남 \times 비$$
$$400 + 200 = 200 \times 여 \times 흡 + 200 \times 여 \times 비$$

첫 번째 반복계산에 의한 남자와 여자의 상대도:

$$800 + 500 = 200 \times 남 \times 2 + 200 \times 남 \times 1 = 600남 \rightarrow 남 = 13/6$$
$$400 + 200 = 200 \times 여 \times 2 + 200 \times 여 \times 1 = 600여 \rightarrow 여 = 1$$

첫 번째 반복계산에 의한 흡연자와 비흡연자의 상대도:

$$800 + 400 = 200 \times (13/6) \times 흡연 + 200 \times (1) \times 흡연$$
$$\rightarrow 흡연자 = 1,200/633.3 = 1.895$$
$$500 + 200 = 200 \times (13/6) \times 비흡연 + 200 \times (1) \times 비흡연$$
$$\rightarrow 비흡연자 = 700/633.3 = 1.105$$

(2) 두 번째 반복계산에 의한 남자와 여자의 상대도:

$$800 + 500 = 200 \times 남 \times 1.895 + 200 \times 남 \times 1.105 = 600남 \rightarrow 남자 = 13/6$$
$$400 + 200 = 200 \times 여 \times 1.895 + 200 \times 여 \times 1.105 = 600여 \rightarrow 여자 = 1$$

두 번째 반복계산에 의한 흡연자와 비흡연자의 상대도:

$$800 + 400 = 200 \times (13/6) \times 흡연 + 200 \times (1) \times 흡연$$
$$\rightarrow 흡연자 = 1,200/633.3 = 1.895$$
$$500 + 200 = 200 \times (13/6) \times 비흡연 + 200 \times (1) \times 비흡연$$
$$\rightarrow 비흡연자 = 700/633.3 = 1.105$$

(참고) 이 경우, 두 번째 반복계산 만에 컨버전스가 되어 더 이상의 추가 반복계산은 무의미하며, 이 결과가 최종 상대도가 된다. 또한, 비흡연자를 기준 계층으로 한다면 정규화된 상대도는 흡연자는 1.895/1.105 = 1.715이며 비흡연자는 1.00이 된다. 몇 차례 반복계산만에 컨버전스가 되는 주된 이유는 모든 구역의 익스포저 수가 동일하기 때문이다. 그러나, 현실에서 구역별 익스포저는 다르므로 수차례에 걸친 반복계산이 요구된다. 일반적으로, 언젠가는 컨버전스가 발생하나 시간이 많이 소요되는 측면이 있다.

예제 6-2

주어진 손해액과 익스포저 정보에 의거, 균형 원리법의 곱셈방식을 이용하여 최초 반복계산에 의한 $Y_1$과 $Y_2$의 상대도를 계산하라. 단, 반복계산의 시작은 $Y_1$과 $Y_2$로 한다.

손해액:

| 변수 | $Y_1$ | $Y_2$ |
|------|-------|-------|
| $X_1$ | 300 | 300 |
| $X_2$ | 200 | 400 |

익스포저:

| 변수 | $Y_1$ | $Y_2$ |
|---|---|---|
| $X_1$ | 100 | 150 |
| $X_2$ | 100 | 100 |

시작점:

| $Y_1$ | $Y_2$ |
|---|---|
| 1.00 | 1.50 |

### ☼ 풀이

$X_1$, $X_2$, $Y_1$, $Y_2$의 균형방정식:

$$300 \times 100 + 300 \times 150 = 100X_1Y_1 + 150X_1Y_2$$
$$200 \times 100 + 400 \times 100 = 100X_2Y_1 + 100X_2Y_2$$
$$300 \times 100 + 200 \times 100 = 100X_1Y_1 + 100X_2Y_1$$
$$300 \times 150 + 400 \times 100 = 150X_1Y_2 + 100X_2Y_2$$

최초 반복계산에 의한 $X_1$과 $X_2$의 상대도:

$$300 \times 100 + 300 \times 150 = 100X_1(1) + 150X_1(1.5) \rightarrow X_1 = 230.8$$
$$200 \times 100 + 400 \times 100 = 100X_2(1) + 100X_2(1.5) \rightarrow X_2 = 240$$

최초 반복계산에 의한 $Y_1$과 $Y_2$의 상대도:

$$300 \times 100 + 200 \times 100 = 100(230.8)Y_1 + 100(240)Y_1 \rightarrow Y_1 = 1.062$$
$$300 \times 150 + 400 \times 100 = 150(230.8)Y_2 + 100(240)Y_2 \rightarrow Y_2 = 1.450$$

### 예제 6-3

주어진 정보에 의거, 최소편차 접근법의 합산방식 공식을 이용하여 다음 질문에 답하라. 기본 순보험료는 100으로 가정한다.

순보험료의 합 = 기본 순보험료 × $(X_i + Y_i)$

(1) 최초 반복계산에 의한 $Y_1$과 $Y_2$의 상대도를 계산하라.
(2) 문제 (1)의 계산 후, 상대도는 균형(컨버전스)이 이루어졌는가?
(3) 최소편차 접근법의 두 가지 단점을 기술하라.

순보험료:

| 변수 | $Y_1$ | $Y_2$ |
|---|---|---|
| $X_1$ | 500 | 750 |
| $X_2$ | 250 | 475 |
| $X_3$ | 150 | 400 |

익스포저:

| 변수 | $Y_1$ | $Y_2$ |
|---|---|---|
| $X_1$ | 1,000 | 1,000 |
| $X_2$ | 1,000 | 1,000 |
| $X_3$ | 1,000 | 1,000 |

| 변수 | 최초상대도 |
|---|---|
| $X_1$ | 4.5 |
| $X_2$ | 3.0 |
| $X_3$ | 2.0 |

**☼ 풀이**

먼저, 모든 구역의 익스포저 1,000은 동일하므로, 계산의 편리성을 위해 모든 식에서 제거한다. 즉, 익스포저는 1로 대체한다. 또한, 기본 요율이 100이므로 현 순보험료는 100으로 나누어 계산할 수 있다.

(1) $Y_1$, $Y_2$의 균형방정식:

$$5.0 + 2.5 + 1.5 = (X_1 + Y_1) + (X_2 + Y_1) + (X_3 + Y_1)$$

$$7.5 + 4.75 + 4.0 = (X_1 + Y_2) + (X_2 + Y_2) + (X_3 + Y_2)$$

최초 반복계산에 의한 $Y_1$과 $Y_2$의 상대도:

$$5.0 + 2.5 + 1.5 = (4.5 + Y_1) + (3.0 + Y_1) + (2.0 + Y_1) \quad \rightarrow \quad Y_1 = -0.167$$

$$7.5 + 4.75 + 4.0 = (4.5 + Y_2) + (3.0 + Y_2) + (2.0 + Y_2) \quad \rightarrow \quad Y_2 = 2.250$$

(2) $X_1$, $X_2$의 균형방정식:

$$5.0 + 7.5 = (X_1 + Y_1) + (X_1 + Y_2)$$

$$2.5 + 4.75 = (X_2 + Y_1) + (X_2 + Y_2)$$

$$1.5 + 4.0 = (X_3 + Y_1) + (X_3 + Y_2)$$

$X$의 최초 상대도와 $Y$의 최초 반복계산 후 상대도를 균형방정식에 대입하여 균형이 이루어졌는지 확인할 수 있다.:

$$5.0 + 7.5 = 12.5 \neq (4.5 - 0.167) + (4.5 + 2.25) = 11.083$$

그러므로, 아직 균형(converged)이 이루어지지 않았다.

(3) ① 계산 시간이 오래 걸리며, 복잡한 반복계산에 의한 오류 가능성이 있다.

　　② 반복계산과정에 들어가는 요율변수의 순서에 따라 결과값이 다르다.

**예제 6-4**

한국보험회사는 업무용 자동차보험의 새로운 요율구조를 계획하고 있다. 이 계획에는 블랙박스의 설치유($B_2$)무($B_1$)와 후방카메라의 설치유($C_2$)무($C_1$)의 가격 상대도를 포함한다.

| | 현상대도 | | 순보험료 | | 익스포저 | | 경과보험료 | |
|---|---|---|---|---|---|---|---|---|
| | $B_1$ | $B_2$ | $B_1$ | $B_2$ | $B_1$ | $B_2$ | $B_1$ | $B_2$ |
| $C_1$ | 4 | 2 | 180 | 120 | 100 | 1,000 | 25,000 | 125,000 |
| $C_2$ | 2 | 1 | 100 | 40 | 100 | 1,000 | 13,333 | 66,667 |

블랙박스와 후방카메라가 설치되어 있는 차량($B_2$, $C_2$)의 기본요율은 66.67이다.

(1) 최소편차 접근법을 사용하는 데 있어서, 실제 손해 경험을 파악하기 위해 순보험료 방식이 아닌 손해율 방식을 사용하고자 한다. 각 구간(예: $C_1B_1$, $C_1B_2$, 등)별 현재 상대도에 의해 수정된 실제 손해율 상대도를 구하라.

(2) 실제 손해율 상대도를 구한 후, 최소편차 접근법의 곱셈방식에 의한 새로운 상대도와 계약당 보험료를 계산하고자 한다. 반복계산의 시작점은 $B_1$=1.5와 $B_2$=0.75이다. 최초 반복계산 후, 각 구간의 상대도와 이에 따른 각 구간의 계약당 보험료를 계산하라.

**☼ 풀이**

(1) 손해율 계산:

$LR_{ij}$ = (순보험료)(익스포저)/(경과보험료)

$LR_{11}$ = (180)(100)/25,000 = 0.72 → $C_1B_1$의 손해율

$LR_{12}$ = (120)(1,000)/125,000 = 0.96 → $C_1B_2$의 손해율

$LR_{21}$ = (100)(100)/13,333 = 0.75 → $C_2B_1$의 손해율

$LR_{22}$ = (40)(1,000)/66,667 = 0.60 → $C_2B_2$의 손해율

기준계층에 의한 손해율 상대도:

$C_1B_1$ = 0.72/0.60 = 1.20        $C_1B_2$ = 0.96/0.60 = 1.60

$C_2B_1$ = 0.75/0.60 = 1.25        $C_2B_2$ = 0.60/0.60 = 1.00

현재 상대도에 의해 수정된 실제 손해율 상대도:

$C_1B_1$ = (1.20)(4) = 4.80        $C_1B_2$ = (1.60)(2) = 3.20

$C_2B_1$ = (1.25)(2) = 2.50        $C_2B_2$ = (1.00)(1) = 1.00

(2) 최초 반복계산 후 $C_1$, $C_2$의 상대도:

$(100)(4.8) + (1,000)(3.2) = (100)B_1C_1 + (1,000)B_2C_1$

$\qquad\qquad = (100)(1.5)C_1 + (1,000)(0.75)C_1$ → $C_1 = 4.089$

$(100)(2.5) + (1,000)(1) = (100)B_1C_2 + (1,000B_2C_2)$

$\qquad\qquad = (100)(1.5)C_1 + (1,000)(0.75)C_2$ → $C_2 = 1.389$

최초 반복계산 후 $B_1$, $B_2$의 상대도:

$(100)(4.8) + (100)(2.5) = (100)B_1C_1 + (100)B_1C_2$

$\qquad\qquad = (100)B_1(4.089) + (100)B_1(1.389)$ → $B_1 = 1.333$

$(1,000)(3.2) + (1,000)(1) = (1,000)B_2C_1 + (1,000)B_2C_2$

$$= (1,000) B_2 (4.089) + (1,000) B_2 (1.389) \rightarrow B_2 = 0.767$$

계약당 보험료:

$$C_i B_i = (기본요율)(C_i)(B_i)$$

$$C_1 B_1 = (66.67)(4.089)(1.333) = 363.39$$

$$C_1 B_2 = (66.67)(4.089)(0.767) = 209.09$$

$$C_2 B_1 = (66.67)(1.389)(1.333) = 123.44$$

$$C_2 B_2 = (66.67)(1.389)(0.767) = 71.03$$

### 예제 6-5

다변량 분석의 경우, 변수간의 상관관계(correlation) 또는 상호작용(interaction)이 존재할 수 있는데, 이들의 유사점과 차이점을 기술하라.

**풀이**

유사점: 하나의 요율변수 변화의 효과는 다른 요율변수의 효과를 비례적으로 변화시킨다.

차이점: 상관관계는 하나의 요율변수 변화의 통합적 효과는 다른 요율변수내 모든 계층에 유사한 강도로 변화시킨다. 반면에, 상호작용은 하나의 요율변수 효과는 다른 변수 안에 계층별로 다른 효과에 의해 변화된다.

### 예제 6-6

다음은 두 개의 요율변수간 상관관계의 수치다. 이를 참조로, 혼합변수를 개발하려 한다. 추천하는 혼합변수와 단독변수를 결정하고 그 이유를 간략히 설명하라.

$$A : B = 0.90 \quad A : C = 1.00 \quad A : D = 0.10 \quad A : E = 0.60 \quad B : C = 0.85$$

$$B : D = 0.25 \quad B : E = 0.60 \quad C : D = 0.20 \quad C : E = 0.85 \quad D : E = 0.10$$

**풀이**

$A$, $B$, $E$는 혼합변수로 하며, 각 변수간의 상관관계는 많음으로 매우 유사한 형태를 지닌 변수라 할 수 있다.

$D$는 단독변수로 하는데, 어느 다른 변수와도 상관관계가 적기 때문이다.

$C$는 요율변수에서 제외하는 것이 바람직한데, 이는 변수 $A$와 완전한 상관관계가 있기 때문으로 $C$와 $A$변수는 변수 이름만 다를 뿐 완전히 동일한 형태의 변수로 해석할 수 있다.

계 리 모 형 론

# PART 03

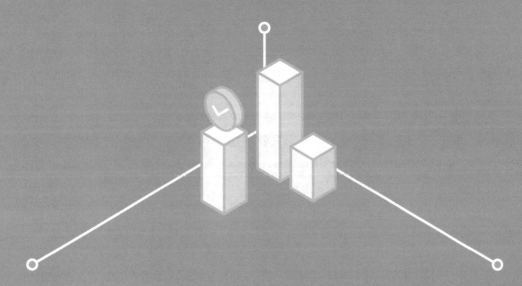

# 손해보험 요율산정과
# 책임준비금 산정
# Ratemaking and Loss Reserving

손해보험에서 계리사의 가장 핵심적인 전문업무는 손해보험 상품의 요율산정(Ratemaking)과 책임준비금(Loss Reserves)의 예측(prediction)과 산정(estimation) 두 가지라 할 수 있다.

손해보험 요율산정은 역사적으로 다양한 방법이 시도되면서 발전해 왔다. 초창기 해상보험(Marine Insurance)은 피보험자 개인의 독특한 특성을 바탕으로 요율을 산출하였다. 예를 들어, 초기 런던 Lloyd사의 선박보험(Hull Insurance)인 경우, 각 선박의 모양, 구조, 유형에 따라 각 선박의 독자적인 요율을 산출하였다. 18세기 초 미국의 주택화재보험(Dwelling Fire Insurance)은 지붕의 형태, 주택 프레임(frame)의 종류(예: 벽돌 또는 나무 등), 그리고 기본적인 건축양식을 기초로 요율을 만들었다.

현재 보험 소비자가 보험회사에 지불하는 가격, 즉 보험료는 일반적으로 익스포저당 미리 정해진 요율에 의해 계산되며, 피보험자 또는 피보험물의 속성에 따라 달리 산출된다. 요율서(Rating Manuals)는 이들 익스포저를 적합하게 분류하고 각각에 상응하는 보험료를 계산하기 위한 필수적인 정보를 포함하는 문서라 할 수 있다. 그러나, 초창기의 보험회사의 요율서는 정확한 보험료를 계산하는 목적보다는 심사자(Underwriter)가 특정 보험물건의 요율을 정하기 위한 절차나 위험도에 의한 인수 결정 여부, 그리고 인수시 주의사항 등 일반적인 보험 가입의 안내지표로서의 역할에 초점을 맞추었다.

과거에서부터 손해보험 요율산정에서 가장 지속적으로 문제가 되고 있는 개념 중의 하나가 개별적인 손해 성향을 요율에 반영하는 공정성과 정확성의 차이였다. 과거 요율기법은 통계적 방법과 보험 전문가의 판단을 혼합한 평균보험가격의 성격이었으나, 시간이 흐르면서 피보험자 또는 피보험물의 속성이 계속해서 복잡해지고 세분화되었고 이에 따른 다양한 손해 보험 상품이 개발되면서 특정 기간 동안 특정 피보험자(물)의 특정담보에 부과하는 정확한 보험료 산출에 한계를 느끼게 되었다. 몇몇 특정 상품의 경우, 현재의 요율서는 해당 분야의 충분한 경험 없이는 이해하기 어려울 정도로 보험료를 산출하기 위한 세부적인 내용들까지 포함되어 매우 복잡하다. 현재에는 많은 해외 선진 보험회사들이 책과 같은 문서로 되어 있는 요율서 대신 전자요율서(Electronical Manuals)를 사용하는 추세이다.

요율산정(Ratemaking)은 손해보험회사의 손익을 위한 핵심요소이며 계리적인 책임이 뒤따르고 있고, 보험계리사들은 개별 보험종목마다 특화된 다양한 요율산정 기법을 시도하고 있다. 예를 들어, 자동차 자차사고처럼 보상처리 진행과정이 짧은 보종에 사용되는 기법은 산재보험처럼 보상처리에 장기간을 요구하는 보종에 사용되는 기법과는 분명히 달라야 한다. 심지어 동일 상품인 경우에도, 관련 법률의 변화, 또는 분석할 수 있는 데이터 양과 질에 따라 다른 계리적 기법을 사용하기도 한다. 이런 계리적 기법은 보험회사에 집적되어 있는 다양한 정보와 통계 소프트웨어의 급속한 기술적 발전에 힘입어 계속해서 진화되고 있는 중이다.

보험회사의 재무 건전성은 올바른 책임준비금(Loss Reserves)의 예측없이 정확하게 평가될 수 없다. 책임준비금은 계약서에 명시된 보험금 청구권을 가진 사람이 보상을 청구할 때 지급할 수 있는 여력을 보여주는 보험회사의 채무능력이라 할 수 있다. 그러므로, 책임준비금의 예측과 산출은 손해액과 손해사정비를 위한 대차대조표에서 말하는 부채액을 객관성 있게 평가하는 보험회사의 계리적인 과정이라 표현할 수 있다. 그러나, 책임준비금을 산출하는 계산법이 다양하고 수학적으로 매우 복잡할 뿐만 아니라 많은 경우 보험회사 자체의 경영상 주관적인 판단도 포함될 수 있기 때문에 책임준비금의 예측과 산출은 손해보험의 계리적 측면에서 매우 까다로운 과정이라 할 수 있다. 다시 말해, 과거에 적용했던 산출방식과 과정이 그 당시 매우 정확했다고 하여 동일한 방식이 현재 손해액의 책임준비금을 정확하게 산출할 것이란 가정은 주관적인 의견일 수밖에 없다.

보험회사의 과거 경험치를 이용하여 책임준비금을 예측하는 것이 오늘날 가장 일반적인 방법이다. 또한, 보험산업의 빈번한 변화와 보험회사의 경영원칙 수정 등은 책임준비금을 예측하는 계리사들이 인지해야 할 항목이기도 하다. 경험치와 경영환경에 입각한 판단에 의해 책임준비금 산출 결과를 올바르게 해석하는 것은 계리사의 중요한 역할이다. 그러기 위해서, 계리사는 책임준비금을 산출하기 전에 데이터와 회사의 경영 전략등에 대한 명확한 이해가 우선되어야 할 것이다.

손해보험 상품에서 사용되는 다양한 요율산정과 책임준비금 산출 기법들을 여기에서 모두 다룰 수는 없으나, 과거부터 널리 사용되고 있는 요율기법과 책임준비금 산출을 위한 목적과 기법, 일반적인 계리방법론에 바탕을 두고 표준화된 요율산정과 책임준비금을 산출하는 해외 선진 보험회사에서 널리 사용하고 있는 모델 기법을 중심으로 소개하는 것에 본서는 초점을 맞출 것이며 또한 주요 요율변수의 계수를 결정하는 계리기법도 포함할 것이다.

# CHAPTER
# 07

# 손해보험 요율산정의 기본원리와 구조

 ## 1. 요율산정의 원리와 목표

보험요율은 보험시스템의 재무적 건전성을 보호하는 동시에 개별보험소비자에게 공정히 적용될 수 있어야 하므로, 적절한 요율을 산정하기 위한 적합하고 투명한 계리적 절차와 방법을 결정하는 것이 매우 중요하다. 여기서 언급하는 내용들은 손해보험의 요율산정 원리에 부합하는 동시에, 위험을 전가하는 다른 메커니즘을 이해하는 데에도 적용될 수 있다.

요율산정(Ratemaking)은 보험에서 사용되는 요율을 수립하는 과정을 말한다. 위험의 인수에 따르는 미래 비용의 예측에 영향을 끼치는 범위 내에서, 요율 수립 과정은 마케팅 목표, 시장경쟁, 법률적 제한 등을 포함한 많은 사항들이 고려되어야 한다. 여기서는 위험 인수에 따르는 미래 비용의 예측에 적용되는 원리만을 주로 다룰 것이고, 이들 비용에는 순손해액, 손해사정 비용, 사업비, 자본 사용에 부담해야 하는 비용등이 포함될 것이다.

요율산정(Ratemaking)의 목표는 일반적으로, 필수적인 것과 필수적이진 않으나 이상적인 것으로 나누어진다.

### 1.1 필수적 목표

요율산정의 필수적인 목표는 관련법규에 부합하여야 한다는 점이다. 또한, 우리나라는 보험업법(제129조)에 요율이 갖추어야 할 조건을 명시하고 있다.

첫째, 요율은 과도하지 않아야 (not excessive) 한다. 즉, 보험요율은 보험금과 그 밖의 급부에 비하여 지나치게 높지 않아야 한다. 보험계약은 소비자가 해당 보험 상품의 비용구조를 쉽게 이해하기 어려운 점이 있으므로, 보험회사가 이를 악용한다면 폭리를 취할 가능성이 상존한다. 따라서 각국의 보험감독기관은 선의의 보험소비자를 보호하기 위하여 보험회사의 요율에 대한 사전승인 또는 사후시정 명령의 권한을 가지게 된다. 또한, 보험요율은 보험소비자가 실제로 납부할 수 있는 수준이어야 한다. 예를 들어, 자연재해에 의한 농작물피해보상보험의 경우 실제 위험에 부합하는 보험료가 산술적으로는 타당하다 할지라도 해당 농작물을 재배하는 농부들의 평균소득에서 부담할 수 있는 수준을 훨씬 초과한다면 적절한 보험요율이라고 말하기 어렵다. 이런 경우, 개별 보험소비자에 대한 요율산정에서 벗어나 지역이나 국가 단위의 단체 가입 시에 적합한 요율산정 및 상품운영을 통하여 실질적으로 부담할 수 있는 수준의 보험요율을 제시할 수 있어야 한다.

둘째, 요율은 위험수준에 적절해야(not inadequate) 한다. 다시 말해, 요율은 위험수준에 비해 부족해서는 안 된다. 구체적으로, 요율은 보험회사의 재무건전성을 크게 해칠 정도로 낮지 않아야 하며, 모든 예측 손해액과 비용을 감당할 수 있는 수준이어야 한다. 보험회사가 재무적 건전성을 유지하려면 현재의 수입은 명백하게 미래에 예상되는 지출과 균형을 유지하여야 한다. 보험수입은 보험료와 투자수익을 포함하며, 지출은 모든 담보의 손해액과 판매비용(예: 판매수수료 포함) 그리고 회사 운영을 위해 필요한 온갖 제반비용을 포함하여야 하고, 불확실한 사건에 대한 예비비도 포함하여야 한다. 즉, 통계적으로 예측이 가능한 사고에 대한 정확한 요율뿐만 아니라 10년 후에 발생할 지 모르는 재해와 같이 예측이 매우 어렵거나 피해금액이 불확실한 부분까지도 고려해야 한다. 치열한 보험산업의 경쟁속에서 불확실성을 예측하는 건 결코 쉽지 않다. 가격이 높으면 회사는 다른 경쟁사보다 가격 경쟁력이 약화되어 매출이 감소될 가능성이 높으며, 반대로 가격이 낮다면 가격 경쟁력은 유지될 수 있으나 인수한 위험의 규모 대비 보험수입이 적어서 영업손실에 시달릴 수도 있을 것이다. 또한, 계속적인 불충분한 가격은 보험회사의 지불능력(solvency)에 악영향을 끼칠 수 있게 된다.

셋째, 요율은 보험계약자들 간에 부당한 차별(unfairly discriminatory)이 없어야 한다. 이 뜻은, 차별은 합리적이어야 한다는 말로 해석할 수 있다. 실질적으로 요율산정 업무의 주요 기능은 세분화된 집단별 위험의 차이에 따른 합리적인 차등요율 산출에 있다. '부당한' 차별 여부의 판단기준은 관련법률과 감독규정, 때로는 경제정책과 관습에 따른다. 나라에 따라서는 보험요율산정에 사용할 수 없는 항목을 관련감독규정에서 지정하기도 한다. 미국 같은 경우, 피보험자의 종교나 인종에 의한 차등 요율은 법으로 금지하고 있다. 우리나라의 예로는, 자동차보험에 지역구분을 사용할 수 있느냐의 논의가 장기간 지속되어 왔다. 적절한 요율은 손해관리(loss control)의 목적과 효과를 합리적으로 반영해야 한다. 즉, 사고 빈도와 심도를 줄일 수 있는 행위 또는 장치에 대해서는 요율을 그 정도에 맞춰 낮게 산출해야 한다. 예를 들면, 무사고 운전자에게는 자동차 보험료 할인이, 가정에 도난방지 시스템이 갖추어져 있으면 주택보험료 할인이, 재난방지 시스템이 잘 갖추어진 회사에 대해서는 산재보험료 할인이 적용될 수 있다. 반대로, 사고가 빈번한 운전자에게는 자동차 보험료 할증이, 가정에 현관문 설치가 미비하여 도난사고 위험에 노출된다면 주택보험료 할증이, 재난방지 시스템이 없는 회사에 대해서는 산재보험료 할증이 적용될 수 있다. 손해관리는 보험회사에게 적정한 요율을 제공하게 하는 도구일 뿐만 아니라 사고빈도의 감소로 얻을 수 있는 여러 혜택을 사회봉사에 할애할 수 있도록 도와주는 중요한 사회적 도구일 수 있다.

결론적으로, 요율은 과도하지 않고 부족하지도 않으며 불공평한 차별요소를 배제하고 적절해야 함이 요율산정의 가장 중요한 필수적인 목표여야 한다. 그러기 위해서 기본적으로 요율산정 방식이 요율감독기관의 법과 기준에 부합해야 한다. 요율산출에 관련된 모든 요율방법은 객관성이 있어야 하고 사회적으로 수용 가능해야 하며 논리적이어야 한다. 위의 목표들은 모두 중요하며 반드시 지켜야 하는 요율산정시 필수 목표라 하겠다.

## 1.2 이상적 목표

요율산정에서 필수적으로 지켜야 할 목표는 아니나, 적당하고 과도하지 않은 요율이 되기 위한 이상적인 목표에는 세 가지가 있다.

첫째, 요율은 합리적이고 견고해야 한다. 즉, 요율이 보험계약자가 이해할 수 없는 이유에 의해 변경되어서는 안 되며 이는 공정성에 문제가 될 뿐만 아니라 다시 합리적인 요율로 수정될 때까지 많은 시간과 비용이 요구되기 때문이다.

둘째, 요율은 단순하고 보험소비자가 이해하기 쉬워야 한다. 이해하기 어려운 요율구조와 산출은 사회적으로 수용되기 힘들며 관리하는 비용이 추가로 발생할 수 있다. 그러나, 컴퓨터의 놀라운 발전, 혁신적인 통계 프로그램의 개발, 다양한 데이터 등에 의해 오늘날의 요율은 계속해서 세분화되어 복잡해지고 있는 실정이다.

셋째, 요율은 시장과 환경의 변화에 합리적으로 부응하여야 한다. 예를 들어, 도로교통법이 새로이 개정된다면 관련 상품의 요율은 신속하게, 가능하면 개정내용을 전적으로 수용할 수 있도록 변경되어야 한다.

이들 세 가지 이상적인 목표는 비록 보험계리인들이 필수적으로 준수해야 하는 목표는 아니지만 보험요율을 더욱 선진화 시킬 수 있는 밑거름이 될 수 있을 것이다.

## 2. 손해보험 요율산정의 기본 용어

요율산정 과정을 이해하는 전에 보험에서 사용하는 기본적인 대상(사람)에 대한 명칭(또는 용어)에 대해 다시 한번 점검하고 요율산정을 위한 기본 용어를 설명하도록 하겠다.

(1) 보험자(insurer): 보험회사를 말하며, 보험사고가 발생하였을 때 보험금을 지급할 책임을 가진 자를 의미한다.

(2) 보험계약자(policyholder): 보험을 계약하는 사람으로서, 보험료 납부의 의무를 가진다.

(3) 피보험자(insured): 보험보장의 대상이 되는 사람으로, 보험료 산정에 적용되는 사람이다.

(4) 보험수혜자(beneficiary): 보험수익자라고도 표현하는데 보험금의 혜택을 받는 사람이다.

예를 들어, 홍길동은 부인이 사망할 경우 보험금이 홍길동의 자녀에게 지급되는 생명보험을 한국생명보험회사에 가입하였다. 이때, 보험자는 한국생명보험회사이고, 보험계약자는 홍길동, 피보험자는 부인, 보험수혜자는 자녀이다. 건강보험인 경우, 보험계약자, 피보험자, 보험수혜자가 동일 인물일 경우가 매우 많다.

다음부터는 보험 요율산정을 이해하기 위해 필요한 기본적인 보험 용어들을 간결하게 기술하는 것이며, 상세한 정의와 데이터가 요율산정을 위해 어떻게 모아지고 활용되는지 등은 뒤에서 더욱 상세히 다루도록 하겠다.

### 2.1 익스포저(Exposure)

익스포저(exposure)는 요율산정 관점에서 해석할 때 보험료 산출의 근간이 되는 기본 단위로서, 보험회사가 잠재손해를 평가하고 추정하는 기준을 의미한다. 익스포저라는 용어는 보험에서 쓰일 때 의미가 매우 다양하고 광범위하다. 다른 여타 보험서적에서 익스포저를 위험단위라고 단일적으로 표현하는 경우가 있는데 내용에 따라 정확한 의미가 전달되지 않는 경우가 많으므로 본서에서는 영어 발음 그대로 익스포저라는 용어로 통일해서 기술한다. 이는 보험에서 쓰이는 리스크(risk)란 용어가 내용에 따라 위험 자체일 수도, 대상이 되는 사람 또는 사물을 지칭할 수도 있는 것처럼 다양한 의미를 포함하는 사례와 유사하다.

요율산정에 있어서 익스포저 단위를 결정하는 것은 필수적이다. 익스포저 단위는 위험도에 따라 수정되고 실질적으로 보험계약의 구조와 부합하는 것이 바람직하다. 손해보험 요율은 계약의 익스포저 단위당 보험료를 산정하는 것이고, 요율산정을 목적으로 사용되는 익스포저의 형태는 상품에 따라 다르다. 예를 들어, 주택화재보험의 경우에는 1년 동안 담보된 주택 한 채를 1익스포저로 인식한다. 마찬가지로 자동차 보험에서, 1년 동안 부보되는 자동차 한 대를 유효한 익스포저 1로 인식하는 것이고, 6개월 동안만 부보되었다면 해당 기간 중의 유효대수는 0.5대, 즉 0.5익스포저로 인식한다. 앞에서처럼, 시간이 지남에 따라 보험기간 동안 부보되는 것을 계약의 경과(earning)라고 한다. 연단위를 기본으로 1년에 1익스포저가 통상적으로 사용하는 산정기준이다. 일반적으로 보험회사가 측정하는 익스포저는 네 가지 방법이 있다.

(1) 수입익스포저(written exposures)는 특정기간 동안 체결된 계약으로부터 발생하는 총 익스포저이다.

(2) 경과익스포저(earned exposures)는 특정기간 동안 경과된 위험단위수를 의미한다. 즉, 어느 시점에서 담보가 이미 제공된 수입익스포저의 일부를 의미한다.

(3) 미경과익스포저(unearned exposures)는 어느 시점에서 아직 부보되지 않고 보험기간이 남아있는 위험단위수를 의미한다. 즉, 미경과익스포저는 수입 익스포저에서 경과익스포저를 뺀 것과 동일하다.

(4) 보유익스포저(in-force exposures)는 어느 특정 시점에서 손실에 노출된 부보 중인 위험단위 수를 의미한다.

## 2.2 보험료(Premium)

보험료는 보험회사의 위험 인수를 대신하여 보험계약자가 지불하는 금액이다. 위의 익스포저와 동일하게 네 가지 방법으로 보험료를 구분할 수 있으며 각각의 의미는 익스포저와 유사하다.

(1) 수입보험료(written premium)는 특정기간 동안 체결된 계약으로부터 발생하는 총 보험료다.

(2) 경과보험료(earned premium)는 특정기간 동안 경과된 보험료다. 즉, 어느 시점에서 특정기간 동안 경과된 수입보험료의 일부를 의미한다.

(3) 미경과보험료(unearned premium)는 어느 시점에서 아직 부보되지 않은 수입보험료의 일부를 의미한다. 일반적으로, 미경과보험료는 수입보험료에서 경과보험료를 차감한 금액과 동일하다.

(4) 보유보험료(in-force premium)는 어느 특정 시점에 유효한 계약의 보험료를 의미한다.

## 2.3 보상(Claim)

보험계약에 의해 보험회사가 보상을 하도록 보험계약서에 명시된 보험사건이 발생되었다면 계약서에 명시된 보험금 청구권을 가진 사람은 보험회사에 보상을 청구하게 된다. 이러한 청구행위를 클레임(claim)이라 한다. 참고로, 현재 claim이란 용어를 미국 보험계리분야에서는 보상청구를 하는 행위뿐만 아니라 보험금 또는 손해액을 의미하는 용어로도 혼재해서 사용하고 있다. 그러나, 본서에서는 보상청구 행위와 사고만을 클레임이라고 표기하겠다.

보험사고 또는 사고의 원인이 발생한 날을 사고일(accident date or occurrence date)이라 하며, 보상청구자가 보험회사에 사고를 신고하는 날은 사고신고일(report date)이 되고, 보험회사가 사고를 접수하여 회사 시스템에 사고를 기록하면 사고접수일(record date)이 된다. 보상청구자에 의해 보험회사에 접수되기 전까지 보험회사에 알려지지 않은 보상청구건을 미보고보상청구건(unreported claim) 또는 IBNR보상(Incurred But Not Reported)이라 한다. 클레임에 대한 보상과정이 종결될 때까지 해당 청구건은 미종결 보상(open claim)건으로 남아 있으며 보상이 종결되면 종결보상(closed claim)건으로 전환된다. 간혹 보상이 일단 종결된 후에도 원래의 보상과 연관된 일이 다시 발생할 수 있다. 예를 들어, 상해사고 발생시 증상이 나타나지는 않았으나 보상이 종결된 후, 원래의 사고로부터 추후 증상이 발생하고 보상청구자가 다시 보상을 요청했을 경우, 보상은 재오픈(re-opened) 상태로 바뀔 수 있다.

## 2.4 손해액(Loss)

보험회사 측면에서 볼 때, 보험계약에 의해 보상청구자(claimant)에게 지불되는 보상금액을 손해액(loss)이라 한다. 보상청구가 보상을 위한 요구를 의미한다면, 손해액은 보상금액을 말한다. 일반적으로 손해액과 보험금이 혼재해서 사용되고 있어서 마치 두 단어가 다른 의미로 혼돈하는 경우가 생긴다. 이해를 돕기 위해, 손해액은 보험회사의 관점에서 바라보는 것이고 보험금은 보험소비자의 관점에서 바라보는 것이라고 생각하면 편하다. 거의 모든 경우 두 단어의 의미는 같다고 이해해도 좋다.

손해액은 보험료처럼 여러 방법에 의해 정의된다. 손해액은 이미 지급된 금액과 향후 추가로 지급될 금액을 합하여 계산한다. 왜냐하면 약관에 의하여 향후에 지급될 금액도 보험회사 입장에서는 기본적으로 부채(debt)로 평가해야 하기 때문이다.

(1) 지급보험금(paid losses or paid claims)은 특정기간 동안 보상청구자에게 실제로 지불된 손해액을 말한다.

(2) 개별추산액(case reserves or case outstanding reserves)은 보상이 최종적으로 종결될 때까지 추가적으로 지급될 것으로 예상되는 평가금액으로 보상이 접수되면 보험회사는 해당 건에 대한 개별추산액을 설정한다. 개별추산액은 이미 지불된 손해액은 제외한다. 즉, 이미 보고된 사고에 대하여 일부 지급여부를 불문하고 현재 잔존해 있어 향후 지급될 것이 예상되는 금액을 의미한다. 예를 들어, 보상청구가 접수되어 애당초 300만원의 개별추산액을 설정하였고, 일정 시점에서 실제로 200만원을 지급하였으나 아직 보상이 종결되지

않은 상태로 남아 있다면 그 시점까지 지급보험금은 200만원, 개별추산액은 100만원의 상태가 되는 구조이다.

(3) 발생손해액(case incurred losses or case incurred claims or reported losses)은 지급보험금과 개별추산액의 합이다. 위의 예에서 실제 지급보험금은 200만원이었지만 발생손해액은 개별추산액을 합한 300만원으로 평가하여야 한다.

(4) 최종발생손해액(ultimate incurred losses or ultimate incurred claims)은 발생손해액에 발생손해액 산출일자 기준으로 손해는 발생했으나 그때까지 보험회사에 사고접수가 이루어지지 않는 손해액, 즉 미보고사고손해액 또는 IBNR준비금(incurred but not reported)을 포함한다. 발생손해액과 최종발생손해액은 두 가지 면에서 차이가 있다. 첫째로, 미보고된 보상건의 최종 예상 손해금액이 최종발생손해액에 포함된다. 둘째로, 개별추산액은 추산액이 설정된 당시에 알려진 정보에 의존하기 때문에 현재 진행 중인 보상이 있을 경우에는 계속적으로 발생손해금액이 변경될 수 있다. 그러므로, 보고된 보상의 진전에 따라 발생손해금액의 변경된 부분 즉, IBNER준비금(incurred but not enough reported)이 최종발생손해액에 포함된다. 최종발생손해액은 개별 사고건당의 관점이 아닌 회사에서 바라보는 집합적인 개념의 손해액으로 이해하면 좋다.

$$예상최종발생손해액 = 발생손해액 + IBNR준비금 + IBNER준비금$$

## 2.5 손해사정비(Losses and Loss Adjustment Expenses)

보험회사 운영에 필요한 판매비, 유지비, 일반관리비 등의 사업비와는 별도로 보상의 종결을 위해 발생되는 비용을 손해사정비(LAE, loss adjustment expenses)라 일컫는다. 손해사정비는 특정 보상 각각에 직접적으로 연관되어 발생하는 직접손해사정비(ALAE, allocated loss adjustment expenses)와 그렇지 않은 간접손해사정비(ULAE, unallocated loss adjustment expenses)로 분류할 수 있다. 예를 들면, 특정 보상건의 법정 변호를 위해 고용한 법률자문가의 수수료는 직접손해사정비에 포함되며, 특정 보상에 직접적으로 연관되어 있지 않은 보상업무 직원의 봉급은 간접손해사정비에 포함된다.

$$손해사정비 = 직접손해사정비 + 간접손해사정비$$

## 2.6 사업비(Underwriting Expenses)

보상에 연계된 손해사정비 외에도 보험회사는 계약의 유지와 조직 운영 등에 따르는 여러 비용이 발생하는데 이를 언더라이팅 비용(UW비용) 또는 사업비라 하며, 요율산정을 목적으로 할 때 네 가지로 구분할 수 있다.

(1) 수수료(commission and brokerage)는 보험영업을 위해 고용하는 보험모집인 또는 보험대리점의 사용인에게 보험 계약 체결시 지급하는 영업수수료이다. 일반적으로, 수수료는 수입보험료에 정해진 백분율에 의해 지급된다. 신규계약과 갱신계약의 수수료율은 대체로 다르다.

(2) 기타모집비(other acquisition costs)는 영업을 위해 발생하는 수수료 외의 비용을 말한다. 광고비나 가망고객에게 발송하는 우편비 등이 이에 해당한다.

(3) 일반관리비(general expenses)는 보험영업과 업무에 연관된 수수료와 기타모집비를 제외한 일반적인 비용으로 본사업무를 위해 발생되는 비용이 해당된다.

(4) 기타사업비는 정부소득세를 제외한 보험회사에 의해 지불되는 모든 세금과 면허비등 여타의 비용을 의미한다.

## 2.7 영업손익(Underwriting Profit or Loss)

보험회사의 이익은 영업이익(underwriting profit)과 투자이익(investment income)이라는 두 가지 주요 근원으로부터 찾을 수 있다. 영업이익은 보험계약으로부터 발생하는 것으로 수입에서 지출을 차감하는 다른 업종에서 정의하는 이익의 개념과 유사하다. 투자수익은 보험회사가 사내에 유보된 자본을 투자하여 얻어지는 수입을 말한다. 이들에 대한 자세한 설명은 후반부에서 다루기로 하겠다.

## 3. 손해보험 요율산정의 기본공식

보험료는 보험상품의 가격이며, 보험상품의 비용은 손해액과 손해사정비 그리고 계약체결을 위해 행하여지는 모든 비용의 합이다. 영업손익은 계약체결로부터 발생하는 보험료에서 모든 비용을 차감한 것이다. 그러므로, 보험료는 아래의 공식으로 간단히 묘사할 수 있다.

$$보험료 = 손해액 + 손해사정비 + UW비용 + UW손익$$

생명보험의 수지상등 원칙과 유사하게 손해보험의 요율산정(Ratemaking)은 위의 공식이 항상 적합하고 균형 있게 만드는 작업과정이라고 말할 수 있다. 이는 요율산정의 필수적 목표인 요율은 위험수준에 적절해야 한다는 논리와 같다.

요율산정에는 산정된 보험료가 적용된 계약의 예상 수익률이 목표 수익률에 도달할 수 있는지를 평가하는 과정이 포함된다. 즉, 요율산정은 미래의 기대 비용, 즉 손해액과 손해사정비 그리고 계약체결을 위해 행해지는 모든 비용들을 예측하기 위해 이들과 상관된 과거 경험치를 사용하는 작업을 포함한다. 과거 경험치를 사용한다는 의미는 계리사들이 과거 불확실성에 의해 발생했던 예상목표보다 초과한 손해액을 미래에 보충하고 변상받도록 하기 위해 보험료를 산출해야 한다는 것으로 해석해서는 안 된다. 요율은 미래에 발생되는 비용들의 기댓값에 대한 사전 예측이지 과거의 부족분을 보충하는 사후대책이 아니라는 사실이다. 이는 요율산정의 필수적 목표와도 일치한다. 요율산정에서 사용되는 과거의 경험치도 미래의 기대 비용을 예측하는 범위 내에서만 사용되어야 한다. 미래의 손해에 영향을 끼칠 수 있는 여러 변수들 때문에 미래의 손해액과 손해액 추이의 예측은 과거 경험 데이터를 통해 알 수 있는 손해액과 손해액 추이와 다를 수 있다는 사실을 이해하고 이런 경험 데이터에 대한 합리적이고 논리적인 조정과 관리가 반드시 필요하다. 이는 미래를 예측하는 첫 단계로서 과거 정보가 담긴 데이터를 사용하는 데 가장 중요한 핵심요소가 된다.

그러므로, 대부분의 요율산정은 미래지향적이고 미래를 예측하는 수단이어야 한다. 과거 데이터에 의해 과거의 결과를 미래에 적용하기 위해서 과거지향적인 요율산정을 하는 경우는 매우 제한적이며 이럴 경우 과거지향적 요율산정의 이유를 요율감독기관에 분명히 밝혀야 한다. 보험회사 또는 관련기관들은 보험료의 적합성을 평가하거나 검증하기 위해 여러 지표들을 검토하는데 이들 중 가장 기본적이며 중요한 것들을 간추려 다음에서 설명하고자 한다.

## 3.1 사고빈도(Frequency)

사고빈도는 사고가 발생하는 빈도의 측정으로, 사고건수(number of accidents)는 익스포저의 수(number of exposures)와 직접 연관되기 때문에 익스포저당 사고건수 비율로 계산한다. 여기서 사고건수와 클레임수(number of claims)는 같은 의미로 쓰인다.

$$F_k = \frac{kc}{E}$$

$F_k = k$ exposure 단위당 빈도(frequency)

$k = $ scale계수

$C = $ 사고건수(number of accidents) 또는 클레임수(number of claims)

$E = $ 익스포저수(number of exposures)

예를 들어, ABC 보험회사 자동차보험은 자동차 유효대수를 익스포저로 사용한다. 2024년 한 해 동안 30,000대의 유효대수를 보유하고 2024년 900건의 보상이 청구됐다면 2024년 사고빈도율은 900/30,000 = 3.0%이며 유효대수 1,000대당 사고빈도는 30대가 된다.

$$F = 900/30,000 = 3.0\%$$
$$F_{1000} = 1000(900)/30,000 = 30$$

경우에 따라, 보험회사는 특별한 연구를 위해 사고빈도 계산시 다른 변수를 사용할 수도 있으므로 보상과 익스포저의 형태는 명확하게 언급할 필요가 있다. 사고빈도는 해당 담보의 유용성과 업계의 사고 추이를 비교하는 데 사용할 수 있고, 또한 특정 계약심사 활동의 효율성을 측정하는 데 도움이 될 수 있다.

## 3.2 사고심도(Severity)

사고 한 건당 평균손해액을 사고심도라 표현한다. 사고심도는 손해사정비(LAE, Loss Adjustment Expense)를 제외한 순손해액 개념일 수도 있고 손해사정비를 포함한 총손해액 기준일 수도 있다. 손해액은 지급손해액(paid loss) 기준, 또는 발생손해액(case-incurred) 기준으로 평가할 수 있고 각각 최종(ultimate) 금액으로 추정하여 사용할 수 있다. 클레임은 신고일자(reported), 지불일자(paid), 종결일자(closed) 또는 최종 예정종결일자(projected ultimate)의 형태로 구성된다. 계리사는 이런 다른 구성요소들 각각을 정확하게 이해해야 하며 사고심도 계산시 손해액 기준과 클레임 일자 기준을 명확하게 언급해야 한다. 왜냐하면, 클레임 신고일자 기준 사고발생연도의 지급보험금 심도와 클레임 종결일자 기준 사고신고연도의 발생손해액 심도는 의미가 명확히 다르기 때문이다. 위와 같은 손해액과 보상일자 기준이 정의되면 심도의 공식은 아래와 같다.

$$S = \frac{L}{C}$$

$S$ = 심도(severity)

$L$ = 손해액(losses)

$C$ = 사고건수(number of accidents) 또는 클레임수(number of claims)

예를 들어, 100건의 사고가 발생하였고 총 지급보험금이 1억원이라면, 지급보험금에 의한 사고심도는 100,000,000/100 = 100만원이 된다. 즉, 사고 한 건당 평균 지급보험금은 100만원이다. 사고심도는 심도의 변화 분석을 통해 손해액 추이를 이해하는 데 도움이 되며 사고빈도와 유사하게 클레임 처리 절차의 효율성을 개선시키려는 지표로 활용될 수 있다.

## 3.3 순보험료(Pure Premium or Loss Cost)

손해보험에서 요율개발시 중요한 요소 중 하나인 순보험료(pure premium or loss cost)는 익스포저 단위당 평균손해액이며 보험료의 원가로 이해할 수 있고, 미국 생명보험에서는 net premium이라 부르기도 한다. 순보험료를 구하는 공식은 아래와 같다.

$$PP = \frac{L}{E}$$

$PP$ = 순보험료(pure premium)

$L$ = 손해액(losses)

$E$ = 익스포저수(number of exposures)

또한, 순보험료는 다음과 같이 구할 수도 있다.

$$PP = \frac{C}{E} \times \frac{L}{C} = \frac{L}{E}$$

$C$ = 사고건수(number of accidents) 또는 클레임수(number of claims)

다른 표현으로 순보험료는 익스포저 단위당 사고빈도에 사고심도를 곱한 값과 동일하다.

$$PP = F \times S$$

어떤 보험상품의 당해연도 평균 순보험료는 그해 발생한 총손해액을 익스포저 단위의 총량으로 나눈 값이 된다. 그러므로, 순보험료는 손해원가(loss cost)와 같은 개념이다.

예를 들면, 20,000의 익스포저로부터 100억원의 손해액이 발생됐을 때, 한 익스포저당 순보험료는 10,000,000,000/20,000 = 500,000원이 된다. 즉, 익스포저 하나당 산출되는 보험료의 원가는 500,000원이 된다는 의미이다. 보험료 원가에 사업비용과 기대마진을 더하여 최종보험료가 되는 구조라고 생각하면 이해하기 쉬울 것이다. 전통적으로 순보험료 계산시, 분자에 해당하는 손해액은 발생손해액 또는 최종발생손해액을 사용하며 분모에 해당하는 익스포저는 경과익스포저를 사용하는 것이 일반적이다. 발생손해액의 경우, 손해사정비가 포함될 수 있으며 경우에 따라서는 직접손해사정비만 포함될 수도 있다. 보험회사마다 특별한 연구목적으로 다른 변수를 사용할 수도 있으므로 선택한 순보험료의 형태를 명확하게 언급해야 한다.

## 3.4 평균보험료(Average Premium)

평균보험료는 보험료 측면에서만 보는 주요 지표로서 공식은 아래와 같다.

$$AP = \frac{P}{E}$$

$AP$ = 평균보험료(average premium)

$P$ = 보험료(premium)

$E$ = 익스포저수(number of exposures)

평균보험료를 계산할 때 반드시 지켜야 하는 규칙은 보험료와 익스포저는 같은 형태(예: 수입, 경과, 또는 보유)를 취해야 한다는 것이다. 수입보험료에 경과 익스포저를 사용한다면 의미가 전혀 없는 평균보험료가 된다. 왜냐하면, 수입보험료는 특정기간 동안 체결된 계약으로부터 발생하는 총 보험료인 반면, 경과 익스포저는 어느 시점 기준 담보가 이미 제공된 수입익스포저의 일부만을 포함하므로 각각을 정의하는 기준이 서로 다르기 때문이다. 이에 따라, 수입보험료를 적용하여 평균보험료를 산출할 시에는 수입익스포저를 사용하는 것이 올바른 방법이다. 평균보험료는 특히 손해율이 상이한 계층을 파악하여 균형을 맞추기 위한 분석을 할 때 유용한 정보를 제공할 수 있다.

## 3.5 손해율(Loss Ratio)

손해율은 보험회사에서 작업하는 여러 통계 분석 중 가장 중요하고 광범위하게 사용되는 통계지표로서, 손해액을 보험료로 나눈 것이 손해율(loss ratio)이다. 또한, 이는 전체적인 요율의 적합성을 측정하는 최우선적인 지표이기도 하다.

$$L/R = \frac{L}{P} = \frac{PP}{AP}$$

$L/R$ = 손해율(loss ratio)

손해율은 손해액을 지불하기 위해 사용된 보험료의 비율을 측정하는 것으로 순보험료를 평균경과보험료로 나눈 값과 동일하다. 발생손해액에 손해사정비를 포함하는 경우 손해사정비를 포함한 손해율이라고 명기할 필요가 있다. 손해율 통계는 한치의 오류나 오차 없이 정확히 계산되어야 하기 때문에 손해율을 산출하기 위해 사용되는 손해액과 보험료에 대한 정의는 올바르게 이해하여야 한다. 즉, 지급보험금과 수입보험료에 의한 손해율과 손해사정비를 포함한 발생손해액과 경과보험료에 의한 손해율은 동일한 용어로 일컬어질 뿐 내용이 다른 명확한 차이가 있음을 알아야 한다. 현재 대부분의 선진 보험회사에서 보편적으로 사용하는 손해율은 손해사정비를 포함한 발생손해액에 경과보험료를 나눈 것이라 할 수 있다. 다른 지표들과 마찬가지로 손해율 계산에 사용한 각 항목의 형태를 명확하게 이해해야 한다.

## 3.6 손해사정비율(LAE Ratio)

손해사정비율은 전체 손해액 중 클레임에 연관된 비용의 비율을 나타낸다.

$$손해사정비율 = \frac{LAE}{L}$$

$L$ = 손해액

여기서 손해사정비는 직간접 손해사정비 모두를 포함한다. 손해사정비율 계산시 손해액 계산의 기준을 지급기준으로 할지 발생기준으로 할지에 대한 결정은 각 회사마다 주어진 상황에 따라 다를 수 있다. 그러나 계산에 필요한 분자와 분모는 평균보험료를 계산할 때와 마찬가지로 반드시 같은 형태(예: 지급 또는 발생)를 취하여야 한다. 손해사정비율에서 분모는 손해액이다. 이는 손해사정비를 포함한 손해율은 손해율에 손해사정비율을 단순히 합산한 것이 아님을 알아야 한다.

손해사정비를 포함한 손해율

$$= \frac{L+LAE}{P} = \frac{L}{P} + \frac{LAE}{P} = \frac{L}{P} + \frac{손해사정비율 \times L}{P} = \frac{L}{P}(1+손해사정비율)$$

일반적으로 보험회사는 손해사정비가 합리적으로 사용되는지를 파악하는 데 손해사정비율을 참고하며 타회사와 손해사정 절차를 비교할 때 이 지표를 이용한다.

## 3.7 사업비율(Underwriting Expense Ratio)

사업비율은 보험료 중에서 사업비로 쓰인 비율을 나타낸다.

$$사업비율 = \frac{사업비}{P}$$

종종 보험회사는 사업비를 계약 개시에서 발생하는 수수료, 기타모집비, 기타사업비들과 계약기간 내내 발생하는 일반업무비의 두 가지 형태로 나누는데, 사업비율의 계산시 전자는 수입보험료로 후자는 경과보험료의 비율로 나타내어 두 가지 비율을 합산하여 사업비율을 계산하기도 한다. 만일 사업비를 위의 두 가지 형태로 분리하지 않는다면 사업비율을 계산할 때 분모는 수입보험료를 사용하는 것이 보편적이다. 보험회사는 수시로 사업비율을 검토하며 목표 사업비율과 비교한다. 또한, 타사와의 사업비율을 비교하여 사업비의 효율적인 운영을 위한 지표로 삼는다.

## 3.8 합산비율(Combined Ratio)

합산비율은 손해액과 모든 비용을 합한 비율이며 일반적인 공식은 아래와 같다.

$$CR = \frac{L+LAE}{EP} + \frac{사업비}{WP}$$

공식에서 앞의 항목은 손해사정비를 포함한 손해율을, 뒤의 항목은 사업비율을 나타내고 있음을 알 수 있다. 계산시 주의할 점은 각 항목의 분모에 해당하는 보험료의 기준이 다르다. 식의 첫 번째 항목인 손해율 부분은, 계약 당시 계약기간에 해당하는 보험료 전액이 계약자로부터 수입되었더라도 계약 기간 동안 계약해지 등의 사유로 이미 수입된 보험료에서 일부는 즉, 남은 계약기간만큼의 보험료는 계약자에게 환급이 이루어지기 때문에 경과보험료를 사용하는 것이 적합하다. 이때 환급되는 보험료에서 일부의 환급수수료가 차감될 수 있다. 그러나, 식의 두 번째 항목인 사업비율 부분은 계약이 만기까지 진행되는지의 여부와 상관없이 발생하는 성격이므로 수입보험료를 사용하는 것이 적절하다.

합산비율은 상품별 수익성을 평가하는 매우 중요한 지표이며, 보험회사의 종합적인 수익성을 평가하는 지표로도 널리 사용되고 있다. 그래서, 합산비율은 100%를 기준으로 수익성을 평가할 수 있는데, 합산비율이 100% 이하인 경우 보유하고 있는 보험료 내에서 손해액과 사업비용을 처리했으므로 영업이익을 창출했다고 할 수 있으며, 100%를 초과한 경우 보유하고 있는 재원, 즉 보험료를 초과하여 손해액과 사업비가 발생했으므로 영업손실의 결과로 수익성 측면에서 부정적인 면으로 해석될 수 있다.

## 3.9 갱신율(Retention Ratio)과 유지율(Persistence Ratio)

갱신율과 유지율은 매우 유사한 개념으로, 갱신율은 자동차 보험과 같은 순수 손해보험 상품인 경우 계약 만기시 얼마나 많은 기존 계약이 다시 계약되었는지를 비율로 표시한 것이며, 유지율은 계약기간이 긴 생명보험 상품과 이와 유사한 손해보험의 장기상품인 경우 계약 체결 후 그 계약이 유효하게 계속 유지되고 있는 비율을 말하며, 일반적으로 생명 담보 보험상품에서 신계약 기준으로 보험료의 납입회차별 납입된 계약의 비율로 표시된다.

예를 들면, 어느 특정 월에 만기되는 계약이 60,000건이고 그 중 45,000건이 만기시 갱신되었다면 갱신율은 45,000/60,000=75%이다. 갱신율을 정의할 때 여러 변수가 나타난다. 만기 후 갱신이 되지 않은 이유는 자발적 미갱신과 비자발적 미갱신으로 나누어지는데, 전자인 경우는 계약자가 자발적으로 갱신을 하지 않는 경우이고 후자인 경우는 계약자의 사망으로 인해 갱신을 할 수 없는 경우와 보험회사의 계약심사자에 의한 인수 거절인 경우로 나누어질 수 있다. 어떤 보험회사는 갱신율 계산시 비자발적 미갱신은 계산 자체에서 삭제하는 경우도 있다.

갱신율과 유지율 그리고 이들 비율의 추이는 주로 상품과 마케팅관련 부서에서 세밀히 관찰하는바, 타사와의 상품경쟁력과 서비스 경쟁력을 비교할 수 있는 도구로 사용될 수 있으며, 향후 보험료 수입규모를 예측할 수 있는 주요 변수이기도 하다.

## 3.10 신계약체결율(Close Ratio, Hit Ratio, Quote Ratio, Conversion Rate)

신계약체결율은 가망고객(prospect)의 신계약을 체결하는 비율(또는 확률)을 보여주는 지표이다.

$$신계약체결율 = \frac{신계약체결수}{신계약설계수}$$

예를 들어, 어느 특정 월에 가망고객들이 온라인으로 50,000건을 조회하고 보험상품을 설계한 후, 그 중 10,000건이 계약으로 체결되었다면 신계약체결율은 10,000/50,000=20%가 된다. 위의 갱신율처럼, 신계약체결율도 정의할 때 여러 변수가 나타난다. 어떤 가망고객은 신계약

한 건을 위해 다른 날짜에 다른 조건을 적용하여 여러 차례 가격 설계를 할 수 있는데 보험회사
는 이 경우 1회 설계로 할지 아니면 동일 가망고객과는 상관없이 각각의 설계횟수를 1회로 할지
에 대한 정의를 내릴 필요가 있다.

갱신율과 마찬가지로 신계약체결율과 추이는 주로 상품과 마케팅관련 부서에서 세밀히 관찰
하는바, 신계약의 상품경쟁력 조사나 온라인 상품설계 시스템 등 영업과 관련된 많은 분야에서
참고하는 중요한 자료로 활용되고 있다. 최근에는 미국 및 유럽의 대형보험회사에서 선제적으로
시스템을 통해 신계약체결을 한 계약자와 계약 후 계약 유지 및 클레임 상태의 연관성을 분석하
여 새로운 요율변수로 생성시키는 방법을 계속 발전시켜 보험시장에 실현하는 중이다.

# 4. 요율산정 데이터

요율산정 모델링을 위해 계리사들은 계약과 손해원가 등을 통한 보험료 산출에 필요한 데이
터를 준비해야 한다. 요율산정과정 중 가장 중요한 시작점은 데이터라 할 수 있다. 보험회사는 요
율감독기관에서 승인한 통계적 방법으로 요율산정에 필요한 사내 경험데이터를 준비하여야 하고,
지속적으로 유지관리해야 하며 데이터 오류에 대한 해결방법도 구축해야 한다. 경우에 따라서는
외부데이터를 수집함으로써 데이터 분석의 질을 향상시킬 수 있다.

비록 데이터의 수집, 유지, 관리 등은 대부분 시스템관련 부서에서 책임지고 맡는 일들이지만
계리사는 최소한 데이터 정보가 신속하고 정확하게 입력되고 있는지를 알아야 하며, 데이터 정의
를 명확하게 이해하고 그 데이터를 적합하게 사용하고 있는가를 항상 인지해야 한다. 데이터 시
스템 측면에서도 충분하고 정확한 경로로 수집되고 저장되어 있는지를 이해하여 데이터 오류를
발견하고 정정할 수 있는 능력까지도 갖추어 있어야 한다. 또한 데이터 안에 어떤 특별한 정보의
유무에 따라 분석의 결과가 달라짐을 파악해야 하며 여러 다른 가정하에서 분석 결과가 어떻게
변경되는지를 시험할 수 있어야 한다. 그러므로, 계리사는 분석결과의 왜곡을 최소화하는 범위 내
에서 데이터의 특성을 파악하여 요율 산정 모델링 작업을 계획해야 한다.

대체로 보험회사는 대량 데이터를 계약(policy dataset)과 보상(compensation dataset)의 두 가
지 분리된 데이터베이스 체제로 정보를 축적한다. 여기서는 데이터 관련 각각의 구체적인 설명
대신에 보험회사 데이터 베이스의 전체적인 모습 중에서 요율산정작업에 반드시 필요한 내용만으
로 간추려 기술한다.

## 4.1 계약 데이터베이스

요율산정을 위한 분석은 궁극적으로 보상과 손해 정보와 연결되는 계약별 익스포저와 보험료에 관련된 많은 정보를 필요로 한다.

계약 데이터베이스는 계약자와 계약에 관련된 계약별 정보들을 포함한다. 계약일자, 만기일자, 계약기간 도중 배서가 이루어지면 배서일자 등이 포함된다. 또한, 익스포저와 보험료는 담보에 따라 입력되고 이들은 계약 시점뿐만 아니라 최초 계약 후 계약 변경시의 정보까지도 포함된다. 이외에도 요율변수, 언더라이팅 변수들의 정보들이 계약 데이터 영역 안에서 기록된다.

## 4.2 보상 데이터베이스

보상 데이터베이스는 일반적으로 각 클레임에 연결된 클레임별 정보(예: 지급금 또는 개별추산액의 변경 등)를 포함하며 보상에 대한 부수적인 설명요소 등도 포함한다. 계약 데이터베이스와 마찬가지로 하나의 클레임이 여러 담보를 수반한다면 담보별 별도의 기록으로 포함할 수 있다.

보상 데이터베이스에 포함되는 대표적인 항목들은 보상 청구자, 보상의 성격, 보상에 관련된 여러 일자(예: 보고일, 지급일, 종결일), 각 보상의 담보별 보상 내용, 지급금과 개별추산액의 변경내역, 손해사정비, 현재상태(예: 종결여부, 최초 종결 후 재오픈됐는지 여부 등), 구상내역 등이 있다. 이외에도 대인사고의 경우 피해형태, 병원정보등 피해보상에 관련한 다양한 내용을 포함한다.

## 4.3 회계상 정보

어떤 경우 데이터는 요율산정을 위해 각각의 계약에 배속될 수 없는 경우가 있다. 예를 들면, 직원들의 봉급, 여타의 사업비용, 또는 간접 손해사정비 등이 이에 해당되며 이들은 개별 계약 데이터에 붙여질 수 없고, 그래서 집합적으로 기록된다.

## 4.4 데이터 집합

요율산정을 위한 분석을 진행할 때, 계약과 보상데이터 그리고 회계상 정보 등은 개별적으로 다루는 것이 아니고 고객번호와 계약번호에 의해 연결되어 함께 분석할 수 있도록 집합적으로 구성되어 있어야 한다. 최초의 데이터가 상세하게 유지, 관리되어 있어야만 여러 다른 방법에 의한 요율산정에 필요한 데이터 집합(data set)을 이룰 수 있다.

요율산정 목적을 위해 데이터를 집합화시킬 때 세 가지 일반적인 고려사항이 있다. 첫째, 각 계약의 보험료와 손해정보를 정확하게 일치시켜야 한다. 둘째, 이용할 수 있는 가장 최근 데이터를 사용하도록 해야 한다. 마지막으로, 데이터를 모으고 추출(extract)하는 비용은 최소화시킬 필요가 있다.

데이터 집합의 일반적인 네 가지 기본 방법은 달력연도, 사고연도, 계약연도, 그리고 보고연도에 의한 것이다. 이들 방법은 연(year) 단위의 개념인데 분기 또는 월 단위로 수정하여 사용할 수도 있다. 이 장에서는 이들 방법에 대한 간단한 설명으로 기본적인 이해를 도울 것이고, 다음 장에서 자세한 설명과 예제로 구체적인 설명이 계속될 것이다.

### 4.4.1 달력연도(Calendar Year: CY) 데이터 집합

달력연도(CY)는 1월 1일에 시작해서 12월 31일자 12개월 동안 발생한 보험료와 손해액의 실제 처리된 연도이다. 그러므로, 계약일, 클레임의 사고발생일 또는 보고일, 계약의 유효기간과는 상관이 없다. 달력연도 기준의 보험료와 익스포저는 12개월 동안 경과된 모든 보험료와 익스포저에 적용된다. 여기서 달력연도 마지막 일자, 12월 31일에는 그 해 동안 발생한 모든 보험료와 익스포저는 동결되어 차후 어느 때라도 데이터가 변경되지 않는다. 달력연도에 의한 보험금은 그 달력연도에 지불된 모든 보험금을 지급보험금으로 간주한다. 실제 각각의 손해활동이 발생한 해당 달력연도의 지급금액이 보험금 명목으로 집계되므로 사고일, 사고보고일, 또는 사고접수일과는 상관이 없다. 예를 들어, CY 2024년 총 지급보험금은 최초 사고일이나 그 사고와 연계된 손해활동이 언제 일어났는지에 상관없이 CY 2024년에 발생한 지급보험금의 총액이 된다. CY Z년의 발생손해액은 아래와 같이 정의 내릴 수 있다.

$$\text{발생손해액(CY Z)} = \text{지급보험금(CY Z)} + \Delta\,\text{개별추산액(CY Z)}$$
$$= \text{지급보험금(CY Z)} + [\text{개별추산액(CY Z년 12월 31일자)}$$
$$- \text{개별추산액(CY Z}-1\text{년 12월 31일자)}]$$

예를 들어, 피보험자 A는 2022년 7월 1일에 1년 만기 자동차 보험을 1년 보험료 50만원에 가입하였다. 2022년 10월 1일 자동차 사고가 발생하였고 초기 개별추산액이 2천만원으로 책정되었다. 2022년 11월 1일 피보험자는 운전자 1명을 추가하여 4만원의 보험료를 추가로 지불한다. 보험회사는 2023년 3월 1일 사고에 대한 보상으로 예상손해액의 일부인 5백만원을 우선 지급하고 개별추산액은 1천 7백만원으로 조정하였다. 2024년 2월 1일 추가로 1천 8백만원이 지급되고 이 사건은 종결되었다고 가정하자. 달력연도 방법에 의해 경과보험료와 발생손해액의 집합적 데이터 결과를 알아보자.

달력연도 경과보험료:

- 최초 보험료 50만원은 2022년에 7월 1일부터 12월 31일까지 6개월 경과분 25만원과 2023년의 경과분인 나머지 25만원으로 분리된다.
- 추가 보험료 4만원은 배서개시일 기준 2022년 11월 1일부터 계약 만기일인 2023년 6월 30일까지 8개월간 유효하기 때문에 2022년 경과분으로 4만원×(2개월/8개월)=1만원으로, 2023년 경과분으로 나머지 3만원이 잡힌다.
- 그 결과, 이 계약의 경과보험료는 2022년에 26만원과 2023년에 28만원으로 분리된다.

참고로, 이 계약의 수입보험료는 계약이 2022년에 체결되었기 때문에 최초 보험료 50만원과 추가보험료 4만원 모두 2022년 계좌에 총 54만원으로 기록되며, 이 계약에 의한 2023년 수입보험료는 당연히 없다.

달력연도 발생손해액:

- CY 2022년 발생손해액 = 2천만원
- CY 2023년 발생손해액 = 5백만원 + (1천 7백만원 − 2천만원) = 2백만원
- CY 2024년 발생손해액 = 1천 8백만원 + (0원 − 1천 7백만원) = 1백만원

CY 2023년 발생손해액은 당해연도에 지급된 5백만원과 개별추산액의 차액, 즉 2023년에 지급된 5백만원과 2023년말 잔여 개별추산액 1천 7백만원과 전년도말인 2022년말 잔여 개별추산액 2천만원과의 차액인 −3백만원의 합, 즉 2백만원으로 기록되는 점을 이해해야 한다. 실제로 이 사고로 인해 지급된 총 보험금은 2천 3백만원으로 CY 3년 동안 기록된 발생손해액의 합과 일치함을 알 수 있으며, 총 보험금의 일정부분들이 각각의 달력연도에 나누어 기록된 것을 알 수 있다. 그러므로, CY Z년의 발생손해액은 어느 특정 사고연도나 계약연도에 상응하지 않는다.

달력연도 데이터 집합은 달력연도의 12개월이 끝나자마자 1년간 데이터 결과를 즉시 알 수 있다는 점이 최대 장점이다. 그러나, 보험료와 보험금 간의 시간적 불일치(mismatch)가 존재하는 치명적인 단점이 존재한다. 경과보험료는 달력연도 기간 동안 유효한 계약으로부터 온다. 그러나, 보험금과 개별추산액의 변동은 당해연도 전에 체결된 계약으로부터 올 수 있다. 위의 예에서 CY 2024년의 경우, 경과보험료는 없다. 왜냐하면 그 계약은 2022년 7월부터 6개월과 2023년 처음 6개월 동안만 유효하므로 CY 2024년에 경과보험료는 발생하지 않는다. 반면에 CY 2024년의 발생손해액은 1백만원이다. 이러한 시간적 불일치는 달력연도 데이터 집합에서 거의 모든 경우 발생한다.

달력연도 데이터 집합에 의한 요율산정은 주택보험처럼 보상이 상대적으로 신속히 종결되는 재물보험 또는 재산보험에 대체로 더 적합할 수 있으며, 특정 상품에서 보상이 상대적으로 신속히 종결되는 개별담보에도 적합할 수 있다. 보상이 신속히 종결되기 때문에 발생손해액의 변경이

여러 해에 걸쳐 나타나지 않으며, 이로 인해 보험료와 보험금간의 시간적 불일치를 최소한 감소할 수는 있지만 여전히 시간적 불일치를 완전히 극복하지는 못한다.

재물보험인 경우 달력연도 데이터 집합에 의한 예를 들면, 피보험자 B는 2022년 10월 1일에 1년 만기 재물보험을 1년 보험료 40만원에 가입하였다고 하자. 2022년 12월 1일 화재 사고가 발생하였고 초기 개별추산액이 5백만원으로 책정되었다. 2023년 2월 1일 사고에 대한 보상으로 1백만원이 우선 지급되고 개별추산액은 3백만원으로 조정되었다. 같은 해 4월 1일 2백만원이 추가 지급되며 이 사건은 종결되었다고 가정하자. 달력연도 방법에 의한 경과보험료와 발생손해액의 결과는 아래와 같다.

CY 경과보험료:

- 최초 보험료 40만원은 2022년에 10월 1일부터 12월 31일까지 3개월 경과분 10만원과 2023년 9개월 경과분인 나머지 30만원으로 분리된다.

CY 발생손해액:

- CY 2022년 발생손해액 = 5백만원
- CY 2023년 발생손해액 = 1백만원 + 2백만원 + (0원 − 5백만원) = − 2백만원

이 사고의 최종적인 발생손해액은 3백만원을 지급함으로 종결되었지만 보험회사의 시스템에는 2년에 걸쳐 달력연도에 나뉘어 기록되고 그 총액은 3백만원임을 알 수 있어야 한다. 위 예에서 CY 2023년 발생손해액은 음수로 나타나는데 달력연도 집합방법에서 나타나는 자연 현상이다. 참고로, 달력연도 개념은 과거에 사용했던 회계연도(예: 4월 1일부터 3월 31일) 방식의 기준으로 바꿔 데이터 집합을 변형해서 만들 수도 있다.

### 4.4.2 사고연도(Accident Year: AY) 데이터 집합

사고연도에 의한 데이터 집합 방법은 요율산정시 사용하는 가장 보편적인 방법이다. 이 방법에서 보험료와 익스포저의 기록은 달력연도에 의한 데이터 집합 방법과 같으며, 그래서 사고연도에 의한 보험료 또는 익스포저라고 표현하지 않는다. 그러나 손해액을 기록하는 방법은 매우 다르다. 사고연도는 사고가 발생한 해를 뜻하며 계약이 체결된 날 또는 사고가 접수된 날과는 상관이 없다. 다시 말해, 2024년에 발생한 사고와 연계된 모든 손해보상활동은 그 사고의 계약이 언제 체결됐고 보상활동이 언제 진행되었는지와 상관없이 사고연도 2024년으로 평가된다. 사고연도 지급보험금은 그 해 동안 발생한 클레임들에 대해 실제 지급된 보험금이다. 유사하게 사고연도 발생손해액은 그 해 동안 발생한 보상에 대한 지급보험금에 개별추산액을 더한 것이다. 그래서, 사고연도의 발생손해액 액수는 사고연도 동안 추가적으로 클레임이 보고되었다든지, 클레임이 지급되거나 개별추산액의 변화에 의해 데이터를 관찰하는 시점에 따라 수시로 바뀔 수 있다. 자동차보험 대인사고의 경우, 초회연도 발생손해액의 계산은 대부분 미지급된 개별추산액의 비중

이 높으며, 시간이 지남에 따라 보상은 계속 지급되어 가고 보상이 완전히 종결됨과 동시에 미지급 개별추산액은 사라지게 된다. 이것이 실제 사고와 보험금 지급이 완료되는 궁극적인 단계다.

위의 달력연도 자동차 보험 예시를 이용하여 사고연도 데이터 집합 방법에 의한 발생손해액을 살펴보자.

- 2022년 12월 31일자 AY2022년 발생손해액 = 2천만원
- 2023년 12월 31일자 AY2022년 발생손해액 = 5백만원 + 1천 7백만원 = 2천 2백만원
- 2024년 12월 31일자 AY2022년 발생손해액 = 5백만원 + 1천 8백만원 = 2천 3백만원

이 사고는 2022년에 발생한 사고이므로 이 사고에 관련된 모든 손해활동은 그 활동이 언제 진행되었는지와 상관없이 항상 AY2022년으로 기록되며, 평가되는 시점에 따라 AY2022년의 발생손해액은 변경된다. 2024년 2월 1일에 보상이 완전히 종결되었으므로 2024년 이후 언제든지 이 클레임이 재오픈되지 않는 한 AY2022년 발생손해액은 2천 3백만원으로 동결된다. 참고로, AY2023년과 AY2024년에 이 클레임과 관련된 발생손해액은 절대 발생할 수 없음을 알아야 한다.

사고연도 데이터 집합은 달력연도 방법보다 보험료와 보험금간의 시간적 일치를 더욱 잘 맞출 수 있다. 다시 말해, 그 해 동안 발생한 사고들은 같은 기간 동안에 경과된 보험료와 비교된다. 그러나, 사고연도의 보상이 그 해 말까지 종결되지 않고 이 후 계속 진전이 되는 경우 발생손해액의 규모는 위의 예시에서처럼 계속 달라지게 된다.

### 4.4.3 계약연도(Policy Year: PY) 또는 인수연도(Underwriting Year: UY) 데이터 집합

계약연도 데이터 집합 방법은 클레임이 발생하고, 보고되고, 지급되는 시점과는 상관없이 12개월 동안 체결된 계약의 모든 보험료와 보험금을 해당 계약연도의 거래로 집계한다. 즉, 그 해 동안 체결된 계약의 경과된 보험료와 익스포저는 그 계약연도의 경과보험료와 경과 익스포저가 된다. 그리고, 그 해 동안 체결된 모든 계약이 만기가 될 때까지 보험료와 익스포저의 기록은 동결되지 않는다. 보험금의 경우도 마찬가지로, 계약연도 Y년으로 기록되는 보험금은 Y년에 체결된 계약으로부터 발생되는 보상에 관련된 것으로 그 사고가 언제 발생했고 언제 지급됐으며 언제 종결됐는지 모든 보상 활동의 시기와 상관없이 계약연도 Y년으로 평가된다. 즉, 계약연도에 의한 지급보험금은 그 해 동안 체결된 계약에 의해 만들어진 보상의 지급금이다. 유사하게 계약연도 발생손해액은 지급보험금과 그 해 동안 체결된 그 계약에 의해 만들어진 보상의 개별추산액을 합한 것이다. 계약연도의 보험금 규모는 추가적으로 보상이 보고되었다든지, 보상이 지급되고 또는 개별추산액의 변경에 의해 데이터를 관찰하는 시점에 따라 바뀔 수 있다.

위의 자동차 보험 예시를 이용하여 계약연도 데이터 집합에 의한 보험료와 보험금을 살펴보

도록 하겠다.

계약연도 경과보험료:

- 2022년 12월 31일자 PY2022년 경과보험료＝26만원
- 2023년 12월 31일자 PY2022년 경과보험료＝54만원

이 계약은 2022년 계약이므로 모든 보험료 기록은 2022년으로 보관되며, 기록되는 기준일자에 따라 경과보험료는 합산된다. 2022년 12월 31일자 PY2022년 경과보험료는 이 계약이 2022년 12월 31일자 6개월만 경과되어 있는 상태이므로 25만원이 된다. 추가보험료는 배서시점 기준 만기시까지 총 8개월 중 12월 31일자 2개월만 경과했으므로 이에 해당하는 1만원으로 경과보험료로 처리되기 때문에 PY2022년 경과보험료는 2022년 12월 31일자 기준으로 총 26만원이 기록된다. 2023년 12월 31일자 이 계약을 관찰할 때에는 보험료는 모두 경과되었음으로 PY2022년 경과보험료는 54만원으로 변경되어 고정된다. 한편, PY2023년 경과보험료는 2022년도 계약이므로 당연히 존재하지 않음을 알아야 한다.

계약연도 발생손해액:

- 2022년 12월 31일자 PY2022년 발생손해액＝2천만원
- 2023년 12월 31일자 PY2022년 발생손해액＝5백만원＋1천 7백만원＝2천 2백만원
- 2024년 12월 31일자 PY2022년 발생손해액＝5백만원＋1천 8백만원＝2천 3백만원

이 계약은 2022년에 체결되었고 이 계약에 의해 발생한 사고이므로 보상과정이 언제 진행된 건지에 상관없이 PY2022년으로만 기록되고 PY2023년과 PY2024년의 보험금은 존재하지 않음을 먼저 이해해야 한다. 위의 예시에서는 사고연도와 계약연도 방식에 의한 발생손해액의 형태가 유사하다. 만일 사고일자가 2022년 10월 1일이 아닌 2023년 1월 2일이며 나머지 손해활동 내용은 같은 상태라고 가정하자. 즉, 2023년 1월 2일 자동차 사고가 발생하였고 초기 개별추산액이 2천만원으로 책정되었다. 이후 2023년 3월 1일 사고에 대한 보상으로 예상손해액의 일부인 5백만원이 우선 지급되고 개별추산액은 1천 7백만원으로 조정되었다. 2024년 2월 1일 추가로 1천 8백만원이 지급됨으로 이 사건은 종결되었다고 가정하고 두 방식에 의한 발생손해액의 변화를 비교해 보자.

사고연도 방식에 의한 발생손해액:

- 2022년 12월 31일자 AY2022년 발생손해액＝0원
- 2023년 12월 31일자 AY2023년 발생손해액＝5백만원＋1천 7백만원＝2천 2백만원
- 2024년 12월 31일자 AY2023년 발생손해액＝5백만원＋1천 8백만원＝2천 3백만원

사고가 2023년에 발생하였기 때문에, 사고연도 2022년의 발생손해액은 어느 시점에서 보든지 존재하지 않는다. 대신에 발생손해액은 기록 시점에 따라 변화하면서 사고연도 2023년으로 잡힌다.

계약연도 방식에 의한 발생손해액:

- 2022년 12월 31일자 PY2022년 발생손해액＝0원
- 2023년 12월 31일자 PY2022년 발생손해액＝5백만원＋1천 7백만원＝2천 2백만원
- 2024년 12월 31일자 PY2022년 발생손해액＝5백만원＋1천 8백만원＝2천 3백만원

위에서 알 수 있듯이, 이 사고의 계약은 2022년에 체결되었음으로 사고가 2023년에 발생했더라도 사고가 유효한 계약기간 동안 발생하였다면 모든 발생손해액은 어느 시점에서 평가되든 상관없이 계약연도 2022년으로 기록된다.

계약연도에 의한 데이터 집합 방법은 보험료와 보험금의 시간적 일치를 가장 잘 맞추는 장점을 가진다. 즉, 해당 기간 동안 체결된 계약의 보험금 내용들은 같은 계약에 의해 경과된 보험료와 비교될 수 있다. 즉, 보험료와 보험금을 동등한 기준으로 산출할 수 있다.

그러나, PY 기준의 데이터는 향후 변경 없이 동결된 상태로 유지되어 작성되기에 시간이 많이 걸린다는 단점이 있다. 예를 들어, 1년 만기 계약인 경우 2022년 1월 1일 체결된 계약의 유효기간은 2022년 12월 31일에 끝나지만, 2022년 12월 31일에 체결된 계약은 2023년 12월 30일까지 유효하게 남는다. 그래서 계약연도 2022년 익스포저는 계약연도의 첫째 날부터 24개월, 즉 2023년 12월 말까지 완전히 진전되지 않는다. 다시 말해서, 1년 단위로 운영되는 상품의 경우 해당 PY연도의 데이터가 계약연도의 첫째 날부터 24개월 안에 동결된 상태로 완성되는 것은 불가능하다. 이것이 계약연도 방법의 가장 큰 단점이다. 이에 대한 상세한 설명은 뒤에 익스포저와 보험료 계약연도 데이터 집합방법에서 다루기로 하겠다.

참고로, 본서에서는 policy year를 내용과 의미가 같은 계약연도로 표기하였다. 같은 의미로 underwriting year가 있는데 미국보험업계에서는 거의 사용하지 않는 표현이다. 다만, 한국보험업계에서는 관례적으로 이를 UY(인수연도)로 오래전부터 사용하고 있다.

### 4.4.4 보고연도 데이터 집합

보고연도 데이터 집합은 손해액이 사고 발생일 기준이 아닌 클레임 보고일이 기준이 된다는 점을 제외하고는 사고연도 방법과 유사하다. 이 방법은 의료과실보험처럼 보험사고의 발생일과 보고일 사이가 대체로 길며 그 기간이 매우 중요한 요소로 작용하는 특정 보험 상품의 경우 보험회사는 보고연도에 의해 손해액을 분석하기도 한다. 일반적인 요율산정에서는 보고연도 집합을 사용하지 않으므로 구체적인 설명은 여기서 생략한다.

## 4.5 데이터 선택시 고려사항

요율산정 모델 개발시 때때로 필요한 데이터가 제한적으로 사용될 수밖에 없거나 또는 분석하기에 부족할 때가 발생한다. 이런 경우, 계리사들은 데이터 부족을 극복하기 위해 합리적이고 타당한 계리적 판단을 해야 한다. 경과보험료를 이용하여 요율변수를 분석할 때, 그 변수에 대해 경과보험료가 없거나 또는 데이터의 질이 의심된다면 계리사는 수입보험료를 대신 사용할 수밖에 없다.

보험료, 익스포저, 보험금과 비용에 관련된 보험회사 내부의 경험 데이터는 요율산정의 출발점이다. 다른 타당성 있는 데이터가 사용할 수 있으면 과거의 계약 및 보상 데이터를 보완할 수도 있다. 다른 데이터는 회사 내부 데이터가 아닌 외부 데이터일 수도 있으며 보상비용, 빈도, 사업비, 보험료 등의 일반적인 추세를 설명해 줄 수 있다. 특히, 신상품의 요율산정시 외부 유사 데이터의 사용은 필수적일 수 있다. 심지어 기존 상품의 요율산정시에도 외부 유사 데이터가 사내 데이터의 보충 역할로 쓰여질 수 있다. 가장 일반적으로 추천되는 외부 데이터는 공공기관에서 발표하는 인구통계 데이터, 보험회사가 아닌 타 금융기관 데이터 등 다양할 수 있다.

데이터는 여러 타당한 방법에 의해 준비될 필요가 있다. 위에서 설명된 네 가지의 데이터 집합 방법 등이 여기에 포함된다. 각각의 장단점을 제대로 파악하고 데이터의 적용 가능성, 명확성, 단순성, 보험담보의 특성을 이해한 후 적합한 데이터 집합방법을 선택하고 구성해야 한다. 어느 특정 요율 변수의 정합성을 검증한다면 경험 데이터를 유사 성격의 그룹으로 세분화함에 의해 향상시킬 수 있다. 어떤 변화에 의해 왜곡될 수 있는 부정적인 효과를 최소화하기 위해 데이터를 세분화하거나 합하는 일은 충분히 검토해서 실행해야 한다.

데이터의 신뢰도는 계리사가 어느 특정 데이터를 사용하여 산출한 예측값에 대한 신뢰 수준이다. 신뢰도는 동질적인 데이터의 양에 의해 증가하는데, 동질적인 집단의 데이터 그룹을 만들기 위해 데이터를 세밀히 구분할 필요가 있다. 모든 과정은 데이터의 양과 동질성에서 균형을 맞추면서 같이 진행되어야 한다. 요율산정 결과의 수준은 사용되는 데이터의 질에 매우 크게 의존한다. 기존 상품의 요율을 재산정하거나 종합적인 요율분석을 할 경우, 그리고 다변량 분석(multivariate analysis)에 의한 모델링을 할 경우 모두, 계약 또는 계약자(또는 피보험자)별 세분화된 데이터를 준비하는 것이 필수적이다.

# CHAPTER
# 08

# 익스포저와 보험료

## 1. 익스포저의 구조와 이해

보험에서 익스포저(exposure)는 보험료의 근간이 되며 부보되는 위험의 기본 단위로 보험회사가 추정하는 잠재손해를 평가하는 기준을 의미한다. 그러므로, 요율산정에서 익스포저는 논리적으로 보험료를 계산하는 기본 단위를 의미한다. 요율서에 있는 기준요율(base rate)은 대체로 익스포저 단위당 요율로 표시하며 최종 보험료는 기준요율에 익스포저의 수량을 곱하고 여러 요율변수 등에 의해 조정되어 계산된다.

### 1.1 익스포저 기본 단위 선택의 조건

일반적으로 손해보험 요율서는 피보험자의 익스포저 단위당 요율을 포함한다. 예를 들어, 자동차보험 요율은 익스포저의 기본 단위로 쓰이는 유효 경과연수당 요율을 의미한다. 즉, 1년 담보기간 동안 유효한 차량 1대의 보험요율을 뜻한다. 올바른 익스포저의 기본 단위가 되기 위해서는 다음의 세 가지 조건을 만족할 필요가 있다.

(1) 과거의 전례를 고려해야 한다.
(2) 실질적인 요소를 포함해야 한다.
(3) 예상손해액과 비례적이어야 한다.

첫 번째 조건인 과거의 전례를 고려해야 한다는 것은 여러 이유로 설명할 수 있다. 기존에 사용 중인 익스포저보다 더 정확하고 실질적인 요소를 포함하고 있는 다른 익스포저로 변경할 경우, 대다수 현재 유효한 계약의 보험료에 많은 변화를 가져올 수 있다. 요율산정 방법의 기본적인 변경이 필요하며 이에 따라 요율 프로세스와 요율서의 변경이 필수적으로 뒤따르게 된다. 요율은 여러 해 동안 데이터에 의해 분석되는바, 익스포저를 변경한다면 이런 환경에 최소한의 영향이 미치는 범위 내에서만 행해지는 것이 바람직하다는 의미이다. 예를 들어, 자동차보험의 경우, 1년간 차량 유효 경과연수가 전통적인 익스포저로서 사용되어 왔는데 동일한 유효 경과연수를 가지는 차량일지라도 실제 운행한 시간과 거리는 상이하다. 예상보험금과 비례적이기 위해서는 위험의 노출을 더 잘 측정할 수 있는 주행거리가 익스포저로서 합리적일 수도 있지만 익스포저의 변경은 여러 환경적인 측면을 고려해서 심사숙고하여 결정해야 한다. 익스포저의 기본단위는 인플레이션이 자동적으로 반영될수록 사용하기에 편리하다. 예를 들어, 대운동장에서 열리는 스포츠경기를 관람하는 입장객에 대한 배상책임보험을 담보할 경우 입장관객수보다는 입장료를 익스포저로 정하는 것이 좋을 수 있다. 입장료는 산출하기 쉽고 인플레이션에 따라 자동적으로 조정될 수 있기 때문에 유효한 요율을 산출하기에도 용이할 수 있다. 의료배상책임보험에서는 평균 입원환자와 외래환자수를, 주택보험은 인플레이션이 반영될 수 있는 주택가격, 산재보험에서는 급료총액, 기업배상책임보험은 매출액 또는 업장면적 등이 익스포저의 형태로 쓰일 수 있다.

두 번째 조건인 실질적인 요소를 포함해야 한다는 말은 선택된 익스포저의 기본단위는 객관적이어야 하며 계약자 입장에서 쉽게 이해할 수 있고 보험회사 입장에서는 익스포저를 수집하고 검증하는 비용이 저렴해야 함을 의미한다. 익스포저의 기본단위가 객관적이기 위해서 익스포저는 계약자, 피보험자, 그리고 보험회사에 의해 자의적으로 손쉽게 조작되어서는 안 된다. 예를 들어, 자동차보험에서 1년간 차량 유효경과연수 대신 차량주행거리를 익스포저의 기본 단위로 사용하려 한다면 보험회사가 일일이 계약자의 실제 주행거리를 정확히 파악해야 하는데, 이 과정이 쉽지 않으며 비용도 많이 들고 또한 계약자에 의한 조작 가능성이 많아지며 기록과 관리가 용이하지 않을 수 있다. 그러나, 현재 첨단기술의 발전으로 GPS를 이용한 전자기기 등에 의해 주행거리를 객관적으로 정확하게 파악할 수 있는 여러 장치가 개발됨에 따라 차량 주행거리도 익스포저의 기본단위로 사용되는 것이 가능한 상태라고 말할 수 있다.

세 번째 조건인 예상손해액과 비례적이어야 한다는 의미는 1의 익스포저를 가진 계약의 예상손해액은 1/2의 익스포저를 가진 유사한 계약의 예상손해액에 두 배로 추정할 수 있어야 한다는 말과 동일하다. 예상손해액을 예측할 때 사용하는 여러 종류의 변수가 있는데 그 중에서 보험금에 가장 직접적이며 중요한 연관성을 가진 변수가 익스포저의 기본 단위로 선택되는 것이 바람직하다. 그 외의 다른 변수들은 요율 또는 언더라이팅 변수로 사용된다. 주택화재보험인 경우의 예를 들자. 시가 10억원인 주택의 예상보험금이 시가 5억원 주택의 예상보험금보다 두 배라고 타당성 있게 예측할 수 있다면 주택 가격이 익스포저의 기본 단위로 선택될 수 있다. 그러나 그렇지 않은 경우 주택 가격은 요율 변수로 쓰여야 한다. 비슷한 예로, 보험 보장기간이 3년인 주택은 1년 동안 보장되는 같은 주택보다 3배의 예상 보험금을 예측할 수 있다면 보장기간이 우선적인 익스포저의 기본 단위가 되고 그 외의 주택 보장 금액이나 주택연수 등은 요율 변수로 쓰일 수 있다. 예상보험금과 비례적이어야 한다면 다음의 조건이 더불어 충족되어야 한다. 보장된 담보의 어떠한 변화에도 익스포저는 신속히 반응할 수 있어야 한다. 예를 들면, 산재보험의 경우 일반적으로 기업의 급여액이 익스포저의 기본 단위로 쓰인다. 종업원의 수가 증가하거나 근무시간이 연장될수록 지급되는 급여액도 증가하고 반면에 위험노출도 많아져서 예상보험금액도 증가할 것이다. 익스포저의 기본 단위인 급여액이 변화함에 따라 예상보험금도 같은 방향으로 변화할 것이기 때문이다. 이에 따라, 보험료도 변화할 것이다.

생명보험 상품은 사람이 대상이기 때문에 익스포저 선택은 매우 간단하다. 그러나 손해보험은 상품마다 대상이 다르므로 요율산정의 기초가 되는 익스포저 선택은 매우 중요하다. 위에서 언급한 세 가지 조건 이외에도 많은 계리학자들은 보험회사의 관점으로 익스포저가 지녀야 할 속성들을 발표하였고 인정받았다.

(1) 익스포저는 손해액에 정확한 측정(accurate measure)이어야 한다.
(2) 익스포저는 보험자(보험회사)가 결정하기 쉬워야(easy to determine) 한다.
(3) 익스포저는 피보험자가 교묘히 다루거나 조작하기 어려워야(difficult to manipulate) 한다.
(4) 익스포저는 계약심사자(underwriter)가 교묘히 다루거나 조작하기 어려워야(difficult to manipulate) 한다.

이러한 익스포저의 조건과 속성들에 의해 오랫동안 익스포저로 선택되어 사용되고 있는 주요 손해보험 상품들의 익스포저는 다음과 같다.

- 자동차보험: 차량 대수의 유효기간(예: 6개월간 차량 한 대＝0.5 익스포저)
- 기업배상책임보험: 대부분 총매출 또는 총임금, 그러나 예외도 많다. 예를 들어 아파트는 주택수, 사무실은 면적 등이 있다.
- 산재보험: 주로 총임금, 경우에 따라서는 근무시간
- 도난보험: 재산 가입금액당(예: 가입금액 1천만원＝1 익스포저)
- 보증(surety)보험: 계약금액당
- 재산보험: 재산 가입금액당

## 1.2 익스포저 데이터 집합

데이터 집합은 달력연도, 사고연도, 계약연도와 보고연도의 네 가지 방법이 있음을 앞에서 이미 이해하였다. 익스포저의 집합에서는 달력연도와 계약연도의 오직 두 가지 방법만이 적용된다. 익스포저의 집합은 뒤에서 설명되는 보험료 집합 방법과 동일하므로 여기서는 간단한 예제와 설명만을 다룰 것이고 보험료 집합방법에서 추가적인 상세한 설명을 하기로 하겠다.

**표 8-1** 1년 만기 자동차보험계약

| 계약번호 | 계약개시일 | 계약만료일 | 익스포저수 |
|---|---|---|---|
| 001 | 2022/10/01 | 2023/09/30 | 1 |
| 002 | 2023/01/01 | 2023/12/31 | 1 |
| 003 | 2023/07/01 | 2024/06/30 | 1 |

〈표 8-1〉의 1년 만기 3건의 자동차보험 계약이 있다고 가정하고 달력연도와 계약연도에 따라 익스포저가 연도별로 어떻게 기록되는지를 살펴보도록 하자.

### 1.2.1 달력연도 익스포저 데이터 집합

익스포저의 데이터 집합을 〈그림 8-1〉과 함께 이해하도록 하겠다. 먼저 $x$축은 시간을 나타내며, $y$축은 계약이 만기될 때까지의 시간적 비율을 의미한다. 사선은 각각의 계약을 표시하는 것으로 사선이 시작하는 하단부 $x$축이 계약개시일을 의미하며 계약이 진행되고 만료되는 시점, 즉 계약이 만기될 때까지의 시간적 비율이 100%가 될 때, 사선은 상단부 $x$축에서 끝나며 계약만료일을 의미하게 된다. 또한 정사각형은 각각의 달력연도를 나타낸다. 예를 들어, 위의 계약번호 001은 2022년 10월 1일이 계약개시일이므로 하단부 $x$축 CY 2022의 3/4이 되는 부분에서 시작하여 2023년 9월 30일에 계약이 만료가 되므로 상단부 $x$축 CY 2023의 3/4이 되는 부분까지 사선으로 연결된다. 그림에서처럼, 계약이 만기시까지 50%에 도달하는 시점은 2023년 4월 1일이 됨을 알 수 있다. 그러므로, 사선의 시작점과 끝점 사이를 연결하는 선은 특정 일자 계약이 만기될 때까지의 비율을 의미한다. 참고로, 1년 만기 계약인 경우의 사선은 45도의 기울기로 이어지는 데 반해 2년 만기 계약인 경우는 계약개시에서부터 만기까지 2년이 걸리므로 약 22.5도 기울기의 사선으로 나타나게 된다.

**그림 8-1**

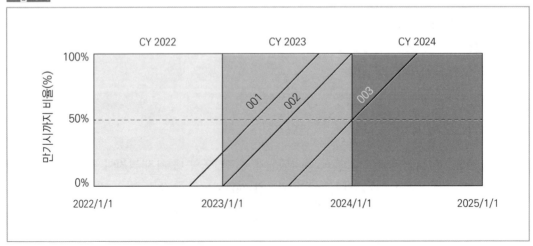

달력연도 익스포저 데이터 집합 방식에서 모든 익스포저는 계약개시일과 상관없이 매년 1월 1일부터 12월 31일까지 각각 12개월 동안 진행되는 모든 익스포저를 기록한다. 매년 12월 31일 자 1년 동안 진행되었던 모든 익스포저들은 그 시점의 데이터에서 동결되어 차후 계약 내용이 변경되더라도 기록이 변경될 수 없다. 그리고, 변경된 계약의 내용은 그 다음 해 12월 31일자에 반영되는 것이다.

### 1.2.2 계약연도 익스포저 데이터 집합

계약연도를 한국보험업계에서는 흔히 UY(underwriting year)로 부르며 그 계약연도 기간 동안 계약개시일을 가진 계약의 모든 익스포저를 기록한다. 〈그림 8-2〉에서처럼, 달력연도와는 달리 각각의 평행사변형이 계약연도를 의미한다. 즉, 달력연도 익스포저는 정사각형의 모습이나 계약연도 익스포저는 평행사변형의 모습이다. 사선이 의미하는 것은 달력연도와 계약연도 데이터 집합방법 모두 동일하다.

**그림 8-2**

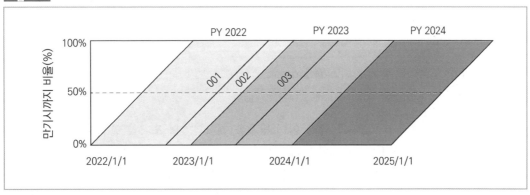

이전 요율산정 데이터에서 설명되었고, 그림에서 알 수 있듯이, 계약연도 방법은 데이터 집합이 종결될 때까지 더 오랜 시간이 요구된다. 예를 들면, PY2022년도의 1년 만기 계약의 경우, 2022년 1월 1일 계약의 만기일은 2022년 12월 31일이나 2022년 12월 31일 오후 11시 59분에 개시된 계약의 만기는 2023년 12월 31일 오후 11시 58분까지 계약이 유효하게 된다. 두 계약은 계약 개시일이 거의 1년 차이가 나지만 실제로 계약연도는 2022년으로 같다. 즉, 2022년에 체결된 모든 계약은 PY 2022년으로만 기록되므로 1년만기 계약인 경우 계약연도 한 해 동안 체결된 모든 계약이 만료되는 시점은 데이터 집합 종결까지 2년이 걸리는 셈이다. 유사하게 3년만기 계약인 경우 계약연도 한 해의 데이터 집합 종결시까지는 4년이 걸리게 된다. 계약연도에 의한 데이터 집합은 모든 데이터가 종결될 때까지의 시간 즉, 데이터의 기록 내용이 차후 변경 없이 동결될 때까지의 시간이 달력연도에 의한 데이터 집합보다 오래 걸리므로 대부분의 요율산정에서는 달력연도 익스포저를 선호하는 편이다.

## 1.3 익스포저의 종류

익스포저는 이전 기본보험용어에서 설명되었듯이 수입, 경과, 미경과와 보유 익스포저의 네 가지로 구별된다.

### 1.3.1 수입익스포저(Written exposures)

수입익스포저는 특정기간 동안 체결된 계약으로부터 발생하는 총 익스포저를 뜻한다. 달력연도 2023년의 수입익스포저는 2023년에 계약 책임개시일을 가진 모든 계약들의 익스포저 합이다. 〈표 8−1〉의 1년 만기 자동차보험 계약들의 예를 사용하여 먼저 달력연도에 의한 수입익스포저를 알아보도록 하자.

달력연도 익스포저 데이터 집합 방식에서 모든 익스포저는 계약개시일과 상관없이 매년 1월 1일부터 12월 31일까지 각각 12개월 동안 진행되는 모든 익스포저를 기록하며, 매년 12월 31일자 1년 동안 진행되었던 모든 익스포저들은 그 시점의 데이터에서 동결되어 차후 계약 내용이 변경되더라도 기록은 변경될 수 없게 된다. 그리고, 차후에 변경된 계약의 내용은 그 다음 해 12월 31일자에 반영되는 것이다.

- CY 2022 수입익스포저＝1.00(계약 001)
- CY 2023 수입익스포저＝2.00(계약 002 & 003)

수입익스포저는 경과익스포저와 달리 어느 방식을 취하건 익스포저의 일부가 분리되지 않는다. 다시 말해, 분수 형태의 익스포저가 존재하지 않는다. 단, 계약이 계약기간 중 해지가 될 경우는 예외가 있을 수 있다. 이 경우, 계약개시일과 해지일이 같은 해에 발생했는지 아닌지에 따라 약간의 차이가 있는데, 전자의 경우, 예를 들어 계약 002가 2023년 6월 30일에 해지가 되었다면 수입익스포저는 아래와 같이 변경된다.

- CY 2022 수입익스포저＝1.00(계약 001)
- CY 2023 수입익스포저＝1.50(계약 002로부터 0.5＋계약 003으로부터 1)

후자인 경우, 예를 들면 계약 003이 2024년 3월 31일에 해지가 되었다면 다음과 같은 수입익스포저로 기록된다.

- CY 2022 수입익스포저＝1.00(계약 001)
- CY 2023 수입익스포저＝2.00(계약 002 & 003)
- CY 2024 수입익스포저＝−0.25(계약 003)

계약 003의 경우, 계약이 오직 9개월, 즉 1익스포저의 0.75만이 유효했기 때문에 계약이 개

시된 CY 2023년에 수입익스포저가 모두 기록되어 동결되었고 2024년에 해지가 됐으므로 해지
시에서부터 만기까지 남은 0.25의 익스포저는 CY2024년에 차감되어 계약 003의 수입익스포저
는 CY 2023에 1익스포저로 CY2024에는 -0.25 음수 익스포저로 기록되어 합이 0.75 익스포저
가 된다. 이는 실제 이 계약이 0.75 익스포저만이 유효했기 때문에 기록상 정확하다.

계약연도에 의한 집합은 계약개시일에 의해 수입익스포저가 집합됨으로 달력연도에 의한 수
입익스포저와 동일하다.

- PY 2022 수입익스포저 = 1.00(계약 001)
- PY 2023 수입익스포저 = 2.00(계약 002 & 003)

위에서처럼, 계약 002가 2023년 6월 30일에 해지되었다면 해지시에도 동일한 계약연도에 모
두 기록되기 때문에 2023년 12월 31일자 수입익스포저는 다음과 같이 변경된다.

- PY 2022 수입익스포저 = 1.00(계약 001)
- PY 2023 수입익스포저 = 1.50(계약 002로부터 0.5 + 계약 003으로부터 1)

그러나, 계약 003이 2024년 3월 31일에 해지되었을 경우, 비록 계약 해지는 2024년에 발생
했으나 2023년에 개시된 계약이므로 이 계약에 의해 발생하는 모든 이벤트들은 계약연도
PY2023년에 기록되어야 한다. 실제로 2023년 12월 31일자 PY2023년 계약 003의 수입익스포
저는 1로 기록되나 다음 해인 2024년 12월 31일에 평가하는 PY2023년 수입익스포저는 0.75로
변경되는 것이다.

- PY 2022 수입익스포저 = 1.00(계약 001)
- PY 2023 수입익스포저 = 1.75(계약 002로부터 1 + 계약 003으로부터 0.75)

### 1.3.2 경과익스포저(Earned exposures)

경과익스포저는 어느 시점에서 담보가 이미 제공된 수입익스포저의 일부를 의미한다. 경과를
이용하는 방식은 한 해 동안 익스포저가 균등하게 배분된다는 가정에서 시작한다. 즉, 계산의 편
리성을 위해 1개월은 1/12년으로 간주하여, 1월 1일에 유효개시일을 가진 1년 만기 계약은 3월
31일에는 수입익스포저의 3/12 또는 25%가 경과되었다고 가정함을 의미한다.

⟨표 8−1⟩의 1년 만기 자동차보험 계약들을 가지고 다른 데이터 집합방법에 의한 경과익스포
저를 살펴보도록 하겠다.

달력연도에 의한 경과익스포저는 다음과 같다.

- CY 2022 경과익스포저 = 0.25(계약 001)
- CY 2023 경과익스포저 = 2.25 = 0.75(계약 001) + 1.00(계약 002) + 0.50(계약 003)
- CY 2024 경과익스포저 = 0.50(계약 003)

계약 3건 모두 완전히 경과되었을 때 경과익스포저 합은 3이며, 위의 달력연도별 경과익스포저의 합도 3임을 알 수 있다.

위의 예와 함께 계약 002와 계약 003이 해지되었을 경우의 달력연도별 경과익스포저의 변화를 살펴보자.

계약 002가 2023년 6월 30일에 해지되었을 경우:
- CY 2022 경과익스포저 = 0.25(계약 001)
- CY 2023 경과익스포저 = 1.75 = 0.75(계약 001) + 0.50(계약 002) + 0.50(계약 003)
- CY 2024 경과익스포저 = 0.50(계약 003)

**그림 8-3**

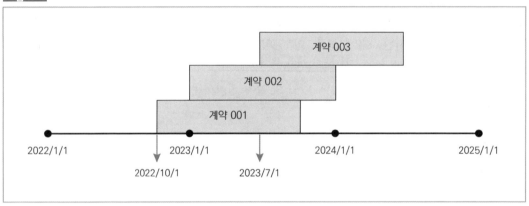

계약 002는 해지되지 않고 계약 003이 2024년 3월 31일에 해지되었을 경우:
- CY 2022 경과익스포저 = 0.25(계약 001)
- CY 2023 경과익스포저 = 2.25 = 0.75(계약 001) + 1.00(계약 002) + 0.50(계약 003)
- CY 2024 경과익스포저 = 0.25(계약 003)

계약연도(PY)에 의한 경과익스포저는 그 계약연도에 계약이 개시된 모든 계약의 익스포저를 해당 계약연도(PY)에 기록하고 한 계약연도의 익스포저가 모두 집합될 때, 계약연도에 의한 경과익스포저와 수입익스포저는 동일하게 된다.

〈표 8-1〉에서 2022년 12월 31일자 PY2022 경과익스포저는 계약 001만 적용되기 때문에

PY 2022에는 계약 001의 경과분만이 기록된다.

- PY 2022 경과익스포저=0.25(계약 001)

2023년 12월 31일자 경과익스포저:
- PY 2022 경과익스포저=1.00(계약 001)
- PY 2023 경과익스포저=1.50=1.00(계약 002)+0.50(계약 003)

2024년 12월 31일자 경과익스포저:
- PY 2022 경과익스포저=1.00(계약 001)
- PY 2023 경과익스포저=2.00(계약 002와 003)

2024년말에는 모든 계약이 완전히 경과되었으므로 2024년 12월 31일자 계약연도별 경과익스포저와 수입익스포저는 동일하게 된다.

위의 예와 유사하나 두 계약이 동시에 해지된 경우, 즉 계약 002가 2023년 6월 30일에 해지되고 계약003도 2024년 3월 31일에 해지된 경우에 계약연도에 의한 경과익스포저를 알아보자.

2022년 12월 31일자 경과익스포저:
- PY 2022 경과익스포저=0.25(계약 001)

2023년 12월 31일자 경과익스포저:
- PY 2022 경과익스포저=1.00(계약 001)
- PY 2023 경과익스포저=1.00=0.50(계약 002)+0.50(계약 003)

2024년 12월 31일자 경과익스포저:
- PY 2022 경과익스포저=1.00(계약 001)
- PY 2023 경과익스포저=1.25=0.50(계약 002)+0.75(계약 003)

계약 003은 2024년에 경과되는 부분이 있으나 2023년에 계약이 체결됐음으로 계약연도에 의한 집합시 PY2024에는 어느 부분도 기록되어서는 안 됨을 알 수 있다. 즉, 달력연도 방법과 다르게 계약연도 방법에서는 한 계약의 익스포저가 두 개의 다른 연도로 분리되어 경과되지 않는다.

### 1.3.3 미경과익스포저(Unearned exposures)

미경과익스포저는 어느 시점에서 담보가 아직 제공되지 않은 수입 익스포저의 일부를 의미한다. 즉, 미경과익스포저는 수입익스포저에서 경과익스포저를 뺀 것과 동일한 개념이다. 다시 말해, 수입익스포저는 경과익스포저와 미경과익스포저의 합이라 할 수 있는데, 계약연도 집합 방식의 경우 이는 어느 시점에서 평가하든지 성립한다. 그러나, 달력연도에 의한 여러 계약의 집합에서는 달력연도의 시작과 끝 시점에서의 미경과 익스포저의 분량을 고려해야 한다.

〈표 8-1〉의 예에서 CY 2023년의 미경과 익스포저는 2023년 12월 31일자에서 계산하면 CY 2023년의 수입익스포저에서 경과익스포저를 뺀 후 CY 2023년초 미경과익스포저 또는 그 전년도 말 미경과익스포저를 더한 값이 된다.

$$
\begin{aligned}
\text{CY2023 미경과 익스포저} = 0.50 =\ & 2.00(\text{CY2023 수입익스포저}) \\
& - 2.25(\text{CY2023 경과익스포저}) \\
& + 0.75(\text{CY2022 미경과익스포저})
\end{aligned}
$$

**표 8-2** 달력연도 집합 방법에 의한 익스포저

| 연도 | 수입익스포저 | 경과익스포저 | 미경과익스포저 |
|---|---|---|---|
| CY 2022 | 1.00 | 0.25 | 0.75 |
| CY 2023 | 2.00 | 2.25 | 0.50 |
| CY 2024 | 0.00 | 0.50 | 0.00 |

실제로 2023년 12월 31일자에서 미경과된 익스포저는 오직 계약 003에만 있고 미경과분은 0.5이다. 〈그림 8-3〉을 응용하면 더 쉽게 이해할 수 있을 것이다.

동일한 개념으로 CY 2024년의 미경과 익스포저는 수입익스포저 0에 경과익스포저 0.50을 뺀 후 전년도인 CY 2023년의 미경과익스포저 0.50을 더한 0이 되며 실제로 모든 계약이 완전히 경과되었음으로 미경과분은 없고 0이 된다.

CY미경과익스포저
= CY수입익스포저 - CY경과익스포저 + 전년도말CY미경과익스포저

계약연도에 의한 미경과익스포저는 달력연도에 의한 방법보다 간단하다. 계약연도에 의한 모든 익스포저는 계약이 개시된 연도에 의해 정해지고 기록하는 일자에 따라 변경된다는 사실은 계약연도 방법에서 가장 핵심적인 정의이다. 이 사실만 기억한다면 계약연도 방법은 달력연도 방법보다 쉽다고 느낄 것이다. 계약연도 집합 방법에 의한 계약연도別 익스포저 결과는 〈표 8-3〉과 같다.

**표 8-3** 계약연도 집합 방법에 의한 계약연도別 익스포저

| 평가일자 | 계약연도 | 수입익스포저 | 경과익스포저 | 미경과익스포저 |
|---|---|---|---|---|
| 2022/12/31 | PY 2022 | 1.00 | 0.25 | 0.75 |
| 2023/12/31 | PY 2022 | 1.00 | 1.00 | 0.00 |
| 2023/12/31 | PY 2023 | 2.00 | 1.50 | 0.50 |
| 2024/12/31 | PY 2023 | 2.00 | 2.00 | 0.00 |

### 1.3.4 보유익스포저(In-force exposures)

보유익스포저(In-force exposures)는 어느 특정 시점에서 손실에 노출된 위험단위 수를 의미한다. 다시 말해, 어느 시점 당시에 유효한 계약 단위의 수를 의미한다. 위의 예에서 2022년 11월 15일자 보유익스포저는 계약 001만이 유효하므로 보유익스포저는 1이다. 만일 2023년 11월 1일자 보유익스포저를 계산하면 계약 001은 이미 만료된 상태이므로 보유익스포저로 집계되지 않으며 다만 계약 002와 003은 유효한 상태이기 때문에 보유익스포저는 2로 계산된다. 보유익스포저는 어느 시점 그 당시에 유효한 계약 단위의 수만을 의미하기 때문에 대부분 회사에서는 요율산정시 큰 의미를 부여하지 않는다. 또한, 보유의 개념은 어느 시점 그 당시만을 표현하는 것이므로 과거 경험데이터를 종합적으로 다루는 작업에서는 사용하지 않는 것이 일반적이다.

### 1.3.5 1년만기가 아닌 계약의 익스포저

앞에서의 예는 1년 만기 계약인 경우의 네 가지 이스포저 집합 방법을 설명하였다. 만일 계약 기간이 1년보다 짧거나 긴 계약의 경우, 위의 방법과 다소 다르게 접근될 수 있다. 예를 들어, 3년 만기 계약인 경우 각 계약은 3개의 수입익스포저를 가지게 된다. 동일하게 6개월 만기 상품인 경우, 각 계약은 0.5의 익스포저만을 가질 수 있다. 3년 만기 계약시 달력연도와 계약연도에 의한 수입익스포저와 경과익스포저는 〈표 8-4〉와 〈표 8-5〉, 〈표 8-6〉에 보여진다.

**표 8-4** 3년 만기 계약

| 계약번호 | 계약개시일 | 계약만료일 | 익스포저수 |
|---|---|---|---|
| 004 | 2022/10/01 | 2025/9/30 | 3 |
| 005 | 2023/01/01 | 2025/12/31 | 3 |
| 006 | 2023/07/01 | 2026/06/30 | 3 |

**표 8-5** 달력연도 방법에 의한 수입익스포저와 경과익스포저

| 달력연도 | 수입익스포저 | 경과익스포저 |
|---|---|---|
| CY 2022 | 3.00 | 0.25 |
| CY 2023 | 6.00 | 2.50 |
| CY 2024 | 0.00 | 3.00 |
| CY 2025 | 0.00 | 2.75 |
| CY 2026 | 0.00 | 0.50 |
| 합계 | 9.00 | 9.00 |

**그림 8-4**

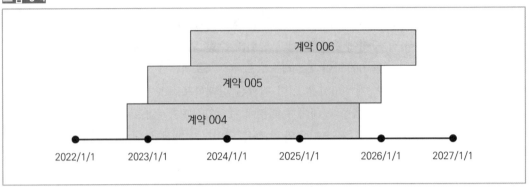

달력연도 방식에 의한 익스포저 기록은 CY 2024인 경우, 2024년 동안 개시된 계약이 없으므로 수입익스포저는 존재하지 않으나, 〈그림 8-4〉에서 보이는 바와 같이 세 개의 계약 모두 일년 내내 유효한 계약으로 지속되므로 경과익스포저는 계약당 하나씩 모두 3개의 익스포저를 기록하게 된다. CY 2025인 경우, 계약 004가 2025년 9월 30일에 만기가 되므로 9개월간의 경과분만 포함되고 나머지 계약은 1년 내내 경과되므로 경과익스포저는 2.75로 기록된다. 다른 CY년도의 경과익스포저도 위의 개념을 적용하여 계산한다. 만일 계약이 기간 내에 해지되는 경우는 앞에서 1년 만기 계약 중도 해지시 설명한 바와 동일하게 조정된다.

**표 8-6 계약연도(PY) 방법에 의한 익스포저**

| 평가일자 | 계약연도 | 수입익스포저 | 경과익스포저 |
|---|---|---|---|
| 2023/12/31 | PY2022 | 3.00 | 1.25 |
| | PY2023 | 6.00 | 1.50 |
| 2024/12/31 | PY2022 | 3.00 | 2.25 |
| | PY2023 | 6.00 | 3.50 |
| 2025/12/31 | PY2022 | 3.00 | 3.00 |
| | PY2023 | 6.00 | 5.50 |

계약연도에 의한 수입익스포저는 앞에서 설명되었듯이 계약이 개시된 연도에 의해 정해진다. 그러나, 계약연도에 의한 경과익스포저는 달력연도에 의한 방법과 달리 기록하는 일자에 따라 변경된다. 이 점은 계약연도 방법의 매우 중요한 내용임을 재차 밝혀둔다. 예를 들어, PY 2023의 경과익스포저는 2023년 12월 31일자에 평가될 경우 계약 005에서 1익스포저와 계약 006에서 0.5익스포저의 합인 1.5익스포저가 기록된다. 여기서, 계약 004는 PY 2023의 어디에도 기록되지 않음을 유의해야 한다. 즉, 계약 004는 2022년에 개시된 계약이므로 모든 계약활동 내용은 계약연도 2022년에서만 기록된다. 다만, 평가하는 일자에 따라 익스포저가 조정됨을 이해해야 한다.

PY 2023년의 경과익스포저가 2023년 12월 31일자에서는 1.5이지만 1년이 지난 2024년 12월 31일자에서 본다면 3.5로 조정된다. 이는 PY 2023년의 경과익스포저는 계약이 2023년에 개시된 계약 005와 006에서만 발생되고 2024년 12월 31일자에 계약 005는 2년이 유효하게 경과되었고 계약 006은 1.5년이 경과되었으므로 3.5익스포저로 평가하게 된다. 마찬가지의 논리로 2025년 12월 31일자에서는 계약 005는 3년이 모두 경과하였고 계약 006은 2.5년이 경과되었으므로 5.5 익스포저로 평가하게 된다. 또한, 2026년 12월 31일자에는 두 계약 모두 만기가 되었고 다시 말해 계약기간이 완전히 경과하였으므로 PY 2023의 경과익스포저는 6이 되면서 수입익스포저와 같게 된다. 익스포저의 이해는 보험료의 구조를 이해하는 데 기초가 되는 부분으로 여러 다른 경우를 적용하여 테스트하면 도움이 될 것이다.

## 2. 보험료의 구조와 이해

요율산정에서 가장 중요한 목표 중 하나는 보험상품 판매시 계약에서 약속한 미래의 위험을 보장하고 상품판매에 따른 여러 비용들을 감당할 수 있는 합리적이고 정확한 금액, 즉 보험료를 산출할 수 있는 요율을 결정하는 것이라 하겠다. 그런 의미에서, 보험료는 위험보장에 따른 보험금, 손해사정비, 그리고 목표사업비의 합과 균형을 이루도록 관리되어야 하고 요율산정 모델이 개발되어야 한다.

보험료는 미래의 어느 기간 동안 약속한 위험에 대한 보장의 대가로 보험회사가 보험 계약자로부터 수급하는 금액이다. 요율산정은 이런 보험료의 합리적이고 적합한 평가를 하는 작업으로서 일반적으로 과거 보험료 데이터와 자료들을 가지고 시작하며 일련의 수정작업을 수반한다. 과거 보험료 데이터가 생성된 기간 동안 수차례의 요율조정과 변경이 발생했을 것이므로 과거 데이터는 요율산정을 하는 당시의 현재 보험료 수준으로 수정되어야 한다. 이런 수정 작업 없이 과거 데이터를 이용하는 경우 미래의 위험도를 예측하여 산출하는 요율은 심각하게 왜곡될 가능성이 높게 된다. 요율산정은 과거 데이터에 의해 과거의 위험도를 분석하여 과거에 수급한 보험료를 평가하여 환급 또는 추징하려는 과거지향적인 작업이 아니라 과거 데이터를 이용하여 미래의 위험도를 예측하고 미래의 계약에 대해 적합하게 적용될 수 있는 요율을 산출하는 미래지향적인 작업이므로 미래에 예측되는 보험료의 수준으로 보험료를 진전시키는 작업이 뒤따른다.

보험회사에서 결정한 보험료가 보험금, 손해사정비, 그리고 목표사업비 등을 적합하게 감당하고 있는지를 평가하는 요율산정에는 순보험료 방식과 손해율 방식의 두 가지가 있다. 순보험료 방식에 의해 요율산정 작업을 한다면, 일련의 수정과정은 필요하지 않으나 손해율 방식에 의한 요율산정은 여러 수정과정을 반드시 거쳐야 한다. 일반적으로, 보험회사는 손해율 방식에 의한 요율산정을 선호하는 편으로 사용하는 데이터에 대해 모순이 없고 동일하며 같은 목표손해율을 적용한다면 이론적으로 두 가지 방식에 따른 결과는 일치하게 된다. 최종적인 평균 종합요율 변경률을 계산하기 위해 사용하는 일반적인 공식은 아래와 같다. 공식에서 허용 가능 손해율은 보험회사가 보험영업에 의해 손실을 입지 않을 최대한 감당할 수 있는 손해율로서 목표 손해율이라 이해할 수도 있다.

- 순보험료 방식

$$평균\ 순보험료 = \frac{유효기간\ 내\ 추이와\ 진전이\ 포함된\ 예상보험금}{경과익스포저수}$$

$$평균\ 종합요율\ 순보험료율 = \frac{평균\ 순보험료}{허용가능\ 손해율^*},$$

\* 허용가능 손해율 = 1 − 사업비율

- 손해율 방식

$$예상손해율 = \frac{유효기간\ 내\ 추이와\ 진전이\ 포함된\ 예상보험금}{현재요율수준의\ 경과보험료}$$

$$평균\ 종합요율\ 변경률 = \frac{예상손해율}{허용가능\ 손해율} - 1$$

## 2.1 보험료 집합방법

보험료의 집합 방법과 정의는 앞에서 설명한 익스포저 집합 방법과 유사하여, 구체적인 설명은 생략하도록 한다. 대신 〈표 8−7〉의 1년 만기 계약 5건의 예시와 함께 보험료 집합에 대해 이해하도록 하겠다. 익스포저 집합에서 설명되었듯이, 데이터 집합은 네 가지의 방법이 있으나, 보험료 집합은 오직 달력연도와 계약연도 집합 방법 두 가지만 적용한다. 여기에서 두 집합 방법과 어떻게 보험료가 경과되는지에 대한 완벽한 이해가 요구된다. 두 집합 방법은 앞으로도 계속해서 언급되고 비교될 것이지만 연간 보험료의 계산을 어떠한 방법에 의해 산출하는지에 따라 요율산정 또는 손해율 계산에 영향을 미치므로 매우 중요한 단계라 할 수 있다.

**표 8-7** 1년만기 계약

| 계약번호 | 계약개시일 | 계약만료일 | 연간보험료 |
|---|---|---|---|
| 001 | 2022/10/01 | 2023/09/30 | 300,000 |
| 002 | 2023/04/01 | 2024/03/31 | 200,000 |
| 003 | 2023/07/01 | 2024/06/30 | 150,000 |
| 004 | 2023/10/01 | 2024/09/30 | 400,000 |
| 005 | 2024/01/01 | 2024/12/31 | 250,000 |

### 2.1.1 달력연도 보험료 데이터 집합

익스포저 집합에서와 동일하게 〈그림 8-5〉에서 $x$축은 시간을 나타내며, $y$축은 계약이 만기될 때까지의 시간적 비율을 의미한다. 사선은 각각의 계약을 표시하는 것으로 사선이 시작하는 하단부 $x$축이 계약개시일을 의미하며 계약이 진행되고 만료되는 시점, 즉 계약이 만기될 때까지의 시간적 비율이 100%가 될 때, 사선은 상단부 $x$축에서 끝나며 계약만료일을 의미하게 된다. 예를 들어, 계약 001은 2022년 10월 1일 개시되는 1년 만기 계약으로 2023년 1월 1일은 1년 계약 기간 중에 3개월이 지나는 시점으로 만기가 될 때까지 계약 기간의 25%를 차지한다. 그러므로, 계약 001의 사선은 계약의 25%를 차지하는 지점인 2023년 1월 1일자 $x$축을 통과하여 상단부 $x$축의 2023년 9월 30일이 되는 지점에서 끝나게 된다.

**그림 8-5**

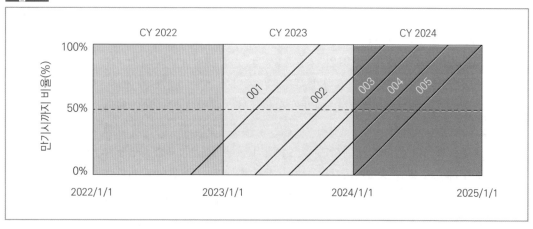

달력연도 경과보험료 데이터 집합은 계약개시일과 상관없이 매년 1월 1일부터 12월 31일까지 각각 12개월간의 모든 보험료 거래 내역을 집계한다. 그러므로, 1년 만기 계약일 경우 달력연도 $x$년에는 $x-1$년에 체결된 계약에서 $x$년에 경과되는 부분과 $x$년에 체결된 계약에서 $x$년에 경과되는 부분이 같이 기록된다. 매년 12월 31일자에 연간 달력연도 보험료는 동결되어 차후 계약 내용이 변경되더라도 기록이 수정될 수 없다. 만일 차후 계약의 변경 사항이 있고 이로 인해 보험료가 조정된다면 그 내용은 변경이 발생한 그 해 12월 31일자에 반영된다. 달력연도에 의한 집합방법은 위의 그림에서처럼, 각각의 정사각형이 각 달력연도를 나타낸다.

### 2.1.2 계약연도 보험료 데이터 집합

계약연도(PY)는 때때로 언더라이팅 연도(UY)로도 불리며 그 해 동안에 개시된 계약의 모든 보험료를 해당 계약연도에 기록한다. 〈그림 8-6〉에서처럼, 달력연도의 정사각형과는 달리 각각의 평행사변형이 계약연도를 대표한다. 사선이 의미하는 것은 달력연도와 계약연도 데이터 집합

방법 모두 동일하다.

**그림 8-6**

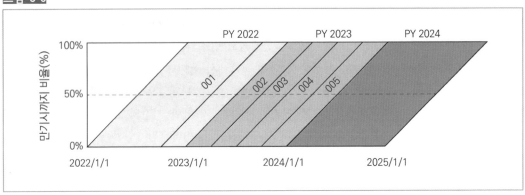

〈그림 8-6〉에서 보듯이, 계약연도 방법은 데이터 집합이 종결될 때까지 더 오랜 시간이 요구된다. 예를 들면, PY 2023년의 1년 만기 계약의 경우, 2023년 1월 1일 계약의 만기일은 2023년 12월 31일이나 2023년 12월 31일 오후 11시 59분에 개시된 계약의 만기는 2024년 12월 31일 오후 11시 58분까지 계약이 유효하게 된다. 두 계약은 계약 개시일이 거의 1년 차이가 나지만 실제로 계약연도는 2023년으로 같은 계약연도 안에서 기록된다. 즉, 2023년에 체결된 모든 계약은 PY 2023년으로 기록되므로 1년만기 계약인 경우 계약연도 한 해 동안 체결된 모든 계약이 만료되는 시점은 데이터 집합의 종결까지 2년이 걸리는 셈이다. 참고로, 3년만기 계약인 경우 계약연도 한해의 데이터 집합 종결시까지는 4년이 걸리게 된다. 계약연도에 의한 데이터 집합은 모든 데이터가 종결될 때까지의 시간 즉, 데이터의 기록 내용이 차후 변경 없이 동결될 때까지의 시간이 달력연도에 의한 데이터 집합보다 오래 걸리므로 대부분의 요율산정에서는 달력연도 보험료 집합방식을 선호하는 편이다. 반면에 계약연도 보험료는 어느 특정 한 해 동안 계약된 상품의 손해율을 보고자 할 때 정확한 내용을 제공하는 장점을 지닌다.

## 2.2 보험료의 종류

익스포저에서처럼, 보험료도 수입, 경과, 미경과와 보유보험료의 네 가지로 구별된다.

### 2.2.1 수입보험료(Written premiums)

수입보험료는 특정기간 동안 체결된 모든 계약으로부터 발생하는 보험료의 총액을 말한다. 즉, 달력연도 2023년의 수입보험료 총액은 2023년에 책임개시일을 가진 모든 계약들의 보험료 합계를 뜻한다. 〈표 8-7〉의 1년 만기 계약 5건의 예를 이용하여 달력연도에 의한 수입익스포저를 알아보자.

계약개시일이 2022년인 계약 001은 CY2022년에 1년 만기 보험료가 기록되며 계약개시일이 2023년인 계약 002~004의 3건의 계약은 CY2023년에 보험료가 기록되는 구조로 달력연도별 수입보험료는 〈표 8-8〉과 같다.

**표 8-8 1년만기 계약 수입보험료**

| 달력연도 | 수입보험료 | 해당계약 |
|---|---|---|
| CY 2022 | 300,000 | 001 |
| CY 2023 | 750,000 | 002~004 |
| CY 2024 | 250,000 | 005 |
| 합계 | 1,300,000 | |

수입보험료는 경과보험료와 달리 단 하나의 달력연도에 배정된다. 즉, 보험료가 경과보험료처럼 여러 해에 걸쳐 분리되어 기록되지 않는다. 그러나, 계약기간 도중 계약내용이 변경되어 보험료의 변화가 생길 때, 특히 계약의 변경일자 연도가 원계약 개시연도와 다를 때 수입보험료는 두 해의 달력연도에 나타날 수 있다. 이는 앞에서 설명되었듯이, 달력연도 방식에 의해 특정연도 마지막 일자에는 그 해 동안 발생한 모든 보험료가 기록과 동시에 동결되어서 차후에 데이터 기록이 변경되지 않기 때문이다. 이와 같은 경우는 계약 기간 도중에 계약 해지나 배서에 의한 보험료의 추가 또는 환급이 발생할 때 일어난다.

먼저, 계약 003이 2024년 3월 31일자로 계약 기간 도중에 해지되고 만기까지의 보험료 부분은 환급되었을 경우 이 계약에 대한 수입보험료는 다음과 같다.

- CY 2023 수입보험료＝150,000원
- CY 2024 수입보험료＝－150,000×3/12＝－37,500원

해지시 환급수수료를 부과하지 않는다는 가정하에서, CY 2024년의 수입보험료는 계약 003이 2024년 3월 31일자 계약 기간 도중에 해지되어 2023년에 수취한 1년 보험료 150,000원 중에서 해지일부터 만기일까지의 보험료 부분은 환급을 해야 하기 때문에 환급되는 보험료가 CY 2024년에 마이너스로 기록된다. 즉, 달력연도 마지막 일자, 즉 12월 31일에는 그 해 동안 발생한 모든 보험료가 기록과 동시에 동결되어서 차후에 변경되지 않기 때문에 CY 2023년의 수입보험료는 112,500원으로 기록되지 않고 계약 당시 수입보험료인 150,000원으로 기록과 함께 변경되지 않으며 환급부분은 환급이 이루어지는 CY 2024년에 차감으로 기록됨을 유념해야 한다. 다만, 계약한 해와 같은 해 변경이 이루어졌다면 변경된 보험료가 기록된다. 즉, 계약 002가 2023년 9월 30일자로 해지되었다면 2023년 12월 31일자 계약 002의 CY 2023년 수입보험료는 이 계약이 같은 해 6개월간 유지된 후 해지가 되었으므로 총 수입보험료의 반인 100,000원만 기록되어 동

결될 것이다.

이번에는 계약 기간 중에 계약 내용의 변경에 따른 배서가 생겨 보험료의 추가나 환급이 일어난 경우에 대해 알아보도록 하겠다. 예를 들어, 계약 003이 2024년 3월 31일자로 계약 기간 도중에 피보험자의 추가 등으로 배서가 이루어져 5만원의 보험료가 추가로 부과되어 납부되었을 경우 이 계약에 대한 수입보험료는 다음과 같이 기록된다.

- CY 2023 수입보험료＝150,000원
- CY 2024 수입보험료＝50,000원

배서가 계약이 개시된 해에 발생하지 않고 다음 해에 발생하였기 때문에 CY 2023년의 수입보험료는 200,000원으로 기록되지 않고 계약 당시 수입보험료인 150,000원으로 기록과 함께 2023년 12월 31일자로 동결되며 추가보험료는 배서가 이루어진 CY 2024년에 추가로 50,000원이 기록됨을 유념해야 한다. 다만, 계약한 해와 같은 해 배서가 이루어졌다면 추가된 보험료는 CY2023년에 200,000원으로 기록된다.

만일, 계약 003이 2024년 3월 31일자로 계약 기간 도중에 자기부담금의 상향 조정 등으로 배서가 이루어져 3만원의 보험료가 환급되었을 경우 이 계약에 대한 수입보험료는 다음과 같이 기록된다. 단, 환급수수료는 없는 것으로 가정한다.

- CY 2023 수입보험료＝150,000원
- CY 2024 수입보험료＝－30,000원

배서가 계약이 개시된 해에 발생하지 않고 다음 해에 발생하였기 때문에 CY 2023년의 수입보험료는 120,000원으로 변경되지 않고 계약 당시 수입보험료인 150,000원으로 기록과 함께 2023년 12월 31일자로 동결되며 환급된 보험료는 배서가 이루어진 CY 2024년에 마이너스로 형태로 －30,000원이 기록됨을 유념해야 한다. 만일, 이 계약의 배서가 계약한 해와 같은 해 발생해 3만원의 보험료가 환급되었다면 CY2023년도 수입보험료는 환급된 보험료를 차감한 120,000원으로 기록될 것이다.

계약연도(PY)에 의한 보험료 데이터 집합은 계약이 쓰인 당해연도에 모든 계약의 보험료가 당해 계약연도 수입보험료로 잡히므로 달력연도(CY)에 의한 수입보험료 기록방식과 동일하다. 그러나, 계약 체결일과 다른 해에 계약의 해지나 배서에 의한 보험료의 추가나 환급이 발생하였을 경우, 계약연도의 방식에 의하면 해지나 배서에 따른 변경된 보험료 부분은 계약연도에 계약초기의 원보험료에 합해지거나 차감되어 기록된다. 이것이 달력연도에 의한 수입보험료 기록 방식과 다른 점이다.

**표 8-9** 계약연도 방법에 의한 수입보험료

| 계약연도 | 수입보험료 | 해당계약 |
|---|---|---|
| PY 2022 | 300,000 | 001 |
| PY 2023 | 750,000 | 002~004 |
| PY 2024 | 250,000 | 005 |
| 합계 | 1,300,000 | |

예를 들어, 〈표 8-7〉의 1년 만기 계약들 중에서 계약 003이 2024년 3월 31일자로 해지되었다고 가정하면, 계약연도에 의한 수입보험료는 기록을 평가하는 시점에 따라 달라진다.

2023년 12월 31일자 계약연도별 수입보험료:
- PY 2022년 수입보험료=300,000원(계약 001)
- PY 2023년 수입보험료=200,000+150,000+400,000=750,000원

계약 003의 해지가 반영된 2024년 12월 31일자 계약연도별 수입보험료:
- PY 2022년 수입보험료=300,000원(계약 001)
- PY 2023년 수입보험료=200,000+112,500+400,000=712,500원
- PY 2024년 수입보험료=250,000원(계약 005)

계약 003은 계약 기간 중 9개월만 유효하고 해지되었기 때문에 $150,000 \times (9/12) = 112,500$원으로 PY 2023년 수입보험료가 수정되어 기록된다.

달력연도에 의한 보험료 기록방식과 달리 계약연도 방식은 보험료에 영향이 있는 모든 활동(체결, 배서, 해지 등)이 언제 발생됐는지에 상관없이 계약이 쓰인 당해 계약연도의 수입보험료로 잡혀짐을 유념해야 한다.

이번에는 계약 003이 2024년 3월 31일에 피보험자의 추가 등으로 배서가 발생하여 5만원의 보험료가 추가로 부과되어 납부되었을 경우 계약연도에 의한 수입보험료는 기록을 평가하는 시점에 따라 달라진다.

계약 003의 배서가 반영된 2024년 12월 31일자 계약연도별 수입보험료:
- PY 2022년 수입보험료=300,000원(계약 001)
- PY 2023년 수입보험료=200,000+200,000+400,000=800,000원

배서가 계약한 해와 다른 다음 해에 발생했지만 계약연도 방식에서는 계약이 쓰인 당해 계약연도의 계약 당시 보험료에 추가하여 150,000+50,000=200,000원으로 수정되어 기록되는 것이다.

만일 계약 003이 2024년 3월 31일에 자기부담금의 상향 조정 등으로 배서가 발생하여 3만원의 보험료가 환급되었을 경우 계약연도에 의한 수입보험료는 기록을 평가하는 시점에 따라 역시 달라지게 된다. 단, 환급수수료는 없는 것으로 가정한다.

계약 003의 배서가 반영된 2024년 12월 31일자 계약연도별 수입보험료:

- PY 2022년 수입보험료＝300,000원(계약 001)
- PY 2023년 수입보험료＝200,000＋120,000＋400,000＝720,000원

배서에 의해 수정된 계약 003의 PY 2023년도 수입보험료는 150,000－30,000＝120,000원임을 쉽게 알 수 있다.

### 2.2.2 경과보험료(Earned premiums)

경과보험료는 계약이 유효개시 시점으로부터 경과된 수입보험료의 일부를 뜻하며 다른 의미로는 그때까지 제공된 담보에 대한 보험료를 의미한다. 경과익스포저에서처럼, 1년치의 보험료는 12개월 동안 균등하게 배분된다는 가정이 필수적이다. 즉, 1년치 보험료는 매월 동일한 금액에 월납으로 납입된다고 생각할 수 있다. 1년간의 위험을 담보로 1년간의 보험료를 미리 수급했지만 손해보험회사는 담보가 제공된 기간만큼 보험료를 분할해서 수익으로 인식하고 기록한다. 이는 손해보험상품의 손해율 계산시 반드시 적용하는 규칙으로 매우 중요한 개념이다. 〈표 8－7〉의 1년 만기 계약의 예에서 달력연도 방식에 의한 경과보험료는 〈표 8－10〉과 같다.

**표 8-10** 달력연도 방법에 의한 경과보험료

| 달력연도 | 경과보험료 | 해당계약(경과된 비율) |
|---|---|---|
| CY 2022 | 75,000 | 001(25%) |
| CY 2023 | 550,000 | 001(75%),002(75%),003(50%),004(25%) |
| CY 2024 | 675,000 | 002(25%),003(50%),004(75%),005(100%) |
| 합계 | 1,300,000 | |

이는 〈그림 8－7〉을 보면 쉽게 이해할 수 있다. 예를 들어, 계약 002는 2023년 4월 1일부터 유효한 계약으로 2023년 12월 31일까지 9개월간 보험료, 즉 200,000×9/12＝150,000원은 2023년 동안 경과된 CY 2023년 경과보험료로 기록되고, 2024년 1월 1일부터 계약 만기일인 2024년 3월 31일까지 마지막 3개월간 보험료, 즉 200,000×3/12＝50,000원은 2024년 동안 경과되므로 CY 2024년 경과보험료로 기록된다. 같은 구조로, CY 2023년의 전체 경과보험료는 계약 001의 마지막 9개월분, 계약 002의 처음 9개월분, 계약 003의 처음 6개월분, 그리고 계약 004의 처음 3개월분 보험료의 합으로 회사의 데이터에 기록되어 평가된다.

그림 8-7

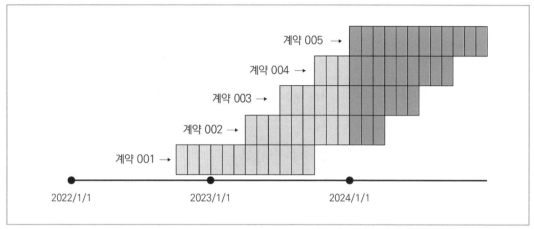

계약 005 →
계약 004 →
계약 003 →
계약 002 →
계약 001 →

2022/1/1　　　2023/1/1　　　2024/1/1

계약 기간 중에 계약이 해지되거나 계약의 변경 사항이 있어 이로 인해 보험료가 조정되는 경우, 경과보험료의 기록이 어떻게 반영되는지 알아보도록 하겠다.

먼저, 계약 003이 2024년 3월 31일자로 해지된 경우 달력연도에 의한 경과보험료는 해지된 날 이후의 경과보험료는 존재하지 않으므로 2024년 1월 1일부터 해지된 2024년 3월 31일까지 총 3개월분만이 CY 2024년의 경과보험료로 기록된다. 이 부분을 더 쉽게 이해하자면 계약 003이 계약된 2023년 7월 1일에 1년 보험료 총액인 15만원을 월납 12,500원씩 매월 납부하는 것으로 가정해보자. 2024년 1월 1일부터 2024년 3월 31일까지 3개월 동안 매월 12,500원씩 납부했고 3월 31일에 계약이 해지되었으므로 더 이상 보험료가 납부되지 못할 것이다. 그리고 그 3개월 동안 납부된 보험료 37,500원만이 경과보험료가 되는 것이다. 이와 같은 논리에 의해, CY 2024년 전체 경과보험료는 계약 002의 마지막 3개월분 보험료 50,000원, 계약 003의 해지가 반영된 3개월분 보험료 37,500원, 계약 004의 마지막 9개월분 보험료 300,000원, 그리고 계약 005의 12개월분 보험료 250,000원의 합 637,500원으로 계산되어 기록된다. 〈그림 8-8〉에서 가장 찐한 색깔 부분이 이에 해당된다.

이번에는 계약기간 동안 보장범위의 확대 또는 축소 등의 배서가 이루어져 보험료의 추가 또는 환급이 이루어지는 상황에서의 경과보험료의 변경을 알아보자. 만일, 계약 003이 2023년 10월 1일자에 보장한도를 계약체결 당시의 한도보다 높여 보험료가 3만원 추가되었다고 가정하자. 추가된 3만원은 배서가 시작되는 2023년 10월 1일부터 계약 만기일까지 9개월분의 보험료이다. 그러므로, CY 2023년의 경과보험료는 계약초기의 연보험료 15만원 중에 6개월만 경과한 75,000원과 배서에 따라 배서가 유효한 9개월 중에 3개월만이 경과되었으므로 추가보험료는 1만원만 해당되어 합 85,000이 된다. 그러므로, CY 2023년 전체 경과보험료는 계약 001의 마지막 9개월

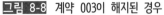

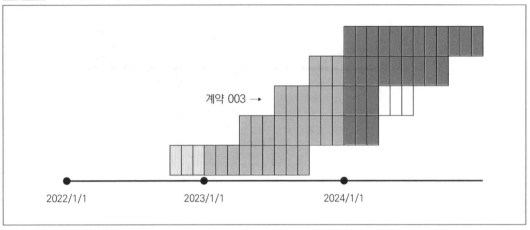

그림 8-8  계약 003이 해지된 경우

분, 계약 002의 처음 9개월분 보험료, 계약 003의 처음 6개월분 보험료와 배서로 인한 3개월분 추가보험료, 계약 004의 처음 3개월분 보험료의 합으로 구성된다.

- CY2023 전체 경과보험료 $= 300,000 \times 9/12 + 200,000 \times 9/12 + 150,000 \times 6/12$
$$+ 30,000 \times 3/9 + 400,000 \times 3/12 = 560,000원$$

반대로, 계약 003이 2023년 10월 1일자에 보장한도를 축소하여 이에 따른 보험료가 3만원 환급되었다고 하자. 위에서와 마찬가지로 3만원의 환급액은 남은 계약기간인 9개월분에 해당된다. 그러므로, CY 2023년의 경과보험료는 원보험료에서 6개월 경과된 75,000원에서 배서에 따라 환급되는 보험료 3만원 중에서 9개월 중 3개월만이 경과되었으므로 1만원이 차감된 65,000이 되고 남은 환급액은 CY 2024년에서 차감되는 것이다. 이 상황을 좀 더 쉽게 이해하자면 계약 003이 계약된 2023년 7월 1일에 1년 보험료 총액인 15만원 대신 월납 12,500원으로 매월 납부한다고 가정해보자. 즉, 월 12,500원의 보험료였는데 2023년 10월 1일부터는 배서로 인해 매월 3,333원씩(=3만원/9개월) 차감된 금액인 $12,500-3,333=9,167$원만 납부하게 된다. 다시 말해, 계약 개시일인 2023년 7월1일부터 9월30일까지는 월 12,500원으로 배서가 개시된 날인 10월1일부터 만기시까지 9개월 동안은 조정된 월 9,167원으로 납부되는 것이다.

- 계약 003이 배서로 보험료가 환급된 경우의 CY2023년 경과보험료
$= 150,000 \times 6/12 - 30,000 \times 3/9$ 또는 $12,500 \times 3 + 9,167 \times 3$
$= 65,000$

- 계약 003의 배서가 포함된 CY2023년 전체 경과보험료
$= 300,000 \times 9/12 + 200,000 \times 9/12 + 150,000 \times 6/12 - 30,000 \times 3/9$
$+ 400,000 \times 3/12 = 540,000원$

계약연도(PY) 방법에 의한 경과보험료는 계약이 쓰인 당해 계약연도에 할당된 모든 경과보험료를 포함하며, 경과연도의 데이터가 종결될 때까지 당해 계약연도의 경과보험료는 변경된다. 경과연도가 종결될 때(예: 1년만기 계약시 그 다음 해 12월 31일) 비로소 계약연도의 수입보험료와 경과보험료는 동일하게 된다. 달력연도 방법과 달리, 계약연도에서 한 계약의 보험료는 한 해 이상의 연도로 경과보험료가 분리되지 않으며 계약이 종결될 때까지 계약연도 보험료는 기록상 동결되지 않는다. 계약연도 방식에 의해 기록되는 시점에 의한 경과보험료의 흐름을 살펴보자.

**그림 8-9** 2022년 12월 31일자 PY 경과보험료:

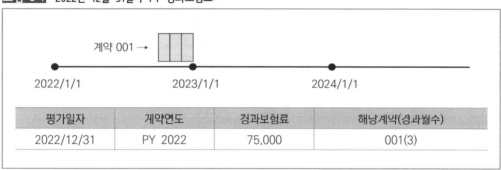

| 평가일자 | 계약연도 | 경과보험료 | 해당계약(경과월수) |
|---|---|---|---|
| 2022/12/31 | PY 2022 | 75,000 | 001(3) |

〈그림 8-9〉에서 2022년 12월 31일자 계약 001은 3개월만 경과되었으므로, PY 2022년 경과보험료는 75,000원이 기록된다. 〈그림 8-10〉에서 2023년 12월 31일자 계약 001은 12개월 모두 경과되었으므로, PY 2022년 경과보험료는 300,000원으로 변경되며 수입보험료와 경과보험료는 같게 된다. 한편, PY 2023년에 해당되는 계약은 002, 003과 004로 계약기간 중 일부만이

**그림 8-10** 2023년 12월 31일자 PY 경과보험료:

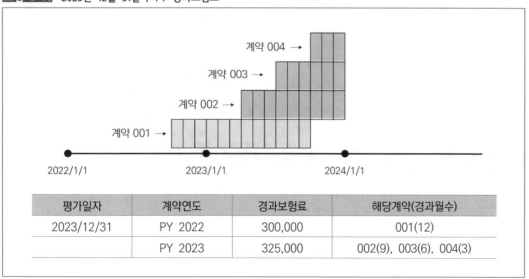

| 평가일자 | 계약연도 | 경과보험료 | 해당계약(경과월수) |
|---|---|---|---|
| 2023/12/31 | PY 2022 | 300,000 | 001(12) |
|  | PY 2023 | 325,000 | 002(9), 003(6), 004(3) |

이 시점에서 경과되었음을 알 수 있다. 즉, 계약 002의 처음 9개월분 보험료 150,000원, 계약 003의 처음 6개월분 보험료 75,000원, 그리고 계약 004의 처음 3개월분 보험료 100,000원으로 합 325,000원이 PY 2023년 경과보험료로 기록된다. 이 세 계약은 이 시점까지 계약이 종결되지 않았으므로 수입보험료와 경과보험료는 동일하지 않게 된다.

**그림 8-11** 2024년 12월 31일자 PY 경과보험료:

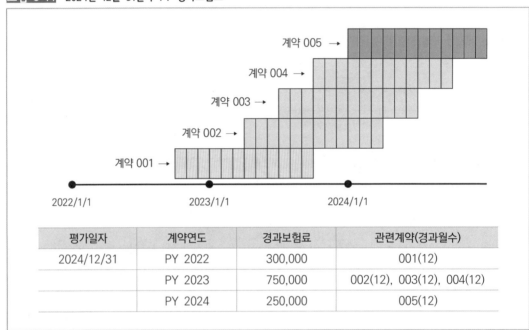

| 평가일자 | 계약연도 | 경과보험료 | 관련계약(경과월수) |
|---|---|---|---|
| 2024/12/31 | PY 2022 | 300,000 | 001(12) |
| | PY 2023 | 750,000 | 002(12), 003(12), 004(12) |
| | PY 2024 | 250,000 | 005(12) |

〈그림 8-11〉에서 2024년 12월 31일자 계약 001은 모두 경과되어 PY 2022년 경과보험료는 수입보험료와 같게 되고, 계약 002, 003과 004도 모두 경과되어 PY 2023년 경과보험료는 750,000원이 되며 수입보험료와 같게 된다.

계약연도 방법에 의한 경과보험료의 계산방법은 달력연도에 의한 방법과 같으나, 보험료가 언제 경과되었는지에 상관없이 모든 경과보험료가 계약이 쓰인 당해 계약연도에 기록되며 기록을 하는 날짜에 의해 경과보험료가 증가하는 형태를 보인다. 〈표 8-11〉은 기록 평가일자에 따른 달력연도와 계약연도별 경과보험료 금액의 차이를 보여준다.

**표 8-11** 달력연도와 계약연도별 경과보험료

| 기록평가일자 | 연도 | 달력연도(CY) | 계약연도(PY) |
|---|---|---|---|
| 2022/12/31 | 2022 | 75,000 | 75,000 |
| 2023/12/31 | 2022 | 75,000 | 300,000 |
|  | 2023 | 550,000 | 325,000 |
| 2024/12/31 | 2022 | 75,000 | 300,000 |
|  | 2023 | 550,000 | 750,000 |
|  | 2024 | 675,000 | 250,000 |

계약 기간 중에 계약 해지나 배서에 의한 계약의 변경 사항이 있을 경우 경과보험료의 기록이 어떻게 반영되는지 알아보도록 하겠다.

먼저, 5건의 모든 계약이 처음 6개월간 유효한 후 모두 계약 해지되었다고 가정할 때 달력연도와 계약연도별 경과보험료 차이는 〈표 8−12〉와 같다.

**표 8-12** 매 계약이 6개월 후에 해지된 경우, 달력연도/계약연도별 경과보험료

| 기록일자 | 연도 | 달력연도(CY) | 계약연도(PY) |
|---|---|---|---|
| 2022/12/31 | 2022 | 75,000 | 75,000 |
| 2023/12/31 | 2022 | 75,000 | 150,000 |
|  | 2023 | 350,000 | 275,000 |
| 2024/12/31 | 2022 | 75,000 | 150,000 |
|  | 2023 | 350,000 | 375,000 |
|  | 2024 | 225,000 | 125,000 |

- 2022년 12월 31일자 CY2022년과 PY2022년 경과보험료는 같다.
  $$= 300,000 \times 3/12 = 75,000$$

- 2023년 12월 31일자 기준
  CY2022년 경과보험료 $= 300,000 \times 3/12 = 75,000$
  CY2023년 경과보험료 $= 300,000 \times 3/12 + 200,000 \times 6/12 + 150,000 \times 6/12$
  $\qquad\qquad + 400,000 \times 3/12 = 350,000$
  PY2022년 경과보험료 $= 300,000 \times 6/12 = 150,000$
  PY2023년 경과보험료 $= 200,000 \times 6/12 + 150,000 \times 6/12 + 400,000 \times 3/12 = 275,000$

- 2024년 12월 31일자 기준

  CY2022년 경과보험료 $= 300,000 \times 3/12 = 75,000$

  CY2023년 경과보험료 $= 300,000 \times 3/12 + 200,000 \times 6/12 + 150,000 \times 6/12 + 400,000 \times 3/12$
  $= 350,000$

  CY2024년 경과보험료 $= 400,000 \times 3/12 + 250,000 \times 6/12 = 225,000$

  PY2022년 경과보험료 $= 300,000 \times 6/12 = 150,000$

  PY2023년 경과보험료 $= 200,000 \times 6/12 + 150,000 \times 6/12 + 400,000 \times 6/12 = 375,000$

  PY2024년 경과보험료 $= 250,000 \times 6/12 = 125,000$

이번에는 앞에서와 마찬가지로 계약 003이 2023년 10월 1일자에 보장한도를 계약체결 당시의 한도보다 높여 보험료가 3만원 추가되었다. 즉, 추가된 3만원은 배서일자 2023년 10월 1일부터 계약 만기일까지 9개월분의 보험료이다. 그러므로, 2023년 12월 31일자 PY 2023년의 경과보험료는 원보험료에서 6개월 경과된 보험료 75,000원과 배서에 따라 추가보험료는 9개월 중에 3개월만이 경과되었으므로 1만원이 더해져 85,000원이 된다. 2024년 12월 31일자에는 계약이 모두 경과되었으므로 PY 2023년의 경과보험료는 18만원이 된다. 계약 003은 2023년에 계약했으므로 경과보험료는 항상 PY2023년에 기록되어야 함을 기억해야 한다.

- 2023년 12월 31일자 PY2023 전체 경과보험료
  $= 200,000 \times 6/12 + 150,000 \times 6/12 + 30,000 \times 3/9 + 400,000 \times 3/12 = 285,000$

반대로, 계약 003이 2023년 10월 1일자에 보장한도를 축소하여 이에 따른 보험료가 3만원 환급되었다고 하자. 위에서와 마찬가지로 3만원의 환급액은 남은 계약기간인 9개월분에 해당된다. 그러므로, 2023년 12월 31일자 PY 2023년의 경과보험료는 원보험료에서 6개월 경과된 보험료 75,000원에 배서에 따라 환급되는 보험료 3만원에서 9개월분 중 3개월만이 경과되었으므로 1만원이 차감된 65,000원이 되며 2024년 12월 31일자에는 계약이 모두 경과되었으므로 PY 2023년의 경과보험료는 12만원으로 기록된다. 이 상황을 좀 더 쉽게 이해하자면 앞에서 설명됐듯이 계약 003이 계약된 2023년 7월 1일에 1년 보험료 총액인 15만원 대신 월납 12,500원으로 매월 납부한다고 가정해서 생각하면 쉽게 이해가 될 것이다.

- 계약 003이 보험료가 환급된 경우의 2023년 12월 31일자 PY2023년 경과보험료
  $= 150,000 \times 6/12 - 30,000 \times 3/9$ 또는 $12,500 \times 3 + 9,167 \times 3$
  $= 65,000$

- 계약 003의 배서가 포함된 2023년 12월 31일자 PY2023년 전체 경과보험료
  $= 200,000 \times 6/12 + 150,000 \times 6/12 - 30,000 \times 3/9 + 400,000 \times 3/12 = 265,000$

### 2.2.3 미경과보험료(Unearned premiums)

미경과보험료는 어느 시점에서 볼 때 계약의 유효기간이 완전히 경과되지는 않았으나 만기시까지 경과될 수입보험료의 나머지 부분을 의미한다. 다른 표현으로 말하면, 미경과보험료는 수입보험료에서 경과보험료를 제외한 보험료를 의미한다. 즉, 미경과보험료는 수입보험료에서 경과보험료를 뺀 것과 같다. 단일 계약이 아닌 다수 계약의 합으로 보험료 집합을 할 때, 계약연도 집합방식의 경우 어느 시점에서 평가하든지 위의 수식은 성립하지만 달력연도에 의한 보험료 집합시에는 달력연도의 시작과 끝 시점에서의 미경과보험료를 고려해야 한다. 달력연도와 계약연도 집합 방법에 의한 미경과보험료의 공식은 아래와 같다.

$$\text{CY 미경과보험료} = \text{CY 수입보험료} - \text{CY 경과보험료} + \text{CY 시작일자}$$
$$\text{또는 CY전년도말 미경과보험료}$$
$$\text{PY 미경과보험료} = \text{PY 수입보험료} - \text{PY 경과보험료}$$

달력연도에 의한 미경과보험료의 흐름부터 알아보자.

**그림 8-12** CY 2022년 미경과보험료:

| 달력연도 | 수입보험료 | 경과보험료 | 미경과보험료 |
|---|---|---|---|
| CY 2022 | 300,000 | 75,000 | 225,000 |

〈그림 8-12〉를 보면 계약 001만이 CY 2022년 미경과보험료에 해당된다. 2022년 12월 31일자 계약 001은 처음 3개월만 경과되었고 2023년 1월 1일부터 계약 만기일인 2023년 9월 30일까지 9개월간 보험료, 즉 $300,000 \times 9/12 = 225,000$원은 미경과 상태이므로 미경과보험료로 기록된다. 공식을 이용해도 같은 값임을 알 수 있다.

$$\text{CY2022년 미경과보험료} = 300,000(\text{수입보험료}) - 75,000(\text{2022년 12월 31일자 경과보험료})$$
$$+ 0(\text{2022년 1월 1일자 미경과보험료}) = 225,000원$$

 그림 8-13 CY 2023년 미경과보험료:

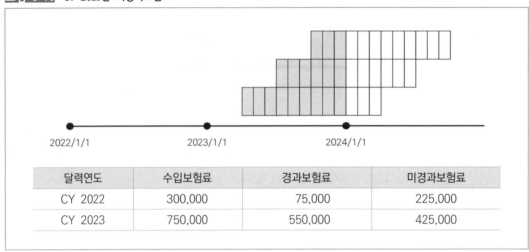

| 달력연도 | 수입보험료 | 경과보험료 | 미경과보험료 |
|---|---|---|---|
| CY 2022 | 300,000 | 75,000 | 225,000 |
| CY 2023 | 750,000 | 550,000 | 425,000 |

〈그림 8-13〉을 보면 계약 002~004는 2023년 말까지 완전히 경과되지 않았고 경과되지 않은 부분을 보험료로 표시하면 계약 002에서 마지막 3개월분 50,000원, 계약 003에서 마지막 6개월분 75,000원, 그리고 계약 004에서 마지막 9개월분 300,000원이 미경과보험료로 인식되며, 이를 합하면 425,000원으로 공식을 이용해도 같은 값이 나온다. 그러나, 공식을 이용하기보다 논리를 이해해서 계산하는 것이 오류를 없앨 수 있다. 여기서, 계약 001은 모두 경과되었으므로 미경과보험료로 남아있는 부분은 없다.

- CY 2023년 전체 미경과보험료＝750,000(수입보험료)－550,000(2023년 12월 31일자 경과
보험료)＋225,000(2022년 12월 31일자 미경과보험료)
＝425,000

2024년 12월 31일자에 모든 계약은 완전히 경과되었으므로 미경과보험료는 더 이상 존재하지 않는다. 이는 또한 수식으로 증명할 수 있다.

- CY 2024년 미경과보험료＝250,000－675,000＋425,000＝0

| 달력연도 | 수입보험료 | 경과보험료 | 미경과보험료 |
|---|---|---|---|
| CY 2022 | 300,000 | 75,000 | 225,000 |
| CY 2023 | 750,000 | 550,000 | 425,000 |
| CY 2024 | 250,000 | 675,000 | 0 |

계약연도(PY) 방식에 의한 미경과보험료의 계산은 공식을 이용해 간단히 계산할 수 있으며 공식을 이용하지 않고도 쉽게 알 수 있다. 기록되는 시점에 의한 계약연도별 미경과보험료를 알아보자.

2022년 12월 31일자 PY 미경과보험료:

| 계약연도 | 수입보험료 | 경과보험료 | 미경과보험료 |
|---|---|---|---|
| PY 2022 | 300,000 | 75,000 | 225,000 |

2023년 12월 31일자 PY 미경과보험료:

| 계약연도 | 수입보험료 | 경과보험료 | 미경과보험료 |
|---|---|---|---|
| PY2022 | 300,000 | 300,000 | 0 |
| PY2023 | 750,000 | 325,000 | 425,000 |

2022년 12월 31일자 계약 001의 미경과된 보험료 부분은 2023년 12월 31일에는 모두 경과되었는데 계약연도 집합방식의 정의에 의해 PY 2022년 경과보험료로 수정되어 기록된다. 계약 002~004는 PY 2023년에 해당되는 계약으로 PY 2023년 미경과보험료는 PY2023년 수입보험료에서 PY2023년 경과보험료를 차감한 값이 된다.

2024년 12월 31일자 PY 미경과보험료:

| 계약연도 | 수입보험료 | 경과보험료 | 미경과보험료 |
|---|---|---|---|
| PY2022 | 300,000 | 300,000 | 0 |
| PY2023 | 750,000 | 750,000 | 0 |
| PY2023 | 250,000 | 250,000 | 0 |

마지막으로 2024년 12월 31일자에는 계약 모두가 완전히 경과되었으므로 더 이상 미경과보험료는 존재하지 않는다.

계약 기간 중에 계약 해지나 또는 계약 내용의 변경에 따른 배서로 인해 보험료의 변동이 있을 경우 미경과보험료도 당연히 달라진다. 앞에서 이런 상황일 때 수입보험료와 경과보험료가 달력연도에서 그리고 계약연도에서 어떻게 반영되는지를 설명한 논리가 미경과보험료 계산에서도 동일하게 적용되므로 여기서 추가적인 설명은 생략하도록 한다. 실질적으로 논리만 생각하면 이런 상황에서의 미경과보험료 계산은 매우 수월하다.

### 2.2.4 보유보험료(In-force premiums)

보유보험료는 어느 특정 시점에 유효한 모든 계약들의 계약기간 전체 보험료, 즉 수입보험료의 총액을 의미한다. 예를 들면, 2023년 11월 1일자 보유보험료는 이 시점에서 유효한 계약이 002~004이므로 이들 계약의 수입보험료 총액인 200,000＋150,000＋400,000＝750,000원이 된다.

**그림 8-14** 보유보험료

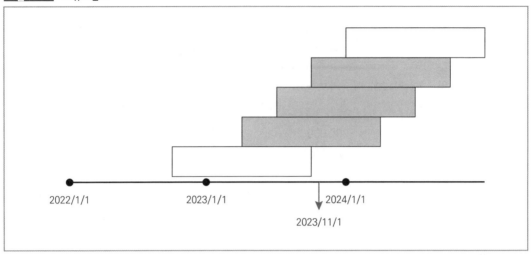

만일 계약 002가 2023년 10월 20일자 해지되었다면 이 계약은 2023년 11월 1일에는 더 이상 유효한 계약이 아니므로 보유보험료는 550,000원이 된다.

보유보험료는 어느 시점에 유효한 계약들의 보험료 총액을 의미하기 때문에 대부분의 보험회사에서는 요율변경시 기존계약에 미치는 영향을 분석하는 데 국한하여 사용하는 경향이 있다.

### 2.2.5 1년 만기가 아닌 계약의 보험료

위에서는 1년 만기 계약의 두 가지 보험료 집합 방법(달력연도와 계약연도)에 의한 수입보험료, 경과보험료, 미경과보험료, 그리고 보유보험료의 계산방식에 대해 설명하였다. 1년 만기 계약이 아닌 경우, 집합의 개념은 이전 익스포저에서 설명했던 방식과 동일하므로 추가 설명은 생략한다.

## 2.3 보험료 데이터 수정

과거 경험 데이터를 이용하여 미래의 위험도를 예측하고 미래에 체결될 계약에 적용할 적합한 요율을 산출하는 미래지향적인 요율산정을 하려면, 우선 과거 보험료 데이터를 현재의 요율 수준으로 수정하여야 한다. 왜냐하면 과거 보험료 데이터에 있는 수많은 계약들은 현재까지 여러 차례의 요율조정에 의해 지금 적용되고 있는 요율과 동일한 수준이 아닐 것이기 때문이다. 예를 들어, 과거 보험료 데이터 축적 기간 동안 또는 그 이후에 요율인상이 있었고 과거 보험료 데이터가 현재 요율 수준으로 수정되지 않았다면, 요율산정과정에서 사용하는 보험료 데이터는 보험료의 실제 규모가 현재 요율 수준 적용시보다 과소평가될 수 있다. 역설적으로 설명하면 과거에 한 번도 요율변경이 없었고 물가도 항상 일정했다면 보험료 데이터를 수정할 필요가 없을 수 있다.

요율산정을 위해 추출한 과거 보험료 데이터를 현재 요율 수준으로 수정하는 작업을 보험료 온레벨(on-level)이라 부르며, 이에는 익스포저 확장법(extension of exposures)과 평행사변형법 (parallelogram)의 두 가지 방법 중 하나를 선택하여 현재 요율 수준으로 수정하는 작업을 거치게 된다. 산재보험처럼 계약기간 중 위험도 감사(audit) 등에 의해 보험료가 변경되거나 또는 만기되지 않은 계약들이 요율산정 보험료 데이터 안에 포함되어 보험료 수정작업을 할 경우 보험료 데이터는 현재 요율 수준의 최종단계로 진전시켜야 한다. 또한, 보험료데이터는 실제 또는 예상되는 보험료의 장기적 추세를 반영하여야 하며 이는 보험료 추세(premium trend) 작업을 통해 진행된다. 지금부터 보험료 수정작업을 하나씩 자세히 살펴보도록 하겠다.

## 2.3.1 현재 요율 수준 또는 온레벨

현재 요율 수준 또는 온레벨 작업은 요율산정 작업에 필요한 데이터를 추출한 후 첫 번째로 진행되는 수정작업이라 할 수 있다. 예를 들어, 요율산정을 위해 사용할 과거 경험 데이터 안에 있는 보험료 데이터는 익스포저당 20만원의 기본요율로 적용된 계약들로부터 산출된 것이라 가정하자. 과거 보험료데이터 기간부터 최근까지 10%의 요율인상이 있었다면 현재 실제 유효한 기본요율 수준은 22만원이 된다. 그러나, 최근에 과거 경험 데이터의 익스포저당 20만원의 기본요율로 구성된 데이터로부터 수정작업 없이 요율산정을 진행한 결과 미래에 적용할 추천 요율로 24만원이 계산되었다고 가정하자. 과거의 요율인상 10%를 보험료 수정과정에서 생략했다면, 데이터에 의한 요율 20만원에서 요율산정으로 결정된 추천 요율은 24만원이 되므로 24만원/20만원 =20%의 요율인상이 필요한 것으로 나타난다. 그러나 현재 적용되고 있는 실제 요율 수준은 22만원이기 때문에 20%의 요율인상이 실행되면 기본요율은 22만원×1.20=26만 4천원이 되어 추천요율 24만원을 초과하게 된다. 과거 10%의 요율인상분을 보험료 수정과정에서 제대로 계산했다면, 현재 요율 수준은 22만원으로 수정되고 추천 요율 24만원과 비교하여 그 결과 24만원/22만원-1=9.1%의 요율인상이 적합한 것으로 나오게 된다. 즉, 수정작업 없이 그 결과를 보험시장에 실제 적용하게 되면 추가로 약 10% 더 요율인상을 하게 되어 시장의 요율경쟁에서 심각한 피해를 입게 될 것이다.

만일 가장 최근 요율 변경을 한 시기 이후에 체결된 계약들만의 데이터로 요율산정작업을 한다면 온레벨 작업은 필요하지 않을 수 있다. 그 데이터는 현재 실제 적용되고 있는 요율 수준으로 구성된 것이기 때문이다. 그러나, 그 데이터의 양은 대부분의 경우 요율산정작업을 하기에 상당히 부족하다. 상품특성에 따라 다르지만 대체로 요율산정작업을 위해 개인 보험상품인 경우 최근 3년 이내의 데이터를, 기업 보험상품인 경우 최근 5년 이내의 데이터를 사용하는 것이 선진 보험회사들에서 전통적으로 실행해 오고 있는 일반적인 방식이다. 즉, 최근 3년 이내 요율변경이 최소 한 차례도 없었다면 온레벨 작업은 필요하지 않게 되겠지만 최근 보험산업은 한 해에도 여러 차례 요율조정이 발생하는 상황이기 때문에 이런 경우는 극히 드물 것이다. 최근 3년 정도의 데이터를 사용해야 하는 이유는 데이터 양에 의한 신뢰도(Credibility) 때문으로, 신뢰도는 요율산정작업을 위해 가장 필수적인 원칙 중 하나이다. 보험료를 현재 요율 수준으로 수정하는, 즉 온레벨하는 두 가지 방법, 익스포저 확장법과 평행사변형법에 대해 알아보도록 하겠다.

### 2.3.1.1 익스포저 확장법(extension of exposures method)

익스포저 확장법은 각각의 모든 개별 계약에 대해 과거 보험료 수준을 현재요율 수준으로 수정하는 작업을 의미한다. 개별계약의 보험료는 그 계약이 체결될 당시에 유효했던 요율변수들의 계수가 적용된 것이다. 즉, 익스포저 확장법은 체결 후 요율산정 작업을 하는 현재 요율변수들의 계수로 전환시키는 것을 의미한다.

**그림 8-15**

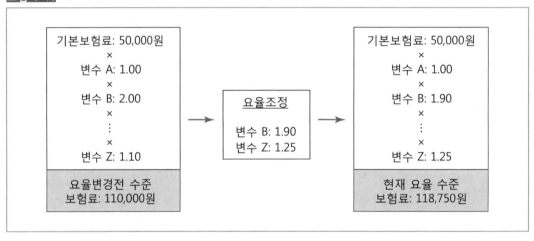

〈그림 8-15〉에서처럼 어느 계약의 체결 당시 적용된 기본요율이 50,000원이고 변수 A의 계수가 1.00, 변수 B의 계수는 2.00 등 여러 요율 계수들에 의해 보험료가 110,000원(=50,000×1.0×2.0×…×1.10)으로 계산되었고 체결 후 어느 시점에서 변수 B와 변수 Z의 계수가 각각 1.90과 1.25로 변경되었다고 가정한다면, 이 계약의 현재 요율수준에 의한 보험료는 50,000×1.0×1.9×…×1.25=118,750원이 될 것이다. 다시 말하면, 같은 계약자가 같은 물건에 동일한 조건으로 현재 보험 계약을 체결한다면 그 계약자는 118,750원을 지불해야 할 것이다. 익스포저 확장법은 과거 데이터에서 보여지는 보험료 대신 모든 계약을 일일이 현재 요율 수준으로 수정하여 요율산정 작업시 사용하는 것이다.

익스포저 확장법은 보험료 데이터를 현재 요율수준으로 수정하는 가장 정확하고 확실한 방법으로서, 다음에 설명되는 평행사변형법보다 분석의 정확성 측면에서 탁월하다. 그러나, 각 계약들이 체결 당시의 보험료를 산출할 때 적용된 여러 요율변수들의 자세한 정보가 지금까지 데이터 안에 고스란히 정확하게 남아있어야 하며, 과거의 요율 조정 내용들이 모두 확실하게 보존되어 있어야 한다. 즉, 각 계약마다 체결 당시 적용된 기본요율과 모든 요율변수들의 계수뿐만 아니라 이후에 계수의 변경 내용 등이 데이터 안에 정확하게 남아있어야 익스포저 확장법은 가능하다. 각 계약마다 적용된 변수의 계수는 다를 것이며 계약 후 현재 요율 수준의 수정을 위해 적용할 요율 조정 내용들이 서로 상이할 것이므로 주의 깊게 수정 작업을 해야만 하는데 실제로 쉬운 과정은 아니다. 한 예로 2000년대 초반 미국 자동차보험에서 적용된 변수는 약 15~20개 정도였으나, 2020년대 현재에는 여러 변수들을 하나로 합치는 매트릭스(matrix) 기법을 사용하고도 20개가 넘는다. 그만큼 요율에 영향을 끼치는 새로운 변수들이 계속해서 개발되고 있다는 사실이다. 만일, 보험료 액수 자체만 데이터에 남아있다면 익스포저 확장법의 적용은 오류의 가능성이 상당히 높아 사용해서는 안 된다. 또한 모든 개별 계약들을 일일이 현재 요율수준으로 재수정 작업을 해야 하기 때문에 시간적으로 오래 걸리는 단점이 있다. 그러나 컴퓨터의 속도와 용량이 급속히 발전하였고, 소프트웨어의 혁신적인 개발에 의해 현재 이런 단점들은 많이 보완되었고, 최근에는 개별 계약마다 온레벨된 보험료를 소프트웨어 프로그램을 통해 빠르고 정확하게 추출하는 단계에 이르렀다. 그럼에도 불구하고, 필요한 데이터의 내용들이 제대로 정확하게 저장되어 있고 개별 계약마다 적용되었던 수많은 요율변수들의 계수가 정확하게 준비되어 있을 때에만 가능한 방법으로 여전히 남아있다. 개인보험상품보다 계약건수가 현저히 적은 기업보험상품인 경우, 이 방법의 사용은 용이할 수 있다. 그러나, 많은 경우 자동차보험 같은 개인보험상품의 요율산정시에는 위의 단점들에 의해 평행사변형법을 여전히 널리 사용하고 있다.

### 2.3.1.2 평행사변형법(parallelogram method)

실제로 모든 정보가 데이터 안에 정확히 기록되어 있어서 소프트웨어 프로그램을 통해 익스포저 확장법으로 온레벨 보험료를 추출한다면 온레벨 보험료를 계산하는 방법에 대해 더 이상 연구할 필요가 없을 수도 있다. 그러나 계리사들은 요율산정의 중요한 과정인 온레벨하는 방법을 실제로 터득함으로써 요율산정의 합리적인 논리를 세울 수 있게 되는 것이다. 온레벨하는 논리를 가장 쉽게 터득할 수 있는 방법이 평행사변형법(parallelogram method)이다.

평행사변형법은 익스포저 확장법보다 정확성 측면에서 단점은 있으나 모든 계약들을 집단으로 구분하여 집단별 요율수준을 조정한다는 점에서 사용하기에 수월한 장점을 지닌다. 평행사변형법에서는 보험료가 모든 기간 동안 균등하게(uniformly) 경과(earned)된다는 가정하에 시작한다. 즉, 각 계약의 수입보험료는 계약 기간 동안 시간에 따라 균등하게 경과된다고 본다. 이 의미는 매 1개월은 1년을 동등하게 12로 나누어 매월 동일한 일수가 부여된다고 가정하는 것이다. 이 방법에 의해 과거 보험료의 합은 평균요율 변경률에 의해 조정되고 현재 요율수준의 보험료로 수정되는 작업이 진행된다. 계약기간이나 요율변경 유효개시일자 등에 따라 이 방법의 적용은 달라질 수 있는데 자세한 내용은 아래의 예시와 함께 이해하도록 하겠다.

평행사변형법을 적용할 때 아래의 6가지 단계를 따른다.

제1단계: 요율산정시 이용할 과거 경험 데이터의 기간 도중 또는 이후의 요율변경 내용을 파악한다. 이는 각 요율변경시 종합적인 요율변경률과 유효개시일, 그리고 적용기간을 포함한다. 아래와 같이 1년 만기 계약의 요율변경률과 유효개시일을 포함한 내용을 먼저 준비한다.

**표 8-13**

| 요율변경 유효개시일 | 요율변경 |
|---|---|
| 2022/10/01 | +10.0% |
| 2023/07/01 | -5.0% |

제2단계: 각 요율변경 유효개시일 전후로 구분되는 연도별 경과보험료의 할당부분을 계산한다. 매 달력연도의 경과보험료를 현재요율수준으로 수정해야 하는데 도형을 그려 이해하는 것이 편리하다. 각 달력연도는 〈그림 8-16〉에서처럼 다른 색깔의 정사각형을 나타내고 각 요율변경은 각 유효개시일자 후에 쓰인 계약에 효력을 발생하며 그림에서는 사선으로 표시된다. 즉, 유효개시일자 이후에 체결된 신계약은 유효개시일자 변경률이 적용되며 또한 기존 계약 중 유효개시일자 이후 갱신되는 계약들도 새로운 변경률이 적용될 것이다.

사선의 기울기는 계약 만기년수에 따라 달라질 수 있지만 1년 만기 계약인 경우는 $45°$의 기울기를 가지는 반면 2년 만기 계약은 약 $22.5°$의 기울기로 정사각형 2개의 끝을 연결하는 사선이 된다. 〈그림 8-16〉에서 보이는 알파벳은 각 요율수준이 적용되는 영역을 나타낸다. 예를 들면, 영역 A를 기준영역 1.00이라 전제하면, 영역 B는 $1.0 \times 1.1 = 1.10$의 요율수준이, 영역 C는 $1.0 \times 1.1 \times 0.95 = 1.045$의 수준에 해당하는 구간임을 알 수 있다.

**그림 8-16**

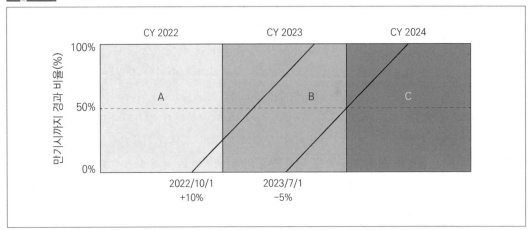

제3단계: 각 요율수준과 상응하는 달력연도별 경과보험료가 할당되는 면적을 계산한다. 달력연도 2023년의 경우, 세 부분(A,B,C)의 영역이 존재한다.

달력연도 2023년에서 A영역은 2022년 1월 1일부터 첫 번째 요율변경이 있었던 2022년 10월 1일 전까지 쓰여진 계약들의 달력연도 2023년에 해당하는 경과보험료를, B영역은 2022년 10월 1일부터 두 번째 요율변경이 있었던 2023년 7월 1일 전까지 쓰여진 계약들만의 달력연도 2023년에 해당하는 경과보험료, 그리고 C영역은 2023년 7월 1일부터 2023년 12월 31일까지 쓰인 계약들의 달력연도 2023년에 해당하는 경과보험료의 양을 의미한다. 만일 모든 계약들에 대하여 각 영역에 해당하는 경과보험료를 개별적으로 계산한다면 엄청난 시간이 요구되며 오류의 가능성도 높아질 수 있다. 이러한 과정을 소프트웨어 프로그램을 통해 개별 계약들을 오류 없이 진행한다면 위에서 설명한 익스포저 확장법이 된다.

평행사변형 방법에서는 영역별로 다른 요율수준을 반영한 경과보험료를 계산하기 이해서 각 달력연도를 의미하는 정사각형 안에 다른 요율수준을 가진 영역이 차지하는 면적의 비율을 계산한다. 달력연도 2023년 안의 세 부분(A, B, C) 면적 비율은 간단히 계산될 수 있다. 달력연도 2023년 안에 A면적은 왼쪽 윗부분의 역삼각형의 모양을 가지고 있다. C면적은 오른쪽 아랫부분의 삼각형이며, B면적은 정사각형 전체 면적에서 A와 C의 면적을 뺀 것과 같다. 정사각형의 세로와 가로 길이를 1이라 하면 전체면적은 1이 된다. 삼각형의 면적을 구하는 방식에 의해 각 영역의 면적은 다음과 같다.

A영역의 면적 $= 0.5 \times 0.75 \times 0.75 = 0.28125$
C영역의 면적 $= 0.5 \times 0.50 \times 0.50 = 0.125$
B영역의 면적 $= 1 - 0.28125 - 0.125 = 0.59375$

**그림 8-17**

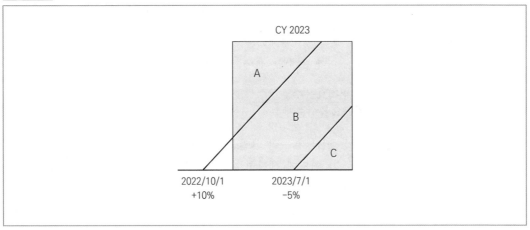

정사각형 전체 면적을 1이라 했기 때문에 위의 면적은 CY 2023년에서 각 영역이 차지하는 면적 비율이라 할 수 있다. 이런 과정에 의해 달력연도별 각 영역이 차지하는 면적 비율은 〈표 8-14〉와 같다.

**표 8-14** 달력연도별 면적 비율

| 요율 영역 | CY 2022 | CY 2023 | CY 2024 |
|---|---|---|---|
| A | 0.969 | 0.281 | – |
| B | 0.031 | 0.594 | 0.125 |
| C | – | 0.125 | 0.875 |
| 합 | 1.000 | 1.000 | 1.000 |

다음으로는 각 영역의 누적요율수준과 가장 최근 누적요율수준을 계산하여야 한다. 첫째 영역인 A를 기준영역인 1.00이란 요율수준으로 정한다면, 각 영역의 누적요율수준은 이전까지의 누적요율수준에 그 영역의 요율수준을 곱한 값으로 계산되는바, B영역의 누적요율수준은 $1.00 \times 1.10 = 1.10$이 되며, C영역의 누적요율수준은 $1.00 \times 1.10 \times 0.95 = 1.045$가 된다. 또한 2023년 7월 1일의 요율변경이 데이터 안에서 가장 최근에 시행된 것이므로 최근 누적율수준도 1.045가 된다. 만일, 2025년 7월 1일자 요율변경을 목표로 2022년부터 2024년 동안의 3년간 데이터를 사용할 때, 2024년 이후 시행된 요율 변경이 있을 경우 최근 누적요율수준은 이를 반영해야 한다. 예를 들어, 2023년 7월 1일의 요율변경 이후 2025년 3월 1일에 1.0% 요율 인상이 시행된 경우 최근 누적요율수준은 $1.00 \times 1.10 \times 0.95 \times 1.01 = 1.05545$로 계산되어야 한다.

제4단계: 3단계 후, 연도별 평균요율수준을 계산한다. 평균요율수준은 3단계에서 계산된 영역별 누적요율수준에 면적비율을 적용한 평균을 의미한다. 연도별 평균요율수준은 다음과 같다.

> 2022년 평균요율수준 = $1.003 = 1.00 \times 0.969 + 1.10 \times 0.031$
> 2023년 평균요율수준 = $1.065 = 1.00 \times 0.281 + 1.10 \times 0.594 + 1.045 \times 0.125$
> 2024년 평균요율수준 = $1.052 = 1.10 \times 0.125 + 1.045 \times 0.875$

제5단계: 연도별 현재요율수준(이하 온레벨) 계수를 계산한다.

$$\text{온레벨 계수} = \frac{\text{최근 누적요율수준계수}}{\text{평균요율수준계수}}$$

분자는 3단계에서 계산된 가장 최근의 누적 요율수준이며, 분모는 4단계에서 계산된 연도별 평균요율수준이다. 이것의 의미는 각 연도에 해당하는 계약들의 평균적 요율수준을 최근 요율수준으로 수정하여, 요율산정에 사용되는 모든 계약들을 동일한 요율수준으로 수정하는 것이다. 온레벨 계수는 마지막 단계인 현재요율수준의 연도별 수정 경과보험료를 계산하는 데 사용되는 것으로 연도별 온레벨 계수는 다음과 같다.

$$2022년 \; 온레벨 \; 계수 = \frac{1.045}{1.003} = 1.042$$

$$2023년 \; 온레벨 \; 계수 = \frac{1.045}{1.065} = 0.981$$

$$2024년 \; 온레벨 \; 계수 = \frac{1.045}{1.052} = 0.993$$

제6단계: 위에서 계산된 온레벨 계수에 달력연도별 경과보험료를 곱한 값이 요율산정과정에 사용되는 현재요율수준의 수정경과보험료가 된다. 예를 들어, 2022년 전체 경과보험료가 1,000억원이었다고 한다면 요율산정 목적을 위한 2022년 경과보험료는 $1,000 \times 1.042 = 1,042$ 억원으로 수정하여 모델작업에 적용한다.

$$N년 \; 수정경과보험료 = N년 \; 경과보험료 \times N년 \; 온레벨 \; 계수$$

### 2.3.1.3 1년만기 계약이 아닌 경우의 달력연도 수정경과보험료 계산

위의 예는 1년만기 계약인 경우 달력연도별 수정경과보험료를 계산하는 법이었다. 1년 만기 계약이 아닌 경우는 한 가지만 제외하고 위의 여섯 단계를 동일하게 따르며 계산법도 같다. 다른 한 가지는 제2단계에서 간단히 언급했듯이 사선의 기울기이다. 위에서 사용된 동일한 예시를 가지고 6개월 만기 계약과 2년 만기 계약인 경우에 대해 온레벨 계수를 계산하여 보자.

**그림 8-18** 6개월 만기 계약

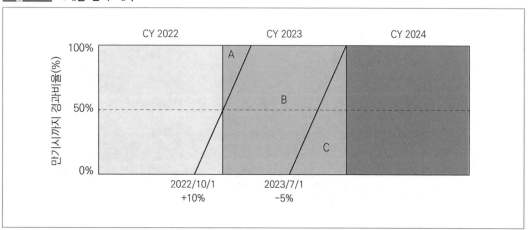

달력연도는 정사각형의 모양으로 표시되며 1년만기 계약은 45°의 기울기를 가지는 반면 6개월 만기 계약인 경우는 약 67.5°의 기울기로 정사각형의 반을 연결하며 2년만기 계약은 약 22.5°의 기울기로 정사각형 2개의 끝을 연결하는 사선이 된다.

표 8-15  6개월 만기 계약의 요율 영역별 면적비율

| 요율 영역 | 2022 | 2023 | 2024 |
|---|---|---|---|
| A | 0.9375 | 0.0625 | – |
| B | 0.0625 | 0.6875 | – |
| C | – | 0.2500 | 1.000 |
| 합 | 1.000 | 1.000 | 1.000 |

$$2022년 \text{ A영역} = 0.9375 = 1 - 0.25 \times 0.5 \times 0.5$$
$$2023년 \text{ A영역} = 0.0625 = 0.25 \times 0.5 \times 0.5$$

연도별 평균요율수준:

$$2022년 \text{ 평균요율수준} = 1.006 = 1.00 \times 0.9375 + 1.10 \times 0.0625$$
$$2023년 \text{ 평균요율수준} = 1.080 = 1.00 \times 0.0625 + 1.10 \times 0.6875 + 1.045 \times 0.250$$
$$2024년 \text{ 평균요율수준} = 1.045 = 1.045 \times 1.000$$

$$2022년 \text{ 온레벨 계수} = \frac{1.045}{1.006} = 1.039$$

$$2023년 \text{ 온레벨 계수} = \frac{1.045}{1.080} = 0.968$$

$$2024년 \text{ 온레벨 계수} = \frac{1.045}{1.045} = 1.000$$

그림 8-19  2년 만기 계약

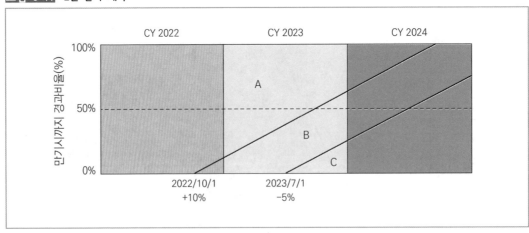

표 8-16 **2년 만기 계약의 요율 영역별 면적비율**

| 요율 영역 | 2022 | 2023 | 2024 |
|---|---|---|---|
| A | 0.9844 | 0.6250 | 0.1406 |
| B | 0.0156 | 0.3125 | 0.3594 |
| C | – | 0.0625 | 0.5000 |
| 합 | 1.0000 | 1.0000 | 1.0000 |

$$2022년 \ A영역 = 0.9844 = 1 - 0.25 \times 0.125 \times 0.5$$

$$2023년 \ A영역 = 0.625 = (0.875 + 0.375) \times 1 \times 0.5$$

$$2024년 \ A영역 = 0.1406 = 0.375 \times 0.75 \times 0.5$$

연도별 평균요율수준

$$2022년 \ 평균요율수준 = 1.002 = 1.00 \times 0.9844 + 1.10 \times 0.0156$$

$$2023년 \ 평균요율수준 = 1.034 = 1.00 \times 0.6250 + 1.10 \times 0.3125 + 1.045 \times 0.0625$$

$$2024년 \ 평균요율수준 = 1.058 = 1.00 \times 0.1406 + 1.10 \times 0.3594 + 1.045 \times 0.5000$$

$$2022년 \ 온레벨 \ 계수 = \frac{1.045}{1.002} = 1.043$$

$$2023년 \ 온레벨 \ 계수 = \frac{1.045}{1.034} = 1.011$$

$$2024년 \ 온레벨 \ 계수 = \frac{1.045}{1.058} = 0.988$$

### 2.3.1.4 평행사변형법에 의한 계약연도(PY) 수정경과보험료 계산

위의 예시와 설명은 달력연도에 의한 수정경과보험료를 산출하는 것이었다. 계약연도를 사용하는 경우도 달력연도와 동일한 절차를 따른다. 오직 차이점은 달력연도는 도형에서 정사각형을 의미하지만 계약연도는 평행사변형을 의미하고 요율변경 또한 사선으로 표시되기 때문에 연도별 요율영역의 면적비율 계산이 상대적으로 단순하다. 앞에서 사용하였던 1년만기 계약의 동일한 요율변경내용으로 계약연도에 의한 평행사변형법을 알아보도록 하겠다.

〈그림 8-20〉에서 알 수 있듯이, PY 2022와 PY 2023은 각 두 개의 요율영역으로 되어있고 PY2024은 한개의 요율영역으로 되어 있다. 계약연도에 의한 평행사변형법을 단계별로 살펴보자. 먼저, 제1,2단계는 달력연도의 결과와 같다.

제3단계는 각 요율수준과 상응하는 계약연도별 경과보험료가 할당되는 면적을 계산하는 것이다. 1년만기 계약인 경우 요율변경과 계약연도를 의미하는 것은 둘 다 사선이며 이 경우 평행하기 때문에 계약연도별 요율영역을 구하는 것은 달력연도에 비해 매우 간단하다. PY 2022의 경우

A 요율영역이 75% 그리고 B요율영역이 25%의 비중을 차지한다. PY 2023인 경우 B와 C의 요율영역은 각각 반을 차지하는데 7월 1일자 요율변경이 있었고 계약연도의 중간에 이르는 지점이기 때문이다. 다음은 각 영역의 누적요율수준과 가장 최근 누적요율수준을 계산하는 것인데 방법은 위에서의 달력연도 때와 동일하다.

**그림 8-20**

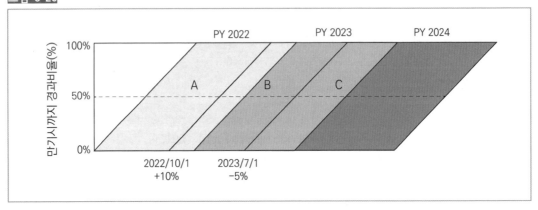

제4단계인 계약연도별 평균요율수준은 다음과 같다.

PY 2022 평균요율수준 = 1.025 = 1.00×0.75+1.10×0.25
PY 2023 평균요율수준 = 1.0725 = 1.10×0.50+1.045×0.50
PY 2024 평균요율수준 = 1.045 = 1.045×1.000

제5단계인 계약연도별 온레벨 계수는 아래와 같다.

$$PY\ 2022\ 온레벨\ 계수 = \frac{1.045}{1.025} = 1.01951$$

$$PY\ 2023\ 온레벨\ 계수 = \frac{1.045}{1.0725} = 0.97436$$

$$PY\ 2024\ 온레벨\ 계수 = \frac{1.045}{1.045} = 1.0000$$

마지막 단계인 현재요율수준의 수정경과보험료는 온레벨 계수에 계약연도별 경과보험료를 곱한 값으로 구해진다. 이외에, 1년 만기 계약이 아닌 경우에도 달력연도에서 설명한 바와 동일하다.

### 2.3.1.5 강제적인 요율변경의 경우

보험회사에서 결정한 요율조정은 새요율의 유효개시일 기준으로 그 이후 체결되는 계약에만 적용되고 기존에 체결된 계약에는 적용되지 않는다. 위의 예시들이 이런 경우에 해당하며 거의 대부분 요율조정은 이 원칙에 따른다. 그러나, 매우 드문 경우지만 법에 의해서 강제로 요율조정이 집행될 경우가 발생할 수 있다. 이런 경우, 강제요율조정의 유효 개시일자 이후의 모든 신계약 뿐만 아니라 그 일자에 유효한 모든 기존계약에도 요율조정이 집행될 수 있다. 이런 특별한 경우, 요율변경은 도형에서 사선으로 표시되지 않고 수직선으로 표시된다. 위의 예시에서 두 차례 회사 자체의 요율조정뿐만 아니라 2023년 4월 1일자로 이후 체결되는 계약과 2023년 4월 1일자 현재 모든 유효계약에 대해 법에 의한 3%의 요율인하가 명령되었다고 가정하고 달력연도에 의한 평행 사변형법 온레벨 계수를 구해보도록 하자.

〈그림 8-21〉에서 점선으로 된 수직선에 의해 CY2023년의 요율영역은 5부분($B_1$, $B_2$, $B_3$, $B_4$, $B_5$)으로 나누어지고 각 영역이 차지하는 면적비율은 〈표 8-17〉에서 보여진다. 참고로 달력연도 한 해의 면적비율 합은 1이다.

**그림 8-21**

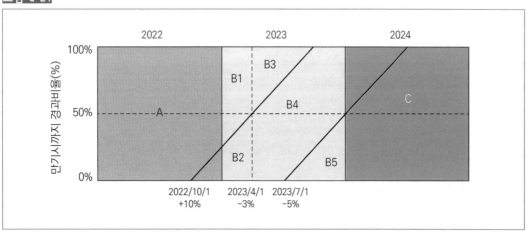

또한 각 영역의 누적요율수준도 2023년 4월 1일자 3%의 요율인하로 인해 변경된다.

    A 영역의 누적요율수준 = 1.00

    B1 영역의 누적요율수준 = 1.00

    B2 영역의 누적요율수준 = 1.10

    B3 영역의 누적요율수준 = 0.97 = 1.00 × 0.97

    B4 영역의 누적요율수준 = 1.067 = 1.00 × 1.10 × 0.97

    B5 영역의 누적요율수준 = 1.01365 = 1.00 × 1.10 × 0.97 × 0.95

    C 영역의 누적요율수준 = 1.01365 = 1.00 × 1.10 × 0.97 × 0.95

2024년 이후 더 이상 요율조정이 발생하지 않았다면, 최근 누적요율수준은 1.01365가 된다. 요율영역의 면적비와 누적요율수준을 가지고 달력연도별 평균요율수준과 온레벨 계수를 구해보자.

**표 8-17**

| 요율 영역 | 2022 | 2023 | 2024 |
|---|---|---|---|
| A | 0.969 | – | – |
| B1 | – | 0.15625 | – |
| B2 | 0.031 | 0.09375 | – |
| B3 | – | 0.12500 | – |
| B4 | – | 0.50000 | 0.125 |
| B5 | – | 0.12500 | – |
| C | – | – | 0.875 |
| 합 | 1.000 | 1.000 | 1.000 |

2023년 B1 영역의 면적비=0.15625=(0.75+0.50)×0.25÷2
2023년 B2 영역의 면적비=0.09375=(0.25+0.50)×0.25÷2
2023년 B3 영역의 면적비=0.125=0.50×0.50×0.50
2023년 B5 영역의 면적비=0.125=0.50×0.50×0.50
2023년 B4 영역의 면적비=0.500=1−$B_1$, $B_2$, $B_3$, $B_5$의 면적비합

$$2022년\ 평균요율수준=1.003=1.00×0.969+1.10×0.031$$
$$2023년\ 평균요율수준=1.041=1.00×0.15625+1.10×0.09375+0.97×0.125$$
$$+1.067×0.500+1.01365×0.125$$
$$2024년\ 평균요율수준=1.020=1.067×0.125+1.01365×0.875$$

$$2022년\ 온레벨\ 계수=1.011=\frac{1.01365}{1.003}$$

$$2023년\ 온레벨\ 계수=0.974=\frac{1.01365}{1.041}$$

$$2024년\ 온레벨\ 계수=0.994=\frac{1.01365}{1.020}$$

위와 같은 강제적인 요율변경은 1년만기 이외의 계약 또는 계약연도에 의한 온레벨 계수 계산시 사선의 형태만 다를 뿐 계산 방식 모두는 동일하다.

### 2.3.1.6 평행사변형법 사용시 유의할 점

평행사변형법은 보험료가 계약의 전 기간 동안 균형적(uniformly)으로 경과(earned)된다는 가정하에 시작한다. 이 의미는 각 계약의 수입보험료는 계약 기간 동안 시간에 따라 균등하게 경과된다고 보는 것이고, 모든 개월은 1년을 동등하게 12로 나누어 매월 동일한 일수가 부여된다고 가정하는 것이다. 이에 따라 매월 체결된 계약건수는 매우 유사한 추이를 가진다는 뜻이다. 주택보험이나 자동차보험처럼 계절적인 특성에 별 구애받지 않고 매월 유사한 보장내용의 계약이 비

숫한 수만큼 체결되는 상품인 경우 이에 해당된다고 볼 수 있다. 그러나, 보험상품이 계절적인 특성에 의해 판매량에서 큰 차이가 있을 때는 평행사변형법의 적용에 모순이 있게 된다. 예를 들어, 스키 등 겨울스포츠에 관련한 보험상품은 주로 겨울철 시즌 전에 집중적으로 판매되고 시즌이 끝나면 보험소비자가 거의 찾지 않게 된다. 이런 경우, 평행사변형법을 이용하더라도 일년 단위의 보험료를 요율변경내역으로 수정하여 수정경과보험료를 구하기보다는 분기단위 또는 월단위로 세분화하여 작업을 하는 게 더 적당할 수 있다. 즉, 분기당 경과보험료를 이용하여 분기별 요율영역을 계산하고 평균요율수준을 구한 뒤 역시 분기당 온레벨 계수를 산출하는 것이다. 또한, 월단위로 할 경우, 그 해당월에 체결된 계약은 해당월 내내 매일 체결된 계약건수가 매우 유사한 추이를 가진다는 가정에서부터 시작한다. 이럴 경우, 계절적 요인에 의한 불균형한 계약건수 분포의 단점을 많이 보완할 수 있게 된다. 또 다른 방법은 요율변경 영역에 해당하는 실제 계약건만을 이용하여 평균요율수준과 온레벨 계수를 구하는 것이다. 이 경우, 전체적으로 더 정확한 계산을 구할 수는 있으나, 데이터가 이에 맞게끔 항상 정비되고 준비되어 있는가가 가장 큰 이슈일 수 있다.

평행사변형법은 과거 경험기간 중의 종합적인 요율변경률과 함께 시작한다. 그러나 많은 경우, 종합 요율변경률은 세부적인 요율요소들의 변경을 포함한 종합적인 요율 영향도를 계산한 것으로 계약들이 정확하게 현재요율수준의 수정경과보험료를 계산하는 데에 한계가 있다.

**표 8-18 세부적인 요율요소들의 변경의 예**

| 요율요소 | 세부 요율 변경내용 |
|---|---|
| 연령 | 20~30대에 +10% 인상 |
| 성별 | 여성만 5% 인하 |
| 보장한도 금액 | 1억 한도에 +5% 인상 |
| 종합 | 총 평균 +4.5% 인상 |

〈표 8-18〉처럼, 평행사변형법은 종합 요율변경률인 +4.5%를 사용하여 요율산정 작업을 진행한다. 그러나, 어떤 계약은 세부 요율 변경내용에 전혀 해당되지 않을 수도 있고 또는 일부만 해당될 수도 있다. 예를 들어, 40대 남성 계약자이면서 5천만원의 보장한도금액으로 가입된 계약의 경우, 세부적인 요율요소의 변경에 해당되지 않으므로 실제 이 계약에 적용되는 요율변경률은 0%이다. 종합 요율변경률은 모든 세부요율변경이 실행될 때 모든 계약의 평균 요율변경률을 의미하기 때문이다. 세부적인 요율요소의 요율산정작업을 실행한다면 평행사변형법에 의해 구해지는 종합적인 수정경과보험료는 세부적인 요율요소에 합리적이고 객관적인 답을 제시하기가 어렵다. 이것이 평행사변형법의 단점이자 많은 전문 계리사들이 고민해서 연구하고 있는 부분이다. 이런 경우, 데이터를 세부적인 요율요소별로 따로 분리하여 계산해서 세부적인 요율요소의 수정경

과보험료를 구할 수는 있다. 그러나, 최종적인 요율산정은 뒤에서 설명될 손해액과 비용 내용을 포함하게 되는데 손해액과 비용 내용을 세부적인 요율요소별로 분리하는 데에 한계가 뒤따른다. 또한, 세부적인 요율산정을 실행할 만큼 각 세부적인 요율요소에 충분한 양의 데이터가 축적될 수 있느냐도 문제이다. 이런 이유들 때문에 데이터가 완벽히 준비된다면 익스포저 확장법을 선호하게 된다.

### 2.3.2 보험료 진전(Premium Development)

요율산정모델에 필요한 보험료를 수정할 때 데이터 안에 있는 보험료 정보가 1년 전체의 내용을 포함하지 않았거나 산재보험의 경우처럼 보험료 감사(premium audit)에 의해 계약기간 중 보험료가 수정될 경우 계리사들은 최종적으로 진전되는 보험료의 규모를 평가할 필요가 있다. 계약연도에 의한 1년 만기 계약인 경우 1월 1일에서부터 12월 31일까지 계약된 모든 계약이 만기될 때까지는 그 다음 해 12월 31일이 되므로 계약연도의 보험료 진전은 2년이 걸리게 된다. 계약연도별 데이터에 의한 요율산정이 최종적으로 보험료가 진전되기 전에 실행한다면 어느 계약이 해지되며 계약기간 중 배서에 의해 보험료의 조정이 이루어지는지에 대한 이해가 필요하고 그에 따른 최종적으로 진전되는 보험료의 규모를 평가할 필요가 있다. 예를 들어, 2024년 7월 1일에 요율산정을 하기 위해서 계약연도 2021년부터 2023년까지의 경과보험료 데이터를 사용한다. 이런 경우, 계약연도 2023년 계약은 데이터에서 완전한 진전이 이루어지지 않은 상황이므로 이 부분을 조정할 필요가 있는 것이다. 그러나, 달력연도 경과보험료는 1년 만에 동결되고 그 후의 보험료 조정 등은 그 다음 해 경과보험료에 반영되고 역시 동결되므로 경과 보험료 진전은 달력연도 개념에서 고려사항이 아님을 알 수 있다. 즉, 보험료 진전은 어느 특정 상품 등에만 적용되는 측면이 있으며, 달력연도 데이터를 사용할 경우 문제가 없기 때문에 여기서는 더 이상의 구체적인 설명은 생략하도록 하겠다.

### 2.3.3 보험료 추이(Premium Trend)

요율산정에 필요한 보험료의 수정작업은 과거 요율변경에 따라 데이터 안에 있는 보험료를 현재 요율수준으로 조정하는 것, 즉 온레벨화하는 것뿐만 아니라 인플레이션에 의한 영향이나 체결된 계약의 특별한 속성상 평균보험료 수준은 계약기간 동안 바뀔 수 있다는 점을 반영해야 하는데, 이런 작업을 보험료 추이(Premium Trend)라고 한다. 즉, 분석하고자 하는 보험료 데이터 규모의 연간 추이 또는 추세라 볼 수 있다.

평균보험료 수준이 변경되는 여러 일반적인 예가 있다. 보험회사는 최대보장한도금액을 낮추기로 결정하고 모든 기존계약에 이를 적용하도록 할지 모른다. 법률적인 문제를 검토한 후, 위험률의 관리 차원에서 최대보장한도금액을 낮춘다면 향후 예상보험금의 규모는 낮아질 것이고 이에 따라 신규로 수입되는 보험료의 규모도 적어질 것이다. 또한, 기존 모든 계약들도 갱신 또는 유지될 때 낮아진 최대보장한도금액에 의해 자동적으로 전환되고 갱신, 유지가 일 년 내내 균형적으로 발생한다고 가정하면 모든 여타 조건이 동일한 경우 변경 후 평균보험료는 낮아지게 된다. 또 다른 예는, 회사 합병등의 이유로 인해 타회사의 계약을 가져오는 경우가 생길 수 있다. 타회사로부터 이관받은 계약은 기존 계약들과 담보내용이 같더라도 평균보험료 측면에서 다를 수 있는데, 이 경우 두 개의 다른 출처 계약을 수정 없이 단순히 합쳐 계산한 평균보험료는 합병 후 요율산정시 부정확한 결과를 가져올 수 있게 된다. 예를 들어, 기존 계약은 대부분 최대보장한도금액에 의해 가입되어 평균보험료가 높은 반면 타회사로부터의 계약은 대부분 낮은 보장한도금액에 의해 가입되어 있는 경우이다. 가장 일반적인 평균보험료 수준이 변경되는 예는 인플레이션에 의한 영향이다. 주로 재물보험인 경우가 이에 해당하는데, 주택보험 가입금액이 주택 가격의 상승 등 인플레이션에 의해 자동적으로 인상되면, 평균보험료 역시 올라가게 된다.

요율산정 모델은 과거의 경험데이터를 기반으로 과도하거나 부족하지 않게 미래에 적용할 적합한 요율을 산출하는 작업이다. 그러므로, 과거 보험료 수준을 미래에 사용될 기간 동안의 요율 수준으로 조정하는 것은 매우 중요한 단계이다. 그러므로, 과거 보험료 요율수준을 현재요율수준으로 온레벨화시키는 것뿐만 아니라 여러 상황을 반영한 추이를 수정보험료에 적용하는 작업은 필수적인 것이다. 보험료 추이를 합리적으로 추정하기 위해서는 변경된 내용을 객관적으로 측정할 수 있는 방법, 변경된 내용이 일시적인 것인지 아니면 향후에도 계속적으로 반복해서 일어나는 현상일지를 판단할 수 있는 경험, 현재까지 변화가 일어나지는 않았지만 미래에 발생할 가능성이 있는지를 예측할 수 있는 판단력 등이 필요하다. 개별적인 요율요소들의 변화추이가 각 요소에 상응하는 보험료 추이에 끼치는 영향도는 상황에 따라 다르겠지만 대체로 크지 않기 때문에 대체로 전체 보험료에 끼치는 추이에 집중할 필요가 있다.

보험료 추이를 반영한 평균보험료 수준은 계약당 기준보다는 익스포저당 기준으로 산출하는 것이 바람직하다. 보험회사들의 영업전략에 의해 계약의 구성이 유사함에도 불구하고 보험료 규모는 증가하거나 감소할 수가 있기 때문에 계리사는 각 요율에 해당하는 익스포저를 이용한 평균보험료 수준을 산출할 필요가 있다.

보험료 추이를 계산할 때 수입보험료를 이용할지 아니면 경과보험료를 이용할지를 우선 검토해야 한다. 요율산정 대부분의 세부적인 절차에서는 경과보험료를 사용하지만 보험료 추이과정에서는 수입보험료를 사용하는 것이 일반적이라 할 수 있다. 수입보험료는 결국 경과보험료로 전환되는 것이고 보험료 추이를 설명할 수 있는 대표적인 지표로서 수입보험료의 추이를 경과보험료 데이터에 적용하는 것이 바람직하다. 적당한 양의 경험 데이터와 함께 통계 결과에 가장 적절히 반응할 수 있도록 분기당 평균 수입보험료에 의한 추이를 계산하는 것이 선진 손해보험회사에서 하는 가장 보편적인 방법이다. 월별 평균 수입보험료를 이용하여 추이를 예측할 수도 있으나, 계절적인 영향을 받는 보험상품인 경우 월별 보험료의 변화가 너무 클 수 있으며, 보험회사의 캠페인 등 영업전략으로 어느 특정 월에 수입보험료의 규모가 급속히 커지고 캠페인이 끝난 후에는 수입보험료가 급속히 줄어드는 현상이 있을 수 있으므로, 평균 추이를 계산하는 데 있어 예측 정확성을 떨어뜨릴 수 있기 때문이다.

일반적으로 12분기(3년) 동안의 분기별 현재요율수준으로 변환된 수입보험료 데이터로 보험료 추이를 산출하는 것이 가장 일반적인 방식이라 할 수 있다. 최근 보험료 추이가 미래의 보험료 추이를 객관적으로 가장 적절히 반영하기 때문에 3년보다 오래된 데이터를 수집하여 추이 작업을 하는 것은 불필요할 수 있다. 여기서 주의해야 할 점은 수입보험료는 현재요율수준으로 수정된 데이터를 사용하는 것이 바람직하다. 그렇지 않으면, 분기당 평균 수입보험료의 추이는 각각 다른 요율수준에 의해 가파른 변동을 보여주므로 추이 계산에서 예측력을 떨어뜨릴 수 있게 된다. 예를 들어, 데이터 기간 동안 계속적인 요율인상이 있었을 경우, 데이터는 보험료 수준의 상승처럼 보여질 수 있기 때문이다. 분기당 평균 수입보험료에 의한 보험료 추이는 일반 추이법과 단계별 추이법 두 가지로 예측할 수 있다.

### 2.3.3.1 일반 추이법

가장 기본적인 보험료 추이 과정은 요율산정과정에 적용할 분기별 평균 수입보험료에 의한 연간 추이를 하는 것이다. 대다수 계리사들은 평균 수입보험료 데이터를 지수추세선(exponential) 또는 선형추세선(linear)으로 적절하게 조절한 후 연간 추이를 선택한다. 그러나, 아래 예시에서처럼 분기별 평균 수입보험료가 큰 변동을 보이지 않는다면 추세선에 의한 조절이 필수적이지 않을 수도 있다.

〈표 8-19〉에서처럼, 계리사는 실제 분기별 평균 수입보험료에 의한 보험료 추이지표로 연간 추이 계산에 의해 2.5%에서부터 3.9% 사이에서 선택할 수 있다. 또는 〈그림 8-22〉에서처럼, 지수추세선에 의한 결과는 연간 보험료 추이를 2.4%에서 2.8%로 나타내고 있다. 최종 추이지표의 선택은 계리사들이 판단해야 할 부분으로 각 과정의 결정에 합리적이고 논리적인 이해와 해설을 수반하여야 한다. 보험료 추이지표는 평균보험료가 향후 1년 동안 보험회사의 자의적인 요율변경을 제외하고 평균적으로 변경되리라고 예측하는 값이다. 경제학에서 논의하는 연평균 물가지수와 유사한 개념으로 이해할 수 있다.

그 다음은 추이지표가 적용되는 추이기간을 결정해야 한다. 추이기간은 전형적으로 요율산정에 사용되는 과거 데이터안에 경과된 계약들의 평균 계약체결일로부터 새로운 요율이 유효하게 될 기간 동안 유효한 계약들의 평균 계약체결일까지의 기간으로 평가된다.

표 8-19 분기별 평균 수입보험료 추이

| 분기 | 현재요율수준의<br>수입보험료(원) | 수입<br>익스포저 | (1)<br>현재요율수준의<br>평균 수입보험료(원) | (2)<br>연간 추이 |
|---|---|---|---|---|
| 2021/1Q | 18,506,000,000 | 24,066 | 768,969 | – |
| 2021/2Q | 19,321,000,000 | 25,102 | 769,700 | – |
| 2021/3Q | 19,280,000,000 | 25,018 | 770,645 | – |
| 2021/4Q | 20,017,000,000 | 25,917 | 772,350 | – |
| 2022/1Q | 20,488,000,000 | 25,955 | 789,366 | 1.027 |
| 2022/2Q | 21,425,000,000 | 26,910 | 796,172 | 1.034 |
| 2022/3Q | 20,961,000,000 | 26,202 | 799,977 | 1.038 |
| 2022/4Q | 21,660,000,000 | 27,002 | 802,163 | 1.039 |
| 2023/1Q | 21,933,000,000 | 27,016 | 811,852 | 1.028 |
| 2023/2Q | 22,051,000,000 | 26,993 | 816,915 | 1.026 |
| 2023/3Q | 22,132,000,000 | 27,001 | 819,673 | 1.025 |
| 2023/4Q | 22,083,000,000 | 26,636 | 829,066 | 1.034 |

| 지수추세 | |
|---|---|
| 12 포인트 | 2.8% |
| 8 포인트 | 2.4% |
| 6 포인트 | 2.8% |
| 4 포인트 | 2.4% |

(1) 2021/1Q는 2021년 첫 번째 분기(quarter)를 의미.
(2) 현재요율수준의 평균수입보험료=현재요율수준의 수입보험료/수입익스포저
(3) 연간추이=현재요율수준의 평균수입보험료/1년 전 현재요율수준의 평균수입보험료
(예) 2022/1Q의 연간 추이=789,366/768,969=1.027

그림 8-22 보험료 지수선(exponential regression) 추이

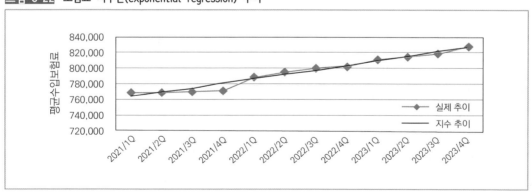

　　달력연도의 경과보험료 데이터와 함께 어떻게 추이기간을 평가하는지 〈그림 8-23〉과 함께 이해하도록 하겠다. 예를 들어, 요율산정에 사용하는 CY2022년의 경과보험료 데이터는 엄밀히 살펴본다면 2021년 1월 2일부터 2022년 12월 31일까지 2년 동안 체결된 모든 계약들에 의해 구성된다. 월별 계약건수가 대체로 균등하게 체결됐다고 가정하면 CY2022년에 경과된 보험료의 평균 계약체결일은 2021년 1월 2일부터 2022년 12월 31일까지 기간 동안의 중간 시점인 2022년 1월 1일이 된다. 요율산정 과정을 거쳐 결정될 새로운 요율은 2024년 1월 1일부터 2024년 12월 31일까지 1년 동안 체결될 모든 계약에 적용될 것이라고 가정하면 새요율이 유효할 계약들의 평균계약일자는 2024년 7월 1일이 된다. 이로 인해, CY2022년 경과보험료 데이터에 보험료 추이지표를 적용할 기간은 경험데이터에 경과된 계약들의 평균 계약체결일인 2022년 1월 1일에서부터 새요율이 유효할 계약들의 평균계약일자인 2024년 7월 1일까지 즉, 2.5년이 된다. 유사하게, CY2023년 경과보험료에 적용할 보험료 추이 기간은 1.5년이 된다.

**그림 8-23** 1년 만기 계약의 보험료 추이 기간

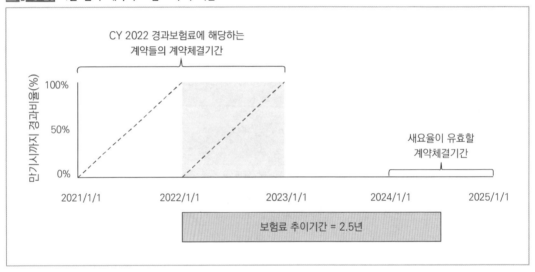

　　위의 예시는 1년만기 계약인 경우에 해당되지만, 1년만기가 아닌 계약의 추이기간은 다소 다르다. 6개월 만기 계약을 예로 든다면, 요율산정에 사용하는 6개월 만기 상품의 CY2022년 경과보험료 데이터는 2021년 7월 2일부터 2022년 12월 31일까지 1.5년 동안 체결된 모든 계약들에 의해 구성된다. 6개월 만기 계약이기 때문에 2021년 4월 1일에 체결된 계약은 2021년 9월 30일까지 보험료가 모두 경과되므로 CY2022년 경과보험료에 속하지 않고 같은 이유로 2021년 7월 1일 전에 체결된 모든 계약들은 CY2022년 경과보험료와 아무런 관계가 없음을 알 수 있다. 그러므로, CY2022년에 경과된 보험료의 평균 계약체결일은 2022년 4월 1일이 된다. 요율산정 과정을 거쳐 결정될 새로운 요율이 2024년 1월 1일부터 2024년 12월 31일까지 1년 동안 체결될 모

든 계약에 적용될 것으로 가정하고 새요율이 유효할 계약들의 평균계약일자는 1년 만기 계약의 예와 같이 2024년 7월 1일이 된다. 이로 인해 6개월 만기 계약인 경우, CY2022년 경과보험료의 보험료 추이 기간은 2022년 4월 1일에서부터 2024년 7월 1일까지 2.25년이 됨을 알 수 있다.

**그림 8-24** 6개월 만기 계약의 보험료 추이 기간

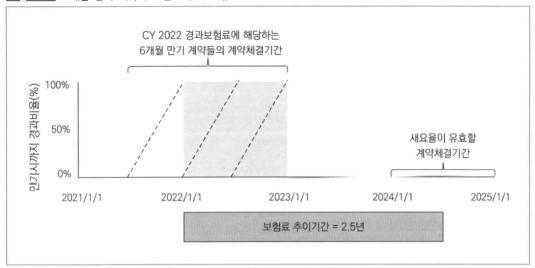

달력연도가 아닌 계약연도(PY) 경과보험료를 사용하여 추이 기간을 평가한다면, PY2022년의 경과보험료 데이터는 2022년 1월 1일부터 2022년 12월 31일까지 1년 동안 체결된 모든 계약들에 의해 구성되므로 PY2022년에 경과된 보험료의 평균 계약체결일은 2022년 7월 1일이 되고 새요율이 유효할 계약들의 평균계약일자는 위와 마찬가지로 2024년 6월 30일(또는 7월 1일)이 된다. 이로 인해 PY2022년 경과보험료의 보험료 추이 기간은 2022년 7월 1일에서부터 2024년 6월 30일까지 즉, 2년이 된다.

만일, 달력연도에 의한 보험료 추이기간 평가시 요율산정 과정을 거쳐 결정될 새로운 요율의 적용기간을 1년이 아닌 2025년 12월 31일까지 2년간으로 가정한다면 새요율이 적용될 계약들의 평균계약일자는 2025년 1월 1일이 되며 이로 인해 CY2022년 경과보험료의 보험료 추이 기간은 2022년 1월 1일에서 2025년 1월 1일까지의 3년으로 달라진다. 계리사는 요율산정시 정해진 가정하에서 정확한 산출을 위한 세심한 주의를 기울여야 한다.

앞의 예시에서처럼, 1년 만기 계약의 2.5년 추이기간과 보험료 추이지표를 1.028(또는 2.8%)로 결정했다고 하면, 추이기간 전체의 누적 추이지표는 아래와 같다.

$$1.028^{2.5} = 1.071$$

위의 누적 추이지표는 온레벨된 CY2022년 경과보험료에 곱해져 최종적으로 요율산정에 사용할 수정경과보험료가 완성되는 것이다.

**그림 8-25** 계약연도에 의한 보험료 추이 기간

### 2.3.3.2 단계별 추이법

위에서 설명한 일반 추이법은 연간 평균보험료가 매년 크게 다르지 않았고 미래에도 크게 다르지 않을 것이라는 가정을 뒷받침한다. 그러나, 과거데이터에 의한 연간 평균보험료의 차이가 많거나 또는 과거 평균보험료가 미래의 평균보험료와 상당히 차이가 있을 것으로 예상한다면 일반 추이법보다 조금 더 복잡한 과정을 요구하는 단계별 추이법의 사용을 권한다.

단계별 추이법은 평균보험료의 추이가 큰 폭으로 변동될 것으로 예상될 때 사용하는 것이 유용하다. 과거 경험 데이터를 이용해 미래에 적용할 적합한 요율산정을 하는 데 있어서 과거와 미래의 내용이 어느 정도 지속적으로 일치하는 추세를 보이는 것은 중요하다. 그러나, 보험료 추이가 과거와 미래에 서로 다르다고 판단한다면, 과거 데이터를 현재수준으로 진전시키는 추세지표와 현재의 평균보험료가 미래에 어떻게 진전될지를 예상하는 추이지표를 다르게 적용하는 것이 바람직하다. 즉, 두 개의 다른 추이지표를 온레벨화된 경과보험료에 적용하는 것이다.

위의 〈표 8-19〉로부터 과거 분기별 평균 수입보험료 추이분석 결과 현재 추이지표로 1.028을 선택하였다고 가정하자. 그러나, 미래에 적용될 기간에는 다른 보험료 추이를 예측할 수 있다. 예를 들면, 회사에서 자기부담금을 올리는 전략에 의해 계약 건당 보험료의 규모가 줄어들 것이라 판단하고 감소분을 감안하여 평균보험료 추이를 2.0%로 기대한다면 과거부터 현재까지의 추이지표 2.8%(또는 1.028)를 미래의 기간에도 계속 동일하게 적용하는 것은 모순일 수 있다. 이

경우, 두 개의 다른 추이지표를 적용하고 이에 따라 추이 적용 기간도 다시 계산한다.

앞의 예와 동일하게, 과거 추이 데이터에 의한 추이기간은 CY2022년 동안 경과된 보험료의 평균 계약체결일인 2022년 1월 1일부터 추이데이터에서 가장 마지막 추이 분기 동안 쓰여진 계약의 평균체결일(2023년 11월 15일)까지로 1.875년이 된다. 이 기간에는 1.028의 추이지표를 적용한다. 두 번째 추이기간은 추이데이터에서 가장 마지막 분기 동안 쓰인 계약의 평균체결일인 2023년 11월 15일부터 새요율이 유효할 계약들의 평균계약일자인 2024년 7월 1일까지로 0.625년이 된다. 이에 따라, 추이기간 전체의 누적 추이지표는 다음과 같이 된다.

$$1.028^{1.875} \times 1.020^{0.625} = 1.066$$

**그림 8-26** 단계별 추이법

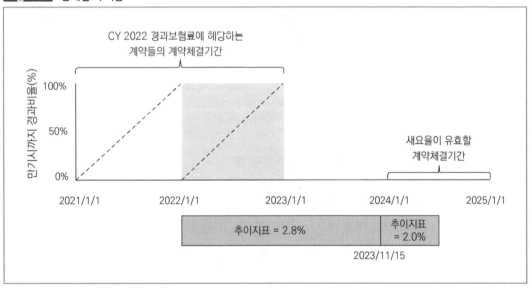

이처럼 두 단계에 걸쳐 산출된 최종 누적 추이지표가 온레벨된 CY2022년 경과보험료에 곱해져 최종적으로 요율산정에 사용할 수정경과보험료가 된다. 추이기간 중 여러 차례 평균보험료의 변동이 있었거나 앞으로 있을 것이라 예상한다면 비록 복잡한 과정이 수반되지만 세 개 이상의 추이지표를 사용하여 보험료 추이의 정확성을 올릴 수 있다. 이에 따라 추이기간도 각각의 추이지표에 상응되도록 세분화된다.

요율산정은 보험사업의 운영에서 가장 중요한 부분 중에 하나이다. 요율산정 작업의 성격에 따라 보험료는 달력연도(CY) 또는 계약연도(PY) 방식에 의해 집합할 수 있고 또한 수입보험료, 경과보험료, 또는 미경과보험료 등으로 분석을 할 수 있다. 손해율 방식에 의해 요율산정 모델을 개발할 경우, 계리사들은 보험료 추이를 통해 새로운 요율이 적용될 기간 동안에 예측되는 보험료의 규모를 예측하여야 한다. 이들 과정을 통해 모델에서 사용되는 경험데이터의 경과보험료는 정확한 미래의 예측을 위해 수정되어야 한다. 이러한 수정작업이 생략되거나 잘못 적용된다면 모델의 예측력을 상당 부분 왜곡시킬 수 있다.

### 예제 8-1

다음 계약데이터를 이용하여 달력연도 2023년으로 기록될 경과익스포저와 수입익스포저를 계산하라.

| 계약수 | 계약유효일 | 계약만기일 |
|---|---|---|
| 100 | 2023/1/1 | 2023/6/30 |
| 150 | 2023/4/1 | 2023/9/30 |
| 200 | 2023/7/1 | 2023/12/31 |
| 250 | 2023/10/1 | 2023/3/31 |

#### 풀이

$$경과익스포저 = (100 + 150 + 200 + 250/2)/2 = 287.5$$

익스포저 1은 1년 기간의 담보를 수반하므로, 경과익스포저는 2로 나누어져야 한다. 모든 계약은 2023년에 개시되었으므로,

$$수입익스포저 = (100 + 150 + 200 + 250)/2 = 350$$

### 예제 8-2 (한국 보험계리사 시험문제)

다음 정보는 1년 만기 계약의 내용으로 1개월은 1/12년으로 간주한다.

| 계약 | 계약개시일 | 수입보험료 |
|---|---|---|
| A | 2021년 10월 1일 | 400 |
| B | 2022년 4월 1일 | 300 |
| C | 2022년 10월 1일 | 500 |

모든 계약은 계약일자에 1년치 일시납 보험료가 납입되며, 계약을 중도 해지할 경우 미경과보험료는 환급되며, 이에 따른 수수료는 부과하지 않는다.

- 계약 A는 처음 9개월이 유효하게 경과한 후, 계약이 해지되었다.
- 계약 B는 2022년 10월 1일에 보장범위의 축소에 따라 보험료 40이 환불되었다.
- 계약 C는 2022년 12월 1일에 보장범위의 확대로 인해 보험료 60이 추가되었고 계약은 2023년 4월 1일에 해지되었다.

2023년 12월 31일자 기준, 달력연도 CY2022년의 경과보험료와 계약연도 PY2022년의 경과

보험료의 차이는 얼마인가?

💡 풀이

CY2022년 경과보험료

$$= 400 \times (6/12) + 300 \times (9/12) - 40 \times (3/6) + 500 \times (3/12) + 60 \times (1/10) = 536$$

PY2022년 경과보험료

$$= 0 + 300 - 40 + 500 \times (6/12) + 60 \times (4/10) = 534$$

차이 $= 536 - 534 = 2$

일시납을 월납으로 바꿔서 계산할 수도 있다.

계약 A는 월납 33.3, 계약 B는 월납 25, 계약 C는 월납 41.7과 동일

계약 B는 2022년 4월 1일에서 2022년 10월 1일까지는 월납 25로, 2022년 10월 1일부터 2023년 3월 31일 환불된 보험료를 감안해 월납 $25 - 40 \times (1/6) = 18.3$인 구조이다.

그러므로, 계약 B의 CY2022년 경과보험료

$$= 25 \times 6 + 18.3 \times 3 = 205 = 300 \times (9/12) - 40 \times (3/6)$$

### 예제 8-3

익스포저는 1년 동안 균등하게 분포된다. 평행사변형법을 이용하여 아래의 가정하에 달력연도 2022년과 2023년 경과보험료에 적용될 온레벨 계수를 구하라.

요율변경: 2021년 7월 1일(+10%), 2023년 7월 1일(+10%)

(1) 1년 만기계약이라 가정할 때
(2) 6개월 만기계약이라 가정할 때

💡 풀이

(1) 2022년 평균요율수준 $= 1.00(1/8) + 1.10(7/8) = 1.0875$
    2023년 평균요율수준 $= 1.10(7/8) + 1.21(1/8) = 1.11375$
    최근누적요율수준계수 $= (1.10)(1.10) = 1.21$

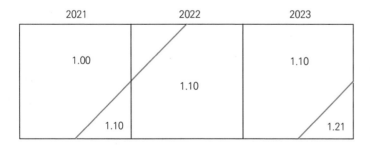

2022년 온레벨 계수 $= 1.21/1.0875 = 1.113$

　　　　2023년 온레벨 계수=1.21/1.11375=1.086

(2) 2022년 평균요율수준=1.10

　　　2023년 평균요율수준=1.10(3/4)+1.21(1/4)=1.1275

　　　최근누적요율수준계수=(1.10)(1.10)=1.21

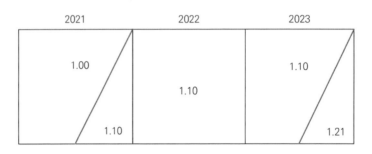

　　　2022년 온레벨 계수=1.21/1.10=1.10

　　　2023년 온레벨 계수=1.21/1.1275=1.073

### 예제 8-4

평행사변형 방법을 이용하여 달력연도 2022년 경과보험료를 현재 요율수준으로 조정하려 하며, 2022년 1월 1일자 10%의 요율인상이 실행되었다고 가정한다. 그러나, 평행사변형 방법의 가정과는 다르게 2022년 수입 익스포저는 매월 5%씩 증가하였다. 평행사변형 방법에 의해 달력연도 2022년 경과보험료에 적용할 온레벨 계수는 실제 매월 수입 익스포저가 5%씩 증가하는 현상과 비교할 때 어떻게 평가될 것인가? (예: 낮게 또는 높게, 아니면 정확하게) 답에 대한 이유를 설명하라.

### 풀이

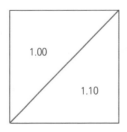

평행사변형 방법은 1년 동안 계약이 균등하게 체결된다는 가정하에 출발한다. 평행사변형 방법에 의한 온레벨 계수는 1.1/[(1.0)(0.5)+(1.1)(0.5)]=1.048이다. 만일, 계약이 매월 5%씩 증가한다면, 계수 1.1에 해당하는 면적 비율은 더 많아지게 될 것이다. 예를 들어, 1.1에 해당하는 면적 비율이 0.7이라 가정하면, 온레벨 계수는 1.1/[(0.3)(1.0)+(0.7)(1.1)]=1.028이 된다. 그 결과, 온레벨 계수는 균등하게 체결된다는 가정보다 낮게 계산되므로, 평행사변형 방법은 2022년 경과보험료에 적용할 온레벨 계수를 실제보다 높게 평가할 것이다.

### 예제 8-5

1년 만기 계약들의 연간 보험료 데이터를 이용하여 아래의 질문에 답하라.

| 계약 | 계약일 | 보험료 |
|:---:|:---:|:---:|
| 1 | 2021/10/1 | 200 |
| 2 | 2022/1/1 | 250 |
| 3 | 2022/4/1 | 300 |
| 4 | 2022/7/1 | 400 |
| 5 | 2022/10/1 | 350 |
| 6 | 2023/1/1 | 225 |

(1) 2023년 12월 31일자, 달력연도 2022년의 수입보험료와 경과보험료를 계산하라.

(2) 2023년 12월 31일자, 계약연도 2022년의 수입보험료와 경과보험료를 계산하라.

(3) 2022년 12월 31일자, 달력연도 2022년의 경과보험료와 계약연도 2022년의 경과보험료와의 차이를 계산하라.

(4) 2022년 9월 25일자, 보유(당시 유효계약)보험료는 얼마인가?

(5) 2022년 12월 31일자, 2022년의 미경과보험료를 달력연도와 계약연도에 따라 계산하라.

#### 풀이

(1) 수입보험료 $= 250 + 300 + 400 + 350 = 1,300$

경과보험료 $= 200(3/4) + 250 + 300(3/4) + 400(1/2) + 350(1/4) = 912.5$

(2) 수입보험료 $= 250 + 300 + 400 + 350 = 1,300$

경과보험료 $= 250 + 300 + 400 + 350 = 1,300$

(3) 달력연도 경과보험료 $= 912.5$

계약연도 경과보험료 $= 250 + 300(3/4) + 400(1/2) + 350(1/4) = 762.5$

차이 $= 912.5 - 762.5 = 150$ (달력연도 경과보험료가 150 많다.)

(4) 2022년 9월 25일 당시 유효계약은 계약 1,2,3,4이므로,

보유보험료 $= 200 + 250 + 300 + 400 = 1,150$

(5) 2022년 달력연도 미경과보험료 $= 1,300 - 912.5 + 150 = 537.5$

2022년 계약연도 미경과보험료 $= 1,300 - 762.5 = 537.5$ 또는

$300(1/4) + 400(1/2) + 350(3/4) = 537.5$

### 예제 8-6

다음의 1년 만기 계약 2건의 연간 수입보험료 데이터를 이용하라.

| 계약 | 계약일 | 수입보험료 |
|:---:|:---:|:---:|
| 1 | 2022/7/1 | 400 |
| 2 | 2022/10/1 | 600 |

모든 계약은 연보험료가 일시납으로 납부되며, 보험료는 1년 내내 균등히 경과된다.
중도 해지할 경우, 미경과분은 환급된다.

• 계약1은 2022년 10월 1일 피보험자 추가로 보험료 45가 추가되었고 계약은 2023년 4월 1일에 해지되었다.

• 계약2는 2022년 12월 1일 보장한도 축소에 따른 배서로 보험료 100이 환불되었고 계약은 2023년 7월 1일에 해지되었다.

(1) 2022년 12월 31일자, CY2022년 경과보험료와 미경과보험료를 계산하라.
(2) 2022년 12월 31일자, PY2022년 경과보험료와 미경과보험료를 계산하라.
(3) 2023년 12월 31일자, CY2022년과 CY2023년의 경과보험료를 계산하라.
(4) 2023년 12월 31일자, PY2022년과 PY2023년의 경과보험료를 계산하라.

💡 **풀이**

(1) CY2022년 경과보험료 $= 400(6/12) + 45(3/9) + 600(3/12) - 100(1/10) = 355$
　　CY2022년 미경과보험료 $= 400(6/12) + 45(6/9) + 600(9/12) - 100(9/10) = 590$

(2) PY2022년 경과보험료 $= 400(6/12) + 45(3/9) + 600(3/12) - 100(1/10) = 355$
　　PY2022년 미경과보험료 $= 400(6/12) + 45(6/9) + 600(9/12) - 100(9/10) = 590$

(3) CY2022년 경과보험료 $= 355$
　　CY2023년 경과보험료 $= 400(3/12) + 45(3/9) + 600(6/12) - 100(6/10) = 355$

(4) PY2022년 경과보험료 $= 400(9/12) + 45(6/9) + 600(9/12) - 100(7/10) = 710$
　　PY2023년 경과보험료 $= 0$

(응용) 계약 2인 경우 2022년 10월 1일부터 1년 동안 월보험료 50으로 간주할 수 있다. 그런데 12월 1일에 남은 계약 기간 10개월을 위해 보험료 100이 환불되는데 이는 월별로 보험료 10이 감소되는 것으로 12월 1일부터 계약 만기까지는 월보험료가 40으로 변경되는 것이다. 계약 1도 같은 논리로 위 문제를 다시 풀어보자.

(1) CY2022년 경과보험료 $= (33\frac{1}{3}) \times 3 + (38\frac{1}{3}) \times 3 + 50 \times 2 + 40 \times 1 = 355$

　　CY2022년 미경과보험료 $= (38\frac{1}{3}) \times 6 + 40 \times 9 = 590$

(3) CY2023년 경과보험료 $= (38\frac{1}{3}) \times 3 + 40 \times 6 = 355$

## Chapter 08

# 연습문제

1. 다음 달력연도 자료를 이용하여 아래 물음에 답하라.

| 계약수 | 계약유효일 | 계약수 | 계약유효일 |
|---|---|---|---|
| 10 | 2023/1/1 | 100 | 2024/1/1 |
| 20 | 2023/4/1 | 120 | 2024/4/1 |
| 40 | 2023/7/1 | 150 | 2024/7/1 |
| 60 | 2023/10/1 | 200 | 2024/10/1 |

계약들은 6개월 만기 계약이며, 계약기간 건당 평균 수입보험료는 500이다.

(1) 달력연도 2024년의 경과익스포저

(2) 2024년 1월 1일자 보유익스포저

(3) 달력연도 2023년의 경과보험료

2. 익스포저는 1년 동안 균등하게 분포된다. 아래의 요율조정 사항을 이용하여 평행사변형법에 의해 답하라.

2022년 7월 1일(+8%), 2023년 1월 1일(+10%), 2023년 7월 1일(+5%),
2024년 7월 1일(+2%), 2025년 1월 1일(+2%)

(1) 모든 계약은 6개월 만기계약이다. 달력연도 2023년 경과보험료에 적용될 온레벨 계수는?

(2) 모든 계약은 6개월 만기계약이다. 계약연도 2023년 경과보험료에 적용될 온레벨 계수는?

(3) 모든 계약은 12개월 만기계약이다. 달력연도 2023년 경과보험료에 적용될 온레벨 계수는?

3. 달력연도 2023년 데이터를 이용하여 2024년 7월 1일자 유효할 자동차보험의 요율검토를 준비 중이다. 최근 세 차례의 요율변경이 있었고, 계약은 1년 동안 균등하게 체결되고 있으며, 모두 1년 만기 계약이다. 현재 요율수준으로 조정하기 위한 달력연도 2023년 경과보험료에 적용될 온레벨 계수를 구하라.

| 유효일 | 변경률 | 대상계약 |
|---|---|---|
| 2022년 7월 1일 | +6% | 신계약과 갱신계약 |
| 2023년 7월 1일 | +4% | 신계약과 갱신계약 |
| 2023년 10월 1일 | -15% | 모든 보유계약 |

**4.** 아래의 자동차보험 데이터에 의거하여 질문에 답하라.

| 달력연도 2023년 | | 달력연도 2024년 | |
|---|---|---|---|
| 계약유효일 | 유효일자 유효대수 | 계약유효일 | 유효일자 유효대수 |
| 1월 1일 | 100 | 1월 1일 | 900 |
| 4월 1일 | 300 | 4월 1일 | 1,100 |
| 7월 1일 | 500 | 7월 1일 | 1,300 |
| 10월 1일 | 700 | 10월 1일 | 1,500 |

가정:

모든 계약은 1년 만기이다.

달력연도 2023년 대당 수입보험료는 500이다.

15%의 요율인상이 2024년 7월 1일자 실행되었다.

(1) 2024년 1월 1일자 보유 익스포저를 계산하라.

(2) 달력연도 2024년의 경과 익스포저를 계산하라.

(3) 경과보험료를 현재 요율수준으로 수정하기 위해 일반적으로 사용하는 두 가지 방법은 무엇인가?

(4) 질문 (3)의 두 가지 방법 중, 위의 데이터에 적용하기 더 적당한 방법은 무엇이며, 이유는?

(5) 질문 (4)에 선택한 방법을 이용하여, 달력연도 2024년의 온레벨 경과보험료를 계산하라.

# CHAPTER
# 09

# 손해액과 손해사정비

손해액과 손해사정비는 요율산정 모델에서 보험료와 함께 가장 중요한 요소로 산정 결과를 산출하기 위한 기본적인 자료이다. 손해액과 손해사정비, 그리고 사업비의 합에 의해 적절한 보험료가 생성되기 때문에, 손해액과 손해사정비에 대한 정확한 이해와 데이터 수정 기법들을 완벽하게 습득하는 것이 중요하다.

보험계약의 상호 약속된 원칙, 즉 약관에 의해 클레임청구자에게 지급하거나 지급 예정인 금액을 통상 보험금이라 일컫는다. 여러 보험관련 서적에서 클레임과 손해액은 종종 비슷한 의미로 사용되고 있긴 하지만 본서에서는 클레임은 약관에 의해 보상을 요구하는 행위를 의미하고, 손해액은 이에 따른 보상금액을 의미하는 것으로 기술할 것이다. 또한 손해액(amount of losses)과 보험금은 여러 형태에서 같은 의미로 사용되고 있다. 보험금의 영어 표기도 insured amount, claim payment, insurance benefits 등 상황에 따라 다른 용어로 표기한다. 실제로 보험금은 보험소비자 입장의 표현이고 손해액은 보험회사 입장에서 표현하는 용어라고 이해하는 것이 편할 수 있다. 그러므로, 요율산정에서는 손해액이라 표현하는 것이 의미상 더 적절하다고 볼 수 있다. 보상청구자는 보험계약에 의해 약속된 피해 또는 사고에 대해 보상을 요구하는 피보험자, 계약자 또는 제3자가 될 수 있다. 손해사정비는 보상처리 과정에서 직간접으로 발생하는 여러 비용들을 의미한다.

이 장에서는 손해액에 대한 여러 의미를 다시 복습하고 요율산정 모델 작업을 위해 어떻게 손해액 데이터가 집합되는지를 살펴볼 것이며, 손해액에 관련된 보험공식을 다시 이해하게 될 것이다. 그 후에, 과거 보험료 데이터가 요율산정을 위해 수정 작업을 거쳤듯이, 과거 손해액 데이터가 요율산정에 의해 적절한 미래 손해액을 예측하도록 과거 손해액 데이터의 수정 기법 등이 여러 형태로 소개될 것이다. 마지막으로 손해사정비에 대한 해설이 뒤따를 것이다.

**1. 손해액 정의와 클레임 일지**

## 1.1 손해액 정의

손해액은 여러 형태의 모습으로 보이는데 각각 의미하는 내용은 다르다. 이 장 후반부에 설명될 과거 손해액 데이터의 수정 방법과 기법 등의 이해를 위해서 손해액의 종류를 정확히 이해할 필요가 있다.

(1) 지급보험금(paid losses or paid claims)은 특정기간 동안 보상청구자에게 실제로 지급된 보상금액이다.

(2) 개별 추산액(case outstanding reserve, O/S 또는 case reserve)은 사고가 보험회사로 보고되고 최종적으로 사고 처리가 종결될 때까지 예상되는 피해보상금액이다. 개별추산액은 손해사정사가 감정하는 값일 수 있거나 또는 개별추산액을 구하는 공식에 의해 산출될 수 있다. 그러므로, 개별추산액에는 이미 지급된 손해액 즉, 지급보험금은 제외된다. 대부분의 경우, 한국보험업계에서는 개별추산액이란 표현 대신 O/S로 표현한다.

(3) 발생손해액(reported losses 또는 case incurred losses)은 일반적으로 지급보험금과 개별 추산액의 합이다.

(4) 최종발생손해액(ultimate incurred losses 또는 ultimated losses)은 발생손해액에 발생손해액 산출일자 기준으로 손해는 발생했으나 그때까지 보험회사에 사고접수가 이루어지지 않는 손해액, 즉 미보고사고 손해액 또는 IBNR준비금(IBNR, incurred but not reported), 사고보고는 접수됐으나 당시 알려진 사고정보의 부족에 의해 계속 발생손해액이 변경되는 경우의 차액, 즉 IBNER준비금(Incurred but not enough reported), 그리고 보고된 손해액의 진전에 따른 차액 등이 포함된다. 즉, 최종발생손해액은 보험회사가 보상청구자에게 최종적으로 지불할 총액에 대한 예측값으로 손해액 분석이나 요율분석을 위한 보험회사 측면에서의 용어이다.

집합된 손해액을 평가하기 위해서는 어떤 종류의 손해액(예: 지급보험금 또는 발생손해액 등)을 사용할지에 대한 선택, 손해액 데이터를 집합하는 방법(예: 달력연도 또는 사고연도 등), 그리고 평가기간을 선정하고 각각을 이해하는 과정이 첫 단계이자 매우 중요한 부분이라 할 수 있다. 데이터 집합을 위해 평가기간은 두 가지의 구조로 이루어지는데, 특정기간에 상응하는 손해액을 취급하는 데이터 기간과 이런 데이터를 평가하는 기준 시점이다. 즉, 데이터 기간을 어떤 기준과 관점에서 볼 것인지와 이러한 데이터를 어느 시점에서 평가할 것인지에 대한 해석이다. 예를 들어, 2024년 12월 31일자 AY2023년 발생손해액이라 함은 사고연도 2023년 한 해 동안 발생한 사고에서 유발된 발생손해액을 2024년 12월 31일자 상태에서 평가한다는 것을 의미한다. 인적사고에 의한 책임에 관련한 손해액(liability loss)일 경우, 손해액의 진전이 장기간에 걸쳐 발생할 수 있기 때문에 2023년 12월 31일자에 평가한 AY2023년 발생손해액과 2024년 12월 31일자로 평가한 AY2023년 손해액은 상당히 다를 수 있다. 그러므로, 데이터를 평가하는 기준 시점은 대체로 특정기간에 상응하는 손해액을 취급하는 데이터 기간의 마지막 일(대체로 매년 12월 31일) 또는 그 이후일 경우가 일반적이다.

## 1.2 클레임 일지

손해액과 후반부에서 다룰 책임준비금을 잘 이해하기 위해서는 보험회사에서 클레임이 어떤 과정 절차로 처리되고 관리되는지에 대한 전반적인 이해가 필요한데 이 점이 이 절의 목적이다. 세부적인 손해액의 움직임은 다음 절부터 상세히 소개될 것이다. 보험회사마다 조금씩 다른 보상프로세스를 운영할 수 있지만 아래의 예는 가장 보편적인 클레임 처리, 관리과정으로 이해하면 된다.

자동차보험상품을 판매하는 보험회사는 2019년 12월 1일부터 2020년 11월 30일까지 유효한 1년만기 자동차보험 계약을 발행하였다. 2020년 11월 15일에 사고가 발생하였으나 보험회사는 계약이 만료된 지 2달이 지난 2021년 2월 20일까지 사고 신고를 받지 못했다.

아래 〈표 9-1〉은 클레임을 담당하는 보상전문가가 작성한 클레임 일지이다.

**표 9-1** 클레임 일지

계약기간: 2019년 12월 1일 ~ 2020년 11월 30일
사고일자: 2020년 11월 15일
사고 보고일자: 2021년 2월 20일

| 일자 | 클레임 내역(천원) | 해당일자 기준 발생손해액(천원) | 누적 지급보험금(천원) |
|---|---|---|---|
| 2021/2/20 | O/S 15,000 설정 | 15,000 | 0 |
| 2021/4/1 | 1,500 지급 & O/S 13,500 | 15,000 | 1,500 |
| 2021/5/1 | 클레임 비용 500 발생 | 15,500 | 2,000 |
| 2021/9/1 | O/S 30,000으로 증가 | 32,000 | 2,000 |
| 2022/3/1 | 24,000 지급하고 클레임 종결 & O/S 0 | 26,000 | 26,000 |
| 2023/1/25 | 클레임이 재개(re-open)되고 클레임 O/S 10,000과 방어비용으로 O/S 10,000 책정 | 46,000 | 26,000 |
| 2023/4/15 | 소송비 5,000 지급 & 방어비용 O/S 5,000으로 감소 | 46,000 | 31,000 |
| 2023/9/1 | 12,000 지급하고 클레임 O/S 0으로 전환 | 48,000 | 43,000 |
| 2024/3/1 | 최후 방어비용으로 6,000 지불하고 사건 종결, 방어비용 O/S 0으로 전환 | 49,000 | 49,000 |

개별추산액(O/S)은 손해사정사가 정하건 보상공식에 의하건 알려진 특정 클레임에 부여된 금액이다. 위의 예에서 O/S는 클레임과 클레임에 연관된 손해사정비를 위한 평가액(estimates)이다. 위 사건은 3년 이상 클레임이 진행되었고 그 기간 동안 클레임의 평가액은 계속 바뀌며 진행되었다. 또한 클레임이 종결처리 되었으나 1년 후 다시 재개되면서 O/S가 추가되었다. 이런 클레임 내역을 가진 사건은 자동차보험의 대물사고에서는 거의 발생하지 않지만 자동차보험의 대인사고나 상해보험 또는 책임보험에서는 종종 발생하는 유형의 클레임이다.

위의 클레임 일지를 통해 클레임에 관련된 보험회사의 보상일자를 요약해보자.

계약일: 2019년 12월 1일 (계약서가 발행된 날)

사고일: 2020년 11월 15일 (담보가 보장된 사고가 발생한 날)

보고일: 2021년 2월 20일 (보험회사가 클레임 통보를 받은 날)

클레임 내역 발생일: O/S가 발생했거나 보험금이 일부 또는 전부 지급된 날

사고 종결일: (최초 종결) 2022년 3월 1일, (최후 종결) 2024년 3월 1일

클레임 재개일: 2023년 1월 25일, (클레임이 재개된 날)

위의 일지로부터 손해사정비를 포함한 누적 지급보험금 정보로 달력연도별 지급보험금과 발생손해액을 알 수 있다.

달력연도 2021년 지급보험금＝2,000

달력연도 2022년 지급보험금＝24,000

달력연도 2023년 지급보험금＝17,000

달력연도 2024년 지급보험금＝6,000

달력연도 2021년 발생손해액＝32,000

달력연도 2022년 발생손해액＝－6,000

달력연도 2023년 발생손해액＝22,000

달력연도 2024년 발생손해액＝1,000

사건은 최종적으로 종결되었고 지급보험금의 합과 발생손해액의 합은 49,000으로 일치함을 알 수 있다.

## 2. 손해액 데이터의 집합방법

여기서는 요율산정에서 손해액의 수정 방법을 다루기 전에 손해액 데이터 집합의 일반적인 네 가지 기본 방법을 핵심위주로 다시 한번 요약 정리를 하도록 하겠다.

### 2.1 달력연도(CY) 데이터 집합

달력연도(CY)는 계약체결일이나 보상의 사고발생일 또는 사고보고일과 상관없이 해당 기간 동안 발생한 모든 손해액 변동내역을 고려한다. 달력연도 집합에 의한 지급보험금은 그 달력연도 동안 지급된 모든 손해액의 총액이다. 달력연도에 의한 발생손해액은 지급보험금에 해당 기간 동안 변화된 개별추산액의 증감을 합한 것과 같다. CY Z년의 발생손해액의 공식은 다음과 같다.

$$발생손해액(CY\ Z) = 지급보험금(CY\ Z년) + \Delta\,개별추산액(CY\ Z년)$$
$$= 지급보험금(CY\ Z년) + 개별추산액(CY\ Z년\ 12월\ 31일자)$$
$$- 개별추산액(CY\ Z-1년\ 12월\ 31일자)$$

달력연도의 마지막일(12월 31일)에 달력연도의 지급보험금과 발생손해액은 동결(frozen)되고 이후 클레임 내역의 변화가 있어도 변경되지 않는다. 예를 들어, 2022년 7월 1일 체결한 1년만기 계약의 사고 발생손해액이 평가일에 따라 어떻게 변경되는지를 〈표 9-2〉를 통해 알아보자.

**표 9-2** **1년만기 계약의 발생손해액**

| 발생일 | 발생 내용 |
|---|---|
| 2022년 7월 1일 | 계약 체결 |
| 2022년 10월 1일 | 사고발생과 접수, 개별추산액 5천만원 책정 |
| 2022년 10월 15일 | 5백만원 보험금 지급과 개별추산액 4천만원으로 변경 |
| 2023년 4월 1일 | 1천만원 보험금 지급과 개별추산액 2천만원으로 변경 |
| 2024년 1월 15일 | 1천 2백만원 보험금 지급과 함께 보상 종결 |

달력연도(CY)에 의한 손해액 기록 방법은 계약체결일, 보상의 사고일 또는 보고일과 상관없이 12개월 해당연도에 발생한 모든 손해액이 당해연도에 기록된다는 점을 반드시 기억해야 한다. 평가일자별 지급보험금, 개별추산액, 그리고 이에 따른 발생손해액은 다음과 같이 기록된다.

2022년 12월 31일자 평가:

| 달력연도 | 지급보험금 | 개별추산액 | 발생손해액 |
|---|---|---|---|
| CY 2022 | 5,000,000 | 40,000,000 | 45,000,000 |

2023년 12월 31일자 평가:

| 달력연도 | 지급보험금 | 개별추산액 | 발생손해액* |
|---|---|---|---|
| CY 2022 | 5,000,000 | 40,000,000 | 45,000,000 |
| CY 2023 | 10,000,000 | 20,000,000 | −10,000,000 |

* CY 2023년 발생손해액

= 2023년 총지급보험금 + 2023년 12월 31일자 개별추산액

  − 2022년 12월 31일자 개별추산액

= 10,000,000 + 20,000,000 − 40,000,000

= −10,000,000

2024년 12월 31일자 평가:

| 달력연도 | 지급보험금 | 개별추산액 | 발생손해액 |
|---|---|---|---|
| CY 2022 | 5,000,000 | 40,000,000 | 45,000,000 |
| CY 2023 | 10,000,000 | 20,000,000 | −10,000,000 |
| CY 2024 | 12,000,000 | 0 | −8,000,000 |
| 합계 | 27,000,000 | | 27,000,000 |

달력연도(CY)에 의한 손해액 기록 방법에서 보상이 종결된 후에는 그때까지 지급된 보험금의 합과 발생손해액의 합은 일치하게 된다.

## 2.2 사고연도(AY) 데이터 집합

사고연도에 의한 데이터 집합은 계약체결일 또는 사고 보고일자와는 상관없이 평가되는 특정 연도 동안 최초 사고발생일을 가진 모든 보상에 상응하는 손해액 거래가 당해 사고연도 안에 기록된다. 사고연도 지급보험금은 그 사고에 의해 발생한 보상에 대해 지불된 손해액의 총액이다. 유사하게 사고연도 발생손해액은 그 사고로 인해 발생한 보상들에 의해 지불된 보험금과 평가기준일자 개별추산액을 합한 값이다. 달력연도 집합방법과는 다르게 사고연도 손해액은 해당 연도가 지난 후에도 당해 사고년에 사고가 발생하였으나 미보고된 보상 내역, 손해액의 추가 지불, 또는 개별추산액의 변경 등의 이유로 계속해서 변경된다. 이런 이유로 사고연도 말에 손해액은 데이터에서 동결되지 않으며 그때까지 알려진 손해액에 대한 향후 진전(변경)상태를 평가하게 된다. 〈표 9−2〉의 예를 이용하여 평가일자별 지급보험금, 개별추산액, 그리고 이에 따른 발생손해액을

살펴보도록 하자.

2022년 12월 31일자 평가:

| 사고연도 | 지급보험금 | 개별추산액 | 발생손해액 |
|---|---|---|---|
| AY 2022 | 5,000,000 | 40,000,000 | 45,000,000 |

2023년 12월 31일자 평가:

| 사고연도 | 지급보험금 | 개별추산액 | 발생손해액 |
|---|---|---|---|
| AY 2022 | 15,000,000 | 20,000,000 | 35,000,000 |
| AY 2023 | 0 | 0 | 0 |

이 사고의 발생일은 2022년이기 때문에 이 사고에 관련된 모든 보상 내용들은, 즉 언제 보험금이 지급되었고 언제 얼마의 개별추산액이 설정되고 언제 변경되었든지 상관없이 오로지 AY 2022년에만 기록되어야 하므로 2023년에 개별추산액이 변경되었어도 이러한 보상내역은 AY 2022년으로만 기록되고 AY 2023년에는 전혀 기록되지 않는다.

2024년 12월 31일자 평가:

| 사고연도 | 지급보험금 | 개별추산액 | 발생손해액 |
|---|---|---|---|
| AY 2022 | 27,000,000 | 0 | 27,000,000 |

사고연도 방식에서 보상이 종결될 때 더 이상 개별추산액이 존재하지 않게 되므로 당해 사고연도에 기록되는 지급보험금과 발생손해액은 동일하게 된다.

## 2.3 계약연도(PY) 데이터 집합

계약연도는 UY 또는 인수연도(UY: Underwriting Year)로도 불리며, 클레임 발생일, 보고일, 보상이 지급되는 일자 또는 개별추산액이 변경되는 일자와는 아무런 상관없이 해당 연도 동안 체결된 계약에 대해서 발생한 모든 손해액 거래내역만을 고려한다. 계약연도에 의한 지급보험금은 해당 연도 동안 체결된 계약에 대해 보상되고 지급된 손해액의 총액이다. 유사하게, 계약연도 발생손해액은 해당 연도 동안 체결된 계약에 대해 보상된 지급보험금과 이들 보상에 대한 평가기준일자 개별추산액을 합한 값이다. 사고연도 집합방법과 유사하게 계약연도 손해액은 해당 연도가 지난 후에도 미보고된 보상이 보고됐다든지, 손해액이 추가 지불됐다든지 또는 개별추산액이 변경됐다든지 등의 이유로 계속해서 변동될 수 있게 된다. 계약연도는 계약년의 마지막일자에 체결한 계약이 만기가 될 때까지 데이터가 동결되지 않기 때문에 1년 만기 계약의 계약연도 보상 데이터는 2년 동안 완전히 완료되지 않는다. 이런 이유로 손해액에 대한 진전(변경)상태의 평가는 사고연도에 의한 진전평가보다 더 불확실하게 된다.

〈표 9−2〉의 예를 이용하여 평가일자별 계약연도 방식에 의한 지급보험금, 개별추산액, 그리고 이에 따른 발생손해액을 살펴보도록 하자.

2022년 12월 31일자 평가:

| 계약연도 | 지급보험금 | 개별추산액 | 발생손해액 |
|---|---|---|---|
| PY 2022 | 5,000,000 | 40,000,000 | 45,000,000 |

2023년 12월 31일자 평가:

| 계약연도 | 지급보험금 | 개별추산액 | 발생손해액 |
|---|---|---|---|
| PY 2022 | 15,000,000 | 20,000,000 | 35,000,000 |
| PY 2023 | 0 | 0 | 0 |

계약연도 방법에서는 사고가 언제 발생했고 사고와 관련한 보험금 내역이 언제 변경되었는지는 중요하지 않고 모든 사고 변경내역은 그 사고와 연관된 보험계약의 계약연도인 2022년으로만 기록됨을 알 수 있다.

2024년 12월 31일자 평가:

| 계약연도 | 지급보험금 | 개별추산액 | 발생손해액 |
|---|---|---|---|
| PY2022 | 27,000,000 | 0 | 27,000,000 |

위의 결과는 사고연도 방식과 같은 형태를 보인다. 그 이유는 계약연도와 같은 해에 사고가 발생했기 때문이다. 그러나, 사고가 2023년에 발생했다면 계약연도 방식의 보험금 기록 형태는 동일하나 사고연도 방식에서는 모든 보험금 내용이 AY 2023년에 기록될 것이다.

〈표 9−3〉의 1년만기 계약 2건으로부터 사고가 발생했을 경우 달력연도, 사고연도, 그리고 계약연도별로 각각의 보험금이 어떠한 형태로 바뀌는지 〈표 9−4〉~〈표 9−6〉을 통해 살펴보도록 하겠다.

**표 9-3  2건의 1년만기 계약 발생손해액**

| 계약일 | 사고일자 | 발생일자 | 발생내용 |
|---|---|---|---|
| 2022/10/1 | 2022/11/15 | 2022/11/30 | 사고발생 보고, 개별추산액 2천만원 |
| | | 2023/2/15 | 3백만원 보험금 지급과 개별추산액 1천 7백만원 |
| | | 2023/8/1 | 2백만원 보험금 지급과 개별추산액 1천 6백만원 |
| | | 2024/1/20 | 1천 8백만원 보험금 지급으로 보상 종결 |
| 2022/11/1 | 2023/5/1 | 2023/6/1 | 사고발생 보고, 4백만원 보험금 지급과 개별추산액 5천만원 |
| | | 2023/11/10 | 1천만원 보험금 지급과 개별추산액 4천 5백만원 |
| | | 2024/3/1 | 4천만원 보험금 지급과 함께 보상 종결 |

**표 9-4** 달력연도 방식에 의한 보험금 내역

| 달력연도 | 지급보험금 | 개별추산액 | 발생손해액 |
|---|---|---|---|
| CY 2022 | 0 | 20,000,000 | 20,000,000 |
| CY 2023 | 19,000,000 | 61,000,000 | 60,000,000 |
| CY 2024 | 58,000,000 | 0 | −3,000,000 |
| 합계 | 77,000,000 | 0 | 77,000,000 |

CY 2023년 발생손해액(단위: 천원)

$$= (3,000 + 2,000 + 4,000 + 10,000) + \{(16,000 + 45,000) - (20,000 + 0)\}$$

$$= 19,000 + \{61,000 - 20,000\}$$

$$= 60,000천원$$

CY 2024년 발생손해액(단위: 천원)

$$= (18,000 + 40,000) + (0 + 0) - (16,000 + 45,000)$$

$$= -3,000천원$$

달력연도 방식에서는 언제 보상 활동이 발생했는지가 중요하다. 두 사고 모두 각각 2,300만원과 5,400만원이 최종적으로 지급되고 사고가 종결됐으므로 개별추산액은 없어지고 지급보험금의 총액과 발생손해액의 총액은 7,700만원으로 동일함을 알 수 있다. 위와 같이, 매 달력연도별 지급보험금, 개별추산액, 발생손해액의 합은 단순히 계약별 계산을 한 후 개별계약의 합으로 손쉽게 구할 수 있다.

**표 9-5** 사고연도 방식에 의한 보험금 내역

2022년 12월 31일자 평가:

| 사고연도 | 지급보험금 | 개별추산액 | 발생손해액 |
|---|---|---|---|
| AY 2022 | 0 | 20,000,000 | 20,000,000 |

2023년 12월 31일자 평가:

| 사고연도 | 지급보험금 | 개별추산액 | 발생손해액 |
|---|---|---|---|
| AY 2022 | 5,000,000 | 16,000,000 | 21,000,000 |
| AY 2023 | 14,000,000 | 45,000,000 | 59,000,000 |

2024년 12월 31일자 평가:

| 사고연도 | 지급보험금 | 개별추산액 | 발생손해액 |
|---|---|---|---|
| AY 2022 | 23,000,000 | 0 | 23,000,000 |
| AY 2023 | 54,000,000 | 0 | 54,000,000 |

사고연도 방식에서는 2022년 11월 15일에 발생한 사고는 보상활동이 언제 행하여지는지와

상관없이 사고가 발생한 해인 AY 2022년에 그리고, 2023년 5월 1일에 발생한 사고는 마찬가지로 AY 2023년에 모든 손해액 내역이 기록된다.

**표 9-6  계약연도 방식에 의한 PY 2022년 보험금 내역**

| 평가일자 | 지급보험금 | 개별추산액 | 발생손해액 |
|---|---|---|---|
| 2022/12/31 | 0 | 20,000,000 | 20,000,000 |
| 2023/12/31 | 19,000,000 | 61,000,000 | 80,000,000 |
| 2024/12/31 | 77,000,000 | 0 | 77,000,000 |

계약연도 방식에서 두 계약 모두 2022년에 체결된 계약이므로 사고발생일이나 보상내역 일자에 상관없이 모두 PY 2022년에 손해액들이 기록됨을 알 수 있다.

또한, 세 가지의 집합방법 모두 모든 사고가 종결되면 그 사고에 관련된 지급보험금과 발생손해액은 같게 된다. 오로지 종결되기 전까지 데이터의 기록 방법에 의한 차이가 있음을 알 수 있다.

## 2.4 보고연도 데이터 집합

보고연도 데이터 집합은 사고발생일과 상관없이 클레임의 접수일에 손해액이 데이터 집합 기준이 된다는 점을 제외하고는 사고연도 방법과 동일하다. 이 방법은 의료과실보험처럼 사고발생일과 클레임접수일 사이가 대체로 길며 그 기간이 매우 중요한 요소로 작용하는 특정 보험 상품의 경우 보험회사는 보고연도에 의한 손해액을 분석하기도 한다. 일반적인 요율산정에서는 보고연도 집합을 사용하지 않으므로 구체적인 설명은 여기서 생략하기로 하겠다.

## 3. 손해액에 관련된 보험공식

손해액에 관련한 네 가지의 일반적인 비율 공식은 사고빈도, 사고심도, 순보험료, 그리고 손해율이다. 이들 공식은 어떤 종류의 손해액을 사용할지, 어느 데이터 집합방법을 사용할지, 공식에 사용하는 데이터 기간 그리고 데이터를 평가하는 기준시점에 따라 결과와 해석이 다를 수 있음을 유의하여야 한다.

## 3.1 사고빈도

사고빈도는 익스포저당 클레임수의 측정이다. 예를 들어, 자동차보험의 경우 달력연도 익스포저와 사고연도 손해액 집합방법의 조화에 의해 사고빈도를 계산해 보자. 달력연도에 의해 경과된 유효대수가 1,000대이고 그 다음해 말일까지 100건의 클레임이 발생했다면 24개월자 달력연도/사고연도의 사고빈도는 100/1,000 = 0.10 또는 10%이다. 즉, 자동차 10대 중에 1대는 사고가 난다는 뜻으로 해석할 수 있다. 사고빈도의 결과와 해석은 데이터 집합방법, 데이터 기간 그리고 평가하는 기준시점에 따라 다를 수 있다.

## 3.2 사고심도

사고심도는 클레임당 평균손해액의 측정이다. 만일 위의 24개월자 보고된 100건의 클레임으로부터 총 1억원의 손해액이 발생하였다면 24개월자 달력연도/사고연도의 사고심도는 건당 1억원/100건 = 100만원이 된다. 즉, 사고 한 건당 평균 100만원의 보상금액이 책정되어 지급되었다고 해석할 수 있다. 사고심도를 계산하는 두 가지 구성요소, 총 손해액(분자)과 사고건수(분모)는 여러 형태로 나타날 수 있다. 손해액은 지급, 발생, 또는 최종발생(projected ultimate) 등의 형태로 구성되고, 사고건수는 신고일자, 지급일자, 종결일자 또는 최종 예정종결일자의 형태로 구성되기 때문에 계리사는 여러 다른 요소들을 정확하게 이해하여 사고심도 계산시 명확한 형태를 언급해야 한다.

## 3.3 순보험료

순보험료는 익스포저 단위당 평균손해액의 측정이다. 순보험료는 총손해액을 총익스포저로 나눈 값으로 사고빈도에 사고심도를 곱하여 구할 수도 있다. 순보험료를 구성하는 요소들, 총손해액, 총익스포저, 사고빈도, 그리고 사고심도에 대한 형태를 명확히 하고 요소들을 일치시킬 필요가 있다. 예를 들어, 사고빈도는 보고 기준이고 사고심도는 지급 기준으로 순보험료를 계산하였다면 이와 같이 다른 기준에 의해 계산된 순보험료는 아무런 의미가 없으며 논리적으로 설명할 수도 없다.

## 3.4 손해율

손해율은 손해액을 지급하기 위해 사용된 보험료의 비율을 측정하는 것으로, 순보험료에서 평균보험료를 나눈 값과 동일하다. 앞에서 여러 차례 언급한 것처럼, 손해율을 구성하는 요소들의 형태를 명확히 이해하고 선정해야 한다. 미국 손해보험에서 가장 일반적이고 보편적으로 계산하는 손해율은 사고연도에 의한 발생손해액을 달력연도에 의한 경과보험료로 나눈 것이다. 한편, 계약연도로 손해율을 구한다면 보험료와 보험금 모두 계약연도 집합방식에 의해 계산하는 것이 가장 일반적이라 할 수 있다.

 ## 4. 손해액의 수정

요율산정 모델에서 손해액은, 요율산정의 결과로 도출될 새요율이 적용될 계약으로부터 예상되는 손해액 수준으로 수정될 필요가 있다. 빈도가 아주 낮은 특별한 고액사고 등은 과거 경험 손해 데이터로부터 수정될 수 있으며, 완전히 종결되지 않은 클레임들은 최종 종결수준으로 진전되도록 수정할 필요가 있다. 계리사는 요율산정 모델을 위해서 과거 보험료 데이터를 수정했듯이 과거 손해액 데이터를 수정하는 여러 방법들의 적용을 세심하게 고려해야 한다.

### 4.1 예외적인 손해액의 수정

#### 4.1.1 대형사고(Large losses)

요율산정의 개념에서 대형사고란 사고빈도는 매우 낮고 간혹 발생할 가능성만 있지만 한 번 발생하면 손해액의 규모가 초대형인 사고를 의미한다. 예를 들어, 사고 한 건에 의해 발생된 다수의 사고 피해자를 포함하는 책임보험사고, 최대 보상 가입금액에 담보된 고층 건물의 전손화재사고, 고소득 연예인 또는 고연봉 운동선수의 영구적 불구사고 등이 해당된다고 볼 수 있다. 그러나, 요율산정시 대형사고의 분류를 위의 예처럼 어떠한 정의에 의해 대형사고인지를 판단하는 것은 객관성이 떨어질 수 있다. 그래서, 대형사고 손해액의 기준을 정하여 사건당 손해액이 기준금액 초과시 대형사고로 인식하여 수정하는 방법이 일반적이다. 예를 들면, 사고 건당 3억원 이상인 클레임은 대형사고로 인식하고 초과된 손해액에 대해서만 수정작업을 하는 방식이다.

대형 보험회사인 경우, 대형사고가 전체 요율산정 모델에 미치는 영향력은 소형 보험회사에 비해 상대적으로 낮다. 만일 대형사고의 손해액을 수정하지 않고 요율산정 분석에 그대로 포함하면, 대형사고가 발생한 데이터로 산정한 요율변경은 과도한 요율인상이 나타날 것이며, 그 다음 해 대형사고가 발생하지 않았다면 대형사고가 없는 데이터에 의한 요율산정의 결과는 직전 과도한 요율인상으로부터 지나친 요율인하로 귀결될 것이다. 이러한 현상은 요율산정 결과의 객관성을 지속적으로 떨어뜨릴 수 있다. 이것이 대형사고 손해액을 수정해야 하는 이유이다. 즉, 특정 대형사고에 의한 요율변경의 충격을 최소화하려는 의도가 있다고 할 수 있다. 미래의 손해액을 예측하기 위해 사용하는 과거 손해액 데이터에서 대형사고 전체의 손해액을 모두 제외시킬 수 있으나, 일반적으로는 이전에 결정한 대형사고 기준금액의 초과분을 해당 건 손해액에서 제외(truncate)시키는 방법도 있다. 특히 계층별 요율상대도를 산정하는 작업에서 대형사고건 모두 또는 초과분을 제거하지 않는다면 해당 대형사고가 발생한 계층의 요율을 상대적으로 매우 높게 산정하게 되어 전체적인 요율수준의 균형을 현격히 저하시키게 된다. 이에 따라, 대형사고 손해액을 전부 또는 일부 제거한 후 초과손해액을 배분하기 위하여 초과손해액을 제외한 손해액에 곱하게 되는 계수를 사고초과지수(excess loss factor)라 부른다.

간혹 경우에 따라서, 대형사고의 상한선을 정하는 기준금액을 최소 가입금액으로 할 경우가 있다. 이럴 경우, 요율산정 작업에서 사용되는 보험료 자료 역시 모든 계약이 최소 가입금액으로만 구성된 것처럼 기본요율을 수정해야 한다. 실제 가입금액별 요율의 상대도는 최소 가입금액으로 수정된 손해액 대비, 수정되지 않은 원래 손해액의 비율로 계산할 수 있다. 이 방법은 배상책임담보와 같이 피보험자기 가입금액을 임의로 선택하여 가입하는 경우의 가입금액별 요율상대도를 구하는 작업의 기초가 된다.

대형사고의 상한선을 정하는 이상적인 기준금액은 대형사고의 손해액이 요율 변동폭에 상당한 영향을 끼칠 만큼 충격적이고 예외적이었는지의 관점에서 정하는 것이 일반적이다. 그래서 많은 경우 대형사고 기준금액은 기본담보 금액보다 훨씬 높을 수 있다. 예를 들면, 어느 특정보험의 대인배상담보 기준금액을 1억원이라 하면 대형사고를 정의하는 기준금액을 10억원으로 설정하여 10억을 초과한 손해액에 대해서만 수정을 하게 된다.

대형사고의 상한선을 정하는 기준금액은 하나의 목표에 최대한 균형이 이루어지게 계리사가 주의해서 결정해야 한다. 그 목표는 요율분석시 대형사고 규모에 의한 충격의 영향도가 최소화되도록 가능한 많은 사고를 대형사고의 범주에 집어넣는 동시에 과도한 제거나 수정에 의해 계층별 요율상대도의 차이가 너무 작아지지 않도록 관리하는 것이다. 이 목표를 위해 기준금액을 결정하는 방법으로 미국손해보험 계리사협회(Casualty Actuarial Society)에서는 아래와 같은 방법을 제시하고 있다.

첫 번째 방법은 손해액의 분포를 이용하는 것으로 개별손해액을 크기에 따라 배열하고 사고 심도 기준 상위 1% 건수에 해당하는 고액사고를 대형사고로 분리하는 방법이다. 이 경우, 전체사고의 1%는 대형사고로서 요율산정시 대형사고의 기준금액은 항상 달라질 수 있다. 〈표 9-7〉은 가입한도 금액이 1억원이고 총 500건의 사고가 발생했다고 가정할 때, 각 사고를 사고금액 순으로 나열한 표이다. 〈표 9-7〉의 (1)에서처럼 전체사고 500건 중에 사고금액 상위 1%에 해당하는 5건을 대형사고로 분리하여 이를 전체 사고금액에서 제외시키는 것이다. 이에 따라 수정된 손해액은 22,036,000－453,000＝21,583,000이 된다. 다른 방법은 클레임 수에 의한 결정이 아니라 가입금액 대비 발생손해액의 비율에 의해 선택하는 것이다. 담보가입금액이 담보물의 가격에 의해 변할 수 있는 재물보험인 경우, 예를 들어 담보가입금액의 80% 이상에 해당하는 손해를 대형사고로 정의하는 것이다. 〈표 9－7〉의 (2)에서처럼 수정된 손해액은 22,036,000－264,700＝21,771,300이 된다. 마지막으로, 가장 쉬운 방법인 기준금액을 정액으로 정하는 것이다. 즉, 손해액 5천만원 이상 인 모든 사고는 대형사고라고 정하는 것이다. 그러나, 이런 경우 가입금액을 정한 방법과 타당성에 대한 계리적인 논리가 필요함에도 불구하고 가장 일반적으로 사용하는 방법이라 할 수 있다.

**표 9-7  대형사고의 수정 보험금**                                        (단위 : 천원)

| 사고번호 | 사고금액 | (1)<br>상위1%사고 | (2)<br>가입한도 80% 이상 | (3)<br>5천만원 이상 사고금액 |
|---|---|---|---|---|
| 001 | 100,000 | 100,000 | 20,000 | 50,000 |
| 002 | 100,000 | 100,000 | 20,000 | 50,000 |
| 003 | 95,000 | 95,000 | 15,000 | 45,000 |
| 004 | 83,000 | 83,000 | 13,000 | 33,000 |
| 005 | 75,000 | 75,000 | 0 | 25,000 |
| 006 | 68,000 | 0 | 0 | 18,000 |
| 007 | 57,000 | 0 | 0 | 7,000 |
| 008 | 55,000 | 0 | 0 | 5,000 |
| … | … | 0 | 196,700 | 97,800 |
| 499 | 100 | 0 | 0 | 0 |
| 500 | 100 | 0 | 0 | 0 |
| 합계 | 22,036,000 | | | |
| 대형사고 | | 453,000 | 264,700 | 330,800 |
| 수정사고금액* | | 21,583,000 | 21,771,300 | 21,705,200 |

* 수정사고금액＝실제사고금액총액－대형사고총액

　요율산정시, 실제로 대형사고의 손해액의 일부 또는 전부를 데이터에서 제거만 하고, 사고 초 과지수를 적용하지 않는다면 요율산정 결과에 의해 지적된 요율은 항상 낮게 나타날 것이다. 초과 지수를 산출하기 위해서는 과거 데이터를 이용하는데 그 데이터 기간은 보험상품의 특성에 따라 다를 수 있으며 심지어 보험회사마다 다른 기준을 사용하곤 한다. 일반적으로 재물보험인 경우는 최근 5~10년간의 데이터를, 개인책임보험인 경우는 10~15년간 데이터를 사용할 수 있다. 너무 오래된 많은 데이터(예: 최근 30년간)를 사용하게 되면 현재의 보상성향과 너무 동떨어진 점이 많아 이런 점을 수정하는 부가작업이 요구되며 정확성도 확실하지 않아 대체로 선호하지 않는 추세다. 초과지수를 산출하기 위해 필요한 데이터 양의 제한은 없으나 적합한 지수를 산출하기 위해 데이터 기간 동안의 대형사고가 발생할 평균적인 확률치를 구하여 사용하는 것이 가장 일반적이다.

〈표 9-8〉은 대형사고의 상한선을 정하는 기준금액을 1,000이라 가정했을 때, 사고 초과지수를 계산하는 단편적인 절차를 보여준다. 사고 데이터는 사고연도별에 의해 집적하며 사고 초과지수를 계산하기 위해서 개별 사고 손해액이 1,000을 넘는 사고를 따로 분류하여 1,000을 넘는 초과분을 각 연도별로 합산하여야 하며 초과액을 제외한 연도별 발생손해액을 계산해야 한다. 이 둘을 나눈 값이 사고 초과지수가 되며 연도별 초과액을 제외한 발생손해액에 적용하여 1차 수정 발생손해액을 계산하게 된다. 여기에서 사고 초과지수는 원래의 총손해액이 아니라 초과액을 제외한 발생손해액에 적용한다는 점을 기억해야 한다. 총 손해액 자체에는 대형사고 손해액이 포함되어 있기 때문에 사고 초과지수를 총 발생손해액 자체에 적용하게 되면 대형사고 손해액이 중복(double counting)으로 계산되기 때문이다.

**표 9-8  대형사고 초과지수**

| 사고<br>연도 | (1)<br>발생손해액 | (2)<br>대형사고수 | (3)<br>대형사고<br>발생손해액 | (4)<br>대형사고<br>기준금액<br>초과액 | (5)<br>대형사고<br>초과제외<br>발생손해액 | (6)<br>대형사고<br>초과확률 |
|---|---|---|---|---|---|---|
| 2009 | 133,824 | 6 | 6,930 | 930 | 132,894 | 0.7% |
| 2010 | 134,318 | 4 | 5,198 | 1,198 | 133,120 | 0.9% |
| 2011 | 140,751 | 7 | 8,669 | 1,669 | 139,082 | 1.2% |
| 2012 | 145,364 | 5 | 6,154 | 1,154 | 144,210 | 0.8% |
| 2013 | 138,088 | 7 | 15,306 | 8,306 | 129,782 | 6.4% |
| 2014 | 138,899 | 3 | 3,828 | 828 | 138,071 | 0.6% |
| 2015 | 141,468 | 4 | 5,262 | 1,262 | 140,206 | 0.9% |
| 2016 | 135,732 | 5 | 6,344 | 1,344 | 134,388 | 1.0% |
| 2017 | 139,866 | 7 | 8,795 | 1,795 | 138,071 | 1.3% |
| 2018 | 141,628 | 4 | 5,818 | 1,818 | 139,810 | 1.3% |
| 2019 | 147,286 | 8 | 18,020 | 10,020 | 137,266 | 7.3% |
| 2020 | 140,732 | 6 | 7,531 | 1,531 | 139,201 | 1.1% |
| 2021 | 142,649 | 4 | 5,272 | 1,272 | 141,377 | 0.9% |
| 2022 | 142,167 | 2 | 2,284 | 284 | 141,883 | 0.2% |
| 2023 | 140,109 | 2 | 2,558 | 558 | 139,551 | 0.4% |
| 합계 | 2,102,882 | 74 | 107,970 | 33,970 | 2,068,912 | 1.6%[7] |

사고초과지수=1.010

(4)=(3)-{1,000×(2)}
(5)=(1)-(4)
(6)=(4)/(5)
(7)=(4)의 합/(5)의 합

〈표 9-8〉에서처럼, 대형사고는 일반적인 사고유형을 보이는 게 아니므로 대형사고 초과확률이 낮다. 그러나 어떤 특정연도(예: 2019년)는 상대적으로 높은 초과확률을 보이기 때문에 계산을 위해 데이터 기간의 세심한 선정이 필요하다. 〈표 9-8〉에서 대형사고의 평균 초과확률은 1.6%로 계산되어 사고초과지수는 1.016으로 나타나지만 데이터 기간 중 몇 차례(예: 2013년과 2019년) 예외적인 대형사고가 있었으므로 사고초과지수를 1.01로 정하고 있는데 이러한 결정은 계리사의 판단에 따를 수 있으며, 판단에 따른 논리적인 해설이 뒷받침되어야 한다. 결론적으로, 앞에서 설명한 초과액을 제외하고 수정된 발생손해액에 사고초과지수(excess loss factor)를 적용한 값이 1차 수정된 발생손해액이 되며 이 값에 다른 수정 절차를 거쳐 요율산정을 위한 최종적으로 사용하는 손해액을 구하게 된다.

### 4.1.2 재난사고(Catastrophe losses)

재난사고는 대형사고처럼 개별 사고심도가 크면서 손해액 산정에 심각한 영향을 끼칠 수 있는 이례적인 자연 재난 또는 인재를 동반하는 사고를 말하는 것으로 요율산정시 과거 손해액 데이터에서 제외하거나 일부 수정하는 것이 일반적이다. 재산사고에 해당하는 재해는 예기치 않은 태풍, 지진, 홍수, 폭발, 산불, 오염, 폭설 등에 의한 자연재해 사고를 의미한다. 그러나, 단기적이며 주기적으로 발생하거나 어느 정도 예측이 가능하고 강도가 약한 재해는 여기에 해당되지 않는다. 여기서 말하는 재난사고는 사고빈도는 매우 희박하고 단 한 차례의 재해에 의해 피해규모를 가늠할 수 없을 정도로 기하급수적인 경우에만 해당한다. 예를 들면, 2001년에 발생한 미국의 911테러나 2011년 일본 동부의 쓰나미에 의한 피해와 같이 한 사건에 의해 수많은 인명과 재물 파손 등이 결과된 사고가 이에 해당한다. 재난사고에 대한 정의와 조건은 요율산정을 위해 보험회사가 개별적으로 정할 수 있다.

이런 대형 재난사고는 요율분석 모델의 결과를 크게 왜곡시킬 수 있고 대부분 재보험에 의해 손해액을 보전받을 수 있기 때문에 요율산정 데이터에서 제외시키는 것이 일반적이다. 대신에 미래의 손해액을 예측하기 위해서 실제 재난사고액을 평균예측 재난사고액으로 대체하는 것이 보편적이다. 평균예측 재난사고액을 구하는 재난지수는 보험상품의 형태에 따라 달리 나타난다. 요율산정시 재난사고는 정형화된 재난사고와 비정형화된 재난사고 둘로 분리되어 다루어지기도 한다.

정형화된 재난사고는 일반적으로 수십 년 동안 반복적인 주기와 함께 일어나는 사건들을 말하는 것으로 태풍과 홍수에 의한 자동차보험 자기차량손해담보의 피해가 한 예라 하겠다. 예를 들어, 주기적으로 보통 매3년마다 혹독한 태풍에 의한 자차손해담보의 피해가 크게 나타날 경우, 재난사고의 수정 작업 없이 실제 재난사고를 포함한 데이터로 요율분석 작업을 하면 매년 요율조정의 변동폭이 심하게 나타날 것이다. 즉, 수정 작업 없이 요율산정을 한다면, 혹독한 태풍 후에 실행된 요율산정은 급격한 요율 인상 결과를 보여줄 것이고 반면에 재난사고가 없던 기간 직후에 실행된 요율산정 결과는 요율의 급격한 인하를 보여줄 수 있기 때문에 요율의 급격한 인상과 인하를 매년 반복할 수 있게 된다.

대형사고의 수정방법과 유사하게, 재난지수는 과거 몇 년 동안의 재난사고 손해액과 재난사고를 제외한 손해액의 비율로 계산할 수 있다. 이때 사용하는 데이터의 기간은 보험상품의 특성에 따라 다소 차이가 있을 수 있으나 보통 10~30년의 기간을 선택하는데 재난사고의 형태와 속성을 잘 반영해야 하고 균형적인 결과를 도출할 수 있는 기간을 선택해야 한다. 이런 과정을 거친 후 결정된 재난지수는 재난사고를 제외한 손해액에 적용함으로 요율산정시 미래의 재난사고평균액을 예측하는 데 사용할 수 있다.

재난사고 중 일반적으로 대지진이나 쓰나미와 같은 발생 가능성이 극도로 낮으나 한 번 발생시 상상을 초월할 정도의 초대형 사고들인 경우, 데이터를 분석해도 올바른 재난사고 피해액을 예측하지 못할 수 있다. 이런 경우, 기상청이나 다른 학계의 학술자료와 함께 전문가들이 개발한 재난피해 모델(예: Catastrophe model)을 활용할 수 있다. 모델을 통해 재난사고 손해액 예측을 가능하게 하며 모델에 의해 구해진 재난지수(catastrophe factor)를 재난사고를 제외한 손해액에 적용함으로써 요율산정시 최종 종결 손해액을 산출할 수 있다.

그러나, 일반적으로 재난사고는 대형사고이므로 앞에서 대형사고 데이터 수정시 재산사고의 일부 또는 전부가 대형사고에 포함될 수 있으므로 대형사고에 의한 사고초과지수와 재난지수를 별개로 산출하지 않고 대형사고와 재난사고에 의한 초과액을 제외한 발생손해액에 재난사고를 포함한 사고초과지수를 구하여 적용한 값으로 1차 수정된 발생손해액을 계산하는 방법이 보편적이다.

재난사고를 어느 정도 정확히 예측하고 이를 요율산정에 적절히 반영하는 과정을 완벽하게 실행하는 데에는 많은 어려움이 존재할 수 있다. 이 경우, 보험회사들은 재난사고 발생 가능 대상군에 대해 전통적인 요율 조정 또는 상품 변경이 아닌 디마케팅(demarketing) 전략 등을 통해 심사를 강화하므로 계약수를 감소시켜 재정적인 충격을 완화시키기도 한다.

### 4.1.3 재보험(Reinsurance)

재보험이란 원수보험사(reinsured, cedent insurer, primary insurer)가 손실의 규모를 줄이기 위해 다른 보험회사(reinsurer, assumed insurer)에게 담보 위험의 일부 또는 전부를 전가(출재, ceding)하고 그 대가를 지불하는 보험이다. 대부분의 보험회사들은 재정적인 보호를 위해 위험의 일부를 재보험사에 전가한다. 전통적으로 원수보험사는 재보험으로 전가된 부분까지 포함한 원래의 데이터(raw data)를 이용하여 요율산정을 실행한다. 그러나, 경우에 따라서 재보험된 부분의 영향도가 큰 경우 재보험으로 전가된 부분을 차감한 데이터를 이용하여 요율산정을 하기도 한다.

재보험은 비례재보험(proportional cover)과 비비례재보험(non-proportional cover)으로 분리될 수 있는데 비례재보험인 경우 보험료와 상응한 비율로 손해액이 재보험사에 전가되기 때문에 재보험된 부분을 데이터에서 반드시 제거할 필요가 없을 수 있다. 비비례재보험인 경우, 재보험사는 재보험계약에 의하여 손해액의 일부만을 담보하고 원수사는 보험료의 일부를 부담한다. 예를 들어, 재난사고에 의한 재물담보 피해액이 5억원을 초과하고 10억원을 한도로 하는 손해액 중 초과분의 50%를 재보험사가 책임을 진다거나 특정담보에 대한 단독 대형사고인 경우 10억원에서 20억원 사이 손해액의 일부를 부담하는 거래가 이에 해당한다. 일반적으로 비비례재보험은 손해액의 감소를 예측 가능하게 한다. 이 경우, 원수사에서 비비례재보험의 가입을 위해 재보험사에 지불한 보험료와 재보험사로부터 지급받는 재보험 손해액은 최초 원수 보험료와 손해액에서 차감된 상태로 원수사의 요율산정 작업에 임할 수 있다.

한편, 원수보험사가 재보험사에 전가하는 손해액의 예측은 후반부에 설명되는 원수보험사의 보상한도 구간별 손해액의 규모를 산출하는 개념과 동일하며, 나아가서 보상한도 인상계수(ILF, increased limit factor)를 계산하는 기초 개념이 된다.

### 4.1.4 담보 및 요율변수의 변경

보험계약은 약관에서 정한 보험 사고에 대해 보상을 하는 약속이다. 보험회사는 종종 담보의 내용을 변경하기도 하는데 이는 보상금액의 규모에 영향을 끼치게 된다. 보상금액은 법령의 변경이나 법원의 판결사례 등에 의해서도 영향을 받을 수 있다. 그러므로, 미래의 손해액을 예측할 때는 요율이 적용될 기간 동안 예측되는 담보 또는 보상 내용을 충분히 감안할 필요가 있다.

요율변수의 변화는 손해액에 직간접적 효과 둘 다를 지닌다. 직접적인 효과는 자동차보험에서 자차담보의 자기부담금 변경같이 직접적이고 명백한 결과를 포함한다. 즉, 법령에 의해 최소 자기부담금이 상향 조정될 경우, 손해액은 직접적으로 감소하게 될 것이다. 반면에, 간접적인 효과는 최소 자기부담금의 상향 조정에 따른 보상청구자 행동의 변화를 의미하는 것으로 직접적인 효과보다 파악하기가 힘들다. 위의 예처럼 법령에 의해 최소 자기부담금을 상향 조정할 경우, 피보험자인 운전자는 사고시 본인이 부담해야 하는 금액이 올라감으로써 더욱 안전운전을 하게 될 것이며 이에 따라 손해액도 감소하게 될 것이라는 추측이 간접적인 효과에 해당된다. 계리사는 담보 또는 요율 내용 등의 변경 시 그 내용을 제대로 이해해야 하며 손해액에 직간접적 효과가 무엇인지를 파악하고 이에 따라 요율산정시 어떻게 손해액에 반영할지에 대한 고민이 필요하다. 과거 손해액 경험 데이터는 개별 보상 수준에서 이용할 수 있을 것이고 각 보상내역을 현재의 담보 또는 보상 수준과 동일하게 수정함으로써 변경내용을 분석 작업에 반영할 수 있는데, 이는 이상적인 생각일 뿐 현실에 그대로 반영하기에는 많은 시간과 노력이 필요하며 객관적으로 실행이 불가능할 수도 있다. 그러나, 다른 대안으로서 보상을 비슷한 형태로 분류해서 각 그룹의 평균을 수정함에 의해 실행하는 방법이 있다.

예를 들면, 보험회사는 계약에 의해 다양한 금액의 보상한도를 제공하여 보험계약자가 자유롭게 선택할 수 있도록 한다. 만일 보험회사가 위험률 관리차원에서 최대 보상한도금액을 1억원에서 8천만원으로 하향 조정하기로 한다면 8천만원 이상의 피해가 발생한 사고는 오직 8천만원까지만 보상하게 되며 이는 직접적인 효과로서 쉽게 계산하여 요율산정의 손해액 측면에 반영할 수 있어야 한다.

〈표 9-9〉는 담보 및 요율변수의 변경에 의한 직접적인 효과를 계산하는 방법을 보여주는 예이다. 보험회사에 의해 보상 최대 한도금액을 1억원에서 8천만원으로 변경할 경우 8천만원 이상인 보상건만의 지급손해액은 $(639,000 - 560,000)/639,000 = 12.4\%$의 감소효과를 기대할 수 있다. 1억원의 최대 한도금액을 가진 전 계약의 기준으로 한도금액을 8천만원으로 변경하면 모든 보상은 계약 건당 평균 약 $(28,919,341 - 28,840,341)/28,919,341 - 0.3\%$의 손해액 감소를 기대할 수 있으며 요율산정시 손해액 부분에 반영할 수 있다. 반대로 1억원의 최대 한도금액을 1억 2천만으로 상향 조정할 경우 모든 보상은 1억원의 한도로만 표시되어 있으므로 〈표 9-9〉의 보상번호 1~2번의 경우는 정확한 손해액 정보를 포함해야 한다. 이럴 경우, 보험회사가 지급한 손해액이 아닌 실제 보상 청구시 손해액의 정확한 정보를 얻어 분석해야 한다.

**표 9-9** 담보 및 요율변수의 변경에 의한 직접적인 효과 분석

| 보상 번호 | 1억원 한도인 경우<br>지급손해액 | 8천만원 한도인 경우<br>지급손해액 | 직접적 효과 |
|---|---|---|---|
| 1 | 100,000 | 80,000 | -20.0% |
| 2 | 100,000 | 80,000 | -20.0% |
| 3 | 96,000 | 80,000 | -16.7% |
| 4 | 91,000 | 80,000 | -12.1% |
| 5 | 88,000 | 80,000 | -9.1% |
| 6 | 83,000 | 80,000 | -3.6% |
| 7 | 81,000 | 80,000 | -1.2% |
| 합계 | 639,000 | 560,000 | -12.4% |
| 8천만원 이하<br>개별손해액 합 | 28,280,341 | 28,280,341 | 0.0% |
| 합계 | 28,919,341 | 28,840,341 | -0.3% |

직접적인 효과뿐만 아니라, 담보 내용의 축소에 의해 계약자가 보상이 부족하다고 판단하여 다른 담보를 추가로 구입할 경우, 간접적인 효과가 발생할 수 있다. 현실적으로 얼마의 계약자가 추가로 담보를 구매하며 이에 따른 예상 손해액의 변화가 있을지를 정확히 판단하고 계산하기에

는 매우 어려운 측면이 있다. 객관성 있는 판단과 신뢰성 있는 증거 자료가 있지 않다면 간접적인 효과는 무시할 수밖에 없다. 대체로 간접적인 효과는 미미할 것이라는 가정이 뒤따른다.

담보나 요율변수 내용의 변경이 미래의 손해액 구조에 영향을 끼칠 것이라 판단한다면, 그 효과를 요율산정 작업시 반영해야 하는데 그러기 위해서는 과거 손해율 경험 데이터를 수정하기 위해 자세한 변경 내용과 함께 적용될 시점을 고려해야 한다. 즉, 이런 변경이 현재 보유계약으로부터 발생하는 모든 클레임에 영향을 끼치는지 아니면 변경일자 후에 체결된 새로운 계약에 의한 클레임에만 적용되는지를 파악해야 한다. 필요한 수정작업은 매 경우 다를 수 있다.

적합한 수정 작업을 진행하기 위한 요율산정 기법은 보험료를 현재 요율 수준으로 온레벨하는 방법인 평행사변형법과 매우 유사하다. 〈그림 9-1〉의 도형 예시와 함께 이해하도록 하겠다. 예를 들어, 2022년 10월 1일자 법령에 의한 담보내용의 변경이 있다고 가정하자. 변경된 내용은 2022년 10월 1일 이후에 쓰여진 1년만기 계약에만 적용되며 변경에 따른 직접적인 효과는 손해액에 약 +3% 정도 영향을 끼친다고 예측하고 있다. 〈그림 9-1〉에서처럼 1년을 나타내는 정사각형을 각 분기단위로 분리하였다. 보험료 온레벨과정에서 보험료는 1년 동안 매월 유사한 계약 규모에 의해 판매된다는 가정을 하였다. 그러나 손해액의 경우는 계절적인 요인이 많이 작용하기 때문에 매월 유사한 손해액 규모로 발생한다는 가정은 적절치 않을 수 있다. 대신에 각 분기별로 분기 안에 속한 3달 동안 매월 손해액의 규모는 유사할 것이라는 가정을 사용한다. 계절적인 요인이 크게 작용하여 매월 판매 규모가 상이한 상품의 경우는 정사각형을 월단위로 분리하여 사용하면 더 정확한 분석을 할 수 있다. 변경이 실행일 이후에 쓰인 계약에만 적용되기 때문에 평행사변형법과 마찬가지로 변경을 나타내는 것은 사선이다. 평행사변형법과 유사한 방법에 의해 손해액 변경지수를 계산하는 방법은 다음과 같다.

**그림 9-1**  AY기준 신계약 손해액의 영향도

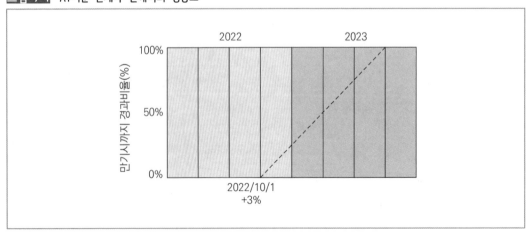

2022년 제4분기에 변경이 실행되었으므로 4분기 변경 전후 각각이 차지하는 비중을 먼저 계산한다. 일 년을 나타내는 정사각형의 면적을 1이라고 했을 때 각 분기를 나타내는 직사각형의 총면적은 1/4이 된다.

$$\text{AY2022년 제4분기 변경후 비중} = 0.25 \times 0.25 \times 0.5 = 0.03125$$
$$\text{AY2022년 제4분기 변경전 비중} = 0.25 - 0.03125 = 0.21875$$
$$\text{AY2023년 제1분기 변경후 비중} = (0.25 + 0.50) \times 0.25 \div 2 = 0.09375$$
$$\text{AY2023년 제1분기 변경전 비중} = 0.25 - 0.09375 = 0.15625$$

변경지수의 공식은 아래와 같다.

$$\text{변경지수} = \frac{\text{현재 손해액 수준}}{\text{경험 데이터의 평균손해액 수준}}$$

담보내용의 변경은 2년 동안 오직 한 번 일어났다고 가정하면 현재 손해액 수준은 1.03이며 공식에 의하여 분기별 변경지수는 다음과 같게 된다.

$$\text{AY 2022년 제4분기 변경지수} = \frac{1.03}{1.00 \times \left(\frac{0.21875}{0.2500}\right) + 1.03 \times \left(\frac{0.03125}{0.2500}\right)} = 1.026$$

$$\text{AY 2023년 제1분기 변경지수} = \frac{1.03}{1.00 \times \left(\frac{0.15625}{0.2500}\right) + 1.03 \times \left(\frac{0.09375}{0.2500}\right)} = 1.019$$

AY2023년 제1분기 이후에도 이와 유사하게 분기별 변경지수를 산출할 수 있다.

다음은 사고연도가 아닌 계약연도 기준에 의한 담보내용의 변경을 손해액에서 어떻게 수정하는지 살펴보도록 하겠다. 사고연도와 매우 유사하나 계약연도 기준에서 분기별 손해액을 표시하는 것도 변경을 의미하는 것과 동일하게 사선이다. 변경지수를 산출하는 과정은 사고연도와 동일하다.

**그림 9-2** PY기준 신계약 손해액의 영향도

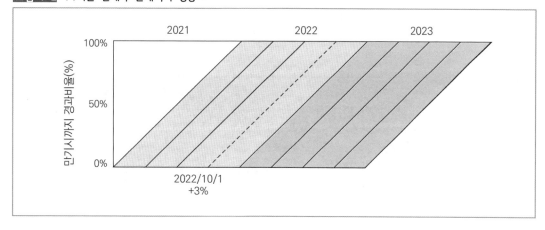

PY2022년 제4분기 변경지수＝1.03/1.03＝1.000

PY2023년 제1분기 변경지수＝1.03/1.03＝1.000

2022년 4분기 이전의 분기별 발생손해액은 1.03의 지수에 의해 수정될 필요가 있으며 이후 분기들의 발생손해액은 변경효과가 이미 반영되었으므로 1.00의 지수, 즉 수정이 필요하지 않게 된다.

이전 사례는 법령에 의한 담보내용의 변경이 변경 유효일 이후에 쓰여진 1년만기 계약에만 적용될 때 수정과정을 살펴보았다면 이번에는 변경의 효과가 실행 후 발생하는 모든 보유계약의 보상건에 영향을 끼친다고 할 때 어떻게 변경지수가 계산되는지를 알아보도록 하겠다. 변경이 실행 후 발생하는 모든 보상건에 영향을 끼친다고 하는 말은 변경 당시 유효한 모든 계약, 즉 계약 일자와 상관없이 변경 후 발생하는 모든 보상건에 영향을 끼친다는 것과 같다. 보험료 온레벨 과정에서 강제적인 요율변경 때와 마찬가지로 유효한 모든 보유계약에 영향을 끼치므로 〈그림 9－3〉에서처럼 수직선으로 표시된다.

AY2022년 제3분기 변경지수＝1.030/1.000＝1.030

$$\text{AY2022년 제4분기 변경지수} = \frac{1.03}{1.00 \times \left(\frac{0.000}{0.250}\right) + 1.03 \times \left(\frac{0.250}{0.250}\right)} = 1.000$$

**그림 9-3** AY기준 전체 보유계약에 의한 손해액 영향도:

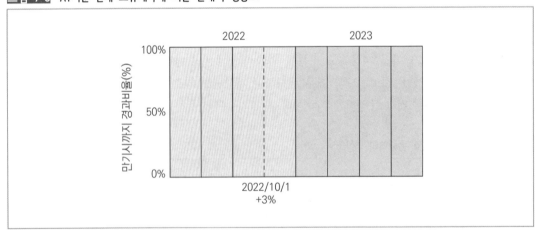

$$\text{PY2022년 제3분기 변경지수} = \frac{1.03}{1.00 \times \left(\frac{0.03125}{0.250}\right) + 1.03 \times \left(\frac{0.21875}{0.250}\right)} = 1.004$$

$$\text{PY2022년 제4분기 변경지수} = \frac{1.03}{1.00 \times \left(\frac{0.000}{0.250}\right) + 1.03 \times \left(\frac{0.250}{0.250}\right)} = 1.000$$

**그림 9-4** PY기준 전체 보유계약에 의한 손해액 영향도:

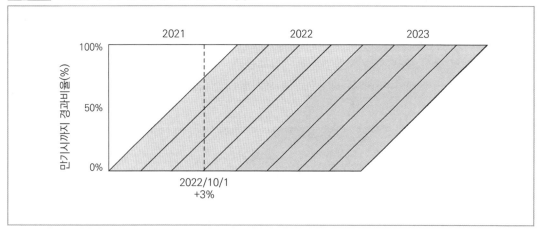

담보 및 요율변수의 변경 효과를 적절하게 요율산정에 반영하는 과정은 다소 복잡하고 주관적인 판단이 요구되는 경우가 많기 때문에 담보변경이 한 해에 수차례 발생하였고 직접적인 효과가 전체적으로 미미한 경우, 손해액 수정에 그 효과를 포함하는 절차는 많은 경우 생략하기도 한다.

## 4.2 손해액 진전(Loss Development)

손해보험상품의 특성상, 보험계약이 체결될 당시에는 물론이고 심지어 클레임이 처음 보고되었을 때조차 보험금이 얼마에서 종결될지 정확히 예측하기는 어렵다. 클레임이 보고된 후, 최종보험금이 지급되고 클레임이 종결될 때까지 보상관련 전문인력에 의해 클레임에 관한 정보가 수집되며 보험금의 일부 또는 전부가 지급되는 여러 일련의 과정을 앞에 클레임 일지를 통해 이해하였다. 재물보험처럼, 클레임의 규모를 신속히 파악할 수 있는 상품들은 클레임이 종결될 때까지의 기간이 상대적으로 짧기 때문에 최종발생손해액(ultimate incurred losses)을 신속히 산출할 수 있다. 그러나, 인보험이나 책임보험인 경우, 클레임이 최종적으로 종결될 때까지 오랜 시간이 걸리므로 클레임의 종결시까지 최종발생손해액을 알 수가 없다.

최근 사고연도에 의한 클레임 데이터를 이용하여 어느 시점에서 요율산정을 할 때, 많은 사고들은 여전히 종결되지 않은 상태로 진행 중에 있으며 이에 따라 최종발생손해액은 알려지지 않게 된다. 계약연도 데이터를 이용한다면, 클레임의 종결시까지 기간은 더 오래 걸리게 된다. 이와 같이, 미종결 또는 미완료된 클레임의 최종발생손해액(ultimate incurred losses)을 예측하고 수정하는 과정을 손해액 진전(loss development)이라 하며 손해보험 계리에서 가장 독특하며 광범위하게 다루어지고 있는 중요한 부분이다. 또한, 손해액 진전은 본서 후반부의 책임준비금 이해에 기본이 된다. 손해액 진전에 관련해서는 오래전부터 미국의 저명한 계리사와 학자들이 새로운 방법을 연구하고 논문으로 발표하고 있다. 실제로 상황에 맞게 가장 적합하고 정확한 방법을 찾아 손해액 진전 작업을 하는 것은 계리사의 임무이다. 현재 우리나라의 보험업감독업무 시행세칙에서는 여러 가지 통계적 방식 중 회사의 보험종목별 지급보험금 추세에 적합하다고 판단되는 모형을 선택하고 이를 이용하여 개별추산액을 예측한다고 명시되어 있다.

현재까지 개발된 수많은 진전 방법 중, 가장 일반적인 진전추이법(chain ladder method)과 기대손해율을 적용하여 최종 발생손해액을 도출하는 본휴더-퍼거슨법(Bornhuetter-Ferguson method), 그리고 보상처리의 급격한 변화에 의해 손해진전 형태의 일관성이 부족할 때 종종 사용하는 버퀴스트-셔먼(Berquist-Sherman method) 방법 등이 대표적인 진전 방법론이라 할 수 있다. 여기서는 가장 일반적으로 오랫동안 널리 사용되고 있는 진전추이법만을 다루도록 하겠다.

## 4.2.1 진전 추이 방식(chain ladder method)

진전 추이 방식은 손해액 진전 방법 중 요율산정 모델에서 가장 널리 오랫동안 광범위하게 많이 사용되고 있는 것으로, 모든 손해액은 일반적으로 시간이 지남에 따라 미지급 상태에서 지급 상태로 바뀌므로 과거의 손해액 진전 흐름은 미래의 손해액 진전 흐름과 유사한 모습을 지닐 것이라는 가정에서 시작한다. 일반적으로 지급보험금과 발생손해액, 평균지급보험금의 진전은 조금씩 차이가 있으므로 각각을 별개로 진전시켜 살펴볼 필요가 있다.

진전추이방식에서 지급보험금을 이용한 진전추이방식(PLDM, Paid Loss Development Method)은 지급속도의 안전성을 핵심 가정으로 한다. 발생손해액을 이용한 진전추이방식(ILDM, Incurred Loss Development Method)은 손해액 인식속도의 안전성에 주안점을 둔다. 반면에, 평균지급보험금을 이용한 진전추이방식(APM, Average Payment Method)은 건당 손해액의 안전성과 사고건수의 인식패턴을 이해하는 데 목적을 둔다고 할 수 있다. 그러나, 요율산정 모델에서는 최종발생손해액만이 주요 관심사가 되기 때문에 지급보험금 진전추이방식 또는 발생손해액 진전추이방식이 이에 해당한다.

요율산정에서 손해액 진전은 손해액의 형태(예: 지급 또는 발생 등)에 따라 여러 방법으로 진행할 수 있고 손해사정비의 진전 형태를 살펴보기 위해 손해사정비의 진전을 별도로 살펴볼 수도 있다. 대부분의 손해보험상품들의 요율산정 작업시에는 손해사정비를 포함한 발생손해액의 진전에 초점을 맞추는 게 일반적이다.

손해액의 진전을 실행할 때 주의해야 할 점은 유사한 형태의 보상처리 과정을 가진 상품과 담보에 따라 별도로 분리하여 진행해야 한다는 점이다. 즉, 자동차보험인 경우, 대인사고와 대물사고는 보상 내용과 손해액 진전 흐름이 매우 다르기 때문에 담보별로 따로 진행해야 한다. 매우 드문 경우, 소형회사의 대물사고와 자차사고 담보가 개별적으로 진전을 하기에는 데이터가 매우 부족할 때 두 담보를 합하여 진전을 진행할 수도 있다. 반면에, 손해액 진전 작업을 위한 충분한 보상 데이터가 있다면 담보의 종류별로 세분화하여 손해액 진전을 살펴보는 것이 바람직하다.

**표 9-10** 사고연도 차월별 발생손해액 진전 (단위 : 천원)

| 사고 연도 | 12 (Y) | 24 (Y+1) | 36 (Y+2) | 48 (Y+3) | 60 (Y+4) | 72 (Y+5) | 84 (Y+6) |
|---|---|---|---|---|---|---|---|
| 2018 | 21,760 | 33,293 | 42,615 | 47,302 | 48,248 | 48,731 | 48,731 |
| 2019 | 22,413 | 34,740 | 45,162 | 50,581 | 52,099 | 52,620 | |
| 2020 | 23,309 | 34,032 | 42,880 | 46,739 | 48,141 | | |
| 2021 | 23,775 | 36,377 | 48,017 | 54,259 | | | |
| 2022 | 24,489 | 36,733 | 46,651 | | | | |
| 2023 | 25,468 | 38,712 | | | | | |
| 2024 | 26,232 | | | | | | |

  손해액의 진전법은 대부분 삼각형(triangle) 형태로 재구성한다. 〈표 9-10〉에서처럼, 각 행(row)은 다른 사고연도를 의미한다. 각 열(column)은 매 사고연도 말로부터 다른 손해액 평가일자에 따른 발생손해액을 보여준다. 표에서 사고연도 1년 단위로 구분된 손해액이 연차별로 진전되는 금액을 표시하였다. 예를 들어, 사고연도 2021년의 12차월인 시점에 발생손해액 23,775,000원은 사고연도 2021년에 발생한 모든 사고들의 2021년 12월 31일자에 평가된 발생손해액을 의미한다. 이 금액은 또다시 12개월 후인 2022년 12월 31일자, 다른 표현으로는 사고연도 2021년에 발생한 클레임이 2022년 12월 31일까지 진전될 때 평가된 발생손해액은 36,377,000원으로 1년 사이 $36,377,000-23,775,000=12,602,000$원만큼 더 진전되었음을 알 수 있다. 즉, 진전법의 평행선으로 보여지는 금액은 사고연도의 매 차월별 진전금액을 의미한다. 반면에, 삼각형에서 수직선에 있는 금액은 같은 차월별 매 사고연도의 발생손해액을 의미한다. 예를 들어, 60차월의 수직선에 있는 숫자를 살펴보겠다. 사고연도 2018년과 60차월에 있는 48,248은 2018년에 발생한 사고들이 60차월까지 진전된 발생손해액이며, 밑에 있는 숫자 52,099는 2019년에 발생한 사고들의 60차월 발생손해액을, 또 밑에 있는 숫자 48,141은 2020년에 발생한 사고들의 60차월 발생손해액을 의미하는 것이다. 한편, 사선에 있는 금액들은 같은 손해액의 평가일자에서의 발생손해액들이다. 예를 들어, 가장 오른편 사선에 있는 금액들은 매 사고연도별 2024년 12월 31일자에서 평가한 발생손해액이 되는데, 26,232는 사고연도 2024년의 12차월, 38,712는 사고연도 2023년의 24차월, 46,651은 사고연도 2022년의 36차월의 발생손해액을 의미하며 이들 손해액의 평가일자는 다 같은 2024년 12월 31일이다. 같은 논리로, 바로 하나 왼편에 있는 사선(예: 25,468, 36,733, 48,017, …, 48,731)은 2023년 12월 31일자에 평가된 매 사고연도별 발생손해액이 되는 모습이

다. 사고연도 2018년의 경우, 72차월의 발생손해액 48,731은 84차월의 것과 동일하며 더 이상 진전이 없는 상태를 보인다. 이는 사고연도 2018년의 모든 사고들은 72차월, 즉 2023년 12월 31일까지 모두 종결된 것으로 추정할 수 있다. 참고로, 〈표 9-10〉은 대인배상담보처럼 보상이 오랜 기간 지속되는 경우에 해당되는 예이나, 재물담보인 경우는 손해액 판정이 대인담보보다 명확하고 간단하므로 손해액의 진전은 상대적으로 짧게 나타난다.

발생손해액의 진전을 계산하기 전, 사고연도별 해당연도(Y) 금액들의 형태를 살펴볼 필요가 있다. 〈표 9-10〉에서는 12차월이 이에 해당하는데, 매 사고연도별 12차월의 발생손해액은 약 2~4%의 추세로 지속적인 증가를 보이는 데 반해, 경우에 따라서는 급격한 증감을 보일 수도 있다. 이 경우, 발생손해액의 진전뿐만 아니라, 사고건수 또는 평균 사고액수를 위와 동일한 삼각형 형태로 재구성하여 비교할 필요가 있다. 지속적이지 못한 진전은 주로 적은 양의 클레임으로 인해 특정 사고들이 해당 전체손해액에 큰 비중을 가지고 있거나 클레임의 진전이 매우 긴 산재보험인 경우 나타나는 게 일반적이다.

다음 단계에서 진전형태는 다음 평가일자까지 얼만큼 진전되었는지를 보여주는 진전 손해액의 비율을 계산한다. 이 비율을 차월간 진전계수(LDF, age-to-age development factor) 또는 연결률(link ratio)이라 표현한다. 〈표 9-11〉은 발생손해액 진전표를 이용한 매 사고연도별 연결률을 나타낸다. 사고연도 2021년의 12~24차월 진전계수 1.53은, AY2021년 12차월인 즉 2021년 12월 31일자 기준, 발생손해액 23,775,000원이 24차월인 2022년 12월 31일까지 얼마나 진전되었는지에 대한 비율을 나타내는 것이다. 다시 표현한다면, 사고연도 2021년의 2021년 12월 31일자 발생손해액은 23,775,000원이었는데 그로부터 12개월 후인 2022년 12월 31일자 또는 사고연도 2021년의 24차월에 다시 평가할 때 약 53%(=36,377/23,775-1)가 증가(또는 진전)되었다는 것을 의미한다. 같은 방식에 의해, 사고연도 2021년의 24~36차월 진전계수 48,017/36,377=1.32는 사고연도 2021년의 24차월차 발생손해액이 36차월까지 12개월 동안 약 32% 정도 더 진전되었다는 것으로 평가하는 것이다.

이렇게 매 차월간 진전계수를 계산한 후 차월간 평균 진전계수를 구한다. 〈표 9-11〉에서는 4가지 조금씩 상이한 방법에 의한 평균 계산법을 보여주는데, 계리사는 여러 평균 계산을 참고하여 차월간 대표 진전계수를 선택한다. 첫 번째는 단순한 산술평균값이다. 사고연도별 차월간 손해액 진전 패턴이 매우 유사한 경우에 가장 정확한 평균일 수 있다.

12~24차월 전체 평균 진전계수=(1.53+1.55+1.46+1.53+1.50+1.52)/6=1.52

**표 9-11** 사고연도 차월별 진전계수 또는 연결률

| 사고연도 | 12~24 | 24~36 | 36~48 | 48~60 | 60~72 | 72~84 |
|---|---|---|---|---|---|---|
| 2018 | 1.53 | 1.28 | 1.11 | 1.02 | 1.01 | 1.00 |
| 2019 | 1.55 | 1.30 | 1.12 | 1.03 | 1.01 | |
| 2020 | 1.46 | 1.26 | 1.09 | 1.03 | | |
| 2021 | 1.53 | 1.32 | 1.13 | | | |
| 2022 | 1.50 | 1.27 | | | | |
| 2023 | 1.52 | | | | | |
| 2024 | | | | | | |
| 전체 평균 | 1.52 | 1.29 | 1.11 | 1.03 | 1.01 | 1.00 |
| 최근 3년 평균 | 1.52 | 1.28 | 1.11 | 1.03 | 1.01 | 1.00 |
| 최고저 제외 평균 | 1.52 | 1.28 | 1.12 | 1.03 | 1.01 | 1.00 |
| 가중치 평균 | 1.51 | 1.29 | 1.11 | 1.03 | 1.01 | 1.00 |
| 추천 대표 진전계수 | 1.52 | 1.28 | 1.11 | 1.03 | 1.01 | 1.00 |

두 번째 방법은 가장 최근 2~3년간의 손해액만을 이용하여 평균을 구하는 것이다. 과거와 비교해 인플레이션 등에 의해 사고 형태와 손해액이 최근에 많이 달라졌다고 판단될 때 참고가 되는 평균 값이다.

12~24차월 최근 3년 평균 진전계수 = (1.53 + 1.50 + 1.52)/3 = 1.52

세 번째 평균은 매년 사고 추이는 지속적으로 유사하나 요율산정의 대상인 담보 또는 상품에 따라 가끔씩 예외적인 손해액 진전을 보일 경우, 해당 차월간 진전계수에서 가장 높은 진전계수와 가장 낮은 계수를 제외한 수치로 평균값을 구하는 것이다. 이는 예외적인 계수에 의한 평균 진전계수의 값을 왜곡시킬 수 있는 점을 방지하는 것이다.

12~24차월 최고저 제외 평균 진전계수 = (1.53 + 1.53 + 1.50 + 1.52)/4 = 1.52

마지막 방법은 가장 최근 연도의 계수에 가장 많은 가중치를, 가장 오래된 연도의 계수에는 가장 적은 가중치를 둠으로써 모든 계수를 감안하되 가장 최근 연도에 비중을 더 두고자 하는 것이다.

12~24차월 가중치 평균진전계수
= (1.53×1 + 1.55×2 + 1.46×3 + 1.53×4 + 1.50×5 + 1.52×6)/21 = 1.51

이와 같이 다른 관점에서의 평균 값들을 참고로 차월간 대표 진전계수를 결정한다. 위의 예에서는 4가지 평균값이 매우 유사한 손해액 진전을 보이므로 결정하기가 쉬우나 그렇지 않은 경우, 계리사가 합리적이고 타당한 계수를 선택하는 과정이 중요하다.

　　대인사고와 같은 책임담보(liability coverage)인 경우, 대체로 손해액은 최종 종결시까지 증가하는 경향을 보인다. 이는 이미 보고된 보상금액이 계속 증가하는 방향으로 진전되고 있을 뿐만 아니라 사고연도 당시에는 미보고 상태였으나 후에 새로운 클레임의 보고되어 해당 사고연도의 진전 손해액에 포함되어 증가하게 되는 것이 일반적인 현상이다. 대체로 건당 클레임 처리기간이 길어질수록 손해액은 증가하는 경향이 있다. 그러나, 경우에 따라서 손해액이 감소하는 방향으로 진전될 수도 있다. 대체로 재물보험(property insurance)에서 이러한 현상이 종종 보이는데, 이는 최초 클레임 당시 전손으로 평가하여 보험회사가 해당 보험금을 지불한 후 담보물건에 대한 소유권을 얻고, 다시 중고가격으로 되파는 경우가 한 예로서, 이런 거래를 회수재산 거래라 하며 이로 인해 받은 금액을 회수재산 처분대금(salvage cost)이라 하여 이미 지급된 보험금에서 차감되는 형태로서 기록상 마이너스 손해액으로 처리된다. 또 다른 손해액의 감소진전은 구상(subrogation)을 통해서도 이루어진다. 보험회사가 피보험자에게 배상책임에 대한 과실여부에 상관없이 우선 손해보상을 하였을 경우 보험회사는 지급한 보험금을 한도로, 피보험자가 가지고 있는 제3자에 대한 법률상 배상청구권리를 취득하는 것으로, 보험회사는 운송인, 수탁자 등 손해발생에 과실 책임이 있는 사람에게 이 권리에 의거하여 손해배상 청구를 하게 되는데 이 절차를 구상(求償)이라고 한다. 회수 재산과 구상이 많이 발생할수록 진전계수 또는 연결률은 1.00 이하인 경우가 발생하게 된다. 이외에도 보상건별 개별추산액(case reserve)을 초기에 너무 높게 책정한 경우에도 진전계수는 1.00보다 작게 될 수 있고 초기에 개별추산액을 포함한 보상금액을 오류로 잘 못 입력해서 발생되는 경우도 있다.

　　대부분 대인사고 담보의 클레임은 사고 발생 후 72개월 전에 종결되는 것이 일반적이나 산재보험인 경우, 더 오랜 기간 동안 클레임이 미종결 상태로 남아 있으며 그로 인해 현재까지 진전된 손해액을 최종손해액으로 진전시키는 진전계수를 계산하기 어려운 경우가 존재한다. 이런 경우 특정 차월(예: 72개월) 이후의 진전계수는 더 오랜 기간의 손해액 데이터 진전을 살펴본 후 특정차월 이후의 데이터를 합산하여 일명 꼬리 진전계수라고도 하는 최종 진전계수(tailing factor)를 예측하여 적용하는 방식을 따른다. 손해액 진전은 요율산정 모델에서 매우 중요한 핵심 과정일 뿐만 아니라, 손해보험회사의 개별추산액 또는 책임준비금 계산시 매우 중요한 절차이다. 그러므로, 계리사들은 각 상품과 담보에 대한 명확한 지식과 보상 처리 절차에 대한 내용, 보상에 영향을 끼치는 요소들에 대한 정보도 항상 알 수 있어야 한다.

**표 9-12  사고연도 차월별 종결 진전계수**

| 사고연도 | 12~종결 | 24~종결 | 36~종결 | 48~종결 | 60~종결 | 72~종결 |
|---|---|---|---|---|---|---|
| 종결 진전계수 | 2.25 | 1.48 | 1.15 | 1.04 | 1.01 | 1.00 |

차월별 대표 진전계수를 선택한 후, 다음 단계는 최종발생손해액을 예측하기 위해 각 차월에서 종결시까지의 잔여차월에 대한 종결 진전계수(age-to-ultimate development factor)를 구하는 것이다. 차월별 종결 진전계수는 보상이 종결될 때까지 각 차월별로 선택된 대표 진전계수들의 곱으로 계산된다. 예를 들어, 24개월에서 종결 진전계수는 24~36개월 대표 진전계수에 36~48, 48~60, 60~72, 72~84개월 대표 진전계수를 곱한 값이 된다. 〈표 9-12〉에서 24차월 종결 진전계수 1.48이 의미하는 것은 해당 사고연도의 24차월에 평가된 발생손해액이 앞으로 48% 더 증가된 상태에 도달할 때에 비로소 당해 사고연도의 모든 보상은 종결될 것이라고 예측하는 것이다.

$$12\text{~종결 진전계수} = 1.52 \times 1.28 \times 1.11 \times 1.03 \times 1.01 \times 1.00 = 2.25$$
$$24\text{~종결 진전계수} = 1.28 \times 1.11 \times 1.03 \times 1.01 \times 1.00 = 1.48$$
$$36\text{~종결 진전계수} = 1.11 \times 1.03 \times 1.01 \times 1.00 = 1.15$$
$$48\text{~종결 진전계수} = 1.03 \times 1.01 \times 1.00 = 1.04$$
$$60\text{~종결 진전계수} = 1.01 \times 1.00 = 1.01$$

〈표 9-13〉은 종결 진전계수가 어떻게 요율산정에서 적용되는지에 대한 예이다. 산출된 종결 진전계수는 가장 최근 평가된 각 사고연도별 발생손해액(진전 삼각형 도형의 맨 오른편 사선)에 곱해져 사고연도별 예측 최종 발생손해액을 계산하고 이들이 요율산정 모델의 손해액 부분으로 들어간다. 사고연도 2024년의 발생손해액 26,232는 12개월 된 금액이므로 최종 발생손해액을 예측하기 위해서는 12~종결 진전계수를 곱해줘야 한다. 유사하게 사고연도 2023년의 발생손해액 38,712는 24차월까지 진전된 금액이므로 최종 발생손해액을 예측하기 위해서는 24~종결 진전계수를 곱해줘야 하는 것이다.

**표 9-13** 사고연도별 예측 최종 발생손해액 (단위 : 천원)

| 사고연도 | 2024/12/31자 발생손해액 | 2024/12/31자 차월(개월수) | 종결 진전계수 | 예측 최종 발생손해액 |
|---|---|---|---|---|
| 2018 | 48,731 | 84 | 1.00 | 48,731 |
| 2019 | 52,620 | 72 | 1.00 | 52,620 |
| 2020 | 48,141 | 60 | 1.01 | 48,623 |
| 2021 | 54,259 | 48 | 1.04 | 56,446 |
| 2022 | 46,651 | 36 | 1.15 | 53,870 |
| 2023 | 38,712 | 24 | 1.48 | 57,218 |
| 2024 | 26,232 | 12 | 2.25 | 58,935 |

위의 손해액 진전 순서를 요약하면 다음과 같다.

1단계: 손해액 데이터를 삼각형 진전으로 변환

2단계: 차월간 진전계수(age-to-age development factor) 또는 연결률(link ratio) 계산

3단계: 차월간 진전계수의 평균 계산

4단계: 차월간 대표진전계수 선택

5단계: 꼬리 진전계수 선택

6단계: 차월별 종결 진전계수 계산

7단계: 발생손해액 예측

손해액 진전과정을 실행할 때, 대형사고나 재난사고 등 예외적인 손해액은 데이터에서 제외하고 진행하는 것이 타당하다. 손해액 진전과정은 클레임이 보고된 후 종결될 때까지 손해액이 어떻게 변화하는지를 분석하는 것으로서, 예외적인 손해액이 포함되면 진전계수의 일반적인 추이가 아닌 왜곡된 결과를 불러일으키며, 과도한 예상 최종 발생손해액의 결과가 매 사고연도별 나타나므로 결국 왜곡된 요율인상으로 나타날 가능성이 상당히 높게 된다. 또한, 예외적인 손해액은 앞에서 설명된 대형사고 초과지수나 재난지수를 통해 이미 적용되었기 때문에 예외적인 손해액을 포함하여 진전계수를 계산할 경우 예외적인 손해액은 중복 적용이 될 수 있기 때문이다.

손해액의 진전추이방식은 손해액 진전을 계산하는 가장 잘 알려진 방법이다. 때에 따라서, 모든 손해액은 일반적으로 시간이 지남에 따라 미지급 상태에서 지급의 형태로 바뀌므로 과거의 손해액 진전 흐름은 미래의 손해액 진전 흐름과 유사한 모습을 가질 것이라는 진전추이방식의 가정이 합당하지 않은 경우가 발생할 수 있다. 예를 들어, 보상 처리 방법의 급격한 변경 등에 의해 향후에는 사고접수시부터 보상종결시까지의 처리기간이 과거보다 훨씬 짧거나 길어지게 된다면 진전추이방식의 가정을 왜곡하고 산출된 진전계수의 정확성을 떨어뜨릴 수 있게 됨을 상기하여 차월별 진전계수 선택시 필히 감안해야 할 것이다.

지금까지 설명한 손해액의 진전추이방식은 요율산정에 매우 중요한 부분이므로 그 메커니즘을 정확히 이해해야 한다. 또한, 진전추이방식의 이해는 후반부에 다룰 책임준비금 산정의 기본 논리를 이해하는 데 매우 도움이 될 것이다.

## 4.3 손해액 추이(Loss Trend)

손해액이 최종 종결시까지 진전되는 흐름을 예측하는 것뿐만 아니라, 요율산정에 이용하는 과거 손해액의 경험기간부터 요율이 유효하게 될 미래시점까지의 손해액 추이도 요율산정 모델의 중요한 요소이다. 이는 보험료 추이를 분석하여 모델에 적용하는 것과 같은 이치이다. 손해액 추이는 사고빈도와 심도에 의한 변화로서 이해될 수 있으며, 계리사들은 요율이 적용되는 미래의 시점에 손해액을 정확히 예측하도록 정확한 데이터를 바탕으로 손해액 추이를 계산해야 한다.

### 4.3.1 추이선 선택

손해액의 추이를 변경시키는 데는 보험 외적인 이유와 보험 관련에 의한 원인이 있다. 의료비의 상승, 자동차 부품가격과 공임비의 상승 같은 인플레이션에 의한 물가상승, 주택구조의 고급화에 따른 생활 환경의 사회적 변화, 제도의 변화 등은 보험 외적인 면에 해당한다. 보험 관련에 의한 원인으로는 보험상품 구조의 변화, 심사조건을 완화하는 등 언더라이팅 전략의 변화, 보상 지급 형태의 변화 등 다양한 부분에서 찾을 수 있다.

손해액 추이를 구하는 가장 간단한 방법은 과거 데이터에서 가장 적합한 손해액 추이선을 선택하는 것이다. 이를 위해서, 사고빈도와 사고심도뿐만 아니라 순보험료에 의한 추이도 각각 살펴볼 필요가 있다. 예를 들어, 자기부담금의 최소한도를 올릴 경우 사고빈도는 감소하나 소액사고건이 제외되어 사고심도는 증가하게 되므로 순보험료의 추이를 정확히 파악하기 어렵게 된다. 그러므로, 손해액 추이 계산시 실제 추이에 영향을 끼치는 것들을 정확히 감시해서 실행해야 한다. 그러기 위해서 과거 데이터에 기반한 분석, 경우에 따라서는 계절적 요인 또는 담보변경 등의 효과를 반영하도록 데이터의 수정작업도 요구된다. 손해액 추이는 상품의 특성과 구조에 따라 상당히 다르다. 재물보험처럼 손해액 진전이 상대적으로 짧은 상품은 보편적으로 최근 3년간 분기별 전년대비 달력연도 지급보험금의 데이터를 이용해 추이를 계산한다. 달력연도에 의한 추이분석은 먼저 데이터 수집이 용이하며 지급보험금(paid loss)을 이용하기 때문에 개별추산액에 의한 손해액의 변경을 최소화할 수 있으며, 직전 1년간의 지급보험금 합계를 이용함으로써 계절적인 영향을 최소화시킬 수 있는 장점이 있다. 그러나, 배상책임보험처럼 손해액 진전이 상대적으로 긴 상품은 사고연도에 의한 발생손해액을 이용하여 추이를 계산한다. 그 이유는, 발생손해액 안에는 최종 종결시까지의 예측이 들어가 있기 때문이다. 손해액의 진전처럼, 손해액 추이 분석에서는 유사한 형태의 보상을 가진 상품과 담보에 따라 통합된 데이터로 진행해야 한다는 점이다. 즉, 자동차보험인 경우, 대인사고와 대물사고는 보상 형태와 손해액 진전 형태가 매우 다르므로 추이 분석도 역시 별개로 진행해야 한다는 점이다.

사고빈도와 사고심도뿐만 아니라 순보험료에 의한 추이도 각각 분석할 필요가 있는데, 가장 보편적인 추이모델은 선형회귀(linear regression)모델과 지수회귀(exponential regression)모델이다. 선형회귀모델은 심도추이와 같이 단위당 증감이 일정한 양에 의한다는 가정하에서의 추이선을 보여준다. 손해액이 항상 증가하는 추세라면 두 모델 모두 적합할 수 있으나, 손해액이 감소하는 추세라면 선형모델은 어느 단위 이후에서는 음수의 손해액 추이를 나타낼 수 있기 때문에 선형회귀모델은 적합하지 않을 수 있다. 지수회귀모델은 수치의 증감이 일정한 비율을 따른다는 가정에서의 추이선을 보여준다. 추이분석이 선형회귀 방식보다 복잡하고 어려운 점이 있지만 선형회귀모델의 단점 때문에 지수회귀 방식을 선호하는 것이 일반적이다. 본서에서는 지수회귀 방식에 의한 손해액 추이 설명에 집중할 것이다.

〈표 9-14〉는 지수회귀모델에 의한 손해액 추이 분석을 나타내는 표이다. 먼저, 경과익스포저, 종결 사고수, 지급손해액을 이용하여 달력연도 방식에 의한 분기별 직전 12개월간의 합계로 데이터를 취합한 후 분기별 빈도, 심도, 그리고 순보험료를 구한 것이다. 전년대비 변화율은 보험료 추이와 마찬가지로 현재 분기에서 1년 전 분기를 나눔으로써 변화율을 구한다. 예를 들어, 2023년 4분기 순보험료의 연간 변화율은 $39.7/39.1-1=0.015$ 또는 1.5%로 계산된다. 이와 같이, 실제 데이터로 추이를 계산한 후 실제 추이에 가장 적합한 지수회귀선을 찾아서 지수추이를 위한 변화율을 계산한다. 지수회귀선의 적합성은 $R^2$(데이터 전체의 평균으로 계산한 표준편차가 추이선에서부터 계산한 표준편차로 대체될 때의 감소 비율)로 참조한다. 즉, 1.00에 가까운 $R^2$는 지수추이가 실제 데이터와 완벽히 일치하고 있음을 뜻하며, 반대로 0에 가까운 $R^2$는 지수추이가 실제와 전혀 연관성이 없음을 의미한다.

〈표 9-14〉에서, 최근 데이터만을 사용한 4 포인트 지수회귀선의 경우, 추이의 적합성은 세 모델 모두 확연히 떨어짐을 $R^2$의 수치로 알 수 있다. 즉, 최근 1~2년간 사고빈도, 심도의 추세는 거의 일관성이 없는 상태로 발생하였다고 추론할 수 있다. 계리사는 궁극적으로 요율산정 모델을 위해 사용하는 손해액의 기간에서 모델에 의해 산출된 요율이 적용될 기간까지의 추이를 계산해야 한다. 순보험료 추이의 적합성이 빈도와 심도 추이에 비해 떨어진다고 판단되면 빈도와 심도 각각의 지수를 선택하여 곱해서 순보험료 추이를 도출할 수 있다. 예를 들어, 빈도추이 2%와 심도추이 0.4%를 선택했다면, 순보험료는 연평균 $(1.02 \times 1.004)-1=2.4\%$의 순보험료 추이가 되는 식이다.

손해액 진전에서와 마찬가지로 대형사고나 재난사고 등 예외적인 사고는 추이 데이터에서 제외하고 진행하는 것이 타당하다. 예외적인 손해액이 포함되면 심도추이에 영향을 끼치며 이는 요율산정에 적용되어 결국 왜곡된 요율결과뿐만 아니라 대형사고지수에 의해 손해액을 이미 수정했기 때문에 중복해서 적용하는 셈이 되기 때문이다.

요율산정 모델에서 손해액 추이를 위한 데이터가 추이 연구를 위해 부적당하거나 지속성 없이 매분기 등락을 반복하는 경우, 그래서 적합한 통계적인 추이선을 발견하기 어려울 때, 대안으로 외부의 데이터로 추이 분석을 할 수 있다. 재물보험의 추이에는 물가지수 데이터를, 대인보험 추이에는 통계청 데이터를, 상해보험 추이에는 병원 데이터를 대안적으로 이용하여 추이를 구한 뒤 적당한 비중으로 실제 데이터에 의한 추이 결과와 혼합하여 최종 추이를 구할 수도 있다.

**표 9-14** 지수회귀모델에 의한 손해액 추이          (단위: 천원)

| 연도/<br>분기 | 경과E | 종결<br>사고수 | 지급<br>손해액 | 빈도 | 연간<br>변화율 | 심도 | 연간<br>변화율 | 순<br>보험료 | 연간<br>변화율 |
|---|---|---|---|---|---|---|---|---|---|
| 19/01 | 23,106 | 837 | 784,027 | 0.036 | – | 936.7 | – | 33.9 | – |
| 19/02 | 23,337 | 854 | 799,708 | 0.037 | – | 936.7 | – | 34.3 | – |
| 19/03 | 23,757 | 862 | 823,699 | 0.036 | – | 955.3 | – | 34.7 | – |
| 19/04 | 23,995 | 875 | 844,291 | 0.036 | – | 964.7 | – | 35.2 | – |
| 20/01 | 24,475 | 888 | 861,177 | 0.036 | 0.2% | 969.4 | 3.5% | 35.2 | 3.7% |
| 20/02 | 24,719 | 893 | 886,151 | 0.036 | −1.3% | 992.6 | 6.0% | 35.8 | 4.6% |
| 20/03 | 24,843 | 902 | 899,723 | 0.036 | 0.0% | 997.8 | 4.5% | 36.2 | 4.5% |
| 20/04 | 25,091 | 920 | 913,219 | 0.037 | 0.5% | 992.9 | 2.9% | 36.4 | 3.4% |
| 21/01 | 25,380 | 934 | 926,550 | 0.037 | 1.3% | 992.5 | 2.4% | 36.5 | 3.8% |
| 21/02 | 25,507 | 943 | 938,019 | 0.037 | 2.4% | 994.8 | 0.2% | 36.8 | 2.6% |
| 21/03 | 26,017 | 966 | 961,469 | 0.037 | 2.3% | 994.8 | −0.3% | 37.0 | 2.0% |
| 21/04 | 26,277 | 991 | 985,506 | 0.038 | 2.8% | 994.8 | 0.2% | 37.5 | 3.0% |
| 22/01 | 26,540 | 1,020 | 1,018,028 | 0.038 | 4.5% | 997.7 | 0.5% | 38.4 | 5.1% |
| 22/02 | 26,938 | 1,051 | 1,043,479 | 0.039 | 5.5% | 992.9 | −0.2% | 38.7 | 5.3% |
| 22/03 | 27,342 | 1,072 | 1,074,783 | 0.039 | 5.5% | 1,002.6 | 0.8% | 39.3 | 6.4% |
| 22/04 | 27,889 | 1,088 | 1,089,830 | 0.039 | 3.5% | 1,001.7 | 0.7% | 39.1 | 4.2% |
| 23/01 | 28,168 | 1,110 | 1,111,627 | 0.039 | 2.5% | 1,001.7 | 0.4% | 39.5 | 2.9% |
| 23/02 | 28,309 | 1,104 | 1,117,185 | 0.039 | 0.0% | 1,011.7 | 1.9% | 39.5 | 1.9% |
| 23/03 | 28,592 | 1,126 | 1,128,357 | 0.039 | 0.5% | 1,001.8 | −0.1% | 39.5 | 0.4% |
| 23/04 | 29,021 | 1,143 | 1,150,924 | 0.039 | 1.0% | 1,006.7 | 0.5% | 39.7 | 1.5% |

| 지수회귀 | 빈도 | | 심도 | | 순보험료 | |
|---|---|---|---|---|---|---|
| 포인트수 | 변화율 | $R^2$ | 변화율 | $R^2$ | 변화율 | $R^2$ |
| 20 | 2.0% | 0.87 | 1.2% | 0.71 | 3.3% | 0.97 |
| 16 | 2.4% | 0.92 | 0.4% | 0.60 | 3.3% | 0.95 |
| 12 | 2.4% | 0.83 | 0.4% | 0.70 | 3.3% | 0.89 |
| 8 | 0.8% | 0.57 | 0.4% | 0.49 | 1.6% | 0.80 |
| 4 | 0.8% | 0.06 | 0.0% | 0.02 | 0.4% | 0.60 |

## 4.3.2 손해액 추이기간

### 4.3.2.1 단층 추이 기간

손해액 연간 추이를 선택한 후 보험료 추이지수와 마찬가지로, 적합한 추이기간을 계산한다.

추이기간은 요율산정 모델의 매 경험연도(전형적으로 보험료는 달력연도, 손해액은 사고연도)의 평균 사고 발생일로부터 모델로부터 산출된 요율이 유효하게 적용될 기간의 평균사고 발생일까지로 한다. 그래서 추이기간은 담보의 계약 유효기간(예: 1년 만기)과 새로운 요율의 유효기간(예: 전형적으로 1년)에 의해 결정된다.

다음의 예와 함께, 1년 만기 담보계약의 사고연도 2023년 발생손해액에 대한 추이 기간을 알아보자. 모델로부터 산출되는 새로운 요율이 유효하게 적용될 개시일은 2025년 1월 1일이며 1년 동안 유효하게 지속될 것으로 계획하고 있다. 일 년 내내 매일 유사한 사고가 발생한다고 가정했을 때, 사고연도 2023년의 평균 사고 발생일은 2023년 7월 1일이 된다. 이 일자는 2023년에 체결된 1년 만기 계약의 평균 계약일과 같다. 새로운 요율의 유효 개시일은 2025년 1월 1일이며 1년 동안 2025년에 체결되는 모든 계약들에게 적용된다. 계약 개시일이 2025년 1월 1일인 계약의 만기일은 2025년 12월 31일이나, 계약 개시일이 2025년 12월 31일인 계약의 만기일은 2026년 12월 30일이므로, 모든 계약이 매월 유사한 추세로 체결된다고 가정할 때, 유효기간 동안의 평균 사고 발생일은 2025년 12월 31일, 즉 모든 계약들의 유효기간 중간시점이 된다. 그러므로, 사고연도 2023년 손해액의 추이 기간은 2023년 7월 1일부터 2025년 12월 31일까지 즉, 2.5년이 된다. 동일한 논리에 의해 사고연도 2022년 손해액의 추이 기간은 3.5년이 됨을 이해할 수 있을 것이다. 연평균 손해액 추이를 2.0%로 선택했다면, 추이기간을 적용한 추이계수는 $(1.02)^{2.5} = 1.051$이며 사고연도 2023년 손해액 데이터에 적용하여 수정손해액을 계산하게 된다.

**그림 9-5** 1년 만기 계약의 손해액 추이 기간

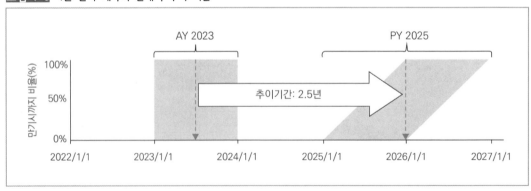

이번에는 위의 예와 동일하나 1년 만기 담보계약이 아닌 6개월 만기 담보계약인 경우의 손해액 추이 기간을 알아보자. 추이기간이 시작되는 시점은 위와 동일하게 일 년 내내 매일 유사한 사고가 발생한다는 가정하에 사고연도 2023년의 평균 사고 발생일은 2023년 7월 1일이다. 새로운 요율이 유효하게 적용될 개시일 2025년 1월 1일이며 1년 동안 2025년 내에 체결될 모든 계약들이 역시 이에 해당된다. 6개월 만기 계약이므로 계약 개시일이 2025년 1월 1일인 계약의 만기일

은 2025년 6월 30일이나, 유효기간의 마지막 날인 2025년 12월 31일에 계약을 체결한 만기일은 2026년 6월 30일이 된다. 따라서, 2025년 1월 1일부터 2026년 6월 30일까지의 중간일자인 2025년 10월 1일이 유효기간 중 평균 사고 발생일이 되고, 이에 따라 사고연도 2023년 손해액의 추이기간은 2023년 7월 1일부터 2025년 10월 1일까지 2.25년이며, 추이기간을 적용한 추이계수는 $(1.02)^{2.25} = 1.046$으로 사고연도 2023년 손해액 데이터에 적용하여 수정손해액을 산출한다.

**그림 9-6** 6개월 만기 계약의 손해액 추이 기간

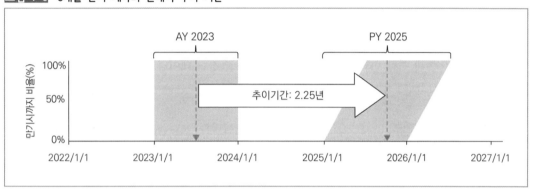

3년 만기 담보계약인 경우도 추이기간이 시작되는 시점은 동일하게 일년 내내 유사한 사고가 발생한다는 가정하에 사고연도 2023년의 평균 사고 발생일은 2023년 7월 1일로 위의 예와 같다. 새로운 요율이 유효하게 적용될 개시일 2025년 1월 1일이며 2025년 동안 체결되는 모든 계약들이 역시 이에 해당된다. 3년 만기 계약이므로 계약 개시일이 2025년 1월 1일인 계약의 만기일은 2027년 12월 31일이 되며, 유효기간의 마지막 날인 2025년 12월 31일에 계약을 체결한 계약의 만기일은 2028년 12월 30일이 될 것이다. 이에 따라, 2025년 1월 1일부터 2028년 12월 30일까지의 중간일자인 2026년 12월 31일이 유효기간 중의 평균 사고 발생일이 될 것이며, 사고연도 2023년 손해액의 추이 기간은 2023년 7월 1일부터 2026년 12월 31일까지 3.5년이 된다. 그러므로, 추이계수는 $(1.02)^{3.5} = 1.072$이며 사고연도 2023년 수정손해액을 산출하는 데 적용된다.

지금까지 추이설명은 지수회귀(exponential) 방식에 의한 것이었다. 추이를 지수회귀가 아닌 선형회귀(linear) 방식에 의해 선택한다면, 추이계수는 연평균 비율이 아닌 정해진 금액이 된다. 그리고, 연평균 추이금액은 추이기간과 곱해지고 그 값이 수정손해액 산출시 더해진다. 예를 들어, 선형회귀방식에 의해 연평균 2만원의 손해액 추이를 선택했고 추이기간이 2.5년일 경우, 추이계수는 2만원×2.5년＝5만원이 되며, 사고연도 2023년 데이터에 있는 손해액에 총 사고건수와 평균 추이계수가 곱해진 값이 합산되어 수정손해액을 산출하게 된다.

### 4.3.2.2 복층 추이기간

경우에 따라서 손해액 추이 기간 동일한 연평균 추이를 적용하는 것이 바람직하지 않을 수 있다. 예를 들어, 경험 손해 데이터에서는 발생하지 않았던 제도의 변화나 보험상품 구조의 변화등이 요율의 유효기간 중에 발생한다고 가정하면 이는 사고 빈도와 심도에 영향을 끼칠 수 있으며 이럴 경우 기간에 따른 다른 추이를 이용해 추이계수를 계산하는 것이 바람직하다.

예를 들어, 1년 만기 담보계약의 사고연도 2022년에 발생한 사고의 손해액 추이 기간을 계산하려고 한다. 새로이 적용될 요율의 유효일자는 2025년 1월 1일부터 1년간이다. 경험 손해 데이터의 지수회귀 분석을 통해 연간 변화율은 2.0%로 선택했으나, 경험 데이터 이후에 제도 변화 등에 의해 추이가 연평균 −1.0%가 될 것으로 예측할 경우, 두 개의 변화율을 같이 적용할 필요가 있다.

먼저, 경험 손해 데이터의 지수회귀 분석을 통해 연간 변화율 2.0%가 적용될 기간은 사고연도 2022년의 평균 사고 발생일인 2022년 7월 1일부터 추이 데이터 안에 마지막 포인트 분기 기간의 중간지점까지가 된다. 예를 들어, 손해액 추이 분석 데이터의 마지막 분기가 2023년 4분기였다면, 4분기 데이터는 4분기 마지막 시점으로부터 직전 12개월간의 합이므로 2023년 4분기의 평균 사고 발생일은 2023년 6월 30일이 된다. 그러므로, 첫 번째 추이기간은 2022년 7월 1일부터 2023년 6월 30일까지 1년이며 이 기간 동안의 추이계수는 $(1.02)^1 = 1.02$가 된다. 다음 기간은, 2023년 4분기의 평균 사고 발생일인 2023년 7월 1일부터 유효기간 중의 평균 사고 발생일인 2025년 12월 31일까지로 2.5년에는 −1.0%의 추이가 적용되어 추이계수는 $(1-0.01)^{2.5} = 0.975$가 된다. 이 두 개의 추이계수로 곱해진 $1.02 \times 0.975 = 0.995$가 사고연도 2022년의 손해액에 적용하여 수정손해액을 계산하게 되는 것이다.

손해액 추이 분석은 사고연도 데이터를 이용하여 분석하는 것이 가장 합리적일 수 있다. 왜냐

**그림 9-7** 복층 추이기간

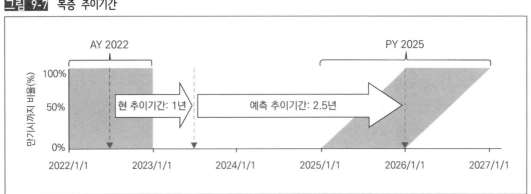

하면, 달력연도에 의한 데이터는 당해 달력연도에 포함되는 손해액 중에 오래전 발생된 사고로부터 그때까지 지급하지 못한 손해액의 변동이 포함되어 있을 수 있고 보상 처리 형태 등에 따라 추이 결과가 계속 변해왔을 가능성이 높기 때문이다.

### 4.3.2.3 제한적 심도 추이

손해보험상품은 여러 요율 변수들의 조합에 의해 최종 요율을 산출하게 된다. 요율 변수 중에 담보 한도 금액을 정해 한도를 초과한 사고금액에 대해서는 손해율 관리를 위해 한도의 범위 내에서만 보험금을 지급한다. 심도추이를 계산할 때, 예를 들어 연평균 심도가 5% 증가추이로 예측된다는 것은 모든 손해액이 연평균 5% 증가될 것이란 의미로 해석된다. 그러나 실제 보상은 5% 증가를 보이지만 계약자들이 선택한 보상한도에 의해 실제 보험금 지급은 5% 이하가 될 수 있다. 이와 같이 심도 추이의 제한은 요율산정 모델시 보험금 수정 작업에 영향을 끼칠 뿐만 아니라, 보상한도 인상계수를 산출할 때에도 고려해야 하는 중요한 내용이다. 다음의 예와 함께 심도 추이의 제한이 어떻게 손해액 효과에 반응하는지를 살펴보도록 하겠다.

〈표 9-15〉에서처럼, 전체 담보 한도의 5% 손해액 증가추이는 2백만원 내와 2백만원을 초과한 손해액의 추이가 다름을 알 수 있다. 표에서 실제손해액은 보상청구자가 보험회사에 클레임할 당시의 손해액(ground up loss)을, 2백만원 내 손해액은 보험회사의 지급의무가 있는 손해액이며, 2백만원을 초과한 손해액은 200만원 한도를 초과한 초과분에 대해서 보상청구자가 부담해야 하는

**표 9-15** 담보한도에 의한 제한적 심도추이 (단위: 천원)

| 보상 번호 | (1) 실제 손해액 | (2) 2백만원 내 손해액 | (3) 2백만원 초과 손해액 | 실제(5% 증가) | | 2백만원 내 | | 2백만원 초과 | |
|---|---|---|---|---|---|---|---|---|---|
| | | | | 손해액 | 추이 | 손해액 | 추이 | 손해액 | 추이 |
| 1 | 1,000 | 1,000 | 0 | 1,050 | 5.0% | 1,050 | 5.0% | 0 | - |
| 2 | 1,300 | 1,300 | 0 | 1,365 | 5.0% | 1,365 | 5.0% | 0 | - |
| 3 | 1,800 | 1,800 | 0 | 1,890 | 5.0% | 1,890 | 5.0% | 0 | - |
| 4 | 1,960 | 1,960 | 0 | 2,058 | 5.0% | 2,000 | 2.0% | 58 | - |
| 5 | 2,000 | 2,000 | 0 | 2,100 | 5.0% | 2,000 | 0.0% | 100 | - |
| 6 | 2,200 | 2,000 | 200 | 2,310 | 5.0% | 2,000 | 0.0% | 310 | 55.0% |
| 7 | 2,500 | 2,000 | 500 | 2,625 | 5.0% | 2,000 | 0.0% | 625 | 25.0% |
| 8 | 3,000 | 2,000 | 1,000 | 3,150 | 5.0% | 2,000 | 0.0% | 1,150 | 15.0% |
| 9 | 4,000 | 2,000 | 2,000 | 4,200 | 5.0% | 2,000 | 0.0% | 2,200 | 10.0% |
| 10 | 5,000 | 2,000 | 3,000 | 5,250 | 5.0% | 2,000 | 0.0% | 3,250 | 8.3% |
| 합 | 24,760 | 18,060 | 6,700 | 25,998 | 5.0% | 18,305 | 1.4% | 7,693 | 14.8% |

손해액이다. 손해액이 적은 보상건들, 예를 들어 보상 1~3번의 손해액은 5%의 증가추이에 전적으로 영향을 받게 된다. 그러나, 보상 4번의 경우 현재 손해액 1,960,000원은 2백만원 담보 한도 내에 있어 전액 지급되어야 하지만 5% 손해액 증가는 한도를 초과하게 되며 담보 한도인 2백만원만을 지급하게 되므로 심도 추이 5%의 영향을 모두 받지 않고 실제로 오직 $2,000/1,960-1=2\%$의 증가만이 있을 뿐이다. 또한, 보상번호 5~10번 클레임들은 실제 손해액이 2백만원 한도를 이미 초과하여 심도 5% 증가추이에 보험회사는 아무런 영향을 받지 않는다. 이런 까닭으로, 심도에서 5% 증가를 예측하지만 실제 보험회사가 체감하는 영향도는 오직 1.4% 증가만이 된다. 같은 의미로, 한도를 초과한 초과분은 보험금을 지급하지 않는 금액이므로 실제 심도에 영향을 끼치지 않는 부분이 된다. 그러나, 비비례재보험 계약이 있을 경우 초과 손해액은 재보험 요율에 중요한 요소가 될 수 있다.

위의 예에서, 전체 한도의 손해액 추이는 증가(+) 또는 감소(-)에 상관없이 전체 추이 5.0%, 초과 추이 14.8%, 한도 내 추이 1.4%로 변화율의 증감을 보인다. 심도추이는 보상한도와 상관없이 전체 담보의 손해액 데이터를 이용하여 분석을 하지만 담보 한도 내에서의 실질적인 영향도를 감안할 필요가 있다. 이런 이유로, 심도추이 분석시 한도 내 손해액 데이터만을 추출해서 추이 계산을 할 수 있으나 데이터 수정 작업에는 많은 시간이 요구된다.

요율변수 중에 자기부담금(deductible)을 가지고 있는 담보들도 보상한도금액과 마찬가지로 심도 추이를 계산할 때 자기부담금에 의한 효과를 감안하여야 한다.

〈표 9-16〉에서, 실제손해액은 보상청구자가 보험회사에 클레임할 당시의 실제손해액(ground up loss)이며, 2십만원 내 손해액은 보험회사의 지급의무는 없고 보상청구자가 부담해야 하는 손해액이고, 2십만원 초과손해액은 2십만원을 초과한 초과분에 대해서 보험회사의 지급의무가 있는 손해액을 의미한다. 표에서처럼 전체 손해액의 5% 증가추이는 자기부담금 2십만원에서 자기부담금을 초과한 손해액의 추이와 다름을 알 수 있다. 손해액이 적은 클레임들은 실제 손해액 5%의 증가에도 불구하고 여전히 자기부담금 내에 있어 보험회사의 보험금 부담은 없다. 그러나 보상번호 6~10번의 경우, 5% 손해액 증가는 자기부담금 내의 손해액에는 영향을 끼치지 않고 자기부담금을 초과한 손해액에 전부 영향을 끼치면서 보험회사가 지급해야 할 부담은 증가하게 되어 심도 5% 예측은 실제로 $1,320/1,200-1=10\%$의 증가를 내포하고 있는 것이다. 그러므로, 심도추이 분석시 자기부담금에 대한 추이 효과를 감안해야 한다. 이와 같은 이유로 처음부터 자기부담금을 초과한 실제 지급된 보험금만을 가지고 추이 계산을 할 수도 있으나 사고 당시의 실제 심도를 정확히 알 수 없기 때문에 자기부담금을 초과한 부분만을 이용한 추이 계산은 일반적으로 하지 않는 경향이 있다.

**표 9-16** 자기부담금에 의한 제한적 심도추이 (단위: 천원)

| 클레임 번호 | (1) 실제 손해액 | (2) 2십만원 내 손해액 | (3) 2십만원 초과 손해액 | 실제 (5% 증가) | | 2십만원 내 | | 2십만원 초과 | |
|---|---|---|---|---|---|---|---|---|---|
| | | | | 손해액 | 추이 | 손해액 | 추이 | 손해액 | 추이 |
| 1 | 100 | 100 | 0 | 105 | 5.0% | 105 | 5.0% | 0 | − |
| 2 | 150 | 150 | 0 | 158 | 5.0% | 158 | 5.0% | 0 | − |
| 3 | 180 | 180 | 0 | 189 | 5.0% | 189 | 5.0% | 0 | − |
| 4 | 190 | 190 | 0 | 200 | 5.0% | 200 | 5.0% | 0 | − |
| 5 | 200 | 200 | 0 | 210 | 5.0% | 200 | 0.0% | 10 | − |
| 6 | 250 | 200 | 50 | 263 | 5.0% | 200 | 0.0% | 63 | 25.0% |
| 7 | 300 | 200 | 100 | 315 | 5.0% | 200 | 0.0% | 115 | 15.0% |
| 8 | 400 | 200 | 200 | 420 | 5.0% | 200 | 0.0% | 220 | 10.0% |
| 9 | 500 | 200 | 300 | 525 | 5.0% | 200 | 0.0% | 325 | 8.3% |
| 10 | 750 | 200 | 550 | 788 | 5.0% | 200 | 0.0% | 588 | 6.8% |
| 합 | 3,020 | 1,820 | 1,200 | 3,171 | 5.0% | 1,851 | 1.7% | 1,320 | 10.0% |

## 4.4 손해액 진전과 추이의 중복 가능성에 대한 논쟁

손해액 진전(loss development)과 추이(loss trend)는 모두 요율산정 모델을 실행하기 위해 사용하는 기초 데이터, 즉 경험 손해 데이터를 보상의 종결시점에서 새로운 요율이 적용될 유효시점으로 같은 손해액 수준에 도달하도록 조정하는 작업인데 기간적으로 중복적인 수정을 하는 것처럼 이해될 수 있다.

손해액 추이 분석을 위해 사용하는 데이터는 과거에 발생했던 클레임인데 분석 시점에서는 완전히 진전되지 않은 상태의 손해액이 대부분일 가능성이 높다. 추이 절차는 과거에 발생한 보상을 인플레이션 등 여러 요소들을 고려하여 미래에 발생할 보상과 유사한 수준으로 재해석하는 과정이라면, 손해액 진전과정은 아직 종결되지 않은 보상을 종결 수준으로 예측하는 과정이라 하겠다. 진전과정 중에 어느 정도 인플레이션의 영향을 받을 수 있는 것은 사실이나 어느 정도 진전과 추이에 중복이 있는지는 앞으로 계속 이어질 연구과제일 것이다.

1년 만기 담보계약의 사고연도 2021년에 발생한 사고에 대한 손해액의 진전과 추이 기간을 생각해 보자. 새로운 요율의 개시일자는 2023년 1월 1일로 1년간 유효한 것으로 가정한다. 사고연도 2021년 동안 발생한 평균 사고 발생일은 2021년 7월 1일이며, 새로운 요율의 유효 기간 동안 예상 평균 사고 발생일은 2023년 12월 31일이 된다. 2021년 7월 1일부터 2023년 12월 31일까지 2.5년간이 사고연도 2021년의 손해액을 새로운 요율의 유효 기간 동안 예측 손해액 수준으로 수정하는 것이 추이기간이 된다. 그리고, 모든 클레임은 2년 안에 종결된다고 가정하자. 유효 기간 동안 클레임은 평균적으로 2024년 1월 1일에 발생되며 이들 클레임은 2년 후인 2025년 12월 31일에 종결될 것이다. 2021년 7월 1일부터 2023년 12월 31일까지 2.5년간의 추이기간은 2021년 7월 1일자 수준에 있는 평균 사고들이 2023년 12월 31일자 예측되는 수준으로 수정되는데 이때 수정되는 사고들은 여전히 완전하게 진전되어 있지 않은 상태이다. 손해액 진전은 2024년 1월 1일자 그때까지 미종결 상태인 손해액 추이가 반영된 손해액의 평균이 2025년 12월 31일 종결될 때까지 진전되도록 수정하는 것을 의미한다.

**그림 9-8**

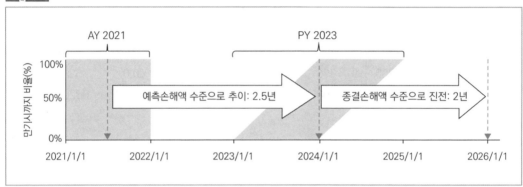

그래서, 사고연도 2021년 손해액이 유효기간 동안 예측되는 보상의 종결일자까지 걸리는 총 4.5년의 기간은 처음 2.5년의 추이기간과 다음 2년의 진전기간을 의미하는 것이라 이해할 수 있으며, 그러므로 손해액 진전과 추이의 기간이 중복되어 같은 내용에 의해 이중으로 수정되는 것이 아님을 알 수 있다.

## 5. 손해사정비

손해사정비는 클레임이 보험회사에 보고된 후 사고가 종결될 때까지 보험회사에서 보상을 처리하는 과정 중에 발생하는 모든 비용을 의미하는 것으로 특정한 보상 각각에 직접적으로 관련되어 발생하는 법률비용이나 손해사정시 발생하는 비용 등이 포함되는 직접손해사정비(ALAE, Allocated Loss Adjusment Expense)와 특정한 보상에 직접적으로 분배하기 어려운 손해사정 직원의 봉급등을 포함하는 간접손해사정비(ULAE, Unallocated Loss Adjustment Expense)로 분류된다.

손해보험 요율산정 모델에서, 직접손해사정비는 대체로 손해액에 포함하여 진전과 추이 분석을 한다. 그러나, 직접손해사정비가 상대적으로 크게 발생하고 보상과정에서 중요한 부분을 차지하는 기업성 보험의 경우, 직접손해사정비를 손해액과 분리하여 별개로 진전과 추이 분석을 하기도 한다.

간접손해사정비의 경우에는 간접손해사정비를 손해액 수정작업에 반영하기가 상대적으로 어렵다. 많은 경우 간접손해사정비는 여러 다양한 담보 또는 상품에 종합적으로 발생하는 경우가 대부분이기 때문에 특정한 담보 또는 상품의 요율산정에 있어서 간접손해사정비를 그 특정한 담보 또는 상품의 손해액에 합리적으로 분배하기가 어렵고 심지어는 불가능하다. 만일 보험회사가 간접손해사정비를 특정한 담보 또는 상품에 자동적으로 배정하는 시스템을 갖추고 있다면 그 데이터를 수정 없이 사용할 수 있으나 그렇지 않은 경우, 가장 간단한 방법으로 특정한 담보 또는 상품에 실제로 지급된 직접손해사정비의 비율을 그대로 간접손해사정비에 적용하는 것이다. 그러나, 정합성의 문제는 여전히 남아 있게 된다. 간접손해사정비의 진전과 추이는 직접손해사정비를 포함한 손해액 합의 진전과 추이가 유사하다는 가정을 하는 게 보편화되어 있다.

위와 같은 이유로 요율산정 과정에서 간접손해사정비를 처리하는 가장 일반적인 방법은 최종 추천요율을 산출할 때 간접손해사정비를 비용으로 간주하는 것이다. 이에 대한 설명은 다음 장의 최종 추천요율 산정에서 다룰 것이다.

### 예제 9-1

선형회귀추이가 순보험료 예측에 적용될 때, 다음 데이터를 이용하여 2023년 최종손해액을 예측하라.

| 연도 | 최종손해액 | 경과익스포저 |
|---|---|---|
| 2017 | 2,000 | 40 |
| 2018 | 3,300 | 60 |
| 2019 | 4,500 | 75 |
| 2020 | 5,200 | 80 |
| 2021 | 6,300 | 90 |
| 2022 | | 95(예측) |
| 2023 | | 100(예측) |

#### 풀이

2017 순보험료 $= 2,000/40 = 50$     2018 순보험료 $= 3,300/60 = 55$

2019 순보험료 $= 4,500/75 = 60$     2020 순보험료 $= 5,200/80 = 65$

2021 순보험료＝6,300/90＝70

2023 예측 순보험료＝70＋(2)(5)＝80

2023 예측 최종손해액＝(80)(100)＝8,000

### 예제 9-2

다음 데이터를 이용하여 2023년 12월 31일자 연도별 손해율을 예측하라. 모든 사고는 60차월에서 종결된다.

| 달력/ 사고연도 | 2023/12/31자 경과보험료 | 차월별 누적 발생손해액 | | | | |
|---|---|---|---|---|---|---|
| | | 12 | 24 | 36 | 48 | 60 |
| 2019 | 2,500 | | | | | 1,880 |
| 2020 | 2,700 | | | | 1,940 | |
| 2021 | 3,000 | | | 2,050 | | |
| 2022 | 4,000 | | 2,250 | | | |
| 2023 | 5,000 | 2,200 | | | | |

- 진전계수: 12~24＝1.50,   24~36＝1.20,   36~48＝1.10,   48~60＝1.05,
  60~종결＝1.00

#### 풀이

차월별 종결 진전계수:

12~종결＝(1.50)(1.20)(1.10)(1.05)＝2.079

24~종결＝(1.20)(1.10)(1.05)＝1.386

36~종결＝(1.10)(1.05)＝1.155

48~종결＝1.050

연도별 손해율:

2019년＝1,880/2,500＝75.2%

2020년＝1,940(1.050)/2,700＝75.4%

2021년＝2,050(1.155)/3,000＝78.9%

2022년＝2,250(1.386)/4,000＝78.0%

2023년＝2,200(2.079)/5,000＝91.4%

# Chapter 09
# 연습문제

1. 계약은 1년 동안 균등하게 체결되고 모든 계약은 6개월 만기이며, 매년 한 번씩 요율조정이 진행된다. 사고연도 2023년 데이터로부터 2024년 6월 일에 유효한 요율을 산출하기 위한 적당한 추이기간은 얼마인가?

2. 다음 발생손해액의 진전과정 삼각형 데이터에 의해 아래 질문들에 답하라.

| 사고연도 | 12개월 | 24개월 | 36개월 | 48개월 |
|---|---|---|---|---|
| 2020 | 1,412 | 1,816 | 1,993 | 1,993 |
| 2021 | 1,624 | 2,023 | 2,137 | |
| 2022 | 1,841 | 2,271 | | |
| 2023 | 2,421 | | | |

손해액은 48개월에 완전히 종결된다.

차월 구간별 평균 진전계수는 산술평균값으로 한다.

연평균 빈도추이＝－2%

연평균 심도추이＝8%

요율변경이 계획된 유효일＝2024/7/1

요율은 1년 동안 유효하며, 1년만기 계약이다.

(1) 2023년 12월 31일자 사고연도 2023년의 종결 진전계수를 구하라.

(2) 사고연도 2023년의 진전된 최종 발생손해액을 예측하라.

(3) 사고연도 2023년의 추이되고 진전된 최종 발생손해액을 예측하라.

(4) 손해액 진전의 원인 세 가지를 간략히 기술하라.

3. 다음 데이터를 이용하여, 48차월자 지급보험금을 예측하라.
   - 12차월자 지급보험금＝100,000
   - 진전계수: 12~24＝1.50, 24~36＝1.15, 36~48＝1.12, 48~60＝1.08, 60~종결＝1.00

4. 문제 3에서 48차월자 손해 개별추산액을 평가하라.

    (제12장 책임준비금에 관련된 문제이나, 손해액 진전을 이해한다면 충분히 응용할 수 있음)

5. 다음의 누적지급보험금을 이용하여 12 ~ 24개월 진전계수를 아래의 조건에 따라 구하라.

| 사고연도 | 차월별 누적 지급보험금 | | | | |
|---|---|---|---|---|---|
| | 12 | 24 | 36 | 48 | 60 |
| 2019 | 5 | 15 | 25 | 35 | 45 |
| 2020 | 10 | 20 | 30 | 40 | |
| 2021 | 15 | 25 | 35 | | |
| 2022 | 20 | 30 | | | |
| 2023 | 25 | | | | |

    (1) 전체평균
    (2) 최근 3년 평균
    (3) 최고저 제외 평균
    (4) 가중치 평균

6. 다음과 같은 누적 발생손해액 정보를 이용하여 사고연도별 최종 발생손해액을 평가하라.

    ● 모든 사고는 60개월에 최종적으로 종결된다.
    ● 차월별 진전계수는 최근 3년 산술평균에 의한다.

| 사고연도 | 차월별 누적 발생손해액 | | | | |
|---|---|---|---|---|---|
| | 12 | 24 | 36 | 48 | 60 |
| 2019 | 2,000 | 2,200 | 2,300 | 2,350 | 2,350 |
| 2020 | 2,100 | 2,300 | 2,450 | 2,500 | |
| 2021 | 2,300 | 2,500 | 2,700 | | |
| 2022 | 2,500 | 2,900 | | | |
| 2023 | 2,750 | | | | |

7. 2021년 4월 1일, 1년 만기 자동차보험이 보험료 10,000으로 체결되었다. 2022년 3월 1일, 1건의 사고가 발생하였고 개별추산액으로 5,000이 평가되었다. 2022년 7월 1일, 이 계약의 분석결과, 부가보험료 1,000이 수금되도록 결정되었다. 2023년 1월 1일, 개별추산액은 25,000으로 재조정되었다. 다음 질문에 답하라.

    (1) 달력연도별 경과보험료를 계산하라.
    (2) 달력연도별 발생손해액을 계산하라.
    (3) 2021년 12월 31일자, 2022년 12월 31일자, 2023년 12월 31일자 다른 관측시점에 따

라 계약연도별 경과보험료를 각각 분리하여 계산하라.

(4) 2021년 12월 31일자, 2022년 12월 31일자, 2023년 12월 31일자 다른 관측시점에 따라 계약연도별 발생손해액을 각각 분리하여 계산하라.

(5) 2021년 12월 31일자, 2022년 12월 31일자, 2023년 12월 31일자 다른 관측시점에 따라 사고연도별 발생손해액을 각각 분리하여 계산하라.

**8.** 다음 데이터를 이용하여 2021 ~ 2023년의 연도별 손해율을 계산하라.

| 달력/<br>사고연도 | 2023/12/31자<br>경과보험료 | 나이별 누적 발생손해액 | | | | |
|---|---|---|---|---|---|---|
| | | 12 | 24 | 36 | 48 | 60 |
| 2019 | 2,500 | 1,500 | 1,650 | 1,750 | 1,825 | 1,880 |
| 2020 | 2,700 | 1,650 | 1,770 | 1,880 | 1,940 | |
| 2021 | 3,000 | 1,800 | 1,950 | 2,050 | | |
| 2022 | 3,500 | 2,000 | 2,250 | | | |
| 2023 | 4,000 | 2,200 | | | | |

- 모든 보상은 60개월에 최종적으로 종결된다.
- 나이별 진전계수는 최근 3년 산술평균에 의한다.

# CHAPTER
# 10

# 최종 추천요율 결정

　이전까지 손해보험의 요율산정 모델을 위해 어떻게 보험료와 직접 손해사정비를 포함한 손해액을 예측하는 방법에 대해 알아보았다. 제10장에서는 요율산정 과정의 마무리 단계인 최종 추천 보험료 또는 최종 추천 요율조정을 결정하기 위해 필요한 나머지 요소, 즉 사업비(underwriting expense)와 목표손익(underwriting profit)이 어떻게 평가되어 모델에 반영되는지를 알아보고 이 모든 정보등을 통해 어떻게 최종 추천 조정률이 결정되는지 설명될 것이다. 이를 위해서 아래의 보험료 산출 기본공식을 항상 염두에 두고 이해할 필요가 있다.

$$보험료 = 손해액 + 손해사정비 + UW\ 비용 + UW\ 손익$$

　참고로, 요율산정의 전 과정을 통해 산출된 최종 추천조정률(recommended or proposed or indicated rate change)은 간혹 영어 원문을 직역하여 지시 또는 지적이란 표현을 하는 경우도 있는데 보험회사의 요율산정 메커니즘을 이해한다면 이 용어 표현은 적합하지 않다. 보험계리사가 전문적인 요율산정 방법을 통해 산출한 조정률은 경영진이 최종적으로 요율을 승인하는 데 참고하는 중요한 안내서이며 참고서로서 사용하는 추천요율이기 때문이다. 만일 보험회사의 경영진이 추천요율을 승인하지 않고 다른 요율을 제시한다든지 하면 계리사는 경영진의 의사를 반영하여 재산정해서 다른 새로운 요율을 추천해야 한다. 즉, 보험시장에 실제로 적용하는 최종 요율은 보험회사의 경영진이나 이사회에서 결정한다. 이러한 과정이 요율산정과 결정의 전반적인 메커니즘이다. 그래서, 본서에서는 요율과정을 선명하게 전달하기 위해 최종 추천조정률(recommended or indicated rate change) 또는 추천요율이란 표현만을 할 것이다.

# 1. 사업비

클레임에 연계된 손해사정비 외에도 보험회사는 보험회사의 운영과 일반사무 등에 따르는 여러 비용들이 발생하게 되는데 이를 언더라이팅 비용 또는 사업비라 한다. 우리나라의 보험업 감독업무 시행세칙에 따르면, 사업비는 영업비, 손해조사비, 일반관리비의 3대 유형으로 구분하며, 다시 판매유형별, 보험상품별로 배분기준에 의하여 배분된다. 손해보험 요율산정의 관점에서 이해한다면, 사업비는 보험료에 비례하여 발생하는 변동사업비와 그렇지 않는 고정사업비로 구분할 수 있다. 여기서 변동사업비에는 보험모집인 또는 보험대리점의 사용인에게 계약 체결시 지급하는 수수료(commission and brokerage fee)가 대표적이라 할 수 있다. 요율산정에서 사업비를 변동사업비와 고정사업비로 구분해야 하는 이유는, 위험보험료의 변경이 변동사업비의 변경을 수반하기 때문에 영업보험료의 계산에서 이 영향을 감안한 수식을 적용하기 위해서이다. 요율산정 목적으로는 전체사업비율뿐 아니라 보험종목별로 또는 담보별로 세분화하여 변동사업비율을 산출하는 것이 필요하다.

## 1.1 순보험료 방식의 사업비 분류

요율산정 모델에서 순보험료 방식을 따르기로 한다면 요율산정 목적을 위해 사업비를 고정사업비와 변동사업비의 두 가지 형태로 구분할 필요가 있다. 고정사업비는 보험료의 규모에 상관없이 본사 업무와 관련된 간접비(overhead costs)처럼 모든 계약에 동일한 조건과 배분이 추정되는 사업비이며, 변동사업비는 보험료의 규모에 따라 비용이 비율적으로 변동되는 사업비, 즉 보험료에 정해진 비율에 의해 계산되는 수수료가 이에 해당된다.

고정사업비와 변동사업비의 개념에 의해서 예측 보험료는 예측 손해액과 손해사정비, 사업비 그리고 예측 손익의 합과 동일하다는 것과 어떻게 사업비와 예측 손익이 보험료 공식과 요율산정 과정에서 작용하는지를 예시와 함께 살펴보자.

예를 들어, 계약 건당 평균 예측 손해액과 손해사정비를 40만원이라 가정하자. 보험회사는 계약 건당 6만원의 고정비가 보험료 규모와 상관없이 발생한다. 판매수수료를 포함해 보험료의 16%는 변동사업비로 지출되며, 보험회사는 4%의 영업이익을 목표로 정했다고 가정할 때 가장 적정한 보험료의 계산은 아래와 같다.

$$보험료 = 손해액 + 손해사정비 + UW \ 비용 + UW \ 손익$$
$$= 손해액 + 손해사정비 + (고정비 + 변동비율 \times 보험료)$$

$$+ (목표손익률 \times 보험료)$$

$$보험료 - (변동비율 \times 보험료) - (목표손익률 \times 보험료) = 손해액 + 손해사정비 + 고정비$$

즉, 보험료$(1 - 변동비율 - 목표손익률) = 손해액 + 손해사정비 + 고정비$

그러므로,

$$보험료 = \frac{손해액 + 손해사정비 + 고정비}{1 - 변동비율 - 목표손익률} = \frac{400,000 + 60,000}{1 - 0.16 - 0.4} = 575,000$$

다른 의미로 해석한다면, 보험회사는 계약당 575,000원을 보험료로 책정하여 수입하여야 예측 손해액과 손해사정비로 400,000원, 고정사업비로 60,000원, 변동사업비로 575,000×0.16=92,000원, 그리고 목표손익으로 575,000×0.04=23,000원을 기대할 수 있게 된다는 뜻이다.

사업비의 규모와 배분은 상품이나 판매 채널에 따라 많은 차이를 보인다. 판매수수료율은 상품마다 다르며, 온라인 직판사의 경우 광고비 등의 사업비가 많은 비중을 차지할 수 있으며, 대리점 위주의 판매채널을 가지고 있는 회사는 높은 수수료를 지불하기도 하기 때문에 요율산정은 동일한 특성을 가진 상품 또는 담보별로 세분화하여 작업을 할 필요가 있게 된다.

## 1.2 손해율 방식의 목표 손해율

요율산정 모델은 손해율 방식(Loss ratio method) 또는 순보험료 방식(Pure premium method)의 두 가지 방법론 중 하나를 선택하여 진행하게 되는데 과거에는 손해율 방식에 의한 요율산정이 보편적이었다. 손해율 방식을 사용할 경우, 경험 데이터를 통한 새로운 요율을 창출하기 위해서는 목표 손해율의 계산이 선행되어야 한다. 목표 손해율이라 함은 이 수치보다 실제 손해율이 높다면 회사는 영업손실을 입게 되는 것으로 보험회사가 정상적인 운영을 위한 손해율의 최대 수용 가능한 수준이라 할 수 있다. 목표손해율의 결정은 계산 공식에 의해 결정할 수도 있고 보험회사의 경영전략에 따라 결정될 수도 있다. 아래의 목표 손해율 계산 방식은 선진 보험시장에서 광범위하게 적용되는 일반적인 방식으로 이해할 필요가 있다.

목표 손해율 (Target Loss Ratio) 계산 공식은 아래와 같으며, 예와 함께 이해하도록 하겠다.

$$T = \frac{1 - V - Q}{1 + G}$$

$T$ = 목표손해율

$V$ = 보험료 비례사업비 계수

$Q$ = 목표 손익계수

$G$ = 간접손해사정비율

| 수입보험료 | 100억원 |
|---|---|
| 경과보험료 | 88억원 |
| 발생손해액 (직접손해사정비 포함) | 65억 6천만원 |
| 발생 간접손해사정비 | 3억 2천 8백만원 |
| 수수료 | 16억원 |
| 기타모집비 | 5억 5천만원 |
| 일반업무비 | 6억 1천 6백만원 |
| 기타사업비 | 2억원 |

목표 손해율 계산을 위해서는 보험료 비례사업비 계수, 목표 손익계수, 그리고 간접 손해사정 비율이 필요하다. 전형적인 손해율 방식에서 간접 손해사정비는 보험료와 비례하지 않는 사업비로 가정하며 간접 손해사정비율은 간접 손해사정비에서 직접 손해사정비를 포함한 발생손해액으로 나눈 것으로 공식의 G에 해당한다.

$$간접\ 손해사정비율(G) = \frac{328,000,000}{6,560,000,000} = 0.05$$

변수 $V$는 보험료에 비례한 사업비의 비율을 의미하는 것인데, 각 사업비가 어떤 보험료(예: 수입보험료 또는 경과보험료)의 비율인지를 알아야 한다. 먼저, 수수료와 기타사업비는 수입보험료에 의해 지급되므로 수입보험료의 비율로 하는 것이 일반적이다. 광고료 등을 포함한 기타모집비도 보험료를 창출하기 위해 쓰인 것이므로 수입보험료의 비율로 하는 것이 타당성이 있다. 그러나, 본사업무를 위해 발생되는 일반적인 비용인 일반업무비는 보험료 창출에 직접적인 영향력이 다른 비용들보다 적고 보험회사가 보험상품의 판매여부와 상관없이 지출되는 특성상 경과보험료의 비율로 하는 것이 보편화되어 있다. 경우에 따라서, 일정비율(예: 30대70)을 정해 일부는 수입보험료의 비율로 나머지는 경과보험료의 비율로 계산하기도 한다. 이에 따라서, 비례사업비 비율은 다음과 같다.

수수료 비율＝수수료/수입보험료＝1,600/10,000＝0.160

기타모집비율＝기타모집비/수입보험료＝550/10,000＝0.055

일반업무비율＝일반업무비/경과보험료＝616/8,800＝0.070

기타사업비율＝기타사업비/수입보험료＝200/10,000＝0.020

보험료 비례사업비계수($V$)＝0.160＋0.055＋0.070＋0.020＝0.305

만일, 목표 손익계수($Q$)를 0이라고 가정한다면 목표 손해율($T$)은 66.2%가 된다. 즉, 실제손해율이 66.2%보다 높게 나온다면 영업손실로 인식하여 적재적소의 요율인상이나 더 엄격한 심사관리 등을 통해 손해율을 철저히 관리하는 전략이 필요할 수 있으며, 반대로 실제손해율이 66.2% 보다 낮게 나온다면 영업이익으로 인식하여 경쟁사 대비 요율비교를 통한 요율인하 또는 영업확대 등의 적극적인 영업전략을 수립할 수도 있게 된다.

$$T = \frac{1-V-Q}{1+G} = \frac{1-0.305-0}{1+0.05} = 0.662$$

일반적으로 각 사업비율을 계산할 때, 직전 몇 년간의 사업비율을 각각 계산하여 평균값 또는 가중치 평균에 의해 구할 수 있다. 그리고, 최종적인 사업비율은 최근 사업비 추세, 경영환경, 그리고 몇 년간의 평균과 추이를 고려해 정해야 한다. 또한, 요율산정 과정은 미래의 적정한 비용을 예측하는 작업이기 때문에 경험데이터를 통한 사업비율과 요율의 유효기간 동안 예측되는 사업비율과 연관성을 유지해야만 한다.

위의 목표손해율 계산은 선진 보험시장에서 일반적으로 사용하는 방법임을 일러두었다. 목표손익계수는 보험의 상업적 거래, 예를 들어 자산운용상 발생할 수 있는 투자 손실이나 요율산정 시 잘못 선택한 손해액 진전계수에 따른 위험 등과 같은 부정적인 요소를 보전하기 위해 반영하는 비상금과 같은 개념이다. 손익계수를 계산하는 방법들과 손익계수를 목표 손해율에 반영하는 것에 대한 타당성은 보험 선진국에서조차 여전히 다소 논란거리로 남아있어 본서에서는 이를 다루지 않을 것이며, 이는 향후에도 감독당국과 보험업계 사이에 많은 토론이 필요한 사항이라 볼 수 있다. 또한, 간접 손해사정비율의 계산과 목표손해율에 반영하는 방법도 여전히 다소 논란이 있다. 일부에서는 간접 손해사정비율을 전체 손해사정비를 포함한 발생손해액 대비 간접 손해사정비가 차지하는 비중으로 계산하기도 한다.

위와 같은 여러 논란에도 불구하고 가장 간편한 목표손해액 계산은 수입되는 모든 보험료에서 보험회사에서 지출되는 모든 언더라이팅 비용 또는 사업비를 뺀 것으로 이해할 수 있다. 상품과 담보에 따라 다른 특성이 있으므로 목표 손해율 계산시 세밀한 검토가 필요한 것은 당연하다.

## 1.3 사업비 추이(Expense Trend)

보험료나 손해액과 마찬가지로 사업비 역시 인플레이션 등에 의해 시간에 따라 변화된다. 변동사업비의 경우, 판매수수료는 보험료의 15%라고 정해지는 것처럼 보험료에 정해진 비율에 따라 연동으로 계산되는 형태이므로 보험료의 변동에 자동적으로 반응하게 된다. 그러므로, 요율산정 모델에서 보험료 추이가 반영되므로 변동사업비율에 추이를 별도로 계산할 필요는 없다.

고정사업비의 경우, 보험료의 규모와는 상관없이 고정된 금액이 비용으로 지출되므로 인플레이션 등의 영향으로 시간에 따라 고정사업비의 규모는 상승 또는 하락할 수 있다. 고정사업비도 변동사업비처럼 보험료의 일정비율로 정해져 계산된다면 사업비 추이를 별도로 계산할 필요는 없다. 그렇지 않은 대부분의 경우에는 보험료 추이나 손해액 추이와 유사하게 지수회귀모델을 사용하여 추이계수를 선택하여 적용하는 게 합리적이다. 추이기간은 고정사업비가 언제 발생하느냐에 따라 다소 차이가 있다.

먼저, 계약이 체결될 때 고정사업비가 발생한다는 가정하에서 추이기간은 경험기간 중에 체결된 계약들의 평균 계약일부터 새 요율이 적용될 유효기간의 평균 계약일까지가 된다. 〈그림 10−1〉은 1년만기 계약의 유효기간 1년인 요율산정시 고정사업비 추이기간을 나타내고 있다. 예를 들어, 2021년의 경험데이터로 2023년 1년 동안 유효할 요율산정의 사업비 추이기간을 보면 경험데이터의 평균 계약일은 2021년 7월 1일이 된다. 새요율이 적용될 유효기간은 2023년 1월 1일부터 12월 31일까지 1년간이며 계약이 체결될 때 고정사업비가 발생한다는 가정이므로 고정사업비 발생일자도 2023년 1월 1일부터 12월 31일까지가 되고 1년간 평균 고정사업비 발생일은 2023년 7월 1일이 되어 2021년 7월 1일부터 추이기간은 2년이 된다.

**그림 10-1** 계약 체결시 고정비가 발생한다는 가정하의 추이기간

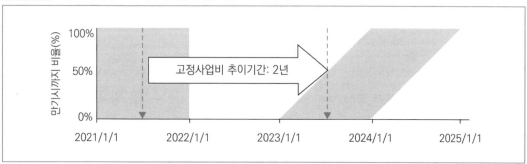

반대로, 계약기간 내내 동일한 양의 고정사업비가 발생한다는 가정하에서 추이기간은 경험기간 중에 체결된 계약들의 평균 경과일로부터 유효기간의 평균 경과일까지가 된다. 〈그림 10−2〉는 1년만기 계약의 유효기간 1년인 요율산정시 고정사업비 추이기간을 나타낸다. 이 경우, 사업

**그림 10-2** 계약기간 내 동일한 양의 고정비가 발생한다는 가정하의 추이기간

비 추이기간은 경험데이터의 평균 경과일은 2021년 7월 1일이 되며, 유효기간 동안 체결한 계약들은 2023년 1월 1일부터 2024년 12월 30일까지 유효하므로 평균 유효 경과일은 2023년 12월 31일이 되어 이에 따라 추이기간은 2.5년이 된다.

경험기간은 달력연도이므로 평균계약일과 평균경과일은 같다. 그러나 유효기간의 평균계약일과 평균경과일은 6개월의 차이가 있음을 알 수 있다.

## 2. 목표 손익

보험회사는 보험계약을 체결함으로 피보험자의 위험을 책임지고 보장할 재원을 유지해야 한다. 한편 보험회사는 투자이익(Investment Income)과 영업이익(Underwriting Profit)이라는 두 가지 주요 근원으로부터 이익을 기대한다.

### 2.1 투자이익

투자이익이란 보험회사가 자산 등의 투자를 운용하여 얻어지는 수입을 말하는 것으로, 요율산정의 관점에서 자본에 의한 투자이익과 계약자로부터 수입된 보험료 관리에서 얻을 수 있는 투자이익 두 분류로 나눌 수 있다. 자본금은 보험회사 소유주에 속한 것으로 회사의 대차대조표에 자본금으로 기록된다. 반면에, 회사 설립 초기에 준비된 자본금 외에도 계약자의 보험료 수입 관리에서 얻을 수 있는 계약지급기금을 통해 투자이익을 창출하는데 이 기금은 두 종류로부터 준비된다.

첫째 기금은 미경과보험료 준비금(unearned premium reserve)이다. 1년 만기 계약의 보험계약기간은 통상 2년 이상 사업연도에 걸치게 되는 경우가 거의 대부분이다. 따라서 보험회사는 연 1회 결산에서 그 해의 수입보험료 전부를 수익으로 간주할 수는 없는 것이며, 수입보험료 가운데 차기로 이월되는 미경과분을 준비금으로 적립해 두어야 하는데, 이 준비금을 미경과보험료 준비금이라고 한다. 이렇듯 계약이 만료될 때까지 보험료의 일부는 미경과 상태에 있으며 보험회사는 미경과보험료를 보관하고 이를 단기적으로 투자한다.

다른 하나는 책임준비금(loss reserve)인데 미래의 보험금지급 청구에 대비해서 보험계약자를 보호하기 위하여 수입보험료의 일부를 유보하여 적립한 것으로 보험계약 준비금의 일종이라 할 수 있다. 이것은 미래에 있을 채무에 대하여 보험회사가 적립하는 적립금 또는 보증금이라고 볼 수 있으며, 보험회사의 부채(liability account)로서 계상된다. 보험회사는 클레임이 발생했으나 종결되지 않은 상태에 있는 클레임을 지급하기 위한 기금, 즉 책임준비금을 보관하고 투자한다.

이런 기금들로부터 투자수익을 창출하는 것은 상품마다 차이가 크다. 보상의 종결기간이 상대적으로 짧은 재물보험인 경우, 보험료의 수입과 보험금의 지급까지의 기간이 짧으므로 투자수익은 상대적으로 단기적이고 적을 수 있다. 반면에, 클레임의 종결기간이 상대적으로 긴 대인담보를 포함한 배상책임보험인 경우, 보험료의 수입과 최종적으로 보상과정이 종결되어 총보험금이 지급종결되는 기간이 길기 때문에 투자할 수 있는 기회가 많고 장기적일 수 있다. 요율산정 모델에서 투자수익을 포함하는지에 대한 여부는 회사마다 다르지만 보편적으로 포함하지 않는 것이 일반화되어 있다. 그러나 이는 보험 선진국에서조차 여전히 논란이 되는 사항으로, 감독당국, 보험업계, 그리고 보험학계 사이에 많은 토론이 벌어지는 사항이라 할 수 있다.

## 2.2 영업이익

영업이익은 회사에서 체결된 보험계약으로부터 받은 보험료로부터 위험담보에 대한 보상으로 지출되는 손해액과 손해사정비 그리고 보험회사의 운영에 필요한 사업비를 뺀 금액으로 표시할 수 있다.

$$영업이익 = 보험료 - 손해액 - 손해사정비 - 사업비$$

영업이익은 엄격한 심사관리나 보상관리를 통해 손해액과 손해사정비를 절감하여 얻을 수 있으며 또는 사업비 절감을 통해서도 창출할 수가 있다. 계약에 관련된 모든 손해액과 손해사정비 등이 계약 당시에는 알 수 없으므로 계약 당시 실제 영업이익을 계산할 수는 없다. 보편적으로, 계리사는 투자이익을 고려한 후 목표 수익률에 도달하기 위해 필요한 영업이익을 결정한다.

## 3. 최종 추천요율 결정

요율산정 모델의 마지막은 현재까지 준비한 수정된 보험료, 손해액, 사업비 등을 가지고 새요율이 적용될 유효기간 동안 체결될 계약들에게 적용할 수 있는 보험료가 예상 손해액과 사업비를 감당하고 목표이익을 달성하기에 적당한가를 결정하는 단계이다. 이는 각 개별계약에 적당한 요율을 결정하는 것이 아닌 전체 계약의 평균 요율 수준을 결정하는 지표 역할을 한다. 개별계약 위험에 부합하는 요율을 결정하는 방법론, 예를 들어 요율변수의 상대도 검증 및 조정 방법 등은 이 장과 다음 장에서 다룰 것인데 이를 위해 전체 계약의 평균 요율 수준을 결정하는 지표, 즉 최종 추천요율 결정(Overall Rate Indication) 작업이 반드시 선행될 필요가 있으며, 최종 추천요율이 개별 요율변수의 조정 범위를 결정하는 가이드라인 역할을 하게 된다. 최종 추천요율을 결정하는 방법은 순보험료 방법과 손해율 방법, 두 가지가 있다.

여기서 언급되는 최종이란 표현은 요율산정 과정의 마지막이란 표현이지 요율산정의 결과물인 요율조정률이 직접 보험소비자에게 곧바로 적용된다는 의미로 확대 해석해서는 안 된다. 대부분의 경우, 보험시장에 직접 적용되는 요율은 계리사가 요율산정 과정을 거쳐 산출한 추천요율조정률(recommended or indicated rate change)을 기반으로 경영진이 최종 요율을 결정하고 승인하기 때문이다.

## 3.1 순보험료 방법

순보험료 방법은 전체 계약의 평균보험료를 결정하는 것으로 현재 요율 수준의 조정률을 계산하는 손해율 방법보다 상대적으로 간편하다. 순보험료 방법은 최종 요율이 적용될 유효기간 동안 적합한 익스포저당 손해사정비를 포함한 평균 손해액과 평균 고정비를 예측한 후, 변동비와 목표손익에 의해 수정되는 과정이 수반된다.

$$최종\ 추천\ 평균\ 보험료 = \frac{손해액+손해사정비+고정비}{1-변동비율-목표손익률}$$

다음 예로 순보험료 방법에 의한 익스포저당 최종 추천 평균 보험료를 계산하여 보자.

- 손해사정비를 포함한 익스포저당 예측 순보험료      = 400,000원
- 익스포저당 예측 고정사업비                              = 56,000원
- 변동 사업비율                                              = 21%
- 목표손익률                                                 = 3%

$$최종\ 추천\ 평균\ 보험료율 = \frac{400,000+56,000}{1-0.21-0.03} = 600,000원$$

이를 해석하면, 요율산정 모델에 의해 평균 보험료로 600,000원을 제시하였는데 현재 실제 평균보험료가 550,000원이라 한다면 계약 건당 평균 5만원의 손실이 발생할 수 있으므로 현재 평균보험료에서 5만원을 더 수입해야 한다는 의미가 되며, 반대로 실제 평균보험료가 650,000원이라 한다면 계약 건당 평균 5만원의 이익이 발생하므로 이는 경쟁사와의 요율경쟁력이 악화될 수 있음을 암시하고 요율경쟁력 확보를 위해 현재 평균보험료에서 5만원을 할인하여 판매할 필요성이 있다는 예시일 수도 있다.

새로운 회사를 설립하여 요율을 결정할 때, 또는 새로운 상품을 개발할 때, 보험회사는 이를 위한 경험데이터가 부족하거나 또는 전혀 없을 것이다. 이런 경우, 계리사는 순보험료, 사업비, 그리고 목표 손익을 예측, 평가하여 순보험료 방식에 의해 최종 평균 보험료율을 결정하게 된다. 이러한 예측과 평가를 위해 일반적으로 외부 관련 데이터의 사용과 경험적인 판단도 필요하다.

## 3.2 손해율 방법

최종 추천요율 결정 방법에서 가장 광범위하게 오랫동안 사용된 것이 손해율 방법이다. 최종 추천요율 결정에는 경험손해액, 사업비, 목표손익과 경과보험료 등과 같은 정보가 필요한데, 아래와 같은 2021년부터 2023년까지의 3년 경험데이터를 이용하여 손해율 방법에 의한 최종 추천요율의 조정률(recommended or indicated rate change) 또는 변경률을 계산하여 보자.

- AY2021 – 2023 수정 경험손해액(손해사정비 포함) 합 = 292억원
- CY2021 – 2023 수정 온레벨 경과보험료 합     = 400억원
- 수수료 비율                              = 12%
- 기타모집비율                            = 3%
- 일반업무비율                            = 8%
- 기타사업비율                            = 2%
- 목표손익률                              = 2%
- 간접 손해사정비율                        = 2%

경험데이터에 의한 수정 경험손해율(ELR: Experience Loss Ratio)

$$= \frac{\text{수정 경험손해액}}{\text{수정 온레벨 경과보험료}} = \frac{292}{400} = 0.73$$

목표 손해율(TCR: Target Loss Ratio)

$$= \frac{1 - V - Q}{1 + G} = \frac{1 - (0.12 + 0.03 + 0.08 + 0.02) - 0.02}{1 + 0.02} = 0.716$$

$$\text{최종 추천 조정률} = \frac{\text{수정 경험손해율}}{\text{목표손해율}} - 1 = 0.02 \text{ 또는 } + 2.0\%$$

즉, 보험회사에서 목표로 정한 손해율은 71.6%인 데 반해 수정 경험손해율은 73%로 현재요율에서 평균 약 0.73/0.716 – 1 = 2%의 요율인상을 제시하고 있다. 만일 목표손익률 2%를 적용하지 않는다면, 목표손해율은 73.5%가 되며, 이에 따른 최종 추천 조정률은 0.73/0.735 – 1 = – 0.7% 즉, 0.7%의 요율인하를 제시한다. 조정률 계산 결과에 의해 0보다 큰 최종 추천 조정률은 목표 손해율을 달성하기 위해 그 차이만큼 요율인상이 필요하다는 권장 사항이며, 위의 예에서처럼 전체적으로 2% 요율인상을 해야 목표 손해율을 달성하리라 보는 것이다. 반면에 0보다 작은 최종 추

천 조정률은 목표 손해율 달성에 그만큼 여유가 있으므로 요율인하의 여지가 있다고 해석할 수 있다.

### 3.2.1 신뢰도의 고려

계리사는 많은 경우 데이터의 양이 부족한 상태에서 요율산정을 하게 된다. 요율개발의 이상적 목표 중 하나는 요율은 변화에 합리적으로 반응할 수 있어야 하는 것이다. 변화에 합리적인 반응을 위해서는 가장 최근 데이터를 이용하여 요율을 개발하고 분석해야 하지만, 분석을 위해 최소한으로 요구되는 최근 데이터가 부족할 경우 좀 더 오래된 데이터 또는 이와 유사한 데이터를 이용하여 합리적이고 타당성 있는 결과를 도출해야 할 필요가 있게 된다.

부족한 데이터를 가지고 더 합리적이고 견고하며 변화에 타당성 있게 반응할 수 있는 요율산정 결과를 얻기 위해서는 결과에 신뢰도(credibility) 원칙을 적용하는 것이다. 보험의 일반 원리 중 하나인 대수의 법칙(law of large numbers)은 분석에 사용될 모수(observation)의 수가 많을수록 예측값과 실제값의 차이는 근소하게 되는 경향이 있다고 본다. 신뢰도의 이론과 계산방법은 앞에서 자세히 설명되었으므로, 여기서는 산출된 요율변경요인에 신뢰도를 감안한 최종 추천 조정률을 산출하는 기본적인 과정만 살펴보도록 하겠다.

요율 산정 모델에서 산출된 추천 조정률의 신뢰도($z$)가 0.8이라 가정하면, 신뢰도의 나머지 부분, 즉 0.2에 해당하는 부분은 다른 요소에 의한 보완 조정률을 적용해서 신뢰도 감안 최종 추천 조정률을 산출하는 것이 바람직하다. 예를 들어, 경험데이터에 의한 요율조정 요인이 9.2% 요율인상으로 산출되었을 때, 당사 자료에 의한 신뢰도가 0.8이고, 보완(complement) 조정률을 시장 경쟁력을 위해 업계 평균 요율 조정률 4.0%로 한다면 신뢰도를 감안한 최종 추천 조정률은 다음과 같은 8.16%가 된다.

$$신뢰도\ 감안\ 최종\ 추천\ 조정률 = (z) \times 최종\ 조정률 + (1-z) \times 보완\ 조정률$$
$$= 0.80 \times 0.092 + (1-0.80) \times 0.04$$
$$= 0.0816\ 또는\ 8.16\%$$

경험데이터에 의한 최종 추천 조정률이 충분한 데이터와 매우 타당성 있는 근거에 의해 계산되었다고 판단되면 보완 조정률이 필요하지 않을 수 있으나, 그렇지 않을 경우, 세심한 분석에 의해 보완 조정률을 선택하고 신뢰도를 감안하여 최종 추천 조정률을 결정해야 한다. 보완 조정률은 위와 같은 업계 평균이나 경쟁사의 요율 조정률 또는 규정에 의해 허락된 조정률 등 다양하게 그 상황에 맞게 활용할 수 있다.

만일 보완 조정률로 사용할 대안을 찾기 힘들거나 적용할 보완 조정률이 객관적이거나 타당하지 않을 경우, 보완 조정률을 0으로 할 수 있다. 이 경우, 신뢰도 감안 최종 추천 조정률은

$0.80 \times 0.092 + (1 - 0.80) \times 0 = 0.0736$ 또는 7.36%로 계산된다.

최종 추천 조정률은 현재 평균요율이 전체적으로 얼마만큼 변경, 조정될 필요가 있다는 방향을 제시하는 것이지 여러 요율변수에 의해 구성되는 개별 계약에 동일하게 적용해야 한다는 것을 의미하는 것은 절대 아니다. 따라서 최종 추천 조정률의 유도지표를 가지고 개별 요율변수에 적합하게 적용하도록 각 상대도(relativity)를 산출할 필요가 있다.

## 3.3 순보험료 방법과 손해율 방법의 차이점

순보험료와 손해율에 의한 최종 추천요율 결정 방법에는 두 가지 차이점이 있다. 첫째는 사용하는 손해액의 측정법이다. 순보험료 방법은 익스포저당 순보험료에 의존하는 반면, 손해율 방법은 예측 최종 손해액(손해사정비 포함)에 현재 요율 수준으로 수정된 예측 보험료를 나눈 손해율에 의한다는 것이다. 여기서, 순보험료에 의한 최종 추천 조정률 계산 과정은 현재요율 수준의 보험료 계산이 필요하지 않으나, 손해율 방법에 의한 최종 추천 조정률 계산에서 보험료는 현재요율 수준으로 수정되어야 한다. 유사하게, 순보험료 방법은 익스포저에 대한 명확한 정의가 필요한 반면, 손해율 방법은 익스포저에 대한 계산이 요구되지 않는다는 점이다. 이런 차이점에 의해, 순보험료 방법은 새로운 상품을 개발할 때에 이에 맞는 경험데이터가 부족하거나, 또는 상품 안에 수많은 요율변수가 존재하고 과거 수차례 요율변경이 발생한 경우 현재 요율수준으로 보험료를 정확하게 수정하기 어려울 수가 있는데 이런 경우에 순보험료 방법을 선호한다. 반대로, 손해율 방법은 익스포저에 대한 명확한 정의와 익스포저 데이터 추출이 어려울 때 선호한다.

다른 차이점은, 두 방법의 결과는 다른 형태이다. 순보험료 방법에 의한 결과는 평균 보험료율, 즉 익스포저당 앞으로 청구하도록 추천하는 평균 보험료 금액(원)이다. 반면에, 손해율 방법에 의한 결과는 현재 적용하는 요율의 조정률(%)을 나타낸다. 이런 이유에 의해, 적용할 현재 요율이 존재하지 않는 신상품 또는 신담보의 경우 순보험료 방법을 사용한다.

## 3.4 요율변수의 조정률 적용

대부분 손해보험상품의 담보들의 요율은 담보 안에 기준(기본)계층을 설정하여 기본요율을 결정하고 다른 계층은 이 기본요율에 대한 상대적인 계수를 계산하여 정한다. 예를 들어 자동차보험에서 자차담보는 연령별로 다른 요율이 적용된다. 모든 연령별로 별도의 요율을 따로 계산하는 것이 아니고 기준계층(예: 30~34세 연령대)에 기본요율을 정하고 이에 따라 다른 연령계층에 적용될 계수를 구하는 방식이다. 특정 요율변수 안에 있는 여러 계수(classification)들과 기본요율(base rate)의 관계를 상대도(relativity)라 한다. 이는 기본요율인 1.00과 여러 계수들과의 비율로 설명될 수 있다. 상대도를 계산하는 방법은 요율산정 과정의 최종 추천 조정률을 구하는 과정과 유사하다. 순보험료 방법에서 상대도는 기본요율과 계수들의 순보험료를 나눈 값으로 쉽게 구해질 수 있다.

손해율 방법에서는 경험 손해율 계산 전에 개별 계수들이 현재 요율 수준으로 수정된 계수의 온레벨 경과보험료를 기본 요율 수준으로 수정되어야 한다. 〈표 10-1〉과 함께 요율 계수의 상대도를 계산해 보도록 하겠다.

**표 10-1** 요율계수의 상대도

| (1)<br>보상<br>한도 | (2)<br>現<br>상대도 | (3)<br>온레벨<br>경과보험료 | (4)<br>기본요율<br>온레벨<br>경과보험료 | (5)<br>경험손해액<br>(ALAE포함) | (6)<br>손해율 | (7)<br>추천<br>상대도 |
|---|---|---|---|---|---|---|
| 1천만원 | 1.000 | 8,500,000 | 8,500,000 | 6,823,000 | 0.803 | 1.000 |
| 2천만원 | 1.300 | 5,600,000 | 4,307,692 | 4,252,000 | 0.987 | 1.230 |
| 5천만원 | 1.550 | 4,900,000 | 3,161,290 | 3,552,000 | 1.124 | 1.400 |
| 합 |  | 19,000,000 | 15,968,983 | 14,627,000 |  |  |

예시된 특정 요율변수의 기본요율이 1천만원의 보상한도라고 가정할 때, 각 보상한도별 온레벨 경과보험료에 현재 상대도를 이용하여 기본요율 수준으로 먼저 수정한다. 즉, 2천만원 보상한도의 온레벨 경과보험료가 5,600,000이었다면 기본요율 수준인 5,600,000/1.30=4,307,692로 수정한다. 기본요율 수준으로 수정된 경과보험료를 이용하여 손해율을 다시 계산하고 보상한도별 손해율의 상대도를 구하게 된다. 2천만원 보상한도의 경우 기본요율 수준으로 수정된 경과보험료에 의한 손해율은 4,252,000/4,307,692=0.987이 되며, 이 손해율이 기본요율인 1천만원 보상한도 손해율인 0.803과 상대적으로 비교하는 방식이다. 이에 따라 2천만원 보상한도의 상대도는 0.987/0.803=1.230으로 변경되도록 추천하는 것이다. 이를 해석한다면, 2천만원 보상한도의 경우 현재 기본한도인 1천만원보다 30% 높은 보험료가 요구되나 실제 경험데이터를 분석한 결과 기본한도보다 23%만 높은 보험료가 적정한 수준인 것으로 제안한다는 것이다. 이러한 상대도 역시 신뢰도를 감안하여 계산하는 것이 일반적이다.

손해율방법에서 손해율이 중요한 도구라면 순보험료 방법은 순보험료가 중요한 도구이다. 그리고 계산과정은 매우 유사하다. 순보험료 방법에서는 각 보상한도별 순보험료를 현재 상대도를 이용하여 기본 순보험료 수준으로 먼저 수정한다. 그런 다음, 각 계층의 수정된 순보험료를 기본 순보험료로 나누어 구하고 그 값이 새로운 추천 상대도가 된다.

## 3.5 불균형 요율(off-balance)의 수정

불균형 요율(off-balance)의 수정을 〈표 10−1〉과 함께 이해하도록 하겠다. 예를 들어, 기본한도 1천만원의 기본요율은 1만원이고 전체 요율산정 결과, 8%의 요율 조정이 필요하다고 가정할 때, 기본한도의 추천요율은 10,000원×1.08=10,800원이 된다. 이에 따라 계수별 적용되는 조정률은 다음과 같다.

1천만원 한도: $\{(10,800) \times (1.000)\}/\{(10,000) \times (1.000)\} - 1 = +0.08$

2천만원 한도: $\{(10,800) \times (1.230)\}/\{(10,000) \times (1.300)\} - 1 = +0.021846$

5천만원 한도: $\{(10,800) \times (1.400)\}/\{(10,000) \times (1.550)\} - 1 = -0.024516$

이들 조정률을 각 계수별 온레벨 경과보험료에 적용하면,

1천만원 한도: $8,500,000 \times 1.08000 = 9,180,000$

2천만원 한도: $5,600,000 \times 1.021846 = 5,722,338$

5천만원 한도: $4,900,000 \times 0.975484 = 4,779,871$

적용된 조정률에 의한 온레벨 경과보험료의 합은 $9.180,000 + 5,722,338 + 4,779,871 = 19,682,209$원이 된다. 그런데, 실제 온레벨 경과보험료의 합 19,000,000원에서 요율 조정에 의해 19,682,209원으로 경과보험료가 증가하게 되는 결과 실제로 $19,682,209/19,000,000 = $ 약 3.59%의 변경만을 의미한다. 이는 실제로 8%의 요율조정을 원했으나 실제는 3.59%만 조정되는 것을 의미한다. 이와 같이, 종합 요율산정 결과 요율조정 8.0%와 온레벨 경과보험료 증가율 3.59%와의 차이를 불균형요율이라 하며, 현재 상대도는 기본요율 10,000원에 기반한 반면 추천 상대도는 기본요율 10,800원에 의하기 때문에 나타나는 현상이다. 이 경우, 기본한도의 상대도는 고정하고 다른 한도의 상대도를 각각 증가 또는 감소하게 함으로써 그 차이에 의한 불균형을 균형으로 맞추게 된다.

이와 같은 불균형은 불균형계수 $1.0800/1.0359 = 1.042566$을 계산하여 추천된 조정률에 적용함으로써 수정할 수 있다. 이에 따라, 수정된 기본요율의 추천 보험료는 $10,800 \times 1.042566 = 11,259.7$원이 되며, 나머지 한도계수들의 조정률도 같은 방법으로 계산된다.

1천만원 한도: $(\{11,259.7\} \times (1.000)\}/\{(10,000) \times (1.000)\} - 1 = +0.12597$

2천만원 한도: $\{(11,259.7) \times (1.230)\}/\{(10,000) \times (1.300)\} - 1 = +0.065342$

5천만원 한도: $\{(11,259.7) \times (1.400)\}/\{(10,000) \times (1.550)\} - 1 = +0.017006$

즉, 전체적으로 평균 8.0%의 요율조정이 실현되어야 하며 이를 요율변수에 적용할 때, 기본한도의 기본요율은 11,259.7원이 되고 보상한도금액의 상대도는 각각 1.00, 1.23, 그리고 1.40으로

조정되며, 이에 따라 기본한도인 1천만원은 12.6%, 보상한도 2천만원은 6.53%, 보상한도 5천만원은 1.70%의 조정효과가 있어야만 목표 조정요율이 합리적으로 실현될 수 있다는 의미이다.

각 상대도의 조정효과 계산이 정확한지는 다음과 같이 증명할 수 있다. 계수당 최종 조정률을 각각 온레벨 경과보험료에 곱하여 합한 값은 실제 온레벨 경과보험료의 합보다 8.0% 증가되어 있음을 알 수 있다.

1천만원 한도: $8,500,000 \times 1.12597 = 9,570,755$
2천만원 한도: $5,600,000 \times 1.065342 = 5,965,915$
5천만원 한도: $4,900,000 \times 1.017006 = 4,983,330$

$9,570,755 + 5,965,915 + 4,983,330 = 20,520,000 = 19,000,000 \times 1.08$

불균형요율의 수정 외에도 제도적인 요구에 의해 조정률의 범위가 제한될 수 있다. 이런 경우, 불균형요율의 수정과정과 유사한 방법에 의해 추천상대도를 변경해야 한다. 예를 들어, 제도상 모든 보상한도에 최대 10%로 요율인상을 제한할 경우, 기본한도의 12.6% 조정효과는 실행할 수 없으며 대신 10%로 재조정해야 한다. 즉 기본요율은 $10,000 \times 1.10 = 11,000$원으로 제한된다.

기본한도의 기본요율이 11,000원으로 제한되므로 수정된 기본한도의 온레벨 경과보험료는 9,570,755원에서 $8,500,000 \times 1.10 = 9,350,000$원으로 220,755원만큼 감소된다. 여전히 전체 평균 8.0%의 요율조정이 실현되어야 하기 때문에 이러한 감소분은 나머지 한도의 요율에 전가함으로써 충족시킬 수 있다. 즉, 나머지 한도의 수정된 온레벨 경과보험료는 $220,755/(5,965,915 + 4,983,330) = 0.0202$ 또는 2.02%만큼 증가시킬 수 있는 여지가 생긴다. 또한 이런 요율제한에 의한 보험료 감소분은 나머지 한도의 상대도를 $1.12597/1.100 = 1.0236$만큼 증가시킬 수 있는 여지로 남는다. 그러므로, 요율 제한에 의한 불균형요율은 $1.0202 \times 1.0236 = 1.0442$의 수정률을 적용하여 수정 상대도를 다시 산출할 수 있게 된다.

2천만원 보상한도 상대도: $1.230 \times 1.0442 = 1.284$
5천만원 보상한도 상대도: $1.400 \times 1.0442 = 1.462$

이 상황을 해석한다면, 제도상 모든 보상한도에 10%로 요율인상을 제한함에 의해 기본한도의 기본요율은 11,000원이 되어야 하며, 보상한도금액의 상대도는 각각 1.00, 1.284, 그리고 1.462로 조정되고, 이에 따라서 기본한도인 1천만은 10.0%, 보상한도 2천만원은 8.68%, 보상한도 5천만원은 3.75%의 조정효과가 있으며 전체적으로 여전히 8%의 요율조정을 실현하고 있음을 의미한다.

각 상대도의 조정효과 계산이 정확한지는 아래와 같이 다시 증명할 수 있다. 계수당 최종조정률을 각각 온레벨 경과보험료에 곱하여 합한 값은 실제 온레벨 경과보험료의 합보다 8.0% 증가되어 있음을 알 수 있다.

1천만원 보상한도: $8,500,000 \times 1.10 = 9,350,000$

2천만원 보상한도: $5,600,000 \times 1.08682 = 6,086,197$

5천만원 보상한도: $4,900,000 \times 1.03751 = 5,083,803$

$9,350,000 + 6,086,197 + 5,083,803 = 20,520,000 = 19,000,000 \times 1.08$

### 예제 10-1

다음의 자료를 이용하여 순보험료 방식에 의한 익스포저당 고정비를 계산하라.

| | |
|---|---|
| 익스포저당 요율 | 120 |
| 손해사정비를 포함한 순보험료 | 75 |
| 일반업부비율 | 7% |
| 기타모집비율 | 3% |
| 수수료율 | 15% |
| 기타비율 | 3% |
| 목표 손익률 | 5% |

일반업무비와 기타모집비의 80%는 고정비로 고려된다.

**풀이**

$$보험료율 = \frac{손해액 + 손해사정비 + 고정비}{1 - 변동비율 - 목표손익률}$$

$120 = (75 + F)/(1 - V - 0.05) = (75 + F)/(1 - 0.2 - 0.05)$

$V = 0.2(0.07 + 0.03) + 0.15 + 0.03 = 0.2$

∴ 고정비 $= 15$

### 예제 10-2

순보험료 방식에 의해 자동차보험 대인담보의 요율인상폭을 계산하라.

| | |
|---|---|
| 유효대수 | 14,000 |
| 진전과 추이로 조정된 손해액 | 14,500,000 |
| 현재 대당 요율 | 1,200 |
| 변동사업비율 | 25% |

**풀이**

대당 손해액 $= L/E = 14,500,000/14,000 = 1,035.71$

$$추천 \ 요율 = \frac{1,036}{1-0.25} = 1,380.95$$

$$요율인상 = \frac{추천요율}{현재요율} - 1 = 1,380.95/1,200 - 1 = 15.1\%$$

### 예제 10-3

다음 배상책임보험의 기본한도에 의한 경험데이터 결과를 이용하라.

| 달력연도 | 최종손해액 | 수입보험료 | 경과보험료 |
|---|---|---|---|
| 2021 | 325,000 | 750,000 | 375,000 |
| 2022 | 575,000 | 1,000,000 | 875,000 |
| 2023 | 800,000 | 1,250,000 | 1,125,000 |
| 합 | 1,700,000 | 3,000,000 | 2,375,000 |

요율변경일: 2020년 1월 1일(+7%), 2022년 10월 1일(+5%),
　　　　　　 2023년 7월 1일(+3%), 2024년 1월 1일(+5%)

| | | | |
|---|---|---|---|
| 목표손해율 | 69% | 업계평균 요율변경 | +5% |
| 요율 유효일 | 2025년 1월 1일 | 요율의 유효기간 | 1년 |
| 계약만기기간 | 1년 | 심도추이 | 5% |
| 빈도추이 | −1% | 신뢰도 | 50% |

(1) 2021년~2023년의 온레벨된 경과보험료의 합은?

(2) 2021년~2023년 기간동안 추이되고 온레벨된 3년간 손해율은?

(3) 신뢰도를 감안한 추천 요율변경 수준은 얼마인가? 단, 보완신뢰도는 업계평균 요율변경을 적용한다.

### 풀이

(1) 영역별 요율수준:

2022년 10월 1일 이전 계약 = 1.00

(주의: 2020년 1월 1일 변경일 자료는 관측기간 '21년~'23년 동안 어느 시점이나 동일하게 영향을 미치므로 온레벨 계산시 생략하는 게 계산상 편리함. 포함할 경우, 같은 결과가 나오나 여분의 계산이 수반됨.)

2022년 10월 1일~2023년 7월 1일 사이 계약 = 1.05,

2023년 7월 1일~2024년 1월 1일 사이 계약 = 1.05 × 1.03 = 1.082,

2024년 1월 1일 이후 계약 = 1.136

최근누적요율수준계수 = (1.05)(1.03)(1.05) = 1.136

2021년 평균요율수준 = 1.000

2022년 평균요율수준 $= 1.00(31/32) + 1.05(1/32) = 1.002$

2023년 평균요율수준 $= 1.00(9/32) + 1.05(19/32) + 1.082(4/32) = 1.040$

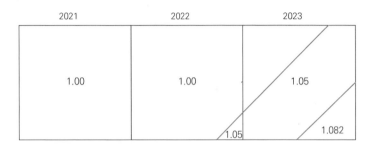

2021년 온레벨 계수 $= 1.136/1.000 = 1.136$

2022년 온레벨 계수 $= 1.136/1.002 = 1.134$

2023년 온레벨 계수 $= 1.136/1.040 = 1.092$

온레벨 경과보험료 $= [(1.136)(375) + (1.134)(875) + (1.092)(1,125)](1,000) = 2,646,750$

(2) 평균유효일은 2025년 7월 1일이며, 유효기간의 평균사고일은 2026년 1월 1일이다. 경험기간의 평균사고일은 매 사고연도의 7월 1일이다.

추이계수 $= (1 + 빈도추이)(1 + 심도추이) = (1.05)(0.99) = 1.0395$

추이 손해액 $= [(325)(1.0395)^{4.5} + (575)(1.0395)^{3.5} + (800)(1.0395)^{2.5}](1,000)$

$= 1,926,748$

손해율 $= 1,926,748/2,646,750 = 0.728$

(3) 경험에 의한 추천변경률 $= 0.728/0.690 - 1 = 0.055$

추천요율 $= (0.5)(0.055) + (0.5)(0.050) = 5.25\%$

### 예제 10-4

다음 정보를 이용하여 평균요율 변경수준을 계산하라.

| 연령대 | 계약자수 | 현재 기본요율 | 추천 기본요율 | 추천 요율변경 |
|---|---|---|---|---|
| 30 | 500 | 200 | 220 | +10% |
| 40 | 200 | 500 | 700 | +40% |
| 50 | 300 | 300 | 360 | +20% |

💡 풀이

현재 기본요율 보험료 $= (500)(200) + (200)(500) + (300)(300) = 290,000$

추천 기본요율 보험료 $= (500)(220) + (200)(700) + (300)(360) = 358,000$

평균요율 변경수준 $= 358/290 - 1 = 23.4\%$

**예제 10-5**

대물담보의 요율변경을 준비하려고 한다. 변경하고자 하는 내용은 1) 25% 요율인상, 2) 자기부담금 상대도 변경, 3) 기본 자기부담금을 10만원에서 20만원으로 변경 등 세 가지이다. 현재 자기부담금 10만원의 요율은 500원이며, 다른 수정작업은 불필요하다. 다음 정보를 이용하여 자기부담금 각각의 추천요율을 계산하라.

| 자기부담금 | 경과보험료 | 현상대도 | 추천상대도 |
|---|---|---|---|
| 5만 | 5,000 | 1.75 | 2.50 |
| 10만 | 6,000 | 1.00 | 1.50 |
| 20만 | 10,000 | 0.85 | 1.00 |
| 25만 | 5,000 | 0.70 | 0.90 |

**풀이**

현상대도하 경과보험료 = 5,000 + 6,000 + 10,000 + 5,000 = 26,000

추천상대도하 경과보험료 = 5,000(2.50/1.75) + 6,000(1.50/1.00) + 10,000(1.00/0.85)
$$+ 5,000(0.90/0.70) = 34,336.14$$

$$추천기본요율 = \frac{현재기본요율 \times 변경률 \times 현상대도하\ 경과보험료}{추천상대도하\ 경과보험료} = \frac{500 \times 1.25 + 26,000}{34,336.14} = 473.26$$

(참고) 다른 방법에 의한 풀이:

$$34,336.14X = 26,000(1.25), \quad X = 0.947$$

$$500 \times 0.947 = 473.26$$

5만 자기부담금 추천요율 = (473.26)(2.50) = 1,183.15

10만 자기부담금 추천요율 = (473.26)(1.50) = 709.89

20만 자기부담금 추천요율 = (473.26)(1.00) = 473.26

25만 자기부담금 추천요율 = (473.26)(0.90) = 425.93

**예제 10-6**

다음 데이터 결과를 이용하여 밑의 질문에 답하라.

| 유형 | 상대도 | 온레벨 경과보험료 | 손해액 |
|---|---|---|---|
| 1 | 1.00 | 50,000 | 30,000 |
| 2 | 1.25 | 20,000 | 10,560 |
| 3 | 1.50 | 30,000 | 16,200 |

- 현재 기본요율 = 100
- 추천요율 조정률 = 10%
- 기본유형(base class)은 유형1로 한다.

(1) 유형 2와 3의 추천상대도를 구하라.

(2) 추천요율 조정률 10%를 실행하기 위해 요구되는 불균형 요율(off-balance) 수정계수와 이에 따른 수정된 기본요율 값을 구하라.

(3) 감독기관은 어느 유형이든지 ±15% 내에서 요율조정을 승인한다. 회사의 추천요율 조정률 10%를 유지하면서, 감독기관의 규정사항을 준수하는 유형별 수정 요율을 구하라.

☼ 풀이

(1)

| 유형 | 온레벨P@기본유형 | 손해액 | 손해율 | 추천상대도 |
|---|---|---|---|---|
| 1 | 50,000/1.00=50,000 | 30,000 | 0.60 | 0.60/0.60=1.00 |
| 2 | 20,000/1.25=16,000 | 10,560 | 0.66 | 0.66/0.60=1.10 |
| 3 | 30,000/1.50=20,000 | 16,200 | 0.81 | 0.81/0.60=1.35 |

(2) 상대도 수정에 의한 예측보험료:

유형1 $- 50,000(1.00/1.00) = 50,000$

유형2 $= 20,000(1.10/1.25) = 17,600$

유형3 $= 30,000(1.35/1.50) = 27,000$

상대도 수정에 의한 조정률 $= (50,000 + 17,600 + 27,000)/(50,000 + 20,000 + 30,000) - 1$

$$= -5.4\%$$

불균형 요율(off-balance) 수정계수 $= 1/(1 - 0.054) = 1.0571$

수정 기본요율 $= (100)(1.0571)(1.10) = 116.28$

(3)

| 유형 | 현재요율 | 수정요율 | 조정률 |
|---|---|---|---|
| 1 | 100 | 116.28 | 16.28% |
| 2 | 125 | (116.28)(1.10)=127.91 | 2.33% |
| 3 | 150 | (116.28)(1.35)=156.98 | 4.65% |

유형1은 15%로 제한되므로, 요율은 115가 되어야 한다. 즉, 보험료는 $50,000(0.1628) = 8,140$만큼 증가를 예측했으나, $50,000(0.15) = 7,500$만 증가를 해야 한다. 그러므로, 차액 640을 다른 유형으로 전가해야 한다.

전가 전 유형2 예측보험료 $= 20,000(1.0233) = 20,466$

전가 전 유형3 예측보험료 $= 30,000(1.0465) = 31,395$

$(640)/(20,466 + 31,395) = 1.23\%$와 $(1.1628/1.15) - 1 = 1.11\%$를 전가해야 한다.

즉, $(1.0123)(1.0111) = 1.0235$만큼 유형별 상대도를 증가시켜야 한다.

전가 후 유형2 수정상대도 $= (1.10)(1.0235) = 1.12585$

전가 후 유형3 수정상대도 $= (1.35)(1.0235) = 1.381725$

| 유형 | 수정요율 | 조정률 |
|---|---|---|
| 1 | 115 | 15% |
| 2 | (115)(1.12585)=129.47 | 3.6% |
| 3 | (115)(1.381725)=158.90 | 5.9% |

### 예제 10-7

다음 데이터 자료를 참고로 질문에 답하라.

| 사고연도 | 경과 익스포저 | 온레벨 경과보험료 | 손해액 | 보고 사고수 | 진전계수 손해액 | 진전계수 사고수 |
|---|---|---|---|---|---|---|
| 2021 | 400 | 100,000 | 90,000 | 60 | 1.00 | 1.00 |
| 2022 | 572 | 110,000 | 124,800 | 70 | 1.05 | 1.20 |
| 2023 | 680 | 120,000 | 88,300 | 70 | 1.80 | 1.40 |

〈달력연도 2023년 데이터〉

| | | | |
|---|---|---|---|
| 수입보험료 | 100,000 | 경과보험료 | 90,000 |
| 발생손해액 | 55,000 | 간접손해사정비 | 2,750 |
| 수수료 | 16,000 | 기타사업비 | 4,000 |
| 기타모집비 | 6,000 | 일반업무비 | 4,500 |
| 목표손익률 | 6% | | |

- 요율은 1년 동안 유효하다.
- 요율변경은 2024년 10월 1일부터 유효한다.
- 모든 계약은 1년 만기 계약이다.
- 사고연도 손해액과 보고사고수는 2023년 12월 31일자 기록된 수치이다.

(1) 목표 손해율(Target loss ratio)을 구하라.
(2) 지수추이를 가정하여 빈도와 심도의 추이를 계산하라.
(3) 추이된 평균 경험 손해율을 계산하라.
(4) 추천하는 요율의 조정률을 계산하라.

### 풀이

(1) 목표손해율 $= T = \dfrac{1-V-Q}{1+G} = \dfrac{1-0.31-0.06}{1+0.05} = 60\%$

$V = (16,000+4,000+6,000)/(100,000)+(4,500)/(90,000) = 0.31$

$Q = 0.06$

$G = 2,750/55,000 = 0.05$

(2)

| 연도 | 빈도 | 변경% |
|---|---|---|
| 2021 | 60/400=0.15 | |
| 2022 | 70(1.2)/572=0.147 | 0.147/0.15=−2% |
| 2023 | 70(1.4)/680=0.144 | 0.144/0.147=−2% |

빈도추이 = − 2%

| 연도 | 심도 | 변경% |
|---|---|---|
| 2021 | 90,000/60=1,500 | |
| 2022 | 124,800(1.05)/70(1.2)=1,560 | 1,560/1,500=4% |
| 2023 | 88,300(1.8)/70(1.4)=1,622 | 1,622/1,560=4% |

심도추이 = 4%

(3)

| 사고연도 | 손해액 | 진전계수 | 추이 | 추이된 손해액 | 온레벨 경과보험료 |
|---|---|---|---|---|---|
| 2021 | 90,000 | 1.00 | $[(0.98)(1.04)]^{4.25}$ | 97,576 | 100,000 |
| 2022 | 124,800 | 1.05 | $[(0.98)(1.04)]^{3.25}$ | 139,395 | 110,000 |
| 2023 | 88,300 | 1.80 | $[(0.98)(1.04)]^{2.25}$ | 165,889 | 120,000 |
| 합 | | | | 402,860 | 330,000 |

추이된 평균 경험 손해율 = 402,860/330,000 = 122.1%

(4) 추천 요율 조정률 = 1.221/0.60 − 1 = 103.5%

### 예제 10-8

다음은 자동차보험 대인담보의 기본한도 가입금액에 관련한 자료이다.

| 달력/사고연도 | 경과익스포저 | 2020/12/31자 손해액 |
|---|---|---|
| 2021 | 450 | 52,000 |
| 2022 | 500 | 54,000 |
| 2023 | 530 | 40,000 |

- 모든 계약은 1년만기이며 요율은 1년 동안 유효하다.
- 계획된 요율 유효일자 = 2024/7/1
- 현재 기본 요율 = 225
- 진전계수: 12~24 = 1.50, 24~36 = 1.15, 36~48 = 1.05, 48~종결 = 1.06
- 빈도추이 = 2%
- 심도추이 = 5%
- 목표손해율 = 65%

(1) 손해율 방법을 이용하여 요율 조정을 정하라.

(2) 손해율 방법에 의한 요율 조정은 순보험료 방법에 의한 결과와 동일함을 증명하라.

☼ 풀이

(1) 12~종결 진전계수 = $(1.50)(1.15)(1.05)(1.06) = 1.92$

　　24~종결 진전계수 = $(1.15)(1.05)(1.06) = 1.28$

　　36~종결 진전계수 = $(1.05)(1.06) = 1.113$

　　추이지수 = $(1.02)(1.05) = 1.071$

　　2021년 진전추이된 손해액 = $52,000(1.113)(1.071)^4 = 76,148$

　　2022년 진전추이된 손해액 = $54,000(1.28)(1.071)^3 = 84,913$

　　2023년 진전추이된 손해액 = $40,000(1.92)(1.071)^2 = 88,093$

　　2021년 보험료 = $(450)(225) = 101,250$

　　2022년 보험료 = $(500)(225) = 112,500$

　　2023년 보험료 = $(530)(225) = 119,250$

　　현재 손해율 = $\dfrac{76,148 + 84,913 + 88,093}{101,250 + 112,500 + 119,250} = 0.748$

　　추천 요율 조정 = $0.748/0.65 - 1 = 15.1\%$

(2) 순보험료에 의한,

　　순보험료 = $\dfrac{76,148 + 84,913 + 88,093}{450 + 500 + 530} = 168.35$

　　추천 기본 요율 = 순보험료/$0.65 = 168.35/0.65 = 259$

　　추천 요율 조정률 = $\dfrac{\text{추천기본요율} - \text{현재기본요율}}{\text{현재기본요율}} = \dfrac{259 - 225}{225} = 15.1\%$

### 🏃 예제 10-9

주어진 정보를 이용하여 유형 B의 추천 상대도를 손해율 방식으로 구하라.

| 유형 | 현재상대도 | 연도 | 경과보험료 | 기본요율 |
|------|-----------|------|-----------|---------|
| A | 1.00 | 2021 | 500,000 | 50 |
|   |      | 2022 | 600,000 | 55 |
|   |      | 2023 | 600,000 | 55 |
| B | 0.40 | 2021 | 100,000 | 40 |
|   |      | 2022 | 200,000 | 40 |
|   |      | 2023 | 200,000 | 60 |

- 2021~2022년 총손해액: 유형 A=500,000　유형 B=300,000
- 2021~2022년 총사고건수: 유형 A=1,500　유형 B=300
- 유형 A가 기본유형(상대도=1)이다.

- 2023년 경과보험료는 2024년을 위한 정확한 예측평가값이다.
- 2021~2022년 손해액은 진전되고 추이되었다.
- 전신뢰도 기준은 1,082클레임이며, 루트법칙에 의해 부분신뢰도를 결정한다.

💡 **풀이**

현재 요율 수준(2023년)으로 수정된 2021~2022년 경과보험료:

유형 A = 500,000(55/50) + 600,000(55/55) = 1,150,000

유형 B = 100,000(60/40) + 200,000(60/40) = 450,000

현재 요율 수준으로 수정된 2021~2022년 손해율:

유형 A = 500,000/1,150,000 = 0.4348

유형 B = 300,000/450,000 = 0.6667

합 = 800,000/1,600,000 = 0.500

| 유형 | 손해율 | 상대도 | 신뢰도 | 신뢰도 감안 상대도 |
|------|--------|--------|--------|-------------------|
| A | 0.4348 | 0.870 | $(1,500/1,082)^{0.5}=1$ | 0.870 |
| B | 0.6667 | 1.334 | $(300/1,082)^{0.5}=0.527$ | (1.334−1)(0.527)+1=1.176 |

2023년 수정보험료:

유형 A = 600,000(0.870) = 522,000

유형 B = 200,000(1.176) = 235,200

수정계수 = (522,000 + 235,200)/(600,000 + 200,000) = 0.9465

| 유형 | 균형 상대도 | 현상대도 | 수정(추천)상대도 |
|------|-------------|----------|------------------|
| A | 0.870/0.9465=0.919 | 1.00 | 1.00 |
| B | 1.176/0.9465=1.242 | 0.40 | 0.4(1.242/0.919)=0.541 |

### 예제 10-10 한국 보험계리사 시험문제

자동차보험에서 차종에 따른 데이터의 결과는 다음과 같다.

| 차종 | 현재 상대도 | 온레벨 경과보험료 | 손해액 |
|------|-------------|-------------------|--------|
| A | 1.00 | 2,000 | 1,200 |
| B | 1.20 | 1,200 | 630 |

- 현재 기본요율은 100이다.
- 요율분석에 의해 종합적으로 10%의 요율조정률이 필요하다.
- 온레벨된 경험손해율에 의해 상대도를 조정할 것이다.
- 요율분석에서 기본 차종은 A이다.

요율조정률 10%를 만족하기 위해서 경험손해율에 의한 차종 B의 새로운 상대도에 불균형 요율(off-balance)이 존재한다. 차종 A의 상대도를 1.00으로 고정하고 불균형 요율을 균형 있게 수정한 후 차종 B의 조정률을 구하시오.

💡 풀이

| 차종 | 기본요율 수준의 온레벨 경과보험료 | 손해액 | 손해율 | 추천 상대도 |
|---|---|---|---|---|
| A | 2,000/1.00=2,000 | 1,200 | 0.60 | 1.00 |
| B | 1,200/1.20=1,000 | 630 | 0.63 | 1.05 |

기본 차종 A의 새 요율=100(1.10)=110

새요율에 따른 차종별 조정효과:

$A = (110 \times 1.00)/(100 \times 1.00) - 1 = 0.10$

$B = (110 \times 1.05)/(100 \times 1.20) - 1 = -0.038$

조정효과에 따른 보험료:

$A = 2,000 \times 110 = 2,200$

$B = 1,200 \times (1 - 0.038) = 1,154.4$

실제 조정효과 $= (2,200 + 1,154.4)/(2,000 + 1,200) = 1.048$

불균형계수 $= 1.10/1.048 = 1.05$

수정된 기본요율 $= 110 \times 1.05 = 115.5$

조정률:

$A = (115.5 \times 1.00)/(100 \times 1.00) - 1 = 0.155$

$B = (115.5 \times 1.05)/(100 \times 1.20) - 1 = 0.011$ 또는 1.1%

(반올림 없이 계산할 경우, B의 조정률은 0.984%)

## Chapter 10
# 연습문제

1. 순보험료 방식에 의한 요율산정 기법을 이용하여 추천할 수 있는 최종 건당 보험료를 구하라.

| | | | |
|---|---|---|---|
| 손해율 | 80% | 변동비 | 총보험료의 15% |
| 계약당 고정비 | 75 | 총손해액(LAE포함) | 12,000 |
| 익스포저 | 80 | | |

2. 다음 정보를 이용하여 최종 추천요율 계산시 경험손해율에 적용되는 신뢰도를 계산하라. 단, 보완신뢰도는 목표손해율에 적용하도록 한다.

| | |
|---|---|
| 경험손해율 | 0.750 |
| 최종 추천요율 | +10% |
| 사업비와 손익 | 0.400 |

3. 1년 동안 균등하게 체결되는 1년 만기 모든 계약들의 달력연도 2023년 경과보험료에 적용될 온레벨 계수는 얼마인가?

요율변경사항: 2022년 4월 1일(+5%), 2023년 7월 1일(+13%),
2024년 4월 1일(−3%)

4. 다음의 경험데이터 결과를 이용하라.

| 달력/사고연도 | 최종손해액 | 경과익스포저 |
|---|---|---|
| 2020 | 1,800,000 | 2,500 |
| 2021 | 2,275,000 | 2,900 |
| 2022 | 1,975,000 | 3,400 |

종결진전계수: 12개월~종결: 1.500, 24개월~종결: 1.250
36개월~종결: 1.050, 48개월~종결: 1.000

| | | | |
|---|---|---|---|
| 연간심도추이 | +4.3% | 수수료율 | 14.0% |
| 연간빈도추이 | −2.0% | 기타사업비율 | 3.0% |

| 기타모집비와 일반업무비의 변동비율 | 10.0% | | |
| 익스포저당 고정비 | 30 | 목표손익률 | 3.0% |

- 조건 1: 손해액은 2023년 12월 31일자로 평가된다.
- 조건 2: 모든 계약은 1년 만기계약이다.
- 조건 3: 실행될 요율은 1년 동안 유효하다.
- 조건 4: 요율변경의 유효개시일은 2024년 10월 1일이다.
- 조건 5: 경과익스포저는 달력연도, 손해액은 사고연도에 의한다.

(1) 사고연도별 진전과 추이된 손해액을 계산하라.
(2) 데이터에 의해 관측된 순보험료를 결정하라.
(3) 데이터에 의해 관측된 추천요율을 결정하라.

5. 다음 데이터를 이용하여 불균형 요율(off-balance)을 수정하라.

| 가입한도 | 현상대도 | 추천상대도 | 온레벨 경과보험료 |
|---|---|---|---|
| 100 | 1.00 | 1.00 | 15,000 |
| 200 | 1.25 | 1.40 | 10,000 |
| 500 | 2.00 | 2.20 | 6,000 |

6. 가정종합보험의 요율은 7.8% 인상이 제안되었다.

| 형태 | 현요율 | 추천상대도 | 경과보험료 |
|---|---|---|---|
| 1(기본요율) | 420 | 1.0000 | 25,300,000 |
| 2 | 550 | 1.3125 | 18,700,000 |
| 3 | 300 | 0.7530 | 10,000,000 |
| 4 | 185 | 0.5000 | 8,000,000 |

(1) 가정종합보험의 추천요율을 각 형태별로 계산하라.
(2) 아래의 세 가지 가정하에, 보험료의 정확성 측면에서 미래에 거수할 보험료 정확성의 효과를 진단하라.
- 가정 1: 추천요율하에서 기본형태의 익스포저는 전보다 반으로 감소함.
- 가정 2: 형태 2,3,4의 익스포저수는 변화 없음.
- 가정 3: 형태별 상대도는 변화 없이, 7.8% 인상이 전체에 적용됨.

7. 다음 정보를 이용하여 변동비를 구하라.

| 순보험료 | 200 | 익스포저당 고정비 | 40 |

| 변동비율 | 20% | 목표손익률 | 5% |
|---|---|---|---|

**8.** 다음 데이터에 의거하여 밑의 질문에 답하라.

- 보험료 비례사업비 계수          18%
- 간접손해사정비          100,000
- 고정사업비          100,000
- 목표 손익계수          2%
- 온레벨 경과보험료          1,000,000
- 손해액          750,000
- 경과 익스포저          2,500

(1) 목표손해율은 얼마인가?

(2) 손해율 방법에 의한 최종 조정률을 구하라.

(3) 순보험료 방법에 의한 최종 조정률을 구하라.

(4) 순보험료 방법과 손해율 방법의 실질적인 차이점 두 가지를 기술하라.

**9.** 다음의 가정종합보험 데이터를 이용하여 밑의 질문에 답하라.

| 달력/사고연도 | 최종손해액 | 수입보험료 | 경과보험료 |
|---|---|---|---|
| 2022 | 635,000 | 1,000,000 | 975,000 |
| 2023 | 595,000 | 1,050,000 | 1,000,000 |

| 유효일 | 요율조정 |
|---|---|
| 2021년 7월 1일 | +4.0% |
| 2022년 1월 1일 | +1.8% |
| 2023년 7월 1일 | +3.0% |

- 목표손해율          0.670
- 추천 유효일          2025년 7월 1일
- 유효기간          1년
- 신뢰도          0.60
- 대안 추천요율          0.0%
- 계약기간          1년
- 심도추이          +3.0%
- 빈도추이          +1.0%
- 경과보험료는 달력연도, 손해액은 사고연도에 의한다.

(1) 달력연도 2022년과 2023년의 온레벨 경과보험료는?

(2) 2022~2023년 추이되고 온레벨된 손해율을 계산하라.

(3) 신뢰도를 감안한 추천요율수준의 조정률은? 단, 보완신뢰도는 대안추천요율에 적용한다.

**10.** 계약은 연중 균등하게 체결되는 2년 만기 계약의 달력연도 2023년 온레벨 경과보험료를 계산하라.

| 달력연도 | 경과보험료 | 조정률 개시일 | 조정률 |
|---|---|---|---|
| 2021 | 10,000 | 7월 1일 | +5.2% |
| 2022 | 11,500 | | |
| 2023 | 14,000 | 4월 1일 | +7.4% |

**11.** 다음 자료를 참고로 아래의 질문에 답하라.

- $R$ = 익스포저당 추천요율
- $R_0$ = 익스포저당 현재요율
- $P$ = 순보험료
- $L$ = 경험손해액
- $E$ = 경과익스포저
- $F$ = 익스포저당 고정비
- $V$ = 보험료비 변동비율
- $Q$ = 보험료비 목표손익

(1) 순보험료 방식에 의한 추천요율을 기호로 표시하라.

(2) 손해율 방식에 의한 추천요율을 아래와 같은 기호로 표시할 때, 동일한 데이터와 가정하에서, 두 가지 방식에 의한 결과가 같은지를 기호로 증명하라.

$$R = \frac{L\left(1 + \dfrac{FE}{L}\right)}{E(1 - V - Q)}$$

**12.** 다음 데이터를 이용하여 아래 질문에 답하라.

| 계약연도 | 기본한도 현요율수준 경과보험료 | 기본한도 진전된 손해액 | 발생 사고수 |
|---|---|---|---|
| 2020 | 70,000 | 70,000 | 750 |
| 2021 | 75,000 | 50,000 | 400 |
| 2022 | 80,000 | 60,000 | 650 |

- 모든 계약은 1년 만기이다.
- 새로운 요율은 2025년 1월 1일부터 적용한다.
- 연 익스포저 추이=3%
- 연 빈도 추이=−1%
- 연 심도 추이=5%

계약연도 2020~2022년에 20%, 30%, 50%의 가중치가 연도별로 적용될 때, 가중치를 감안한 예측손해율은 얼마인가?

# CHAPTER

# 11

# 담보 조정

　순수 손해보험(property and casualty insurance)에서는 원손해액(ground up losses)을 처음 1백 만원, 그다음 1백만원처럼 구간 또는 계층(layer)별로 분리해서 분석하는 것이 매우 중요하다. 이 러한 구간은 금액별로 분리할 수 있고 보장한도의 비율(%)로도 분리할 수 있고 또는 최대 가능 손해액(probable maximum loss)의 비율(%)로도 표현될 수 있다. 자동차보험의 자차 담보에서는 금액으로 손해액 구간을 분리하고 주택화재 같은 재산보험에서는 손해액과 주택 가격 간에 상관 관계가 높아 보장한도의 비율(%)로 손해액 구간을 분리하며 기업화재보험은 최대 가능 손해액 (probable maximum loss)의 비율(%)로 손해액 구간을 분리하여 담보를 분석하고 구분하는 것이 보편화되어 있다.

　손해보험회사는 손해율 또는 리스크 관리, 안정적인 경영정책 유지, 보험소비자의 도덕적 해 이 제어 등을 이유로 보험소비자에게 제공하는 담보 위험의 보장 범위를 축소 또는 확대하는 전 략을 취한다. 이는 보험회사가 원손해액(ground up losses)의 일부만을 책임지겠다는 의미로 해석 할 수도 있다. 보험소비자에게 제시하는 보험료는 여러 다양한 요율변수의 조합에 의해 계산되는 데, 요율변수 안에는 자기부담금이나 보상한도금액 등을 설정하여 보장범위를 제한하고 있다. 여 기서는 이러한 담보를 조정(coverage modification)하는 대표적 방법인 자기부담금, 보장한도, 공 동보험 그리고 보장분담에 대한 개념과 이러한 담보 조정방법들이 어떠한 계리적인 이론에 의해 수학적으로 산출되며 변수 안의 계수들이 조정되고 담보가 조정되는지 그리고 이에 따른 손해액 이 어떻게 변하는지를 이해하게 될 것이다.

**1. 손해액 구간별 분포함수**

손해액이 $x$인 빈도밀도함수를 $f(x)$라고 하면 손해액 크기가 $0 \leq x \leq s$인 총손해액은 $\int_0^s xf(x)dx$ 이다.

실제 원손해액 크기가 얼마이든 간에 지급되는 손해액을 $n$으로 제한한다면, 지급되는 총손해액은 다음 함수로 표현할 수 있다.

$$n으로\ 제한된\ 총손해액 = \int_0^n xf(x)dx + n\int_n^\infty f(x)dx$$
$$= \int_0^\infty xf(x)dx - \int_n^\infty (x-n)f(x)dx$$

위의 식에서 각 항목을 해석해보자.

- $\int_0^n xf(x)dx$ : 원손해액이 $n$보다 작은 모든 손해액

- $n\int_n^\infty f(x)dx$ : 원손해액이 $n$보다 크지만 크기에 상관없이 $n$이 지급되는 손해액 총액

- $\int_0^\infty xf(x)dx$ : 아무 조건이 없는 모든 손해액이 포함된 원손해액(ground up losses)

- $\int_n^\infty (x-n)f(x)dx$ : 원손해액이 $n$보다 큰 손해액의 초과분

손해액이 $n$에서 $n+k$인 구간에 있는 총손해액을 함수로 표현하면 다음과 같다.

$$n과\ n+k\ 구간의\ 총손해액 = \int_n^{n+k} xf(x)dx + (n+k)\int_{n+k}^\infty f(x)dx - n\int_n^\infty f(x)dx$$

이 식의 논리를 이해할 수 있어야 한다. 식의 첫 두 항은 $n+k$로 제한된 손해액을 의미하고 세 번째 항은 $n$이 지급되는 손해액을 의미한다. 그래서 처음 두 항에서 세 번째 항을 뺀 것이 $n$과 $n+k$ 구간의 손해액이 된다. 쉽게 예를 들어 이해해보자. 손해액은 400과 800 두 가지만 있고 우리는 손해액이 300에서 500 사이인 구간의 총손해액을 구하고자 한다. 손해액 400은 이 구간에 속하는 금액이 $400-300=100$이고 손해액 800은 이 구간에 속하는 금액이 $500-300=200$이어서 이 구간의 총손해액은 300임을 쉽게 알 수 있다. 위의 식을 이 예와 함께 풀어보자. 식에서 $n=300$, $k=200$이다. 식의 처음 두 항은 500으로 제한된 손해액이므로 400과 500이 될 것이다. 세 번째항은 $n$으로 제한된 손해액이며 두 손해액 모두 300이 될 것이다.

그래서 이 구간의 총손해액은 $(400+500)-(300+300)=300$ 으로 유추하는 것이다.

위의 식은 아래와 같이 줄여서 표현할 수 있다.

$$n \text{과 } n+k \text{구간의 총손해액} = \int_{n}^{n+k}(x-n)f(x)dx + k\int_{n+k}^{\infty}f(x)dx$$

손해액 구간의 폭이 같을 경우, 구간$(n+k, n+2k)$의 순보험료는 구간$(n, n+k)$ 순보험료보다 결코 크지 않다. 이는 매우 일반적인 현상으로 제한된 금액이 증가할수록 손해액 구간의 순보험료는 감소함수(decreasing function)를 가지게 된다. 이는 보장한도의 비율(%)로 손해액 구간을 분리해서 관찰하면 쉽게 이해할 수 있다.

## 2. 자기부담금(Deductible)

손해보험회사에서 사고빈도에 따른 리스크를 감소시킬 수 있는 가장 대표적인 방법이 자기부담금 제도이다. 자기부담금(deductible)은 보험사고가 발생하였을 때 보험가입자로 하여금 일정금액까지 손실의 일부를 부담하도록 하는 조항으로 면책금액 또는 기초공제와 유사한 뜻으로 사용된다.

자동차보험과 같은 개인의 재산을 담보로 하는 보험에서 소액 클레임은 그러한 클레임을 적절하게 조사하는 비용 자체가 실제 초기손해액보다도 클 수 있다. 이것은 보험회사의 부담이 되며 결국에는 보험료에 포함되어 보험료의 상승을 가져온다. 그러므로 소액사고는 보험회사나 보험소비자 모두에게 부담이 되고 사회적 낭비로 이어질 수 있다. 이러한 문제점을 극복하는 제도가 자기부담금이다.

손해보험회사에서 자기부담금의 기대 효과는 사고빈도의 감소뿐만 아니라 일정한 손해사정비용이 드는 소액사고의 미청구로 인한 보험금 미지급과 이로 인한 손해사정비용의 절감이라 할 수 있다. 이는 손해율 안정성과 보험의 효용을 증가시키는 효과와도 연결된다. 또한 자기부담금 제도는 보험가입자의 사고예방조치 부실 또는 사고 후 후속조치 미비 등의 도덕적 해이(moral & morale hazard)에 따른 리스크를 감소시킬 수 있다. 한편, 보험가입자는 자기부담금으로 인한 보험료 절감 효과와 더불어 소액사고의 미지급과 미청구로 보험가입자 스스로 손실을 예방하고 절감하는 노력을 하게 된다.

생명보험 상품에서는 생명을 담보로 하기 때문에 도덕적 위험이 발생하지 않으므로 자기부담금의 효과는 거의 없다고 할 수 있다. 또한 사망은 전손(total loss)에 해당하므로 자기부담금을 적용할 명분이 적다. 손해보험에서 책임담보(liability coverage)인 경우 사고가 소액이건 고액이건 대체로 손해사정 과정을 수반하기 때문에 자기부담금이 그다지 일반적인 제도는 아니다. 자기부담금은 자동차보험 같은 재산보험 또는 건강보험 등에 주로 활용되는 중요한 제도이다.

## 2.1 자기부담금의 종류

(1) 직접 자기부담금(straight deductible): 한 사고당 발생한 손해액이 일정금액 또는 보험가입금액의 일정비율에 미달하면 보험계약자가 전액 부담하고, 그 기준을 초과하면 초과금액에 대해서만 보험회사가 부담하는 것으로 직접 자기부담금은 금액 또는 비율로 정해진다. 예를 들어, 재산보험의 자기부담금이 50만원인 경우, 재산 손해가 30만원이었다면, 손해액이 자기부담금보다 적기 때문에 가입자가 30만원 전부를 부담해야 하고 보험회사가 지급할 금액은 없다. 만일 재산 손해가 80만원이었다면, 가입자는 자기부담금 50만원을 부담하고 보험회사는 자기부담금을 초과한 손해액인 $80-50=30$만원만 지급한다. 자기부담금이 비율로 정해지는 예는 실손의료비의 비급여부분 20%, 급여부분 10%가 자기부담금으로 적용되는 경우, 의료비가 총 50만원(비급여 30만원, 급여 20만원) 발생하였다면, 가입자가 부담할 금액은 비급여부분의 $30 \times 20\% = 6$만원과 급여부분의 $20 \times 10\% = 2$만원하여 총 8만원이며 나머지 42만원을 보험회사가 부담한다. 직접 자기부담금은 손해보험상품의 대표적인 형태이며 대부분 담보는 직접 자기부담금을 적용한다.

(2) 합산 자기부담금(aggregate deductible): 직접 자기부담금은 한 사고당 적용되는 데 반해, 합산 자기부담금은 정해진 일정기간 동안 모든 손해액의 합산으로 적용한다. 예를 들어, 2023년 1년 동안 건강보험의 합산 자기부담금이 1백만원인 경우, 2023년 1월에 70만원과 9월에 120만원의 의료비가 발생했다면 보험가입자는 전체 의료비 190만원 중에 처음 100만원을 부담하고 나머지 90만원은 보험회사가 부담하게 된다.

(3) 프랜차이즈 자기부담금(franchise deductible): 소손 면책으로 일정금액 또는 보험가입금액의 일정비율 미만의 적은 손해액은 보험계약자가 전액 부담하지만, 자기부담금을 초과하는 손해가 발생하면 직접 자기부담금과 달리 손해액 전액을 보험회사가 보상하는 것으로 자기부담금은 금액 또는 비율로 정해진다. 예를 들어, 해상적하보험에서 대상 화물에 대해 1억원당 프랜차이즈 자기부담금이 5%인 경우, 손해액이 300만원이면, 1억원의 5%인 500만원이 자기부담금이므로 손해액 300만원 전액을 보험가입자가 부담하고 보험회사가 지급할 것은 없다. 그러나, 손해액이 1,000만원인 경우, 손해액이 자기부담금을 초과하므로 가입자가 부담할 금액은 없고 보험회사가 전액 지급하는 것이다. 프랜차이즈 자기부담금은 손해액이 자기부담금 한도에 못 미칠 경우, 보험가입자는 손실액을 자기부담금 한도 이상으로 올리게끔 무의식적으로 자극할 수 있는 도덕적 해이의 가능성이 존재하며, 분쟁의 소지도 발생할 가능성이 많다. 그래서 현재 일반적인 보험상품에는 잘 활용하

지 않는 자기부담금 형태이다. 다만, 해상적하보험처럼 가입자가 손해액을 자의적으로 조정하기 어려운 특수한 보험상품에만 제한적으로 적용하고 있다.

(4) 소멸성 자기부담금(disappearing deductible): 프랜차이즈 자기부담금을 일부 수정한 것으로 일정액의 자기부담금을 정하고 손실규모가 일정금액 이하일 때 보험회사는 보상책임이 없고, 손해액이 자기부담금을 초과할 경우에 자기부담금이 점차 감소되는 방식으로 적용되다가 손실규모가 어느 한도에 다다르면 자기부담금 금액이 완전 소멸되는 것이다. 예를 들어, 소멸성 자기부담금이 500이며 5,500에서 자기부담금이 소멸된다고 하자. 먼저 보험금 지급에 적용될 보험금 조정계수＝(소멸성 자기부담금의 최대한도금액)/(소멸성 자기부담금의 적용범위)를 구한다. 보험금 조정계수는 5,500/(5,500−500)＝1.10이 되어 지급될 보험금에 적용된다. 그래서 손해액이 500이면 자기부담금 이하의 금액이므로 보험회사 부담액은 0이며 보험가입자가 전액 부담한다. 그러나, 손해액이 1,000일 경우 보험회사의 부담액은 자기부담금 한도를 초과함으로 보험금 조정계수가 적용되어 (1,000−500)×1.10＝550은 보험회사가 지급하고 나머지 1,000−550＝450은 보험가입자가 부담하게 된다. 손해액이 4,000일 경우 자기부담금 한도를 초과함으로 보험금 조정계수가 적용되어 (4,000−500)×1.10＝3,850은 보험회사가 지급하고 나머지 4,000−3,850＝150은 보험가입자가 부담하게 되므로 손해액 규모에 의해 자기부담금이 점차 감소하여 어느 시점에서 소멸되는 형태이다. 만일 손해액이 6,000일 경우 보험회사가 지급할 금액은 (6,000−500)×1.10＝6,050이 되는데 이는 실제손해액 6,000을 초과하므로 실손배상의 원칙(Principle of Indemnity)에 의해 실제손해액인 6,000만 지급하게 되고 자기부담금은 소멸되며 보험가입자의 부담은 없게 된다. 현재 미국의 홍수(flood)보험에 적용하고 있는 특수한 형태로 프랜차이즈 자기부담금과 유사한 이유로 적용에 제약이 있으며, 과거 폭풍과 해일에 의한 주택의 파손을 보상해주는 미국 주택보험에서 적용한 사례가 있다.

(5) 대기기간 조항(waiting period deductible or elimination period): 보험사고가 발생한 경우, 유예기간(또는 면책기간)까지 보험금은 미지급되며, 일정기간 이후부터 보험금이 지급된다. 예를 들어, 암보험의 경우 암진단 대기기간 90일 면책조항이 있는데 암진단 후 90일 동안 보험계약자가 보험료는 납부하되 보장은 안 되고 90일이 지난 날부터 보장이 개시되는 것이다. 대표적으로 질병소득(disability income)보험과 재산보험 등에 적용되고 있으며, 미국에서는 매우 흔한 제도로 운영 중이다. 대체로 보험사고빈도가 상대적으로 높은 보험에 적용하는 특징이 있다.

## 2.2 자기부담금에 의한 손해액 분포

50만원의 직접 자기부담금을 가진 보험계약들로부터 다음과 같은 10건의 손해액 사고가 발생하였다고 가정하자: 10만원, 20만원, 25만원, 30만원, 30만원, 45만원, 50만원, 100만원, 200만원, 600만원. 우선 보험회사 관점에서 자기부담금에 의해 제거(truncation)되고 전가(shifting)되는 손해액의 심도를 계산하여 보자. 위의 문장에서 제거(truncation)란 자기부담금으로 인해 보험회사의 부담으로부터 손해액이 제외된다는 의미이며, 전가(shifting)란 자기부담금 때문에 손해액의 크기가 변한다는 의미이다. 위의 10건의 사고 중에 7건은 자기부담금 50만원에 의해 손해액이 제거되었으며, 오직 3건의 사고만이 자기부담금 50만원에 의해 손해액이 감소되면서 보험회사로 전가된다. 그러므로, 평균심도는 $[(100-50)+(200-50)+(600-50)]/3=750/3=250$만원이 된다. 일반적으로, 자기부담금은 사고빈도를 감소시키고 평균심도는 증가시키며 전체 순보험료는 감소시키는 경향이 크다.

$X$는 최초의 손해액(ground up losses) 크기를 표시하는 확률변수라 하고 $d$를 자기부담금, 그리고 $w$를 제거되고 전가된 후 보험회사가 부담하는 손해액의 변수라 할 때, 자기부담금을 적용한 손해액의 분포함수를 생각하여 보자. 예를 들어, 10만원의 자기부담금을 가진 손해액의 누적분포함수 $F_w(100$만원$)$을 계산한다면, 10만원이 자기부담금을 적용한 후의 보험회사가 부담하는 손해액 100만원이란 초기 손해액(ground up losses) 110만원과 같다. $w$는 제거되고 전가된 손해액 변수이므로 $w=X-d$라 할 수 있으며, $F(X)$가 초기 손해액 100%를 가진 분포함수라 하면 $F_w(X)$는 초기 손해액의 $\dfrac{100\%}{1-F(d)}$만큼 가진 분포함수이다. 이것을 백분율 개념으로 표시하면 자기부담금을 포함한 누적분포함수는 다음과 같다.

$$F_\omega(x)=0, \quad \text{if } x \leq 0$$
$$F_\omega(x)=\frac{F_X(x+d)-F_X(d)}{1-F_X(d)}, \quad \text{if } x > 0$$

자기부담금을 포함한 확률밀도함수는 누적분포함수의 1차미분이므로 아래의 공식과 같다.

$$f_\omega(x)=0, \quad \text{if } x \leq 0$$
$$f_\omega(x)=\frac{f_X(x+d)}{1-F_X(d)}, \quad \text{if } x > 0$$

자기부담금에 의해 제거되고 전가된 후 손해액 변수 $w$의 기댓값을 〈그림 11-1〉과 함께 이해하도록 하겠다.

자기부담금이 적용되면 자기부담금보다 적은 손해액은 모두 제거되기 때문에 빈도는 낮아진다. 그림에서 자기부담금$(d)$은 $Y$축 선상에 그려진다. 자기부담금$(d)$에 상응하는 $X$축 선상의 점은 자기부담금보다 작은 클레임의 백분율로 누적분포함수 $F(d)$이다. 반면에, 제거되지 않은 클레임의 백분율은 $1-F(d)$가 된다. $p$를 손해빈도(loss frequency)라 한다면 자기부담금을 가진 계약들의 클레임 빈도는 $F=p[1-F(d)]$가 될 것이다. 실제 모든 초기 손해액의 기댓값을 $E(X)$

**그림 11-1** 제거되고 전가된 손해액 변수 w의 기댓값

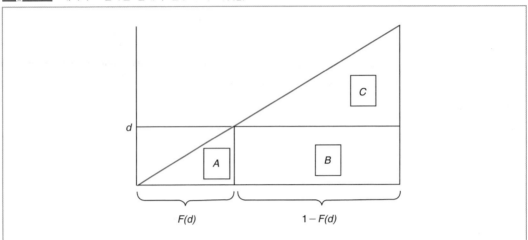

라 하면 이는 그림에서 A, B, C의 영역의 합과 동일하다. 자기부담금에 의해 제거되는 손해액은 A와 B 영역이며 이는 $d$로 제한된 기댓값 $E(X \wedge d)$로 나타낼 수 있다. 자기부담금을 적용한 후 남아있는 손해액 즉 보험회사가 부담해야 하는 손해액은 C영역이 되며, 이는 $E(X) - E(X \wedge d)$ 와 같다. 그래서 클레임의 백분율에 의해 나누어진 손해액, $\dfrac{E(X) - E(X \wedge d)}{1 - F(d)}$ 가 자기부담금을 적용한 평균 클레임, 즉 사고건당 심도가 된다. 그리고 빈도에 심도를 곱한 것은 자기부담금을 가진 계약의 순보험료 기댓값이다.

- 빈도: $F = p[1 - F(d)]$
- 심도: $E(w) = \dfrac{E(X) - E(X \wedge d)}{1 - F_X(d)}$
- 순보험료: $PP = \dfrac{p[1 - F_X(d)][E(X) - E(X \wedge d)]}{1 - F_X(d)} = p[E(X) - E(X \wedge d)]$

프랜차이즈 자기부담금이나 소멸성 자기부담금에 의한 분포함수는 좀 더 복잡하다. 또한 이들 자기부담금은 일반적으로 사용되는 것이 아니므로 분포함수나 심도, 순보험료 계산과정에 대한 설명은 간략히 하도록 한다. 〈그림 11-1〉에서 프랜차이즈 자기부담금을 적용할 때 제거되는 손해액은 A가 되며 남아있는 손해액 즉 보험회사의 부담인 손해액은 B+C영역이 된다. 이를 응용하면, 프랜차이즈 자기부담금을 적용한 클레임 심도와 순보험료 공식은 아래와 같다.

- 심도: $E(w) = d + \dfrac{E(X) - E(X \wedge d)}{1 - F_X(d)}$
- 빈도: $F = p[1 - F_X(d)]$
- 순보험료: $PP = pd[1 - F_X(d)] + p[E(X) - E(X \wedge d)]$

프랜차이즈 자기부담금을 적용한 클레임의 순보험료는 직접 자기부담금을 가진 순보험료에서 $pd[1 - F(d)]$만큼 추가된 것을 알 수 있다. 프랜차이즈 자기부담금 제도는 직접 자기부담금 제도보다 보험회사가 보험소비자에게 더 많은 보험금을 지급할 경우가 많기 때문에 프랜차이즈 자기부담금의 계약은 보험료가 더 비싸게 되는데 이러한 추가보험료가 바로 $pd[1 - F(d)]$가 되며, 〈그림 11 - 1〉의 B에 해당하는 비용이 되는 것이다. 위의 논리를 그림을 이용하여 예와 함께 응용하여 보자. 원손해액 통계에서 빈도는 0.1, 손해액 500에 제한된 누적분포 $F(500) = 0.35$, 직접 자기부담금 500이 적용된 순보험료는 245, 제한된 기대심도 $E(X \wedge 500) = 260$이라고 하자. 직접 자기부담금에 의해 제거되는 손해액은 A와 B 영역이며, 보험회사가 실제로 부담해야 하는 부분은 C 영역으로 예에서 245에 해당된다. 프랜차이즈 자기부담금에 의해 제거되는 손해액은 A 영역이며, 보험회사가 실제로 부담해야 하는 부분은 B와 C 영역이다. 제한된 기대심도 $E(X \wedge 500)$가 가리키는 영역은 A+B로서 260이다. 영역 B는 밑변 $1 - F(500) = 0.65$, 높이 500인 직사각형으로 B의 순보험료는 $0.65 \times 500 \times 0.1 = 32.5$가 된다. 그래서 프랜차이즈 자기부담금 500의 순보험료 B+C는 $32.5 + 245 = 277.5$가 된다.

## 2.3 손해액 제거율(LER)

보험회사는 자기부담금에 의해 초기손해액 일부가 제거되어 그 금액은 지급할 필요가 없게 되는데, 초기의 전체손해액에서 제거된 손해액의 비율을 손해액 제거율(LER: loss elimination ratio)이라 한다.

- 손해액 제거율: $LER = \dfrac{E(X \wedge d)}{E(X)} = 1 - \dfrac{E(X) - E(X \wedge d)}{E(X)}$

이를 〈그림 11 - 1〉의 영역으로 표시하면 다음과 같다.

- 손해액 제거율: $LER = \dfrac{A + B}{A + B + C} = 1 - \dfrac{C}{A + B + C}$

보험회사가 자기부담금의 한도를 변경할 때 손해액은 얼마만큼 영향을 받는지 분석하게 된다. 이 경우, 자기부담금의 변경에 의해 손해액이 제거되는 손해액 제거율을 수식으로 표현하면 다음과 같다.

- 손해액 제거율: $LER = 1 - \dfrac{E(X) - E(X \wedge d')}{E(X) - E(X \wedge d)}$

    $d'$: 변경 후 자기부담금
    $d$: 변경 전 자기부담금

〈표 11 - 1〉과 함께 자기부담금에 의해 초기손해액이 제거되고 전가되는 금액을 이해하여 보자.

**표 11-1** 구간별 손해액 분포

| 손해액 구간 | 초기손해액(ground up losses) | | 자기부담금 $d$가 적용된 손해액 | |
| --- | --- | --- | --- | --- |
| | 클레임 수 | 총 손해액 | 클레임 수 | 총 손해액 |
| $d$ 이하 | $n_1$ | $L_1$ | 0 | 0 |
| $d$ 이상 | $n_2$ | $L_2$ | $n_2$ | $L_2 - d n_2$ |
| 합 | $n_1 + n_2$ | $L_1 + L_2$ | $n_2$ | $L_2 - d n_2$ |

자기부담금에 의해 감소된 손해액의 비율 즉 손해액 제거율(LER: loss elimination ratio)을 위의 표에 있는 기호로 나타내면 다음과 같다.

$$LER = 1.0 - \frac{L_2 - dn_2}{L_1 + L_2} \ \ 또는 \ \ \frac{L_1 + dn_2}{L_1 + L_2}$$

두 번째 식에서 분자는 자기부담금에 의해 제거되는 손해액으로 $L_1$은 개별손해액이 자기부담금 이하일 때 총액이며 $dn_2$는 개별손해액이 자기부담금 이상일 때 제거되는 총액이다. 이 제거되는 총액에 초기손해액 총액을 나눈 것이 손해액 제거율이 된다. 첫 번째 식도 같은 논리로 이해하면 된다. 자기부담금 적용 후 손해액 제거에 의해 보험회사가 실질적으로 부담하는 손해액은 $(L_1 + L_2) - (L_1 + dn_2) = L_2 - dn_2$가 된다.

## 2.4 자기부담금 계수

자기부담금에 적용하는 자기부담금계수(deductible factor)는 감소함수(decreasing function)이다. 즉, 자기부담금이 커질수록 계수는 작아져야 한다. 50만원의 자기부담금 계수가 1.10이면 50만원보다 큰 자기부담금의 계수는 1.10보다 최소한 같거나 작아야 한다.

자기부담금계수(deductible factor)는 다음 절에 설명될 보상한도 인상계수와 개념이 같다. 다만, 자기부담금은 초기손해액의 0에서부터 어느 지점까지를 보험계약자의 부담으로 하는 것이고 보상한도는 초기손해액의 0에서부터 어느 지점까지만 보상하고 그 이상의 초과분은 보험계약자의 부담으로 하는 것이다. 만일 자기부담금 $d_1$이 기준이 되는 자기부담금으로 하고 자기부담금계수를 1.00으로 하자. 자기부담금 $d_2$에 해당하는 자기부담금계수는 아래의 식으로 계산되며, 각 자기부담금별 보험료는 기본 자기부담금 보험료에 자기부담금계수(deductible factor)를 적용하여 계산된다.

$$자기부담금계수(deductible \ factor) = \frac{자기부담금 d_2가 \ 적용된 \ 손해액}{자기부담금 d_1가 \ 적용된 \ 손해액}$$

〈표 11-2〉의 자동차보험 자차담보의 손해액 분포를 이용하여 자기부담금 1,000의 자기부담

금계수를 계산하여 보자. 자기부담금 250을 기본 자기부담금이라 가정한다.

**표 11-2** 자차담보의 손해액 분포

| 건당 손해액 구간 | 클레임 수 | 구간내 총손해액 |
|---|---|---|
| 0~99 | 50 | 25,000 |
| 100~249 | 45 | 90,000 |
| 250~499 | 35 | 125,000 |
| 500~999 | 20 | 150,000 |
| 1,000 이상 | 10 | 200,000 |

먼저, 자기부담금을 적용한 후의 손해액을 계산한다. 위의 예에서는 자기부담금이 250일 때와 1,000일 때 두 가지 경우만 필요하다.

$$손해액_{d=250} = (125,000 + 150,000 + 200,000) - (35+20+10)(250) = 458,750$$
$$손해액_{d=1,000} = (200,000) - (10)(1,000) = 190,000$$

자기부담금 250을 적용할 때의 손해액, 즉 보험회사가 부담해야 하는 손해액은 건당 손해액이 250을 넘는 모든 손해액에서 이에 해당하는 모든 건의 자기부담금만큼을 차감하면 된다. 따라서, 건당 손해액이 250을 넘는 모든 손해액은 건당 손해액 범위에 따라 125,000+150,000+200,000이 된다. 그런데 이 손해액 안에는 자기부담금 250이 건당 포함되어 있기 때문에 이 부분을 차감해야 하는데 이 범위에 속한 클레임수는 35+20+10이 되며 여기에 250을 곱한 값이 차감되어 자기부담금 250을 적용한 후의 손해액은 458,750이 된다. 마찬가지 방식으로 자기부담금 1,000을 적용한 후의 손해액은 190,000이 된다. 그래서 자기부담금 1,000의 자기부담금계수는 다음과 같다.

$$= \frac{자기부담금\ 1,000이\ 적용된\ 손해액}{자기부담금\ 250이\ 적용된\ 손해액} = \frac{190,000}{458,750} = 0.414$$

자기부담금계수(deductible factor)를 정확히 계산하기 위해서는 초기손해액의 데이터가 준비되어야 한다. 그 후 자기부담금에 의해 제거되고 전가되는 손해액을 분리할 수 있어야 한다. 실제로 손해보험 상품들의 요율계수들은 이러한 방식에 의해서 산출되기 때문에 원손해액(ground up losses)을 포함한 데이터의 존재는 필수적이다.

## 2.5 인플레이션의 효과

동일한 자기부담금을 가진 자동차보험에서 동일한 사고가 1년 전과 오늘 각각 발생했을 때,

보험회사가 지급하는 보험금은 다를 수 있다. 자동차 부품가격의 인상, 공임비의 인상 또는 이외의 다른 이유, 즉 인플레이션에 의해 이 같은 현상이 발생하게 된다. 이와 같이, 인플레이션에 의해 손해액은 자연적으로 변화하기 때문에 자기부담금을 적용한 경우에 보험회사가 분석하는 빈도, 심도, 그리고 순보험료에도 변화가 따른다.

먼저, 동일한 자기부담금을 적용하고 $r$%의 인플레이션 상승이 있었을 때, 빈도를 생각해보자. 위에서 자기부담금을 적용하고 인플레이션은 무시하였을 때 빈도의 수식은 $F = p[1 - F(d)]$이었다. 동일한 자기부담금을 적용하기 때문에 자기부담금 $d$는 여전히 $d$로 남으나 자기부담금 금액의 가치는 인플레이션에 의해 $d/(1+r)$로 감소하게 되고 손해액은 $(1+r)$만큼 증가하게 된다. 이를 응용하면, 인플레이션을 감안한 빈도, 심도, 순보험료의 수식은 다음과 같다.

- 인플레이션 적용 후 빈도: $F = p\left[1 - F_X\left(\dfrac{d}{1+r}\right)\right]$

- 인플레이션 적용 후 심도: $E(w) = \dfrac{(1+r)\left[E(X) - E\left(X \wedge \dfrac{d}{1+r}\right)\right]}{1 - F_X\left(\dfrac{d}{1+r}\right)}$

- 인플레이션 적용 후 순보험료: $PP = p(1+r)\left[E(X) - E\left(X \wedge \dfrac{d}{1+r}\right)\right]$

자기부담금보다 큰 손해액은 인플레이션율(%)보다 더 큰 비율로 손해액이 증가하는데 이러한 현상을 레버레이징(leveraging)이라고 표현하고 이는 자기부담금보다 적은 손해액이 인플레이션에 의해 자기부담금보다 큰 손해액으로 변하기 때문에 나타나는 자연스러운 현상 때문이다. 이는 앞서 제9장의 〈표 9-15〉를 보면 쉽게 이해될 것이다.

만일, 자기부담금 금액도 인플레이션만큼 상승한다면 즉, 자기부담금 $d$도 $d(1+r)$만큼 자동으로 변화한다면 인플레이션 적용 후 순보험료는 $p(1+r)[E(X) - E(X \wedge d)]$가 될 것이다.

## 3. 보상한도

대부분 손해보험상품은 손해율 또는 리스크 관리 등의 이유로 보상하는 금액에 여러 한도를 정해 보험소비자가 선택할 수 있게 한다. 이것을 계약보상한도(policy limit)라 하며 클레임에 의해 지급되는 최대 금액이라 할 수 있다. 손해보험상품에서 대부분 담보들은 기본적으로 보상하는 기본한도(basic limit)를 정해놓고 기본한도 금액보다 낮거나 높은 여러 한도(increased limit)를 제공하게 되며, 낮거나 높은 한도의 보험료는 기본한도 보험료에 보상한도 인상계수(increased limit factor)를 적용하여 계산한다. 참고로, 보상한도 인상계수의 영어표현에 increased란 단어와 한국 용어에도 인상이란 단어 때문에 기본한도는 담보가 제공하는 여러 한도 중에 제일 적은 금액이라 생각하고 다른 보상한도는 기본한도보다 증액되는 것으로 이해하기 쉬운데 반드시 그렇지만은 않다. 보험상품 담보에서 기본한도는 주로 경험데이터가 제일 많은 한도를 선택하게 되는데 이는 예기치 않은 손해액 규모에도 통계적인 계산에 충격이 적기 때문이다. 그런데, 경험데이터가 제일 많은 한도가 보통 제일 적은 금액의 한도이긴 하지만 기본한도보다 적은 금액의 한도를 제공하는 담보들도 많이 존재하는 것도 사실이다.

## 3.1 보상한도에 의한 손해액 분포

500만원 보상한도의 계약들로부터 다음과 같은 10건의 손해액 사고가 발생하였다고 가정하자: 100만원, 200만원, 250만원, 300만원, 300만원, 450만원, 500만원, 1,000만원, 2,000만원, 6,000만원. 우선 보험회사 관점에서 보상한도에 의해 세서되고 선가되는 손해액의 심도를 계산하여 보자. 위의 10건의 사고 중에 3건은 보상한도 500만원을 초과하여 한도금액인 500만원만이 보험회사의 책임이 되며, 손해액이 한도 이하인 사고들은 전액 보험회사가 지급한다. 그러므로, 손해액을 500만원으로 제한한 평균심도는 [100+200+250+ 300+300+450+500+3(500)] /10=3,600/10=360만원이 된다. 손해액 구간에 따른 분포와 그 구간에 대한 분석은 신뢰도 이론의 저가입한도 분석과 가입한도 분석법, 손해액과 손해사정비의 제한적 심도추이에서 이미 다루어진 바 있다.

앞에서 설명한 손해액 구간별 분포함수를 여기서 활용하여 보자. 먼저 사고가 발생할 당시, 즉 보험회사에 신고될 때인 초기 클레임은 한도 내의 손해액과 보상한도를 초과하는 손해액으로 구분될 수 있다. 이때, 보험회사는 보상한도 내의 손해액은 그 손해액 전부를, 보상한도를 초과한 손해액에 대해서는 보상한도만큼만 지급하게 된다. 이를 함수로 표현하면 다음과 같다.

$$\text{보상한도 } a\text{에서 지급 손해액} = \int_0^a xf(x)dx + \int_a^\infty af(x)dx$$

$$= \int_0^\infty xf(x)dx - \int_a^\infty (x-a)f(x)dx$$

$a$: 보상한도 금액 　　　$x$: 손해액 　　　$f(x)$: 밀도분포함수

먼저 위의 식에서 각 항이 의미하는 것을 위의 10건의 손해액 사고와 함께 이해하도록 하겠다.

- $\int_0^a xf(x)dx$: $a$ 이하의 손해액 전체로서 500만원 이하의 사고 7건의 합 2,100만원

- $a\int_a^\infty f(x)dx$: $a$를 초과한 손해액들이 해당되고 초과된 금액에 상관없이 $a$ 금액만 지급하는 손해액 전체로서, 500만원을 초과한 사고 3건이 해당되고 지급되는 손해액 합은 1,500만원

- $\int_0^\infty xf(x)dx$: 아무 조건 없는 전체 손해액 또는 원손해액(ground up losses)으로, 전체 손해액 합 11,100만원

- $(x-a)\int_a^\infty f(x)dx$: $a$를 초과한 손해액들이 해당되며 초과분만의 손해액 전체로서, 500을 초과한 사고 3건이 해당되고 초과분의 합은 7,500만원

보상한도에 따른 영향은 심도와 순보험료에 주로 의존하고 빈도는 보상한도에 따라 영향을 거의 받지 않는다. 변수 $Y$를 보험회사의 지급 의무가 있는 손해액, 변수 $X$를 원손해액(ground up losses)이라 할 때 보상한도에 의한 여러 지표들을 함수로 표현하면 다음과 같다.

- 보상한도($a$)가 적용된 후의 손해액($Y$):
  $$Y = X, \quad \text{if } X \le a$$
  $$Y = a, \quad \text{if } X > a$$

- 보상한도($a$)의 심도: $E(Y) = \int_0^a xf_X(x)dx + a[1 - F_X(a)] = E(X \wedge a)$

- 보상한도($a$)의 순보험료:
  $$PP = p\int_0^a xf_X(x)dx + pa[1 - F_X(a)] = pE(X \wedge a)$$

  $p$: 손해빈도(loss frequency)

## 3.2 손해액 구간의 손해액 분포

어떤 손해보험 상품의 담보는 지급하는 보험금을 구간으로 정해 이 구간 안에 해당되는 손해액만을 지급한다. 예를 들어, 손해액의 1천만원에서 1억원까지만을 보상하는 것이다. 많은 기업성 재산보험 상품들이 이에 해당하는데 이들 보험들은 대부분 자기부담금을 적용하지 않고 손해액 구간을 정해 담보를 제공한다. 그래서 손해액 구간의 낮은 한도는 사실 자기부담금 역할을 하지만 한도 자체가 높은 관계로 보편적으로 excess covers(초과분 보상)란 표현으로 부른다.

위의 보상한도가 있는 지급 손해액의 함수를 응용하여 손해액 $a$와 손해액 $a + k$ 사이에 해당하는 구간의 손해액을 계산할 수 있는데 함수로 표현하면 다음과 같다.

$$\text{손해액 } a \text{와 } a+k \text{ 구간의 손해액} = \int_a^{a+k}(x-a)f(x)dx + k\int_{a+k}^{\infty}f(x)dx$$

자기부담금에서처럼, 손해액 구간에 의해 제거되고 전가된 손해액에 대한 과정을 〈그림 11-2〉를 통해 이해하도록 하겠다.

**그림 11-2** 손해액 구간내의 심도

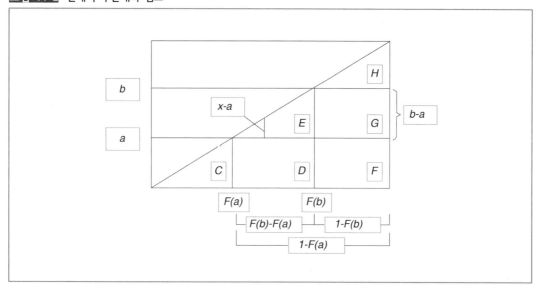

그림에서 $x$는 손해액을, $a$와 $b$(단, $b > a$)는 손해액 한도이며, $X$축은 클레임의 누적분포함수, $F(x)$를, 손해액 변수 $x$값들은 수직선을 따라 보이게 되어 적분의 형태, $\int x\,dx$를 취할 수 있다. 위의 그림은 심도를 나타내는 그림으로 순보험료를 구할 때는 빈도를 곱하면 쉽게 구할 수 있다. 손해액 $a$와 $b$ 구간에 있는 순보험료는 그림에서 $E$와 $G$에 해당하는 곳이며 여기에 빈도 $p$를 곱하면 된다. $G$는 직사각형이므로 쉽게 면적을 구할 수 있다.

심도 $G = (b-a)[1-F(b)] = b[1-F(b)] - a[1-F(b)]$
순보험료 $G = p(b-a)[1-F(b)] = pb[1-F(b)] - pa[1-F(b)]$

그림에서 사선은 사실 직선이 아니라 곡선으로 그려져야 하며 적분의 형태로 면적을 구해야 한다. 손해액은 일차방정식의 형태로 일정하게 발생하지 않기 때문이다. 그래서 $E$는 $\int_a^b(x-a)f(x)dx$ 형태로 표현할 수 있다. 여기에 빈도 $p$를 곱하면 $E$의 순보험료가 되며, $E$와 $G$의 합이 손해액 $a$와 $b$ 구간의 순보험료가 된다. 그림의 알파벳 C~H까지를 그림에 있는 변수기호와 함수기호로 정리하면 다음과 같다.

- $C = \int_0^a x f(x) dx$
- $D = a[F(b) - F(a)]$
- $F = a[1 - F(b)]$

$C + D + F = \int_0^a x f(x) dx + a[1 - F(a)]$가 되는데, $a$를 보상한도라 하면 이는 보험회사가 지급하는 손해액 규모가 되며, 앞에서 설명된 $\int_0^a x f(x) dx + a \int_a^\infty f(x) dx$ 와 동일한 표현이다. 만일 $a$가 자기부담금이라면 $C + D + F$는 자기부담금에 의해 보험회사가 제거하는 손해액 즉, 피보험자가 부담해야 하는 손해액을 의미하게 된다.

- $E = \int_a^b (x - a) f(x) dx$
- $G = (b - a)[1 - F(b)]$

$E + G = \int_a^b (x - a) f(x) dx + (b - a)[1 - F(b)]$는 손해액 $a$와 $b$ 구간의 손해액을 표시하며, 만일 $a$가 자기부담금이고, $b$가 보상한도라면 $E + G$는 보험회사가 지급할 의무가 있는 손해액을 의미한다. $E + G$는 $\int_a^b x f(x) dx + b[1 - F(b)] - a[1 - F(a)]$로도 표현할 수 있는데 이는 그래프의 $(E + D) + (G + F) - (D + F) = E + G$와 마찬가지이다.

- $H = \int_b^\infty (x - b) f(x) dx$

$H$는 손해액 한도 $b$를 초과한 초과분이며, $b$를 보상한도라고 하면 이 부분에 대해 보험회사는 지급의무가 없다.

보상한도를 초과한 초과분에 대해서는 보험회사는 지급의무가 없다. 이런 경우, 제거되는 손해액을 비율로 표현하면 다음과 같다. 단, $u$는 한도로 가정한다.

- 손해액 제거율: $LER = \dfrac{E(X) - E(X \wedge u)}{E(X)} = 1 - \dfrac{E(X \wedge u)}{E(X)}$

참고로, 손해액 제거율($LER$) 공식은 자기부담금, 보상한도, 그리고 자기부담금과 보상한도가 동시에 적용될 때에 따라 다르다. 자기부담금에서는 자기부담금보다 큰 손해액은 자기부담금만큼, 그리고 자기부담금보다 적은 손해액은 손해액 자체가 제거되며, 보상한도에서는 보상한도를 초과한 손해액이 제거되기 때문이다. 그래서 공식을 암기하는 것보다는 어느 부분이 제거되는지를 먼저 이해하는 것이 중요하다.

자기부담금($d$)과 보상한도($u$)가 동시에 적용될 때 손해액을 식으로 표현하면 아래와 같다.

이는 〈그림 11-2〉의 $E+G$와 같은 부분이다.

$$E(Y) = \int_d^u (x-d)f(x)dx + (u-d)[1-F(u)]$$

$$= E(X \wedge u) - E(X \wedge d)$$

## 3.3 보상한도 인상계수(ILF: increased limit factor)

### 3.3.1 보상한도 인상계수의 속성

보상한도 인상계수(increased limit factor) 및 초과 손해액(excess of losses)에 대한 이론은 1970년대 후반 미국의 저명한 계리사인 Robert Miccolis가 미국 손해보험 계리사협회의 PCAS에 발표한 논문 "On the Theory of Increased Limits and Excess of Loss Pricing"을 통해 처음으로 소개되었고, Robert Hogg와 Stuart Klugman의 "Loss Distributions"을 통해 정립되었다. 본서에서는 이 두 논문에서 중요한 내용만을 발췌해 요약해서 설명하기로 하겠다. 이 두 논문은 요율산정 모델에서 기댓값을 계산하는 과정에 바탕이 되는 기본적인 다음 세 가지 가정들과 함께 이론을 전개한다.

- 사고빈도와 사고심도는 서로 독립적(independent)이다.
- 1년에 한 건 이상의 사고가 발생한다면, 각 손해액의 크기는 다른 손해액 크기와 서로 독립적(independent)이다.
- 손해액 전체의 기댓값은 개별손해액 기댓값에 사고건수를 곱한 값과 같다.

보상한도에 적용하는 보상한도 인상계수의 일반적인 속성은 다음과 같다.
- 보상한도 $k$가 무한대($\infty$)로 접근할수록,
    - 누적분포함수 $F(k)$는 1에 근접하고,
    - 인상계수의 1차 미분 $ILF'(k)$는 0에 근접하며,
    - 인상계수 $ILF(k)$는 1보다 큰 상수에 접근한다.
- 보상한도 $k$가 가장 큰 가능 손실액(largest possible loss)보다 큰 상태에서, $ILF(k)$가 상수로 표시될 때,
    - $ILF'(k) = 0$
    - $F(k) = 1$이 된다.

보상한도에 적용하는 보상한도 인상계수(increased limit factor)의 함수는 신뢰도와 유사한 속성을 가진다.

- 보상한도 인상계수(increased limit factor)는 철저히 증가함수(strictly increasing function)이다.

즉, 보상한도가 클수록 계수도 커져야 한다. 예를 들면, 1억원 한도의 보상한도계수가 1.50 이면 1억원보다 큰 한도의 계수는 1.50보다 최소한 같거나 커야 한다.

- 보상한도가 클수록 적용되는 보험료는 보상한도의 증가폭보다 작게 증가하여야 한다. 즉, 보상한도 인상계수 함수의 1차 미분값은 단조로운 감소함수(monotomic decreasing function) 이다. 예를 들어, 보상한도 1억원의 보험료가 50만원이면 그 한도의 2배인 2억원 한도일 때 보험료는 2배인 100만원을 초과해서는 안 된다는 의미이다. 그렇지 않을 경우 보험소비 자는 2억원 한도 계약 하나보다 1억원 한도 계약을 2건 가입하여 동일한 보장혜택에 낮은 보험료를 지불하게 되며 보험회사는 2건 계약을 관리하면서 사고접수시 2건의 보상처리를 하게 되므로 더 많은 비용이 들기 때문이다.

- 보상한도 인상계수 함수의 2차 미분값은 절대로 양수가 될 수 없고 음수(negative)이다.

위의 세 가지 속성은 누적분포함수 $F(k)$가 단조롭게 증가(monotonic increasing)하는 함수이 며 항상 양수(positive)이기 때문이다.

### 3.3.2 보상한도 인상계수의 방정식

기본 보상한도, 다른 한도, 그리고 한도 내의 평균 심도 비율의 관계는 여러 다른 형태의 수식 으로 표현할 수 있는데, 본서에서는 기본적인 방정식만을 소개하기로 하겠다.

- 보상한도 $k$인 기대손해액:

$$E(x \wedge k) = \int_0^k x dF(x) + k[1 - F(k)] = \int_0^k x dF(x) + k \int_k^\infty dF(x)$$

- 보상한도 인상계수(increased limit factor): $ILF(k) = \dfrac{E(x \wedge k)}{E(x \wedge b)}$

  $k$: 보상한도
  $b$: 기본한도

즉, 보상한도 인상계수는 보상한도 $k$에 제한된 전체 손해액을 기본 보상한도 $b$에 제한된 기 대손해액으로 나눈 값이다.

보상한도 인상계수의 1차 미분: $ILF'(k) = \dfrac{1 - F(k)}{ABLS} = \dfrac{G(k)}{ABLS}$

$ABLS$: average basic limit severity, 기본 보상한도에서의 평균심도

$G(k)$: 보상한도 $k$를 초과한 초과 심도함수(excess severity function) $= 1 - F(k)$

보상한도 인상계수의 2차 미분: $ILF''(k) = \dfrac{-f(k)}{ABLS}$

- 1차 미분으로부터, $F(k) = 1 - ABLS[ILF'(k)]$

- 손해액 구간 (r~s)의 기대손해액 (단, r<s, s=r+j)

$$E(x \wedge r, j) = E(x \wedge s) - E(x \wedge r)$$
$$= \int_r^s (x-r)dF(x) + j[1 - F(s)]$$

- 손해액 구간 (r~s)의 기대손해액과 기본 보상한도에서의 기대손해액 비율:

$$\frac{E(x \wedge r, j)}{ABLS} = \frac{E(x \wedge s)}{ABLS} - \frac{E(x \wedge r)}{ABLS} = ILF(s) - ILF(r)$$

예를 들어, 기본 보상한도 1천만원의 평균심도가 800만원이고, 보상한도 3천만원의 평균심도가 1,200만원이라 하면, 보상한도 3,000만원의 보상한도 인상계수는 1,200/800 = 1.50이 된다. 참고로, 위의 보상한도 인상계수 설명에서 심도와 손해액이 혼용이 되어 사용되는데 보상한도 인상계수의 계산에서 분자와 분모가 같은 형태라면 계산식은 항상 만족한다.

다음의 예와 함께 보상한도 인상계수와 기본 보상한도의 정보를 가지고 누적심도분포와의 관계를 알아보자. 보상한도 인상계수는 $ILF(k) = (\frac{k}{100})^{0.5}$의 함수관계로 정의된다고 가정한다. 기본 보상한도는 100이고 기본 보상한도에 의해 추출한 데이터는 발생손해액이 1백만, 사고건수는 1만 건이라 하자. 보상한도 인상계수의 1차 미분값은 $ILF'(k) = \frac{k^{-0.5}}{20}$이다.

$$기본한도의 \ 평균심도(ABLS) = \frac{기본한도의 \ 발생손해액}{기본한도의 \ 사고건수} = \frac{1백만}{1만} = 100$$

$F(k) = 1 - ABLS \times ILF'(k)$이므로 보상한도에 의한 보상한도 인상계수와 누적심도분포는 아래와 같다.

| $k$ | $ILF(k) = k^{0.5}/10$ | $F(k) = 1 - 5k^{-0.5}$ |
|---|---|---|
| 100 | 1.000 | 0.500 |
| 200 | 1.414 | 0.646 |
| 400 | 2.000 | 0.750 |
| 900 | 3.000 | 0.833 |
| 2,500 | 5.000 | 0.900 |

보상한도 인상계수의 요율산정은 인플레이션의 효과, 보상한도가 클수록 보상처리 기간이 길어진다는 점, 재보험계약, 그리고 통계적인 변수가 더 크다는 점에 의해 복잡하다.

## 3.4 인플레이션의 효과

자동차보험에서 모든 조건이 같은 동일한 사고가 1년 전과 오늘 각각 발생했을 때, 보험회사가 지급하는 보험금은 다를 수 있다. 자기부담금과 유사하게 물가 상승 등 여러 외부요인에 의해,

즉 인플레이션에 의해 손해액은 자연적으로 변화하기 때문에 보상한도에 따른 심도와 손해액에도 변화가 따른다. 그러나 빈도는 보상한도에 영향을 거의 받지 않으므로 보상한도 인상계수에 영향을 끼치지 않는다.

자기부담금의 예와 유사하게 $r\%$의 인플레이션 상승이 있었고 보상한도는 동일하게 유지하고 있었다고 가정하자. 동일한 보상한도를 유지하기 때문에 보상한도 $u$는 여전히 $u$로 남으나 보상한도 금액의 가치는 인플레이션에 의해 $u/(1+r)$로 변하게 되고 손해액은 $(1+r)$만큼 증가하게 된다. 동일한 보상한도를 유지할 때 인플레이션에 의한 심도의 수식은 다음과 같다.

- 인플레이션 적용 후 심도: $E(Y) = (1+r)E\left(X \wedge \dfrac{u}{1+r}\right)$

보상한도도 인플레이션과 동일하게 $r\%$ 상승을 반영한다면 이에 따른 심도는 $(1+r)$ $E(X \wedge u)$가 될 것이다.

다음 예와 함께 인플레이션이 어떻게 보상한도 인상계수에 영향을 미치는지 알아보도록 하겠다. 보상한도 금액 $k$의 보상한도 인상계수를 $ILF(k)$로 표시하자. 기본 보상한도를 25,000이라 하고 매년 물가상승률은 5%이라 할 경우, 모든 조건이 동일할 때 지금부터 2년 후에 보상한도 100,000에 적합한 보상한도 인상계수를 산정해보자.

먼저, 지금 10,000으로 제한한 손해액을 $X$라고 하자. 매년 5%의 인플레이션을 알고 있으므로 2년 후에 10,000으로 제한한 손해액은 $X(1.05)^2$이 된다. 2년간 이들 손해액의 관계를 식으로 표현하면 아래와 같다.

$$E(X \wedge 10,000)_{오늘} \times 1.05^2 = E(X \wedge 10,000 \times 1.05^2)_{2년 후}$$

이와 같은 논리로 2년 후, 보상한도 100,000에 적합한 보상한도 인상계수를 풀어보자.

$$ILF(100,000)_{2년 후} = \frac{E(X \wedge 100,000)_{2년 후}}{E(X \wedge 25,000)_{2년 후}}$$

$$= \frac{E\left(X \wedge \dfrac{100,000}{1.05^2}\right)_{오늘} \times 1.05^2}{E\left(X \wedge \dfrac{25,000}{1.05^2}\right)_{오늘} \times 1.05^2}$$

위의 보상한도 인상계수 식에서 위의 식은 2년 후의 기대손해액으로 표현한 것이고, 밑의 식은 오늘의 기대손해액으로 표현한 것이다. 밑의 식에서 $1.05^2$은 분수에서 상쇄할 수 있다. 연 인플레이션이 $r$이고 기본 보상한도 $b$일 때 보상한도 $k$의 인상계수를 다음과 같은 여러 방법으로 표현할 수 있다.

$$ILF(k)_{t\text{년}} = \frac{E(X \wedge k)_{t\text{년}}}{E(X \wedge b)_{t\text{년}}} = \frac{E(X \wedge \frac{k}{1+r})_{t-1\text{년}}}{E(X \wedge \frac{b}{1+r})_{t-1\text{년}}} = \frac{ILF(\frac{k}{1+r})_{t-1\text{년}}}{ILF(\frac{b}{1+r})_{t-1\text{년}}}$$

인플레이션에 의한 보상한도 인상계수 변화를 다시 한번 쉽게 이해해 보자. $T$년에 모든 손해액의 90%는 10,000이며 나머지 10%는 100,000이라고 가정하자. 인플레이션은 연 10%이며, 기본 보상한도는 25,000이다. 보상한도 100,000의 $T$년과 $T+1$년의 보상한도 인상계수의 변화를 알아보도록 하겠다.

기본보상한도 기대손해액$_{T\text{년}}$ = 90% × 10,000 + 10% × 25,000 = 11,500
전체 기대손해액$_{T\text{년}}$ = 90% × 10,000 + 10% × 100,000 = 19,000
보상한도(100,000) 인상계수$_{T\text{년}}$ = 19,000 ÷ 11,500 = 1.652

$T+1$년에 10%의 인플레이션을 고려하면 다음과 같다.
기본보상한도 기대손해액$_{T+1\text{년}}$ = 90% × 11,000 + 10% × 25,000 = 12,400
전체 기대손해액$_{T+1\text{년}}$ = 90% × 11,000 + 10% × 100,000 = 19,900
보상한도(100,000) 인상계수$_{T+1\text{년}}$ = 19,900 ÷ 12,400 = 1.605

위의 $ILF(k)_{t\text{년}} = \dfrac{ILF(\frac{k}{1+r})_{t-1\text{년}}}{ILF(\frac{b}{1+r})_{t-1\text{년}}}$ 공식을 응용하여 인플레이션을 고려한 기본 보상한도

를 초과한 초과분에 대한 관계를 표현하여 보자. 먼저 $b$는 기본 보상한도라 하고 손해액 한도 $l$에서 손해액 한도 $u$ 사이 구간에 있는 손해액을 보려고 한다. (단, $b \le l \le u$)

$$ILF(u)_{t\text{년}} - ILF(l)_{t\text{년}} = \frac{ILF(\frac{u}{1+r})_{t-1\text{년}} - ILF(\frac{l}{1+r})_{t-1\text{년}}}{ILF(\frac{b}{1+r})_{t-1\text{년}}}$$

한도 $l$에서 한도 $u$ 사이 구간의 순보험료 (t년)

$$= (\text{기본보상한도 순보험료})_{t\text{년}} \times \left[ \frac{ILF(\frac{u}{1+r})_{t-1\text{년}} - ILF(\frac{l}{1+r})_{t-1\text{년}}}{ILF(\frac{b}{1+r})_{t-1\text{년}}} \right]$$

인플레이션이 손해액 규모를 변경시키고, 보상한도의 가치를 변경시키지만 보상한도 금액 자체는 고정되어 있다는 점을 당연한 사실이지만 혼동해서는 안 된다.

## 3.5 지속성테스트

올바른 보상한도 인상계수의 산정을 위해서는 한도별 심도에 의해 산정한 보상한도 인상계수들을 검사하는 지속성테스트(consistency test)를 실시하여야 한다. 이는 위에서 설명된 보상한도 인상계수의 속성인 함수의 1차 미분값이 감소함수(decreasing function)여야 한다는 것을 테스트하는 것과 같다. 〈표 11−3〉에서 주어진 한도별 계수들로 지속성 테스트를 해보자.

**표 11-3** 지속성테스트(consistency test)

| 보상한도 | 보상한도 인상계수 (ILF) |
|---|---|
| 25,000 | 1.00 |
| 50,000 | 1.50 |
| 100,000 | 2.00 |
| 200,000 | 2.50 |
| 500,000 | 4.50 |

먼저, 이웃 보상한도간의 한계비율(marginal rate)을 계산한다.

$$한계비율(marginal\ rate) = \frac{보상한도\ 계수의\ 차}{보상한도의\ 차}$$

보상한도 25,000과 50,000간의 한계비율 = (1.50 − 1.00)/(50 − 25) = 0.02

보상한도 50,000과 100,000간의 한계비율 = (2.00 − 1.50)/(100 − 50) = 0.01

보상한도 100,000과 200,000간의 한계비율 = (2.50 − 2.00)/(200 − 100) = 0.005

보상한도 200,000과 500,000간의 한계비율 = (4.50 − 2.50)/(500 − 200) = 0.007

보상한도 간의 한계비율(marginal rate)은 보상한도가 커질수록 감소되어야 한다. 위의 예에서 볼 때, 보상한도인상계수는 0.02, 0.01, 0.005, 0.007의 흐름으로 가는데 0.005에서 0.007로 감소가 아니기 때문에 보상한도 500,000의 계수는 지속적이지 않다고 할 수 있다. 즉, 보상한도 500,000의 인상계수는 높게 산정되었거나 반대로 보상한도 500,000 이하의 보상한도 인상계수들은 낮게 산정되었다고 할 수 있다. 만일, 테스트에서 보상한도 인상계수의 속성을 위반한다면 심각한 역선택(adverse selection)이 발생할 수 있게 되어, 고액 손해의 잠재 피보험자가 더 높은 보상한도의 담보를 가입하게 될 경향이 있게 된다. 그래서, 각 보상한도의 계수조정 혹은 지속성 테스트를 위반한 보상한도의 폐지 혹은 새로운 보상한도의 신설 등을 고려해야 한다. 참고로, 지속성 테스트는 자기부담금 계수의 산정, 다음의 공동보험 등 대부분의 손해보험 담보의 계수 조정에 활용되는 이론이다.

## 4. 공동보험

  한국 보험업계에서 흔히 말하는 공동보험(coinsurance)이란 용어는 매우 포괄적이고 다양한 의미를 내포하고 있다. 의료보험에서는 손해액의 일정비율만을 보험회사가 부담하며 나머지는 피보험자가 부담하도록 하는 제도가 공동보험이다. 영어로 coinsurance라서 직역하여 공동보험으로 번역된 듯하며 오래전부터 이 용어를 사용하고 있는데 일부분담의 의미에 더 가깝다. 실제로 일반적인 공동보험의 순수한 의미는 중복보험(other insurance provision)의 개념에 더 가깝다.

  전통적으로 손해보험에서 공동보험은 같은 계약 안에 보상의 의무가 있는 주체가 둘 이상인 것을 의미한다. 재물보험에서 사고심도 상승과 이에 따른 손해율 상승을 억제하고자 손해보험회사는 공동보험 조항(coinsurance clause)을 운영한다. 일반적으로 재물보험 가입자는 해당 재물담보를 필요한 한도보다 낮게 가입하려는 경향이 있다. 이에 보험회사가 해당재물의 현시가(actual cash value)만큼 가입할 경우, 보험료에 할인율을 적용하여 참여를 유도한다. 즉, 해당재물 현시가의 일부(partial)만 보험에 가입하는 것을 방지하는 효과를 기대한다.

### 4.1 공동보험을 적용한 후 손해액 분포

  여기에서 공동보험은 의료보험에서처럼 손해액의 일부만을 보험회사가 부담하는 일부분담의 형태라 정의하고 이에 따른 함수관계 등을 설명하기로 하겠다. 예를 들어, $Y$를 보험회사의 지급의미가 있는 보험금 변수, $X$를 원손해액, $\alpha$를 공동보험 요구비율(coinsurance requirement percent)이라 가정하면 다음의 관계식을 만들 수 있다.

$$Y = \alpha X, \ \ 0 < \alpha < 1$$
$$f_Y(y) = \frac{1}{\alpha} f_X \left( \frac{y}{\alpha} \right)$$
$$E(Y) = \alpha E(X)$$

  일반적으로 공동보험은 자기부담금이나 보상한도와 함께 사용된다. 또한, 자기부담금이나 보상한도가 적용되고 나서 공동보험 조항을 적용하는 것이 보편화되어 있다. 예를 들어, 자기부담금 100과 보상한도 5,000인 담보는 80%의 공동보험 조항을 가지고 있다고 하고, 보상청구자는 사고금액 6,000을 클레임했다고 하자. 자기부담금과 보상한도가 적용되면 클레임은 4,900이 될 것이고 80%의 공동보험 조항을 적용하면 3,920만이 보험회사는 지급하게 될 것이고 나머지 2,080은 보상청구자의 몫이 된다. 이러한 관계를 함수식으로 표현하면 아래와 같다.

$$Y = \alpha[(X-d)-(X-u)] = 0.8[(6,000-100)-(6,000-5,000)] = 3,920$$

$u$는 보상한도, $d$는 자기부담금

공동보험에 의한 기대손해액을 함수관계로 표현하면 아래와 같다.

$$E(Y) = \alpha[E(X \wedge u) - E(X \wedge d)]$$

공동보험에 의한 손해액 분포 관계를 예와 함께 좀 더 자세히 이해하도록 하자. 병원의 응급실 진료비를 보장하는 의료비보장보험을 판매하는 보험회사는 의료비용의 통계적 함수가 평균이 1,000인 지수분포를 따른다고 하자. 그리고 이 보험은 응급실 진료당 200의 직접 자기부담금이 있다고 가정하자. 먼저, 응급실 진료당 200의 직접 자기부담금에 의한 손해액 제거율(LER)을 계산하여 보자.

손해액은 지수분포를 따르고 지수분포의 평균이 1,000이므로 지수분포 모수 $\lambda$는 1/1,000이 된다. 또한, 지수함수의 $F(x) = 1 - e^{-\lambda x}$임을 알고 있다.

$$E(X) = 1/\lambda = 1,000 \to \lambda = 1/1,000$$

손해액 제거율($LER$) 계산을 위해서는 $E(X \wedge 200)$와 $E(X)$가 필요하다.

$$E(X \wedge 200) = \int_0^{200} [1-F(x)]dx = 200 - \int_0^{200} F(x)dx = \int_0^{200} e^{-\lambda x}dx = 181.27$$

$$E(X) = \frac{1}{\lambda} = 1,000$$

$$LER = \frac{E(X \wedge 200)}{E(X)} = \frac{181.27}{1,000} = 0.181$$

즉, 전체손해액 중에서 약 18.1%는 200의 직접 자기부담금에 의해 제거될 수 있음을 알 수 있다. 보험회사는 위의 응급실 진료당 200의 직접 자기부담금뿐만 아니라 응급실 의료비용에서 5,000까지만 보상을 하며 80%의 공동보험 요구비율(보험회사 80% 부담)을 적용하여 위험부담을 감소시키려는 전략을 계획한다고 가정하자. 이 경우, 평균 순보험료와 지급건당 보험금인 심도를 계산하여 보자.

$d = 200, u = 5,000, \alpha = 80\%$

$$E(X \wedge 5,000) = \int_0^{5,000} [1-F(x)]dx = \int_0^{5,000} e^{-\lambda x}dx = -1,000(e^{-5}-1) = 993.26$$

평균 순보험료= $E(Y) = \alpha[E(X \wedge 5,000) - E(X \wedge 200)] = 0.8(993.26 - 181.27) = 649.59$

이 보험회사는 보상한도, 그리고 공동보험의 적용으로 예상손해액을 649.59로 감소시킬 수 있음을 확인할 수 있다. 그리고 지급건당 보험금은 793.42임을 알 수 있다.

$$\text{심도} = \frac{\text{순보험료}}{\text{빈도}} = \frac{\alpha\,[E(X \wedge u) - E(X \wedge d)]}{1 - F_X(d)} = \frac{649.59}{0.81873} = 793.42$$

## 4.2 공동보험 조항(coinsurance clause)

손해보험에서 공동보험 조항이 있는 상품들은 다양한 공동보험 요구비율을 피보험자에게 제시하여 선택하게 하는 경우가 많다. 이때, 공동보험 조항이 적용되는 구간의 보험료는 구간에 해당하는 공동보험계수(coinsurance factor)를 기본보험료에 곱하여 산출하게 된다. 공동보험 조항이 적용되는 공동보험계수는 보상한도 인상계수가 가지는 속성과 매우 유사하게 철저히 증가함수(strictly increasing function)이다. 즉, 공동보험 요구비율이 커질수록 계수도 커져야 한다. 공동보험 요구비율 80%의 계수가 1.00이면 공동보험 요구비율 80%보다 큰 비율의 계수는 1.00보다 최소한 같거나 커야 한다.

공동보험은 자기부담금과 보상한도에 매우 밀접하게 연관이 되어 있고, 보상한도에 영향을 받기 때문에 공동보험 요구비율은 심도와 순보험료에 주로 의존하고 빈도는 영향을 거의 받지 않는다. 그러므로 공동보험계수는 보상한도 인상계수를 산정하는 방법과 매우 유사하게 된다. $Y$를 보험회사의 지급의미가 있는 보험금 변수, $X$를 원손해액, 변수 $\alpha$를 공동보험 요구비율(coinsurance requirement percent)이라 하고 기대손해액의 식을 알아보자.

- 보상한도가 $k$이고 공동보험 조항이 $\alpha$일 때 기대손해액:

$$E(Y) = \alpha E(x \wedge k) = \alpha\left(\int_0^k x\,dF(x) + k[1 - F(k)]\right)$$

앞의 자기부담금계수(deductible factor) 설명에서 초기손해액 또는 원손해액(ground up losses) 데이터는 매우 중요하다고 강조하였다. 위의 식에서 보듯이 원손해액 데이터가 있어야 공동보험계수의 계산도 가능하다. 그러므로 대부분 손해보험 상품들은 실제로 지급되는 손해액 데이터뿐만 아니라 담보 조정에 의해 제거되는 손해액 부분의 데이터도 매우 중요함을 알아야 한다.

## 4.3 인플레이션의 효과

보험환경에서는 많은 경우 사고가 발생한 시간과 보험금이 지급되는 시간에는 간격이 생겨보험회사는 인플레이션에 영향을 받게 된다. 아래의 함수는 보험회사가 지급하는 보험금에 인플레이션의 영향이 포함된 관계를 표현한 것이다. 여기서, $r$을 인플레이션%라 하자.

$$E(Y) = \alpha(1+r)[E(X \wedge \frac{u}{1+r}) - E(X \wedge \frac{d}{1+r})]$$

손해액에 인플레이션이 반영된 후에 자기부담금을 초과할 확률분포 함수는 아래와 같다.

$$\Pr[(1+r)X > d] = \Pr(X > \frac{d}{1+r}) = 1 - F_X(\frac{d}{1+r})$$

위의 식에서 $E(Y)$는 보험회사가 지급하는 전체 보험금을 의미하는데 이를 확률분포 함수 $1 - F_X(\frac{d}{1+r})$로 나누면 사고건당 보험금, 즉 심도의 기댓값이 되며 아래와 같다.

$$\text{사고건당 심도(기댓값)} = \frac{\alpha(1+r)[E(X \wedge \frac{u}{1+r}) - E(X \wedge \frac{d}{1+r})]}{1 - F_X(\frac{d}{1+r})}$$

앞의 의료비보장보험의 예와 동일한 상태에서 5%의 균등한 인플레이션을 추정하여 인플레이션을 적용한 새로운 평균 순보험료와 지급건당 보험금인 심도를 알아보자.

$$\begin{aligned}
\text{평균 순보험료} &= E(Y) = \alpha(1+r)[E(X \wedge \frac{u}{1+r}) - E(X \wedge \frac{d}{1+r}] \\
&= 0.8(1.05)[E(X \wedge \frac{5,000}{1.05}) - E(X \wedge \frac{200}{1.05})] = 0.8(1.05)(991.45 - 173.43) \\
&= 687.13
\end{aligned}$$

$$E(X \wedge \frac{5,000}{1.05}) = \int_0^{\frac{5,000}{1.05}} e^{-\lambda x} dx = -1,000(e^{-\frac{5}{1.05}} - 1) = 991.45$$

$$E(X \wedge \frac{200}{1.05}) = \int_0^{\frac{200}{1.05}} e^{-\lambda x} dx = -1,000(e^{-\frac{0.2}{1.05}} - 1) = 173.43$$

$$\text{심도} = \frac{\text{순보험료}}{\text{빈도}} = \frac{\text{인플레이션 적용후 순보험료}}{1 - F_X(\frac{d}{1+r})} = \frac{687.13}{1 - 0.17343} = 831.31$$

$$F(\frac{200}{1.05}) = 1 - e^{-\frac{0.2}{1.05}} = 0.17343$$

### 예제 11-1  미국 손해보험 계리사 시험문제

아래의 손해액 분포표를 이용하여 500에서 사라지는 소멸성 자기부담금이 100인 상태에서 손해액 제거율(LER: loss elimination ratio)을 계산하라. (단, 분포표의 손해액은 원손해액이다.)

| 클레임 수 | 클레임당 손해액 |
|---|---|
| 20 | 50 |
| 10 | 100 |
| 5 | 200 |
| 2 | 500 |
| 1 | 1,000 |

💡 **풀이**

| 클레임 수 | 클레임당 손해액 | 보험회사 부담액 | 계약자 부담액 |
|---|---|---|---|
| 20 | 50 | 0 | 20×50=1,000 |
| 10 | 100 | 0 | 10×100=1,000 |
| 5 | 200 | [(200-100)×1.25]×5=625 | 375 |
| 2 | 500 | [(500-100)×1.25]×2=1,000 | 0 |
| 1 | 1,000 | 1,000 | 0 |
| 합 | 5,000 | 2,625 | 2,375 |

보험금 조정계수＝500/(500-100)＝1.25

클레임당 손해액이 50과 100은 자기부담금 이하이므로 전액 계약자 부담.

손해액이 200일 경우, 건당 (200-100)×1.25＝125가 보험회사 부담이며, 남은 75는 계약자부담.

총 5건이므로 총 계약자부담(손해액 제거액)＝375

손해액 제거율(LER: loss elimination ratio) $= \dfrac{E(X \wedge d)}{E(X)} = \dfrac{20 \times 50 + 10 \times 100 + 375}{5,000} = 0.475$   ∎

## 👥 예제 11-2   미국 손해보험 계리사 시험문제

아래의 원손해액(ground up losses) 분포를 이용하라.

| 건당 손해액 크기 | 사고건수 | 손해액 |
|---|---|---|
| 0~99 | 1,400 | 76,000 |
| 100~249 | 400 | 80,000 |
| 250~499 | 200 | 84,000 |
| 500~999 | 100 | 85,000 |
| 1000 이상 | 50 | 125,000 |
| 합 | 2,150 | 450,000 |

(1) 직접 자기부담금이 250인 경우, 자기부담금에 의한 감소되는 손해액을 예상하라.

(2) 프랜차이즈 자기부담금이 250인 경우, 자기부담금에 의한 감소되는 손해액을 예상하라.

(3) 1,000에서 소멸되는 소멸성 자기부담금이 250인 경우, 자기부담금에 의한 손해액의 예상 감소액을 계산하라.

☀ 풀이

(1) 예상 감소액 = 건당 손해액이 250 이하인 사고액 + 건당 손해액이 250 이상인 사고수 × 250

$$= (76{,}000 + 80{,}000) + (200 + 100 + 50) \times 250 = 243{,}500$$

(2) 예상 감소액 = 건당 손해액이 250 이하인 사고액 = 76,000 + 80,000 = 156,000

(3) 보험금 조정계수 $= \dfrac{\text{소멸성 자기부담금 최대금액}}{\text{소멸성 자기부담금 구간}} = \dfrac{1{,}000}{1{,}000 - 250} = 4/3$

소멸성 자기부담금 구간(250~1,000) 내 손해액 중 지급되는 보험금

$$= 4/3 \times [(84{,}000 + 85{,}000) - (200 + 100)(250)] = 125{,}333$$

소멸성 자기부담금 구간(250~1,000) 내 손해액 중 예상 감소액

$$= (84{,}000 + 85{,}000) - 125{,}333 = 43{,}667$$

총 예상감소액 $= 43{,}667 + (76{,}000 + 80{,}000) = 199{,}667$

### 예제 11-3  미국 손해보험 계리사 시험문제

다음 정보를 이용하여 인플레이션을 반영한 후 2022년 원손해액 건당 초과분의 기댓값을 계산하라.

- 2021년 보상한도 = 100,000
- 연간 손해액크기의 인플레이션 % = 10%
- 2022년의 보상한도를 초과한 원손해액 총액을 보상한도를 초과한 사고건수로 나눈 금액 = 12,500
- 2021년 누적손해액 분포함수:

  $F(110{,}000) = 0.89$      $F(100{,}000) = 0.86$      $F(90{,}909) = 0.81$

☀ 풀이

$F_{2022}(110{,}000) = F_{2021}(100{,}000) = 0.86$

$1 - F_{2021}(100{,}000) = 1 - F_{2022}(110{,}000) = 0.14$

2022년: $E(X) - E(X \wedge 110{,}000) = E(W)[1 - F(110{,}000)] = (12{,}500)(0.14) = 1{,}750$

### 예제 11-4  미국 손해보험 계리사 시험문제

개인 재산 손해액 $X$는 빈도 모수 $p = 0.05$인 감마분포를 따른다. 아래의 누적분포함수 $F(X)$와 기대손해액 $E(X \wedge d)$의 정보를 이용하여 계산하라.

| $X$ | $F(X)$ | $E(X \wedge d)$ | $X$ | $F(X)$ | $E(X \wedge d)$ |
|---|---|---|---|---|---|
| 227.3 | 0.309 | 183 | 9,090.9 | 0.933 | 1,865 |
| 250.0 | 0.325 | 198 | 25,000.0 | 0.985 | 2,370 |
| 275.0 | 0.345 | 214 | 무제한 | 1.000 | 2,659 |

(1) 직접 자기부담금 250을 적용한 순보험료를 구하라.

(2) 연 10% 인플레이션을 반영하고, 직접 자기부담금 250을 적용한 순보험료를 구하라.

(3) 자기부담금 금액도 같은 인플레이션 %에 의해 증가될 때 (2)번 문제의 수정된 순보험료를 구하라.

💡 **풀이**

(1) $PP = p[E(X) - E(X \wedge 250)] = 0.05(2,659 - 198) = 123.05$

(2) $PP = p(1.10)\left[E(X) - E\left(X \wedge \dfrac{250}{1.10}\right)\right] = (0.05)(1.10)(2,659 - 183) = 136.18$

(3) $PP = p(1.10)[E(X) - E(X \wedge \dfrac{250(1.10)}{1.10})] = (0.05)(1.10)(2,659 - 198) = 135.36$

---

**예제 11-5**  미국 손해보험 계리사 시험문제

아래는 사고연도 2021년의 한도별 평균심도를 보여주는 표이다. 연간 6.6%의 인플레이션이 손해액 크기에 영향을 미친다고 가정하자. 사고연도 2023년 기준, 손해액 한도 25,000을 위한 평균심도를 계산하라.

| 손해액한도 | 2021년 심도 | 손해액한도 | 2021년 심도 | 손해액한도 | 2021년 심도 |
|---|---|---|---|---|---|
| 19,000 | 5,685 | 23,000 | 6,689 | 27,000 | 7,506 |
| 20,000 | 5,956 | 24,000 | 6,909 | 28,000 | 7,686 |
| 21,000 | 6,213 | 25,000 | 7,118 | 29,000 | 7,857 |
| 22,000 | 6,457 | 26,000 | 7,317 | 30,000 | 8,019 |

💡 **풀이**

사고연도 2023년 손해액 한도 25,000은 사고연도 2021년 손해액 한도 $25,000/(1.066)^2 = 22,000$과 동일하다.

$E(X \wedge 25,000)_{2023년} = (1.066)^2 E(X \wedge 22,000)_{2021년} = (1.066)^2 (6,457) = 7,337$

---

**예제 11-6**  미국 손해보험 계리사 시험문제

아래의 손해액 분포 정보를 이용하여 다음 질문에 답하라. 단, 빈도는 0.15로 한다.

| 손해액($x$) | 누적분포 $F(x)$ | 제한적 기댓값 $E(X \wedge x)$ |
|---|---|---|
| 909 | 0.0672 | 878 |
| 1,000 | 0.0734 | 962 |
| 1,100 | 0.0801 | 1,055 |
| 909,091 | 0.9731 | 73,493 |
| 1,000,000 | 0.9751 | 75,845 |
| 1,100,000 | 0.9769 | 78,243 |

(1) 보상한도 1,000,000을 위한 순보험료는 얼마인가?

(2) 자기부담금 1,000과 보상한도 1,000,000을 가진 계약을 위한 빈도, 심도, 순보험료는 얼마인가?

(3) 자기부담금 1,000과 보상한도 1,000,000은 동일한 금액을 유지한 상태에서 10% 인플레이션에 의한 순보험료의 증가비율(%)은 얼마인가?

☼ 풀이

(1) $PP = pE(X \wedge 1,000,000) = 0.15(75,845) = 11,377$

(2) 빈도: $F = p[1 - F(1,000)] = 0.15(1 - 0.0734) = 0.139$

순보험료: $PP = p[E(X \wedge 1,000,000) - E(X \wedge 1,000)] = 0.15(75,845 - 962) = 11,232$

심도: $S = PP/F = 11,232/0.139 = 80,806$

(3) $E(Z \wedge 1,000,000) = (1.10)E(X \wedge 1,000,000/1.1) = 80,842$

$E(Z \wedge 1,000) = (1.10)E(X \wedge 1,000/1.10) = 966$

$PP' = p[E(Z \wedge 1,000,000) - E(Z \wedge 1,000)] = (0.15)(80,842 - 966) = 11,981$

증가비율 $= 11,981/11,232 - 1 = 6.7\%$

또는, 증가비율 $= \dfrac{(1+r)[E(X \wedge 1,000,000/1.10) - E(X \wedge 1,000/1.10)]}{E(X \wedge 1,000,000) - E(X \wedge 1,000)} - 1$

$= \dfrac{(1.10)[73,493 - 878]}{75,845 - 962} - 1 = 6.7\%$

### 예제 11-7 미국 손해보험 계리사 시험문제

보상한도 1,000,000을 담보로 보장하는 원수보험회사는 다음 3가지 계층(layers)의 손해액 구간을 재보험하려고 한다.

100,000을 초과하는 100,000
200,000을 초과하는 300,000
500,000을 초과하는 500,000

아래 함수 정보를 이용하여 재보험하고자 하는 각 손해액 계층의 빈도, 심도, 순보험료를 계산하라. 예측 사고건수는 100 클레임이며 모든 재보험 비용은 무시한다.

| 보상한도 | $E(X \wedge x)$ | $F(x)$ |
|---|---|---|
| 100,000 | 58,175 | 0.603 |
| 200,000 | 89,629 | 0.748 |
| 500,000 | 139,699 | 0.885 |
| 1,000,000 | 179,602 | 0.943 |

☼ 풀이

(1) 순보험료 $= p[E(X \wedge u) - E(X \wedge d)]$

$PP_{100,000/100,000} = (100)(89,629 - 58,175) = 3,145,400$

$$PP_{300,000/200,000} = (100)(139,699 - 89,629) = 5,007,000$$

$$PP_{500,000/500,000} = (100)(179,602 - 139,699) = 3,990,300$$

(2) 빈도 $= p[1 - F(d)]$

$$F_{100,000/100,000} = (100)(1 - 0.603) = 39.7$$

$$F_{300,000/200,000} = (100)(1 - 0.748) = 25.2$$

$$F_{500,000/500,000} = (100)(1 - 0.885) = 11.5$$

(3) 심도 = 순보험료/빈도

$$S_{100,000/100,000} = 3,145,400/39.7 = 79,229$$

$$S_{300,000/200,000} = 5,007,000/25.2 = 198,690$$

$$S_{500,000/500,000} = 3,990,300/11.5 = 346,983$$

### 예제 11-8  미국 손해보험 계리사 시험문제

사고건당 기본보상한도 금액이 20,000일 때, 보상한도 50,000에 적용할 보상한도 인상계수를 아래의 심도분포를 보고 계산하라.

| 손해액 범위 | 빈도 확률분포 | 범위 내 심도(기댓값) | 손해액 범위 | 빈도 확률분포 | 범위 내 심도(기댓값) |
|---|---|---|---|---|---|
| 1~10,000 | 0.40 | 5,000 | 50,001~60,000 | 0.04 | 55,000 |
| 10,001~20,000 | 0.30 | 15,000 | 60,001~70,000 | 0.02 | 65,000 |
| 20,001~30,000 | 0.10 | 25,000 | 70,001~80,000 | 0.02 | 75,000 |
| 30,001~40,000 | 0.05 | 35,000 | 80,001~90,000 | 0.01 | 85,000 |
| 40,001~50,000 | 0.05 | 45,000 | ≥90,001 | 0.01 | 100,000 |

#### 풀이

기본 보상한도 20,000의 평균심도 $= (5,000)(0.40) + (15,000)(0.30) + (20,000)(0.30) = 12,500$

(참고: 기본 보상한도 20,000을 초과한 손해액들의 평균심도는 초과된 손해액의 크기와 상관없이 20,000이며 초과된 손해액들이 차지하는 비중은 $1 - 0.40 - 0.30 = 0.3$이 된다. 이 논리는 보상한도 50,000에서도 동일하게 적용된다.)

보상한도 50,000의 평균심도 $= (5,000)(0.40) + (15,000)(0.30) + (25,000)(0.10) + (35,000)(0.05)$
$$+ (45,000)(0.05) + (50,000)(0.1) = 18,000$$

$$ILF = \frac{E(X \wedge u')}{E(X \wedge u)} = \frac{18,000}{12,500} = 1.44$$

### 예제 11-9

배상책임보험 담보에서 2023년 클레임의 80%는 10,000의 손해액이 10%는 50,000, 그리고 나머지 10%는 100,000의 손해액이 발생하였다. 기본 보상한도는 25,000이다. 연간 인플레이션이 10%일 때, 보상한도 70,000에 적용할 2023년과 2024년 보상한도 인상계수를 계산하라.

🔅 **풀이**

2023년:

기본 보상한도 25,000의 손해액 $= 80\% \times 10,000 + 20\% \times 25,000 = 13,000$

보상한도 70,000의 손해액 $= 80\% \times 10,000 + 10\% \times 50,000 + 10\% \times 70,000 = 20,000$

$ILF(70,000) = 20,000/13,000 = 1.538$

2024년, 10% 인플레이션이 손해액에 반영된 후:

기본 보상한도 손해액 $= 80\% \times 11,000 + 20\% \times 25,000 = 13,800$

보상한도 70,000의 손해액 $= 80\% \times 11,000 + 10\% \times 55,000 + 10\% \times 70,000 = 21,300$

$ILF(70,000) = 21,300/13,800 = 1.543$

**예제 11-10** 미국 손해보험 계리사 시험문제

아래의 손해액 분포를 이용하여 직접 자기부담금이 250에서 500으로 변경될 때 손해액의 감소율을 계산하라.

| 건당 손해액 크기 | 클레임 수 | 범위내 총손해액 |
|---|---|---|
| 0~99 | 600 | 24,000 |
| 100~249 | 380 | 57,000 |
| 250~499 | 300 | 97,500 |
| 500~999 | 210 | 136,500 |
| 1,000 이상 | 150 | 300,000 |
| 합 | | 615,000 |

🔅 **풀이**

손해액$_{d=250} = (97,500 + 136,500 + 300,000) - (300 + 210 + 150)(250) = 369,000$

손해액$_{d=500} = (136,500 + 300,000) - (210 + 150)(500) = 256,500$

감소율 $= \dfrac{369,000 - 256,500}{369,000} = 1 - \dfrac{256,500}{369,000} = 30.5\%$

**예제 11-11** 미국 손해보험 계리사 시험문제

자동차보험 자차담보의 자기부담금이 없는 원손해액 분포는 다음과 같다.

| 건당 손해액 크기 | 클레임 수 | 범위내 총손해액 |
|---|---|---|
| 0~49 | 600 | 21,000 |
| 50~99 | 500 | 37,500 |
| 100~249 | 400 | 70,000 |
| 250~499 | 300 | 120,000 |
| 500~999 | 200 | 150,000 |
| 1,000 이상 | 100 | 200,000 |
| 합 | 2,100 | 598,500 |

(1) 직접 자기부담금 100이 적용될 때 손해액은 몇% 감소되는가?

(2) 직접 자기부담금 100이 적용될 때 손해액을 A라고 하자. 500에서 소멸되는 소멸성 자기부담금 100이 적용될 때 손해액을 B라고 하자. B−A는 얼마이며 답을 해석하라.

**풀이**

(1) $LER = \dfrac{(21,000+37,500)+(400+300+200+100)(100)}{598,000} = 0.265$

(2) $A = 598,000 - [(21,000+37,500)+(400+300+200+100)(100)] = 440,000$

보험금 조정계수 $= \dfrac{500}{500-100} = 5/4$

소멸성 자기부담금 구간(100~500) 내 손해액 중 지급되는 보험금
$= (5/4)[(70,000+120,000)-(400+300)(100)] = 150,000$

소멸성 자기부담금 구간(100~500)에서 제거되는 손해액
$= (70,000+120,000) - 150,000 = 40,000$

총 예상감소액 $= 40,000 + (21,000+37,500) = 98,500$

$B = 598,500 - 98,500 = 500,000$

$B-A = 500,000 - 440,000 = 60,000$

소멸성 자기부담금이 직접 자기부담금보다 60,000만큼 손해액이 크다.

**예제 11-12**

아래 질문에 답하라.

| 건당 손해액 범위 | 클레임 수 | 범위내 총손해액 |
|---|---|---|
| 0~249 | 1,500 | 375,000 |
| 250~499 | 1,000 | 450,000 |
| 500~749 | 750 | 487,500 |
| 750~999 | 500 | 400,000 |
| 1,000~1,499 | 250 | 312,500 |
| 1,500 이상 | 100 | 300,000 |
| 합 | 4,100 | 2,325,000 |

(1) 자기부담금이 없을 때 손해액으로부터 프랜차이즈 자기부담금 500일 때 손해액의 감소율(%)을 계산하라.

(2) 소멸성 자기부담금 500은 1,000에서 소멸된다. LER을 계산하라.

**풀이**

(1) $LER = \dfrac{손해액 < 500}{전체손해액} = \dfrac{375,000+450,000}{2,325,000} = 35.5\%$

(2) 소멸성 자기부담금하에서 지급된 손해액

$$= (\frac{1,000}{1,000-500})[(487,500+400,000)-(750+500)(500)] = 525,000$$

구간 내 제거된 손해액 $= (487,500+400,000)-525,000 = 362,500$

제거된 전체 손해액 $= 362,500+(375,000+450,000) = 1,187,500$

$$LER = \frac{제거된\ 손해액}{전체손해액} = \frac{1,187,500}{2,325,000} = 51.1\%$$

### 예제 11-13 한국 보험계리사 계리모형론 시험문제

2023년 수정되지 않은 손해액 정보가 다음과 같이 청구 유형별로 주어져 있다.

| 청구유형 | 청구건수 | 심도(각 청구건의 손해액 크기) |
|---|---|---|
| A | 25 | 5 |
| B | 15 | X |
| C | 10 | 40 |

- 각 청구유형별로 심도는 동일하며, $10 \le X \le 16$ 이다.
- 기본 보상한도는 2023년과 2024년에 10이다.
- 2023년, 보상한도 16의 보상한도 인상계수(increased limits factor)는 $\frac{34}{25}$ 이다.
- 2023년에 대비하여 2024년의 각 손해액 심도가 20%씩 증가한다.

2024년, 보상한도 16의 새로운 보상한도 인상계수를 구하시오.

📝 **풀이**

보상한도 10의 평균심도 $= \dfrac{25\times5+(15+10)\times10}{50} = \dfrac{15}{2}$

보상한도 16의 평균심도 $= \dfrac{25\times5+15\times x+10\times16}{50} = \dfrac{57+3x}{10}$

$ILF(16)_{2023} = \dfrac{57+3x}{75} = \dfrac{34}{25}$

$x = 15$

2024년 보상한도 10의 평균심도 $= \dfrac{25\times5(1.2)+(15+10)\times10}{50} = 8$

2024년 보상한도 16의 평균심도 $= \dfrac{25\times5(1.2)+(15+10)\times16}{50} = 11$

$ILF(10)_{2024} = \dfrac{11}{8}$

### 예제 11-14 한국 보험계리사 계리모형론 시험문제

한국보험회사는 손해액이 20,000을 초과한 부분에 대해 재보험을 계획한다. 아래의 정보를 이용하여 재보험에 출제하려는 손해액에 해당하는 심도를 구하시오.

| 보상한도 | 보상한도에 따른 제한된 기댓값 | 보상한도에 따른 누적분포 |
|---|---|---|
| 10,000 | 5,000 | 0.60 |
| 20,000 | 8,000 | 0.75 |
| 50,000 | 12,000 | 0.88 |
| 80,000 | 15,000 | 0.93 |
| 100,000 | 18,000 | 1.00 |

🔆 풀이

순보험료 $= E(X \wedge 100,000) - E(X \wedge 20,000) = 18,000 - 8,000 = 10,000$

빈도 $= 1 - 0.75 = 0.25$

심도 $= 10,000/0.25 = 40,000$

### 예제 11-15

다음은 보상한도에 따른 보상한도 인상계수를 나타낸 표이다.

| 보상한도 | 보상한도 인상계수 |
|---|---|
| 40,000 | 0.935 |
| 50,000 | 1.000 |
| 60,000 | 1.060 |
| 100,000 | 1.250 |
| 250,000 | 1.700 |
| 500,000 | 2.700 |
| 600,000 | 2.800 |

(1) 보상한도 인상계수가 지속성 테스트를 통과하는지를 설명하라.

(2) 보상한도 인상계수들이 지속적이지 않게 될 때 나타날 수 있는 문제점은 무엇인가?

(3) 모든 손해액은 20%의 인플레이션에 영향을 받는다고 가정할 때, 보상한도 600,000의 보상한도 인상계수를 계산하라.

🔆 풀이

(1) 보상한도 간의 한계비율:

$$\frac{1.000 - 0.935}{50 - 40} = 0.0065 \qquad \frac{1.060 - 1.000}{60 - 50} = 0.006 \qquad \frac{1.250 - 1.060}{100 - 60} = 0.0048$$

$$\frac{1.700 - 1.250}{250 - 100} = 0.003 \qquad \frac{2.700 - 1.700}{500 - 250} = 0.004 \qquad \frac{2.800 - 2.700}{600 - 500} = 0.001$$

보상한도 500,000에서 지속적이지 않다. 0.004 > 0.003

(2) 역선택이 존재하게 된다.

(3) $ILF(600,000)_{인플레이션} = \dfrac{ILF(600,000/1.2)}{ILF(50,000/1.2)} = \dfrac{2.700}{0.935} = 2.888$

### 예제 11-16  미국 손해보험 계리사 시험문제

보험회사는 직접 자기부담금 100이 적용되는 2012년에 쓰인 계약 중에서 5건의 사고 기록을 가지고 있다. 5건의 사고액은 자기부담금이 적용된 보험회사가 지급한 보험금이다. 자기부담금보다 적은 클레임은 기록에 있지 않다.

$$45, \ 180, \ 210, \ 725, \ 1,400$$

모든 손해액 크기에 대한 사고빈도는 0.1이며, 자기부담금 100을 초과한 계약연도 2012년의 사고수는 전체사고수의 0.05이다.

(1) 자기부담금이 200으로 높아진다면, 계약연도 2014년의 기대 순보험료를 계산하라. 1년 인플레이션은 5%이다.

(2) 자기부담금이 100으로 남아있다면, 질문 (1)의 계산이 어려운 이유는 무엇인가?

💡 풀이

(1) 2014년 기준으로 원손해액을 계산한다.

$(45+100)(1.05)^2 = 159.86$      $(180+100)(1.05)^2 = 308.70$

$(210+100)(1.05)^2 = 341.78$      $(725+100)(1.05)^2 = 909.56$

$(1,400+100)(1.05)^2 = 1,653.75$

2014년 기준, 자기부담금 200을 적용한 손해액:

$308.70 - 200 = 108.70$      $341.78 - 200 = 141.78$

$909.56 - 200 = 709.56$      $1,653.75 - 200 = 1,453.75$

평균심도 $= (108.70 + 141.78 + 709.56 + 1,453.75)/4 = 603.45$

기대빈도 = (자기부담금 100을 초과한 이전 %)(자기부담금 200을 초과한 비율)

     $= (0.05)(4/5) = 0.04$

기대 순보험료 $= (0.04)(603.45) = 24.14$

(2) 클레임 중에는 손해액이 100보다 적은 사고들이 있는데 인플레이션을 적용하면 손해액이 100보다 큰 사고들이 생길 것이다. 그런데 현재 자기부담금 100보다 적은 클레임은 기록에 있지 않다.

### 예제 11-17

다음 정보는 보상한도 인상계수와 기본한도에 대한 경험 통계이다.

(1) 보여진 각 보상한도에 해당하는 누적 손해액 심도 확률분포를 결정하라.

- $ILF(k) = \sqrt{\dfrac{k}{10,000}}$

| 한도 $k$ | 보상한도 인상계수: ILF(k) |
|---|---|
| 10,000 | 1.00 |
| 40,000 | 2.00 |
| 90,000 | 3.00 |
| 250,000 | 5.00 |

- 기본한도 경험통계

  손해액 $= 100,000,000$

  경과보험료 $= 140,000,000$

  사고건수 $= 100,000$

(2) 위의 주어진 보상한도 인상계수는 지속성 테스트를 만족하는가?

☼ 풀이

(1) ABLS(기본한도에서의 평균심도) $= 100,000,000/100,000 = 1,000$

$$ILF'(k) = \frac{1}{200\sqrt{k}}$$

$$F(k) = 1 - (ABLS)[ILF'(k)] = 1 - \frac{5}{\sqrt{k}}$$

$F(10,000) = 1 - 5/100 = 0.950$

$F(40,000) = 1 - 5/200 = 0.975$

$F(90,000) = 1 - 5/300 = 0.983$

$F(100,000) = 1 - 5/500 = 0.990$

(2) 보상한도 간의 한계비율(marginal rate):

$$\frac{2.00 - 1.00}{40 - 10} = 0.033 \; > \; \frac{3.00 - 2.00}{90 - 40} = 0.020 \; > \; \frac{5.00 - 3.00}{250 - 90} = 0.013$$

지속성을 만족한다.

### 예제 11-18  미국 손해보험 계리사 시험문제

아래의 주어진 가정들을 이용하여 한도 500,000을 초과하여 초과 금액이 1,000,000에 있는 구간의 2020년 순보험료 기댓값을 계산하라.

- 연 11.1% 추이는 각각 손해액에 균일(uniformly)하게 영향을 미친다.
- 2020년 기본한도의 순보험료는 5,000이다.
- 다음의 표는 2019년 보상한도 인상계수(ILF)이다.

| k | ILF(k) |
|---|---|
| 225,000 | 0.94 |
| 250,000 | 1.00 |
| 450,000 | 1.40 |
| 500,000 | 1.48 |
| 1,350,000 | 2.15 |
| 1,500,000 | 2.18 |

 💡 풀이

한도 500,000을 초과하여 1,000,000에 있는 구간은 원손해액 500,000~1,500,000 구간을 의미한다.

$$순보험료(PP) = \frac{(기본한도\ 순보험료)[ILF(s/a) - ILF(r/a)]}{ILF(b/a)}$$

$$= \frac{(5,000)[ILF(1,500/1.111) - ILF(500/1.111)]}{ILF(250/1.111)} = \frac{(5,000)[ILF(1,350) - ILF(450)]}{ILF(225)}$$

$$= \frac{(5,000)(2.15 - 1.40)}{0.94} = 3,989$$

**예제 11-19**

A 보험회사는 병원 응급실 진료비를 보장하는 의료비보장보험을 판매한다. 의료비용은 평균이 1,000인 지수분포를 따른다. 이 보험은 응급실 진료당 200의 직접 자기부담금이 있다. (참고: 지수분포 $F(x) = 1 - e^{-\lambda x}, f(x) = \lambda e^{-\lambda x}, E(X^n) = (n!)/\lambda^n, mean = 1/\lambda$)

(1) 응급실 진료당 200의 직접 자기부담금에 의한 손해액 제거율(LER)을 계산하라.

(2) 의료비보장보험은 응급실 진료당 200의 직접 자기부담금과 응급실 의료비용에서 5,000까지만 보상을 하며 80%의 공동보험 요구비율(보험회사 80% 부담)을 적용한다고 가정하자. 평균 순보험료와 심도(지급건당 보험금)를 계산하라.

(3) 위의 (2) 문항과 동일한 상태에서 5%의 균등한 인플레이션을 추정한다. 인플레이션을 적용한 새로운 평균 순보험료와 심도(지급건당 보험금)를 계산하라.

 💡 풀이

(1) $1/\lambda = 1,000, \ \lambda = 1/1,000$

$$E(X \wedge 200) = \int_0^{200} [1 - F(x)]dx = 200 - \int_0^{200} F(x)dx = 181.27$$

$$E(X) = \frac{1}{\lambda} = 1,000$$

$$LER = \frac{E(X \wedge 200)}{E(X)} = \frac{181.27}{1,000} = 0.181$$

(2) $d = 200, u = 5,000, \alpha = 80\%$

$$E(X \wedge 5{,}000) = \int_0^{5{,}000} [1 - F(x)]dx = -1{,}000(e^{-5} - 1) = 993.26$$

평균 순보험료$= E(Y) = \alpha[E(X \wedge 5{,}000) - E(X \wedge 200)] = 0.8(993.26 - 181.27) = 649.59$

심도$= \dfrac{\text{순보험료}}{\text{빈도}} = \dfrac{\alpha[E(X \wedge u) - E(X \wedge d)]}{1 - F_X(d)} = \dfrac{649.59}{0.81873} = 793.42$

(3) 평생 순보험료 $= E(Y) = \alpha(1+r)\left[E\left(X \wedge \dfrac{u}{1+r}\right) - E\left(X \wedge \dfrac{d}{1+r}\right)\right]$

$$= 0.8(1.05)\left[E\left(X \wedge \dfrac{5{,}000}{1.05}\right) - E\left(X \wedge \dfrac{200}{1.05}\right)\right] = 687.13$$

심도$= \dfrac{\text{순보험료}}{\text{빈도}} = \dfrac{\text{인플레이션 적용 후 순보험료}}{1 - F_X\left(\dfrac{d}{1+r}\right)} = 831.31$

# CHAPTER

# 12

# 책임준비금 산정

제7장에서부터 제11장까지는 손해보험에서 계리업무의 가장 핵심적인 전문분야 중 하나인 요율산정(Ratemaking)에 관련한 내용을 다루었다. 계리업무의 다른 핵심적인 업무는 보험회사의 재무 건전성을 위해 적절한 책임준비금을 예측하고 산출하는 것이라 할 수 있다. 피보험자는 현재 발생한 사고나 혹은 미래에 사고가 발생할 때 보험회사에 신고하게 되는데, 책임준비금이란 보험회사가 이런 보험금 지급 청구에 대비해서 보험계약자로부터 받은 수입보험료의 일부를 유보하고 적립하는 보험계약 준비금의 일종이다. 이것은 미래에 있을 지급의무, 즉 채무에 대하여 보험계약자 또는 피보험자를 위해 보험회사가 적립하는 보증금이란 측면에서 보험회사의 부채에 속한다. 보험계약에 의해 담보된 내용을 보장하기 위해 지급하는 손해액과 손해사정비는 보험회사의 법적인 책임사항으로 보상내용을 금액으로 표현하는 전반적인 계리적 과정을 책임준비금의 산정이라 표현할 수 있다. 한 치의 오차도 존재하지 않는 완벽한 책임준비금을 책정하기 위한 방법(methodology)이나 공식이 지금까지 없다는 점에서 책임준비금의 산정은 과거서부터 보험회사의 가장 큰 숙제일 수밖에 없었다. 또한, 현재까지 알려지지 않은 미래의 사고에 대해 책임준비금을 예측하고 산정하는 것은 여러 객관적인 판단과 복잡한 산출과정에 의해 계리사에게는 매우 큰 도전과제라 할 수 있다. 실제로 미국보험회사에서 세계적인 대형 계리컨설팅 회사에 책임준비금 산정을 의뢰하면 보통 최소 4개에서 8개 다른 방법론에 의해 책임준비금을 산정하고 그에 따른 컨설팅을 해준다.

책임준비금을 예측하고 산정하는 보험계리사는 보험계약에 의한 보험계약자의 권리, 즉 보험금을 보장받을 수 있는 권리를 보호해 주는 부분과, 보험회사의 지급 건전성을 분석하고 예측, 관리하는 부분에서 중요한 역할을 해야 한다. 계리사는 보험계약자의 예기치 못한 사고에 대해 보험회사가 언제든지 보험금을 지급할 수 있는 충분한 자금을 보유할 수 있도록 자문해서 보험계약자에게 신뢰를 주어야 한다. 또한, 보험계리사는 보험회사의 지급 건전성을 수시로 검토하고 영업이익에 대한 올바른 판단으로 보험회사의 건전성 유지에 이바지해야 한다.

책임준비금을 산정할 때 적용하는 가장 일반적인 가정은 보험회사의 과거 경험보상 내용이 미래의 보상을 예측하는 데 적절하다고 하는 것이다. 그러나, 사회 시스템의 급속한 변화로 인해 보험회사의 운영시스템 역시 빈번히 변화되고 있는 실정에서 계리사는 이러한 변화를 항상 인식하고 필요한 경우 책임준비금 산정에 반영할 수 있는 전문적인 지식과 경험을 갖출 필요가 있다. 또한, 책임준비금을 책정하는 데 사용하는 여러 산출방법들에 의해 나온 결과값을 정확하게 해석할 수 있는 능력을 갖추어야 한다. 그러기 위해서, 먼저 책임준비금 산정을 위해 추출하는 데이터에 대한 정확한 이해가 필요하다. 사실 계리적 전문성이 요구되는 요율산정을 포함한 모든 전문적인 업무들의 시작점은 데이터의 정확한 이해이다. 책임준비금 산정에서 특히 발생손해액과 지급준비금의 정의, 그리고 손해액 진전 메커니즘의 이해는 더욱 중요한 요소가 된다. 발생손해액을 포함한 보상데이터가 제대로 관리되거나 진전되지 않았다면 적절한 책임준비금 산정뿐만 아니라 적절한 요율산정도 불가능하게 되기 때문이다.

마지막으로, 이 장에서 언급하는 손해보험은 한국의 손해보험회사에서 취급하는 장기보험상품을 제외한 순수 손해보험상품들을 의미하는 것으로 해석해야 내용을 이해하는 데 도움이 될 것이라 믿는다. 순수 손해보험상품들은 대표적으로 자동차보험, 상해보험, 재물보험, 배상책임보험 등 다양하다. 본서에서는 책임준비금의 이해와 구성에 대해서는 간단히 다룰 것이나, 선진보험시장에서 일반적으로 광범위하게 사용하는 여러 책임준비금 산정방법론들은 예와 함께 중점적으로 다루도록 하겠다.

 ## 1. 책임준비금의 구성과 정의

책임준비금을 산정하는 여러 방법론을 알아보기 전에 책임준비금에 관련된 여러 용어들에 대한 정의를 먼저 다시 한번 이해할 필요가 있다. 책임준비금(reserves)이란 용어 자체는 모호하고 광범위한 해석이 내재한다. 책임준비금에는 개별추산액(case reserves), IBNR준비금, 재평가준비금(a provision for future development on known claims), 미경과보험료 준비금 등 다른 형태의 준비금들이 포함된다. 본서에서는 미지급된 클레임(unpaid claims)과 손해사정비(LAE)에 초점을 맞추어 책임준비금에 대한 설명을 할 것이다. 현재 미국 보험업계에서는 손해액(losses)과 책임준비금(reserves)에 관련된 용어의 모호성을 해결하고자 좀 더 구체적인 용어로 전환하는 중이다. 예를 들어, 개별추산액은 과거에 case reserves로 표현했으나 이 표현 안에는 다양한 경우의 준비금이 포함될 수 있어서 현재는 선명하게 outstanding이라는 단어를 넣어 case outstanding reserves로 표기하여 진행 중인 클레임을 강조하고 있다. 발생손해액의 표현도 과거에는 incurred losses란 표현을 썼는데 incurred란 표현 안에 IBNR이 포함되는지 아닌지가 불분명해서 현재는 reported 란 용어를 공용으로 사용하고 있는 중이다.

현행 보험업 감독규정에 의하면, 책임준비금은 보험료 적립금, 미경과보험료 준비금, 지급준비금, 계약자배당 준비금, 계약자이익배당 준비금 및 배당보험손실보전 준비금으로 세분하며 보험업 감독규정과 보험개발원의 보험용어사전에 의한 정의를 바탕으로 아래와 같이 요약된다.

- 보험료 적립금: 모든 생명보험회사가 적립하여야 할 책임준비금의 하나로서 보험회사는 매년 납입되는 보험료 가운데 순보험료에 편입되어 있는 저축보험료를 원금으로 해서, 그것을 예정이율로 증액시킨 원리합계금을 누계하여 적립하고 있다. 이 적립부분을 보험료 적립금이라 한다. 즉, 대차대조일 현재 유지되고 있는 계약에 한하여 미래의 보험금 등의 지급을 목적으로 보험회사가 적립해야 하는 금액을 말한다. 예를 들어, 양로 생존보험인 경우, 보험료 적립금은 0에서 차차 늘어나 만기 직전에 보험금 상당액에 이르게 되는 반면, 정기 생명보험에서는 0에서 시작되어 증가하다가 어느 시점 감소하면서 계약기간 말미에는 최종적으로 0이 되는 구조가 된다. 생명보험상품은 특성상 미래의 사고와 보험금 예측이 순수 손해보험상품보다 상대적으로 쉽기 때문에, 보험료 적립금 산정방법 역시 순수 손해보험상품의 책임준비금 산정방법에 비해 상대적으로 단순하며 정확도도 높은 편이다. 보험료 적립금은 생명보험회사 책임준비금의 대부분을 차지하고 있다.
- 미경과보험료 준비금: 손해보험상품에서 1년 만기 개별 보험계약의 보험기간은 대부분 2개 사업연도 이상에 걸치게 되는 경우가 대부분이다. 따라서, 보험회사는 연 1회 결산시에 그 연도 중의 수입보험료 전부를 이익으로 간주할 수 없으며, 보험료 가운데 차기로 이월되는 미경과분을 준비금으로 적립해 둘 필요가 있는데, 이 준비금을 미경과보험료 준비금이라고 한다. 즉, 어느 시점에서 아직 부보되지 않은 수입보험료의 일부로서 위험에 대한 일정한 가정과 만기까지 계약 유지를 전제로 계산된 금액이다.
- 지급준비금: 대차대조일 현재 보험금 등의 지급사유가 발생한 계약에 대하여 소송 중이거나 또는 보험금 지급액이 확정되지 않은 경우 등으로 인해 현재까지 지급되지 못한 최종발생손해액의 일부이다. 지급준비금은 특히 손해보험에서 매우 중요한 부분이며, 구성요소 등은 다음에 자세히 다루도록 하겠다.
- 계약자배당 준비금과 계약자이익배당 준비금: 계약자배당은 이자율차배당, 위험률차배당, 사업비차배당으로 구분되며, 계약자배당을 위한 준비금은 계약자배당 준비금과 계약자이익배당 준비금으로 구분한다.

보험상품의 책임준비금에 표준이율을 적용하지 않는 전통적인 손해보험(property and casualty insurance) 상품에서 미경과보험료 준비금과 지급준비금은 매우 중요한 요소를 차지한다. 미경과보험료 준비금의 산출방식은 납입된 수입보험료 중에서 아직 부보되지 않은 부분을 비율에 의해 구한다는 측면에서 간단하며 정확성도 매우 높다. 반면에, 지급준비금의 산출방식은 지급사유가 발생한 이후 최종적으로 사고가 종결될 때까지 보상과정에 수많은 변화가 일어나므로 계산하기가 복잡하고 어렵다. 또한, 현재 발생하지는 않았으나 계약만기 전에 발생할 수 있는 지급사유 등도 포함된다. 현재 수많은 산출방식들이 선진 보험시장에서 인정받고 사용되고 있으나, 여전히 지급준비금을 예측하고 산정하는 것은 보험계리사의 영원한 도전과제라고 할 수 있다. 여기서는 장기 보험상품을 제외한 일반적인 손해보험 상품의 책임준비금 계산방식만을 중점적으로 다루도록 하겠다.

## 1.1 미경과보험료 준비금

보험계약자가 1년 만기 손해보험상품을 1월 1일 계약과 동시에 100만원의 1년 만기 보험료를 일시납으로 납입했을 경우, 7월 1일자 현재 보험료 중 50만원은 위험보장을 위해 경과되었으나 나머지 50만원은 미경과된 상태로 보험계약자에게 속해 있다. 민일, 그 시점에서 보험계약자가 계약을 해지할 경우, 일정부분의 해지 수수료를 차감한 미경과 보험료는 보험회사가 보험계약자에게 환불해줘야 한다. 이에 보험회사가 환불할 수 있는 기금을 관리하고 유지해야 하는데, 이러한 기금을 미경과보험료 준비금이라 한다.

한국 손해보험 선임계리사 검증 실무표준에 의하면, 수익과 비용에 대한 가정으로 보험계약 개시 후 보험료는 계약체결 시점 혹은 분납대상기간의 개시시점에 납입하게 되는데, 이에 수익으로 인식할 부분과 해당 보험료로 충당할 잔여기간을 위한 충당액, 즉 부채로 구분할 필요가 있다고 본다. 납입되거나 회수된 보험료를 보험기간에 따라 단위기간별 위험의 정도가 동일하다는 가정하에 미경과보험료를 계산하는 것이 일반화되어 있다. 그래서, 단위기간당 위험의 정도가 같다는 전제하에서 보험기간 중 경과한 단위기간에 해당하는 비율로 수입보험료를 인식하고 적용된 보험료 중 잔여분에 해당되는 부분을 미경과보험료 준비금으로 정하여 부채로 인식하는 것이다. 이를 수식으로 표현하면 아래와 같다.

$$경과보험료(수익) = 적용보험료 \times \frac{경과된\ 기간}{보험기간}$$

$$미경과보험료(부채) = 적용보험료 \times \left( 1 - \frac{경과된\ 기간}{보험기간} \right)$$

어느 시점에서 경과된 기간의 보험료 중 일부가 미납입되었을 경우, 미경과보험료는 해당 미납입액을 차감하여 계산하도록 한다.

$$미경과보험료(부채) = 적용보험료 \times \left( 1 - \frac{경과된\ 기간}{보험기간} \right) - 미납입보험료$$

현재, 우리나라에서 허용하고 있는 미경과보험료 계산방법은 다음 몇 가지로 집약할 수 있다.

첫째, 보험계약 기간을 일(日)단위로 쪼개서 미경과보험료를 계산하는 방법으로 가장 정확한 계산법이라 할 수 있다. 예를 들어, 1년 만기 상품의 수입보험료를 50만원이라 가정하자. 2월 1일 계약개시 이후 12월 31일자 보험료를 평가할 때, 2월 1일부터 12월 31일까지는 경과된 기간이 정확히 334일이며 미경과된 기간은 다음 해 1월 1일부터 1월 31일까지인 31일이 되므로 12월 31일자 미경과보험료는 이에 해당하는 42,466원이 된다.

$$미경과보험료 = 500,000 \times \left(1 - \frac{334}{365}\right) = 42,466원$$

일별 계산법은 정확하다는 가장 큰 장점이 있다. 모든 계약의 보험개시일이 다르기 때문에 개별계약별로 산출해야 하는 일별 계산법은 예전에는 번거롭고 시간과 비용에 제약이 많았다. 그러나 21세기에 들어서면서 혁신적인 소프트웨어 프로그램이 개발되면서 이러한 단점은 더 이상 문제가 되지 않고 있다.

두 번째 방법은 보험계약 기간을 월(月)단위로 쪼개서 미경과보험료를 계산하는 방법이다. 보험기간은 12개월로 보험개시일이 해당하는 월의 어느 일자이든지 그 계약은 해당월로 집적된다. 이러한 계약은 계약당 보험료의 규모가 유사하고 보험료 규모 역시 1년 내내 균등하게 분포되었다는 가정하에 계산된다. 위의 예를 월별 계산법에 적용한다면, 미경과보험료는 41,667원이 된다.

$$미경과보험료 = 500,000 \times \left(1 - \frac{11}{12}\right) = 41,667원$$

월별 계산법은 개별계약에 의한 계산이 불필요하므로, 일별 계산법보다 신속히 산출할 수 있다. 전통적인 손해보험 상품의 요율산정시, 과거 요율조정을 감안한 수정된 경과보험료를 계산하게 되는데 개별계약을 일일이 계산하는 것은 많은 시간을 요구했으므로 월별로 집합의 개념에 의해 집적하는 것이 일반화되었다. 그러나, 현재는 시스템과 통계 소프트웨어의 획기적 발전으로 시간적인 제약은 거의 문제가 되고 있지 않다. 한편, 월별 계약내용이 매우 다르거나 보험료 수준에 일관성이 없을 경우 월별에 의한 산출방법은 적절성을 검토해야 한다.

세 번째 방법은 비율법으로 보험료 납입에 대해 통계적인 가정을 적용하여 미경과보험료를 계산하는 것인데, 현행규정에서는 그 의미와 적용범위가 매우 축소되어 있으므로 여기서는 자세한 설명은 생략하도록 하겠다.

마지막으로 보험계약의 개시와 종료가 시간이 아닌 장소 또는 행위에 의해 정해지는 해상보험 중 적하보험과 같은 구간보험에서 미경과보험료를 계산하는 경과기간법이라 할 수 있다. 다른 일반적인 손해보험 상품과 달리 적하보험인 경우, 수출업자의 창고지에서부터 수입업자의 창고지까지가 위험보장의 대상이 된다. 왜냐하면, 날씨 등으로 선박의 출항일자가 수시로 바뀔 수 있어 보험 계약의 유효일과 종료일의 정확한 시간을 정할 수 없기 때문이다. 예를 들어, 현행 손해보험 선임계리사 검증 실무표준에 의하면 수출은 직전 3개월간, 수입의 경우는 직전 2개월간의 보험료를 적하보험에서 미경과보험료로 간주한다.

## 1.2 지급준비금

손해보험에서 일반적으로 언급하는 책임준비금은 지급준비금(loss reserve)과 유사한 의미로 해석되는 경우가 많다. 지급준비금은 보험료 적립금, 미경과 보험료와 배당준비금 등과 함께 책임준비금의 일부인데, 보험료 적립금이 생명보험에서 책임준비금의 대부분을 차지하는 것처럼, 손해보험에서는 지급준비금이 책임준비금의 매우 중요한 부분을 차지하기 때문이다.

지급준비금의 구조와 정의, 그리고 평가방법 등을 이해하기 전에 손해액에 관련된 내용을 다시 한번 복습하도록 하겠다. 보험회사가 보험계약자와 보험계약을 체결한 후 사고가 발생했을 경우, 사고에 대한 보고와 접수 여부와 상관없이 보험회사는 손해에 대한 부채가 발생하게 된다. 사고가 발생한 시점부터 사고 보고와 접수가 되고 보상액이 지급되는 기간까지 자동차 대물사고인 경우는 기간이 짧지만, 배상책임 또는 상해사고인 경우에는 기간이 오래 걸릴 수 있다. 이러한 보상과정 속에서 손해액은 보험 회계상 여러 형태의 모습으로 아래와 같이 나타나게 된다.

(1) 지급보험금(paid losses): 보상청구자에게 실제로 지급된 손해액
(2) 개별추산액(O/S, case outstanding reserves or case reserves): 보상이 최종적으로 종결될 때까지 추가적으로 지급될 것이라 예상되는 평가금액
(3) 발생손해액(reported losses or case incurred losses): 지급보험금과 개별추산액의 합
(4) 최종발생손해액(ultimate reported claims or ultimate incurred losses): 발생손해액에 IBNR준비금(incurred but not reported), IBNER준비금(incurred but not enough reported)과 보고된 손해액의 진전에 따른 차액 등이 포함된 최종 보상금액.

여기에서 지급보험금(paid losses)과 지급준비금(loss reserve)을 혼동해서는 안 된다. 지급보험금은 보험금 중에서 이미 지급된 금액을 의미하고 지급준비금은 현재 지급되지는 않았으나 향후 지급될 것으로 예상하여 준비해두어야 하는 예비비 성격의 보험금이다. 배상책임 또는 상해사고와 같이 보상절차가 복잡하고 처리기간이 긴 사고들은 클레임을 종결하기 위한 또는 방어하려는 과정에서 수반되는 손해사정비가 발생하게 된다. 어떤 사고는 보상이 종결된 후에도 새로운 사실의 발견 또는 추가로 인해 다시 보상과정이 진행 중인 상태로 변경될 수도 있다.

보상절차가 진행되는 과정에서 보험금의 일부가 지급되는 등의 사유로 개별추산액은 증가되

거나 감소되는 손해액 진전(loss development) 현상이 나타난다. 대인사고와 같은 책임담보 (liability coverage)인 경우, 대체로 손해액은 최종 종결시까지 증가하는 경향을 보이는 반면, 재물보험(property insurance)인 경우 보상 종결시 손해액은 감소하는 현상이 나타나기도 한다. 예를 들어, 침수로 인해 사고차량이 전손으로 평가되어 보험회사가 보상한도만큼 해당 보험금을 지급한 후 담보물건에 대한 소유권을 얻고, 일부 사용 가능한 부품을 다시 중고가격으로 파는 경우가 있는데, 이런 잔존물 처리에 의한 회수재산으로 취득한 금액은 회수재산 처분대금(salvage cost)으로 회계상 마이너스 손해액으로 처리된다. 또한, 보험회사가 과실여부에 상관없이 해당 피보험자에게 손해보상을 한 후, 보험회사는 지급한 보험금을 한도로 피보험자가 사고에 책임이 있는 제3자에 대해 지닐 수 있는 법률상 권리를 취득할 수 있는데, 보험회사는 이 권리에 의거하여 손해발생을 야기시킨 책임이 있는 제3자에게 손해배상청구를 하게 되는 구상(subrogation)절차로 손해배상을 받게 되는데, 이는 보상 종결시 손해액을 감소시키는 현상으로 나타날 수 있게 된다. 회수재산 처분대금과 구상에 의한 손해배상 청구액은 둘 다 보험회사가 먼저 보험금을 지급한 후 나중에 지급한 보험금의 일부 또는 전액을 회수하는 역할을 하기 때문에 회수한 금액은 회계상 마이너스 손해액으로 처리되어 그 당시 손해액이 감소되는 모습으로 나타나게 된다. 이외에도 사고 초기에 개별추산액을 높게 잡았을 경우, 또는 입력오류의 정정에 의해서도 보상 종결시 손해액은 감소할 수 있다.

### 1.2.1 지급준비금 정의

전체 지급준비금은 크게 두 가지 형태, 기보고사고 지급준비금과 미보고사고 지급준비금으로 구분될 수 있다.

| 기보고사고 지급준비금 | 개별추산액 |
|---|---|
| | 재평가 준비금 |
| | 재개 준비금 |
| 미보고사고 지급준비금 | 미접수준비금 |
| | 추산미입력 준비금 |

기보고사고(known claims) 지급준비금은 말 그대로 사고가 보험회사에 이미 보고되어 있는 클레임에 대한 향후 보험금 지급을 위해 요구되는 준비금을 의미하며, 이에는 3가지 준비금 형태로 구성된다.

(1) 개별추산액(O/S, case outstanding reserves): 이미 보고된 사고에 대하여 보상이 최종적으로 종결될 때까지 현재 잔존해 있어 향후 지급될 것이 예상되는 금액
(2) 재평가준비금(a provision for future development on known claims): 개별추산액의 추정시 발생할 수 있는 오차에 따른 금액으로 개별추산액의 적립수준에 의해 부족액 또는 잉여액으로 산정되는 금액

(3) 재개준비금(a provision for re-opened claims after closed): 손해액 평가일 기준 현재 종결 상태인 보상건이 향후 추가적인 재청구(re-open) 등에 의해 재개될 경우, 추가적으로 지급될 것이라 예상되는 금액

미보고사고(unknown claims) 지급준비금은 지급의무가 있는 사고가 발생하였으나 보험회사에 사고발생 접수가 되어 있지 않은 또는 보험회사가 사고에 대해 모르고 있는 클레임에 대해 향후 보험금 지급을 위해 요구되는 준비금으로서 일반적으로 IBNR 준비금으로도 표현되며 이에는 2가지 준비금 형태로 구성된다.

(1) 미접수준비금(a provision for occurred claims but have not yet been reported): 지급의무가 있는 사고가 발생하였으나 보험회사에 사고발생 접수가 되어 있지 않은 클레임에 대해 향후 보험금 지급을 위해 요구되는 준비금으로서 미접수사고는 순수한 의미의 IBNR(incurred but not reported) 클레임으로 알려져 있다.

(2) 추산미입력 준비금(a provision for reported claims but have not yet been recorded): 보험회사에 사고 접수는 됐으나 기초적인 사고조사가 이루어지지 않았거나 사고보고와 접수 간의 시간적 차이 등의 이유로 아직까지 회계시스템상 기록되어 있지 않은 보상건에 대해 보험금 지급이 예상되는 준비금

엄격한 의미로 본다면, 미접수준비금과 추산미입력 준비금은 대부분의 경우 합해져서 IBNR 준비금으로 불린다. 그러나, 실제 보험산업에서는 개별추산액을 제외한 4종류의 준비금들, 즉 재평가 준비금, 재개 준비금, 미접수준비금, 그리고 추산미입력 준비금을 합산하여 IBNR 준비금이라 부르며, IBNR 준비금 산정시 이 논리를 따르는 게 일반화되어 있다.

### 1.2.2 지급준비금 평가일

지급의무가 있는 사고가 발생한 후, 손해액은 보상절차 과정에 따라 진전되며 현재까지 미보고된 사고는 향후 보고된 사고로 변경된다. 사고가 발생한 시점과 보험회사에 신고된 시점, 그리고 보상과정을 거쳐 최종적으로 종결된 시점까지 보험상품마다 시간적 간격이 발생한다. 이와 같이, 사고를 바라보는 시점에 따라 손해액의 규모와 내용은 수시로 변하게 되는바, 보상데이터는 지급준비금 산정과정에 매우 중요한 요소가 된다. 손해보험에서 일반적으로 사용하는 손해액의 평가일은 아래와 같다.

(1) 사고일(accident date): 사고가 발생한 날
(2) 보고(신고)일(reported date): 사고가 처음 보험회사에 보고(신고)된 날
(3) 추산입력일(recorded date): 사고가 처음 보험회사의 보상시스템 안에 입력된 날
(4) 회계일(accounting date): 지급준비금은 회계일자 기준 미지급된 보상에 대한 평가액으로, 재무보고서가 준비되는 월말, 분기말, 반기말, 또는 회계연도 말의 날이 일반적이다.

(5) 손해평가일(valuation date): 현재까지 진행된 모든 보상절차 과정의 내용이 포함된 시점에서 손해액을 평가하는 날이며, 회계일과 같거나 회계일 전 또는 후일 수 있다.

### 1.2.3 지급준비금 항목

지급준비금은 미래에 지급될 예측 금액으로 손해평가일자에 따라 금액은 계속해서 변경된다. 그러므로, 지급준비금 산정 결과에 따라 지급준비금은 다음과 같은 여러 형태로 해석될 필요가 있다.

(1) 필수(required) 지급준비금: 지급의무가 있는 모든 보상건들이 최종적으로 종결될 때 지급되어야 할 총량으로 다른 손해평가일자에도 변하지 않는 고정된 최종 금액이다. 그러므로, 필수 지급준비금은 매우 오랜 기간 동안 정확한 금액을 산출하기가 어렵게 된다.
(2) 계리적(actuarial) 지급준비금: 어느 손해평가일자에 계리적 기법과 분석을 통해 계산된 회계일자 기준 지급준비금으로, 필수 지급준비금을 예측하는 계리적 분석으로 추산한 가상 지급준비금이다. 이 금액은 손해평가일에 따라 계속적으로 수정되어 오랜 시간이 흐른 후, 결국에는 필수 지급준비금과 수렴하게 된다.
(3) 미지급된 준비금: 재무재표에 기록되는 현재까지 실제로 미지급된 손해액이다.

미지급된 준비금은 실제로 미지급된 손해액인 반면, 계리적 지급준비금은 현재까지 지급되진 않았으나 계리적인 분석에 의해 향후 지급되리라 예측하는 손해액으로, 그 차액은 계리적 지급준비금 마진(margin)으로 정의할 수 있다. 동일한 개념에 의해, 미지급된 준비금과 필수 지급준비금과의 차액은 필수 지급준비금 마진(margin)이라 할 수 있다.

앞에서의 지급준비금에 관한 손해액의 형태, 지급준비금의 정의, 지급준비금을 평가하는 시점에 대한 이해, 그리고 여러 항목 등을 바탕으로 선진보험회사와 대형 계리컨설팅회사에서 일반적으로 승인하고 사용하는 지급준비금의 산출방법에 대해 살펴보도록 하겠다.

## 2. 삼각형 형태에 의한 지급준비금 산출

현재까지 가장 광범위하게 보편적으로 사용하는 지급준비금 산출방법은 삼각형(Triangular Methods) 형태에 의한 방법으로, 1970~80년대 저명한 미국 계리학자이며 계리사(FCAS, Fellow of Casualty Actuarial Society)인 로널드 와이저(Ronald Wiser)가 미국손해보험 계리사협회(Casualty Actuarial Society)에서 발간하는 Foundation에 집필한 이후 급속도로 전파되었다. 이는 손해액 진전 방법 중 요율산정 모델에서 가장 널리 오랫동안 많이 사용되고 있는 진전추이방식(chain ladder method)을 현재 시점 이후의 미래에 확장시키는 연장선상으로 이해할 수 있으며, 진전추이

방식을 완벽히 이해하였다면 삼각형 형태의 산출방법은 상대적으로 쉬울 것이다.

손해액의 진전추이방식과 유사하게 매년 손해액의 진전 흐름은 이전 연도의 진전 흐름과 유사할 것이라는 가정하에서, 진전되지 않은 손해액을 최종적으로 종결될 손해액으로 예측하는 과정을 따르게 된다. 이러한 방식에 의해 아래와 같이 다른 경험통계에 의한 지급준비금을 예측하고 평가하는 방법을 이해하도록 하겠다.

(1) 지급보험금 진전추이방식
(2) 발생손해액 진전추이방식
(3) 사고건수 진전추이방식
(4) 평균 지급보험금 예측방식
(5) 평균 발생손해액 예측방식

## 2.1 지급보험금 진전추이방식

지급보험금 진전추이방식(Paid Loss Development Method)은 지급된 보험금의 차월별 추이가 큰 변동 없이 유사한 추이를 유지한다는 가정이 필요하다. 이 방식에 의한 지급준비금의 산출은 〈표 12-1〉의 삼각형 형태의 누적 지급보험금 통계표와 함께 시작한다.

사고연도별 지급보험금 규모는 발생손해액의 규모와 함께 살펴볼 필요가 있다. 예를 들어, 어느 특정 사고연도의 지급보험금이 그 직전 사고연도에 비해 훨씬 많을 때 동일한 특정 사고연도의 발생손해액도 그 직전 사고연도에 비해 그 정도로 많이 발생했는지를 파악할 필요가 있다. 지급보험금이 증가한 만큼 비슷한 규모로 발생손해액이 증가하지 않았다면, 계리사는 지급보험금이 당해연도에 특별히 많이 발생한 요인을 담보별 익스포저나 손해액 추이 등을 통해 이해해야 할 필요가 있다. 삼각형 형태의 손해액 진전을 해석하는 방법은 앞서 손해액의 진전추이방식에서 자세히 설명했으므로 여기서는 간략히 설명하도록 하겠다.

**표 12-1** 사고연도 차월별 누적지급보험금 진전 (단위: 천원)

| 사고연도 | 12 | 24 | 36 | 48 | 60 | 72 |
|---|---|---|---|---|---|---|
| 2018 | 30,728 | 46,461 | 59,516 | 67,491 | 71,608 | 72,611 |
| 2019 | 32,264 | 46,235 | 56,823 | 66,028 | 69,858 | |
| 2020 | 31,942 | 46,571 | 62,638 | 68,338 | | |
| 2021 | 30,664 | 46,609 | 63,063 | | | |
| 2022 | 33,117 | 49,146 | | | | |
| 2023 | 25,169 | | | | | |

삼각형(triangle)형태의 손해액 추이에서 수직선에 있는 금액은 차월별 각 사고연도의 손해액을 의미하고 평행선으로 보여지는 금액은 사고연도의 각 차월별 손해액의 진전금액을 나타낸다. 한편, 사선에 있는 손해액들은 사고연도 손해액의 평가일자를 의미함과 동시에 현재까지 또는 가장 최근 평가된 금액으로 이해할 수 있다. 예를 들어, 가장 오른편 사선에 있는 금액들(예: 25,169, 49,146, …, 72,611)은 각 사고연도별 손해액이 2023년 12월 31일자까지 진전된 손해액을 평가한 것이 된다.

다음은 사고연도 차월별 누적지급보험금 진전통계를 이용하여 차월별 진전계수 또는 연결률을 계산한다. 진전계수를 계산할 때 주의할 점은 손해액은 해당 차월별 데이터가 아닌 누적 통계를 이용해야 한다는 점이다. 차월별 진전계수는 차월별 얼마만큼 손해액이 진전되었는지를 보여주는 지표이다. 예를 들어, 사고연도 2022년의 12~24차월의 누적지급보험금은 33,117에서 49,146으로 진전되어 49,146/33,117 = 1.484배만큼 12차월에서 24차월로 진전되었음을 보여주며 이 계수가 사고연도 2022년 누적지급보험금의 12~24차월 진전계수가 된다. 이렇게 사고연도별 차월간 진전계수를 계산한 후, 차월별 평균 진전계수를 구한다. 12개월간의 진전계수는 다음 12개월 구간의 손해액 변동을 예측하는 것이기 때문에 가능한 객관적인 평균 진전계수를 선택해야 한다. 그러기 위해서, 보통 최소 3가지 이상의 다른 방법에 의한 평균 진전계수를 구한다. 일반적으로 계산하는 방식은 차월별 전체평균, 최근 직전 3년간 평균, 최고저 계수를 제외한 평균, 또는 가중치 평균이라 할 수 있다. 각 계산방식에 의한 12~24차월의 평균 진전계수는 아래와 같다.

전체 평균 = (1.512 + 1.433 + 1.458 + 1.520 + 1.484)/5 = 1.481

최근 3년 평균 = (1.458 + 1.520 + 1.484)/3 = 1.487

최고저 제외 평균 = (1.512 + 1.458 + 1.484)/3 = 1.485

가중치 평균 = (1.512×1 + 1.433×2 + 1.458×3 + 1.520×4 + 1.484×5)/15 = 1.483

**표 12-2** 사고연도 차월별 지급보험금 진전계수 또는 연결율

| 사고연도 | 12~24 | 24~36 | 36~48 | 48~60 | 60~72 |
|---|---|---|---|---|---|
| 2018 | 1.512 | 1.281 | 1.134 | 1.061 | 1.014 |
| 2019 | 1.433 | 1.229 | 1.162 | 1.058 | |
| 2020 | 1.458 | 1.345 | 1.091 | | |
| 2021 | 1.520 | 1.353 | | | |
| 2022 | 1.484 | | | | |
| 전체 평균 | 1.481 | 1.302 | 1.129 | 1.060 | 1.014 |
| 최근 3년 평균 | 1.487 | 1.309 | 1.129 | 1.060 | 1.014 |
| 최고저 제외 평균 | 1.485 | 1.313 | 1.134 | | |
| 가중치 평균 | 1.483 | 1.319 | 1.122 | 1.059 | 1.014 |
| 대표 진전계수 | 1.484 | 1.311 | 1.129 | 1.060 | 1.014 |

가중치 평균은 가장 오래된 사고연도에 1을, 그다음 사고연도에 2의 가중치를 두고 가장 최근 연도의 계수에 가장 높은 가중치를 할당하여 최근 손해액 추이가 더 반영되도록 하는 것이다. 경우에 따라서 가중치를 당해 사고연도의 지급보험금이나 발생손해액으로 사용할 수도 있다. 여러 방법에 의한 차월별 지급보험금의 진전계수를 구한 후, 지급준비금을 예측하는 데 쓰이는 최종적인 대표 진전계수를 선택해야 한다. 〈표 12-2〉에서는 네 종류의 진전계수 중 가장 높고 낮은 계수를 제외한 평균을 추천 진전계수로 선택하였는데, 이는 계리사의 경험에 의거한 주관적인 판단으로 또는 회사의 경영상황과 보상시스템 등을 감안하여 최종 판단을 내릴 필요가 있다. 참고로, 지속성이 떨어지는 진전추이가 나타날 때, 사고건수 또는 평균 사고액을 위와 동일한 삼각형 형태로 재구성하여 비교할 필요가 있다. 이는 주로 적은 양의 클레임을 가지고 있는 담보나 클레임 진전이 매우 긴 배상책임보험인 경우 발생하는 게 일반적이다.

앞에서 계산된 진전계수들은 대수적 평균에 의한 것이지만, 선택된 진전계수는 향후에 발생될 지급보험금의 추이를 예측하는 것이기 때문에 가장 최근 연도의 추이에 더 관심을 가질 수 있다. 그럴 경우, 최근 연도 평균에 더 비중을 둘 수 있는데, 이는 여러 계리적 분석에서와 마찬가지로 지급된 보험금 추이의 안전성과 가장 최근 추이에 반응하는 점 등을 고려한 계리적 판단이 중요하다. 그러나, 경우에 따라서 선택하고자 하는 추천 대표 진전계수가 여러 대수적 평균과 비슷하지 않을 수 있다. 예를 들어, 최근 보험회사 정책으로 보상처리 기간 단축을 위한 보상프로세스가 개선되었을 때 개선된 부분을 감안하여 12~24차월 진전계수를 대수적 평균인 1.484가 아닌 임의적인 1.350으로 선택하는 경우이다. 이는 일반적으로 보상처리 기간이 길어질수록 지급보험금이 많아지는 경향이 있기 때문이다. 한편, 어느 특정 연도의 진전계수가 다른 진전계수들에 비해 매우 다를 경우, 그 이유를 파악하여 한시적인 문제에 의한 것이라면 해당 진전계수를 무시하고 나머지 진전계수로 평균을 구할 수도 있다. 이러한 특이한 진전은 미래의 진전에 어느 정도 영향을 끼치며, 특히 최근 연도의 특이한 진전은 지급준비금 예측에 치명적일 수 있다. 다른 한편, 연도별 진전계수가 명확한 증가 추세를 보인다면 대수적 평균에 의한 계수는 부족할 수 있다. 이런 경우, 추세선을 이용하여 추천계수를 선택하는 것이 현명하다고 할 수 있다.

어느 특정 차월간(예: 60~72차월)의 진전계수가 1.00이었다면 손해액은 더 이상 진전되지 않고 72차월에서 모든 사고가 보상 종결되었다고 해석할 수 있다. 〈표 12-2〉의 60~72차월 진전계수는 1.014로 손해액이 72개월 이후에도 일부 진전되고 있음을 추측할 수 있다. 일반적으로 손해액 진전 통계는 종결시까지 진전계수를 예측할 수 있도록 확장되어야 한다. 비록 종결 전까지 꼬리에 해당하는 진전계수는 매우 작지만, 해당하는 확장된 통계가 없거나 사고연도별로 일정한 추이를 보이지 않을 수 있으므로 평균 꼬리 진전계수(tail LDF)의 계산이 용이하지 않을 수 있다. 예에서는 과거 경험에 의한 계리적인 판단과 가장 오래된 사고연도의 가장 최근 종결된 지급보험금을 검토하여 임의적으로 꼬리 진전계수를 1.030이라고 가정한다.

　　〈표 12 – 3〉은 최종적으로 선택한 진전계수를 차월 구간별로 확장한 표이다. 가장 최근 평가
일자에 의한 사고연도별 누적 지급보험금에 이 진전계수들을 연속적으로 곱한 값은 〈표 12 – 4〉
에 나타난다. 예를 들어, 2023년 12월 31일자 평가된 사고연도 2021의 실제 지급보험금은
63,063이며 2024년 12월 31일에 평가될 때 지급보험금은 71,198로 예측된다는 의미이다. 그러
므로, 차액인 71,198 – 63,063 = 8,135만큼 향후 1년 동안 2021년에 발생한 사고에 대해서 추가
적으로 보험금이 지급될 것으로 예측한다는 뜻이다. 표에서 맨 오른편 종결에 해당하는 부분은
사고연도별 모든 사고가 종결되었을 때 최종적으로 지급될 보험금의 예측이 된다.

**표 12-3 사고연도 차월별 진전계수**

| 사고연도 | 12~24 | 24~36 | 36~48 | 48~60 | 60~72 | 72~종결 | 종결계수 |
|---|---|---|---|---|---|---|---|
| 2018 | 1.512 | 1.281 | 1.134 | 1.061 | 1.014 | 1.030 | 1.030 |
| 2019 | 1.433 | 1.229 | 1.162 | 1.058 | 1.014 | 1.030 | 1.044 |
| 2020 | 1.458 | 1.345 | 1.091 | 1.060 | 1.014 | 1.030 | 1.107 |
| 2021 | 1.520 | 1.353 | 1.129 | 1.060 | 1.014 | 1.030 | 1.250 |
| 2022 | 1.484 | 1.311 | 1.129 | 1.060 | 1.014 | 1.030 | 1.639 |
| 2023 | 1.484 | 1.311 | 1.129 | 1.060 | 1.014 | 1.030 | 2.432 |

**표 12-4 사고연도 차월별 예측 누적지급보험금 진전**　　　　　　(단위: 천원)

| 사고연도 | 12 | 24 | 36 | 48 | 60 | 72 | 종결 |
|---|---|---|---|---|---|---|---|
| 2018 | 30,728 | 46,461 | 59,516 | 67,491 | 71,608 | 72,611 | 74,789 |
| 2019 | 32,264 | 46,235 | 56,823 | 66,028 | 69,858 | 70,836 | 72,961 |
| 2020 | 31,942 | 46,571 | 62,638 | 68,338 | 72,438 | 73,453 | 75,656 |
| 2021 | 30,664 | 46,609 | 63,063 | 71,198 | 75,469 | 76,526 | 78,822 |
| 2022 | 33,117 | 49,146 | 64,430 | 72,742 | 77,106 | 78,186 | 80,531 |
| 2023 | 25,169 | 37,351 | 48,967 | 55,284 | 58,601 | 59,421 | 61,204 |

　　〈표 12 – 5〉는 최종적으로 지급될 보험금의 예측값과 현재 시점에서 실제로 지급된 보험금,
그리고 그 차액인 종결시까지 향후 지급될 것으로 예상하는 금액, 즉 지급준비금을 사고연도별로
나타낸 표이다. 이러한 지급보험금의 진전통계에 의한 분석에 따르면 어느 특정 보험상품은
2018년 이후 2023년까지 발생한 사고로부터 2023년 12월 31일 기준으로 평가할 때, 총 지급보
험금으로 443,963천원을 예측하고 있으며 그중 348,184천원은 평가 당시 현재까지 지급되었고
차액인 443,963 – 348,184 = 95,779천원은 평가 당시 이후 추가적으로 지급될 수 있도록 보험회
사는 준비해야 한다고 해석할 수 있다.

**표 12-5** 사고연도별 예측 지급준비금 (단위: 천원)

| 사고연도 | 예측 지급보험금 | 실제 지급보험금 | 예측 지급준비금 |
|---|---|---|---|
| 2018 | 74,789 | 72,611 | 2,178 |
| 2019 | 72,961 | 69,858 | 3,103 |
| 2020 | 75,656 | 68,338 | 7,318 |
| 2021 | 78,822 | 63,063 | 15,759 |
| 2022 | 80,531 | 49,146 | 31,385 |
| 2023 | 61,204 | 25,169 | 36,035 |
| 합계 | 443,963 | 348,184 | 95,779 |

지급보험금 진전추이방식에 의한 지급준비금 산정은 이미 지급된 보험금의 차월별 추이가 큰 변동없는 유사한 흐름을 유지한다는 가정이 있지만, 보상건수나 개별추산액등의 추이를 통해 얻을 수 있는 정보를 활용하지 않았다는 미비점이 남아 있다. 이는 다른 통계정보를 이용한 지급준비금 산정을 통해 부족한 부분을 충족해야 한다. 앞서 언급했듯이, 지급준비금은 미래의 값을 예측하는 것이기 때문에 한치의 오차도 없는 정확한 지급준비금을 산정하는 방법이나 공식은 없으며 미래에도 없을 것이다. 다만, 오차를 최소화하여 정확성에 근접하려는 노력과 연구는 과거에서부터 계속 진행되고 있다.

## 2.2 발생손해액 진전추이방식

발생손해액 진전추이방식(Incurred Loss Development Method)을 통한 지급준비금의 산정은 앞서 설명한 지급보험금을 이용한 지급준비금 산정방식과 대부분 유사하다. 가장 큰 차이점은 지급보험금에 개별추산액을 합한 발생손해액을 이용하여 지급준비금을 산정한다는 점이다. 개별추산액은 사고건별로 보상시스템에 의해 결정되거나 손해사정에 의해 추정될 수 있다. 발생손해액의 진전추이방식을 통한 지급준비금 산정은 발생손해액을 인식하는 추이가 일반적으로 일관성이 있을 것이라는 가정을 전제로 한다.

발생손해액의 진전추이방식도 지급보험금의 지급준비금 산정방식과 마찬가지로 해당 차월별 데이터가 아닌 누적 통계를 이용해야 한다. 사고연도 차월별 누적발생손해액 진전과 이에 따른 사고연도 차월별 진전계수는 〈표 12-6〉과 〈표 12-7〉에 나타나는데, 진전계수 계산방식은 지급보험금에서와 동일하다.

과거 경험과 계리적 판단에 의해 차월 구간별 대표 진전계수를 선택하였고 오래된 사고연도들의 가장 최근 종결된 지급보험금과 발생손해액을 검토하여 임의적으로 꼬리 진전계수를 1.008

**표 12-6  사고연도 차월별 누적발생손해액 진전**                                    (단위: 천원)

| 사고연도 | 12 | 24 | 36 | 48 | 60 | 72 |
|---|---|---|---|---|---|---|
| 2018 | 57,769 | 71,460 | 77,177 | 78,103 | 78,571 | 78,728 |
| 2019 | 54,204 | 70,736 | 73,920 | 75,102 | 75,928 | |
| 2020 | 59,731 | 75,321 | 80,066 | 81,828 | | |
| 2021 | 58,875 | 73,005 | 77,531 | | | |
| 2022 | 60,604 | 76,847 | | | | |
| 2023 | 45,556 | | | | | |

**표 12-7  사고연도 차월별 발생손해액 진전계수**

| 사고연도 | 12~24 | 24~36 | 36~48 | 48~60 | 60~72 |
|---|---|---|---|---|---|
| 2018 | 1.237 | 1.080 | 1.012 | 1.006 | 1.002 |
| 2019 | 1.305 | 1.045 | 1.016 | 1.011 | |
| 2020 | 1.261 | 1.063 | 1.022 | | |
| 2021 | 1.240 | 1.062 | | | |
| 2022 | 1.268 | | | | |
| 전체 평균 | 1.262 | 1.063 | 1.017 | 1.009 | 1.002 |
| 최근 3년 평균 | 1.256 | 1.057 | 1.017 | 1.009 | 1.002 |
| 최고저 제외 평균 | 1.256 | 1.063 | 1.016 | | |
| 가중치 평균 | 1.262 | 1.061 | 1.018 | 1.009 | 1.002 |
| 대표 진전계수 | 1.259 | 1.062 | 1.017 | 1.009 | 1.002 |

로 가정한다. 〈표 12-8〉은 최종적으로 선택한 진전계수를 차월 구간별로 확장한 표이다. 가장 최근 평가일자에 의한 사고연도별 누적 발생손해액에 이 진전계수들을 연속적으로 곱한 값은 〈표 12-9〉에 나타난다. 지급보험금 방식에서와 마찬가지로 표에서 맨 오른편에 해당하는 종결 부분은 사고연도별 모든 사고가 종결되었을 때 최종적으로 지급될 보험금의 예측이다.

**표 12-8  사고연도 차월별 진전계수**

| 사고연도 | 12~24 | 24~36 | 36~48 | 48~60 | 60~72 | 72~종결 | 종결계수 |
|---|---|---|---|---|---|---|---|
| 2018 | 1.237 | 1.080 | 1.012 | 1.006 | 1.002 | 1.008 | 1.008 |
| 2019 | 1.305 | 1.045 | 1.016 | 1.011 | 1.002 | 1.008 | 1.010 |
| 2020 | 1.261 | 1.063 | 1.022 | 1.009 | 1.002 | 1.008 | 1.019 |
| 2021 | 1.240 | 1.062 | 1.017 | 1.009 | 1.002 | 1.008 | 1.036 |
| 2022 | 1.268 | 1.062 | 1.017 | 1.009 | 1.002 | 1.008 | 1.101 |
| 2023 | 1.259 | 1.062 | 1.017 | 1.009 | 1.002 | 1.008 | 1.386 |

**표 12-9** 사고연도 차월별 예측 누적발생손해액 진전 (단위: 천원)

| 사고연도 | 12 | 24 | 36 | 48 | 60 | 72 | 종결 |
|---|---|---|---|---|---|---|---|
| 2018 | 57,769 | 71,460 | 77,177 | 78,103 | 78,571 | 78,728 | 79,358 |
| 2019 | 54,204 | 70,736 | 73,920 | 75,102 | 75,928 | 76,080 | 76,689 |
| 2020 | 59,731 | 75,321 | 80,066 | 81,828 | 82,564 | 82,729 | 83,391 |
| 2021 | 58,875 | 73,005 | 77,531 | 78,849 | 79,559 | 79,718 | 80,356 |
| 2022 | 60,604 | 76,847 | 81,611 | 82,998 | 83,745 | 83,913 | 84,584 |
| 2023 | 45,556 | 57,355 | 60,911 | 61,947 | 62,504 | 62,629 | 63,130 |

〈표 12-10〉은 최종적으로 지급될 발생손해액의 예측값과 현재 시점에서 실제로 지급된 보험금, 그리고 그 차액인 종결시까지 향후 지급될 것으로 예상하는 금액, 즉 지급준비금을 사고연도별로 나타낸 표이다. 여기서 주의해야 할 점은 지급준비금을 평가할 때 실제 발생손해액이 아닌 실제 지급보험금을 차감해야 한다는 사실이다. 발생손해액은 개별추산액이라는 변동하는 예측금액이 포함되었기 때문에 정확한 지급준비금을 예측하기 위해서 평가 당시 현재까지 실제로 지급된 보험금을 차감하는 것이 타당하다.

**표 12-10** 사고연도별 예측 지급준비금 (단위: 천원)

| 사고연도 | 예측 발생손해액 | 실제 지급보험금 | 예측 지급준비금 |
|---|---|---|---|
| 2018 | 79,358 | 72,611 | 6,747 |
| 2019 | 76,689 | 69,858 | 6,831 |
| 2020 | 83,391 | 68,338 | 15,053 |
| 2021 | 80,356 | 63,063 | 17,293 |
| 2022 | 84,584 | 49,146 | 35,438 |
| 2023 | 63,130 | 25,169 | 37,961 |
| 합계 | 467,508 | 348,184 | 119,324 |

이러한 발생손해액 진전통계에 의한 분석에 따르면, 어느 특정 보험상품은 2018년 이후 2023년까지 발생한 사고로부터 2023년 12월 31일 기준으로 평가할 때, 총 발생손해액으로 467,508천원을 예측하고 있으며 그중 348,184천원은 평가 당시 현재까지 지급되었고 차액인 $467,508 - 348,184 = 119,324$천원은 평가 당시 이후 추가적으로 지급될 수 있도록 보험회사는 준비해야 한다고 해석할 수 있다. 위의 실제 지급보험금 통계는 〈표 12-4〉로부터 온 것임을 알 수 있다. 최종 예측 지급준비금 119,324천원은 지급보험금 진전방식에 의해 예측된 지급준비금과 차이가 있다. 여기서 어느 금액이 더 정확하다 아니다를 판단할 수는 없다. 이는 앞서 언급했듯이 미래의 값을 예측하는 지급준비금 산정의 특성 때문이다. 그러므로, 계리사는 이 두 가지 결과와 다른 추가적인 분석을 통해 오차를 최소화하고 정확성에 근접하도록 지급준비금을 평가하는

노력이 항상 필요한 것이다.

## 2.3 사고건수 진전추이방식

사고건수 진전추이방식(Claim Count Development Method)은 지급준비금을 평가하는 직접적인 방법은 아니지만, 계리사가 최종적인 지급준비금을 산정하는 데 있어서 중요한 참고자료로 활용할 수 있다는 측면에서 분석의 의미가 있다. 사고건수에 의한 진전추이방식 또한 계산방법과 절차에서 몇 가지 추가적인 분석과정이 필요하다는 점을 제외하고는 지급보험금이나 발생손해액을 이용하는 것과 동일한 방식을 유지한다. 먼저, 사고연도 차월별 누적사고건수의 진전과 이에 따른 진전계수는 〈표 12-11〉과 〈표 12-12〉에 나타난다. 여기서 언급하는 사고건수는 실제로 보고된 사고건만을 의미하는 것으로 IBNR 사고건은 포함되지 않음을 유의하여야 한다. 과거 경험과 계리적인 판단에 의해 차월 구간별 대표 진전계수를 선택하는 과정은 이전과 동일하며 오래된 사고연도들의 가장 최근 보고된 사고건수의 추이를 감안하여 꼬리 진전계수를 1.000으로 정하였다.

**표 12-11** 사고연도 차월별 보고된 누적사고건수 진전

| 사고연도 | 12 | 24 | 36 | 48 | 60 | 72 |
|---|---|---|---|---|---|---|
| 2018 | 4,304 | 5,130 | 5,238 | 5,259 | 5,259 | 5,259 |
| 2019 | 4,477 | 5,475 | 5,558 | 5,569 | 5,574 | |
| 2020 | 5,025 | 5,930 | 6,072 | 6,084 | | |
| 2021 | 4,380 | 5,278 | 5,336 | | | |
| 2022 | 3,685 | 4,573 | | | | |
| 2023 | 2,711 | | | | | |

**표 12-12** 사고연도 차월별 진전계수

| 사고연도 | 12~24 | 24~36 | 36~48 | 48~60 | 60~72 |
|---|---|---|---|---|---|
| 2018 | 1.192 | 1.021 | 1.004 | 1.000 | 1.000 |
| 2019 | 1.223 | 1.015 | 1.002 | 1.001 | |
| 2020 | 1.180 | 1.024 | 1.002 | | |
| 2021 | 1.205 | 1.011 | | | |
| 2022 | 1.241 | | | | |
| 전체 평균 | 1.208 | 1.018 | 1.003 | 1.001 | 1.000 |
| 최근 3년 평균 | 1.209 | 1.017 | 1.003 | 1.001 | 1.000 |
| 최고저 제외 평균 | 1.207 | 1.018 | 1.002 | | |
| 가중치 평균 | 1.214 | 1.017 | 1.002 | 1.001 | 1.000 |
| 추천 진전계수 | 1.209 | 1.018 | 1.002 | 1.001 | 1.000 |

〈표 12−13〉은 최종적으로 선택한 진전계수를 차월 구간별로 확장한 표이며, 가장 최근 평가일자 기준 사고연도별 보고된 누적 사고건수에 이 진전계수들을 연속적으로 곱한 값은 〈표 12−14〉에서 보여진다. 위에서와 마찬가지로 표에서 맨 오른편에 해당하는 종결부분은 사고연도별 최종적으로 보고될 총 사고건수의 예측이 된다.

**표 12-13** 사고연도 차월별 진전계수

| 사고연도 | 12~24 | 24~36 | 36~48 | 48~60 | 60~72 | 72~종결 | 종결계수 |
|---|---|---|---|---|---|---|---|
| 2018 | 1.192 | 1.021 | 1.004 | 1.000 | 1.000 | 1.000 | 1.000 |
| 2019 | 1.223 | 1.015 | 1.002 | 1.001 | 1.000 | 1.000 | 1.000 |
| 2020 | 1.180 | 1.024 | 1.002 | 1.001 | 1.000 | 1.000 | 1.001 |
| 2021 | 1.205 | 1.011 | 1.002 | 1.001 | 1.000 | 1.000 | 1.003 |
| 2022 | 1.241 | 1.018 | 1.002 | 1.001 | 1.000 | 1.000 | 1.021 |
| 2023 | 1.209 | 1.018 | 1.002 | 1.001 | 1.000 | 1.000 | 1.234 |

**표 12-14** 사고연도 차월별 예측 누적사고건수 진전

| 사고연도 | 12 | 24 | 36 | 48 | 60 | 72 | 종결 |
|---|---|---|---|---|---|---|---|
| 2018 | 4,304 | 5,130 | 5,238 | 5,259 | 5,259 | 5,259 | 5,259 |
| 2019 | 4,477 | 5,475 | 5,558 | 5,569 | 5,574 | 5,574 | 5,574 |
| 2020 | 5,025 | 5,930 | 6,072 | 6,084 | 6,090 | 6,090 | 6,090 |
| 2021 | 4,380 | 5,278 | 5,336 | 5,347 | 5,352 | 5,352 | 5,352 |
| 2022 | 3,685 | 4,573 | 4,655 | 4,665 | 4,669 | 4,669 | 4,669 |
| 2023 | 2,711 | 3,278 | 3,337 | 3,343 | 3,347 | 3,347 | 3,347 |

〈표 12−15〉는 최종적으로 사고가 발생하여 보고될 것으로 예상하는 사고건수에 현재까지 실제로 신고된 사고건수, 그리고 그 차액인 해당 사고연도 동안 사고가 발생하였으나 평가 시점 기준으로 신고되지 않은 미보고된 사고수의 예측값을 나타낸 표이다. 이 분석에 따르면, 어느 특정 보험상품은 2018년 이후 2023년까지 발생한 사고를 2023년 12월 31일 기준으로 평가할 때, 총 30,291건으로 예측하는데 평가 시점 기준에서 실제로 29,537건만이 신고되었고 차이 30,291−29,537＝754건은 평가 당시 이후 신고될 것으로 예상해야 한다는 의미이다. 사고건수의 예측에 건당 예측 평균손해액을 곱하여 지급준비금을 예측할 수 있으나, 사고건수와 건당 평균손해액 모두 예측값이므로 지급보험금 산정에 정확성이 떨어질 수 있는 단점이 있다. 그러나, 사고건수 진전추이방식은 계리사가 최종적인 지급준비금을 산정하는 데 있어서 중요한 참고 자료로 활용할 수 있다는 점과 향후 미보고 사고건, 즉 IBNR 사고수를 예측할 수 있다는 점에서 의미가 크다.

**표 12-15 사고연도별 미보고 사고수 예측**

| 사고연도 | 예측 사고건수 | 실제 보고 사고건수 | 예측 미보고 사고수 |
|---|---|---|---|
| 2018 | 5,259 | 5,259 | 0 |
| 2019 | 5,574 | 5,574 | 0 |
| 2020 | 6,090 | 6,084 | 6 |
| 2021 | 5,352 | 5,336 | 16 |
| 2022 | 4,669 | 4,573 | 96 |
| 2023 | 3,347 | 2,711 | 636 |
| 합계 | 30,291 | 29,537 | 754 |

처음 사고가 보험회사에 보고될 때, 지급보험금의 정확한 금액은 알지 못한 채 신고되어 접수된다. 접수된 사고 중에는 지급보험금의 발생 없이 종결 처리될 수가 있다. 예를 들어, 손해사정의 보상과정에서 면책으로 결론되어 종결되거나, 보상금액이 자기부담금 한도보다 적을 경우 등과 같이 지급보험금이 없는 상태로 사고는 종결되지만 여전히 사고통계에 기록이 남아 있게 된다. 여기서 지급보험금이 없는 상태로 종결된 사고를 제외한 지급보험금이 실제로 발생한 사고만으로 IBNR 사고수를 예측할 수 있다. 먼저 〈표 12-16〉에서처럼, 사고연도에 의한 지급보험금이 발생하지 않은 차월별 무지급 보험금 상태로 종결된 누적사고건수를 삼각형 형태로 구성하고, 전체 사고 수에서 차감한 지급보험금이 실제로 발생한 사고수를 〈표 12-17〉에서처럼 구한다.

**표 12-16 사고연도 차월별 무지급 보험금 상태로 종결된 누적사고건수 진전**

| 사고연도 | 12 | 24 | 36 | 48 | 60 | 72 |
|---|---|---|---|---|---|---|
| 2018 | 344 | 893 | 943 | 962 | 968 | 973 |
| 2019 | 403 | 882 | 984 | 997 | 1,003 | |
| 2020 | 407 | 955 | 1,020 | 1,028 | | |
| 2021 | 329 | 945 | 971 | | | |
| 2022 | 350 | 695 | | | | |
| 2023 | 282 | | | | | |

**표 12-17 사고연도 차월별 지급보험금이 수반된 누적사고건수 진전**

| 사고연도 | 12 | 24 | 36 | 48 | 60 | 72 |
|---|---|---|---|---|---|---|
| 2018 | 3,960 | 4,238 | 4,295 | 4,297 | 4,291 | 4,286 |
| 2019 | 4,074 | 4,594 | 4,574 | 4,572 | 4,571 | |
| 2020 | 4,618 | 4,975 | 5,052 | 5,056 | | |
| 2021 | 4,052 | 4,333 | 4,365 | | | |
| 2022 | 3,335 | 3,878 | | | | |
| 2023 | 2,429 | | | | | |

**표 12-18** 사고연도 차월별 지급보험금이 수반된 누적사고건수 진전계수

| 사고연도 | 12~24 | 24~36 | 36~48 | 48~60 | 60~72 |
|---|---|---|---|---|---|
| 2018 | 1.070 | 1.014 | 1.000 | 0.999 | 0.999 |
| 2019 | 1.128 | 0.996 | 1.000 | 1.000 | |
| 2020 | 1.077 | 1.015 | 1.001 | | |
| 2021 | 1.070 | 1.007 | | | |
| 2022 | 1.163 | | | | |
| 전체 평균 | 1.101 | 1.008 | 1.000 | 0.999 | 0.999 |
| 최근 3년 평균 | 1.103 | 1.006 | 1.000 | 0.999 | 0.999 |
| 최고저 제외 평균 | 1.091 | 1.010 | 1.000 | | |
| 가중치 평균 | 1.110 | 1.008 | 1.000 | 0.999 | 0.999 |
| 추천 진전계수 | 1.102 | 1.008 | 1.000 | 0.999 | 0.999 |

**표 12-19** 사고연도 차월별 지급보험금이 수반된 누적사고건수 진전계수

| 사고연도 | 12~24 | 24~36 | 36~48 | 48~60 | 60~72 | 72~종결 | 종결계수 |
|---|---|---|---|---|---|---|---|
| 2018 | 1.070 | 1.014 | 1.000 | 0.999 | 0.999 | 0.999 | 0.999 |
| 2019 | 1.128 | 0.996 | 1.000 | 1.000 | 0.999 | 0.999 | 0.998 |
| 2020 | 1.077 | 1.015 | 1.001 | 0.999 | 0.999 | 0.999 | 0.997 |
| 2021 | 1.070 | 1.007 | 1.000 | 0.999 | 0.999 | 0.999 | 0.997 |
| 2022 | 1.163 | 1.008 | 1.000 | 0.999 | 0.999 | 0.999 | 1.005 |
| 2023 | 1.102 | 1.008 | 1.000 | 0.999 | 0.999 | 0.999 | 1.107 |

〈표 12-11〉과 〈표 12-16〉을 통해 보고된 사고건수 중에 약 15% 정도는 무지급 보험금 상태로 종결될 것이라고 예측할 수 있다. 다음은, 지급보험금이 실제로 발생한 누적사고건수를 이용하여 차월 구간별 진전계수를 계산하고 또한 대표 진전계수를 선택한다. 오래된 사고연도들의 가장 최근 보고된 사고건수의 추이를 감안하여 꼬리 진전계수를 0.999로 가정한다.

〈표 12-19〉는 최종적으로 선택한 진전계수를 차월 구간별로 확장한 표이다. 가장 최근 평가일자 기준 사고연도별 보고되고 지급보험금이 발생한 누적 사고건수에 이 진전계수들을 연속적으로 곱한 값은 〈표 12-20〉에서 보여진다. 앞에서와 마찬가지로 표의 맨 오른편에 해당하는 종결 부분은 사고연도별 최종적으로 보고되고 지급보험금이 발생할 것으로 예측하는 총 사고건수이다.

**표 12-20** 사고연도 차월별 지급보험금이 수반된 예측 누적사고건수 진전

| 사고연도 | 12 | 24 | 36 | 48 | 60 | 72 | 종결 |
|---|---|---|---|---|---|---|---|
| 2018 | 3,960 | 4,238 | 4,295 | 4,297 | 4,291 | 4,286 | 4,282 |
| 2019 | 4,074 | 4,594 | 4,574 | 4,572 | 4,571 | 4,566 | 4,562 |
| 2020 | 4,618 | 4,975 | 5,052 | 5,056 | 5,051 | 5,046 | 5,041 |
| 2021 | 4,052 | 4,333 | 4,365 | 4,365 | 4,360 | 4,356 | 4,352 |
| 2022 | 3,335 | 3,878 | 3,909 | 3,909 | 3,905 | 3,901 | 3,897 |
| 2023 | 2,429 | 2,677 | 2,698 | 2,698 | 2,696 | 2,693 | 2,690 |

⟨표 12−21⟩은 최종적으로 사고가 발생하여 보고되고 지급보험금이 발생될 것으로 예상하는 사고건수에 현재까지 실제로 신고되고 지급보험금이 발생한 사고건수, 그리고 그 차액인 해당 사고연도 동안 사고가 발생하였으나 현재까지 신고되지 않았으며 지급보험금이 발생할 것으로 예상되는 사고수에 대한 예측을 나타낸다.

**표 12-21** 사고연도별 지급보험금 발생 미보고 사고수 예측

| 사고연도 | 예측 사고건수 | 실제 보고 사고건수 | 예측 미보고 사고수 |
|---|---|---|---|
| 2018 | 4,282 | 4,286 | −4 |
| 2019 | 4,562 | 4,571 | −9 |
| 2020 | 5,041 | 5,056 | −15 |
| 2021 | 4,352 | 4,365 | −13 |
| 2022 | 3,897 | 3,878 | 19 |
| 2023 | 2,690 | 2,429 | 261 |
| 합계 | 24,823 | 24,585 | 239 |

이 분석에 따르면, 어느 특정 보험상품은 2018년 이후 2023년까지 발생한 사고를 2023년 12월 31일 기준으로 평가할 때, 지급보험금이 발생하는 총 사고건수는 24,823건으로 예측하는데 평가 시점 기준에서 실제로 24,585건만이 신고되어 지급보험금이 발생하였으며, 차이 약 239건 정도는 평가 당시 이후 신고되며 지급보험금이 발생될 것으로 예상해야 한다는 의미이다. ⟨표 12−21⟩에서 예측 미보고 사고수가 음수로 나오는 경우는 사고가 신고되지 않았고 신고 후에도 지급보험금이 발생하지 않을 사고건수를 의미한다. ⟨표 12−15⟩는 지급보험금의 발생유무와 상관없는 전체 사고수를 예측하는 것이고 ⟨표 12−21⟩은 지급보험금이 발생한 사고건수만을 예측하는 것이므로, 결국 이 차이는 지급보험금이 발생하지 않고 종결된 사고건수만을 예측하는 것이 되며 그 결과는 ⟨표 12−22⟩와 같다.

**표 12-22** 사고연도별 지급보험금 미발생 미보고사고수 예측

| 사고연도 | 예측 사고건수 | 실제 보고 사고건수 | 예측 미보고 사고수 |
|---|---|---|---|
| 2018 | 977 | 973 | 4 |
| 2019 | 1,012 | 1,003 | 9 |
| 2020 | 1,049 | 1,028 | 21 |
| 2021 | 1,000 | 971 | 29 |
| 2022 | 772 | 695 | 77 |
| 2023 | 656 | 282 | 375 |
| 합계 | 5,468 | 4,953 | 515 |

총량으로 본다면, 2023년 12월 31일자 기준으로 현재까지 약 754건이 미보고된 사고 즉, 평가시점 이후에 신고될 것으로 예측해야 하는 총 사고건수이며, 그중 약 239건은 지급보험금이 발생하는 클레임이나 나머지 약 515건은 지급보험금이 발생하지 않을 클레임일 것이라는 해석이다.

## 2.4 평균 지급보험금 예측방식

평균 지급보험금(Average Paid Claim Method)에 의한 지급준비금 산정은 사고건당 지급보험금 추이가 일관성이 있고 보고된 사고건수 추이 또한 일관성이 있다는 가정으로부터 시작한다. 사고연도 차월 구간별 평균 지급보험금은 〈표 12-1〉의 사고연도 차월별 누적지급보험금에서 〈표 12-17〉의 사고연도 차월별 지급보험금이 수반된 누적사고건수를 나누어 쉽게 구할 수 있다. 사고연도 차월별 평균 지급보험금의 진전은 〈표 12-23〉에서처럼, 2018년 12차월 평균 지급보험금은 30,728,000/3,960＝7,760으로 단순히 계산된다. 이에 따른 진전계수는 〈표 12-24〉에서 보여주며, 계산방식은 앞에서와 동일하다.

**표 12-23** 사고연도 차월별 평균 지급보험금 진전

| 사고연도 | 12 | 24 | 36 | 48 | 60 | 72 |
|---|---|---|---|---|---|---|
| 2018 | 7,760 | 10,964 | 13,856 | 15,708 | 16,687 | 16,941 |
| 2019 | 7,919 | 10,065 | 12,423 | 14,442 | 15,283 | |
| 2020 | 6,917 | 9,361 | 12,399 | 13,517 | | |
| 2021 | 7,569 | 10,756 | 14,448 | | | |
| 2022 | 9,930 | 12,673 | | | | |
| 2023 | 10,362 | | | | | |

**표 12-24** 사고연도 차월별 평균 지급보험금 진전계수

| 사고연도 | 12~24 | 24~36 | 36~48 | 48~60 | 60~72 |
|---|---|---|---|---|---|
| 2018 | 1.413 | 1.264 | 1.134 | 1.062 | 1.015 |
| 2019 | 1.271 | 1.234 | 1.163 | 1.058 | |
| 2020 | 1.353 | 1.325 | 1.090 | | |
| 2021 | 1.421 | 1.343 | | | |
| 2022 | 1.276 | | | | |
| 전체 평균 | 1.347 | 1.291 | 1.129 | 1.060 | 1.015 |
| 최근 3년 평균 | 1.350 | 1.301 | 1.129 | 1.060 | 1.015 |
| 최고저 제외 평균 | 1.347 | 1.294 | 1.134 | | |
| 가중치 평균 | 1.339 | 1.308 | 1.122 | 1.060 | 1.015 |
| 추천 진전계수 | 1.347 | 1.297 | 1.129 | 1.060 | 1.015 |

**표 12-25** 사고연도 차월별 진전계수

| 사고연도 | 12~24 | 24~36 | 36~48 | 48~60 | 60~72 | 72~종결 | 종결계수 |
|---|---|---|---|---|---|---|---|
| 2018 | 1.413 | 1.264 | 1.134 | 1.062 | 1.015 | 1.005 | 1.005 |
| 2019 | 1.271 | 1.234 | 1.163 | 1.058 | 1.015 | 1.005 | 1.020 |
| 2020 | 1.353 | 1.325 | 1.090 | 1.060 | 1.015 | 1.005 | 1.081 |
| 2021 | 1.421 | 1.343 | 1.129 | 1.060 | 1.015 | 1.005 | 1.221 |
| 2022 | 1.276 | 1.297 | 1.129 | 1.060 | 1.015 | 1.005 | 1.583 |
| 2023 | 1.347 | 1.297 | 1.129 | 1.060 | 1.015 | 1.005 | 2.133 |

〈표 12-25〉는 최종적으로 선택한 진전계수를 차월 구간별로 확장한 표이며, 가장 최근 평가일자에 의한 사고연도별 평균 지급보험금에 이 진전계수들을 연속적으로 곱한 값은 〈표 12-26〉에서 보여진다. 표에서 맨 오른편에 해당하는 종결부분은 사고연도별 최종적으로 지급될 것이라 예측하는 보험금의 평균값이 된다.

**표 12-26** 사고연도 차월별 예측 평균 지급보험금 진전

| 사고연도 | 12 | 24 | 36 | 48 | 60 | 72 | 종결 |
|---|---|---|---|---|---|---|---|
| 2018 | 7,760 | 10,964 | 13,856 | 15,708 | 16,687 | 16,941 | 17,026 |
| 2019 | 7,919 | 10,065 | 12,423 | 14,442 | 15,283 | 15,513 | 15,590 |
| 2020 | 6,917 | 9,361 | 12,399 | 13,517 | 14,328 | 14,543 | 14,616 |
| 2021 | 7,569 | 10,756 | 14,448 | 16,312 | 17,290 | 17,550 | 17,638 |
| 2022 | 9,930 | 12,673 | 16,437 | 18,557 | 19,671 | 19,966 | 20,066 |
| 2023 | 10,362 | 13,957 | 18,102 | 20,438 | 21,664 | 21,989 | 22,099 |

〈표 12-27〉의 처음 두 항목은 사고연도별 최종적으로 지급될 것으로 예측하는 보험금의 평균값과 〈표 12-21〉의 사고 보고가 되며 지급보험금도 발생할 것으로 예측하는 사고건수이다. 이 두 수의 곱은 지급보험금이 발생한 모든 사고가 종결될 때 지급될 것으로 예측하는 보험금의 총액이 된다. 한편, 〈표 12-1〉은 2023년 12월 31일 기준 그때까지 실제로 지급된 보험금을 나타낸 데이터이므로, 예측 지급보험금과의 차액은 예측하는 지급준비금이 된다.

**표 12-27** 사고연도별 예측 지급준비금

| 사고연도 | 예측 평균 지급보험금 | 예측 사고건수 | 예측 지급보험금 (천원) | 실제 지급보험금 (천원) | 예측 지급준비금 (천원) |
|---|---|---|---|---|---|
| 2018 | 17,026 | 4,282 | 72,901 | 72,611 | 290 |
| 2019 | 15,590 | 4,562 | 71,118 | 69,858 | 1,260 |
| 2020 | 14,616 | 5,041 | 73,671 | 68,338 | 5,333 |
| 2021 | 17,638 | 4,352 | 76,754 | 63,063 | 13,691 |
| 2022 | 20,066 | 3,897 | 78,202 | 49,146 | 29,056 |
| 2023 | 22,099 | 2,690 | 59,449 | 25,169 | 34,280 |
| 합계 | 107,033 | 24,823 | 432,094 | 348,184 | 83,910 |

이러한 평균 지급보험금 진전통계에 의한 분석에 의하면, 어느 특정 보험상품은 2018년 이후 2023년까지 발생한 사고로부터 2023년 12월 31일 기준으로 평가할 때, 약 83,910천원이 평가 당시 이후 추가적으로 지급될 수 있도록 보험회사가 준비해야 하는 지급준비금으로 평가한다. 만일, 건당 평균 지급보험금 추이가 일관성이 없을 경우 평균값의 추이를 구해서 평균 지급보험금을 수정하여 계산할 수 있다. 그럴 경우, 먼저 추이가 일관성이 없는 이유가 단지 일시적인 현상이며 전체적으로는 일관성이 있다고 판단된다면 일관성이 없는 부분만 수정해서 준비금을 예측할 수 있다. 그렇지 않다면 평균 지급보험금 수정에 의한 준비금 산정은 예측력에서 객관성이 문제될 수 있다. 지급준비금 83,910천원은 앞에서 평가된 지급보험금과 발생손해액 진전방식에 의한 예측 지급준비금액과 차이가 있다. 반복적으로 언급했듯이 미래의 값인 지급준비금을 오차 없이 정확하게 산출하는 것은 불가능하다. 그러나, 오차를 최소화하고 정확성에 근접하려는 노력과 연구는 계속 발전해 나가야 한다.

## 2.5 평균 발생손해액 예측방식

평균 발생손해액(Average Incurred Claim Method) 예측방식은 평균 지급보험금이 아닌 평균 발생손해액의 진전에 의해 지급준비금을 평가한다는 점을 제외하고는 평균 지급보험금 예측방식과 동일하다. 평균 발생손해액에 의한 지급준비금 산정 또한 사고건당 평균 발생손해액의 추이가 일관성이 있고 보고된 사고건수 추이 또한 일관성이 있다는 가정이 필요하다. 사고연도 차월 구

간별 평균 발생손해액은 〈표 12-6〉의 사고연도 차월별 누적 발생손해액에 〈표 12-17〉의 사고
연도 차월별 지급보험금이 수반된 누적사고건수를 나누어 쉽게 구할 수 있다. 평균 발생손해액에
의한 산정방식은 평균 지급보험금 방식과 동일한 방법으로 〈표 12-28〉에서부터 〈표 12-32〉까
지 보여진다.

**표 12-28** 사고연도 차월별 평균 발생손해액 진전            (단, 지급보험금〉0)

| 사고연도 | 12 | 24 | 36 | 48 | 60 | 72 |
|---|---|---|---|---|---|---|
| 2018 | 14,589 | 16,863 | 17,968 | 18,178 | 18,309 | 18,368 |
| 2019 | 13,305 | 15,398 | 16,161 | 16,427 | 16,612 | |
| 2020 | 12,934 | 15,140 | 15,849 | 16,185 | | |
| 2021 | 14,532 | 16,848 | 17,763 | | | |
| 2022 | 18,173 | 19,816 | | | | |
| 2023 | 18,755 | | | | | |

**표 12-29** 사고연도 차월별 평균 발생손해액 진전계수

| 사고연도 | 12~24 | 24~36 | 36~48 | 48~60 | 60~72 |
|---|---|---|---|---|---|
| 2018 | 1.156 | 1.066 | 1.012 | 1.007 | 1.003 |
| 2019 | 1.157 | 1.050 | 1.016 | 1.011 | |
| 2020 | 1.171 | 1.047 | 1.021 | | |
| 2021 | 1.159 | 1.054 | | | |
| 2022 | 1.090 | | | | |
| 전체 평균 | 1.147 | 1.054 | 1.016 | 1.009 | 1.003 |
| 최근 3년 평균 | 1.140 | 1.050 | 1.016 | 1.009 | 1.003 |
| 최고저 제외 평균 | 1.158 | 1.052 | 1.016 | | |
| 가중치 평균 | 1.138 | 1.052 | 1.018 | 1.010 | 1.003 |
| 추천 진전계수 | 1.144 | 1.052 | 1.016 | 1.009 | 1.003 |

〈표 12-32〉는 사고연도별 예측하는 건당 평균 발생손해액과 보험회사에 사고가 보고된 후
지급보험금이 발생할 것으로 예측하는 사고건수, 이 두 수의 곱인 예측 발생손해액, 그리고 예측
발생손해액에서 평가 시점 2023년 12월 31일 기준 현재까지 실제로 지급된 보험금과 그 차액인
평가 시점 이후 종결시까지 지급될 것으로 예상하는 금액, 즉 지급준비금을 사고연도별로 보여주
고 있다. 여기서 지급준비금을 계산할 때 실제 발생손해액이 아닌 실제 지급보험금을 차감해야
한다. 왜냐하면, 발생손해액은 개별추산액이라는 예측 금액이 포함되어 항상 변동이 있는 금액으
로 좀 더 정확한 지급준비금을 예측하기 위해서 현재까지 사고건에 대해 실제 지급된 보험금을
차감하는 것이 합리적이기 때문이다.

평균 발생손해액에 의한 분석에 의하면, 어느 특정 보험상품은 2018년 이후 2023년까지 발생한 사고로부터 2023년 12월 31일 기준으로 평가할 때, 예측 평균 발생손해액과 사고건수에 의해 총 462,668천원의 발생손해액을 예측하고 있으며 그중 348,184천원은 평가 시점 현재까지 지급되었고 차액인 114,484천원은 평가 당시 이후 추가적으로 지급될 수 있도록 보험회사가 준비해야 한다는 것을 의미하는 지급준비금으로 평가한다.

**표 12-30** 사고연도 차월별 진전계수

| 사고연도 | 12~24 | 24~36 | 36~48 | 48~60 | 60~72 | 72~종결 | 종결계수 |
|---|---|---|---|---|---|---|---|
| 2018 | 1.156 | 1.066 | 1.012 | 1.007 | 1.003 | 1.000 | 1.000 |
| 2019 | 1.157 | 1.050 | 1.016 | 1.011 | 1.003 | 1.000 | 1.003 |
| 2020 | 1.171 | 1.047 | 1.021 | 1.009 | 1.003 | 1.000 | 1.012 |
| 2021 | 1.159 | 1.054 | 1.016 | 1.009 | 1.003 | 1.000 | 1.028 |
| 2022 | 1.090 | 1.052 | 1.016 | 1.009 | 1.003 | 1.000 | 1.082 |
| 2023 | 1.144 | 1.052 | 1.016 | 1.009 | 1.003 | 1.000 | 1.237 |

**표 12-31** 사고연도 차월별 예측 평균 발생손해액 진전

| 사고연도 | 12 | 24 | 36 | 48 | 60 | 72 | 종결 |
|---|---|---|---|---|---|---|---|
| 2018 | 14,589 | 16,863 | 17,968 | 18,178 | 18,309 | 18,368 | 18,368 |
| 2019 | 13,305 | 15,398 | 16,161 | 16,427 | 16,612 | 16,661 | 16,661 |
| 2020 | 12,934 | 15,140 | 15,849 | 16,185 | 16,331 | 16,380 | 16,380 |
| 2021 | 14,532 | 16,848 | 17,763 | 18,047 | 18,209 | 18,264 | 18,264 |
| 2022 | 18,173 | 19,816 | 20,847 | 21,180 | 21,371 | 21,435 | 21,435 |
| 2023 | 18,755 | 21,455 | 22,571 | 22,932 | 23,138 | 23,208 | 23,208 |

**표 12-32** 사고연도별 예측 지급준비금

| 사고연도 | 예측 평균 발생손해액 | 예측 사고건수 | 예측 발생손해액 (천원) | 실제 지급보험금 (천원) | 예측 지급준비금 (천원) |
|---|---|---|---|---|---|
| 2018 | 18,368 | 4,282 | 78,650 | 72,611 | 6,039 |
| 2019 | 16,661 | 4,562 | 76,004 | 69,858 | 6,146 |
| 2020 | 16,380 | 5,041 | 82,564 | 68,338 | 14,225 |
| 2021 | 18,264 | 4,352 | 79,480 | 63,063 | 16,418 |
| 2022 | 21,435 | 3,897 | 83,538 | 49,146 | 34,392 |
| 2023 | 23,208 | 2,690 | 62,433 | 25,169 | 37,264 |
| 합계 | 114,316 | 24,823 | 462,668 | 348,184 | 114,484 |

지금까지 로널드 와이저(Ronald Wiser)가 발표한 삼각형(Triangular Method) 형태에 의한 방법들 중에서 사고건수 진전추이방식을 제외한 모든 방식에서 평가한 지급준비금의 규모는 상이하다. 가장 핵심적인 이유는 네 가지의 서로 다른 손해액 통계로부터 진전계수를 계산했기 때문이다. 어느 방식이 가장 정확하고 우수하다고 판단할 수는 없다. 각 방법들은 경험 손해액의 추이에 따라 장단점을 내포하고 있다. 그러므로, 계리사는 손해액 통계에 대한 정확한 이해와 보상체계의 변화가 손해액 진전에 어떠한 영향을 미치는지 등, 다양한 각도로 분석, 조사하여 지급준비금 산정에 오차를 최소화하고 정확성에 근접하도록 항상 노력과 연구에 매진해야 할 것이다.

## 3. 특별한 목적에 의한 지급준비금 산출방법과 이해

오래전부터 많은 계리학자들은 좀 더 정확한 지급준비금의 산출을 위해 끊임없는 연구와 노력을 해왔었다. 여기서는 사고연도별 지급보험금과 발생손해액에 의한 방법 이외에 여러 다른 형태의 산출방식을 소개하고 정확성을 향상시키기 위한 비교 분석, 그리고 기존 산출방식의 단점을 보완하기 위해 발표된 새로운 기법들을 소개하도록 한다.

먼저, 앞에서 설명된 로널드 와이저의 삼각형 형태 지급준비금 산출방식은 지급보험금과 발생손해액의 경험통계만으로 지급준비금을 산출하였으므로 개별추산액만에 대한 평가가 충분하게 반영되지 않는 단점을 가지고 있었다. 이에, 와이저는 개별추산액과 지급보험금의 연관성을 반영한 개별추산액 진전방법을 소개하였다. 이는 지급보험금의 경험통계를 근거로 개별추산액에 대한 정확한 평가를 목적으로 한다.

두 번째는, 경험통계가 충분하지 않은 상황이거나, 매우 드물게 발생하는 초대형 사고에 의해 경험통계의 지속성이 문제가 되는 경우, 또는 사고가 발생하였으나 오랜 기간이 지난 후에 주로 보고되는 보험 상품인 경우에는 본휴더-퍼거슨(Bornhuetter-Ferguson)이 개발한 BF방법이 바람직할 수 있다. 또한, 본휴더-퍼거슨 방법과 매우 유사하지만 기대손해율 산출 방법에서 차이를 두고 있는 캐이프 코드 방법(Cape Cod Method)을 사용할 수 있다.

다른 기법들은 최종 지급보험금을 결정하기 전, 예측한 지급준비금의 정확성을 평가하기 위한 방법론들이다. 예를 들어, 특이한 보험사고가 발생하지 않았고 보상형태가 지속적으로 유지되며 과거에 사용한 지급준비금 산정 방법이 어느 정도 정확성을 입증하고 있다면, 과거에 사용했던 방법으로 다시 지급준비금을 평가하게 된다. 그러나 반대의 경우, 이전 사용했던 방법들은 더 이상 합리적인 방법이 아닐지 모른다.

피셔(Fisher)와 레스터(Lester)는 다른 삼각형 방법이 주어진 상황하에서 어떻게 IBNR 준비금을 변화시키는지 비교하였다. 종결된 사고들의 건당 평균 보험금은 대체로 사고 발생 후 보상 종결시까지의 기간이 길어질수록 상승하는 경향이 있다. 일반적으로 사용하는 삼각형 형태의 지급준비금 산출방식은 이와 같은 상황과 사고 발생률 추이에 관한 정보를 무시한다. 이에 손해액 진전이 상대적으로 긴 기업성 배상책임담보나 상해담보의 지급준비금을 더 정확하게 평가하기 위해 애들러(Adler)와 클라인(Kline)은 사고 종결모델을 개발하였다. 여러 다양한 지급준비금 산출방식은 여전히 어느 정도 정확성에 의문점을 가지고 있게 된다. 계리학자인 버퀴스트(Berquist)와 셔먼(Sherman)은 산출방식의 정확성을 향상시키기 위한 지침을 발표하여 오차를 최소화하는 데 기여하였다.

이외에도 많은 계리학자와 계리사들이 연구를 통한 이론들을 발표하면서 책임준비금 산정은 지속적으로 발전해 나가고 있다. 현재 미국 손해보험에서 인정받고 있는 책임준비금 산정기법은 앞에서의 삼각형 형태의 진전추이방법들을 포함하여 20여 가지가 넘는다. 그 중에서 미국 손해보험회사와 계리컨설팅회사에서 빈번하게 사용하고 있는 방법들을 아래와 같이 선택해서 핵심적인 내용 위주로 설명하도록 하겠다.

(1) 개별추산액 진전 방법
(2) 본휴더-퍼거슨 방법
(3) 캐이프 코드 방법
(4) 환경변화에 따른 지급준비금 비교
(5) 사고 종결 모델
(6) 버퀴스트 – 셔먼 모델

## 3.1 개별추산액 진전방법

앞서 소개된 진전추이방식에 의한 지급준비금 산출방식은 누적지급보험금이나 누적발생손해액 경험통계로 진전계수를 산출하는 순서에 의해 지급준비금을 예측하였다. 그러나, 지급준비금 산출과정의 중요 요소인 개별추산액 자체와 개별추산액과 지급보험금의 관계는 설명되어 있지 않았다. 이러한 부분을 감안하여 로널드 와이저는 개별추산액을 이용한 진전방법(Case Outstanding Development Technique)을 소개하였다. 이 방법은 지급보험금의 경험통계를 근거로 개별추산액의 정확성을 평가하기 위한 것이라 할 수 있다. 여기에는 다음과 같은 두 가지 접근방법이 있다.

(1) 사고연도에 의한 개별추산액 진전방식

(2) 보고연도에 의한 개별추산액 진전방식

### 3.1.1 사고연도에 의한 개별추산액 진전방식

새로운 사고는 계속해서 통계시스템 안에 집적된다. 한편, 보상과정이 진행 중인 사고들에 대해서는 개별추산액과 관련하여 언제 어느 정도 보험금이 지급되고 어느 정도 개별추산액이 변경되는지를 파악할 필요가 있다. 사고연도에 의한 개별추산액 진전방식은 이런 관점을 바탕으로 지급준비금을 평가하는 것이다. 이 방법의 가정은 IBNR 사고들은 계속해서 기 보고된 사고들과 지속적으로 연관되어 있어서 대부분 보험사고들은 사고연도 처음 12개월 안에 보험회사에 신고된다고 본다. 즉, 현재 미보고된 사고들이 신고되기까지는 대부분 사고발생 이후 12개월 안에 이루어진다고 가정하는 것이다. 이러한 가정은 현재 차월의 개별추산액 총액은 다음 12차월 안에 일부는 지급보험금으로 전환되고 일부는 가감이 되어 새로운 개별추산액의 생성 등으로 개별추산액은 변경될 것이라는 것을 내포한다. 아래의 차월별 개별추산액 및 지급보험금 통계와 함께 사고연도에 의한 개별추산액 진전방식을 이해하도록 하겠다. 이때, 개별추산액과 지급보험금은 누적통계가 아니라는 점을 유의하여야 한다.

**표 12-33**  차월별 개별추산액

| 사고연도 | 12 | 24 | 36 | 48 | 60 | 72 |
|---|---|---|---|---|---|---|
| 2018 | 30,217 | 25,311 | 20,121 | 11,098 | 5,840 | 2,732 |
| 2019 | 24,068 | 18,301 | 12,900 | 6,543 | 4,079 | |
| 2020 | 26,122 | 26,221 | 16,088 | 9,882 | | |
| 2021 | 22,910 | 17,809 | 12,550 | | | |
| 2022 | 23,066 | 15,035 | | | | |
| 2023 | 19,855 | | | | | |

**표 12-34**  차월별 지급보험금

| 사고연도 | 12 | 24 | 36 | 48 | 60 | 72 |
|---|---|---|---|---|---|---|
| 2018 | 19,024 | 16,302 | 12,064 | 10,096 | 6,212 | 2,590 |
| 2019 | 18,866 | 12,604 | 9,500 | 6,338 | 3,740 | |
| 2020 | 17,680 | 13,941 | 12,770 | 7,820 | | |
| 2021 | 18,065 | 12,984 | 8,699 | | | |
| 2022 | 14,650 | 12,111 | | | | |
| 2023 | 13,064 | | | | | |

먼저, 이전 개별추산액에서 당해 차월 지급보험금 비율(ratio of increment paid claims to previous case outstanding) 즉, 해당연도 초기에 평가된 개별추산액 중에서 해당연도 동안 지급된

보험금의 비율을 계산하고, 각 차월별 개별추산액 중 지급보험금 비율의 대표평균값을 구한다. 예를 들어, 〈표 12-33〉에서 2022년 말에 평가된 2020년에 발생한 사고들의 개별추산액은 16,088이었는데 그 추산액 중의 일부가 다음 12차월에서 지급된 걸로 가정하였고 그 금액은 〈표 12-34〉에서 보여주는 7,820이 된다. 이에 따라 사고연도 2020년 48차월의 지급보험금 비율은 7,820/16,088=48.6%가 된다. 이렇게 사고연도별 차월별 지급보험금 비율을 계산한 후 진전계수 방식처럼 차월별로 대표하는 평균 비율값을 결정한다. 단, 비율은 차월간의 진전을 의미하는 것이 아니므로 가중치 평균은 사용하지 않는 것이 일반적이다. 〈표 12-35〉의 종결에서 대표 평균 비율이 1.000인 것은 72차월 말에 모든 사고가 지급됨과 동시에 종결되어 84차월 말 개별추산액은 0이 됨을 암시한다. 평가되는 사고연도에 의한 개별추산액 진전방식의 가장 중요한 가정은 현재 차월의 개별추산액 총액이 다음 12차월에서 통계에 의한 비율에 의해 일부는 지급보험금으로 전환된다고 가정하는 것을 기억해야 한다.

**표 12-35 개별추산액 중 지급보험금 비율**

| 사고연도 | 24 | 36 | 48 | 60 | 72 | |
|---|---|---|---|---|---|---|
| 2018 | 0.539 | 0.477 | 0.502 | 0.560 | 0.443 | |
| 2019 | 0.524 | 0.519 | 0.491 | 0.572 | | |
| 2020 | 0.534 | 0.487 | 0.486 | | | |
| 2021 | 0.567 | 0.488 | | | | |
| 2022 | 0.525 | | | | | |
| 평균 | 0.538 | 0.493 | 0.493 | 0.566 | 0.443 | |
| 최근 3년 평균 | 0.542 | 0.498 | 0.493 | | | |
| 최고저 제외 평균 | 0.533 | 0.488 | 0.491 | | | |
| 대표 평균 | 0.550 | 0.500 | 0.490 | 0.500 | 0.500 | 1.000 |
| 사고연도 | 24 | 36 | 48 | 60 | 72 | 종결 |
| 2018 | 0.539 | 0.477 | 0.502 | 0.560 | 0.443 | 1.000 |
| 2019 | 0.524 | 0.519 | 0.491 | 0.572 | 0.500 | 1.000 |
| 2020 | 0.534 | 0.487 | 0.486 | 0.500 | 0.500 | 1.000 |
| 2021 | 0.567 | 0.488 | 0.490 | 0.500 | 0.500 | 1.000 |
| 2022 | 0.525 | 0.500 | 0.490 | 0.500 | 0.500 | 1.000 |
| 2023 | 0.550 | 0.500 | 0.490 | 0.500 | 0.500 | 1.000 |

사고연도에 의한 개별추산액 진전방식의 또 다른 중요한 가정은 현재 차월의 개별추산액 일부는 다음 12차월에서 가감이 되어 새로운 개별추산액의 생성 등으로 개별추산액은 변경될 것이라는 것이다. 이에 따라, 해당연도 초기에 평가된 개별추산액 중에서 해당연도 말의 새로운 개별추산액을 산출하기 위한 각 차월별 개별추산액 잔존율(ratio of remaining in reserve or ratio of case outstanding to previous case outstanding as of month)을 구하고 차월별 잔존율의 대표평균값을 구한다. 예를 들어, 〈표 12−33〉에서 2019년 12차월에서 평가된 개별추산액은 24,068인데 다음 12차월 후 개별추산액은 18,301로 변경되어 사고연도 2019년 24차월의 개별추산액 잔존율은 18,301/24,068＝0.760이 되는 것이다. 〈표 12−36〉의 종결에서 대표 잔존율이 0인 것은 72차월 말에 평가되는 개별추산액은 84차월 말 모두 지급되고 종결되어 더 이상 개별추산액이 존재하지 않음을 의미한다.

**표 12-36** 개별추산액 잔존율

| 사고연도 | 24 | 36 | 48 | 60 | 72 | |
|---|---|---|---|---|---|---|
| 2018 | 0.838 | 0.795 | 0.552 | 0.526 | 0.468 | |
| 2019 | 0.760 | 0.705 | 0.507 | 0.623 | | |
| 2020 | 1.004 | 0.614 | 0.614 | | | |
| 2021 | 0.777 | 0.705 | | | | |
| 2022 | 0.652 | | | | | |
| 평균 | 0.806 | 0.705 | 0.558 | 0.575 | 0.468 | |
| 최근 3년 평균 | 0.811 | 0.674 | 0.558 | | | |
| 최고저 제외 평균 | 0.792 | 0.705 | 0.552 | | | |
| 대표 평균 | 0.800 | 0.700 | 0.550 | 0.550 | 0.500 | 0.000 |
| 사고연도 | 24 | 36 | 48 | 60 | 72 | 종결 |
| 2018 | 0.838 | 0.795 | 0.552 | 0.526 | 0.468 | 0.000 |
| 2019 | 0.760 | 0.705 | 0.507 | 0.623 | 0.500 | 0.000 |
| 2020 | 1.004 | 0.614 | 0.614 | 0.550 | 0.500 | 0.000 |
| 2021 | 0.777 | 0.705 | 0.550 | 0.550 | 0.500 | 0.000 |
| 2022 | 0.652 | 0.700 | 0.550 | 0.550 | 0.500 | 0.000 |
| 2023 | 0.800 | 0.700 | 0.550 | 0.550 | 0.500 | 0.000 |

개별추산액 중 지급보험금 비율과 개별추산액 잔존율의 실제와 예측된 값을 실제 개별추산액과 지급보험금 통계에 적용하여 향후 차월별 발생될 개별추산액과 지급보험금을 〈표 12−37〉과 같이 예측할 수 있다. 예를 들어, 2023년도 말, 2021년에 발생한 사고의 개별추산액 즉, 사고연도 2021년의 36차월 개별추산액은 12,550으로 통계시스템 안에 기록되었다. 그 시점부터 12차월 후인, 즉 사고연도 2021년 48차월에서의 개별추산액은 해당차월 개별추산액 잔존율에 의해 0.550이 적용되어 12,550×0.550＝6,903으로 새롭게 예측하는 것이다.

사고연도 2021년 차월별 예측 개별추산액:
48차월: 12,550×0.550＝6,903

60차월: $6,903 \times 0.550 = 3,796$

72차월: $3,796 \times 0.500 = 1,898$

종결: $1,898 \times 0.000 = 0$

**표 12-37** 개별추산액 현황과 예측

| 사고연도 | 12 | 24 | 36 | 48 | 60 | 72 | 종결 |
|---|---|---|---|---|---|---|---|
| 2018 | 30,217 | 25,311 | 20,121 | 11,098 | 5,840 | 2,732 | 0 |
| 2019 | 24,068 | 18,301 | 12,900 | 6,543 | 4,079 | 2,040 | 0 |
| 2020 | 26,122 | 26,221 | 16,088 | 9,882 | 5,435 | 2,718 | 0 |
| 2021 | 22,910 | 17,809 | 12,550 | 6,903 | 3,796 | 1,898 | 0 |
| 2022 | 23,066 | 15,035 | 10,525 | 5,788 | 3,184 | 1,592 | 0 |
| 2023 | 19,855 | 15,884 | 11,119 | 6,115 | 3,363 | 1,682 | 0 |

**표 12-38** 지급보험금 현황과 예측

| 사고연도 | 12 | 24 | 36 | 48 | 60 | 72 | 종결 |
|---|---|---|---|---|---|---|---|
| 2018 | 19,024 | 16,302 | 12,064 | 10,096 | 6,212 | 2,590 | 2,732 |
| 2019 | 18,866 | 12,604 | 9,500 | 6,338 | 3,740 | 2,040 | 2,040 |
| 2020 | 17,680 | 13,941 | 12,770 | 7,820 | 4,941 | 2,718 | 2,718 |
| 2021 | 18,065 | 12,984 | 8,699 | 6,150 | 3,451 | 1,898 | 1,898 |
| 2022 | 14,650 | 12,111 | 7,518 | 5,157 | 2,894 | 1,592 | 1,592 |
| 2023 | 13,064 | 10,920 | 7,942 | 5,448 | 3,058 | 1,682 | 1,682 |

지금까지 평가 시점 현재, 통계시스템에 기록되어 있지 않은 평가 시점 이후의 개별추산액을 예측하였다. 앞의 예를 연장해서 본다면, 사고연도 2021년 36차월 개별추산액은 12,550으로 통계시스템 안에 이미 기록되었다. 그중 일부는 다음 12차월 내에 지급될 것으로 가정하였고 〈표 12-35〉 개별추산액 중 지급보험금 비율의 계산 결과, 48차월에는 36차월 개별추산액의 0.490 만큼이 지급될 것이라 가정하였으므로 48차월 시점의 지급보험금은 $12,550 \times 0.490 = 6,150$으로 예측하는 것이다. 즉, 사고연도 2021년 48차월에 지급될 것으로 예측되는 보험금은 해당차월 지급보험금 비율에 의해 0.490이 적용되는 것이다. 60차월 지급보험금인 경우, 48차월의 개별추산액은 〈표 12-37〉에서 6,903으로 예측하였기 때문에 60차월의 지급보험금 비율인 0.500이 적용된 $6,903 \times 0.500 = 3,451$이 사고연도 2021년 60차월 지급보험금으로 예측되는 것이다.

사고연도 2021년의 지급보험금 예측:

48차월: $12,550 \times 0.490 = 6,150$

60차월: $6,903 \times 0.500 = 3,451$

72차월: $3,796 \times 0.500 = 1,898$

종결: $1,898 \times 1.000 = 1,898$

마지막으로 〈표 12-38〉의 지급보험금 현황과 예측된 통계를 〈표 12-39〉와 같이 누적 지급보험금 통계로 변형하고, 〈표 12-40〉과 같이 지급준비금을 평가하게 된다.

**표 12-39 누적 지급보험금**

| 사고연도 | 12 | 24 | 36 | 48 | 60 | 72 | 종결 |
|---|---|---|---|---|---|---|---|
| 2018 | 19,024 | 35,326 | 47,390 | 57,486 | 63,698 | 66,288 | 69,020 |
| 2019 | 18,866 | 31,470 | 40,970 | 47,308 | 51,048 | 53,088 | 55,127 |
| 2020 | 17,680 | 31,621 | 44,391 | 52,211 | 57,152 | 59,870 | 62,587 |
| 2021 | 18,065 | 31,049 | 39,748 | 45,898 | 49,349 | 51,247 | 53,145 |
| 2022 | 14,650 | 26,761 | 34,279 | 39,436 | 42,330 | 43,922 | 45,513 |
| 2023 | 13,064 | 23,984 | 31,926 | 37,374 | 40,432 | 42,114 | 43,796 |

**표 12-40 사고연도별 지급준비금 평가**

| 사고연도 | 예측 지급보험금 | 실제 지급보험금 | 지급준비금 |
|---|---|---|---|
| 2018 | 69,020 | 66,288 | 2,732 |
| 2019 | 55,127 | 51,048 | 4,079 |
| 2020 | 62,587 | 52,211 | 10,376 |
| 2021 | 53,145 | 39,748 | 13,397 |
| 2022 | 45,513 | 26,761 | 18,752 |
| 2023 | 43,796 | 13,064 | 30,732 |
| 합 | 329,188 | 249,120 | 80,068 |

〈표 12-40〉의 개별추산액 진전방법 결과는 어느 특정 보험상품은 2018년 이후 2023년까지 발생한 사고로부터 2023년 12월 31일 기준으로 평가할 때, 총 지급보험금으로 329,188을 예측하고 있으며 그중 249,120은 평가 당시 현재까지 지급되었고 차액인 $329,188 - 249,120 = 80,068$은 평가 당시 이후 추가적으로 지급될 수 있도록 보험회사는 준비해야 한다고 해석할 수 있다. 사고연도에 의한 개별추산액 진전방식은 개별추산액과 지급보험금의 관계와 흐름을 지급준비금 평가에 반영한다는 점에 중요한 의미가 있으며, 또한 발생손해액 진전추이방식에 의해 평가된 지급준비금과 근접한 예측이 나타나는 게 일반적이다.

### 3.1.2 보고연도에 의한 개별추산액 진전방식

보고연도에 의한 통계는 사고 발생일이 아닌 사고 발생 후 보험회사에 사고가 보고(신고)된 날을 기준으로 집적하는 것이다. 보고연도에 의한 개별추산액 진전방식은 해당연도에 실제로 보고된 사고들만으로 지급준비금의 적정성을 평가하는 것으로 해당연도 동안 보고되지 않았거나 해당연도 이후에 보고되는 사고들은 그 해당연도 통계안에 포함될 수 없다. 이 진전방식은 로널드 와이저에 의해 처음 소개되었고, 1980년에 미국계리사(FCAS, Fellow of Casualty Actuarial Society)인 마커(Marker)와 1987년 역시 미국계리사인 몰(Mohl)에 의해 더욱 발전되었다. 여기서는 와이저에 의해 소개된 방식에 근거하여 설명하도록 하겠다.

먼저, 아래의 차월별 개별추산액과 지급보험금의 통계와 함께 보고연도에 의한 개별추산액 진전방식을 이해하도록 하겠다. 이때, 사고연도에 의한 개별추산액 진전방식과 마찬가지로 개별추산액과 지급보험금은 누적통계가 아니라는 점을 유의하여야 한다.

**표 12-41** 차월별 개별추산액

| 보고연도 | 12 | 24 | 36 | 48 | 60 | 72 |
|---|---|---|---|---|---|---|
| 2018 | 42,738 | 29,260 | 16,972 | 9,067 | 6,441 | 2,949 |
| 2019 | 33,542 | 23,198 | 12,640 | 7,659 | 4,385 | |
| 2020 | 32,268 | 22,616 | 14,649 | 6,983 | | |
| 2021 | 38,000 | 28,365 | 17,781 | | | |
| 2022 | 33,777 | 21,777 | | | | |
| 2023 | 24,334 | | | | | |

**표 12-42** 차월별 지급보험금

| 보고연도 | 12 | 24 | 36 | 48 | 60 | 72 |
|---|---|---|---|---|---|---|
| 2018 | 23,421 | 14,415 | 13,682 | 8,700 | 4,042 | 2,342 |
| 2019 | 21,268 | 13,634 | 10,503 | 6,000 | 3,795 | |
| 2020 | 19,982 | 12,251 | 10,221 | 7,577 | | |
| 2021 | 22,040 | 14,530 | 14,243 | | | |
| 2022 | 20,664 | 14,256 | | | | |
| 2023 | 12,220 | | | | | |

사고연도에 의한 방법과 동일하게 해당연도 초기에 평가된 개별추산액 중에서 해당연도 동안 지급된 보험금의 비율을 계산하고, 각 차월별 개별추산액 중 지급보험금 비율의 대표평균값을 구한다. 단, 비율은 차월간의 진전을 의미하는 것이 아니므로 가중치 평균은 사용하지 않는 것이 일반적이다. 〈표 12-43〉의 종결에서 대표 평균 비율이 1.000인 것은 72차월 말에 평가되는 개별추산액은 84차월 말 모두 지급된다는 것을 의미한다. 개별추산액 진전방식의 가장 중요한 가정은 현재 차월의 개별추산액 총액이 다음 12차월에서 경험에 의한 비율에 의해 일부는 지급보험금으로 전환된다는 것이다.

**표 12-43** 개별추산액 중 지급보험금 비율

| 보고연도 | 24 | 36 | 48 | 60 | 72 | |
|---|---|---|---|---|---|---|
| 2018 | 0.337 | 0.468 | 0.513 | 0.446 | 0.364 | |
| 2019 | 0.406 | 0.453 | 0.475 | 0.495 | | |
| 2020 | 0.380 | 0.452 | 0.517 | | | |
| 2021 | 0.382 | 0.502 | | | | |
| 2022 | 0.422 | | | | | |
| 평균 | 0.386 | 0.469 | 0.502 | 0.471 | 0.364 | |
| 최근 3년 평균 | 0.395 | 0.469 | 0.502 | | | |
| 최고저 제외 평균 | 0.390 | 0.460 | 0.513 | | | |
| 대표 평균 | 0.400 | 0.460 | 0.500 | 0.500 | 0.400 | 1.000 |
| 보고연도 | 24 | 36 | 48 | 60 | 72 | 종결 |
| 2018 | 0.337 | 0.468 | 0.513 | 0.446 | 0.364 | 1.000 |
| 2019 | 0.406 | 0.453 | 0.475 | 0.495 | 0.400 | 1.000 |
| 2020 | 0.380 | 0.452 | 0.517 | 0.500 | 0.400 | 1.000 |
| 2021 | 0.382 | 0.502 | 0.500 | 0.500 | 0.400 | 1.000 |
| 2022 | 0.422 | 0.460 | 0.500 | 0.500 | 0.400 | 1.000 |
| 2023 | 0.400 | 0.460 | 0.500 | 0.500 | 0.400 | 1.000 |

**표 12-44** 개별추산액 잔존율

| 보고연도 | 24 | 36 | 48 | 60 | 72 | |
|---|---|---|---|---|---|---|
| 2018 | 0.685 | 0.580 | 0.534 | 0.710 | 0.458 | |
| 2019 | 0.692 | 0.545 | 0.606 | 0.573 | | |
| 2020 | 0.701 | 0.648 | 0.477 | | | |
| 2021 | 0.746 | 0.627 | | | | |
| 2022 | 0.645 | | | | | |
| 평균 | 0.694 | 0.600 | 0.539 | 0.641 | 0.458 | |
| 최근 3년 평균 | 0.697 | 0.606 | 0.539 | | | |
| 최고저 제외 평균 | 0.692 | 0.603 | 0.534 | | | |
| 대표 평균 | 0.700 | 0.600 | 0.500 | 0.600 | 0.500 | 0.000 |
| 보고연도 | 24 | 36 | 48 | 60 | 72 | 종결 |
| 2018 | 0.685 | 0.580 | 0.534 | 0.710 | 0.458 | 0.000 |
| 2019 | 0.692 | 0.545 | 0.606 | 0.573 | 0.500 | 0.000 |
| 2020 | 0.701 | 0.648 | 0.477 | 0.600 | 0.500 | 0.000 |
| 2021 | 0.746 | 0.627 | 0.500 | 0.600 | 0.500 | 0.000 |
| 2022 | 0.645 | 0.600 | 0.500 | 0.600 | 0.500 | 0.000 |
| 2023 | 0.700 | 0.600 | 0.500 | 0.600 | 0.500 | 0.000 |

개별추산액 진전방식의 또 다른 중요한 가정은 현재 차월의 개별추산액 총액 일부는 다음 12차월에서 가감이 되어 새로운 개별추산액으로 변경될 것이라는 것이다. 이에 따라, 해당연도 초기에 평가된 개별추산액 중에서 해당연도 말에 남아있는 가감이 포함된 새로운 개별추산액을 산출하기 위한 각 차월별 개별추산액 잔존율을 구하고 차월별 잔존율의 대표평균값을 구한다. 지급보험금 비율과 유사한 해석으로 〈표 12-44〉의 종결에서 대표 잔존율이 0인 것은 72차월 말에 평가되는 개별추산액은 84차월 말 모두 지급되어 더 이상 개별추산액이 존재하지 않음을 의미한다.

개별추산액 중 지급보험금 비율과 개별추산액 잔존율의 실제와 예측된 값을 실제 개별추산액과 지급보험금 통계에 적용하여 향후 차월별 발생될 개별추산액과 지급보험금을 〈표 12-45〉와 같이 예측할 수 있다. 예를 들어, 2023년도 말, 2021년에 보고된 사고들의 개별추산액, 즉 보고연도 2021년 36차월 개별추산액은 17,781로 통계시스템 안에 기록되었다. 그 시점부터 12차월 후, 즉 보고연도 2021년 48차월에서의 개별추산액은 해당차월 개별추산액 잔존율에 의해 0.500이 적용되어 $17,781 \times 0.500 = 8,891$로 새롭게 예측하는 것이다.

보고연도 2021년의 개별추산액 예측:
48차월: $17,781 \times 0.500 = 8,891$
60차월: $8,891 \times 0.600 = 5,334$
72차월: $5,334 \times 0.500 = 2,667$
종결: $2,667 \times 0.000 = 0$

동일한 시점에서, 즉 2023년도 말, 2021년에 보고된 사고의 개별추산액은 17,781로 통계시스템 안에 기록되었는데, 그중 일부는 다음 12차월 내에 지급될 것으로 가정하였고 개별추산액 중 지급보험금 비율의 계산 결과, 48차월에는 36차월 개별추산액의 0.500만큼이 지급될 것이라 가정하였으므로 48차월 시점의 지급보험금은 $17,781 \times 0.500 = 8,891$로 예측하는 것이다. 이러한 과정에 의해 평가 시점 이후의 지급보험금을 예측할 수 있게 된다.

2021년에 보고된 사고의 지급보험금 예측:
48차월: $17,781 \times 0.500 = 8,891$
60차월: $8,891 \times 0.500 = 4,445$
72차월: $5,334 \times 0.400 = 2,134$
종결: $2,667 \times 1.000 = 2,667$

표 12-45 개별추산액 현황과 예측

| 보고연도 | 12 | 24 | 36 | 48 | 60 | 72 | 종결 |
|---|---|---|---|---|---|---|---|
| 2018 | 42,738 | 29,260 | 16,972 | 9,067 | 6,441 | 2,949 | 0 |
| 2019 | 33,542 | 23,198 | 12,640 | 7,659 | 4,385 | 2,193 | 0 |
| 2020 | 32,268 | 22,616 | 14,649 | 6,983 | 4,190 | 2,095 | 0 |
| 2021 | 38,000 | 28,365 | 17,781 | 8,891 | 5,334 | 2,667 | 0 |
| 2022 | 33,777 | 21,777 | 13,066 | 6,533 | 3,920 | 1,960 | 0 |
| 2023 | 24,334 | 17,034 | 10,220 | 5,110 | 3,066 | 1,533 | 0 |

표 12-46 지급보험금 현황과 예측

| 보고연도 | 12 | 24 | 36 | 48 | 60 | 72 | 종결 |
|---|---|---|---|---|---|---|---|
| 2018 | 23,421 | 14,415 | 13,682 | 8,700 | 4,042 | 2,342 | 2,949 |
| 2019 | 21,268 | 13,634 | 10,503 | 6,000 | 3,795 | 1,754 | 2,193 |
| 2020 | 19,982 | 12,251 | 10,221 | 7,577 | 3,492 | 1,676 | 2,095 |
| 2021 | 22,040 | 14,530 | 14,243 | 8,891 | 4,445 | 2,134 | 2,667 |
| 2022 | 20,664 | 14,256 | 10,017 | 6,533 | 3,267 | 1,568 | 1,960 |
| 2023 | 12,220 | 9,734 | 7,836 | 5,110 | 2,555 | 1,226 | 1,533 |

지금까지 보고연도에 의한 개별추산액 진전방식은 사고연도에 의한 방식과 이용하는 기본 통계만 다를 뿐 절차와 방법이 동일하다. 〈표 12-46〉의 차월별 지급보험금 통계와 예측은 〈표 12-47〉과 같이 누적 지급보험금으로 변형한다. 그다음에 〈표 12-48〉에서처럼 평가 시점에서의 개별추산액이 적정한지를 판단하게 된다.

표 12-47 누적 지급보험금

| 보고연도 | 12 | 24 | 36 | 48 | 60 | 72 | 종결 |
|---|---|---|---|---|---|---|---|
| 2018 | 23,421 | 37,836 | 51,518 | 60,218 | 64,260 | 66,602 | 69,551 |
| 2019 | 21,268 | 34,902 | 45,405 | 51,405 | 55,200 | 56,954 | 59,147 |
| 2020 | 19,982 | 32,233 | 42,454 | 50,031 | 53,523 | 55,198 | 57,293 |
| 2021 | 22,040 | 36,570 | 50,813 | 59,704 | 64,149 | 66,282 | 68,950 |
| 2022 | 20,664 | 34,920 | 44,937 | 51,471 | 54,737 | 56,305 | 58,265 |
| 2023 | 12,220 | 21,954 | 29,789 | 34,899 | 37,454 | 38,681 | 40,214 |

〈표 12-48〉의 개별추산액 진전방법을 통해 2018년에 보고된 사고에서 예측되는 최종 지급보험금은 69,551로서 2023년 12월 31일 현재 2,949가 미지급상태로 있으며, 동시에 2,949가 개별추산액으로 평가되는바, 평가 시점 현재의 개별추산액은 적정하다고 해석할 수 있다. 그러나,

2023년에 보고된 사고들은 12차월만 진행되었고 예측되는 최종 지급보험금은 40,214로서 2023년 12월 31일 현재 40,214 − 12,220 = 27,994가 미지급상태로 〈표 12 − 47〉에서 보이기 때문에 27,994 − 24,334 = 3,660만큼 부족하게 산정되어 있다고 이해할 수 있으며 적정성으로 보면 약 1 − (24,334/27,994) = 13.1% 정도 부족하다고 본다. 이와 유사하게, 2020년에 보고된 사고에 대해 100% − 96.2% = 6.8%와 보고연도 2021년에 100% − 98.0% = 2.0%, 그리고 보고연도 2022년에는 100% − 93.3% = 6.7%씩 평가 시점 현재 개별추산액이 부족한 것으로 이해할 수 있다. 반면에 2019년에 보고된 사고들은 60차월까지 진전되어 개별추산액이 평가되었는데 평가 시점 현재 약 11.1%만큼 초과되어 평가되고 있음을 알 수 있다. 보고연도에 의한 개별추산액 진전방식은 평가 시점 현재 산정한 개별추산액이 적정한지를 분석하는 목적이므로 IBNR 지급준비금의 예측 시에는 사용하지 않는다.

**표 12-48** 개별추산액 적정성 평가

| 보고연도 | 예측 지급보험금[1] | 예측 미지급보험금[2] | 현재 개별추산액[3] | 차이[4] | 개별추신액 적정성[5] |
|---|---|---|---|---|---|
| 2018 | 69,551 | 2,949 | 2,949 | 0 | 100.0% |
| 2019 | 59,147 | 3,947 | 4,385 | −439 | 111.1% |
| 2020 | 57,293 | 7,262 | 6,983 | 279 | 96.2% |
| 2021 | 68,950 | 18,137 | 17,781 | 356 | 98.0% |
| 2022 | 58,265 | 23,345 | 21,777 | 1,568 | 93.3% |
| 2023 | 40,214 | 27,994 | 24,334 | 3,660 | 86.9% |

(4)=(2)−(3)
(5)=(3)/(2)

## 3.2 본휴더-퍼거슨 방법(BF방법)

사고가 발생하였으나 보험회사에 아직 접수되지 않은 사고건(IBNR: incurred but not reported)의 손해액을 어떻게 정의하며 어떠한 과정으로 예측할 것인가의 문제는 기존의 다른 지급준비금 계산방법론으로 풀기에는 많은 논란이 있을 수밖에 없다. 특히, 경험통계가 불충분하거나 또는 매우 드물게 발생하는 초대형 사고로 인해 경험통계에서 보여지는 수치의 일관성을 심각하게 왜곡할 경우, 그리고 사고발생일자와 사고접수일자간의 시간차가 큰 경우, 여러 삼각형태의 진전방식으로는 결과에 대한 신뢰성이 제기될 수 있었다. 이에 본휴더(Bornhuetter)와 퍼거슨(Ferguson), 두 명의 계리학자이자 계리사가 예측 발생손해액의 진전과 실제로 보고된 사고를 합산하는 방식으로 최종 발생손해액을 평가하는 방법을 1972년에 처음 고안하여 소개하였고, 그다음 해 계리학자인 쿠퍼(Warren Cooper)와 화이트(Hugh White)가 더욱 이론을 가다듬어 발표하였다. 본서에서는 본휴더와 퍼거슨에 의해 고안된 방법과 여러 적용방법에 대한 쿠퍼와 화이트의 토론발표,

그리고 로널드 와이저가 본휴더-퍼거슨 방법론(Bornhuetter-Ferguson Technique)과 다른 방법론과의 비교를 설명한 논문 모두를 요약하여 핵심 위주로 다루도록 하겠다.

본휴더-퍼거슨 방법(이하 BF방법)은 삼각형태의 진전방식처럼 손해액의 진전상태를 파악하여 지급준비금을 예측하려는 목적보다는 보험회사에서 허용할 수 있는 최대한의 손해율을 이용하여 특정 시점에 미보고되거나 미인식된 손해액(IBNR)을 예측하고 그 결과로 최종 발생손해액을 예측하는 데 목적을 둔다. 최종 발생손해액은 현재까지 진행된 발생손해액에 미보고 사고손해액 또는 IBNR준비금을 포함한다. 보험회사 관점에서 보는 발생손해액과 최종 발생손해액은 두 가지 면에서 차이가 존재한다. 먼저 미보고된 클레임들의 궁극적인 최종 예상손해액이 최종발생손해액에 포함된다. 다른 하나는, 지급준비금 산정은 개별추산액이 설정될 당시에 알려진 정보에만 의존하기 때문에 평가 시점 이후 보상과정이 진행 중인 클레임들의 발생손해액 규모가 계속 변경되거나, 또는 보고된 클레임의 진전에 따라 발생손해액이 변경되는 부분, 즉 IBNER준비금(Incurred but not enough reported)도 최종 발생손해액에 포함된다. 그래서 보편적으로 BF방법에서 언급되는 IBNR은 IBNER이 포함된 포괄적인 의미로 쓰인다.

지급준비금을 예측하는 것뿐만 아니라 IBNR준비금을 정확히 계산한다는 것은 계리사들의 가장 어렵고 중요한 임무 중에 하나이다. 사고가 보고되어 보상이 진행 중인 클레임의 지급준비금 산정도 평가 시점 이후의 미래값을 예측하기 때문에 매우 어렵지만, IBNR준비금은 사고가 아직 신고되거나 접수되지 않은 상태에서 미래의 값을 예측해야 하기 때문에 상품특성, 보상프로세스와 전략, 통계 정합성, 손해액 진전형태 등 모든 다양한 요소를 고려하고 분석한 후, 가장 적합한 IBNR계산방법을 선택해야 하는 어려움이 더한다. BF방법은 IBNR을 예측하는 계산방법들 중에서 가장 신뢰할 수 있는 방법으로 오랫동안 광범위하게 알려져 왔으며 보험산업을 주도하고 있는 많은 대형 선진보험회사들과 계리컨설팅회사들이 이 방법을 이용하여 IBNR 예측과 함께 최종 발생손해액을 산정하고 있다.

BF방법은 발생손해액에 기대손해율을 적용하여 IBNR준비금을 예측하고 최종 발생손해액을 계산하는 것으로 예기치 않은 거대 손해액으로부터 발생할 수 있는 경험손해액 데이터의 왜곡된 추이를 사전에 방지할 수 있다는 장점이 있다. 그러므로, 개인보험 상품보다는 기업보험 상품에서 주로 선호하는 방법이라 할 수 있다.

〈표 12-49〉의 누적 발생손해액 통계와 함께 BF방법을 이해하도록 하겠다. 먼저, 진전 추이 방식과 동일하게 차월간 진전계수(LDF 또는 link ratio, 연결율)를 구한다. 본휴더-퍼거슨이 처음 발표한 방법에서는 직전 3년간 $(n+12)$차월 발생손해액 합에서 직전 3년간 $n$차월 발생손해액의 합을 나눈 값으로 진전계수를 아래와 같이 구했으나, 최근 진전계수 계산방식은 통계의 속성을

반영하여 계리사가 적절히 선택하고 있는 추세이다.

12~24  진전계수＝(38,712＋36,733＋36,377)/(25,468＋24,489＋23,775)＝1.52

24~36  진전계수＝(46,651＋48,017＋42,880)/(36,733＋36,377＋34,032)＝1.28

36~48  진전계수＝(54,259＋46,739＋50,581)/(48,017＋42,880＋45,162)＝1.11

48~60  진전계수＝(48,141＋52,099＋48,248)/(46,739＋50,581＋47,302)＝1.03

60~72  진전계수＝(52,620＋48,731)/(52,099＋48,248)＝1.01

**표 12-49**  BF방법에 의한 사고연도 차월별 발생손해액 진전

| 사고연도 | 12 | 24 | 36 | 48 | 60 | 72 |
|---|---|---|---|---|---|---|
| 2017 | 21,760 | 33,293 | 42,615 | 47,302 | 48,248 | 48,731 |
| 2018 | 22,413 | 34,740 | 45,162 | 50,581 | 52,099 | 52,620 |
| 2019 | 23,309 | 34,032 | 42,880 | 46,739 | 48,141 | |
| 2020 | 23,775 | 36,377 | 48,017 | 54,259 | | |
| 2021 | 24,489 | 36,733 | 46,651 | | | |
| 2022 | 25,468 | 38,712 | | | | |
| 2023 | 26,232 | | | | | |
| | 12~24 | 24~36 | 36~48 | 48~60 | 60~72 | 72~84 |
| 진전계수[1] | 1.52 | 1.28 | 1.11 | 1.03 | 1.01 | 1.00 |
| | 12~종결 | 24~종결 | 36~종결 | 48~종결 | 60~종결 | 72~종결 |
| 종결 진전계수[2] | 2.25 | 1.48 | 1.16 | 1.04 | 1.01 | 1.00 |

(1) 12~24 진전계수＝최근 3년간 24차월 발생손해액 합/최근 3년간 12차월 발생손해액 합
(2) 종결 진전계수＝진전계수의 곱

종결진전계수를 구하는 방법은 진전 추이 방식에서와 같다. BF방법에 의해 IBNR을 계산하는 방법은 다음 세 가지, 예측손해법, 발생손해법, 수정손해법이 있으며, 〈표 12-50〉을 보면서 이해하도록 하겠다. 참고로, 예시의 발생손해액은 평가일자 기준 진전과 추이로 수정되어야 하고 경과보험료도 온레벨과 추이로 수정되어야 하는데 여기서는 계산의 간편성을 위해 수정되는 과정은 생략하였고 표에 보이는 수는 수정된 값이라 가정한다.

표의 (1)에서 (4)까지는 앞에서 설명된 바와 같다. (1)과 (2)는 최근 3년 발생손해액의 합으로 진전계수를 계산할 때 사용한다. 60~72차월과 72~84차월 발생손해액의 합은 준비된 데이터에 의해 각 최근 2년과 1년의 합이다. (3)의 진전계수는 (2)/(1)이며, (4)의 종결 진전계수는 차월간 진전계수의 곱이다. 이 예에서, 사고연도 2018년은 2023년 12월 31일 평가 기준 현재 60개월이 진행되었고 60차월부터 종결까지의 진전계수는 1.01을 보여준다. 다른 의미로 생각하면,

**표 12-50** 본휴더-퍼거슨 IBNR준비금 계산방법

| 진전 기간 | (1) 최근 3년 발생손해액 합 | | (3) 진전계수 | (4) | (5) | (6) 경과 보험료 |
|---|---|---|---|---|---|---|
| | 前 | 後 | 차월간 | 종결 | 달력연도 | |
| 12~24 | 73,732 | 111,821 | 1.52 | 2.25 | 2023 | 70,000 |
| 24~36 | 107,142 | 137,548 | 1.28 | 1.48 | 2022 | 65,000 |
| 36~48 | 136,059 | 151,579 | 1.11 | 1.16 | 2021 | 60,000 |
| 48~60 | 144,622 | 148,488 | 1.03 | 1.04 | 2020 | 55,000 |
| 60~72 | 100,347 | 101,351 | 1.01 | 1.01 | 2019 | 50,000 |
| 72~84 | 48,731 | 48,731 | 1.00 | 1.00 | 2018 | 45,000 |

| 사고연도 | (7) 예측 손해액 | (8) IBNR 계수 | (9) 예측손해법 IBNR | (10) 발생손해법 IBNR | (11) 수정손해법 IBNR |
|---|---|---|---|---|---|
| 2023 | 56,000 | 0.556 | 31,136 | 32,790 | 33,510 |
| 2022 | 52,000 | 0.324 | 16,848 | 18,582 | 18,831 |
| 2021 | 48,000 | 0.138 | 6,624 | 7,464 | 7,903 |
| 2020 | 44,000 | 0.038 | 1,672 | 2,170 | 2,116 |
| 2019 | 40,000 | 0.010 | 400 | 481 | 528 |
| 2018 | 36,000 | 0.000 | 0 | 0 | 0 |
| | | 합계 | 56,680 | 61,488 | 62,887 |

사고연도 2018년 통계는 60차월 기준 현재 예상 총발생손해액의 $1/1.01 = 99\%$가 보고되었다고 유추할 수 있다. 유사하게, 사고연도 2023년은 2023년 12월 31일 평가 기준 현재 12개월만 진행되었고 12차월 기준 예상 총발생손해액의 $1/2.25 = 44.4\%$만이 보고되었고, 나머지 55.6%는 아직 미보고된 상태라고 추정할 수 있다. 이는, 사고연도 2023년의 최종발생손해액을 예측하려 할 때, 2023년 12월 31일자 평가 기준 예측된 최종발생손해액의 약 55.6%는 IBNR준비금이라 추정할 수 있게 되는 것이다. 이것이 BF방법의 가장 핵심적인 내용 중에 하나이다. 사고연도 2023년의 최종 발생손해액을 정확하게 예측하기는 어려우나 요율정책, 경험통계, 또는 산업 전반에 걸친 상황 등을 종합하여 보험회사에서 허용할 수 있는 최대한의 손해율, 즉 기대손해율을 정한 후 경과보험료에 적용하여 예측 손해액을 표의 (7)과 같이 계산한다. 표에서는 80%의 기대손해율을 매년 선택하였다. 실제로 기대손해율이 매년 다르다면 각각 다른 연도별 기대손해율을 적용할 수 있으나 어느 선택이 더 정확한지를 말할 수는 없다. 기대손해율은 회사의 경영전략을 반영하여 전문 계리사의 판단에 의한다. (8)의 IBNR계수는 예상하는 최종발생손해액에서 IBNR이 차지하게 될 비율을 의미하는 것으로, (4)의 종결 진전계수를 이용하여 구한다.

$$12차월\sim종결\ IBNR\ 계수 = 1.00 - 1.00/종결진전계수 = 1.00 - 1.00/2.25 = 0.556$$
$$24차월\sim종결\ IBNR\ 계수 = 1.00 - 1.00/1.48 = 0.324$$
$$36차월\sim종결\ IBNR\ 계수 = 1.00 - 1.00/1.16 = 0.138$$
$$48차월\sim종결\ IBNR\ 계수 = 1.00 - 1.00/1.04 = 0.038$$
$$60차월\sim종결\ IBNR\ 계수 = 1.00 - 1.00/1.01 = 0.010$$
$$72차월\sim종결\ IBNR\ 계수 = 1.00 - 1.00/1.00 = 0.000$$

다시 한번, 공식의 논리를 잘 생각해 보자. 예를 들어, 12차월~종결까지의 진전계수 2.25라 함은 12차월에서 평가한 발생손해액의 2.25배가 되었을 때 해당 사고연도의 미보고 사고를 포함한 모든 지급의무가 있는 보상건들이 종결될 것으로 예측하는 것이다. 즉, 12차월 평가 발생손해액에 덧붙여 추가적으로 1.25배에 해당하는 금액이 최종적으로 지불될 때 모든 보상이 종결될 거라는 예측이다. 이는 평가 시점 당시에 지급되지 않았으나 평가 시점 이후에 지급되어야 할 것으로 IBNR준비금이란 의미로도 해석된다. IBNR 계수의 공식을 다시 풀어쓰면,

$$IBNR\ 계수 = 1.00 - 1.00/종결진전계수 = \frac{종결진전계수 - 1.00}{종결진전계수}$$

BF방법에 의한 IBNR 평가는 다음 세 가지 방법에 의해 구해질 수 있다: 예측손해법, 발생손해법, 수정손해법

예측손해법에서는 클레임이 모두 종결 될 때까지 필요한 계수, 예를 들어, 12차월~종결 진전계수 2.25 중에 1.25만큼은 평가 시점에 통계시스템 안에 있지 않고 평가 시점 이후에 발생될 IBNR 사고 부분임을 전제로 한다. 이에 따라 (9)의 예측손해법에 의한 IBNR 계산법은 (7)의 예측손해액에 IBNR계수를 곱한 값이 된다.

$$사고연도\ 2023년\ 예측손해법에\ 의한\ IBNR = 56{,}000 \times 0.556 = 31{,}136$$
$$사고연도\ 2022년\ 예측손해법에\ 의한\ IBNR = 52{,}000 \times 0.324 = 16{,}848$$

BF의 두 번째 IBNR 계산방법인 (10)의 발생손해법은 진전 추이 방식과 거의 동일하다. 오직 진전계수 계산방법과 선택의 차이만 있을 뿐이다. IBNR은 종결 진전계수에서 IBNR이 차지하는 부분을 평가 시점 현재, 실제 발생손해액에 적용하여 계산한다는 점이 다르다.

$$사고연도\ 2023년\ 발생손해법에\ 의한\ IBNR = 26{,}232 \times (2.25 - 1.00) = 32{,}790$$
$$사고연도\ 2022년\ 발생손해법에\ 의한\ IBNR = 38{,}712 \times (1.48 - 1.00) = 18{,}582$$

BF의 세 번째 IBNR 계산방법인 (11)의 수정손해법은 통계시스템 안의 손해액들이 차월별로 급등락을 보일 경우, 이러한 급등락에 의한 왜곡된 결과를 최대한 줄이려는 목적으로 계산되는데, 연속 2년치의 평균을 사용해 IBNR을 계산하는 것이다.

사고연도 2023년 수정손해법에 의한 IBNR

$$= \frac{(26{,}232 + 25{,}468)}{2} \times \frac{70{,}000}{(70{,}000 + 65{,}000)/2} \times (2.25 - 1.00) = 33{,}510$$

사고연도 2022년 수정손해법에 의한 IBNR

$$= \frac{(38{,}712 + 36{,}733)}{2} \times \frac{65{,}000}{(65{,}000 + 60{,}000)/2} \times (1.48 - 1.00) = 18{,}831$$

BF의 세 가지 방법에 의한 IBNR값은 다소 다르다. 그중에서 예측손해법이 본휴더-퍼거슨 방법으로 널리 알려져 있으며 통상 본휴더－퍼거슨 방법이라 하면 예측손해법을 의미한다고 볼 수 있다. 최종 손해율을 정확하게 예측할 수 있다면 세 가지 방법으로부터 산출되는 IBNR은 매우 유사하게 될 것이다. 〈표 12－51〉에서 최종 예상 발생손해액은 평가 시점 당시의 발생손해액에 IBNR을 합한 것이다. 〈표 12－51〉에 의해서, 사고연도 2023년의 최종 예상 발생손해액을 세 가지 방법에 의해 계산한다면;

예측손해법에 의한 최종 예상 발생손해액 = 26,232 + 31,136 = 57,368

발생손해법에 의한 최종 예상 발생손해액 = 26,232 + 32,790 = 59,022

수정손해법에 의한 최종 예상 발생손해액 = 26,232 + 33,510 = 59,742

**표 12-51** 최종 발생손해액의 예측

| 사고연도 | 2023/12/31자 | | 예측손해법 | 발생손해법 | 수정손해법 |
|---|---|---|---|---|---|
| | 발생손해액 | 나이(개월) | 최종 예상 발생손해액 | | |
| 2017 | 48,731 | 84 | 48,731 | 48,731 | 48,731 |
| 2018 | 52,620 | 72 | 52,620 | 52,620 | 52,620 |
| 2019 | 48,141 | 60 | 48,541 | 48,623 | 48,669 |
| 2020 | 54,259 | 48 | 55,931 | 56,430 | 56,375 |
| 2021 | 46,651 | 36 | 53,275 | 54,115 | 54,554 |
| 2022 | 38,712 | 24 | 55,560 | 57,294 | 57,543 |
| 2023 | 26,232 | 12 | 57,368 | 59,022 | 59,742 |

지급준비금 계산의 정확성을 위해서는 사용할 데이터의 선택이 매우 중요하다. 이에 대해 본휴더와 퍼거슨은 일반적으로 고려해야 할 세 가지 사항을 지적하였다. 첫째, 통계량은 산출과정에 왜곡이 발생하지 않을 만큼 충분해야 한다. 이는 결과값의 오차를 줄이고 신뢰도를 높일 수 있기 때문이다. 둘째, 지급준비금 산정의 대상인 상품들이 유사한 성장률을 보이지 않는다면 상품을 분리하여 개별적으로 산정작업을 해야 한다. 예를 들어, 개인용 자동차의 성장률은 3%인 반면, 영업용 자동차는 15%라 한다면 두 상품의 손해진전은 다를 것이다. 그러므로, 보험상품을 분리하여 지급준비금을 산정해야 한다. 셋째, 유사한 진전추이를 보이는 상품 또는 담보들의 통계로 산출하

는 것이 바람직하다고 말하고 있다. 예를 들어, 개인용 자동차에서 대인담보와 자차담보인 경우 손해액 진전추이는 확연히 다를 것이다. 이 경우 담보를 분리하여 개별적으로 산출하는 것이 바람직하다. 때로는 진전추이의 변동이 심하고 왜곡이 있을 경우, 진전추이의 일관성이 있는 유사한 성격의 담보 또는 상품의 데이터를 대체하여 산정하는 경우도 있다. 이런 경우, 그 이유와 활용에 대한 계리적인 의견(actuarial opinion)을 반드시 첨부해야 한다.

## 3.3 캐이프 코드 방법

캐이프 코드 방법(Cape Cod method)은 스태나드−뷸만 방법(Stanard−Bühlmann method)으로도 일컬어지며, 본휴더−퍼거슨 방법과 유사하다. 캐이프 코드 방법과 BF방법은 둘 다 최종발생손해액을 실제 발생손해액과 예측 미지급보험금으로 나누어 생각한다. 그러나, 두 방법의 가장 큰 차이점은 기대손해율의 생성과정이다. 캐이프 코드 방법에서 기대손해율은 경험 발생손해액으로부터 산출되는 반면, BF방법에서는 계리시의 독립적인 판단에 의한다고 할 수 있다. 일반석으로 기대손해율은 보험회사의 경영상황 등을 고려해서 계리사의 판단에 의한 독립적이고 전략적으로 선택할 수도 있었는데, 최근에는 미국 손해보험계리사회(Casualty Actuarial Society)에서 발표한 기대손해율계산법(Expected Claims Technique)을 적용해 기대손해율을 산출하기 시작했다.

### 3.3.1 기대손해율계산법

기대손해율계산법은 요율산정 방법과 대표 손해액진전계수를 선택하는 방법의 조합으로 생각할 수 있다. 먼저, 달력연도별 경과보험료와 사고연도별 발생손해액을 데이터로부터 추출한다. 데이터는 최소 5년 이상 추출하는 것이 특정연도의 왜곡현상을 최소화시킬 수 있으며, 발생손해액이 아닌 지급보험금을 이용하여 계산하는 경우도 있다. 경과보험료는 온레벨과 추이를 적용하여 수정하고 발생손해액은 진전과 추이를 적용하여 수정한다. 이 두 숫자를 나누면 연도별 수정된 손해율이 된다. 이렇게 산출된 연도별 수정 손해율들에서 요율산정의 대표 손해액진전계수를 선택하는 방법처럼 평균값, 최고저 제외 평균, 가중치 평균, 합산평균 등을 계산한 후 결정하는 것이다.

기대손해율을 계산하는 방법들은 다양해서 어떤 방법은 수학적으로 단순하기도 하고 어떤 방법은 복잡한 통계적 모델링을 수반하기도 한다. 일반적으로 기업성보험이나 재보험에서 주로 사용하는 방법은 상대적으로 단순하여, 최종발생손해액은 경과보험료에 기대손해율을 곱한 값으로 한다. 이러한 접근은 정확한 요율산정과 계약심사에 의존하게 된다.

기대손해율계산법은 기업성보험이나 재보험에서도 빈번히 사용하는 방식이다. 또한 새로운 담보 개발시 아니면 기존 상품의 새로운 지역 영업시, 이에 해당하는 경험데이터가 없어 보험업계 데이터를 대안적으로 사용할 때 역시 추천하는 방법이다.

### 3.3.2 캐이프 코드 방법의 이해

BF방법과 마찬가지로 캐이프 코드 방법의 최종 목표는 최종 예측 발생손해액을 계산하는 것이며 최종 예측 발생손해액의 식도 같다.

최종발생손해액 = 실제 발생손해액 + 예측 IBNR

〈표 12−49〉와 〈표 12−50〉의 BF방법에서 사용된 기초데이터를 일부 인용하여 캐이프 코드 방법에 의한 최종 예측 발생손해액을 산출하도록 하겠다.

**표 12-52** 캐이프 코드 방법 − 기대손해율

| 사고연도 | 온레벨 경과보험료 | 2023/12/31자 수정 발생손해액 | 종결 진전계수 | 최종 발생손해액의 % | used-up 보험료 | 수정손해율 |
|---|---|---|---|---|---|---|
| (1) | (2) | (3) | (4) | (5) | (6) | (7) |
| 2018 | 65,000 | 52,620 | 1.000 | 100.0% | 65,000 | 81.0% |
| 2019 | 70,000 | 48,141 | 1.010 | 99.0% | 69,300 | 69.5% |
| 2020 | 75,000 | 54,259 | 1.040 | 96.2% | 72,150 | 75.2% |
| 2021 | 80,000 | 46,651 | 1.160 | 86.2% | 68,960 | 67.6% |
| 2022 | 85,000 | 38,712 | 1.480 | 67.6% | 57,460 | 67.4% |
| 2023 | 90,000 | 26,232 | 2.250 | 44.4% | 39,960 | 65.6% |
| 합계 | 465,000 | 266,615 | | | 372,830 | 71.5% |

캐이프 코드 방법에 의해 〈표 12−52〉의 (2)는 온레벨된 경과보험료이며, (3)은 2023년 12월 31일에 평가된 사고연도별 발생손해액으로 삼각형 형태의 차월별 발생손해액에서 가장 긴 사선에 위치한 값이며, 추이와 진전으로 수정한 값이다. 항목 (4)는 발생손해액의 기초데이터를 통해 차월별 진전계수를 구하고 앞 장의 손해액 진전과 동일한 절차를 걸쳐 차월별 대표 진전계수를 선택한 후 종결 진전계수를 계산한 것이다. (5)열의 최종발생손해액의 %는 BF방법에서 설명했던 부분과 동일하게 평가일자 시점 1/(4)만큼 보고되었다고 유추할 수 있다.

사고연도 2022년 최종발생손해액의 % = 1/1.480 = 0.676

항목 (6)의 used−up보험료라는 새로운 용어가 등장하는데 used−up의 원 뜻은 무시하고 캐이프 코드 방법에서 수정손해율 계산의 분모에 해당하는 보험료로 이해하는 것이 단순하다. 이는 평가일자 사고연도별 발생손해액에 상응하는 보험료의 할당된 부분(allocation of premium)을 의미한다. 재보험사의 경우 종종 요율분석시 경과보험료 대신 used−up보험료를 사용하기도 한다.

사고연도 2022년 used−up보험료＝85,000 × 0.676 ＝ 57,460

항목(7)은 캐이프 코드 방법에서 기대손해율을 구하기 위해 사용할 수정손해율로서, 수정 발생손해액을 uesd−up보험료로 나눈 값이다.

사고연도 2022년 수정손해율＝38,711/57,460 ＝ 0.674

BF방법에서 기대손해율은 회사의 경영전략을 반영하여 전문 계리사의 판단에 의한다. 그러나 캐이프 코드 방법에서 기대손해율은 수정손해율을 이용해서 단순평균값(71.1%), 최고저 제외 평균(69.9%), 가중치 평균(68.9%), 합산평균(71.5%)을 구한 후, 회사의 경영전략과 손해액 추이 등을 고려하여 대표 수정손해율을 결정하게 되는데 이것이 바로 기대손해율이 되어 캐이프 코드 방법의 최종 예측 발생손해율을 산출하게 된다.

위의 예에서는 합산평균에 의한 수정손해율을 기대손해율루 선택하여 모든 사고연도에 적용하였다. 기대손해율이 매년 달라야 한다고 판단하면 그에 따른 계리적 의견을 제시하고 매년 다른 기대손해율을 적용할 수도 있다. 〈표 12−53〉에서, 정해진 기대손해율을 온레벨 경과보험료에 곱하면 (4)열의 기대 발생손해액(estimated expected claims or expected reported losses)이 된다.

사고연도 2022년 기대 발생손해액＝85,000 × 71.5% ＝ 60,775

**표 12-53 캐이프 코드 방법 – 최종 예측 발생손해액**

| 사고연도 | 온레벨 경과보험료 | 기대 손해율 | 기대발생 손해액 | IBNR 계수 | 예측 미보고 손해액 | 2023/12/31자 발생손해액 | 최종 예측 발생손해액 |
|---|---|---|---|---|---|---|---|
| (1) | (2) | (3) | (4) | (5) | (6) | (7) | (8) |
| 2018 | 65,000 | 71.5% | 46,475 | 0.0% | 0 | 65,301 | 65,301 |
| 2019 | 70,000 | 71.5% | 50,050 | 1.0% | 501 | 68,055 | 68,556 |
| 2020 | 75,000 | 71.5% | 53,625 | 3.8% | 2,038 | 70,012 | 72,050 |
| 2021 | 80,000 | 71.5% | 57,200 | 13.8% | 7,894 | 59,921 | 67,815 |
| 2022 | 85,000 | 71.5% | 60,775 | 32.4% | 19,691 | 37,720 | 57,411 |
| 2023 | 90,000 | 71.5% | 64,350 | 55.6% | 35,779 | 26,232 | 62,011 |
| 합계 | 465,000 | | 332,475 | | 65,902 | 327,241 | 393,143 |

(5)열의 IBNR계수는 BF방법에서와 같은 의미이고 식도 동일하다. IBNR계수는 최종발생손해액의 %와 반대 개념으로 2022년의 IBNR계수 32.4%와 최종발생손해액의 67.6%의 합이 1이 되면서 2023년 12월 31일 평가일자 기준 사고연도 2022년 클레임은 67.6%가 보고되어 발생손해액이 발생되었으며 나머지 32.4%는 미보고된 상태로 최종 예측 발생손해액의 32.4%는 IBNR준비금이라 유추할 수 있다.

사고연도 2022년 IBNR계수＝1－(1/종결 진전계수)＝1－1/1.480＝32.4%

기대 발생손해액에 IBNR계수를 곱한 값이 (6)의 예측 미보고손해액의 되며 캐이프 코드 방법으로 구하고자 했던 최종 예측 발생손해액은 예측 미보고손해액에 평가일자 발생손해액의 합이 된다.

사고연도 2022년 예측 미보고손해액＝60,775×32.4%＝19,691
사고연도 2022년 최종 예측 발생손해액＝19,691＋37,720＝57,411

위의 수식에서 알 수 있듯이 최종 예측 발생손해액은 보고된 발생손해액과 미보고된 손해액의 예측 두 부분으로 구성된다. 여기서 발생손해액은 실제 보고된 발생손해액이기 때문에 기대손해율을 구할 때 사용했던 수정 발생손해액을 사용해서는 안 된다. 미보고된 손해액은 예측해야 하는 부분이므로 수정된 발생손해액을 사용해서 산출한다.

**표 12-54** 캐이프 코드 방법 - 예측 미지급손해액

| 사고연도 | 2023/12/31자 | | | 최종 예측 발생손해액 | 예측 미지급손해액 | |
|---|---|---|---|---|---|---|
| | 발생손해액 | 지급보험금 | 개별추산액 | | IBNR | 총액 |
| (1) | (2) | (3) | (4) | (5) | (6) | (7) |
| 2018 | 65,301 | 65,301 | 0 | 65,301 | 0 | 0 |
| 2019 | 68,055 | 65,947 | 2,108 | 68,556 | 501 | 2,609 |
| 2020 | 70,012 | 64,230 | 5,782 | 72,050 | 2,038 | 7,820 |
| 2021 | 59,921 | 48,201 | 11,720 | 67,815 | 7,894 | 19,614 |
| 2022 | 37,720 | 18,904 | 18,816 | 57,411 | 19,691 | 38,507 |
| 2023 | 26,232 | 10,257 | 15,975 | 62,011 | 35,779 | 51,754 |
| 합계 | 327,241 | 272,840 | 54,401 | 393,143 | 65,902 | 120,303 |

〈표 12－54〉에서는 미지급된 손해액을 예측하는 것이다. (2)와 (3)은 기초데이터를 통해 생성하고 (4)개별추산액은 발생손해액에서 지급보험금을 빼 손쉽게 구할 수 있다. (6)열의 IBNR 손해액은 최종 예측 발생손해액에서 평가일자 사고연도별 발생손해액을 뺀 숫자이다. 또한 (7)예측 미지급손해액 총액은 평가일자 사고연도별 개별추산액과 IBNR을 합한 금액이 된다.

사고연도 2022년 IBNR＝57,411－37,720＝19,691
사고연도 2022년 예측 미지급손해액 총액＝19,691＋18,816＝38,507

**표 12-55** 최종 예측손해액 비교

| 사고연도 | 최종 예측 발생손해액 | | | | | |
|---|---|---|---|---|---|---|
| | 진전추이방식 | | 기대손해액 | BF방법 | | 캐이프 코드 |
| | 발생손해액 | 지급보험금 | | 발생손해액 | 지급보험금 | 발생손해액 |
| (1) | (2) | (3) | (4) | (5) | (6) | (7) |
| 2018 | 65,301 | 65,301 | 48,750 | 65,301 | 65,301 | 65,301 |
| 2019 | 68,736 | 66,606 | 52,500 | 68,580 | 66,472 | 68,556 |
| 2020 | 72,812 | 66,799 | 56,250 | 72,150 | 66,368 | 72,050 |
| 2021 | 69,508 | 55,913 | 60,000 | 68,201 | 56,481 | 67,815 |
| 2022 | 55,826 | 27,978 | 63,750 | 58,375 | 39,559 | 57,411 |
| 2023 | 59,022 | 23,078 | 67,500 | 63,762 | 47,787 | 62,011 |
| 합계 | 391,205 | 305,676 | 348,750 | 396,369 | 341,968 | 393,143 |

〈표 12-55〉는 같은 기초 통계를 가지고 진전추이방식과, BF방법, 그리고 캐이프 코드 방법에 의한 최종 예측손해액을 비교한 것이다. 진전추이방식에서 발생손해액과 지급보험금에 사용한 진전계수는 편의상 발생손해액으로부터 계산된 진전계수를 두 방식 모두에 적용하였다. BF방법에서는 75%의 기대손해율을 적용하였다.

사고연도 2022년 발생손해액 진전추이방식에 의한 최종 예측 발생손해액

$= 37,720 \times 1.480 = 55,826$

사고연도 2022년 BF방법에 의한 최종 예측 발생손해액

$= 37,720 + (63,750 \times 0.324) = 58,375$

위에서 언급했듯이 캐이프 코드 방법과 BF방법은 유사한 계산방법과 용어가 사용되는데 유일한 차이점은 기대손해액을 산출하는 방법이다. 진전추이방식과 비교했을 때 캐이프 코드 방법의 가장 큰 장점은 사고연도 어느 시점의 급격한 변동으로 인한 손해액진전의 왜곡현상을 방지할 수 있는 점이다. 캐이프 코드 방법은 BF방법과 마찬가지로 경험데이터가 매우 적거나 변동이 심할 때 반드시 적합한 모델은 아니다. 두 방법 모두 보상처리 기간이 짧건 길건 모든 보험영역에 적합할 수 있다. 과거에는 기업성보험에서 많이 활용했는데 최근에는 개인담보 보험에도 널리 사용되는 방법이라 할 수 있다. 만일, 기초데이터 안에 요율변경의 내용이 잘 보존되어 있어 온레벨 보험료로 전환이 수월하고 손해액에서도 추이나 다른 변동에 수정이 가능하다면 많은 계리사들은 이 두 방법 모두를 선호하는 편이다. 그러나, 어느 방법이 더 정확하다고 확실히 말할 수는 없다. 왜냐하면 미래의 값을 예측하는 것이기 때문이다. 마치 수십 년간 축적된 날씨데이터를 가지고 1년 후의 날씨를 정확히 예고할 수 없는 것과 같은 이치이다.

## 3.4 환경변화에 따른 지급준비금 비교

지급준비금의 적정성을 시험하는 것은 오래전부터 계리사들의 도전과제라 할 수 있었다. 일반적으로, 계리사들은 과거에 이용했던 여러 방법 중에서 가장 근사한 결과값을 도출한 방법에 더욱 의존하게 된다. 만일 매년 보상통계의 추이가 안정적이고 일관성이 있다면 과거에 가장 근접한 결과값을 도출한 방법을 다시 사용해도 무관할 수 있다. 그러나, 매년 급속히 변하는 보험시장의 환경 속에서 과거의 방법을 계속 사용한다면 예측 값은 매우 부정확하게 될 가능성이 높을 것이다.

이런 점에서 미국계리사(FCAS)인 피셔(Fisher)와 레스터(Lester)는 몇 가지의 지급준비금 산출방식이 기대손해율과 개별추산액의 변화에 따라 어떻게 영향을 미치는지 연구하였다. 피셔와 레스터는 이 두 개의 변수 외에 많은 변수들이 지급준비금 적정성 시험에 영향을 끼친다고 인정하면서 통계 추이에 영향을 끼치는 요소들 또한 유사한 왜곡현상을 일으킬 수 있다고 보았다.

피셔와 레스터는 그들의 논문에서 세 가지의 산출방식, 즉 삼각형 형태의 진전추이방식, 본휴더-퍼거슨의 예측손해방식, 그리고 보험료의 백분율(percentage of premium)방식이 아래의 네 가지의 다른 환경에서 어떻게 IBNR 평가를 해석할지에 대한 답을 제시하였다.

(1) 일관성 있는 통계 상황
(2) 지급준비금 정책은 변화 없고 손해율은 악화되는 통계 현상
(3) 손해율의 변동 없이 지급준비금을 강화시키는 통계 현상
(4) 손해율도 악화되고 지급준비금도 강화시키는 통계 현상

여기서는 삼각형 형태의 진전추이방식과 본휴더-퍼거슨의 예측손해방식에 의한 네 가지의 다른 환경하에서의 결과만을 요약해서 다루기로 한다. 보험료의 백분율(percentage of premium)방식은 방법론 자체는 논리적으로 매우 타당할 수 있으나 계산이 매우 복잡하며 현재는 계리사들이 거의 사용하지 않고 있는 방법론이기 때문이다.

### 3.4.1 일관성 있는 통계 상황

일관성 있는 통계 상황이라 함은 차월별 손해액이 매 사고연도마다 유사한 추이에 의해 변동되고 있다고 이해할 수 있다. 〈표 12-56〉에 의한 현황을 살펴보면 사고연도별 최종적으로 적용될 손해율은 일정하며 손해액의 진전형태도 유사하다.

**표 12-56** 일관성 있는 발생손해액

| 사고<br>연도 | 경과<br>보험료 | 적용<br>손해율 | 기대<br>손해율 | 12 | 24 | 36 | 48 | 60 | 72 |
|---|---|---|---|---|---|---|---|---|---|
| 2018 | 15,000 | 0.60 | 0.60 | 4,210 | 6,315 | 7,262 | 7,988 | 8,228 | 8,343 |
| 2019 | 16,500 | 0.60 | 0.60 | 4,820 | 7,230 | 8,315 | 9,146 | 9,420 | |
| 2020 | 17,500 | 0.60 | 0.60 | 5,430 | 8,145 | 9,367 | 10,303 | | |
| 2021 | 19,700 | 0.60 | 0.60 | 6,040 | 9,060 | 10,419 | | | |
| 2022 | 21,500 | 0.60 | 0.60 | 6,650 | 9,975 | | | | |
| 2023 | 24,300 | 0.60 | 0.60 | 7,260 | | | | | |

- 차월별 진전계수 :

| 12~24 | 24~36 | 36~48 | 48~60 | 60~72 |
|---|---|---|---|---|
| 1.500 | 1.150 | 1.100 | 1.030 | 1.014 |

- 종결 진전계수 :

| 12~ | 24~ | 36~ | 48~ | 60~ | 72~ |
|---|---|---|---|---|---|
| 1.982 | 1.321 | 1.149 | 1.044 | 1.014 | 1.000 |

이와 같은 환경에서 진전추이방식과 예측손해방식으로부터 예상하는 IBNR 준비금의 규모는 일치하거나 매우 근접한 결과가 나온다. 그러므로, 어느 특정 상품의 최종적으로 적용될 손해율과 손해액의 진전형태가 여러 사고연도 기간 동안 일정한 형태를 유지할 경우, 준비금 계산방식의 선택은 중요한 결정사항이 아님을 알 수 있다.

**표 12-57** 일관성 있는 통계상황 - 진전추이방식

| 사고연도 | 종결진전 계수 | 현재 발생손해액 | IBNR 준비금 |
|---|---|---|---|
| 2018 | 1.000 | 8,343 | 0 |
| 2019 | 1.014 | 9,420 | 132 |
| 2020 | 1.044 | 10,303 | 453 |
| 2021 | 1.149 | 10,419 | 1,552 |
| 2022 | 1.321 | 9,975 | 3,202 |
| 2023 | 1.982 | 7,260 | 7,129 |
| 합계 | | | 12,469 |

**표 12-58** 일관성 있는 통계상황 - 예측손해방식

| 사고연도 | IBNR 계수 | 예측 손해액 | IBNR 준비금 |
|---|---|---|---|
| 2018 | 0.000 | 9,000 | 0 |
| 2019 | 0.014 | 9,900 | 137 |
| 2020 | 0.042 | 10,500 | 443 |
| 2021 | 0.130 | 11,820 | 1,533 |
| 2022 | 0.243 | 12,900 | 3,135 |
| 2023 | 0.495 | 14,580 | 7,224 |
| 합계 | | | 12,470 |

### 3.4.2 지급준비금 정책은 변화 없고 손해율은 악화되는 통계 현상

일관성 있는 통계 상황은 일반적으로 현실에서 자주 발생되는 현상은 아니다. 예를 들어, 〈표 12-59〉에서처럼 2020년부터 손해율이 악화되는 상황을 경험할 수 있다. 그러나, 손해액의 진전은 사고연도별 유사한 형태를 유지할 때 준비금 계산방식에 따라 IBNR은 달리 평가된다. 표에서 2020년 12월차 손해액은 일관성 있는 통계 상황에서 보다 손해율이 약 8.3% 악화되므로 손해액은 5,883(=5,430×0.65/0.60)으로 평가된다. 다른 차월도 동일한 형태로 변형되며, 일관성 있는 통계 상황과 동일한 진전형태를 유지한다.

**표 12-59** 지급준비금 정책은 변화 없고 손해율은 악화되는 통계 현상에서의 발생손해액

| 사고연도 | 경과보험료 | 적용손해율 | 기대손해율 | 12 | 24 | 36 | 48 | 60 | 72 |
|---|---|---|---|---|---|---|---|---|---|
| 2018 | 15,000 | 0.60 | 0.60 | 4,210 | 6,315 | 7,262 | 7,988 | 8,228 | 8,343 |
| 2019 | 16,500 | 0.60 | 0.60 | 4,820 | 7,230 | 8,315 | 9,146 | 9,420 | |
| 2020 | 17,500 | 0.65 | 0.60 | 5,883 | 8,824 | 10,147 | 11,162 | | |
| 2021 | 19,700 | 0.70 | 0.60 | 7,047 | 10,570 | 12,156 | | | |
| 2022 | 21,500 | 0.75 | 0.60 | 8,313 | 12,469 | | | | |
| 2023 | 24,300 | 0.80 | 0.60 | 9,680 | | | | | |

**표 12-60** 손해율 악화 상황 - 진전추이방식

| 사고연도 | 종결진전 계수 | 현재 발생손해액 | IBNR 준비금 |
|---|---|---|---|
| 2018 | 1.000 | 8,343 | 0 |
| 2019 | 1.014 | 9,420 | 132 |
| 2020 | 1.044 | 11,162 | 491 |
| 2021 | 1.149 | 12,156 | 1,811 |
| 2022 | 1.321 | 12,469 | 4,002 |
| 2023 | 1.982 | 9,680 | 9,506 |
| 합계 | | | 15,942 |

진전추이방식에서 일관성 있는 통계 상황과 비교할 때 15,942−12,469=3,473의 IBNR 차이는 2020년부터 나타나는 손해율 악화 현상의 결과로 본다. 예측손해방식에서 IBNR은 일관성 있는 통계 상황에서와 동일하다. 예측손해방식은 기대손해율과 손해액 진전계수에 의해 IBNR을 평가하는데 기대손해율을 조정하지 않을 경우, IBNR 준비금을 과소평가하게 되는 단점이 있게 된다. 특히, 최근에 손해율이 악화되는 경우 최근 통계에서 손해액의 예측되는 모든 진전형태가 예측손해방식에서는 반영되지 않기 때문에 이런 점을 피셔와 레스터는 이 방식의 단점이라 보았다. 결과적으로 피셔와 레스터는 손해율 악화 상황에서 진전추이방식은 정확한 IBNR 평가가 가능하나 예측손해방식에서는 IBNR을 과소평가하고 있다고 보았다.

**표 12-61** 손해율 악화 상황 − 예측손해방식

| 사고연도 | IBNR 계수 | 예측 손해액 | IBNR 준비금 |
|---|---|---|---|
| 2018 | 0.000 | 9,000 | 0 |
| 2019 | 0.014 | 9,900 | 137 |
| 2020 | 0.042 | 10,500 | 443 |
| 2021 | 0.130 | 11,820 | 1,533 |
| 2022 | 0.243 | 12,900 | 3,135 |
| 2023 | 0.495 | 14,580 | 7,224 |
| 합계 | | | 12,470 |

### 3.4.3 손해율의 변동 없이 지급준비금을 강화시키는 통계 현상

대부분의 경우, 손해액의 진전형태는 접수된 사고에 대한 여러 평가시점의 적절한 개별추산액 평가와 후에 보고된 사고의 변동크기 등에 의존하게 된다. 여기에서, 지급준비금을 강화시킨다는 의미는 보상시스템의 강화 등을 통해 개별추산액의 평가시 일관성 있는 통계 상황과 비교할 때 지급준비금의 여유분이 생기지 않게 긴축적으로 운영하겠다는 것으로 이해할 수 있다. 〈표 12−62〉의 통계 현상과 함께 이해하도록 하겠다.

**표 12-62** 손해율의 변동 없이 지급준비금을 강화시키는 통계 현상의 발생손해액

| 사고연도 | 경과보험료 | 적용손해율 | 기대손해율 | 12 | 24 | 36 | 48 | 60 | 72 |
|---|---|---|---|---|---|---|---|---|---|
| 2018 | 15,000 | 0.60 | 0.60 | 4,210 | 6,315 | 7,262 | 7,988 | 8,228 | 8,343 |
| 2019 | 16,500 | 0.60 | 0.60 | 4,820 | 7,230 | 8,179 | 9,071 | 9,420 | |
| 2020 | 17,500 | 0.60 | 0.60 | 5,237 | 7,933 | 9,215 | 10,303 | | |
| 2021 | 19,700 | 0.60 | 0.60 | 5,827 | 8,826 | 10,419 | | | |
| 2022 | 21,500 | 0.60 | 0.60 | 6,417 | 9,975 | | | | |
| 2023 | 24,300 | 0.60 | 0.60 | 7,260 | | | | | |

먼저, 경험통계에 의해 차월별 평가시점에서 예측하는 최종 발생손해액 중 지급보험금이 차지하는 비중을 다음과 같이 추정한다.

12차월 : 20%,    24차월 : 40%,    36차월 : 60%,

48차월 : 80%,    60차월 : 90%,    72차월 : 100%

다음은 준비금 강화의 형태를 반영하기 위해 개별추산액의 규모가 수정된다. 준비금 적정성은 〈표 12-63〉과 같이 가정한다.

표 12-63

|  | 12차월 | 24차월 | 36차월 | 48차월 | 60차월~종결 |
|---|---|---|---|---|---|
| 2018 | 0.850 | 0.900 | 0.950 | 0.950 | 1.000 |
| 2019 | 0.850 | 0.900 | 0.900 | 0.950 | 1.000 |
| 2020 | 0.800 | 0.850 | 0.900 | 0.950 | |
| 2021 | 0.800 | 0.850 | 0.900 | | |
| 2022 | 0.800 | 0.850 | | | |
| 2023 | 0.800 | | | | |

2020년 12월차 손해액은 5,237로 수정되었는데 먼저 최종적으로 예상하는 발생손해액의 20%가 지급되었다고 추정한다. 〈표 12-56〉에서 48차월 종결진전계수가 1.044이므로 예상 최종발생손해액은 10,756이고 그중 20%인 2,151이 12차월에 지급되었다고 가정하게 된다. 일관성 있는 통계에서 동일한 시점의 손해액은 5,430이며, 이 중 2,151이 지급되고 남은 값 3,279는 그 시점 당시 적절한 개별추산액 수준으로 판단되었지만 지급준비금 강화 정책에 의해 0.80/0.85의 수준으로, 즉 3,086으로 조정되어 둘의 합인 2,151+3,086=5,237로 평가된다. 이 방법은 복잡한 계산과정이 포함되어있으나 여기서의 초점은 지급준비금 강화로 손해액의 규모가 일관성 있는 통계에서 보다 어느 정도 적게 책정된다는 것이다.

지급준비금을 강화하는 현상에서 두 가지 지급방식에 의한 IBNR은 일관성 있는 통계 현상에서 보다 과대평가되는 모습이 보인다. 〈표 12-64〉에서처럼, 진전추이방식은 기보고된 사고들의 준비금 적정성이 변할 때 가장 민감하게 왜곡되는 경향이 있다. 만일 예기치 않은 인플레이션 시점에서 과거 1~2년 전에 평가된 준비금은 그 당시에는 부족한 것처럼 보이지만 부족한 손해액의 진전으로부터 계산된 계수는 후에 준비금 평가를 과대평가할 수 있기 때문에 수정작업이 필요할 수 있게 된다.

표 12-64 지급준비금을 강화시키는 통계 현상 - 진전추이방식

| 사고연도 | 종결진전 계수 | 현재 발생손해액 | IBNR 준비금 |
|---|---|---|---|
| 2018 | 1.000 | 8,343 | 0 |
| 2019 | 1.014 | 9,420 | 132 |
| 2020 | 1.049 | 10,303 | 505 |
| 2021 | 1.163 | 10,419 | 1,698 |
| 2022 | 1.347 | 9,975 | 3,461 |
| 2023 | 2.058 | 7,260 | 7,681 |
| 합계 | | | 13,477 |

예측손해방식 역시 일관성 있는 통계 현상에서 보다 IBNR은 과대평가되는 모습이 보이지만 진전추이방식만큼은 아니다. 다른 준비금 강화 형태나 지급보험금이 차지하는 비율에 따라 IBNR의 적정성은 다른 결과를 보일 수 있기 때문에 IBNR을 평가하기 위한 기초 손해액 통계의 타당성 있는 해석은 매우 중요한 요소가 된다.

표 12-65 지급준비금을 강화시키는 통계 현상 - 예측손해방식

| 사고연도 | IBNR 계수 | 예측 손해액 | IBNR 준비금 |
|---|---|---|---|
| 2018 | 0.000 | 9,000 | 0 |
| 2019 | 0.014 | 9,900 | 137 |
| 2020 | 0.047 | 10,500 | 490 |
| 2021 | 0.140 | 11,820 | 1,657 |
| 2022 | 0.258 | 12,900 | 3,323 |
| 2023 | 0.514 | 14,580 | 7,495 |
| 합계 | | | 13,102 |

### 3.4.4 손해율도 악화되고 지급준비금도 강화시키는 통계 현상

이번 현상은 앞의 두 현상이 동시에 발생했을 경우를 시험하고자 하는 것이다. 동일한 손해율 악화와 지급준비금 강화 현상하에서 손해액 현황은 〈표 12-66〉과 같이 수정된다. 예를 들어 2020년 12월차의 손해액 5,674는 지급준비금 강화 현상에서의 5,237에서 손해율 악화에 의해 약 8.3%(=0.65/0.60)만큼 증가된 결과가 된다. 이와 같은 통계 현상에 의한 두 방식의 IBNR 평가는 〈표 12-67〉과 〈표 12-68〉에서 보여진다.

**표 12-66** 손해율 악화와 지급준비금 강화의 통계 현상하에 발생손해액

| 사고<br>연도 | 경과<br>보험료 | 적용<br>손해율 | 기대<br>손해율 | 12 | 24 | 36 | 48 | 60 | 72 |
|---|---|---|---|---|---|---|---|---|---|
| 2018 | 15,000 | 0.60 | 0.60 | 4,210 | 6,315 | 7,262 | 7,988 | 8,228 | 8,343 |
| 2019 | 16,500 | 0.60 | 0.60 | 4,820 | 7,230 | 8,315 | 9,146 | 9,420 | |
| 2020 | 17,500 | 0.65 | 0.60 | 5,674 | 8,594 | 9,983 | 11,162 | | |
| 2021 | 19,700 | 0.70 | 0.60 | 6,798 | 10,297 | 12,156 | | | |
| 2022 | 21,500 | 0.75 | 0.60 | 8,021 | 12,469 | | | | |
| 2023 | 24,300 | 0.80 | 0.60 | 9,680 | | | | | |

**표 12-67** 손해율 악화와 지급준비금 강화의 통계 현상 – 진전추이방식

| 사고연도 | 종결진전 계수 | 현재 발생손해액 | IBNR 준비금 |
|---|---|---|---|
| 2018 | 1.000 | 8,343 | 0 |
| 2019 | 1.014 | 9,420 | 132 |
| 2020 | 1.044 | 11,162 | 491 |
| 2021 | 1.158 | 12.156 | 1,921 |
| 2022 | 1.350 | 12,469 | 4,364 |
| 2023 | 2.192 | 9,680 | 11,539 |
| 합계 | | | 18,446 |

**표 12-68** 손해율 악화와 지급준비금 강화의 통계 현상 – 예측손해방식

| 사고연도 | IBNR 계수 | 예측 손해액 | IBNR 준비금 |
|---|---|---|---|
| 2018 | 0.000 | 9,000 | 0 |
| 2019 | 0.014 | 9,900 | 137 |
| 2020 | 0.042 | 10,500 | 443 |
| 2021 | 0.136 | 11,820 | 1,613 |
| 2022 | 0.259 | 12,900 | 3,344 |
| 2023 | 0.544 | 14,580 | 7,929 |
| 합계 | | | 13,465 |

　　이러한 상황에서 두 방식 모두 IBNR 준비금은 실제로 다른 평가를 보여준다. 진전추이방식은 손해율 악화만의 현상에서 보다 IBNR이 약 2,500만큼 과대평가하는 모습을 보이는데 위의 손해율 악화만의 결과인 정확한 평가와 지급준비금 강화만의 결과인 과대평가를 생각한다면 두 현상이 동시에 발생할 때 IBNR은 과대평가가 나타나는 것은 당연한 결과로 볼 수 있다. 손해율 악화 상황에서 진전추이방식이 정확한 IBNR 평가라 판단한다면, 예측손해방식에서는 손해율 악화

CHAPTER 12 책임준비금 산정 **501**

현상이 통계에 천천히 반영되므로 약 2,500만큼 IBNR을 과소평가하는 모습을 보이게 된다.

현실적으로 지급준비금 평가방법을 시험할 때 피셔와 레스터가 제시한 두 가지 손해액 현상 외에도 다른 조건들에 의해 시험 결과는 다른 결과를 보일 수 있으며 다른 시험방법은 또 다른 결과를 도출할 수 있다. 예를 들어, 클레임이 종결되는 추이, 보상처리 과정, 또는 사회적이고 경제적인 여건 등의 변화는 통계 현상을 변화시킬 수 있으므로 통계의 올바른 이해는 지급준비금을 평가하는 데 우선적으로 검토해야 하는 중요한 첫 단계라 할 수 있다. 그럼에도 불구하고, 피셔와 레스터의 연구는 여러 다른 지급준비금 산출방식에 따라 지급준비금 적정성이 어떤 원인에 의해 어떠한 방향으로 영향을 끼치는지를 시험하였고 이를 근거로 지급준비금 적정성 평가의 정확한 해석을 할 수 있는 토대를 만들었다는 점에서 가치를 인정받고 있다.

## 3.5 사고 종결 모델

일반적으로 사고 발생 후 종결시까지의 보상처리 과정이 짧은 재물보험과 같은 상품이나 담보들은 지급준비금 평가방법이 단순할 뿐만 아니라 정확성도 우수하다. 반면에, 대인담보와 같은 책임보험은 보상처리기간이 상대적으로 길기 때문에 지급준비금을 평가할 때 다른 요소들을 감안할 필요가 있게 된다. 애드러(Adler)와 클라인(Kline)은 그들의 논문에서 책임준비금의 일반적인 평가방법은 진전추이방식을 이용한 누적지급보험금 또는 발생손해액에만 의존하는 구조라고 말한다. 그러나, 사고가 진행되는 추이, 사고가 종결되는 추이, 지급보험금의 진전추이, 고액사고는 소액사고에 비해 보상과정이 긴 현상, 그러므로 평균 보험금은 종결시간에 따라 증가하는 현실 등은 기존 삼각형 형태의 진전추이방식에는 반영되지 않는 문제점이 나타나게 된다고 보았다. 이에 애드러(Adler)와 클라인(Kline)은 종결모델(claims closure model)이라는 새로운 이론을 개발하게 되었다. 여기서는 애드러와 클라인이 개발한 종결모델을 요약해서 설명하도록 하겠다.

우선 종결 모델을 이해하기 앞서 다음의 몇 가지 가정이 필요하다. 첫째, 사고가 진행되는 추이는 대체로 일관성이 있으며 합리적으로 이해할 수 있는 정확성의 범위 내에서 예측 가능하다. 둘째, 사고기간 구간별 평균손해액은 이전 구간별 평균손해액과 함수관계가 존재한다. 이때 평균손해액은 물가상승에 의해 수정될 수 있다. 셋째, 구간별 종결된 사고수는 향후에 종결될 사고수와 함수관계가 있다. 마지막으로 물가상승 요인은 사고가 종결될 때의 보험금에 영향을 끼친다.

종결 모델에 의해 예측 손해액과 지급준비금을 평가하기 위해서 먼저 사고연도와 차월별에 의한 종결된 사고건수와 종결된 사고의 지급보험금, 즉 종결 손해액의 통계와 사고연도별 현재 시점에서 사고건수의 최종 종결 예측값이 필요하다.

여기서 종결된 사고건이란 보험금이 발생했든 안 했든 모든 사고에서 종결된 건을 의미한다. 손해액은 손해사정비를 제외하거나 또는 포함할 수 있다. 그리고, 사고연도별 최종 사고건수는 2023년 12월 31일 현재 사고연도 2020년부터 각각 500, 700, 600, 그리고 650건이라 예측 평가한다. 실제로 대인담보와 같은 상품은 사고가 종결될 때까지 오랜 시간이 걸리는 것이 일반적이나 계산의 편리함을 위해 이 표에서는 모든 사고가 48차월 안에 종결될 것이라 가정한다.

**표 12-69  종결된 사고건수**

| 사고연도 | 12 | 24 | 36 | 48 |
|---|---|---|---|---|
| 2020 | 50 | 100 | 150 | 200 |
| 2021 | 85 | 215 | 200 | |
| 2022 | 75 | 325 | | |
| 2023 | 100 | | | |

**표 12-70  종결 손해액**                                          (단위: 천원)

| 사고연도 | 12 | 24 | 36 | 48 |
|---|---|---|---|---|
| 2020 | 200 | 800 | 700 | 800 |
| 2021 | 350 | 1,650 | 1,000 | |
| 2022 | 300 | 1,200 | | |
| 2023 | 400 | | | |

종결 모델에 필요한 통계를 집적한 후, 처음 단계는 이전 12차월에 남아있는 사고건에서 다음 12차월에서 종결된 사고건의 비율인 차월별 종결률을 계산하는 것이다. 이전 차월에 남아있는 사고건은 보고되어 현재 진행 중인 사고건과 예측하는 IBNR 사고건을 합한 값이다.

〈표 12-69〉에서 2021년 12차월은 2023년 12월 31일 현재 예측한 최종사고건수 700건 중에서 85건의 사고가 종결되었으므로 12차월 종결률은 85/700=0.1214가 된다. 24차월에는 그때까지 남아있는 사고건 700-85=615건 중에서 215건이 종결되었으므로 24차월 종결률은 215/615=0.3496이 된다. 동일한 방법으로 36차월의 종결률은 200/400=0.5000이 된다. 차월별 종결률은 예측한 최종 사고건수가 어느 시점에서 얼마만큼 종결하고 있는지를 보여주는 것이다. 각 차월별로 대표하는 종결률은 최근 3년간의 평균값을 사용하는 것이 일반적이나 여기서는 계산의 단순화를 위해 가장 최근의 종결률을 〈표 12-72〉에서처럼 대표 종결률로 적용하도록 하겠다.

표 12-71  차월별 종결율

| 사고연도 | 12 | 24 | 36 | 48 |
|---|---|---|---|---|
| 2020 | 0.1000 | 0.2222 | 0.4286 | 1.0000 |
| 2021 | 0.1214 | 0.3496 | 0.5000 | |
| 2022 | 0.1250 | 0.6190 | | |
| 2023 | 0.1538 | | | |

표 12-72  대표 차월별 종결율

| 사고연도 | 12 | 24 | 36 | 48 |
|---|---|---|---|---|
| 2020 | 0.1000 | 0.2222 | 0.4286 | 1.0000 |
| 2021 | 0.1214 | 0.3496 | 0.5000 | 1.0000 |
| 2022 | 0.1250 | 0.6190 | 0.5000 | 1.0000 |
| 2023 | 0.1538 | 0.6190 | 0.5000 | 1.0000 |

이러한 예측 종결률과 최종 사고건수를 이용하여 현재 진행 중인 사고가 언제 얼마만큼 종결될지를 평가할 수 있다.

표 12-73  차월별 예측 종결건수

| 사고연도 | 12 | 24 | 36 | 48 |
|---|---|---|---|---|
| 2020 | 50 | 100 | 150 | 200 |
| 2021 | 85 | 215 | 200 | 200 |
| 2022 | 75 | 325 | 100 | 100 |
| 2023 | 100 | 340 | 105 | 105 |

예를 들어, 2023년 24차월에 종결될 사고건을 평가한다면, 12차월 현재 100건이 종결되었고 이에 $650-100=550$건이 미결상태로 남아 있다. 대표 차월종결률에 따라 24차월에는 61.9%가 종결될 것으로 예측하므로 $550 \times 0.6190 = 340$건이 종결될 것으로 평가한다. 같은 방법으로 36차월에는 $210 \times 0.5000 = 105$건이 종결되고 48차월에는 미결상태인 $105 \times 1.00 = 105$건 모두가 종결될 것으로 평가한다.

다음은 손해액에 관련된 부분이다. 먼저 사고연도 차월별 종결 손해액에 종결건수를 나누어 종결건당 평균손해액을 구한다. 예를 들어, 2021년 12차월은 $350,000/85 = 4,118$이며, 24차월은 $1,650,000/215 = 7,674$, 36차월은 $1,000,000/200 = 5,000$과 같이 쉽게 구해지며, 계산 결과는 〈표 12−74〉에 보여진다.

**표 12-74** 차월별 종결건당 평균손해액 (단위: 원)

| 사고연도 | 12 | 24 | 36 | 48 |
|---|---|---|---|---|
| 2020 | 4,000 | 8,000 | 4,667 | 4,000 |
| 2021 | 4,118 | 7,674 | 5,000 | |
| 2022 | 4,000 | 3,692 | | |
| 2023 | 4,000 | | | |

차월별 평균손해액 중에서 가장 최근 평균손해액이 미래의 평균손해액을 가장 잘 설명하고 또한 연평균 2%의 물가상승이 종결건의 평균손해액에 영향을 끼친다고 가정하자. 이러한 조건에 의해 〈표 12-75〉와 같은 미래의 평균손해액을 예측할 수 있다.

**표 12-75** 종결건당 평균손해액 예측 (단위: 원)

| 사고연도 | 12 | 24 | 36 | 48 |
|---|---|---|---|---|
| 2020 | 4,000 | 8,000 | 4,667 | 4,000 |
| 2021 | 4,118 | 7,674 | 5,000 | 4,080 |
| 2022 | 4,000 | 3,692 | 5,100 | 4,162 |
| 2023 | 4,000 | 3,766 | 5,202 | 4,245 |

예를 들어, 2023년 24차월의 종결건 평균손해액은 차월별 대표 평균손해액인 3,692에서 2%의 물가상승을 반영한 $3,692 \times 1.02 = 3,766$으로 예측한다. 동일한 방법으로 2022년 36차월은 $5,000 \times 1.02 = 5,100$, 그리고 2023년 36차월은 $5,100 \times 1.02 = 5,202$로 예측하게 된다. 차월별 대표 평균손해액을 선택할 때 최근 3년의 평균으로 할 수 있는데 이 부분은 통계를 이해하고 현재 사고추이와 보상 전략 등을 고려한 후 계리사가 결정하는 부분이라 할 수 있다.

**표 12-76** 차월별 종결 손해액 예측

| 사고연도 | 12 | 24 | 36 | 48 |
|---|---|---|---|---|
| 2020 | 200,000 | 800,000 | 700,000 | 800,000 |
| 2021 | 350,030 | 1,649,910 | 1,000,000 | 816,000 |
| 2022 | 300,000 | 1,199,900 | 510,000 | 416,200 |
| 2023 | 400,000 | 1,280,440 | 546,210 | 445,725 |

마지막으로, 사고연도 차월별 미래의 종결건수와 종결건 평균손해액의 예측값을 곱하여 차월별 종결 손해액을 〈표 12-76〉에서처럼 구할 수 있다.

사고연도별 예측 최종 손해액은 차월별 손해액을 합하여 구해진다. 지급준비금은 예측 최종 손해액에서 현재까지 지급된 보험급을 차감한 값으로 평가한다. 여기서 현재 지급보험금은 미결된 사고의 지급보험금을 포함하는 것이 타당하다. 2020년의 경우, 48차월에 모든 사고가 종결된다고 가정했으므로 지급준비금은 필요하지 않으나, 2021년에 발생한 사고들의 경우 종결 모델에 의해 손해액을 3,815,940으로 예측했고 현재까지 2,999,940이 지급되었으므로 816,000만큼 보험회사는 향후 보험금 지급을 위해 준비해 두어야 한다.

**표 12-77** 지급준비금 평가

| 사고연도 | 종결 예측손해액 | 현재 지급보험금 | 지급준비금 |
|---|---|---|---|
| 2020 | 2,500,000 | 2,500,000 | 0 |
| 2021 | 3,815,940 | 2,999,940 | 816,000 |
| 2022 | 2,426,100 | 1,499,900 | 926,200 |
| 2023 | 2,672,375 | 400,000 | 2,272,375 |
| 합계 | 11,414,415 | 7,399,840 | 4,014,575 |

애드러와 클라인은 그들의 논문에서 몇 가지 고려사항을 제시하였는데 그중에서 어느 특정 기간에 종결된 사고가 매우 적을 때, 어떻게 통계를 수정해야 하는지에 대한 것이었다. 이런 경우, 한두 건의 대형사고는 건당 평균손해액을 과도하게 평가할 것이고 이로 인해 역전하는 모습의 통계 추이도 나타날 수 있게 된다. 이에 그들은 어느 지점을 선택하여 그 지점 이후의 모든 통계는 합쳐서 수정하도록 제시하였다. 이는 클레임이 장기간 지속되는 기업성 보험의 손해액 진전시 꼬리(tail)에 해당하는 부분을 합쳐서 진전을 분석하는 것과 유사한 개념이다. 어느 시점을 꼬리부분으로 설정하느냐는 계리사의 주관적 판단에 따를 수밖에 없다. 그러나 꼬리에 해당하는 부분은 그렇지 않은 시점과 비교할 때 사고건수와 평균손해액의 추이나 규모면에 있어서 확실한 차이를 보여줘야 할 것이다.

꼬리부분을 수정하는 방법을 간단히 이해하도록 하자. 계산을 간편하게 하기 위해 이전 예에서 36차월에서부터 꼬리부분이 시작된다고 선택한다면 꼬리부분은 36차월과 48차월이 될 것이다. 예를 들어, 2022년 36차월의 종결건의 심도를 구하여 보자. 〈표 12-70〉에서 700은 2년 상승률이 포함된 728로 1,000과 800은 1년 상승이 반영되어 각각 1,020과 816이 되어 이 세 부분을 합치면 2,564가 된다. 동일한 기간 동안 종결된 사고는 150+200+200=550건으로 꼬리에 해당하는 종결건당 평균손해액은 2,564,000/550=4,662로 수정하게 된다. 통계량의 부족으로 꼬리부분을 선택하고 이에 평균손해액을 수정한다면, 이와 유사하게 꼬리부분의 동일한 종결률을 계산할 필요가 있다. 그러나, 이 부분 역시 계리사의 주관적인 판단이 요구된다.

지급준비금을 평가하기 위한 종결 모델은 몇 가지의 문제점과 개선점이 존재하고 있다. 먼저 선택한 차월별 종결률이 얼마만큼 미래의 사고 종결 추이와 연관성을 지을 수 있는지, 물가상승률이 과거의 손해액 진전추이를 대신할 수 있는지 등에 대한 것이다. 이것은 지급준비금 평가에서 매우 민감한 사항이다. 그러나, 앞에서도 거듭 언급했듯이 어느 방법론도 지급준비금의 정답을 계산해 주지 않는다. 그러나 종결 모델은 클레임 처리가 상대적으로 긴 그래서 발생손해액의 평가가 그만큼 어려운 대인담보와 같은 상품에 객관성 있는 준비금 산정을 할 수 있다는 점에서 의미가 매우 크다. 그러므로, 지급보험금과 발생손해액에 의한 진전추이방식과 함께 종결 모델을 사용하므로 객관성 있고 타당한 준비금 평가를 할 수 있다는 점은 부인할 수 없는 사실이다.

## 3.6 버퀴스트-셔먼 모델(BS모델)

지급준비금을 평가하기 위해 제일 우수한 통계는 무엇인지, 통계상의 변화를 인식하고 그 영향을 얼마만큼 파악할 수 있는지, 확인 가능한 보상절차의 변화를 통계에 어떻게 적용할 수 있는지와 그래서 여러 준비금 산정방법을 평가하고 결국에 최종 준비금을 결정하는 모든 과정은 현재까지 남아있는 어려운 숙제라 할 수 있다.

버퀴스트(Berquist)와 셔먼(Sherman)은 그들의 논문, "책임준비금 적정성 평가: 포괄적이고 시스템적인 접근방법"(Loss Reserve Adequacy Testing: A Comprehensive, Systematic Approach)을 통해 준비금을 산정하는 방법과 절차에서 나타날 수 있는 문제점을 파악하였고 준비금의 적정성을 위해 어떻게 통계에 반영하고 수정하는지에 대한 대안을 제시하였으며, 준비금 평가를 할 때 사전에 준비해야 할 지침을 언급하였다.

먼저, 준비금을 산정하는 방법에서 기본이 되는 가정에 영향을 끼치는 문제점들을 지적하였다. 개별추산액을 평가하는 기준의 변경 등 보상프로세스의 변화, 보상통계를 집적하고 관리하는 시스템의 변화, 재해손해와 비재해손해의 분리 등 상이한 재해 형태에 대한 손해경험의 변화, 개인보험에서 흔히 나타나는 상품들과의 혼합과 분리, 그리고 법률적 판결, 계절적 요인, 또는 물가상승과 같은 외부적인 환경 변화 등이 준비금 평가방법에 영향을 끼친다고 보았다.

이러한 문제들을 해결하기 위해 우선 통계안에 발생하는 추이와 변경 등을 포함한 데이터의 완벽한 이해가 선행되어야 한다고 강조하며, 대안으로 제시하는 바로는 사용하는 데이터의 선택이다. 가능하다면 회사의 운영상 변화에 상대적으로 영향을 받지 않는 손해액 통계를 사용하는 것이 바람직하다고 밝힌다. 일반적인 경우, 위와 같은 문제점이 파악될 때 통계를 적절하게 수정하여 준비금 평가를 하게 되지만 어떤 경우에는 다른 형태의 통계를 이용하여 문제점을 해결할 수도 있다. 예를 들어, 사고의 정의를 변경했을 경우 그래서 사고건수 통계에 의심이 가는 경우에는 사고건수 대신에 경과익스포저를 사용할 수 있다. 보상한도나 자기부담금이 연달아 계약연도 동안 변경되었다면 사고연도 통계 대신에 계약연도에 의한 통계로 준비금을 평가하는 것이 오류를 최소화할 수 있다. 사회적으로 또는 법률적인 큰 변화로 인해 사고금액(손해액)이 사고일보다는 사고를 접수한 날에 상당한 영향을 받을 때는 사고연도 통계 대신에 보고연도 통계를 사용하는 것이 타당할 수도 있다. 또한, 계약건이 급속하게 증가하거나 감소하는 경우에는 사고연도 통계보다는 사고분기별 통계로 세분화해서 집적하고 분석하는 것이 정확성을 향상시킬 수 있다.

그럼에도 불구하고 통계를 수정하는 데에서 발생할 수 있는 문제점을 해결하기 위해 버퀴스트와 셔먼은 BS모델을 개발하게 되었다. 여기서는 여러 BS모델 중에 가장 우수한 두 가지의 모델을 요약하여 설명하도록 하겠다. 이 두 가지 모델은 개별추산액의 정확성에 변화를 감지하여 발생손해액을 예측하는데, 그러한 변화에 따른 충격을 감소시키기 위한 발생손해액 수정방법과 다른 하나는 사고 종결률의 변화를 감지하고 그러한 변화에 따른 지급보험금을 수정하는 지급보험금 수정방법이다.

### 3.6.1 발생손해액 수정방법

발생손해액 수정방법은 개별추산액 평가와 절차상에 큰 변화가 발생했고 이에 따라 손해액 진전의 왜곡현상이 감지되었을 때, 그러한 왜곡현상을 감소시키기 위해 발생손해액 통계를 일부 수정하여 진전추이방식에 의해 지급준비금을 산정하는 방법으로 예와 함께 이해하도록 하겠다.

〈표 12-78〉과 〈표 12-79〉는 지급준비금을 평가하기 위한 기본 통계이다. 발생손해액의 진전을 통해 지급준비금을 산정하기 전에 경험통계 기간 중에 개별추산액은 일정한 추이가 유지되었는지를 살펴볼 필요가 있다.

**표 12-78** **지급보험금** (단위: 천원)

| 사고연도 | 12 | 24 | 36 | 48 |
|---|---|---|---|---|
| 2020 | 45,000 | 75,000 | 106,000 | 113,000 |
| 2021 | 55,500 | 90,000 | 104,000 | |
| 2022 | 56,000 | 89,000 | | |
| 2023 | 69,500 | | | |

**표 12-79** **발생손해액** (단위: 천원)

| 사고연도 | 12 | 24 | 36 | 48 |
|---|---|---|---|---|
| 2020 | 82,000 | 121,000 | 129,000 | 129,000 |
| 2021 | 103,000 | 160,000 | 157,000 | |
| 2022 | 126,000 | 175,000 | | |
| 2023 | 150,000 | | | |

먼저 미결건당 개별추산액을 지수분포로 적합하게 조정하여 추이를 알아본다. 그리고, 종결건당 지급보험금을 동일한 방식에 의해 추이를 구하여 비교한다. 만일, 이 둘의 추이가 매우 다르며, 미결건당 개별추산액 추이가 매우 비현실적인데 종결건당 지급보험금에 의한 추이에는 부정확한 어떠한 근거도 없을 경우, 종결건당 지급보험금에 의한 추이를 선택하거나 아니면 가장 현실적으로 타당한 추이를 선택하게 된다.

다음은 개별추산액 평가에 변화가 있었고 그래서, 통계에서 보여주는 미결건당 개별추산액 추이는 왜곡이 심하다고 판단되어 연 5%의 추이가 가장 현실적인 것으로 가정했을 때, 발생손해액의 수정을 통한 지급준비금을 산정하는 예이다.

표 12-80  개별추산액 (단위: 천원)

| 사고연도 | 12 | 24 | 36 | 48 |
|---|---|---|---|---|
| 2020 | 37,000 | 46,000 | 23,000 | 16,000 |
| 2021 | 47,500 | 70,000 | 53,000 | |
| 2022 | 70,000 | 86,000 | | |
| 2023 | 80,500 | | | |

개별추산액의 통계는 발생손해액에서 지급보험금을 차감하여 쉽게 얻어질 수 있다. 여기에 미결 사고건수 통계를 이용하여 미결된, 즉 사고가 종결되지 않고 현재 진행 중인 사고건당 개별추산액을 구한다.

표 12-81  미결 사고건수

| 사고연도 | 12 | 24 | 36 | 48 |
|---|---|---|---|---|
| 2020 | 3,600 | 2,700 | 900 | 540 |
| 2021 | 4,050 | 3,240 | 1,800 | |
| 2022 | 4,320 | 3,600 | | |
| 2023 | 4,500 | | | |

표 12-82  미결건당 개별추산액 (단위: 원)

| 사고연도 | 12 | 24 | 36 | 48 |
|---|---|---|---|---|
| 2020 | 10,278 | 17,037 | 25,556 | 29,630 |
| 2021 | 11,728 | 21,605 | 29,444 | |
| 2022 | 16,204 | 23,889 | | |
| 2023 | 17,889 | | | |

과거에 개별추산액 평가와 절차상에 큰 변화로 미결건당 개별 추산액의 추이에 문제가 있어 연 5%의 추이가 가장 적합한 것으로 가정했다. 그래서, 2023년 12월 31일자 개별추산액 적정성 수준과 동일하게 유지되도록 모든 사고연도의 차월별 개별추산액 통계는 수정된다.

  2021년 24차월 미결건당 수정 개별추산액 $= 23,889/1.05 = 22.751$
  2020년 24차월 미결건당 수정 개별추산액 $= 23,889/1.05^2 = 21,668$

  과거의 숫자는 비현실성이라 믿기 때문에 그 숫자는 버리고 대신에 가장 최근 평가일자의 미결된 개별추산액에 추이를 감안하여 동일한 수준으로 새롭게 수정하는 것이다.

**표 12-83** 수정된 미결건당 개별추산액     (단위: 원)

| 사고연도 | 12 | 24 | 36 | 48 |
|---|---|---|---|---|
| 2020 | 15,453 | 21,668 | 28,042 | 29,630 |
| 2021 | 16,226 | 22,751 | 29,444 | |
| 2022 | 17,037 | 23,889 | | |
| 2023 | 17,889 | | | |

  미결건당 수정 개별추산액은 미결건수와 곱해져 차월별 수정 개별추산액을 〈표 12-84〉와 같이 산출하게 된다. 여기에 실제 지급보험금을 더하여 수정된 발생손해액 통계를 작성하게 된다.

**표 12-84** 수정 개별추산액     (단위: 천원)

| 사고연도 | 12 | 24 | 36 | 48 |
|---|---|---|---|---|
| 2020 | 55,631 | 58,503 | 25,238 | 16,000 |
| 2021 | 65,714 | 73,714 | 53,000 | |
| 2022 | 73,600 | 86,000 | | |
| 2023 | 80,500 | | | |

**표 12-85** 수정 발생손해액     (단위: 천원)

| 사고연도 | 12 | 24 | 36 | 48 |
|---|---|---|---|---|
| 2020 | 100,631 | 133,503 | 131,238 | 129,000 |
| 2021 | 121,214 | 163,714 | 157,000 | |
| 2022 | 129,600 | 175,000 | | |
| 2023 | 150,000 | | | |

수정 발생손해액 통계를 작성한 후에는 기존의 진전방식을 이용하여 차월별 진전계수를 계산하여 최종 발생손해액을 산출하고 이에 따라 2023년 12월 31일자 실제로 지급한 보험금과의 차액이 지급준비금으로 평가된다.

**표 12-86** 지급준비금                                                    (단위: 천원)

| 사고연도 | 최종 발생손해액 | 실제 지급보험금 | 지급준비금 |
|---|---|---|---|
| 2020 | 129,000 | 113,000 | 16,000 |
| 2021 | 154,323 | 104,000 | 50,323 |
| 2022 | 169,927 | 89,000 | 80,927 |
| 2023 | 195,541 | 69,500 | 126,041 |
| 합계 | 648,791 | 375,500 | 273,291 |

위의 예에서는 동일한 추이를 모든 과거 데이터에 적용했는데 과거에 제도변화 등으로 추이가 다르게 적용될 수도 있다. 예를 들어 2020년에 제도변화의 의해 연 1%의 추이가 당해연도에 적합하다고 판단한다면 사고연도에 따라 아래와 같이 다른 추이를 적용할 수도 있다.

2021년 24차월 미결건당 수정 개별추산액 = $23,889/1.05 = 22,751$
2020년 24차월 미결건당 수정 개별추산액 = $23,889/(1.05 \times 1.01) = 22,526$

발생손해액 수정방법의 계산 단계를 간단히 요약하면 아래와 같다.
1. 오픈된 사고건당 개별추산액을 구한다.
2. 선택한 추이(%) 이용하여 개별추산액을 수정한다.
3. 수정된 개별추산액과 함께 수정 발생손해액을 계산한다.
4. 수정된 발생손해액으로 진전계수를 다시 계산한다.
5. 최종 발생손해액을 예측하여 지급준비금을 계산한다.

### 3.6.2 지급보험금 수정방법

지급보험금 수정방법은 사고연도별 사고 종결 추이의 변화가 감지되어 그러한 변화를 지급보험금 통계에 반영해서 지급준비금을 평가하는 방식으로 예와 함께 이해하도록 하겠다.
〈표 12-87〉과 〈표 12-88〉은 지급준비금을 평가하기 위한 기본 통계이다. 먼저 누적종결사고건수의 추이를 이용하여 사고연도별 최종 건수를 예측한다. 다음으로 〈표 12-89〉와 같이 차월별 종결건수에 예측 최종 건수로 나눈 차월별 종결률(disposal ratio)을 계산한다.

표 12-87 누적 종결사고건수

| 사고연도 | 12 | 24 | 36 | 48 | 60 | 예측최종건수 |
|---|---|---|---|---|---|---|
| 2019 | 400 | 700 | 850 | 930 | 1,000 | 1,000 |
| 2020 | 480 | 790 | 1,000 | 1,140 | | 1,200 |
| 2021 | 500 | 950 | 1,190 | | | 1,400 |
| 2022 | 570 | 1,050 | | | | 1,500 |
| 2023 | 600 | | | | | 1,500 |

표 12-88 누적 지급보험금                                                                 (단위: 천원)

| 사고연도 | 12 | 24 | 36 | 48 | 60 |
|---|---|---|---|---|---|
| 2019 | 2,000 | 6,000 | 9,000 | 11,200 | 14,000 |
| 2020 | 2,600 | 6,840 | 10,920 | 15,600 | |
| 2021 | 2,380 | 8,960 | 14,400 | | |
| 2022 | 3,120 | 10,800 | | | |
| 2023 | 3,800 | | | | |

표 12-89 차월별 종결률

| 사고연도 | 12 | 24 | 36 | 48 | 60 |
|---|---|---|---|---|---|
| 2019 | 0.400 | 0.700 | 0.850 | 0.930 | 1.000 |
| 2020 | 0.400 | 0.658 | 0.833 | 0.950 | |
| 2021 | 0.357 | 0.679 | 0.850 | | |
| 2022 | 0.380 | 0.700 | | | |
| 2023 | 0.400 | | | | |

이때, 경험통계 기간 중 사고 종결 추이에 어떤 변화가 있었는지 차월별 종결률을 통해 살펴봐야 한다. 또한 지급보험금의 추이와도 같이 비교해야 한다. 그러기 위해서 지수추세선(exponential) 또는 선형추세선(linear)을 이용하여 누적 종결사고건수와 누적 지급보험금과의 관계가 근접하게 이루어지고 있는지를 확인해야 한다. 예를 들어, 지수추세선에 의해 관계가 매우 근접하다고 확인되면 종결률의 수정에 따른 지수보간법(exponential interpolation)을 통해 지급보험금을 수정하는 근거로 사용할 수 있게 된다. 먼저 차월별 대표하는 종결률을 결정한다. 대체로 가장 최근 평가 연도의 종결률을 선택한다. 이런 경우, 추이의 변화에 의해 누적 지급보험금 통계를 수정하게 되는데, 가장 최근 지급보험금은 수정하지 않아도 되는 점과 최근 추이를 그대로 반영하는 이점도 있게 된다. 여기의 예에서 최근 평가 연도인 2023년 12월 31일자 차월별 종결률을 대표 종결률로 선택하여 12차월부터 각각 0.400, 0.700, 0.850, 0.950, 1.000으로 정한다. 대표 종결률에 의해 누적 종결사고건수를 수정하는 것이 다음 단계이다. 〈표 12 – 90〉에서 짙은 색

부분이 원래의 누적사고건수에서 수정된 부분을 나타낸 것이다.

사고연도 2020년 24차월 수정 누적종결사고건수＝1,200×0.7＝840
사고연도 2021년 24차월 수정 누적종결사고건수＝1,400×0.7＝980

**표 12-90** 수정된 누적 종결사고건수

| 사고연도 | 12 | 24 | 36 | 48 | 60 |
|---|---|---|---|---|---|
| 2019 | 400 | 700 | 850 | 950 | 1,000 |
| 2020 | 480 | 840 | 1,020 | 1,140 | |
| 2021 | 560 | 980 | 1,190 | | |
| 2022 | 600 | 1,050 | | | |
| 2023 | 600 | | | | |

그다음은 지급보험금 수정방법 과정에서 제일 중요한 누적 지급보험금을 수정하는 단계가 된다. 수정된 누적 종결 사고건수 통계에 보간법을 이용하여 누적 지급보험금 통계를 수정한다. 〈표 12-91〉의 수정된 누적 지급보험금은 계산의 편리함을 위해 지수보간법이 아닌 선형보간법을 이용해 수정한 통계이다. 위의 수정된 누적 종결 사고건수에서 짙은 색 부분만이 수정된 부분이기 때문에 누적 지급보험금 역시 이 부분만 수정된다.

사고연도 2020년 24차월 수정 누적지급보험금

$$=6,840 \times (\frac{0.833-0.700}{0.833-0.658}) + 10,920 \times (\frac{0.700-0.658}{0.833-0.658}) = 7,819$$

사고연도 2021년 24차월 수정 누적지급보험금

$$=8,960 \times (\frac{0.850-0.700}{0.850-0.679}) + 14,400 \times (\frac{0.700-0.679}{0.850-0.679}) = 9,628$$

**표 12-91** 수정된 누적 지급보험금 　　　　　　　　　　　　　　(단위: 천원)

| 사고연도 | 12 | 24 | 36 | 48 | 60 |
|---|---|---|---|---|---|
| 2019 | 2,000 | 6,000 | 9,000 | 12,000 | 14,000 |
| 2020 | 2,600 | 7,819 | 11,600 | 15,600 | |
| 2021 | 3,259 | 9,628 | 14,400 | | |
| 2022 | 3,600 | 10,800 | | | |
| 2023 | 3,800 | | | | |

이러한 수정작업을 진행한 후, 마침내 수정된 누적 종결사고건수 통계와 수정된 누적 지급보

험금 통계는 매우 근접한 추이를 가지는 관계가 될 것이다. 마지막으로 수정된 누적 지급보험금 통계와 함께 기존의 진전방식을 이용하여 차월별 진전계수를 계산한다.

**표 12-92** 진전계수

|  | 12~24차월 | 24~36차월 | 36~48차월 | 48~60차월 |
|---|---|---|---|---|
| 진전계수 | 3.000 | 1.500 | 1.333 | 1.167 |
|  | 3.007 | 1.484 | 1.345 |  |
|  | 2.955 | 1.496 |  |  |
|  | 3.000 |  |  |  |
| 평균 | 2.991 | 1.492 | 1.340 | 1.167 |

새롭게 계산된 차월별 진전계수로 최종 발생손해액을 예측하는 방법은 삼각형 형태의 방법과 동일하다. 이에 따라 2023년 12월 31일자 실제로 지급한 보험금과의 차액이 지급준비금으로 평가된다.

**표 12-93** 지급준비금 (단위: 천원)

| 사고연도 | 최종 발생손해액 | 실제 지급보험금 | 지급준비금 |
|---|---|---|---|
| 2019 | 14,000 | 14,000 | 0 |
| 2020 | 18,205 | 15,600 | 2,605 |
| 2021 | 22,518 | 14,400 | 8,118 |
| 2022 | 25,198 | 10,800 | 14,398 |
| 2023 | 26,518 | 3,800 | 22,718 |
| 합계 | 106,440 | 58,600 | 47,840 |

사고연도 2020년 예측 최종발생손해액

$= 15,600 \times 1.167 = 18,205$

사고연도 2023년 예측 최종발생손해액

$= 3,800 \times 2.991 \times 1.492 \times 1.340 \times 1.167 = 26,518$

지급보험금 수정방법의 계산 단계를 간단히 요약하면 아래와 같다.

1. 차월별 종결률(disposal ratio = 차월별 종결건수/예측 최종건수)을 계산한다.
2. 차월별 종결률에 보간법을 이용하여 누적 지급보험금을 수정한다.
3. 수정된 누적 지급보험금으로 진전계수를 구한다.
4. 새로운 진전계수로 최종발생손해액을 예측하고 지급준비금을 계산한다.

버퀴스트-셔먼은 발생손해액 수정방법과 지급보험금 수정방법 이외에도 지급보험금의 진전계수를 선형추세에 의해 수정하는 방법과 가중평균으로 하는 방법 등 다양한 형태로 준비금의 평가를 시험하였다. 이러한 버퀴스트-셔먼의 책임준비금 적정성 평가방법은 합리성과 우수성이 입증되어 지금까지 오랫동안 계리사회에서 널리 이용하고 있는 방법 중에 하나이다. 앞에서도 여러 차례 언급되었듯이 준비금의 평가는 여러 변수들에 상당 부분 의존할 수밖에 없다. 미래의 값을 예측하는 것이 준비금의 평가이기 때문에, 아무리 과거 통계를 면밀히 검토하고 분석했을지라도 미래값의 정확한 예측은 결코 쉽지 않을 것이다. 이런 사실을 이해하고 계리사는 자신이 예측한 준비금의 평가에 과도한 확신을 가지는 것을 경계하지만 가장 최선의 예측값을 구하기 위한 노력은 결코 멈춰서 안 될 것이다.

## 4. 지급준비금 산출 관련 기타 고려사항

통계에 의한 지급준비금 산출과 적정성의 검증은 계산이 아닌 평가이기 때문에 통계분석과 방법론을 통한 데이터의 추이와 속성을 면밀히 이해하여야 한다. 방법론이 통계분석에 의한 속성을 반영한 모델인지를 살펴보고 경험 데이터의 속성과 모델이 가지고 있는 가정들을 조화롭게 일치시키는 작업은 중요하다.

지급준비금 산출은 미래값에 대한 예측을 현재 기준으로 평가하는 것이므로 앞에서 설명된 여러 방법론들 중 어느 것이 더 완벽하며 정확하다고 판단할 수 있는 근거는 없다. 그럼에도 불구하고 적정성 검증을 위해서 필요한 경험통계를 수집하고 검증된 지급준비금 평가방식에 따른 관련 요소들을 파악해야 한다. 또한, 상품의 위험단위 또는 담보별 보험금의 추이가 다를 경우 세분화해서 지급준비금을 평가하여 통계의 진전추이 안정성과 함께 추정 오차의 범위를 최소화시키는 작업은 반드시 수반되어야 한다.

손해사정비에 관련한 지급준비금 평가는 손해액 지급보험금과 진전추이가 다를 수 있으므로 별개로 평가하는 것이 일반적이다. 그러나, 손해액과 직접손해사정비를 합한 금액으로 진전추이를 하는 경우도 많다. 만일 분리해서 진전추이를 할 경우, 손해액 지급보험금에서 사용하는 진전추이방식을 직접손해사정비에 사용할 수도 있으며, 직접손해사정비가 사고 보고 후 최초 추산시점에 50%와 보험금 지급시점에 50%가 발생한다는 가정하에 개별추산액에 손해조사비율의 50%만을 적용하고 IBNR 산정에 손해조사비율의 100%를 적용하는 50대50법(50 to 50 method)을 사용하기도 한다.

손해사정비는 반드시 직접손해사정비와 간접손해사정비로 구분하여 지급준비금을 평가하는 것이 보편화되어 있다. 이들 손해사정비 역시 진전추이방식을 사용할 수도 있으나, 현재 미국 손해보험에서 일반적으로 사용하는 방식으로는 직접손해사정비의 경우, 리소니(Resony)에 의해 개발된 개별추산액의 변화에 실제 지급된 직접손해사정비의 비율을 이용한 $F$비율 방식이다. 또한 간접손해사정비의 경우는 위의 50대50법을 일반적으로 사용한다. 이에 대한 설명은 본서에서는 생략한다.

여러 차례 반복해서 강조하지만 지급준비금 산출에 대한 완벽하고 정확한 방법론은 존재하지 않으며 미래에도 존재할 수는 없을 것이다. 이는 아무리 정보가 많아도 한 달 후의 물가상승이나 기후를 정확하게 예견할 수 없는 것과 마찬가지이다. 또한 미래를 예측하는 데에 있어서 과거의 풍부한 경험과 정보도 매우 중요하지만 보험산업에는 상상할 수 없는 많은 변수들, 심지어 보험과 관련 없는 변화가 결국에는 보험에 영향을 끼치는 변수들도 존재하기 때문이다. 지금까지도 선진보험산업에 종사하는 많은 계리학자들과 계리사들이 그들의 논문을 통해 새로운 모델을 개발하여 발표하고 있다. 그럼에도 불구하고, 어느 특정 한 모델을 정답으로 정하지는 않는다. 그래서 보험회사 또는 계리컨설팅회사에서 여러 방법을 통해 지급준비금을 예측한다. 이에 본서에서는 미국손해보험회사와 계리컨설팅회사에서는 오랫동안 사용해 온 모델들만 소개하였다.

마지막으로, 계리사는 여러 고려사항들을 면밀히 검토하고 여러 방법들에 적용하여 추정오차를 최소화하며, 사고연도에 의한 평가가 종결된 후 종결된 통계로 과거에 사용했던 방법론을 검증하는 후속작업도 병행할 필요가 있다. 이러한 작업 모두는 지급준비금을 가능한 한 더 정확하게 평가하기 위한 계리사의 책무이다.

### 예제 12-1

다음은 사고연도 차월별 누적 지급보험금 통계이다. 아래의 조건에 따라 질문에 답하라.

| 사고연도 | 12 | 24 | 36 | 48 | 60 | 72 |
|---|---|---|---|---|---|---|
| 2018 | 4,000 | 5,500 | 6,200 | 6,900 | 7,100 | 7,100 |
| 2019 | 4,200 | 5,900 | 6,600 | 7,200 | 7,300 | |
| 2020 | 4,400 | 6,100 | 6,800 | 7,500 | | |
| 2021 | 4,600 | 6,300 | 7,000 | | | |
| 2022 | 4,900 | 6,500 | | | | |
| 2023 | 4,500 | | | | | |

- 차월별 진전계수는 최근 3년간 평균으로 한다.
- 모든 사고는 72차월에 종결한다.
- 삼각형 형태의 지급보험금 진전추이방식에 따른다.
- 평가일은 2023년 12월 31일 기준이다.

- 진전계수는 소수점 3자리에서 반올림한다.

(1) 최종적으로 지급될 보험금의 예측값
(2) 사고연도 2022년의 예측 지급준비금
(3) 연평균 12차월 지급준비금
(4) 전체 예측 지급준비금
(5) 사고연도 2024년 동안 예상되는 지급보험금은 2023년보다 10% 증가한다고 가정할 경우, 사고연도 2024년의 예측 지급준비금

💡 풀이

차월별 진전계수

| 사고연도 | 12~24 | 24~36 | 36~48 | 48~60 | 60~72 |
|---|---|---|---|---|---|
| 2018 | 1.375 | 1.127 | 1.113 | 1.029 | 1.000 |
| 2019 | 1.405 | 1.119 | 1.091 | 1.014 | |
| 2020 | 1.386 | 1.115 | 1.103 | | |
| 2021 | 1.370 | 1.111 | | | |
| 2022 | 1.327 | | | | |
| 최근 3년 평균 | 1.361 | 1.115 | 1.102 | 1.021 | 1.000 |

(1) 연도별 예측 지급보험금
  2018년 $=7,100$
  2019년 $=7,300$
  2020년 $=7,500\times1.021=7,658$
  2021년 $=7,000\times1.102\times1.021=7,876$
  2022년 $=6,500\times1.115\times1.102\times1.021=8,154$
  2023년 $=4,500\times1.361\times1.115\times1.102\times1.021=7,683$
  예측지급보험금 합 $=7,100+7,300+7,658+7,876+8,154+7,683=45,771$
(2) 2022년 실제지급보험금 $=6,500$, 지급준비금 $=8,154-6,500=1,654$
(3) 12차월 지급준비금:
  2018년 $=7,100-4,000=3,100$,  2019년 $=7,300-4,200=3,100$
  2020년 $=7,658-4,400=3,258$,  2021년 $=7,876-4,600=3,276$
  2022년 $=8,154-4,900=3,254$,  2023년 $=7,683-4,500=3,183$
  합 $=19,171$,  연평균 $=19,171/6=3,195$
(4) 지급보험금 $=7,100+7,300+7,500+7,000+6,500+4,500=39,900$
  지급준비금 $=45,771-39,900=5,871$
(5) 2024년 지급보험금 $=4,500\times1.1=4,950$
  예측 지급보험금 $=4,950\times1.361\times1.115\times1.102\times1.021=8,452$
  지급준비금 $=8,452-4,950=3,502$

**예제 12-2**

다음의 손해통계는 사고연도 차월별 발생손해액 현황이다. 아래의 조건에 따라 질문에 답하라.

| 사고연도 | 12 | 24 | 36 | 48 |
|---|---|---|---|---|
| 2020 | 3,000 | 1,500 | 500 | 200 |
| 2021 | 3,300 | 1,700 | 500 | |
| 2022 | 3,630 | 2,000 | | |
| 2023 | 3,500 | | | |

- 차월별 대표 진전계수는 평균으로 한다.
- 진전계수는 소수점 3자리에서 반올림한다.
- 모든 사고는 60차월에 종결한다.
- 48차월부터 종결까지 손해액은 +2% 진전한다.
- 삼각형 형태의 발생손해액 진전추이방식에 따른다.
- 평가일은 2023년 12월 31일 기준이다.
- 2023년 12월 31일 기준, 지급된 보험금은 19,000이다.

(1) 최종적으로 예상되는 발생손해액

(2) 사고연도 2023년의 예측 지급준비금

(3) 총 지급준비금

(4) 2023년의 발생손해액은 개별추산액의 과소추정으로 적게 평가되었다고 판단한다. 과거의 발생손해액 추이로 2023년의 발생손해액을 평가할 경우, 지급준비금은 얼마 변경되는가?

**풀이**

먼저, 발생손해액 통계를 누적통계로 변형시킨다.

| 사고연도 | 12 | 24 | 36 | 48 |
|---|---|---|---|---|
| 2020 | 3,000 | 4,500 | 5,000 | 5,200 |
| 2021 | 3,300 | 5,000 | 5,500 | |
| 2022 | 3,630 | 5,630 | | |
| 2023 | 3,500 | | | |

(1) 진전계수

| 사고연도 | 12~24 | 24~36 | 36~48 | 48~60 |
|---|---|---|---|---|
| 2020 | 1.500 | 1.111 | 1.040 | |
| 2021 | 1.515 | 1.100 | | |
| 2022 | 1.551 | | | |
| 평균 | 1.522 | 1.106 | 1.040 | |

　　연도별 예측 발생손해액

　　2020년 $= 5,200 \times 1.02 = 5,304$

　　2021년 $= 5,500 \times 1.04 \times 1.02 = 5,834$

　　2022년 $= 5,630 \times 1.106 \times 1.04 \times 1.02 = 6,605$

　　2023년 $= 3,500 \times 1.522 \times 1.106 \times 1.04 \times 1.02 = 6,250$

　　예측 발생손해액 합 $= 5,304 + 5,834 + 6,605 + 6,250 = 23,994$

(2) 사고연도 2023년의 예측 지급준비금 $= 6,250 - 3,500 = 2,750$

(3) 지급준비금 $=$ 예측 발생손해액 $-$ 지급 보험금 $= 23,994 - 19,000 = 4,994$

(4) 평균 발생손해액 추이: 10%

　　$3,300/3,000 = 1.10$　　$3,630/3,300 = 1.10$

　　2023년 발생손해액이 3,500일 경우, 지급준비금 $= 6,250 - X$, ($X$: 지급보험금)

　　2023년 발생손해액이 $3,850 (= 3,500 \times 1.1)$일 경우:

　　예측 발생손해액 $= 3,850 \times 1.522 \times 1.106 \times 1.04 \times 1.02 = 6,875$

　　지급준비금 $= 6,875 - X$

　　차이 $= (6,875 - X) - (6,250 - X) = 625$

### 예제 12-3

아래의 통계는 사고연도 차월별 보고된 누적사고건수와 지급보험금의 발생 없이 종결된 사고 건수를 보여준다.

누적사고건수:

| 사고연도 | 12 | 24 | 36 | 48 | 60 |
|---|---|---|---|---|---|
| 2019 | 1,100 | 1,300 | 1,400 | 1,450 | 1,470 |
| 2020 | 1,200 | 1,450 | 1,550 | 1,610 | |
| 2021 | 1,300 | 1,550 | 1,650 | | |
| 2022 | 1,400 | 1,650 | | | |
| 2023 | 1,500 | | | | |

지급보험금 미발생 종결 누적사고건수:

| 사고연도 | 12 | 24 | 36 | 48 | 60 |
|---|---|---|---|---|---|
| 2019 | 110 | 190 | 225 | 230 | 232 |
| 2020 | 120 | 210 | 215 | 225 | |
| 2021 | 130 | 180 | 220 | | |
| 2022 | 140 | 220 | | | |
| 2023 | 150 | | | | |

- 차월별 진전계수는 최근 3년간 평균으로 한다.
- 진전계수는 소수점 3자리에서 반올림한다.
- 모든 사고는 60차월에 종결한다.
- 삼각형 형태의 진전추이방식에 따른다.
- 평가일 기준은 2023년 12월 31일이다.

(1) 미보고된 사고건수를 예측하라.
(2) 연도별 미보고된 사고 중 지급보험금이 발생하지 않고 종결될 사고수를 예측하라.

💡 풀이

(1) 진전계수

| 사고연도 | 12~24 | 24~36 | 36~48 | 48~60 |
|---|---|---|---|---|
| 2019 | 1.182 | 1.077 | 1.036 | 1.014 |
| 2020 | 1.208 | 1.069 | 1.039 | |
| 2021 | 1.192 | 1.065 | | |
| 2022 | 1.179 | | | |
| 3년 평균 | 1.193 | 1.070 | 1.037 | 1.014 |

누적건수 진전

| 사고연도 | 12 | 24 | 36 | 48 | 종결 |
|---|---|---|---|---|---|
| 2019 | 1,100 | 1,300 | 1,400 | 1,450 | 1,470 |
| 2020 | 1,200 | 1,450 | 1,550 | 1,610 | 1,633 |
| 2021 | 1,300 | 1,550 | 1,650 | 1,711 | 1,735 |
| 2022 | 1,400 | 1,650 | 1,766 | 1,831 | 1,856 |
| 2023 | 1,500 | 1,790 | 1,915 | 1,986 | 2,013 |

종결 예측 사고건수 $= 1,470 + 1,633 + 1,735 + 1,856 + 2,013 = 8,707$
실제 보고건수 $= 1,470 + 1,610 + 1,650 + 1,650 + 1,500 = 7,880$
미보고 건수 $= 8,707 - 7,880 = 827$

(2) 지급보험금이 발생한 누적사고건수 진전

| 사고연도 | 12 | 24 | 36 | 48 | 60 |
|---|---|---|---|---|---|
| 2019 | 990 | 1,110 | 1,175 | 1,220 | 1,238 |
| 2020 | 1,080 | 1,240 | 1,335 | 1,385 | |
| 2021 | 1,170 | 1,370 | 1,430 | | |
| 2022 | 1,260 | 1,430 | | | |
| 2023 | 1,350 | | | | |

진전계수:

| 사고연도 | 12~24 | 24~36 | 36~48 | 48~60 |
|---|---|---|---|---|
| 2019 | 1.121 | 1.059 | 1.038 | 1.015 |
| 2020 | 1.148 | 1.077 | 1.037 | |
| 2021 | 1.171 | 1.044 | | |
| 2022 | 1.135 | | | |
| 3년 평균 | 1.151 | 1.060 | 1.038 | 1.015 |

누적건수 진전

| 사고연도 | 12 | 24 | 36 | 48 | 종결 |
|---|---|---|---|---|---|
| 2019 | 990 | 1,110 | 1,175 | 1,220 | 1,238 |
| 2020 | 1,080 | 1,240 | 1,335 | 1,385 | 1,406 |
| 2021 | 1,170 | 1,370 | 1,430 | 1,484 | 1,507 |
| 2022 | 1,260 | 1,430 | 1,516 | 1,573 | 1,597 |
| 2023 | 1,350 | 1,554 | 1,647 | 1,710 | 1,735 |

- 지급보험금이 발생한 경우:

  종결 예측 사고건수 $= 1{,}238 + 1{,}406 + 1{,}507 + 1{,}597 + 1{,}735 = 7{,}483$

  실제 보고건수 $= 1{,}238 + 1{,}385 + 1{,}430 + 1{,}430 + 1{,}350 = 6{,}833$

  미보고 건수 $= 7{,}483 - 6{,}833 = 650$

- 지급보험금 미발생으로 종결된 경우:

  종결 예측 사고건수 $= 8{,}707 - 7{,}483 = 1{,}224$

  실제 보고건수 $= 7{,}880 - 6{,}833 = 1{,}047$

  미보고 건수 $= 1{,}224 - 1{,}047 = 177$

(참고) 지급보험금이 발생하지 않고 종결될 사고수를 예측할 때, 지급보험금 미발생 종결 누적사고건수를 이용하여 진전계수를 직접 구하고 미보고 건을 예측할 수 있다. 이 경우, 약 185건 정도가 미보고된 것으로 평가된다. 위의 풀이는 총 건수에서 미보고 수를 예측하고, 또한 지급보험금이 발생한 경우의 미보고수를 예측하여 차이를 지급보험금 미발생 미보고수로 평가하고 있다. 두 방법 모두 타당하다고 볼 수 있는데, 지급보험금 미발생 종결 건수가 대체로 적기 때문에 직접 진전계수 계산시 연도별 편차가 클 수 있고 이에 따라 진전계수 선택이 어려워진다. 그러므로, 총 건수로 예측하고, 별도로 지급보험금이 발생한 경우를 예측하여 그 차이가 미보고수로 평가되는 방법이 일반적이다. ▪

### 예제 12-4  미국 손해보험 계리사 시험문제

모든 사고는 해당 사고연도의 12차월 내에 보고되며 개별추산액은 48차월까지 정확하게 평가되었다고 가정한다. 다음 통계와 함께 로널드 와이저(Ronald Wiser)에 의해 소개된 사고연도에 의한 개별추산액 진전방식을 이용하여 아래의 질문에 답하라.

(1) 사고연도별 최종 발생손해액을 평가하라.

(2) 2023년 12월 31일자, 지급준비금을 계산하라.

사고연도별 누적 발생손해액:

| 사고연도 | 12 | 24 | 36 | 48 | 종결 |
|---|---|---|---|---|---|
| 2020 | 1,318 | 1,891 | 2,048 | 2,129 | 2,129 |
| 2021 | 1,369 | 1,976 | 2,148 | | 2,212 |
| 2022 | 1,350 | 1,950 | | | 2,190 |
| 2023 | 1,265 | | | | 2,051 |

사고연도별 누적 지급보험금:

| 사고연도 | 12 | 24 | 36 | 48 |
|---|---|---|---|---|
| 2020 | 523 | 1,168 | 1,599 | 1,964 |
| 2021 | 525 | 1,210 | 1,665 | |
| 2022 | 520 | 1,195 | | |
| 2023 | 493 | | | |

💡 **풀이**

(1) 먼저, 누적통계를 차월별 통계로 전환한다.

차월별 개별추산액:

| 사고연도 | 12 | 24 | 36 | 48 |
|---|---|---|---|---|
| 2020 | 795 | 723 | 449 | 165 |
| 2021 | 844 | 766 | 483 | |
| 2022 | 830 | 755 | | |
| 2023 | 772 | | | |

차월별 지급보험금:

| 사고연도 | 12 | 24 | 36 | 48 |
|---|---|---|---|---|
| 2020 | 523 | 645 | 431 | 365 |
| 2021 | 525 | 685 | 455 | |
| 2022 | 520 | 675 | | |
| 2023 | 493 | | | |

개별추산액 잔존율:

| 사고연도 | 12~24 | 24~36 | 36~48 | 48~60 |
|---|---|---|---|---|
| 2020 | 723/795=0.909 | 449/723=0.621 | 165/449=0.367 | 0 |
| 2021 | 766/844=0.908 | 483/766=0.631 | | |
| 2022 | 755/830=0.910 | | | |
| 평균 | 0.909 | 0.626 | 0.367 | |

개별추산액 예측:

| 사고연도 | 24 | 36 | 48 | 60 |
|---|---|---|---|---|
| 2020 | | | | 0 |
| 2021 | | | 483×0.367=177 | 0 |
| 2022 | | 755×0.626=473 | 473×0.367=173 | 0 |
| 2023 | 772×0.909=702 | 702×0.626=439 | 439×0.367=161 | 0 |

지급보험금 비중:

| 사고연도 | 24 | 36 | 48 |
|---|---|---|---|
| 2020 | 645/795=0.811 | 431/723=0.596 | 365/449=0.813 |
| 2021 | 685/844=0.812 | 455/766=0.594 | |
| 2022 | 675/830=0.813 | | |
| 평균 | 0.812 | 0.595 | 0.813 |

지급보험금 예측:

| 사고연도 | 24 | 36 | 48 | 60 |
|---|---|---|---|---|
| 2020 | | | | 165 |
| 2021 | | | 483×0.813=393 | 177 |
| 2022 | | 755×0.595=449 | 473×0.813=384 | 173 |
| 2023 | 772×0.812=627 | 702×0.595=418 | 439×0.813=357 | 161 |

최종 발생손해액:

$2020년 = 523 + 645 + 431 + 365 + 165 = 2,129$

$2021년 = 525 + 685 + 455 + 393 + 177 = 2,235$

$2022년 = 520 + 675 + 449 + 384 + 173 = 2,201$

$2023년 = 493 + 627 + 418 + 357 + 161 = 2,056$

(2) 최종 발생손해액 $= 2,129 + 2,235 + 2,201 + 2,056 = 8,621$

실제 지급보험금 $= 1,964 + 1,665 + 1,195 + 493 = 5,317$

지급준비금 $= 8,621 - 5,317 = 3,304$

**예제 12-5** 미국 손해보험 계리사 시험문제

주어진 통계 정보를 이용하여 본휴더-퍼거슨(Bornhuetter-Ferguson)에 의해 소개된 준비금 산출방식으로 아래의 물음에 답하라.

| 사고연도 | 경과 보험료 | 누적 지급보험금 | | | |
|---|---|---|---|---|---|
| | | 12차월 | 24차월 | 36차월 | 48차월 |
| 2020 | 1,950 | 555 | 1,022 | 1,370 | 1,575 |
| 2021 | 2,000 | 590 | 1,031 | 1,298 | |
| 2022 | 2,080 | 605 | 1,010 | | |
| 2023 | 2,100 | 524 | | | |

진전계수:

| 12~24 | 24~36 | 36~48 | 48~60 |
|---|---|---|---|
| 1.750 | 1.300 | 1.150 | 1.050 |

- 60차월 이후에 진전은 발생하지 않는다.
- 기대손해율은 75%이다.
- 사고연도 2024년의 경과보험료는 2,200으로 예상한다.

(1) 예측손해법에 의한 2023년 12월 31일 기준 전체 IBNR을 평가하라.
(2) 예측손해법에 의한 결과를 이용하여 2024년에 지급될 보험금을 예측하라.
(3) 수정손해법에 의한 2023년 12월 31일 기준 전체 IBNR을 평가하라.

**풀이**

(1) 종결진전계수:

$\quad$ 12~종결 $= 1.75 \times 1.30 \times 1.15 \times 1.05 = 2.747$

$\quad$ 24~종결 $= 1.30 \times 1.15 \times 1.05 = 1.570$

$\quad$ 36~종결 $= 1.15 \times 1.05 = 1.208$

$\quad$ 48~종결 $= 1.05$

$\quad$ IBNR계수:

$\quad$ 12차월 $= 1 - 1/2.747 = 0.636$

$\quad$ 24차월 $= 1 - 1/1.570 = 0.363$

$\quad$ 36차월 $= 1 - 1/1.208 = 0.172$

$\quad$ 48차월 $= 1 - 1/1.050 = 0.048$

$\quad$ IBNR $= \Sigma$(기대손해율)(경과보험료)(IBNR계수)

$\qquad = (0.75)[(1,950)(0.048) + (2,000)(0.172) + (2,080)(0.363) + (2,100)(0.636)]$

$\qquad = 1,896$

(2) 차월간 IBNR계수의 차이:

$\quad$ 0~12차월 $= 1 - 0.636 = 0.364$

$12\sim24$차월 $=0.636-0.363=0.273$

$24\sim36$차월 $=0.363-0.172=0.191$

$36\sim48$차월 $=0.172-0.048=0.124$

$48\sim60$차월 $=0.048-0.000=0.048$

예측 지급보험금 $=\Sigma($기대손해율$)($경과보험료$)($IBNR계수 차이$)$

$$= (0.75)[(1,950)(0.048)+(2,000)(0.124)+(2,080)(0.191)$$
$$+(2,100)(0.273)+(2,200)(0.364)]$$
$$=1,585$$

(3) 차월별 IBNR:

$12\sim$종결 $=(605+524)(2,100)(2.747-1)/(2,100+2,080)=991$

$24\sim$종결 $=(1,010+1,031)(2,080)(1.570-1)/(2,080+2,000)=593$

$36\sim$종결 $=(1,298+1,370)(2,000)(1.208-1)/(2,000+1,950)=281$

$48\sim$종결 $=(1,575)(1,950)(1.05-1)/(1,950)=79$

IBNR $=991+593+281+79=1,944$

### 예제 12-6  미국 손해보험 계리사 시험문제

다음은 ABC 보험회사의 통계자료이다.

| | 사고연도 | | | |
|---|---|---|---|---|
| | 2020 | 2021 | 2022 | 2023 |
| 경과보험료 | 10,000 | 11,000 | 12,000 | 13,000 |
| 기대손해율 | 70% | 70% | 70% | 70% |

| 발생손해액 | 사고연도 | | | |
|---|---|---|---|---|
| | 2020 | 2021 | 2022 | 2023 |
| 12차월 | 4,000 | 5,000 | 6,000 | 7,000 |
| 24차월 | 6,000 | 7,500 | 9,000 | |
| 36차월 | 7,200 | 9,000 | | |
| 48차월 | 7,920 | | | |

| 진전계수 | 사고연도 | | |
|---|---|---|---|
| | 2020 | 2021 | 2022 |
| 12~24차월 | 1.500 | 1.500 | 1.500 |
| 24~36차월 | 1.200 | 1.200 | |
| 36~48차월 | 1.100 | | |
| 48~종결 | 1.030 | | |

경과보험료 대비 발생손해액 변화율

| | 사고연도 | | |
|---|---|---|---|
| | 2020 | 2021 | 2022 |
| 12~24차월 | 0.200 | 0.227 | 0.250 |
| 24~36차월 | 0.120 | 0.136 | |
| 36~48차월 | 0.072 | | |
| 48~종결 | 0.010 | | |

(1) 피셔(Fisher)와 레스터(Lester)가 지급준비금 평가방식에서 시험한 진전추이방식과 예측손해방식을 이용해 IBNR을 계산하라.

(2) 피셔(Fisher)와 레스터(Lester)가 언급한 이론에 따라 어느 방식에 의한 IBNR 평가가 더 정확한지를 자세히 설명하라.

| 💡 풀이 |
|---|

(1)

| | 종결계수 | IBNR계수 |
|---|---|---|
| 12차월 | 2.039 | 0.510 |
| 24차월 | 1.360 | 0.264 |
| 36차월 | 1.133 | 0.117 |
| 48차월 | 1.030 | 0.029 |

진전추이방식 $IBNR = (2.039-1)(7,000) + (1.360-1)(9,000) + (1.133-1)(9,000)$
$$+ (1.030-1)(7,920) = 11,947$$

예측손해방식 $IBNR = (0.70) \times [(1-1/2.039)(13,000) + (1-1/1.360)(12,000)$
$$+ (1-1/1.133)(11,000) + (1-1/1.030)(10,000)] = 7,968$$

(2) 이 통계는 손해율 악화와 지급준비금 강화가 없는 현상의 데이터이다. 손해율의 악화는 경과보험료 대비 발생손해액 변화율이 사고연도별로 증가(0.200→0.227→0.250)함으로 알 수 있다. 다른 방법으로는 경과보험료 대비 발생손해액 비율로도 알 수 있다.

| | 2020 | 2021 | 2022 |
|---|---|---|---|
| 12차월 | 0.400 | 0.455 | 0.500 |
| 24차월 | 0.600 | 0.682 | 0.750 |
| 36차월 | 0.720 | 0.818 | |

그러나, 진전계수는 사고연도별로 동일하므로 지급준비금 강화는 없다고 판단한다. 이러한 상황에서 진전추이방식이 더 정확한 IBNR을 평가하고 있다고 할 수 있다.

### 예제 12-7 미국 손해보험 계리사 시험문제

주어진 정보에 의해 피셔(Fisher)와 레스터(Lester)가 지급준비금 평가방식에서 시험한 진전추이방식과 예측손해방식으로 IBNR을 계산하라.

| | |
|---|---|
| 발생손해액 종결진전계수 | 2.00 |
| 지급보험금 종결진전계수 | 3.00 |
| 개별추산액 | 10,000 |
| 경과보험료 대비 손해액 진전율 | 0.80 |
| 경과보험료 | 50,000 |
| 기대손해율 | 0.70 |
| 현재 발생손해액 평가 | 20,000 |

> **풀이**

진전추이방식 IBNR $= 20,000(2.00-1) = 20,000$

예측손해방식 IBNR $= 50,000(0.70)(1-1/2) = 17,500$

### 예제 12-8 미국 손해보험 계리사 시험문제

애드러와 클라인의 종결모델 기법을 이용하여 2023년 12월 31일자 지급준비금을 평가하라.

- 차월별 종결률은 가장 최근 종결률을 사용한다.
- 연 물가상승은 5%로 추정한다.

누적 종결 사고건수

| 사고연도 | 12차월 | 24차월 | 36차월 | 48차월 |
|---|---|---|---|---|
| 2020 | 100 | 500 | 800 | 1,000 |
| 2021 | 120 | 600 | 960 | |
| 2022 | 150 | 750 | | |
| 2023 | 200 | | | |

| 사고연도 | 최종 사고건수 | 2023년기준 종결건당 평균심도 |
|---|---|---|
| 2020 | 1,000 | 11,000 |
| 2021 | 1,200 | 10,000 |
| 2022 | 1,500 | 9,000 |
| 2023 | 2,000 | 8,000 |

> **풀이**

최근 종결률:

$12-24$차월 $= (750-150)/(1,500-150) = 0.4444$

$24-36$차월 $= (960-600)/(1,200-600) = 0.6000$

$36-48$차월 $= (1,000-800)/(1,000-800) = 1.0000$

미래 종결건수 예측:

2021년: $1,200 - 960 = 240$

2022년: 36차월 $= (1,500 - 750) \times 0.6 = 450$

48차월 $= (1,500 - 750 - 450) \times 1.0 = 300$

2023년: 24차월 $= (2,000 - 200) \times 0.4444 = 800$

36차월 $= (2,000 - 200 - 800) \times 0.6 = 600$

48차월 $= (2,000 - 200 - 800 - 600) \times 1.0 = 400$

지급준비금 $= 2,772,000 + 8,363,250 + 19,268,500 = 30,403,800$

2021년 $= 240 \times 11,000 \times 1.05 = 2,772,000$

2022년 $= 450 \times 10,000 \times 1.05 + 300 \times 11,000 \times 1.05^2 = 8,363,250$

2023년 $= 800 \times 9,000 \times 1.05 + 600 \times 10,000 \times 1.05^2 + 400 \times 11,000 \times 1.05^3 = 19,268,500$ ◼

### 예제 12-9  미국 손해보험 계리사 시험문제

다음 누적 사고 통계와 종결모델 기법을 이용하여 아래의 질문에 답하라.
단, 물가는 매년 3%씩 상승한다.

누적손해액 (단위: 000)

| 사고연도 | 12차월 | 24차월 | 36차월 | 48차월 |
|---|---|---|---|---|
| 2020 | 200 | 800 | 1,500 | 2,000 |
| 2021 | 300 | 1,000 | 2,200 | |
| 2022 | 400 | 1,200 | | |
| 2023 | 500 | | | |

누적건수

| 사고연도 | 12차월 | 24차월 | 36차월 | 48차월 | 최종사고건수 |
|---|---|---|---|---|---|
| 2020 | 50 | 150 | 350 | 500 | 500 |
| 2021 | 80 | 200 | 400 | | 600 |
| 2022 | 100 | 350 | | | 700 |
| 2023 | 110 | | | | 650 |

(1) 가장 최근 종결률과 건당심도를 이용하여 사고연도 2023년의 최종 손해액을 평가하라.

(2) 차월별 종결률과 건당 심도를 3년 평균값으로 적용하여 사고연도 2023년의 최종 손해액을 평가하라.

💡 풀이

(1) 먼저 데이터가 누적통계임을 감안할 것.

종결률:

$12 - 24$차월 $= (350 - 100)/(700 - 100) = 0.4167$

$24 - 36$차월 $= (400 - 200)/(600 - 200) = 0.5000$

$36-48$차월$=(500-350)/(500-350)=1.0000$

2023년 차월별 예측 종결건수:
$24$차월$=(650-110)\times0.4167=225$
$36$차월$=(650-110-225)\times0.5000=157.5$
$48$차월$=(650-110-225-157.5)\times1.0000=157.5$

차월별 평균심도:

| 사고연도 | 12차월 | 24차월 | 36차월 | 48차월 |
|---|---|---|---|---|
| 2020 | 4,000 | 6,000 | 3,500 | 3,333 |
| 2021 | 3,750 | 5,833 | 6,000 | 3,433 |
| 2022 | 4,000 | 3,200 | 6,180 | 3,536 |
| 2023 | 4,545 | 3,296 | 6,365 | 3,642 |

2023년:
12차월: $500,000/110=4,545$
24차월: $[(1,200,000-400,000)/(350-100)]\times1.03=3,296$
36차월: $[(2,200,000-1,000,000)/(400-200)]\times1.032=6,365$
48차월: $[(2,000,000-1,500,000)/(500-350)]\times1.033=3,642$
최종손해액
$=110\times4,545+225\times3,296+157.5\times6,365+157.5\times3,642=2,817,832$

(2) 종결률:

| 사고연도 | 12차월 | 24차월 | 36차월 | 48차월 |
|---|---|---|---|---|
| 2020 | 0.100 | 0.222 | 0.571 | 1.000 |
| 2021 | 0.133 | 0.231 | 0.500 | |
| 2022 | 0.143 | 0.417 | | |
| 2023 | 0.169 | | | |

평균종결률:
$24$차월$=(0.222+0.231+0.417)/3=0.290$
$36$차월$=(0.571+0.500)/2=0.536$
$48$차월$=1.000$
2023년 차월별 예측 종결건수:
$24$차월$=(650-110)\times0.290=157$
$36$차월$=(650-110-157)\times0.536=205$
$48$차월$=(650-110-157-205)\times1.0000=178$

심도:

| 사고연도 | 12차월 | 24차월 | 36차월 | 48차월 |
|---|---|---|---|---|
| 2020 | 4,000 | 6,000 | 3,500 | 3,333 |
| 2021 | 3,750 | 5,833 | 6,000 | |
| 2022 | 4,000 | 3,200 | | |
| 2023 | 4,545 | | | |

평균심도:

24차월: $(6,000 \times 1.032 + 5,833 \times 1.03 + 3,200)/3 = 5,191$

36차월: $(3,500 \times 1.03 + 6,000)/2 = 4,802.5$

48차월: 3,333

2023년 차월별 심도:

24차월: $5,191 \times 1.03 = 5,347$

36차월: $4,802.5 \times 1.032 = 5,095$

48차월: $3,333 \times 1.033 = 3,642$

최종손해액 $= 110 \times 4,545 + 157 \times 5,347 + 205 \times 5,095 + 178 \times 3,642 = 3,032,129$

### 예제 12-10 미국 손해보험 계리사 시험문제

보험회사의 준비금을 평가하는 계리사로서 과거의 개별추산액 평가와 절차상에 큰 변화가 발생하였고 개별추산액의 정합성 수준이 과거 경험통계 내에서 일관성이 없다고 판단한다. 그 결과 발생손해액의 예측에 있어서 이러한 변화의 영향을 감소시키고자 한다. 보험금 통계를 분석한 후, 경험통계에 적용할 심도 추이는 연 8%가 적합한 걸로 판단한다. 버퀴스트−셔먼의 발생손해액 통계를 수정하는 방식에 의해 사고연도 2021년의 수정 전후 발생손해액 예측값의 차이를 계산하라.

발생손해액 (단위: 000)

| 사고연도 | 12 | 24 | 36 | 48 | 60 |
|---|---|---|---|---|---|
| 2019 | 72,500 | 73,900 | 74,600 | 75,500 | 75,500 |
| 2020 | 83,700 | 85,000 | 86,100 | 86,700 | |
| 2021 | 93,800 | 93,900 | 94,600 | | |
| 2022 | 108,600 | 110,800 | | | |
| 2023 | 114,200 | | | | |

개별추산액 (단위: 000)

| 사고연도 | 12 | 24 | 36 | 48 | 60 |
|---|---|---|---|---|---|
| 2019 | 12,100 | 6,600 | 2,600 | 1,500 | 600 |
| 2020 | 13,700 | 6,900 | 3,500 | 1,600 | |
| 2021 | 19,800 | 5,900 | 2,400 | | |
| 2022 | 16,700 | 6,500 | | | |
| 2023 | 15,200 | | | | |

현재 진행 중인 사고건수

| 사고연도 | 12 | 24 | 36 | 48 | 60 |
|---|---|---|---|---|---|
| 2019 | 693 | 311 | 161 | 42 | 30 |
| 2020 | 712 | 307 | 121 | 43 | |
| 2021 | 916 | 275 | 106 | | |
| 2022 | 773 | 283 | | | |
| 2023 | 620 | | | | |

💡 **풀이**

36~48차월 진전계수: 1.0121, 1.0070, 평균＝1.0095

사고연도 2021년 수정 전 발생손해액 예측＝94,600,000×1.0095＝95,500,260

현재 진행 중인 최근 사고심도:

36차월＝2,400/106＝22.64

48차월＝1,600/43＝37.21

60차월＝600/30＝20

8% 추이를 반영한 심도:

| | 36 | 48 | 60 |
|---|---|---|---|
| 2019 | 19.41 | 34.45 | 20.00 |
| 2020 | 20.96 | 37.21 | |
| 2021 | 22.64 | | |

수정 발생손해액:

| | 36 | 48 | 60 |
|---|---|---|---|
| 2019 | 75,125 | 75,447 | 75,500 |
| 2020 | 85,137 | 86,700 | |
| 2021 | 94,600 | | |

진전계수:

36~48차월: 1.0043, 1.0184, 평균＝1.0113

48~60차월: 1.0007

사고연도 2021년 수정 후 발생손해액 예측
$= 94,600,000 \times 1.0113 \times 1.0007 = 95,738,313$
차이 $= 95,738,313 - 95,500,260 = 238,053$

### 예제 12-11 미국 손해보험 계리사 시험문제

다음은 지급준비금 평가를 위한 통계들이다. 버퀴스트-셔먼의 방법론에 입각하여 준비금 적정성을 위해 통계를 수정해야 하는지를 결정하고 그런 결정을 한 이유를 설명하라.

지급보험금 (단위: 000)

| 사고연도 | 12 | 24 | 36 | 48 | 60 |
|---|---|---|---|---|---|
| 2019 | | | | 17,280 | 19,958 |
| 2020 | 1,155 | 5,775 | 13,860 | 19,958 | |
| 2021 | 1,331 | 6,655 | 15,972 | | |
| 2022 | 1,597 | 7,986 | | | |
| 2023 | 1,830 | | | | |

개별추산액 (단위: 000)

| 사고연도 | 12 | 24 | 36 | 48 | 60 |
|---|---|---|---|---|---|
| 2019 | | | | 2,000 | 0 |
| 2020 | 5,418 | 7,599 | 6,736 | 2,520 | |
| 2021 | 6,386 | 9,158 | 8,470 | | |
| 2022 | 8,001 | 11,979 | | | |
| 2023 | 9,983 | | | | |

종결 사고건수

| 사고연도 | 12 | 24 | 36 | 48 | 60 |
|---|---|---|---|---|---|
| 2019 | | | | 4,800 | 5,040 |
| 2020 | 1,050 | 2,625 | 4,200 | 5,040 | |
| 2021 | 1,100 | 2,750 | 4,400 | | |
| 2022 | 1,200 | 3,000 | | | |
| 2023 | 1,250 | | | | |

현재 진행 중인 사고건수

| 사고연도 | 12 | 24 | 36 | 48 | 60 |
|---|---|---|---|---|---|
| 2019 | | | | 240 | 0 |
| 2020 | 1,575 | 1,575 | 1,050 | 252 | |
| 2021 | 1,650 | 1,650 | 1,100 | | |
| 2022 | 1,800 | 1,800 | | | |
| 2023 | 1,875 | | | | |

⚙ 풀이

차월별 종결건 평균심도:

| 12차월 | 24차월 | 36차월 | 48차월 |
|---|---|---|---|
| 1,100 | 2,200 | 3,300 | 3,960 |
| 1,210 | 2,420 | 3,630 | |
| 1,331 | 2,662 | | |
| 1,464 | | | |

종결건 평균심도는 연간 약 10%의 일정한 추이를 보인다.

차월별 미종결건 평균심도:

| 12차월 | 24차월 | 36차월 | 48차월 |
|---|---|---|---|
| 3,440 | 4,825 | 6,415 | 10,000 |
| 3,870 | 5,550 | 7,700 | |
| 4,445 | 6,655 | | |
| 5,324 | | | |

차월별 미종결건 평균심도의 연간 추이:

| 12차월 | 24차월 | 36차월 | 48차월 |
|---|---|---|---|
| 12.5% | 15.0% | 20.0% | |
| 14.8% | 19.9% | | |
| 19.8% | | | |

미종결건 평균심도의 연간 추이는 종결건 평균심도의 추이보다 높다. 이것은 지급준비금 수준을 높게 평가할 수 있으므로 통계는 수정되어야 한다.

### 예제 12-12  미국 손해보험 계리사 시험문제

주어진 통계를 이용하여 아래 물음에 답하라.

지급보험금

| 사고연도 | 12 | 24 | 36 | 48 | 60 |
|---|---|---|---|---|---|
| 2019 | 800 | 1,375 | 1,840 | 2,000 | 2,000 |
| 2020 | 1,020 | 1,720 | 2,222 | 2,400 | |
| 2021 | 1,296 | 2,246 | 2,592 | | |
| 2022 | 1,642 | 2,592 | | | |
| 2023 | 2,074 | | | | |

종결률

| 사고연도 | 12 | 24 | 36 | 48 | 60 |
|---|---|---|---|---|---|
| 2019 | 0.52 | 0.75 | 0.92 | 1.00 | 1.00 |
| 2020 | 0.54 | 0.78 | 0.94 | 1.00 | |
| 2021 | 0.56 | 0.82 | 0.90 | | |
| 2022 | 0.58 | 0.80 | | | |
| 2023 | 0.60 | | | | |

(1) 버퀴스트-셔먼의 방법론에 입각하여, 주어진 종결률을 반영한 지급보험금 통계를 다시 작성하라. 단, 가장 최근 종결률을 차월별 대표 종결률로 하며 선형보간법을 사용한다.

(2) 다시 작성된 지급보험금 통계에 의해 2023년 12월 31일자 지급준비금을 평가하라. 단, 최근 3년간 진전계수 평균을 이용한다.

💡 풀이

(1)

지급보험금

| 사고연도 | 12 | 24 | 36 | 48 | 60 |
|---|---|---|---|---|---|
| 2019 | 1,000 | 1,512 | 1,785 | 2,000 | 2,000 |
| 2020 | 1,195 | 1,783 | 2,097 | 2,400 | |
| 2021 | 1,442 | 2,173 | 2,592 | | |
| 2022 | 1,728 | 2,592 | | | |
| 2023 | 2,074 | | | | |

$2019/12 = 800 + (1{,}375 - 800) \times (0.60 - 0.52)/(0.75 - 0.52) = 1{,}000$

$2020/12 = 1{,}020 + (1{,}720 - 1{,}020) \times (0.60 - 0.54)/(0.78 - 0.54) = 1{,}195$

$2021/12 = 1{,}296 + (2{,}246 - 1{,}296) \times (0.60 - 0.56)/(0.82 - 0.56) = 1{,}442$

$2022/12 = 1{,}642 + (2{,}592 - 1{,}642) \times (0.60 - 0.58)/(0.80 - 0.58) = 1{,}728$

$2019/24 = 1{,}375 + (1{,}840 - 1{,}375) \times (0.80 - 0.75)/(0.92 - 0.75) = 1{,}512$

$2020/24 = 1{,}720 + (2{,}222 - 1{,}720) \times (0.80 - 0.78)/(0.94 - 0.78) = 1{,}783$

$*2021/24 = 1{,}296 + (2{,}246 - 1{,}296) \times (0.80 - 0.56)/(0.82 - 0.56) = 2{,}173$

$*2019/36 = 1{,}375 + (1{,}840 - 1{,}375) \times (0.90 - 0.75)/(0.92 - 0.75) = 1{,}785$

$*2020/36 = 1{,}720 + (2{,}222 - 1{,}720) \times (0.90 - 0.78)/(0.94 - 0.78) = 2{,}097$

참고: *세 곳의 계산에서는 종결률의 역전현상이 발견되어 아래 풀이처럼 보간법 계산에서 음수 (0.80 − 0.82)의 할당이 생겨 수정 지급보험금 계산을 달리하였고, 이는 미국 손해보험 계리사 시험의 공식 정답이다.

$2021/24 = 2{,}246 + (2{,}592 - 2{,}246) \times (0.80 - 0.82)/(0.90 - 0.82) = 2{,}160$

(2)

| 진전계수 | 12~24차월 | 24~36차월 | 36~48차월 | 48~종결 |
|---|---|---|---|---|
| | 1.512 | 1.181 | 1.120 | 1.000 |
| | 1.492 | 1.176 | 1.145 | |
| | 1.507 | 1.193 | | |
| | 1.500 | | | |
| 평균 | 1.499 | 1.183 | 1.133 | 1.000 |
| 누적진전계수 | 2.009 | 1.340 | 1.133 | 1.000 |

$$지급보험금 = 2,592(1.133-1) + 2,592(1.340-1) + 2,074(2.009-1) = 3,319$$

### 예제 12-13　미국 손해보험 계리사 시험문제

다음 데이터를 이용하여 질문에 답하라. 단, 버퀴스트-셔먼 방법을 이용하라.

| 사고연도 | 차월별 누적 종결 사고건수 | | | | | | |
|---|---|---|---|---|---|---|---|
| | 12 | 24 | 36 | 48 | 60 | 72 | 최종 |
| 2018 | 2,520 | 3,960 | 5,400 | 5,688 | 6,696 | 6,840 | 7,200 |
| 2019 | 3,478 | 5,358 | 7,050 | 7,332 | 8,836 | | 9,400 |
| 2020 | 3,570 | 5,670 | 7,770 | 8,400 | | | 10,500 |
| 2021 | 3,332 | 5,488 | 7,546 | | | | 9,800 |
| 2022 | 3,045 | 5,220 | | | | | 8,700 |
| 2023 | 3,800 | | | | | | 9,500 |

| 사고연도 | 차월별 누적 지급보험금 | | | | | |
|---|---|---|---|---|---|---|
| | 12 | 24 | 36 | 48 | 60 | 72 |
| 2018 | 17,640 | 28,512 | 39,420 | 42,660 | 51,559 | 54,720 |
| 2019 | 26,085 | 41,792 | 55,695 | 58,656 | 71,572 | |
| 2020 | 27,846 | 45,360 | 62,937 | 68,880 | | |
| 2021 | 26,656 | 45,002 | 62,632 | | | |
| 2022 | 25,883 | 45,936 | | | | |
| 2023 | 34,200 | | | | | |

(1) 사고연도 2020년의 차월별 종결률을 계산하라.

(2) 2023년을 기준으로 하고, 위에서 계산된 종결률을 이용해서 사고연도 2020년의 24차월 누적 지급보험금을 계산하라. 단, 누적 종결건수와 누적 지급보험금 사이에는 선형관계가 존재한다.

☀ 풀이

(1) 12차월 종결률 = 3,570/10,500 = 0.34

　　24차월 종결률 = 5,670/10,500 = 0.54

　　36차월 종결률 = 7,770/10,500 = 0.74

　　48차월 종결률 = 8,400/10,500 = 0.80

(2) 2023년 24차월 종결률 = 5,220/8,700 = 0.60

　　사고연도 2020년의 24차월 누적 지급보험금

$$= 45,360 \times \left(\frac{0.74-0.60}{0.74-0.54}\right) + 62,937\left(\frac{0.60-0.54}{0.74-0.54}\right) = 50,633$$

👥 예제 **12-14**　한국 계리모형론 시험문제

모든 사고들은 해당 사고연도의 12차월 내에 보고되며 개별추산액은 60차월까지 정확히 평가되었다고 가정한다. 와이저(Wiser)에 의해 소개된 개별추산액 진전방식(case outstanding development thechnique)을 이용하여 2023년 12월 31일 기준, 사고연도 2022년의 지급순비금을 산출하시오.

● 2023년 12월 31일 기준, 사고연도 2022년의 24차월 개별추산액은 1,000이며, 지급보험금은 700이었다.

● 개별추산액 잔존율

　12~24차월: 0.8　　24~36차월: 0.5　　36~48차월: 0.2　　48~60차월: 0.0

● 당차월 개별추산액에서 12차월 후 지급보험금이 차지하는 비중

　24차월: 0.7　　　36차월: 0.4　　　48차월: 0.9　　　60차월: 1.0

☀ 풀이

사고연도 2022년

개별추산액 예측:

24차월 = 1,000

36차월 = 1,000 × 0.5 = 500

48차월 = 500 × 0.2 = 100

60차월 = 100 × 0.0 = 0

지급보험금 예측:

36차월 = 1,000 × 0.4 = 400

48차월 = 500 × 0.9 = 450

60차월 = 100 × 1.0 = 100

2022년 지급준비금 = 400 + 450 + 100 = 950

## Chapter 12
# 연습문제

1. 아래의 손해액 통계를 이용하여 48개월차 기준 예측 지급보험금과 지급준비금을 평가하라.
   - 12개월차 사고연도 지급보험금=100,000
   - 사고연도 차월별 진전계수

     12~24차월: 1.50          24~36차월: 1.15          36~48차월: 1.12

     48~60차월: 1.08          60차월~종결: 1.00

2. 실제 지급된 보험금의 누적통계가 전산작업의 오류로 지워졌고, 다만 아래와 같은 정보만 가지고 있다.
   - 사고연도별 60차월에 모든 사고는 종결되며, 예상하는 사고연도별 최종 지급보험금은 다음과 같다.

     2020년=3,060          2021년=3,427

     2022년=3,941          2023년=4,643
   - 구간별 대표 진전계수:

     12~24차월=1.30          24~36차월=1.15

     36~48차월=1.05          48~종결=1.02

   (1) 2023년 12월 31일 기준, 지급된 보험금을 계산하라.
   (2) 2023년 12월 31일 기준, 지급준비금을 평가하라.

3. 사고연도 차월별 통계표는 다음과 같이 여러 형태로 보여진다.

누적 지급보험금                                                                 (단위: 백만원)

| 사고연도 | 12 | 24 | 36 | 48 |
|---|---|---|---|---|
| 2020 | 2,000 | 2,450 | 2,600 | 2,650 |
| 2021 | 2,300 | 2,700 | 2,900 | |
| 2022 | 2,800 | 3,100 | | |
| 2023 | 3,000 | | | |

누적 발생손해액

(단위: 백만원)

| 사고연도 | 12 | 24 | 36 | 48 |
|---|---|---|---|---|
| 2020 | 5,000 | 7,000 | 7,800 | 8,000 |
| 2021 | 5,500 | 7,200 | 8,100 | |
| 2022 | 6,500 | 8,000 | | |
| 2023 | 6,000 | | | |

누적 사고건수

| 사고연도 | 12 | 24 | 36 | 48 | 종결(예측) |
|---|---|---|---|---|---|
| 2020 | 2,000 | 2,100 | 2,150 | 2,170 | 2,170 |
| 2021 | 2,200 | 2,300 | 2,350 | | 2,400 |
| 2022 | 2,400 | 2,500 | | | 2,600 |
| 2023 | 2,600 | | | | 2,750 |

지급보험금이 발생한 누적 사고건수

| 사고연도 | 12 | 24 | 36 | 48 | 종결(예측) |
|---|---|---|---|---|---|
| 2020 | 1,600 | 1,680 | 1,730 | 1,740 | 1,740 |
| 2021 | 1,700 | 1,780 | 1,800 | | 1,810 |
| 2022 | 1,800 | 1,900 | | | 1,930 |
| 2023 | 1,900 | | | | 2,020 |

- 차월별 진전계수는 최근 3년간 평균으로 한다.
- 진전계수는 소수점 3자리에서 반올림한다.
- 모든 사고는 48차월에 종결한다.
- 삼각형 형태의 진전추이방식에 따른다.
- 평가일 기준은 2023년 12월 31일이다.

(1) 사고연도별 건당 평균 지급보험금을 예측하라.
(2) 사고연도별 지급될 것으로 예측하는 보험금 총액을 구하라.
(3) 2023년 12월 31일 기준, 보험회사가 향후에 보험금이 지급되도록 준비해야 할 금액을 평가하라.

4. 다음은 2023년 12월 31일자 통계이다.

차월별 개별추산액:

| 보고연도 | 12 | 24 | 36 | 48 |
|---|---|---|---|---|
| 2020 | 200 | 150 | 70 | 20 |
| 2021 | 300 | 220 | 120 | |
| 2022 | 330 | 250 | | |
| 2023 | 360 | | | |

차월별 지급보험금:

| 보고연도 | 12 | 24 | 36 | 48 |
|---|---|---|---|---|
| 2020 | 100 | 75 | 60 | 40 |
| 2021 | 125 | 80 | 90 | |
| 2022 | 150 | 90 | | |
| 2023 | 200 | | | |

모든 클레임은 60차월에 종결되며, 종결차월에 지급되는 보험금은 48차월 개별추산액보다 20% 초과하는 것으로 가정한다. 와이저(Wiser)에 의해 소개된 보고연도에 의한 개별추산액 진전방식을 이용하여 아래의 질문에 답하라.

(1) 보고연도 2020년부터 2023년까지의 예측되는 최종 발생손해액을 계산하라.

(2) 2023년 12월 31일자 통계에서 보여주는 개별추산액의 적정성을 평가하라.

5. 주택보험의 기대손해율은 70%로 가정한다. 다음 통계자료를 이용하여 2023년 12월 31일 기준 평가되는 IBNR을 본휴더-퍼거슨(Bornhuetter-Ferguson)에 의해 소개된 세 가지 방식에 의해 계산하라.

(1) 예측손해법

(2) 발생손해법

(3) 수정손해법

| 사고연도 | 경과 보험료 | 누적 발생손해액 | | | | |
|---|---|---|---|---|---|---|
| | | 12차월 | 24차월 | 36차월 | 48차월 | 60차월 |
| 2018 | 130 | 32 | 65 | 78 | 98 | 98 |
| 2019 | 150 | 39 | 68 | 95 | 105 | 105 |
| 2020 | 170 | 42 | 77 | 102 | 120 | |
| 2021 | 200 | 54 | 89 | 108 | | |
| 2022 | 220 | 47 | 110 | | | |
| 2023 | 250 | 63 | | | | |

**6.** 모든 사고는 해당 사고연도의 12차월 내에 보고되며 개별추산액은 48차월까지 정확하게 평가되었다고 가정한다. 사고연도에 의한 개별추산액 진전방식을 이용하여 2022년 12월 31일자, 사고연도 2021년의 지급준비금을 계산하라.

- 2022년 12월 31일자, 사고연도 2021년의 24차월 개별추산액은 500이며, 지급보험금은 350이다.
- 개별추산액 잔존율: 12~24차월 = 0.90, 24~36차월 = 0.60, 36~48차월 = 0.30, 48~60차월 = 0.00
- 개별추산액 중 지급보험금 비중: 24차월 = 0.80, 36차월 = 0.50, 48차월 = 0.80, 60차월 = 1.00

**7.** 아래의 손해통계는 사고연도 차월별 발생손해액 현황이다.

| 사고연도 | 12 | 24 | 36 | 48 |
|---|---|---|---|---|
| 2019 | 1,000 | 500 | 150 | 66 |
| 2020 | 1,200 | 600 | 180 | |
| 2021 | 1,400 | 700 | | |
| 2022 | 1,500 | | | |

- 차월별 대표 진전계수는 평균으로 한다.
- 모든 사고는 60차월에 종결하며, 48차월부터 종결까지 손해액은 +2% 진전한다.
- 삼각형 형태의 발생손해액 진전추이방식에 따른다.
- 평가일은 2022년 12월 31일 기준이며, 이 날짜 기준 지급된 보험금의 합은 3,000이다.

(1) 사고연도 2019~2022년의 최종적으로 예상되는 발생손해액 총액은 얼마인가?
(2) 사고연도 2019~2022년의 총 지급준비금을 구하라.

# PART 04

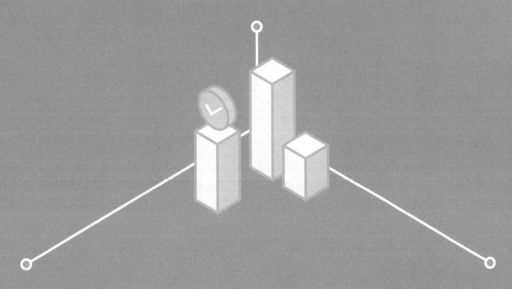

# 리스크 측정
## Risk Measure

# CHAPTER
# 13

# 리스크 측정과 VaR

금융수학에서 준비금 명목으로 모으는 자산 또는 통화의 양을 결정하는 데 위험측도를 이용한다. 준비금의 목적은 규제기관에서 용인되는 은행이나 보험회사 등의 금융기관이 대내외적으로 가지고 있는 위험을 제거하기 위해서이다.

보험회사는 다양한 금융상품을 취급하고 있고 수시로 격변하는 세계경제의 환경 속에서 존재하고 있다. 이러한 환경 속에서 보험상품들의 손실 분포를 연구하여 위험을 측정하는 일도 보험계리에서 중요한 응용 분야 중에 하나가 된다. 예를 들면, 손해와 상해보험(property and casualty insurance)에서 한 명의 보험계약자 또는 전체 보험계약자의 손실은 합성 포아송 모형을 이용해서 구하고, 마찬가지로 생명보험에서는 손실은 종종 추계적 시뮬레이션(stochastic simulation)으로 전체 보험계약자의 손실 분포를 구한다.

손실분포를 바탕으로 어떤 보험상품의 정확한 보험료(premium)를 계산하는 것은 물론이고 위험측도를 가지고 경제자본도 결정한다. 즉, 보험회사에서 미래의 불특정 시점에 발생하는 부채(보험금)를 수용할 만한 높은 확률로 지불할 수 있으려면 얼마만큼의 자본이 필요한지를 계산하게 된다. 위험측도는 내부적으로 위험관리 목적에서, 그리고 감독 당국에서 규제자본이라는 자본요구량을 계산하기 위해서 사용된다. 이 장에서는 위험측도로 많이 이용되는 여러 가지 측도들을 다루도록 하겠다.

# 1. Value at Risk(VaR)

## 1.1 VaR의 개요

미국의 금리자유화 이후 자산과 부채의 시간적 불일치(mismatch)에 따른 리스크 관리의 필요성은 계속 이어졌으며, 급변하는 시장환경과 파생상품의 활발한 등장으로 인한 새로운 리스크의 출현은 이들 리스크를 정확히 측정하고 관리하는 일을 매우 중요하게 만들었다. 그리고 기존의 금리위험에 대한 위험관리기법으로 유용한 ALM(Asset and Liability Management)기법으로는 시가 평가하는 자산과 부채의 시장위험 요소들을 통합적이고 즉각적으로 관리하는 데 한계가 있었다. 한국의 경우, IMF 위기 이후 국내은행부터 시작하여 위험관리 능력에 심각한 우려를 표명하면서 VaR시스템 구축이 본격화되었다.

VaR은 정상적인 시장(normal market) 여건하에서 금리, 환율 등의 위험요소들이 불리한 방향으로 움직일 때, 주어진 신뢰수준(confidential level)에서 목표기간(target period) 동안 발생될 수 있는 최대손실규모(maximum loss)라 정의할 수 있다. VaR은 통계적인 위험측정 방법이다. 예를 들어, 1년 동안 신뢰수준 95%로 계산된 VaR값이 10억원이라 한다면 이는 1년 동안 발생될 수 있는 최대손실액은 10억원이며 이의 신뢰수준은 95%라는 뜻이다. 이를 또 다르게 해석하면, 1년 동안 발생될 수 있는 최대손실액이 10억원보다 많을 가능성은 5%이며, 10억원보다 적을 가능성은 95%라는 의미이기도 하다.

VaR은 모든 잠재적인 리스크들을 통합하여 일정 신뢰수준 내에서 계산되는 최대손실금액이라는 공통의 위험측정방법을 제시하여 여러 자산에 대해 이용하기 쉽다는 장점이 있다. 반면에 VaR에는 몇 가지 한계를 가지고 있는 것도 사실이다. 먼저, 과거통계를 사용하는 다른 모델들처럼 과거자료가 얼마나 미래를 정확하게 예측할 수 있느냐는 점과 정규분포에 따른 신뢰구간에서 실제분포가 두꺼운 꼬리부분(fat tail)을 보일 경우 추정오류가 생길 수밖에 없는 부분이다. 또한, 한 국가가 외환거래를 강제적으로 통제해서 발생하는 국가위험은 VaR에서는 전혀 측정할 수 없다.

## 1.2 VaR의 측정

VaR의 계산을 위해 $\alpha$%의 확신을 가지고 정상적인 시장여건하에서 어떤 개별 또는 포트폴리오의 포지션이 $T$기간 동안 발생할 최대손실금액을 $X$라고 가정하자. 여기에서 최대손실금액 $X$가 VaR이며 $T$는 보유기간을, $\alpha$는 신뢰수준을 가리킨다. 따라서, VaR은 분위 위험측도(quantile risk measure)라고 불리며 항상 신뢰수준 $\alpha$, 주로 $\alpha = 95$% 또는 99%를 동반하는 값이다. 확률분포를 이용하여 VaR을 계산하는 방법은 정규분포로 추정하는 모수적인 방법과 실제분포를 이용하여 백분위수를 측정하는 비모수적인 방법, 두 가지가 있다. 또한, 다른 방법으로는 역사적 시뮬레이션 접근 방법(historical simulation approach)과 모형기반 접근 방법(model-building approach)이 있다.

〈그림 13-1〉은 손실분포로부터 VaR값을 그래프로 나타내었다. 손실분포의 확률분포함수를 알 때, 오른쪽 꼬리부분의 면적이 $(100-\alpha)$%인 부분에 해당하는 손실이 $\alpha$-VaR이다.

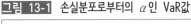
그림 13-1  손실분포로부터의 $\alpha$인 VaR값

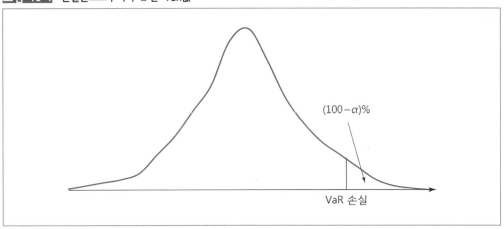

### 1.2.1 모수적(Parametric) 방법

모수적 방법은 모든 자산의 수익률 분포를 정규분포로 가정하고 손실은 수익률에 선형적으로 비례한다는 가정이 있어야 한다. 모수적 방법에 의한 VaR 계산을 예와 함께 하도록 하겠다. 계산에 앞서, VaR에서의 변동성(volatility)은 보통 하루 단위로 적용하는 것이 보편적이다. VaR 계산에서, 일반적으로 1년을 252 거래일로 가정한다. 1년 변동성과 1일 변동성의 관계는 아래의 식과 같다.

$$\sigma_{년} = \sigma_{일} \times \sqrt{252}$$

그래서 일변동성 $\sigma_{일}$은 년변동성 $\sigma_{년}$의 약 $6.3\% = 1/\sqrt{252}$ 이다.

### 1.2.1.1 단일 포트폴리오인 경우

예를 들어, 트레이딩 포트폴리오의 시장가치가 10억원이고 일변동성이 2%라 할 때, 신뢰구간이 99%이며 거래일 10일 동안 발생될 수 있는 최대손실금액을 계산하여 보자.

- 포트폴리오 시장가치의 하루당 표준편차 = 2% × 10억원 = 2천만원
- 거래일 10일 동안의 표준편차 = $\sqrt{10}$ × 2천만원 = 63,245,553원

- 거래일 10일 동안의 최대손실금액 = 시장가치 $\times \sigma_{일} \times \sqrt{T} \times Z$
  $= 10억 원 \times 0.02 \times \sqrt{10} \times 2.33 = 147,362,139원$
  (Z값 2.33은 누적정규분포에 의해 99%일 때의 값이다.)

### 1.2.1.2 포트폴리오가 2개인 경우

트레이딩 포트폴리오 A의 시장가치가 10억원이고 또 다른 포트폴리오 B의 시장가치는 5억원이다. 두 포트폴리오의 수익률 간 상관관계는 0.3이다. 포트폴리오 A의 일변동성이 2%이고 포트폴리오 B의 일변동성은 1%이다. 신뢰구간이 99%이고 거래일 10일 동안에 발생될 수 있는 최대손실금액을 계산하여 보자.

- 두 포트폴리오 시장가치의 하루당 표준편차 = $\sigma_{A+B}$
  $= \sqrt{2천만원^2 + 5백만원^2 + 2 \times 0.3 \times 2천만원 \times 5백만원} = 22,022,716원$
- 1일, 99% VaR $= 2.33 \times 22,022,716 = 51,312,927원$
- 10일, 99% VaR $= \sqrt{10} \times 51,312,927 = 162,265,723원$
- 투자분산(Diversification)의 효과
  포트폴리오 A의 10일, 99% VaR $= 147,362,139원$
  포트폴리오 B의 10일, 99% VaR $= 36,840,535원$
  포트폴리오 A&B의 10일, 99% VaR $= 162,265,723원$
- 투자분산(Diversification)효과
  $= (147,362,139 + 36,840,535) - 162,265,723 = 21,936,950원$

위의 결과는 분리투자를 하는 경우, 약 21,936,950원 정도의 투자손실은 감소시킬 수 있다고 본다. 모수적 방법에 의한 계산은 정규분포를 가정하면 VaR을 쉽게 구할 수 있지만 실제 수익률 자료가 정규분포와 다른 경우 또는 실제 분포가 정규분포와 비슷하지만 두꺼운 꼬리부분(fat tail)을 가질 경우에는 위험을 과소평가하는 경향이 있을 수 있다.

### 1.2.2 비모수적(Non-Parametric) 방법

포트폴리오의 미래가치 확률분포를 $f(x)$라 하고, VaR의 신뢰수준이 $\alpha$일 때 $T$기간 말 기준 포트폴리오의 가치 $X$가 $X'$보다 작을 확률이 $(1-\alpha)$가 되는 $X'$을 찾는 방법이다. 이를 식으로 표시하면 아래와 같다.

$$\alpha = \int_{X'}^{\infty} f(x)dx, \ f(x)는 X의 확률밀도함수$$

$$또는 \ 1-\alpha = \int_{-\infty}^{X'} f(x)dx = 확률(X \le X') = q$$

$X'$은 분포의 $q$퍼센타일(percentile)에 해당된다.

## 1.2.3 단순한 모형에서의 VaR

만약 손실(또는 음의 수익)분포를 $L$이라 하면 $\alpha - \text{VaR}$은 다음과 같이 정의할 수 있다.

$$\alpha - \text{VaR} = \min\{Q : P(L \leq Q) \geq \alpha\}$$

위의 정의에서 min 함수를 쓰는 이유는 손실분포가 가산이산이거나 연속과 이산이 공존하는 혼합분포일 때 쓰이게 된다. $L$이 연속인 함수이면, $P(L \leq Q) = \alpha$를 만족하는 $Q$가 $\alpha - \text{VaR}$이 되고, 누적분포함수의 성질을 이용하면, $Q = F_L^{-1}(\alpha)$로 간단히 표현할 수 있다.

### 예제 13-1

6개월 동안 어떤 포트폴리오의 손실이 평균 30이고 표준편차가 95인 정규분포를 따른다고 하자. 6개월 동안 이 포트폴리오의 95%-VaR을 구하라.

#### 풀이

손실분포가 연속이기 때문에 95% 분위는

$$P(L \leq Q) = 0.95 \Rightarrow \Phi\left(\frac{Q-30}{95}\right) = 0.95$$

여기에서 $\Phi$는 누적 정규분포함수이다. 누적 정규분포 함수표에 따르면

$$\frac{Q-30}{95} = 1.6449 \Rightarrow Q = 186.27$$

### 예제 13-2

이산 손실분포가 다음과 같이 주어져 있다.

$$L = \begin{cases} 100 & \text{with probability } 0.005 \\ 50 & \text{with probability } 0.045 \\ 10 & \text{with probability } 0.10 \\ 0 & \text{with probability } 0.85 \end{cases}$$

주어진 조건으로 누적분포함수를 표로 만들고 99% 분위를 찾아보도록 하자.

💡 풀이

누적분포함수는 다음과 같다.

| $x$ | $F_L(x) = P(L \leq x)$ |
|:---:|:---:|
| 0 | 0.850 |
| 10 | 0.950 |
| 50 | 0.995 |
| 100 | 1.000 |

누적분포함수에서 $P(L \leq Q) = 0.99$를 만족하는 $Q$값은 없다. 따라서 손실이 적어도 99%의 확률이 되는 가장 작은 값을 고르면 50이 된다. 즉,

$$50 = \min\{Q : P(L \leq Q) \geq 0.99\}$$

포트폴리오의 위험을 측정하기 위해서 투자자들은 매일 시장변수 각각에 대하여 델타($\delta$), 감마($\gamma$), 그리고 베가($\nu$) 등을 이용하여 위험을 헷징한다. 이 복잡한 위험측정치에 비해서 VaR은 쉽게 이해가 되고 하나의 수치로 표현되기 때문에 보험회사를 포함한 금융시장에서 많이 이용하였다. 하지만, 유용하게 나타나는 VaR값에도 한계가 있다. 다음의 간단한 예를 생각하면, 은행에서 투자자에게 구성하고자 하는 포트폴리오의 하루 동안 99% − VaR이 1억원 이하가 되도록 규정한다고 가정하자. 만일 투자자가 99.1%의 확률로 하루의 손실이 1억원 이하, 나머지 0.9%의 확률로 손실이 100억원까지 될 수 있는 포트폴리오를 구성한다면 이 포트폴리오는 은행에서 제시하는 기준은 만족할 수 있지만 실제로 투자자 입장에서는 받아들일 수 없는 큰 위험이 된다. 이 단점을 보완한 것이 예상된 기대치(expected shortfall) 또는 조건부 VaR(conditional VaR)이라 불리는 조건부 테일 기댓값이다.

**그림 13-2** 잠재적 손실이 더 큰 손실분포 함수

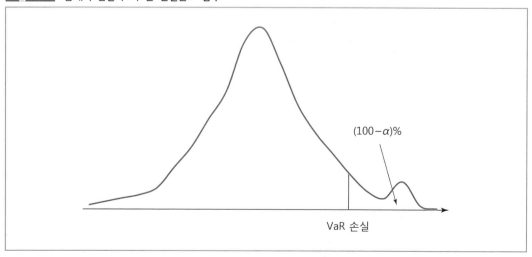

〈그림 13-2〉는 위의 예에서처럼 〈그림 13-1〉의 $\alpha$-VaR값은 동일하나 잠재적 손실이 더 크게 나올 수 있는 분포의 예를 나타낸다. 오른쪽 꼬리부분의 면적이 $(100-\alpha)$%에 해당하는 $\alpha$-VaR은 같지만, 상대적으로 더 큰 손실이 발생할 확률이 〈그림 13-1〉의 분포보다는 더 높다. 따라서, 이런 문제점을 해결하기 위해서 다른 측도인 조건부 테일 기댓값을 살펴보도록 하겠다.

## 2. 조건부 테일 기댓값(Conditional Tail Expectation)

정규분포에서 오른쪽 끝 꼬리부분이 두터운 경우, 잠재적인 손실이 클 가능성이 있다. 이러한 문제점을 해결하기 위한 방법 중 하나가 조건부 테일 기댓값(CTE, Conditional Tail Expectation)이다. VaR이 최대손실금액을 찾는 것이라면 CTE는 상황이 나쁘게 진행됐을 때 예상되는 기대손실을 제공하는 것이다. VaR과 마찬가지로 CTE를 구하기 위해서는 기간 T와 신뢰수준 $\alpha$가 주어져야 한다.

### 2.1 VaR과 조건부 테일 기댓값의 비교

일반적으로 VaR은 은행 같은 금융기관에서 주로 사용하며 단기간의 위험을 측정하는 데 많이 사용된다. 즉, 아주 짧은 시간 동안(주로 한 달 이내)의 위험을 측정하는 데 많이 이용된다. 반면에 CTE는 보험회사의 위험측도를 나타내는 표준으로서 특히 위험자본과 관련하여 보험회사의 위험을 파악하기 위해 필요한 다년간의 위험을 측정하는 데 사용된다. 특히 정규분포처럼 보이나 꼬리부분이 두툼(fat tail)한 분포는 예측하기가 어렵다. 상품특성과 손실분포가 정규분포를 따른다면 VaR과 CTE 사이에서 규칙적으로 예측 가능한 접점을 찾을 수 있지만, 꼬리부분이 두툼(fat tail)한 분포는 확률이 급격히 증가할 수 있게 된다.

손실 또는 이익이 정형화된 분포를 따르지 않는다면 VaR과 CTE 값의 차이는 예측하기가 어렵다. 이러한 상황에서 CTE가 VaR보다 더 좋은 정보를 제공할 수 있다. 한편, $\alpha$를 결정할 때 가장 중요한 사항은 $\alpha$에 대해서 VaR과 CTE를 구해서 두 값의 차이가 가장 크게 나오는 부분을 선택하는 것이 좋다. 그렇지 않다면 극단적인 꼬리부분이 과소평가될 수 있어 CTE의 장점이 사라지게 될 수 있다. 〈그림 13-1〉과 〈그림 13-2〉는 두 가지 상품의 손실 또는 이익의 분포를 보이고 있다. 첫 번째 상품은 손실이 거의 정규분포를 따르는 반면, 두 번째는 그 분포를 예측하기가 어렵다.

첫 번째 상품형태나 손실이 정규분포를 따르는 어떤 상품에 대해서는 CTE와 VaR값 사이의 규칙적으로 예측 가능한 관계를 찾을 수 있다. 따라서 CTE와 VaR측도 중 어떤 것을 이용한다고 해도 비슷한 정보를 얻을 수 있다. 하지만 두 번째 상품형태에서는 VaR과 CTE가 극단적으로 다른 이야기를 보여줄 때가 있다. 손실분포의 꼬리부분 중 확률이 급격히 증가하는 부분이 있다. CTE 계산값은 어디에서부터 시작하든지 간에 확률의 영향을 포함한다. 하지만 VaR측도는 선택한 분위에 해당하는 부분만을 반영한다.

## 2.2 조건부 테일 기댓값

CTE는 보험계리분야에서 아주 중요한 위험측도가 되었다. 직관적으로 쉽게 이해되고 시뮬레이션 결과에 적용할 수 있고 평균적으로 분위값보다 샘플링 오차에 대해서 보다 견고하다 (robustness). CTE는 특히 생명보험의 확률론적 준비금과 지불여력을 계산하는 데 이용된다. 일반적으로, 손실분포가 연속이고 확률밀도함수가 $f(y)$라면, CTE값은 다음과 같이 주어진다.

$$\text{CTE}_\alpha = E(L \mid L > Q_\alpha) = \frac{1}{1-\alpha} \int_{Q_\alpha}^\infty y f(y) dy$$

손실이 $L \geq 0$이면,

$$\text{CTE}_\alpha = \frac{1}{1-\alpha} \int_{Q_\alpha}^\infty y f(y) dy = \frac{1}{1-\alpha} \left\{ \int_0^\infty y f(y) dy - \int_0^{Q_\alpha} y f(y) dy \right\}$$

Klugman, Panjer, 그리고 Willmot 책의 최소 평균값 함수에서,

$$E(L \wedge Q_\alpha) = E(\min(L, Q_\alpha)) = \int_0^{Q_\alpha} y f(y) dy + Q_\alpha (1 - F(Q_\alpha))$$

$$= \int_0^{Q_\alpha} y f(y) dy + Q_\alpha (1 - \alpha)$$

을 이용하면 CTE는 다음과 같이 표현된다.

$$\text{CTE}_\alpha = \frac{1}{1-\alpha} \left\{ E(L) - (E(L \wedge Q_\alpha) - Q_\alpha (1-\alpha)) \right\}$$

$$= Q_\alpha + \frac{1}{1-\alpha} \left\{ E(L) - (E(L \wedge Q_\alpha)) \right\}$$

**예제 13-3**

손실분포가 다음의 간단한 이산분포를 따른다고 하자. 손실변수 $X$가

$$X = \begin{cases} 0 & \text{with probability} \quad 0.9 \\ 100 & \text{with probability} \quad 0.06 \\ 1{,}000 & \text{with probability} \quad 0.04 \end{cases}$$

일 때, $\text{CTE}_{90}$와 $\text{CTE}_{95}$을 구하라.

**풀이**

일단 90분위값, $Q_{0.9} = 0$이다. 다음으로 CTE는

$$\text{CTE}_{90} = E(X \mid X > 0) = \frac{(0.06)(100) + (0.04)(1{,}000)}{0.10} = 460$$

다음으로, 95분위값은 $Q_{0.95} = 100$이고

$$\text{CTE}_{95} = \frac{(0.01)(100) + (0.04)(1{,}000)}{0.05} = 820$$

### 예제 13-4

손실이 평균 30, 표준편차가 95인 정규분포를 따른다고 하자. 95%, 99%의 CTE값을 각각 구하라.

**풀이**

손실이 연속 확률변수를 따르기 때문에, 95% CTE는 $E(L \mid L > Q_{0.95})$이고, $\Phi(z)$를 표준 정규분포의 확률밀도함수라고 두면, 즉 $\Phi(z) = \dfrac{1}{\sqrt{2\pi}} e^{-\frac{1}{2}z^2}$이다.

그러면,

$$\text{CTE}_\alpha = E(L \mid L > Q_\alpha) = \frac{1}{1-\alpha} \int_{Q_\alpha}^{\infty} \frac{y}{\sqrt{2\pi}\,\sigma} e^{-\frac{1}{2}\left(\frac{y-\mu}{\sigma}\right)^2} dy$$

$z = \dfrac{y - \mu}{\sigma}$로 두면,

$$\text{CTE}_\alpha = \frac{1}{1-\alpha} \int_{\frac{Q_\alpha - \mu}{\sigma}}^{\infty} \frac{\sigma z + \mu}{\sqrt{2\pi}} e^{-\frac{1}{2}z^2} dz$$

$$= \frac{1}{1-\alpha} \left\{ \int_{\frac{Q_\alpha - \mu}{\sigma}}^{\infty} \frac{\sigma z}{\sqrt{2\pi}} e^{-\frac{1}{2}z^2} dz + \mu \int_{\frac{Q_\alpha - \mu}{\sigma}}^{\infty} \Phi(z) dz \right\}$$

첫 번째 적분에 $u = \dfrac{z^2}{2}$로 치환하고, 두 번째 적분에서 $Q_\alpha$가 $\alpha$분위값이라는 성질을 이용하면

$\mu\left(1 - \Phi\left(\dfrac{Q_\alpha - \mu}{\sigma}\right)\right) = \mu(1-\alpha)$을 얻고, 일반적인 $\alpha$에 대해서 정규분포의 CTE는 다음과 같이 주어진다.

$$\text{CTE}_\alpha = \mu + \frac{\sigma}{1-\alpha} \frac{1}{\sqrt{2\pi}} e^{-\frac{1}{2}\left(\frac{Q_\alpha - \mu}{\sigma}\right)^2}$$

따라서, 손실이 평균 30, 표준편차 95인 정규분포를 따르는 경우, 95%와 99% CTE는 각각 225.91, 282.22이다.

**3. 역사적 시뮬레이션**

역사적 시뮬레이션 (historical simulation)은 과거 일정기간 동안 실현된 개별자산의 수익률을 현재 포트폴리오의 수익률에 적용하여 n개의 시나리오를 생성한 후 VaR를 계산하는 방법이다. 즉, 특정확률분포를 가정하지 않고 시장변수(market variables)들의 과거 정보에 의거하여 시뮬레이션을 하는 것이다. 경험적으로 손익분포의 꼬리부분은 대체로 두텁기 때문에 정규분포를 가정하는 것과는 다른 결과가 나올 가능성이 대단히 높다. 또한, 위험요소의 분포를 개별적으로 고려하지 않고 한꺼번에 고려하여 상관성을 포함한다. 그래서 비정규성 또는 비선형성을 모두 허용한다.

아래의 예는 가장 최근 500일 동안의 자료를 이용하여 99% 신뢰수준의 1일 기간의 VaR을 산출해 보기 위해 역사적 시뮬레이션을 단계별로 실행하는 내용이다.

1단계: 포트폴리오에 영향을 미치는 시장변수(market variables)들을 파악한다.

2단계: 가장 최근 500일 동안의 선택된 시장변수들의 자료를 얻는다.

**표 13-1 역사적 시뮬레이션 계산을 위한 데이터**

| Day | 시장변수 1 | 시장변수 2 | ………. | 시장변수 N |
|---|---|---|---|---|
| 0 | 20.33 | 0.1132 | ………. | 65.37 |
| 1 | 20.78 | 0.1159 | ………. | 64.91 |
| 2 | 21.44 | 0.1162 | ………. | 65.02 |
| ………. | ………. | ………. | ………. | ………. |
| 499 | 25.75 | 0.1323 | ………. | 61.99 |
| 500 | 25.85 | 0.1343 | ………. | 62.10 |

3단계: 시나리오 생성

**표 13-2 데이터를 이용하여 501일째(내일) 시나리오 산출**

| 시나리오번호 | 시장변수 1 | 시장변수 2 | ……….. | 시장변수 N | 포트폴리오 가치 |
|---|---|---|---|---|---|
| 1 | 26.42 | 0.1375 | ……….. | 61.66 | 23.71 |
| 2 | 26.67 | 0.1346 | ……….. | 62.21 | 23.12 |
| ……….. | ……….. | ………. | ……….. | ……….. | ……….. |
| 499 | 25.88 | 0.1354 | ……….. | 61.87 | 23.63 |
| 500 | 25.95 | 0.1363 | ……….. | 62.21 | 22.87 |

〈표 13−2〉는 오늘과 내일의 %변화가 $d-1$일과 $d$일의 %변화와 같다는 가정하에 시장변수의 내일가치를 산출한 것이다. $V_d$를 $d$일자 시장변수의 가치라 하고 오늘을 $m$일이라고 가정하면 시나리오에 의해 시장변수의 내일가치는 $V_m \times (V_d / V_{d-1})$이다.

예를 들어, 〈표 13−1〉에서 $m=500$이고, 시장변수 1의 오늘가치는 25.85이다. 또한, 시장변수 1의 0일과 1일의 가치는 $V_0 = 20.33$과 $V_1 = 20.78$이다. 그래서, 시나리오1에 의한 시장변수 1의 가치는 $25.85 \times (20.78/20.33) = 26.42$가 된다. 마찬가지로 시나리오 2에 의한 시장변수 1의 가치는 $25.85 \times (21.44/20.78) = 26.67$이 된다.

4단계: 모든 시나리오를 통해 오늘과 내일 사이 포트폴리오 가치의 변동을 계산한다. 〈표 13−2〉는 500개 시나리오 각각 포트폴리오의 내일가치를 보여준다. 예를 들어, 포트폴리오 오늘 가치가 23.50이라고 가정하자. 그래서 오늘과 내일의 포트폴리오 가치는, 시나리오1에서는 $23.71 - 23.5 = +0.21$, 시나리오2에서는 $23.12 - 23.50 - -0.38$로 변화된다. 여기서 $+$는 예상 이익을, $-$는 예상손실을 의미한다.

5단계: 1일기간 VaR을 계산하기 위해서 4단계의 포트폴리오 가치의 변화를 나열한 후, 99%의 신뢰수준이므로 최악의 5개 손실을 선택하는 것이다. 가장 최근 500일의 데이터를 이용하기 때문에 매일 매일 VaR의 평가는 업데이트된다. 그래서, 502일에는 3일부터 502일까지의 데이터를 이용하여 VaR을 결정하는 것이다.

역사적 시뮬레이션은 실제 자료를 이용하므로 특정모형이나 시장리스크의 정규모형에 대한 가정이 필요하지 않다. 따라서 두터운 꼬리를 가진 비정규모형을 이용할 수 있고 잘못된 모형설정에 의한 오류도 피할 수 있게 된다. 그러나, 역사적 시뮬레이션은 과거 자료만을 이용하기 때문에 만일 과거 기간 동안 극도의 손실이 발생한 날이 단 하루라도 있다면 그런 사실이 그대로 반영된다는 문제를 안고 있다.

## 4. 극단치 이론

은행과 보험회사를 포함한 금융산업은 중대한 변화를 맞이하고 있다. 보험사, 재보험사는 자연 재해로 인한 대형화된 손실에 점점 더 노출되어 있고 끊임없이 복잡해지는 금융상품들로 인해 정교한 위험측도를 필요로 하게 되었다. 이 장에서 소개되는 극단치 이론(Extreme Value Theory)은 보험사, 재보험사 또는 금융회사들의 위험관리를 하는 데 중요한 방법론적인 역할을 하고 있다.

다음의 〈표 13－3〉은 1991~2012년 동안의 캘리포니아주의 손해와 상해보험에 관한 보험료와 손실을 나타내는 자료에서 지진과 관계있는 부분을 발췌하였다. 1991~1993년의 자료를 바탕으로 1994년도에 지진으로 인한 손실대비 보험료의 비율이 1,192.05%가 될 것이라고 누군가 예측할 수 있었을까? 위키피디아에 따르면 1994년 1월 17일 태평양시간대로 새벽 4시 30분경에 로스앤젤레스 근교의 노스리지(Northridge)에서 10~20초 정도 리히터 강도 6.7규모의 지진이 발생하였고 360km나 떨어진 네바다주의 라스베이거스까지 진동을 느낄 정도로 지반 가속도가 빠른 지진이었었다. 이 지진으로 인하여 전체적으로 당시 약 300억 달러가량의 피해가 있었고 당시 LA교민들의 피해도 상당했다. 그리고 이 손실은 보험역사상 손에 꼽히는 대형 손실이었다.

**표 13-3 캘리포니아 지진 손해/상해 보험료와 손실 자료**

| 연도 | 보험료 | 발생한 손실 | 비율 |
|---|---|---|---|
| 1991 | 425,358,724 | 70,712,094 | 16.62% |
| 1992 | 481,401,801 | 61,514,432 | 12.78% |
| 1993 | 526,538,095 | 14,327,587 | 2.72% |
| 1994 | 622,870,915 | 7,424,935,087 | 1192.05% |
| 1995 | 740,270,005 | 1,082,188,518 | 146.19% |
| 1996 | 935,686,727 | 54,461,174 | 5.82% |
| 1997 | 722,932,827 | 333,734,451 | 46.16% |
| 1998 | 388,722,280 | 76,629,132 | 19.71% |
| 1999 | 781,016,231 | 37,321,548 | 4.78% |
| 2000 | 826,194,330 | 171,261,981 | 20.73% |
| 2001 | 883,638,806 | 270,521,983 | 30.61% |
| 2002 | 912,234,065 | 216,667,259 | 23.75% |
| 2003 | 928,922,325 | 185,350,949 | 19.95% |
| 2004 | 961,821,937 | 158,197,403 | 16.45% |
| 2005 | 976,098,590 | 183,859,230 | 18.84% |
| 2006 | 1,071,352,628 | (103,396) | (0.01%) |
| 2007 | 1,100,683,902 | (51,727,307) | (4.70%) |
| 2008 | 1,120,923,158 | (22,306,204) | (1.99%) |
| 2009 | 1,188,182,122 | (951,792) | (0.08%) |
| 2010 | 1,202,169,626 | 2,609,828 | 0.22% |
| 2011 | 1,221,540,837 | 2,984,214 | 0.24% |
| 2012 | 1,224,549,347 | 4,558,867 | 0.37% |

자료 : NAIC
database(http://www.insurance.ca.gov/0400-news/0200-studies-reports/0100-market-share/2012/upload/Prop103MktShrHistorical.pdf).

재보험사는 자연재해 또는 인재(man‒made catastrophe)로 인해서 발생하는 손실의 강도나 규모가 점점 증대되고 있는 것을 경험하고 있다. 따라서 한 국가의 부동산 또는 건물들에 대한 손해와 상해 보험료와 보험금이 보험사나 재보험사 내에서 큰 재산으로 추산할 수 있고, 금융회사에서는 재해로 인한 보험영역에 적절한 담보상품을 판매함으로써 이 자산을 취득하려고 하고 있다. 따라서, 지금까지 여러 가지 증권화된 상품들이 새롭게 만들어지고 기존 상품들은 보완되어 더 나은 상품으로 대체되고 있다.

다른 곳으로 위험을 전가하는 것 또는 증권화(securitization)는 현재 은행이나 보험회사에서 행해지고 있는 중요한 연구 분야이고 보험계리사들은 새 상품을 만드는 일에 중요한 역할을 담당하고 있다. 앞에서 보았던 VaR이나 CTE는 위험을 측정하는 방법이었는데, 증권시장 붕괴 또는 기업체 파산 등의 예를 보면, 금융시계열 자료의 두터운 꼬리현상에서 나타나는 극단치를 예측하기에는 적합하지 못했고 그것을 보완하기 위해서 극단치 이론이 만들어지게 되면서, 통계적인 최적의 방법으로 사건들의 결과를 수치화하게 되었다. 예를 들면, 위험관리자는 결괴적으로 가능 손실액을 추정하는 것에 관심을 가지고, 이 가능 손실액은 이익과 손실함수에 분위라는 이름으로 새롭게 만들어진다. 극단치 이론은 채무 불이행 확률의 모형화하는 것과 주식 포트폴리오의 관리에서의 분산요인을 추정하는 것에 도움이 될 것으로 기대한다.

## 4.1 기본이론

극단치에 관계된 기본 개념을 검토하기 위해서는 손실이 동등 독립 분포를 따른다는 단순한 가정으로 시작한다. 이 장에서는 손실은 항상 양수라고 두고 양의 확률변수의 분포함수에서 최저치 부분의 왼쪽 꼬리부분을 보면 된다.

동등 독립 누적분포 $F$를 따르는 손실이 다음과 같이 주어져 있을 때

$$X_1, \ X_2, \ \cdots, \ X_n$$

위의 손실에 순서를 부과한 새로운 변수를

$$X_{n,\,n} = \min(X_1, \ X_2, \ \cdots, \ X_n), \ \cdots, \ X_{1,\,n} = \max(X_1, \ X_2, \ \cdots, \ X_n)$$

으로 두면 다음과 같은 순서통계량을 얻을 수 있다.

$$X_{n,\,n} \le X_{n-1,\,n} \le \cdots \le X_{1,\,n}$$

여기에서 변수 $r = 1, \ 2, \ \cdots, \ k$이고 하고, $k$가 $n$에 관한 함수 $k(n)$일 때, 어떤 정의된 함수 $h_r$에 순서통계량을 넣은 함수값의 합, $\sum_{r=1}^{k} h_r(X_{r,\,n})$을 구하려고 한다. 예를 들어, 모든 $r = 1, \ 2,$

$\cdots$, $k$에 대해서 $h_r = \dfrac{1}{k}$이면, 위의 함수값의 합은 $k$번째로 큰 손실 $X_{1,\,n}$, $X_{2,\,n}$, $\cdots$, $X_{k,\,n}$까지의 평균을 나타낸다. 또 다른 예로, $k = n$으로 두고 적당한 값 $u > 0$에 대해서 $h_r(x) = \max(0,\ x - u)$로 정의하면 손실이 $u$보다 큰 값에서 $u$를 초과하는 손실의 총합이 된다. 이것은 손해보험에서 자기부담금(deductible)에 적용하는 손실이다.

### 예제 13-5

어떤 주어진 포트폴리오에서 각각의 손실들이 평균 10인 지수분포를 따른다고 하자. 100개의 손실을 관측하여서 가장 큰 손실이 50이었다. 이것은 믿을 만한 모형인가? 또, 만약 큰 손실이 100이면 믿을 만한 모형인가?

#### 풀이

관측된 손실을 $X_1$, $X_2$, $\cdots$, $X_{100}$이라고 두면 각각은 다음의 누적분포함수를 따른다. 임의의 $i$에 대해서

$$P(X_i \le x) = 1 - e^{-\frac{x}{10}}, \quad x \ge 0$$

손실 중 가장 큰 값을 $M_n = \max(X_1,\ X_2,\ \cdots,\ X_n)$으로 두면 $M_{100}$의 누적분포함수는

$$P(M_{100} \le x) = \prod_{i=1}^{100} P(X_i \le x)$$

$$= \left(1 - e^{-\frac{x}{10}}\right)^{100}$$

따라서,

$$P(M_{100} \ge 50) = 1 - (1 - e^{-5})^{100} = 0.49139, \quad P(M_{100} \ge 100) = 0.00453$$

순서통계량을 이용해서 100개의 손실 중 가장 큰 손실이 50 이상일 확률은 0.49139이기 때문에 합당한 모형이지만 100 이상일 확률은 0.00453으로 나타나기 때문에 적합한 모형이 아니다.

위와 같은 확률의 정확한 값을 쉽게 구할 수도 있지만 다음의 근사치를 이용한 방법을 생각해 보자. 먼저 모든 1보다 큰 $n$과 어떤 실수 $x$에 대해서,

$$P\left(\frac{M_n}{10} - \ln x \le x\right) = P(M_n \le (x + \ln x))$$

$$= \prod_{i=1}^{n} P(X_i \le 10(x + \ln x)) = \left(1 - \frac{e^{-x}}{n}\right)^n$$

여기에서 관측의 횟수 $n$을 늘리면,

$$\lim_{n \to \infty} P\left(\frac{M_n}{10} - \ln x \le x\right) = \lim_{n \to \infty} \left(1 - \frac{e^{-x}}{n}\right)^n$$

$$= \lim_{n \to \infty} \left(1 + \frac{-e^{-x}}{n}\right)^{-\frac{n}{e^{-x}}(-e^{-x})} = e^{-e^{-x}} \equiv \Lambda(x)$$

따라서, 다음의 근사값을 얻을 수 있다.

$$P(M_n \leq x) \approx \Lambda\left(\frac{x}{10} - \ln x\right)$$

위의 근사값을 이용하여 확률을 구할 수 있다.

$$P(M_{100} \geq 50) \approx 0.4902, \quad P(M_{100} \geq 100) \approx 0.00453$$

이 근사값은 처음의 실제 값과 거의 비슷하다. 위의 예제를 정리하게 되면, 손실 $X_1$, $X_2$, $\cdots$, $X_n$이 독립적 상등분포로 모수가 $\lambda$인 지수분포를 따른다고 하면 모든 실수 $x$에 대하여 다음을 만족한다.

$$\lim_{n \to \infty} P(\lambda M_n - \ln x \leq x) = \Lambda(x)$$

만일 각각의 누적손실분포 $F_{X_i} = P(X_i \leq x)$에 대한 정확한 성질을 잘 알지 못할 때에 위의 예제와 똑같은 물음이 전형적인 극단치 이론의 출발점이다.

우선 Gnedenko, Fisher-Tippett정리에 대해서 알아보도록 하자.

손실 $X_1$, $X_2$, $\cdots$, $X_n$이 독립적 상등분포로 누적분포 $F$를 따르고 $a_n$, $b_n$이 상수들이라고 할 때, 임의의 $x$에 대해서 비퇴화 극한분포(nondegenerate limit distribution) $G$는

$$\lim_{n \to \infty} P\left(\frac{M_n - b_n}{a_n} \leq x\right) = G(x)$$

로 정의되고 다음의 세 가지 유형 중 하나를 따른다.

(1) Frechet : $\alpha > 0$에 대해서

$$\Phi_\alpha(x) = \begin{cases} 0 & x \leq 0 \\ \exp(-x^{-\alpha}) & x > 0 \end{cases}$$

(2) Weibull : $\alpha > 0$에 대해서

$$\Psi_\alpha(x) = \begin{cases} \exp(-(-x)^{-\alpha}) & x \leq 0 \\ 1 & x > 0 \end{cases}$$

(3) Gumbel : 모든 $x$에 대해서

$$\Lambda(x) = \exp(-e^{-x})$$

**그림 13-3** Frechet, Gumbel, Weibull 표준 확률밀도함수

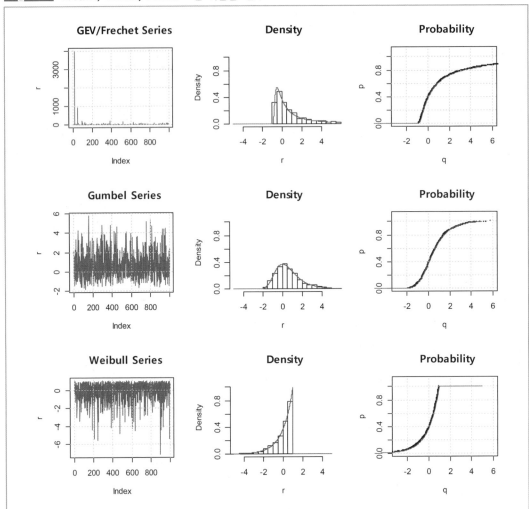

자료 : 통계 프로그램(R Project)

위의 세 가지 유형의 분포를 극단치 분포라고 하고 $G$가 유형 $H$에 속한다는 말은, 임의의 $a > 0$와 실수 $b$에 대해서 모든 $x$가 다음과 같이 표현된다는 것이다.

$$G(x) = H\left(\frac{x-b}{a}\right)$$

위의 극단치 분포를 Jenkinson과 von Mises는 다음의 일반적인 분포로 나타내었다. $1 + \epsilon x > 0$인 구간에서

$$H_{\epsilon,\,\mu,\,\sigma}(x) = \begin{cases} \exp\!\left(-\left(1 + \epsilon\!\left(\dfrac{x-\mu}{\sigma}\right)\right)^{-1/\epsilon}\right) & \epsilon \neq 0 \\[2mm] \exp\!\left(-\exp\!\left(-\dfrac{x-\mu}{\sigma}\right)\right) & \epsilon = 0 \end{cases}$$

여기에서 $\epsilon = \dfrac{1}{\alpha} > 0$이면, $H_\epsilon(x)$는 Frechet 분포, $\epsilon = 0$, $\epsilon = -\dfrac{1}{\alpha} < 0$이면, 각각 Gumbel, Weibull 분포를 따른다. 〈그림 13-3〉에서 Frechet, Gumbel, Weibull 표준 확률밀도함수와 확률값을 나타내었다.

## 4.2 초과치의 분포

초과치의 분포는 POT(peak over threshold)라고도 하며, 특정한 임계점을 초과하는 확률변수의 분포를 의미한다. 확률변수 $X$에 대해서 누적분포함수 $F$가 임의로 주어졌을 때 POT는 특정한 threshold $u$를 초과하는 분포함수 $F_u$를 추정하는 방법이다. 이 분포함수 $F_u$를 조건부 초과분포함수라고 하며 $0 \leq y \leq x_F - u$인 곳에서 다음과 같이 정의된다.

$$F_u(y) = P(X - u \leq y \mid X > u)$$

여기에서 $u$는 주어진 threshold이고 $y = x - u$는 초과치, $x_F$는 분포함수 $F$의 오른쪽 끝 값이다. 따라서, $x_F$는 $\infty$가 될 수도 있다. 조건부확률의 정의에 의해서

$$F_u(y) = \frac{P(u < X \leq y + u)}{P(X > u)} = \frac{F(y + u) - F(u)}{1 - F(u)} = \frac{F(x) - F(u)}{1 - F(u)}$$

이 조건부 초과분포함수는 확률변수 $X$가 $u$를 초과했을 경우 그 초과분이 $y$일 경우의 확률을 나타낸다. 이 조건부 초과분포는 확률변수 $X$의 분포에 관계없이 일반화된 파레토 분포(GPD)로 수렴한다는 것은 Pickands(1975), Balkema and de Haan(1974)에 의해서 밝혀졌다. 기본 GPD의 누적분포함수 $G_\zeta$는 다음과 같이 정의된다.

$$G_\zeta(y) = \begin{cases} 1 - (1 + \zeta y)^{-1/\zeta} & \text{if } \zeta \neq 0 \\ 1 - e^{-y} & \text{if } \zeta = 0 \end{cases}$$

여기에서 $\zeta \geq 0$이면 $y \geq 0$이고, $\zeta < 0$이면 $0 \leq y \leq -1/\zeta$으로 기본 GPD에서 일반 GPD는 $0 \leq y \leq x_F - u$인 곳에서 다음과 같이 표현된다.

$$G_{\zeta\sigma}(y) = \begin{cases} 1 - \left(1 + \dfrac{\zeta}{\sigma} y\right)^{-1/\zeta} & \text{if } \zeta \neq 0 \\[2mm] 1 - e^{-y/\sigma} & \text{if } \zeta = 0 \end{cases}$$

이것으로 인해 VaR을 측정한 고전적인 방법들의 한계였던 수익률 분포를 정규분포나 다른 함

수로 가정하는 단점이 극복될 수 있는 계기가 되었다.

### 😸 |예제| 13-6

GPD를 이용하여 extreme VaR을 측정해보라.

#### 💡 풀이

조건부 초과분포함수의 정의로부터 $F(x) = (1 - F(u))F_u(y) + F(u)$이고 $F_u(y)$가 GPD로 수렴하는 것과 총 $n$개의 관측치 중에서 $u$를 초과하는 관측치 $N_u$가 있을 때의 추정치인 $\dfrac{n - N_u}{n}$를 $F(u)$에 집어넣으면,

$$F(x) = \frac{N_u}{n}\left(1 - \left(1 + \frac{\zeta}{\sigma}(x - u)\right)^{-1/\zeta}\right) + \left(1 - \frac{N_u}{n}\right)$$

로 나타내고 다음과 같이 식을 정리할 수 있다.

$$F(x) = 1 - \frac{N_u}{n}\left(1 + \frac{\zeta}{\sigma}(x - u)\right)^{-1/\zeta}$$

$\alpha - \text{VaR}$은 $F^{-1}(1 - \alpha)$이므로, 위의 함수의 역함수를 구하면 다음과 같고

$$u + \frac{\sigma}{\zeta}\left(\left(\frac{n}{N_u}(1 - y)\right)^{-\zeta} - 1\right)$$

이 역함수에 $1 - \alpha$을 집어넣은 함수값이 다음의 $\alpha - \text{VaR}$값이 된다.

$$u + \frac{\sigma}{\zeta}\left(\left(\frac{n}{N_u}\alpha\right)^{-\zeta} - 1\right)$$

**Chapter 13**

# 연습문제

1. 이산 손실분포가 다음과 같이 주어져 있다.

$$L = \begin{cases} 1,000 & \text{with probability } 0.009 \\ 100 & \text{with probability } 0.041 \\ 5 & \text{with probability } 0.15 \\ 0 & \text{with probability } 0.8 \end{cases}$$

$\alpha = 99$일 때 각각 VaR과 CTE값을 구하라.

2. 손실이 평균 10, 표준편차 20인 정규분포를 따르는 경우, $\alpha = 95, 99$일 때 각각 VaR과 CTE 값을 구하라.

3. 손실이 평균 $\lambda = 100$인 지수분포를 따를 때, $\alpha = 95, 99$일 때 각각 VaR을 구하라.

4. 금에 3천만원을 투자하고, 은에 5천만원을 투자한 포트폴리오가 있다. 두 자산의 일일 변동성은 각각 2.5%와 2%이고, 두 자산 수익률 간의 상관계수는 0.4이다. 이 포트폴리오의 보유기간 10일간의 95% VaR은 얼마인가? 분산효과에 의해 VaR은 얼마나 감소하는가?

5. A자산에 천만원, B자산에 천만원을 투자한 포트폴리오가 있다. 두 자산의 일별 변동성은 각각 표준편차 1%이고 두 자산 수익률 간의 상관계수가 0.2이라고 하면 포트폴리오의 99% VaR을 3일 기준으로 계산하라.

6. 주식의 수익률을 1,000일 동안 파악하여 손해가 50을 초과하는 경우가 2%일 때, GPD를 이용하여 99%의 extreme VaR을 추정하여라. 여기에서 $\zeta = 0.2, \sigma = 0.6$이다

7. VaR(Value at Risk)은 시장상황이 정상적일 때 주어진 신뢰수준에서 특정기간 내에 발생할 수 있는 최대손실금액으로 정의된다. 연간 기대수익률이 각각 10%인 주식 A와 B가 있다. 이 두 주식으로 구성된 포트폴리오의 연간수익률 표준편차는 40%이다. 보험사 갑이 이 포트폴리오에 100억원을 투자하는 경우, 포트폴리오의 VaR을 신뢰수준 95%, 투자기간 3개월 기준에서 정

규분포를 이용하여 구하시오.

$$(단, \text{Prob}(\mu + 1.65\sigma) = 90\%, \text{Prob}(\mu + 1.96\sigma) = 95\%)$$

8.  A자산의 시장가치는 20억원이고 일일변동성이 2%이며, B자산의 시장가치는 10억원이고 일일
    변동성이 1%이다.

    (1) 각 자산 투자포지션의 신뢰구간 95%인 거래일 30일 동안 발생될 수 있는 최대손실금액
    을 계산하라.
    [단, $\text{Prob}(\mu + 1.65\sigma) = 90\%$, $\text{Prob}(\mu + 1.96\sigma) = 95\%$]

    (2) 자산 A와 B가 동일한 포지션을 취하며 두 자산의 수익률 간 상관관계는 0.4이다. 포트
    폴리오의 신뢰수준 95%인 포트폴리오의 VaR(Value at Risk)을 계산하고 분산효과를 수
    치로 계산하라.

    (3) 포트폴리오에 의한 자산 A와 B의 VaR(Value at Risk) 공헌도를 계산하라.

9.  자산 A의 VaR(Value at Risk)은 20이며, 자산 B의 VaR은 10이다. 두 자산의 상관관계는
    0.3으로 가정한다. 아래의 각 경우에 의한 포트폴리오의 VaR과 포트폴리오에 의한 분산효과를
    수치로 나타내라.
    *   자산 A와 B는 동일한 포지션이다.
    *   자산 A는 매입포지션이며, 자산 B는 매도포지션을 취한다.

10. 손실분포는 다음의 이산분포에 의한다.
    확률(X=0)=0.90, 확률(X=100)=0.08, 확률(X=1,000)=0.02
    (1) 신뢰수준 90%일 때의 CTE를 구하라.
    (2) 신뢰수준 95%일 때의 CTE를 구하라.

11. 자산가치는 15,000에서부터 25,000까지 균일분포(uniform distribution)를 따른다. 손해액은
    아래의 확률분포를 따른다. 자산과 손해액은 서로 독립적인 관계이며, 아래의 등식이 성립한다
    고 가정한다. 신뢰수준 95%인 W의 VaR(Value at Risk) 값을 구하라.
    확률(X=10,000)=0.30,
    확률(X=15,000)=0.55,
    확률(X=25,000)=0.15
    W=자산 - 부채 (단, 부채는 손해액만 존재한다.)
    E(W)=E(자산) - E(부채)

**12.** 아래의 정보를 이용해 물음에 답하여라.

- 주식(A)가치 1천만원의 거래일 10일 동안의 99% 신뢰수준 VaR(Value at Risk)은 736,811원이다.
- 주식(B)가치 1천만원의 거래일 10일 동안의 99% 신뢰수준 VaR은 1,105,216원이다.
- 주식 A와 B의 일일변동(daily volatility)은 독립적이며 평균값 0인 정규분포(normal distribution)를 따른다.

  (1) 주식 A의 일일변동성은 무엇인가?

  (2) 주식 A와 B의 수익률은 이변량 정규분포(bivariate normal distribution)이며, 서로 완벽한 상관관계(perfectly correlation)라 가정한다. 주식 A의 5백만원과 주식 B의 5백만원으로 구성되는 1천만원 포트폴리오의 10일 99% 신뢰수준 VaR를 계산하라.

  (3) 10일 99% 신뢰수준 VaR 관점으로부터, 주식 A만 1천만원인 단일포지션과 주식 A의 5백만원과 주식 B의 5백민원으로 구성되는 1천만원 포트폴리오 포시션이 같도록 하기 위한 상관계수(correlation coefficient)를 계산하라.

# CHAPTER
# 14

# 통합리스크 관리

## 1. RBC에 대한 이해

### 1.1 RBC 이전의 세상

과거에 보험선진국가에서 지급여력을 평가할 때, 보유하고 있는 자산과 부채의 가치를 추정하고 이런 추정치의 불확실성은 리스크마진을 통해 보완하는 시스템이 기본이었다. 그리고, 산업의 재정적인 안전성과 경제의 균형을 위해 회사마다 보유하도록 권장하는 추가 자본 규모를 제시하였다. 예를 들어, 감독당국은 어느 보험회사에게 보험료의 몇 %와 현재 보험금이 청구되었으나 미지급되어 있는 개별추산액(case outstanding reserves)을 감당하기에 충분한 자본을 보유하도록 요구하는 것이었다. 이러한 접근방식은 단순하면서도 이해하기 쉬운 면이 있었다. 그러나 위의 전제조건은 모든 보험회사가 유사한 상품을 팔고 있고 경영방식, 투자전략, 또는 리스크 관리 방법이 회사마다 서로 비슷하다면 최적의 방법일 수 있다. 그러나 금융시장은 확대되고 다양한 담보를 보장하는 보험상품들이 회사마다 독자적으로 개발되면서 위의 접근방법은 더 이상 효력을 잃게 되었다. 특히, 전통적인 지급여력 계산법은 회사마다 노출되어 있는 각기 다른 리스크를 모두 다 반영하고 있지 못한 치명적인 결함이 있었다. 이는 회사마다 재정적인 상태에 의해 요구자본 금액을 많거나 적게 할 수 있는 주관적 판단이 많이 개입될 소지가 있었다.

이에 따라 회사가 안고 있는 리스크의 속성과 크기에 따라 회사가 보유해야만 하는 최소한의 자본금액을 계산할 수 있는 세부적인 기법을 개발하려는 분위기가 무르익게 되었다. 금융당국에서 제시하는 규제 지급여력제도에서 리스크를 반영한 자기자본 계산법, 일명 RBC(Risk-Based Capital)는 국제결제은행(BIS)의 후원하에 은행권에서 먼저 개발되었고 그 기준을 대다수 선진은행감독당국에서 채택하였다. 보험회사도 동일한 개념이 적용되고 있다. 국제보험감독자협의회

(IAIS)는 보험회사에 내재되어 있는 리스크를 반영하여 최소자본을 요구하는 방식을 제안하였고 현재 대부분의 보험선진국에서 채택하고 있다.

## 1.2 RBC 요구자본

금융의 세계화와 기술력의 발전으로 인한 복잡한 파생상품들로 인하여 기업이나 금융권의 위험측면에서는 업무의 다각화와 헷지 등을 이용한 위험분산과 같은 위험 감소 요인과 함께 전염효과나 거미줄처럼 얽혀있는 상품구조에 의한 위험 증가 요인이 동전의 양면처럼 공존하고 있다. 특히 금융그룹의 부실은 금융체계의 위험을 유발하는 등 세계 금융위기 시기에 중요한 위험 요인 중의 하나로 인식된다. 금융의 포괄화 개념으로 인한 위험변화에 대응하기 위해 통합위험 관리체제(integrated risk management system) 구축이 기업 내 또는 기업 간 그리고 나아가서 국가 간으로 필요성이 커지고 있다.

우리나라는 위험기준 자기자본(Risk Based Capital)제도를 2009년부터 도입하여 시행하고 있다. 이 방식은 개별위험액을 간편하게 단순합산하게 되면 총요구자본을 과대계상할 가능성이 있기 때문에 분산효과를 반영하여 총위험을 산출하는 것이다. 금융감독원이 같은 해 4월에 보험업계 공통의 위험계수를 적용한 보험회사 RBC 통합리스크는 개별리스크 간의 상관관계를 완전상관 또는 무상관이라는 단순한 가정을 통해 산출되고 있다. 현행 통합리스크제도에 의한 RBC는 다음과 같다.

$$\text{RBC 요구자본} = \sqrt{I^2 + M^2 + (i+C)^2} + O$$

여기에서 $I$는 보험리스크, $M$은 시장리스크, $i$는 금리리스크, $C$는 신용리스크, 그리고 $O$는 운영리스크이다. 위의 식에서 보면, 보험리스크, 시장리스크, 금리와 신용리스크의 개별리스크는 무상관으로 가정하고 금리리스크와 신용리스크 간에는 완전상관으로 가정이 되어 있다. 이 방법은 계산의 용이성은 있지만 개별리스크 간의 단순화된 상관관계로 인해서 결과값의 신뢰성은 다소 떨어진다.

### 예제 14-1
가상의 세 가지 위험액이 각각 주어져 있을 때, 분산효과를 고려한 자본요구량을 구하라.

| 위험 | A | B | C |
|---|---|---|---|
| 자본요구량 | 3 | 4 | 5 |

☼ 풀이

(1) 분산효과가 없는 경우 : 위험액 A, B, C는 서로 동시에 영향을 주고받음(상관계수 1)

$$A+B+C=\sqrt{(3+4+5)^2}=12$$

(2) 일부분산효과 :

위험액 C와 A, B는 영향이 없어 분산효과가 있으며(상관계수 0), 위험액 A, B는 동시에 영향을 주고받음(상관계수 1)

$$\sqrt{(A+B)^2+C^2}=\sqrt{(3+4)^2+5^2}=8.60$$

(3) 완전분산효과 : 위험액 A, B, C는 서로 영향을 주고받지 않으므로 완전분산효과가 있음(상관계수 0)

$$\sqrt{A^2+B^2+C^2}=\sqrt{3^2+4^2+5^2}=7.07$$

따라서 총 요구자본량은 단순합산인 경우가 가장 크고 다음으로 일부분산효과가 그리고 완전분산효과가 반영된 경우의 총요구자본량이 제일 적다.

개별리스크의 측정기간, 리스크의 분류, 미래 현금흐름 예측기간 등이 RBC제도의 정착에 중요한 역할을 담당하고 있지만 특히 개별리스크를 통합하는 문제가 가장 중요시되고 있다. 일반적으로 RBC를 통합하는 방법은 분산공분산(Variance-Covariance) 방법 그리고 코퓰라 함수(Copulas)를 이용한 방법이 있다. 다음 부분에서는 통합리스크를 산출하기 위한 개별리스크에 대한 정의와 산출식 그리고 마지막으로 통합리스크 산출에 대한 이론적인 정리와 Solvency Ⅱ에 대해서 간단하게 설명을 하도록 하겠다.

## 2. 보험회사의 RBC 요구자본 산출

보험회사 RBC 요구자본은 크게 다섯 가지 개별리스크인 보험리스크, 시장리스크, 금리리스크, 신용리스크, 운영리스크를 각각 산출하여서 통합한다. 개별리스크는 리스크 노출정도(Exposure)에 산정된 위험계수를 서로 곱하여 산출한다. 리스크 노출정도는 자산, 부채, 수입보험료 등에 대해 재무제표상의 잔액을 이용하고, 위험계수는 자산항목별, 보험종목별, 금리민감도별로 구분하여, 과거 경험치에 대한 통계적 분석, 시나리오 분석 등에 근거하여 산정한다.

### 2.1 개별리스크 산출

개별리스크 산출을 위해 보험회사 RBC 요구자본을 산출하기 위해 필요한 각각의 리스크를 정의하고 리스크를 측정하는 방법에 대해서 논의하도록 하겠다.

## 2.1.1 보험리스크

보험리스크(insurance risk)는 보험회사의 고유 업무인 보험계약의 인수 및 보험금 지급과 관련하여 발생하는 위험으로 보험가격리스크와 준비금리스크로 나뉜다. 보험가격리스크와 준비금리스크를 개별적으로 산출하고 두 리스크 간의 상관관계가 낮다는 가정하에, 보험리스크($I$)는 다음과 같이 구할 수 있다.

$$I = \sqrt{IV^2 + R^2}$$
$$IV = 보험가격리스크$$
$$R = 준비금리스크$$

### 2.1.1.1 보험가격리스크

보험가격리스크(mispricing risk)는 보험료 산출시 적용된 예정위험률과 실제로 발생한 위험률의 차이로 인하여 손실이 발생하거나 손익이 변동할 위험으로 정의한다. 이 리스크는 요구자본 측정대상 계약의 노출정도에 위험계수를 곱하여 구한다. 여기에서 요구자본 측정대상은 생명보험 및 손해보험의 전체 계정으로 하고 노출정도는 생명보험 및 장기손해보험의 경우 산출기준일 직전 1년간 보유위험보험료로 하고, 일반손해보험의 경우 산출기준일 직전 1년간 보유보험료로 한다. 단, 보유율이 50% 미만일 경우는 50%를 한도로 한다.

### 2.1.1.2 준비금리스크

준비금리스크는 이미 발생한 보험사고에 대하여 향후 지급될 것으로 예상한 보험금액과 실제로 지급될 보험금과의 차이로 인한 손실이 발생할 위험으로 정의한다. 준비금리스크는 요구자본 측정대상 계약의 노출정도에 위험계수를 곱하여 구한다. 준비금리스크 측정대상은 손해보험 일반계정으로 한다. 생명보험 및 장기손해보험은 주로 정액급부 형태이기 때문에 사고지급준비금의 변동이 작고, 사고발생 후 보험금 지급까지의 기간이 길지 않아 준비금리스크 측정대상에서 제외하였다. 노출정도는 산출기준일 현재 대차대조표상의 보유지급준비금으로 하되 보유율이 50% 미만인 경우 50%를 한도로 한다. 위험계수는 보험종목별로 1.2%에서 77.9%를 적용한다.

## 2.1.2 금리리스크

기업성보험을 판매하는 손해보험회사에서 상품판매에 따른 보험료 1천만원을 수급하고 보험금 1천만원을 지급할 준비를 하고 있다고 가정하자. 보험판매에 따른 사업비는 없다고 가정한다. 보험회사는 납입된 보험료 1천만원을 6%의 이자율로 예금을 하고 보험금 1천만원에 대해서는 3%의 이자율로 대출을 받는다. 그렇다면 이 보험회사는 보험료와 보험금의 운용으로 30만원의 이익을 단순하게 예상할 것이다.

30만원＝1천만원×6%－1천만원×3%

그런데 이런 경우는 보험료와 보험금의 자금운용 기간이 일치할 때에만 성립된다. 예를 들어, 예금은 오직 6개월 동안 유효하고 대출은 1년을 유지하려고 한다면 상황은 달라지게 된다. 보험회사는 6개월이 지난 시점에서 원금 1천만원을 다시 예금해야 할 것이다. 그런데 그 시점의 예금금리가 6%보다 낮을지 현재로서는 알 수가 없기 때문에 금리리스크에 노출하게 된다. 만일, 6개월 후 시장금리가 떨어진다면 예금금리도 떨어지게 될 것이므로 이익은 처음 예상했던 30만원보다 적어질 것이다. 이렇게 시장금리의 변동에 의해 손익이 불리한 방향으로 가는 위험을 금리리스크(interest rate risk)라고 한다. 금리리스크는 미래 시장금리 변동 및 자산과 부채의 만기구조 차이로 인해 발생하는 경제적 손실위험으로 정의된다.

금리리스크는 다음과 같이 산출한다.

$$i = [(자산노출정도×자산금리민감도) - (보험부채노출정도×부채금리민감도)]$$
$$×금리변동계수$$

금리리스크 측정대상계정은 생명보험은 일반계정, 연금저축보험의 특별계정, 자산연계형보험의 특별계정이며 손해보험은 장기손해보험(유배당, 무배당)의 특별계정 및 개인연금저축보험의 특별계정이다.

자산노출정도는 채권, 대출, 예금 등의 금리부 자산의 산출기준일 대차대조표상의 잔액으로 하되, 자산건전성 분류 기준 '고정' 이하 자산 및 대손충당금 설정금액은 제외한다. 수익증권, 주식형일임계약 등 채권과 주식이 포함된 펀드는 편입내역이 구분 가능한 경우 채권편입금액으로 한다. 자산의 금리민감도는 대상자산의 항목에 따라 차등해서 구한다.

보험부채노출정도는 순보험료식 보험료적립금에서 해약공제액을 차감하여 산출한다. 부채금리민감도는 보험종목별로 저축보험료와 관련된 장래의 현금흐름에 대해 기준금리가 상하 1% 변동시 현재가치의 변동률을 산출한다. 시장금리변동성은 현재 금리에 대한 향후 금리상승 또는 하락 가능폭을 의미하며 국고채 3년 만기와 10년 만기 금리를 기준으로 산출한다. 자산금리민감도가 부채금리민감도보다 크면 금리하락 위험에 직면하므로 금리하락폭 1.5%를 적용하고, 자산금리민감도가 부채금리민감도보다 크면 금리상승 위험에 직면하므로 금리상승폭 2.0%를 적용한다.

🧑‍🤝‍🧑 **예제 14-2**

다음의 표에 주어진 값을 이용하여 금리리스크를 구하시오(단위: 억).

| 구분 | | 익스포저 (가) | 금리민감도 (나) | 금리민감액 (가)×(나) | 금리변동계수 |
|---|---|---|---|---|---|
| 자산 | 채권 | 100 | 4 | 400 | |
| | 대출 | 80 | 2 | 160 | |
| | 합계 | 180 | 3.1 | 560 | 1.5% |
| 부채 | 확정형 | 110 | 7 | 770 | |
| | 연동형 | 60 | 0.7 | 42 | |
| | 소계 | 170 | 4.8 | 812 | |

💡 **풀이**

금리리스크는 $|560-812| \times 0.015 = 3.78$이다. 참고로 최저금리리스크는 순수금리연동형 보험부채 익스포저에 1.15%를, 순수금리연동형 이외의 보험부채 익스포저에 2.3%를 곱하여 합산한 금액으로 산출된다. 따라서 최저금리리스크는 $110 \times 0.023 + 60 \times 0.0115 = 3.22$이고 금리리스크는 두 값 중 큰 값을 선택해서 $\max(3.78, 3.22) = 3.78$이 된다. 여기에서 1.15%와 2.3%는 미국 RBC제도의 최저 금리위험액 산출시 적용한 계수를 참조하였다.

## 2.1.3 신용리스크

신용리스크(credit risk or default risk)는 채무자의 부도, 거래상대방의 계약불이행 등 채무불이행(default)으로 인하여 발생할 수 있는 잠재적인 경제적 손실위험이다. 신용위험액은 채무자 등의 채무불이행으로 발생할 수 있는 손실 중 예상손실을 초과하는 위험액을 의미한다.

신용리스크 측정대상 자산은 거래상대방의 채무불이행 등에 의해 가치 및 손익이 변화하는 예금, 매도가능증권, 만기보유증권, 지분법적용 투자주식, 대출채권, 부동산 및 기타자산(비운용자산) 등으로 생명보험 및 손해보험의 모든 계정을 대상으로 하되, 퇴직연금, 퇴직보험(종퇴보험 포함) 및 변액보험의 특별계정은 제외한다.

요구자본의 산출은 산출기준의 객관성 및 신뢰성 확보를 위해 신BIS협약 표준 방법의 자산분류 및 측정 방식을 참고하여 자산별 위험계수는 해당 자산에 적용한 개별자산 요구자본을 합산하여 산출토록 하였다. 노출정도는 대차대조표상의 장부가액으로 하되 장외파생금융거래는 계약금액에 신용환산율을 곱하고 평가익을 더한 금액으로 한다. 위험계수는 자산종류, 표준신용등급 등에 따라 차등해서 적용한다.

**예제 14-3**

개별신용등급의 유무에 따른 신용등급의 적용

(1) 개별 신용등급이 있는 경우 : 보험회사가 신용등급 A+인 국내 채권(차주의 신용등급: A−)을 보유한 경우 ⇒신용등급 A+적용

(2) 개별 신용등급이 없는 경우(1) : 보험회사가 무등급 국내 채권을 보유하고 있는 경우로서 차주의 신용등급은 없고, CP에 대한 등급 A1만 있음 ⇒무등급적용

(3) 개별 신용등급이 없는 경우(2) : 보험회사가 보유한 해외채권의 개별신용등급이 없는 경우(외국신용평가기관의 해외채권 발행자에 대한 신용등급: A+) ⇒무등급적용

(4) 개별 신용등급이 없는 경우(3) : 보험회사가 보유한 해외채권의 개별신용등급은 없으나, 국내 금융기관의 보증을 받은 경우(보증사에 대한 국내신용평가기관의 신용등급 : AA−, 외국신용평가기관의 신용등급: A+) ⇒신용등급 AA−적용

(5) 재보험자산 : 보험회사가 외국에 소재한 재보험사(외국신용평가기관의 재보험사에 대한 신용등급: A+)에 출재한 경우 동 재보험거래에 대한 신용등급 ⇒국내 신용등급으로 전환한 AA+적용

### 2.1.4 시장리스크

포괄적인 의미로 시장리스크(market risk)란 시장가격 변화로 인해 유가증권, 파생상품 등의 자산가치가 하락하여 손실을 볼 수 있는 가능성을 의미하는 가격리스크(price risk)의 개념이다. 여기에서 시장가격이란 금리, 주식가격, 환율, 상품가격 등을 의미한다. 보험시장에서의 시장리스크는 주가, 금리, 환율 등 시장가격의 변동으로 자산(단기매매 목적으로 보유)의 가치가 하락함으로써 보험회사에 손실이 발생할 위험이다.

시장리스크는 일반시장리스크와 변액연금 최저보증리스크로 구분하고 각각 산출하여 합산한 금액으로 한다. 시장리스크는 요구자본 측정대상 자산의 노출정도에 위험계수를 곱하여 산출한다. 시장리스크의 측정대상은 시장변수의 변동에 따라 가치 및 손익이 변화하는 주식, 채권, 수익증권 등 단기매매 유가증권 및 파생금융거래, 외화로 표시된 자산과 부채이다. 금리리스크와 시장리스크 대상 자산은 중복이 되지 않도록 특정 대상 자산이 시장리스크 대상에 포함되는 경우는 금리리스크 대상 자산에서 제외하고 또한 신용리스크와 시장리스크 대상 자산이 중복되지 않도록 시장리스크 대상 자산에 포함되는 경우 신용리스크에서 제외한다. 단, 외화매도가능채권, 외화만기보유채권 등 외화금리부자산은 금리, 신용, 시장리스크(외환리스크만 측정)에 노출되므로 3가지 리스크를 각각 측정한다. 또한, 장외파생금융거래는 시장가격 변동위험과 거래상대방 위험에 노출되므로 신용 및 시장리스크를 측정한다.

시장리스크 산출을 위한 위험계수는 산출기준의 객관성 및 신뢰성 확보를 위해 자산부문의

국제공통기준인 신BIS협약의 위험계수 산출방식을 준용한다. 시장리스크 측정대상 파생금융거래는 주식, 금리, 환 등의 포지션별로 분해하여 위험계수를 적용한다.

변액연금 최저보증리스크는 기초자산 가격이 하락하여 최저보증금액에 미달하는 경우에 해당 기초자산 가격과 보증금액과의 차액으로 정의된다. 변액연금 최저보증리스크에 대한 요구자본은 대상계약의 노출정도에 위험계수를 곱한 금액에서 최저보증준비금을 차감하여 산출한다. 변액연금 최저보증리스크 측정대상은 변액보험의 특별계정에서 최저연금에 대한 보증옵션 등이 있는 변액연금계약을 대상으로 하며, 노출정도는 계약자적립금으로 한다.

### 2.1.5 운영리스크

금융감독원의 용어사전에 따르면 운영리스크(operational risk)는 "부적절하거나 잘못된 내부의 절차, 인력, 시스템 및 외부사건으로 인해 발생하는 손실리스크를 의미하며 측정이 가능한 법률리스크는 운영리스크에 포함되나 측정이 곤란한 전략리스크와 평파리스크는 제외된다."고 하였다. 즉, 운영리스크는 보험회사의 부적절한 내부 절차, 인력, 시스템상의 문제 및 사고발생으로 인한 손실 가능성이다.

운영리스크는 요구자본 산출 대상계약의 수입보험료에 위험계수를 곱하여 산출한다. 요구자본 산출 대상계약은 변액보험을 포함한 모든 계정으로 한다. 현행 지급여력제도는 변액보험을 지급여력기준 산정대상에서 제외하였으나, 실적배당상품 운영에 있어서도 운영리스크는 존재하므로 산출대상에 포함하였다. 참고로 국제보험감독관협의회(IAIS)에서는 보험회사 운영리스크는 구성내용이 다양하고 보험회사의 내부통제와 시스템의 차이가 있어 요구자본 측정이 어렵다는 것을 인정하여 국가별로 간편한 방법을 통한 요구자본 측정을 인정하고 있다.

### 👥 예제 14-4 (참고: 계리리스크관리와 관련된 문제)

다음 정보를 이용하여 질문에 답하라.

| 보험종목 | 보험위험액 | | 보험외 위험액 | | | |
|---|---|---|---|---|---|---|
| | 보험가격 | 준비금 | 금리 | 신용 | 시장 | 운영 |
| 장기 | 10 | | | | | |
| 일반 | 2 | 1 | 5 | 4 | 3 | 5 |
| 자동차 | 5 | 2 | | | | |

상품 간 상관관계

|  | 장기 | 일반 | 자동차 |
|---|---|---|---|
| 장기 | 1.00 | 0.25 | 0.50 |
| 일반 | 0.25 | 1.00 | 0.50 |
| 자동차 | 0.50 | 0.50 | 1.00 |

리스크 간 상관관계

|  | 보험 | 금리 | 신용 | 시장 |
|---|---|---|---|---|
| 보험 | 1.00 | 0.25 | 0.25 | 0.25 |
| 금리 | 0.25 | 1.00 | 0.50 | 0.50 |
| 신용 | 0.25 | 0.50 | 1.00 | 0.50 |
| 시장 | 0.25 | 0.50 | 0.50 | 1.00 |

(1) RBC(Risk Based Capital)제도에 의한 보험위험액을 산출하라.

(2) RBC(Risk Based Capital)제도에 의한 분산효과를 반영한 총손해액을 산출하라.

💡 풀이

(1) 보험가격위험액

$$= \{(10 \times 10 \times 1) + (10 \times 2 \times 0.25) + (10 \times 5 \times 0.5) + (10 \times 2 \times 0.25) + (2 \times 2 \times 1)$$
$$+ (5 \times 2 \times 0.5) + (10 \times 5 \times 0.5) + (2 \times 5 \times 0.5) + (5 \times 5 \times 1)\}^{0.5} = 14.1$$

준비금위험액 $= \{(1 \times 1 \times 1) + (1 \times 2 \times 0.5) + (1 \times 2 \times 0.5) + (2 \times 2 \times 1)\}^{0.5} = 2.65$

보험위험액 $= \{14.1^2 + 2.65^2 + 0.5(14.1)(2.65)\}^{0.5} = 14.99$

(2) 총손해액

$$= \{(14.99 \times 14.99 \times 1) + (14.99 \times 5 \times 0.25) + (14.99 \times 4 \times 0.25) + (14.99 \times 3 \times 0.25) + (14.99 \times$$
$$5 \times 0.25) + (5 \times 5 \times 1) + (4 \times 5 \times 0.5) + (3 \times 5 \times 0.5) + (14.99 \times 4 \times 0.25) + (5 \times 4 \times 0.5) + (4 \times$$
$$4 \times 1) + (3 \times 4 \times 0.5) + (14.99 \times 3 \times 0.25) + (5 \times 3 \times 0.5) + (4 \times 3 \times 0.5) + (3 \times 3 \times 1)\}^{0.5}$$
$$+ 5 = 25.29$$

# 3. 통합리스크 산출 방법

## 3.1 통합리스크 접근법과 산출

### 3.1.1 접근 방법

통합리스크의 산출은 크게 두 가지 접근 방법이 있는데 하나는 개별리스크와 상관관계를 결합하여 통합리스크를 측정하는 방법이다. 이는 통합하는 과정에서 리스크별 상관구조를 결합하는 방법이 중요한 요소이며 계산과정에서 시간이 상대적으로 절약되고 구축된 개별리스크 시스템을 활용할 수 있어서 리스크 통합에 상대적으로 비용이 적게 든다. 다른 하나는 리스크 요인을 모든 개별리스크에 공유하고 통합된 리스크 시나리오를 생성한 후 각 보험회사의 총손실 분포와 개별 손실의 분포를 산출해서 개별리스크와 통합리스크를 측정하는 방법이다. 이런 리스크 통합 방법 은 개별시스템을 포괄하는 대형시스템 구축을 의미하며 시장/신용/보험/금리리스크를 포함하는 보험회사의 손실 시나리오를 생성하기 위한 주가/금리/환율 등의 리스크 드라이버(drivers)를 공 유함으로써 시장/신용/보험/금리리스크의 상관구조가 자연스럽게 통합시스템 내에 반영하도록 하 는 방법이다. 이 방법은 전자의 방법에 비하여 비용이 너무 많이 들며 많은 계산이 동반되므로 시간이 지나치게 많이 소요된다는 문제가 있고 이미 구축되어 있는 개별시스템을 활용하지 못하 게 되는 단점도 있다. 그러나, 현재 대형 보험회사는 후자의 통합시스템(enterprise risk system)을 구축하여 운영 중이다.

RBC의 개별리스크 산출과정을 이용하는 것은 개별리스크 측정시스템을 활용하는 것과 동일 하므로 구축 비용과 계산시간을 절약하고 금융감독원의 RBC는 표준모형이므로 이를 위한 리스크 통합에 적합한 방법으로 보는 연구에서는 리스크 통합의 두 가지 접근 중에서 현실적인 제약을 반영하여 개별리스크와 상관관계를 결합하여 통합리스크를 측정하는 방법을 이용한다.

### 3.1.2 상관관계를 반영한 통합리스크 산출

개별리스크와 상관관계를 결합하여 통합리스크를 측정하는 방법은 리스크를 통합하는 과정에 서 리스크별 상관관계를 결합하는 것이 중요한데 계산시간이 매우 절약되고 이미 구축된 개별리 스크 시스템을 활용할 수 있어서 리스크 통합에 편리한 방법이다. 통합하는 과정에서 리스크별 상관관계의 반영이 핵심요소이므로 상관관계의 반영 방법이 중요한 고려사항이 된다. 크게 두 종 류의 방법이 있는데 하나는 상관계수를 반영하는 전통적인 방법이며 또 다른 방법은 코퓰라 (Copulas)를 이용하여 다양한 상관구조를 반영하는 방법이다.

## 3.2 분산공분산 방법

### 3.2.1 개요

분산공분산 방법은 개별리스크 간의 상관계수로 구성된 상관행렬을 이용하여 리스크를 통합 하는 방식이다. 분산공분산 방법을 통한 리스크 통합과정은 다섯 가지 가정을 설정하여 이론적으 로 전개할 수 있다.

(가정 1) : $i$번째 리스크를 나타내는 확률변수 $X_i$는 평균 $\mu_i$와 분산 $\sigma_i^2$, 누적분포함수

$F_{X_i}(x)$를 가짐

(가정 2) : 총리스크에 대한 확률변수 $X$는 확률변수 $X_i$의 합으로 정의함

(가정 3) : 총리스크에 대한 확률변수 $X$는 평균 $\mu^X$와 분산 $\sigma_X^2$, 누적분포함수 $F_X(x)$를 가짐

(가정 4) : 총리스크에 대한 확률변수 $X$의 $F_X^{-1}(a)$는 $i$번째 리스크를 나타내는 확률변수 $X_i$의 $F_{X_i}^{-1}(a)$와 같음. 이 가정은 확률변수 $X_i$ 와 확률변수 $X$가 동일한 유형의 분포를 가지는 경우에 성립함

(가정 5) : 리스크 자본은 VaR로 측정함

(가정 1), (가정 3), (가정 5)에 의한 요구자본(CaR)은 다음과 같이 구할 수 있다.

$$\mathrm{CaR}x_i(\mathrm{a}) = \mathrm{CaR}_{X_i}(a) = \mu_i + \sigma_i F_{X_i}^{-1}(a)$$

$$\mathrm{CaR}x(\mathrm{a}) = \mu_X + \sigma_X F_X^{-1}(a)$$

$\mathrm{CaR}x(\mathrm{a})$는 $\sigma_X^2 = \sum_i \sum_j \rho_{ij}\sigma_i\sigma_j$을 대입하면 다음과 같이 정리된다. 여기서 $\rho_{ij}$는 확률변수 $X_i$와 $X_j$의 상관계수(Pearson's linear correlation coefficient)이다.

$$\mathrm{CaR}x(\mathrm{a}) = \mu_X + F_X^{-1}(a)\sqrt{\sum_i\sum_j \rho_{ij}\sigma_i\sigma_j}$$
$$= \mu_X + \sqrt{\sum_i\sum_j \rho_{ij}\sigma_i\sigma_j[F_X^{-1}(a)]^2}$$

(가정 4)를 이용하면,

$$\mathrm{CaR}x(\mathrm{a}) = \mu_X + \sqrt{\sum_i\sum_j \rho_{ij}\sigma_i\sigma_j[F_{X_i}^{-1}(a)][F_{X_j}^{-1}(a)]}$$
$$= \mu_X + \sqrt{\sum_i\sum_j \rho_{ij}[\mathrm{CaR}_{X_i}(a)-\mu_i][\mathrm{CaR}_{x_j}(a)-\mu_j]}$$

요구자본의 정의를 이용하여 $\mu_i$, $\mu_j$와 $\mu_X$를 제거하면,

$$\mathrm{CaR}x(\mathrm{a}) = \sqrt{\sum_i\sum_j \rho_{ij}\mathrm{CaR}_{X_i}(\mathrm{a})\mathrm{CaR}_{X_j}(\mathrm{a})}$$

로 각 변수의 요구자본으로 통합 요구자본을 구할 수 있다.

일반적으로 리스크 통합을 위하여 분산공분산 방법을 사용하지만 실무적으로 적용하기에 한계가 있을 수도 있다. 만약 (가정 4)가 성립하지 않는 경우, 뒤에서 설명할 코퓰라와 같은 다른 통합 방법을 사용하여야 한다. 개별리스크를 통합하기 위하여 실무적으로 사용하는 일반적인 산출식은 다음과 같다. 여기서 $R$은 리스크 간의 상관계수로 구성된 상관행렬이며, $i$행과 $j$열의 성분

$R_{ij}$는 $corr(X_i, X_j)$이다. 그리고 $X$는 $n \times 1$벡터로 각각의 성분은 리스크양을 나타내고 $X'$은 전치를 나타낸다.

$$통합리스크 = \sqrt{\chi'R\chi}$$

통합리스크는 리스크 간의 상관성이 높으면 분산효과(diversification effect)가 적어 크게 산출되고, 반대로 상관성이 낮으면 분산효과가 커서 낮게 산출된다.

분산공분산 방법으로 리스크를 통합하는 경우, 간단한 예를 통하여 분산효과에 대하여 알아보자. 이해를 돕기 위하여 리스크 종류는 2개, 각각의 리스크양은 1로 단순하게 가정하였다. 〈그림 14-1〉은 상관계수가 -1에서 1로 변함에 따라 통합리스크양과 분산효과를 나타낸 그림이다. 그림에서 보는 바와 같이 상관계수가 1이면 분산효과는 없고, 상관계수가 1에서 0으로 움직이면서 분산효과가 점점 커지고 있음을 볼 수 있다. 상관성이 없는 경우, 즉 상관계수가 0이면 분산효과는 58.6%이다. 즉, 상관계수가 1인 경우와 비교히어 통합리스크양이 58.6% 감소흔다는 의미이다. 이 방식은 리스크를 통합하는 방법 중에서 비교적 간단하고 통합과정이 투명하다는 특징이 있다. 따라서 우리나라뿐만 아니라 Solvency Ⅱ, 미국, 일본 등 주요국의 감독기관은 이 방식을 적용하여 리스크양을 통합하고 있다.

**그림 14-1** 리스크 간의 상관관계에 따른 분산효과

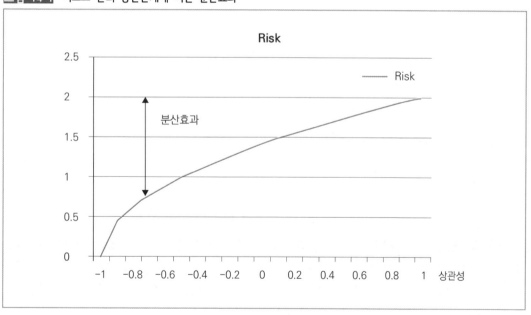

### 3.2.2 상관계수

상관계수는 리스크 간의 상관성을 측정하기에 충분한 것으로 알려진 피어슨의 직선상관계수(또는 단순상관계수)를 일반적으로 사용한다. 변수 $X$와 $Y$의 상관계수를 산출하는 식은 다음과 같다. 여기서 $\rho$는 상관계수, Cov는 변수 $X$와 $Y$의 공분산(Covariance) 그리고 Var는 분산(Variance)이다.

$$\rho_{XY} = \frac{\text{Cov}(X,\ Y)}{\sqrt{\text{VaR}(X) \times \text{Var}(Y)}}$$

실제로 여러 개의 개별리스크를 통합하기 위해서는 상관계수로 구성된 상관행렬을 사용하며 아래와 같다. 여기서 변수의 개수는 $n$이며, $\rho_{ij}$는 리스크 $i$와 리스크 $j$의 상관계수이다.

$$R = \begin{pmatrix} \rho_{11} & \cdots & \rho_{1n} \\ \vdots & \ddots & \vdots \\ \rho_{n1} & \cdots & \rho_{nn} \end{pmatrix}$$

만약 상관분석 대상이 되는 확률변수가 일대일이 아니고 일대 다수인 경우에는 피어슨의 직선상관계수를 사용할 수 없게 되고 다중상관계수(multiple correlation coefficient)를 산출하여야 한다. 다중상관계수는 한 변수 $Y$와 변수집단 $X$(벡터)의 연관관계를 나타낸다. 여기서 $X$는 다음과 같이 표현된다.

$$X = (X_1,\ X_2,\ \cdots,\ X_p)$$

변수 $Y$와 벡터 $X$의 다중상관계수는 다음과 같다.

$$\rho(X,\ Y) = \frac{\sqrt{\sigma'_{XY} \Sigma^{-1} \sigma_{XY}}}{\sigma_X \sigma_Y}$$

여기서 $\Sigma$는 공분산 행렬로 다음과 같다.

$$\Sigma = \begin{pmatrix} \sigma_{YY} & \sigma'_{XY} \\ \sigma_{XY} & \sigma_{XX} \end{pmatrix}$$

다중상관계수는 위의 단순상관계수와는 달리 0에서 1까지의 값만을 가진다. 따라서 상관관계에 대한 방향성을 표시하지는 못하지만 연계성의 정도만 나타낸다. 결과적으로 정방향이든 역방향이든 구분하지 못하고 연계성이 높으면 1에 가까운 값이 된다. 만약 리스크 측정과 같이 한방향(downside)에만 관심을 가진다면 반대방향(upside)을 나타내는 변수는 제거하는 등 다중상관성을 과대평가할 수 있는 요인을 사전에 제거할 필요가 있다.

편의상 위에서 상관계수는 리스크 간의 상관관계를 의미하는 것으로 정의한 바 있다. 하지만 실제로는 개별리스크 간의 상관관계를 의미하는 것이 아니라 리스크와 관련한 리스크 요인들(예: risk factor, risk drivers)간의 상관관계로 정의하는 것이 보다 정확하다. 개별리스크양의 변화는 리스크 요인 변화의 결과일 수도 있지만 단순히 위험노출의 변화, 즉 자산규모가 변한 결과일 수도 있기 때문이다. 예를 들어 보험회사의 전략적 결정에 따라 단기매매증권의 포지션을 줄이고 매도가능증권의 규모를 늘리면 시장리스크양은 감소하고 신용리스크양은 증대할 것이다. 그러나 이것이 시장리스크와 신용리스크 간에 역의 상관관계가 있음을 말해 주는 것은 아니다. 그러므로 분산효과가 감안된 통합리스크를 측정하기 위해서 리스크 요인 간의 상관관계를 반영하여야 한다.

현실적으로 리스크양 간의 상관관계를 측정하기는 어렵다. 왜냐하면 금융환경의 변화, 감독규제의 변화, 보험회사의 전략 등 다양한 외부 요인을 적절하게 반영할 방법이 마땅치 않기 때문이다. 따라서 상관계수는 리스크 요인들 간의 고유한 상관관계이지만, 실무적으로 개별리스크를 통합할 때에는 리스크양 간의 상관관계로 간주하여 사용한다.

다음으로 상관계수를 측정하는 방법론에 대하여 알아보자. 앞에서 정의한 바와 같이 상관계수 산출식을 적용하기 위해서는 경험 데이터가 있어야 한다. 그러나 실무적으로 경험 데이터를 충분히 확보하지 못하는 경우가 일반적이다. 금리, 주가 등 금융시장의 자료는 일반에게 공개되기 때문에 쉽게 얻을 수 있지만 보험회사의 손해율 자료와 같은 비공개 자료는 확보하기가 쉽지 않다. 어떤 때는 이용할 자료 자체가 없는 경우도 있을 수 있고, 이론적으로는 관계가 있을 것으로 추정되나 증명할 자료가 없는 경우도 있다. 이러한 현실적인 한계를 고려하여 상관계수를 추정하는 방법을 크게 구조적 방법(structural method)과 경험적 방법(empirical method)으로 구분한다.

구조적 방법은 명확하게 인식하고 있는 내용을 상관계수에 반영하는 방법이다. 이를테면 생명보험에서 사망리스크(mortality risk)와 장수리스크(longevity risk) 간에는 음(−)의 상관성이 있다는 것은 이미 알고 있지만 상관성의 크기가 어느 정도인지는 추가적인 분석이 필요하다. 다른 손해보험의 예로 자동차사고가 증가하면 또는 인플레이션이 높으면 자동차보험의 대인, 대물 등의 담보 손해율이 동시에 상승할 것이라고 생각할 수 있다. 즉, 자동차보험의 담보별 손해율 간의 상관성이 높을 것으로 추정할 수 있다.

경험적 방법은 보험회사의 과거 경험 자료를 통하여 리스크 간의 상관관계를 파악하는 방법이다. 만약 경험 자료가 충분하다면 다양한 분석을 통하여 개별리스크 간의 상관관계를 밝혀낼 수 있을 것이다. 그렇지만 현실적으로 경험데이터가 충분하지 않은 경우가 많아 경험적 방법의 적용은 제한적일 수밖에 없게 된다.

구조적 방법이나 경험적 방법 모두 상관관계수를 도출하고, 적용하기 위해서는 전문가의 참여가 필수적이다. 구조적 방법에는 이론적인 리스크 간의 상관관계를 밝혀내는 데 전문가의 도움이 필요하고, 경험적 방법의 경우에 자료량이 충분하면 문제가 없겠지만 자료량이 부족한 경우 전문적인 지식으로 보완하여야 하기 때문이다. 이러한 현실적 한계 때문에 상관계수는 정확한 추정보다는 안정성에 중점을 두게 된다.

### 3.2.3 문제점

상관계수는 몇 가지 문제점을 내포하고 있다. 첫째, 상관계수는 두 리스크 요인의 직선관계 정보만 포함한다. 상관계수는 −1부터 1까지로 표현되는데, $-1 \le \rho(X, Y) \le 1$, 완전 양(+)의 상관일 때는 +1, 완전 음(−)의 상관일 때는 −1을 나타낸다. 그러나 상관계수가 0일 경우 무상관, 즉 상관관계가 없다는 의미이다. 상관계수가 직선관계만을 표현하고 그 외의 정보는 포함하지 않기 때문에 상관계수 숫자 자체에 너무 치중할 필요는 없다. 상관계수가 1에 가까우면 상관관계가 높고, 0에 가까우면 상관관계가 약하다는 정도의 실무적 활용이 필요하다. 둘째, 두 확률변수가 독립인 경우 공분산은 0이 되고, 따라서 상관계수도 0이다. 하지만 역은 성립하지 않는다. 즉, 상관계수가 0이라 하더라도 반드시 두 확률변수가 독립이라는 보장은 없다는 의미이다. 경우에 따라서는, 확률변수 간의 높은 상관성을 보일 수도 있다는 것이다. 따라서 상관계수를 전적으로 신뢰해서는 안 된다고 말할 수도 있다. 셋째, 직선상관계수는 확률변수 간의 분포가 타원형일 경우(elliptically distributed random variable) 유용하다. 만약 이 조건을 충족하지 못하는, 즉 자연재해와 같이 대규모 손실이 발생하는 경우를 과소평가할 가능성이 있게 된다.

일반적으로 사용하는 피어슨의 직선 상관계수는 스피어만 순위상관계수(Spearman's rank correlation coefficient)와 켄달의 타우(Kendall's tau)가 갖는 유용한 몇 가지 성질을 만족하지 못한다. 상관계수로서 가져야 할 특성은 5가지로 요약할 수 있으며, 피어슨의 직선상관계수는 특성 5개 중에 특성 (1)과(2)를 충족한다. 그렇지만 스피어만 순위상관계수와 켄달의 타우는 특성 (1)~(4)를 만족한다. 이 두 측도는 코퓰라를 정의한 후 자세히 설명하도록 하겠다.

(1) 대칭성 $\delta(X, Y) = \delta(Y, X)$

(2) 표준화 $-1 \le \delta(X, Y) \le 1$

(3) $\delta(X, Y) = 1 \Leftrightarrow X$와 $Y$는 comonotone

   $\delta(X, Y) = -1 \Leftrightarrow X$와 $Y$는 countermonotone

(4) 임의의 단조 증가함수 $T$에 대하여, $\delta(T(X), Y) = \delta(X, Y)$이고, $T$가 단조 증가함수이면, $\delta(T(X), Y) = -\delta(X, Y)$

(5) $\delta(X, Y) = 0 \Leftrightarrow X$와 $Y$는 독립

피어슨의 직선상관계수가 이러한 한계를 갖고 있지만 그래도 많이 사용되는 것은 일반적인 상황에서는 별다른 문제가 발생하지 않기 때문이다. 그리고 계산이 간편하고 추가적인 지식 없이

설명하기 쉽고, 이해하기 쉽기 때문이다. 그렇지만 최근 상관계수의 한계를 보완할 방법으로 활발하게 연구되고 있는 방안이 다음에 소개할 코퓰라 방법이다.

## 3.3 코퓰라함수(Copulas)

### 3.3.1 코퓰라의 개요

실제 단일 확률변수에 대한 분포의 성질은 아주 오래전부터 연구되어 왔고 확률변수 특징에 따라 정규분포, 지수분포, 균등분포, 이항분포 등 널리 알려진 분포를 쉽게 이용하여 그에 상응하는 여러 가지 유익한 성질들을 손쉽게 사용하고 있다. 하지만 둘 또는 그 이상의 확률변수를 포함한 형태의 분포를 찾아내는 것은 단일 확률변수의 분포를 구하는 것과는 상당한 차이가 있다. 그 틈을 메우기 위해 강력하고 간단한 각각의 확률변수들이 독립적이라는 가정을 하게 된다. 확률변수들이 독립적이라는 강한 가정을 두게 되면 각각의 구하고자 하는 단일 확률변수의 성질을 파악하여 알려진 단일 확률분포함수 중 일치하거나 유사한 것들을 선택하고 선택된 확률분포함수들의 곱으로 결합 확률분포함수를 만들 수 있게 된다. 계산의 용이성과 널리 알려진 단일 확률분포함수를 바로 이용할 수 있다는 이점으로 인해서 독립적이라는 가정으로 결합 확률분포를 구하였지만 실제 분포와의 차이를 쉽게 발견할 수 있었다. 독립적이지 않은 종속 관계인 두 확률변수의 결합을 위해서는 단일 확률변수가 정규분포를 따를 때 피어슨 선형 상관계수를 이용한 시도로 이변수 정규분포함수가 있다. 확률변수 $X$와 $Y$의 평균이 각각 $\mu_X$, $\mu_Y$ 그리고 표준편차가 각각 $\sigma_X$, $\sigma_Y$이고, 상관계수 $\rho$인 이변수 정규분포의 확률밀도함수 $f(x, y)$는 다음과 같다.

$$\frac{1}{2\pi\sigma_X\sigma_Y\sqrt{1-\rho^2}}\exp\left(-\frac{1}{2(1-\rho^2)}\left[\frac{(x-\mu_X)^2}{\sigma_X^2}+\frac{(y-\mu_Y)^2}{\sigma_Y^2}-\frac{2\rho(x-\mu_X)(y-\mu_Y)}{\sigma_X\sigma_Y}\right]\right)$$

위의 확률밀도함수는 두 확률변수의 상관계수를 이용한 결합 분포함수이지만 정규분포로만 한정이 되어 있고 상관계수가 선형에 대한 영향을 반영하기 때문에 다른 영향을 고려하지 못한다. 따라서 좀 더 체계적인 방법으로 누적분포함수가 가지는 특징을 이용한 코퓰라함수에 대해서 알아보도록 하겠다.

확률론과 통계학에서, 코퓰라는 각각의 변수의 주변분포함수를 이용하여 다변수의 결합 확률분포를 만드는 것이다. 통계학의 문헌에서 코퓰라의 개념은 이미 19세기에 다변량 사례에서 보이는 비정규성을 토론하는 배경에서 등장하였다. 코퓰라에 관한 현대 이론은 1959년에 프랑스 학자 Sklar가 코퓰라에 정의를 내리고 코퓰라의 몇 가지 기본적인 특성을 규정할 때부터 거론되었다. 비록 코퓰라가 통계학 등 다른 분야에서 많이 응용되어 왔지만 1990년 후반이 되어서야 비로

소 재무금융 분야에 응용되기 시작하였다. 금융과 보험 분야에서 코퓰라는 위험자산/리스크 요인 간의 상관선을 모형화하는 유연성이 있는 기법이다.

### 3.3.2 코퓰라의 정의

이변량(2차원) 코퓰라는 $[0, 1]^2 \rightarrow [0, 1]$ 안에 있는 다음과 같은 특성들을 만족하는 함수 $C$ 를 말한다.

(1) (grounded)$[0, 1]$에 있는 모든 $u$값에 대하여 $C(0, u) = C(u, 0) = 0$ 이다.

(2) $[0, 1]$에 있는 모든 $u_1$, $u_2$값에 대하여 $C(u_1, 1) = u_1$, $C(1, u_2) = u_2$이다.

(3) (2-increasing) $[0, 1]$에 있는 $u_1 \leq v_1$, $u_2 \leq v_2$인 모든 $u_1$, $u_2$, $v_1$, $v_2$에 대해서 다음 부등식이 만족한다.

여기에서 하부코퓰라(subcopula)의 정의가 필요하다. 하부코퓰라는 $[0, 1]$의 부분집합위에 정의된 코퓰라를 말한다. 확률변수가 연속이면 누적분포함수도 연속이고 하한값을 0, 상한값을 1로 가진다. 하지만 확률변수가 이산 또는 이산과 연속의 혼합된 경우에는 누적분포함수가 연속이 아니고 치역부분이 $[0, 1]$의 부분집합이 된다. 따라서 임의의 확률변수에 대해서는 하부코퓰라의 정의를 이용하여 결합 확률분포함수를 만들 수 있다. 하지만 단일 확률변수가 연속이라는 가정을 하게 되면 단순히 코퓰라만을 이용할 수 있다. 이 장에서는 특별한 부연설명이 없는 한 확률변수가 연속이라는 가정을 두겠다.

### 3.3.3 Sklar정리

Sklar정리는 코퓰라에 관한 가장 중요한 정리이며, 코퓰라의 핵심적인 역할을 하고 있다. Sklar정리에 따르면 $F$가 주변분포함수(marginal distribution) $F_1$, $\cdots$, $F_n$을 가진 $n$차원 분포함수라면 한 $n$차원의 코퓰라 $C$가 존재할 것이며 $R^n$에 속한 모든 $x = (x_1, \cdots, x_n)$에 대하여 다음의 식이 성립한다.

$$F(x_1, \cdots, x_n) = C(F_1(x_1), \cdots, F_n(x_n))$$

반대로 $C$가 한 $n$차원의 코퓰라이며, $F_1$, $\cdots$, $F_n$은 분포함수라면 위에서 제시한 함수 $F$는 주변분포 $F_1$, $\cdots$, $F_n$을 가진 $n$차원 분포함수일 것이다. 그리고 $F_1$, $\cdots$, $F_n$가 연속적이면 $C$가 유일할 것이다.

Sklar정리를 통해서 우리는 다변량 분포함수는 연속적인 주변분포와 다변량 의존구조로 분리될 수 있고, 다변량 분포함수의 상관구조(dependence structure)는 코퓰라로 표현된다는 것을 알 수 있다. 다시 말하면, 코퓰라함수는 단일변량 주변분포함수와 다변량 분포함수를 연결시키는 역할을 하는 함수이며, 변수 간의 상관관계에 관한 모든 정보를 담고 있다. Sklar정리의 핵심내용은 다변량 분포에 대한 추정 없이 다변량 분포의 상관관계를 분석하는 방법을 제시하는 데 있다. 이변량 코퓰라함수는 다변량 코퓰라함수의 특별한 경우이며, 두 단일변량 주변분포함수와 이변량 분포함수를 연결해 준다.

Sklar정리로부터 동 정리의 역에 해당하는 다음 사항을 유도할 수 있다.

$$C(u_1, \cdots, u_n) = F(F_1^{-1}(u_1), \cdots, F_n^{-1}(u_n))$$

### 3.3.4 코퓰라의 유용성

상관계수와 같이 선형 상관관계를 이용한 분석의 경우 변수를 선형변환한 후 상관관계를 추정하면 값이 변하나, 코퓰라에 기초한 상관관계 계수(켄달의 타우 등)는 정보가 분리되어도 값이 불변하는 특징이 있다. 또한 코퓰라에 기초한 변수 간 관계 분석은 변수 간 상관관계를 선형 상관관계보다 더 넓게 정의할 수 있을 뿐만 아니라 극치부분에서 변수 간 관계를 설정할 수 있다. 이에 따라 코퓰라 접근법은 여러 확률변수의 상관관계를 비교적 정확하게 추정할 수 있다.

### 3.3.5 코퓰라의 종류

코퓰라는 모형의 가정이 필요한 모수코퓰라(parametric copula)와 모형의 가정이 필요 없는 비모수코퓰라(Nonparametric copula)로 분류가 가능하다.

#### 3.3.5.1 모수코퓰라

모수코퓰라는 모수를 포함한 특정한 코퓰라함수를 가정하고 있으며 자료를 이용하여 코퓰라의 모수를 추정하여 코퓰라를 완성하는 방법이다. 이때 $F$의 형태에 따라서 Archimedean (Gumbel, Clayton, Frank), Gaussian, t-Copula 등 여러 가지 코퓰라가 정의될 수 있다. 특히 Gaussian Copula는 상관계수 행렬 $R$에 의해 그 값이 정해진다.

##### 3.3.5.1.1 Gaussian Copula

코퓰라의 형태는 다음과 같다.

$$C_R^{\text{Gauss}}(u_1, \cdots, u_n) = \Phi_R(\Phi^{-1}(u_1), \cdots, \Phi^{-1}(u_n))$$

여기에서 $\Phi_R$은 $n$차원 표준정규분포함수이고 상관행렬 $R$은 다음과 같다고 가정하자.

$$R = \begin{pmatrix} 1 & \rho_{12} & \cdots & \rho_{1n} \\ \rho_{21} & 1 & \cdots & \rho_{2n} \\ \vdots & \vdots & \ddots & \vdots \\ \rho_{n1} & \cdots & \rho_{n,n-1} & 1 \end{pmatrix}$$

$n$개의 확률변수에서 $i$의 확률변수 $X_i$는 분포함수 $F_i(x)$를 따른다고 하자. Gaussian Copula

를 이용하여 상관성이 있는 확률변수 $X_1$, $\cdots$, $X_n$의 난수를 생성하는 방법은 다음과 같다.

(1) 독립인 표준정규분포 난수 $Z_1$, $\cdots$, $Z_n$ 생성

(2) Cholesky decomposition을 통해 상관행렬 $R = LL^T$인 $L$행렬계산, 여기에서 $L^T$는 $L$의 전치행렬

(3) $(W_1, \cdots, W_n) = L^T(Z_1, \cdots, Z_n)$를 통하여 상관계수가 반영된 표준정규분포의 난수 $W_1$, $\cdots$, $W_n$가 생성

(4) 모든 $i = 1, 2, \cdots, n$에 대하여 $u_i = \Phi(W_i)$를 계산

(5) $F_i(X_i) = u_i$ 또는 $F_i^{-1} = X_i$을 이용하여 $X_1$, $\cdots$, $X_n$을 산출

### 3.3.5.1.2 $t$-Copula

$t$-Copula는 Gaussian Copula와 유사하지만 꼬리부분이 두터운 특성을 가지고 있다. 코퓰라의 형태는 다음과 같다.

$$C_{\nu, R}^t(u) = \int_{-\infty}^{t_\nu^{-1}(u_1)} \cdots \int_{-\infty}^{t_\nu^{-1}(u_n)} \frac{\Gamma\left(\dfrac{\nu+n}{2}\right)}{(\pi\nu)^{n/2}\Gamma(\nu/2)|R|^{1/2}} \left(1 + \frac{1}{\nu}x^T R^{-1} x\right)^{-(\nu+n)/2} dx$$

여기에서 $\Gamma$는 감마함수이고 $v$는 자유도를 의미하며 상관행렬은 Gaussian copula의 가정과 똑같다. 그리고, $n$개의 확률변수에서 $i$의 확률변수 $X_i$는 분포함수 $F \cdot (x_i)$를 따른다고 하자.

$t$-Copula를 이용하여 상관성이 있는 확률변수 $X_1$, $\cdots$, $X_n$의 난수를 생성하는 방법은 다음과 같다.

(1) 독립인 표준정규분포 난수 $Z_1$, $\cdots$, $Z_n$ 생성하고 독립인 표준정규분포 $Y_1$, $\cdots$, $Y_v$ 난수를 생성하여 $\omega = Y_1^2 + \cdots + Y_\nu^2$ 계산

(2) Cholesky decomposition을 통해 상관행렬 $R = LL^T$ 인 $L$행렬계산

(3) $(W_1, \cdots, W_n) = L^T(Z_1, \cdots, Z_n)$를 통하여 상관계수가 반영된 표준정규분포의 난수 $W_1$, $\cdots$, $W_n$가 생성

(4) 상관계수가 반영된 $t$분포 난수인 $T_i = W_i\sqrt{\nu/\omega}$를 생성

(5) 모든 $i = 1, 2, \cdots, n$에 대하여 $u_i = \begin{cases} 1 - Tdist(T_i, \nu, 1) & \text{if } T_i \geq 0 \\ Tdist(-T_i, \nu, 1) & \text{if } T_i < 0 \end{cases}$를 계산

  (참고로 Tdist은 엑셀함수로 student's T-distribution을 계산하는 함수임.)

(6) $F_i(X_i) = u_i$ 또는 $F_i^{-1}(u_i) = X_i$을 이용하여 $X_1$, $\cdots$, $X_n$을 산출

### 3.3.5.1.3. Archimedean Copula

코퓰라의 형태가 다음과 같은 형태일 때 Archimedean Copula라고 한다.

$$C(u,\ v) = \Phi^{-1}(\Phi(u) + \Phi(v))$$

여기에서 $\Phi$는 생성함수(generator)라고 불리며 다음을 만족한다.

$\Phi : [0,\ 1] \rightarrow [0,\ +\infty]$이며, 연속, 감소, 볼록함수이며 $\Phi(1) = 0$이다. $\Phi(0) = +\infty$이면, 강한 생성함수(strict generator)라고 한다. 마찬가지로 확률변수가 이산 또는 혼합형태일 때에는 의사 역생성함수가 필요하다. 의사 역생성함수는 다음과 같이 정의가 된다.

$$\Phi^{[-1]}(v) = \begin{cases} \Phi^{-1}(v) & 0 \le v \le \Phi(0) \\ 0 & \Phi(0) \le v \le +\infty \end{cases}$$

본서에서는 확률변수를 연속으로 정의하였기 때문에 기본 역생성함수만으로 충분하다. 따라서 주어진 생성함수의 조건을 만족하는 어떤 함수에 대해서 다양한 Archimedean copulas를 만들 수 있다. 그 중 많이 쓰이는 것이 Gumbel, Clayton, Frank 코퓰라들이다. 〈표 14-1〉은 세 가지 코퓰라를 정리한 것이다.

**표 14-1** Archimedean copula

| | $C_\theta(u,\ v)$ | $\Phi_\theta(x)$ |
|---|---|---|
| Clayton | $\max([u^{-\theta} + v^{-\theta} - 1]^{-1/\theta},\ 0])$ | $\frac{1}{\theta}(x^{-\theta} - 1)$ |
| Gumbel | $\exp\{-[(-\ln u)^\theta + (-\ln v)^\theta]^{1/\theta}\}$ | $(-\ln x)^\theta$ |
| Frank | $-\frac{1}{\theta}\ln\left(1 + \frac{(e^{-\theta u} - 1)(e^{-\theta v} - 1)}{e^{-\theta} - 1}\right)$ | $-\ln\left(\frac{e^{-\theta x} - 1}{e^{-\theta} - 1}\right)$ |

### 3.3.5.1.4. 코퓰라함수의 추정

정규 코퓰라함수를 가정하지 않는 경우 코퓰라함수를 추정해야 하는데 그럴 경우, 우도함수를 이용하는 MLE(Maximum Likelihood Estimator)와 2단계 접근법인 IFM(Inference Function for Margin Method), 또는 비모수적 추정방법인 CMLE(Canonical MLE) 등이 있다. 이 중 IFM은 한계분포 추정과 결합분포 추정을 분리하는 방법으로 먼저 한계분포의 모수를 추정한 수 결합분포의 모수를 추정하는 방법이며 CMLE는 한계분포를 비모수적으로 추정한 수 결합분포의 모수를 추정하는 방법이다. 코퓰라함수의 적합성은 비모수 추정함수와 모수에 기초한 추정함수와의 거리를 최소화하는 방법 등을 검증할 수 있다.

### 3.3.5.1.4.1. The Maximum Likelihood Estimator(MLE)

이변수 코퓰라 밀도함수는 코퓰라를 이용하여 다음과 같이 정의할 수 있다.

$$c(u,\ v) = \frac{\partial^2 C(u,\ v)}{\partial u \partial v}$$

일반적인 $n$차원 코퓰라 밀도함수와 결합 밀도함수 사이에는 정규표현법(canonical representation)을 이용하여 다음과 같이 표현할 수 있다.

$$f(x_1,\ x_2,\ \cdots,\ x_n) = c(F_1(x_1),\ F_2(x_2),\ \cdots,\ F_n(x_n)) \cdot \prod_{j=1}^{n} f_j(x_j)$$

여기에서 코퓰라 밀도함수는

$$c(F_1(x_1),\ F_2(x_2),\ \cdots,\ F_n(x_n)) = \frac{\partial^n C(F_1(x_1),\ F_2(x_2),\ \cdots,\ F_n(x_n))}{\partial F_1(x_1)\partial F_2(x_2)\cdots \partial F_n(x_n)}$$

이다. 따라서 코퓰라함수의 모수벡터를 $\Theta$라 하고 개별 밀도함수의 모수벡터를 $\varphi_i$라 한다면 추정해야 할 모수벡터는 $\Theta = (\varphi_1,\ \cdots,\ \varphi_n,\ \theta)$이고 다음과 같이 표현될 수 있다.

$$L(\Theta) = \sum_{j=1}^{d} \ln c(F_1(x_1^j;\ \varphi_1),\ \cdots,\ F_n(x_n^j;\ \varphi_n);\ \theta) + \sum_{i=1}^{n}\sum_{j=1}^{d} \ln f_i(x_i^j;\ \varphi_i)$$

여기에서 Maximum Likelihood Estimators는 위 함수를 최대화하는 추정량을 나타낸다.

### 3.3.5.1.4.2. The Inference Function for Margins Method(IFM)

이 방법은 개별 분포들의 모수와 코퓰라모수로 구분할 수 있다는 사실에 근거한 방법으로 먼저 개별 분포함수들의 모수를 MLE 방법으로 추정한 후에 그 추정된 모수를 이용하여 코퓰라모수를 추정하는 방법이다.

$$\hat{\theta} = \text{argmax} \sum_{j=1}^{d} \ln c(F_1(x_1^j;\ \varphi_1),\ \cdots,\ F_n(x_n^j;\ \varphi_n);\ \theta)$$

여기에서 argmax(argument of the maximum)는 주어진 함수에 특별한 값을 집어 넣어 구하고자 하는 함수에 최대값을 가지게 하는 점들의 집합을 말한다.

### 3.3.5.1.4.3. The Canonical Maximum Likelihood Method(CML)

이 방법은 앞서 설명한 두 가지 방법들과는 달리 개별 분포함수의 모수를 알지 못하더라도 사용할 수 있다는 장점이 있다. 실제로 데이터의 분포는 우리가 알 수 없는 경우가 많으므로 이 방법은 매우 유용하다고 할 수 있다. 이 방법은 먼저 개별 자료를 empirical marginal transformation을 이용하여 균일분포로 변환시킨 후 IFM 방법의 마지막 방법과 같게 코퓰라모수를 추정한다.

IFM 방법과 CML 방법의 차이는 개별 분포함수를 알고 MLE로 추정하느냐 아니면 그것을 empirical marginal transformation을 이용하느냐의 차이이다.

### 3.3.5.2 비모수코퓰라

모수코퓰라와는 달리 특정 모형을 가정하지 않고 주어진 자료를 반영하는 코퓰라를 구하는 방법이다. $t$번째 확률벡터($n$차원)를 아래와 같이 두자.

$$X_t = (X_{1t},\ X_{2t},\ \cdots,\ X_{nt})$$

#### 3.3.5.2.1. Deheuvel's Empirical Copula

$t$번째 자료 $X_t = (X_{1t},\ X_{2t},\ \cdots,\ X_{nt})$에 대응되는 순서벡터(rank vector)를 $(r_1^t,\ r_2^t,\ \cdots,\ r_n^t)$로 표시하고 다음과 같은 경계선(Lattice)

$$l = \left\{ \left(\frac{t_1}{T},\ \frac{t_2}{T},\ \cdots,\ \frac{t_n}{T}\right) : 1 \le j \le n,\ t_j - 0,\ 1,\ \cdots,\ T \right\}$$

에서 다음과 같이 정의된 코퓰라를 empirical copula라고 부른다.

$$\hat{C}\left(\frac{t_1}{T},\ \frac{t_2}{T},\ \cdots,\ \frac{t_n}{T}\right) = \frac{1}{T}\sum_{t=1}^{T}\prod_{j=1}^{n} 1\left(r_j^t \le t_j\right)$$

여기에서 $1(A)$는 지시함수(indicator function)라 불리며 다음과 같이 정의된다.

$$1(A) = \begin{cases} 1 & A \text{ is true} \\ 0 & A \text{ is false} \end{cases}$$

또한 코퓰라의 편미분 추정값은 Nelson's Empirical Copula frequency라고 불리면 다음과 같이 나타낼 수 있다.

$$\hat{C}\left(\frac{t_1}{T},\ \frac{t_2}{T},\ \cdots,\ \frac{t_n}{T}\right) = \sum_{i_1=1}^{2}\sum_{i_2=1}^{2}\cdots\sum_{i_n=1}^{2}(-1)^{\sum_{j=1}^{n}i_j}$$
$$\times \hat{C}\left(\frac{t_1-i_1+1}{T},\ \frac{t_2-i_2+1}{T},\ \cdots,\ \frac{t_n-i_n+1}{T}\right)$$

#### 3.3.5.2.2. Berstein Copula

Berstein Copula는 다음과 같으며 위의 Empirical Copula보다 모집단의 코퓰라에 수렴하는 속도가 빠르다.

$$B_T(C)(u_1,\ u_2,\ \cdots,\ u_n) = \sum_{t_1=1}^{n}\sum_{t_2=1}^{n}\cdots\sum_{t_n=1}^{n} B_{t_1,\ T}(u_1)\cdot B_{t_2,\ T}(u_2)\cdots B_{t_n,\ T}(u_n)$$

$$\times \hat{C}\left(\frac{t_1}{T}, \ \frac{t_2}{T}, \ \cdots, \ \frac{t_n}{T}\right)$$

### 3.3.5.2.3. Kernel Copula

Empirical copula는 모형을 가정하지 않는 장점을 가지고 있지만 경계선에서 불연속적인 특성을 가지므로 이러한 단점이 없는 비모수적인 코퓰라가 Kernel Copula이다.

$$l = \left\{\left(\frac{t_1}{T}, \ \frac{t_2}{T}, \ \cdots, \ \frac{t_n}{T}\right) : 1 \leq j \leq n, \ t_j = 0, \ 1, \ \cdots, \ T\right\}$$

이곳에서 필요한 Kernel함수 $k(x)$의 첫 번째 특징은 적분해서 1이 된다. 즉, $\int_{-\infty}^{\infty} k(x)dx = 1$이다. 본서에서는 가장 많이 사용되는 Kernel함수를 〈표 14−2〉에서 소개하도록 하겠다.

**표 14-2** 대표적인 일변수 Kernel함수

| Quadratic kernel | $k(x) = \begin{cases} \dfrac{3}{4}(1-x^2) & -1 < x < 1 \\ 0 & \text{otherwise} \end{cases}$ |
|---|---|
| Normal Kernel | $k(x) = \Phi(x) = \dfrac{1}{\sqrt{2\pi}}\exp\left(-\dfrac{x^2}{2}\right)$ |

다변수 Kernel함수는 여러 가지 방법으로 정의가 가능하지만 실용적인 측면에서는 다음과 같은 Product Kernel함수를 사용하는 것이 편리하다. 즉, 난수 생성과 Kernel모수 $h$의 결정에 다음의 Product Kernel이 좋다.

$\{h_j\}_{j=1, 2, \cdots, m}$ 와 $i = 1, 2, \cdots, m$에 대해서

$$\prod_{j=1}^{n} k\left(\frac{x_j}{h_j}\right)$$

이 Kernel의 첫 번째 조건을 만족할 수 있게 $h$를 추정한다.

다음의 〈표 14−3〉은 일변수 확률밀도함수와 분포함수 및 다변수 확률밀도함수와 분포함수의 추정치를 요약한 것이다.

**표 14-3** 일변수, 다변수 분포함수와 밀도함수의 추정

| | 분포함수의 추정 | 확률밀도함수의 추정 |
|---|---|---|
| 일변수 | $\hat{f}(y)\dfrac{1}{Th_j}\displaystyle\sum_{t=1}^{T} k\left(\dfrac{y-Y_{jt}}{h_j}\right)$ | $\hat{F}_j(y)=\dfrac{1}{T}\displaystyle\sum_{t=1}^{T} K\left(\dfrac{y-Y_{jt}}{h_j}\right)$ |
| 다변수 | $\hat{f}(y)=\dfrac{1}{T\lvert h\rvert}\displaystyle\sum_{t=1}^{T}\prod_{j=1}^{n} k\left(\dfrac{y-Y_{jt}}{h_j}\right)$ | $\hat{F}_j(y)=\dfrac{1}{T}\displaystyle\sum_{t=1}^{T}\prod_{j=1}^{n} K\left(\dfrac{y-Y_{jt}}{h_j}\right)$ |

여기에서 $y_i = (y_{i1},\ y_{i2},\ \cdots,\ y_{im})^T$이다. 단 $K(x)$, $K(x)$는 각각 $k(x)$, $k(x)$의 분포함수이다. 위의 결과를 이용하여 유도된 Kernel copula는 다음과 같다. 여기에서 $\hat{\xi}_i = (\hat{\xi}_{i1},\ \hat{\xi}_{i2},\ \cdots,\ \hat{\xi}_{in})$이고 $\hat{\xi}_{ij}=\infty$이고 $\{y:\hat{F}_j(y)\geq u_{ij}\}$이다.

$$\hat{C}(u)=\hat{F}(\hat{\xi}_i)$$

마지막으로 Kernel copula를 이용한 이변수 결합분포의 난수를 생성하는 방법을 배워보도록 하자.

(1) 과거 자료 $(x,\ y)$ 입력

(2) 개별시스템의 결과값 $(sx,\ sy)$ 입력

(3) 과거 자료에서 난수 $(xx,\ yy)$ 생성

(4) 생성된 난수에서 모집단의 난수 $(xxx,\ yyy)$ 생성

(5) $(xxx,\ yyy)$를 이용하여 $(u,\ v)$ 계산

(6) $(u,\ v)$의 정보가 코퓰라

(7) 개별시스템의 정보 $(sx,\ sy)$값을 이용하여 개별 분포에 적합하며 Kernel을 이용한 추정 $F_1$, $F_2$

(8) 결합분포 $(cx,\ cy)$의 계산은 $F_1(cx)=u$, $F_2(cy)=v$를 만족하는 $(cx,\ cy)$값을 수치해석 기법을 활용하여 계산

### 3.3.6 연관성 측도

두 확률변수가 독립적이지 않다면, 두 변수는 서로 연관성이 있다. 이 연관성을 알아보기 위해 선형 상관관계가 소개가 되었고 또, 연관성을 측정하기 위한 측도로서 Kendall's tau와 Spearman's rho를 알아보도록 하겠다. 먼저, 일치도에 대한 정의를 시작으로 두 측도의 정의와 성질들을 구하고 다음에 간단한 예로 추정치를 이용하여 두 측도를 구하도록 하겠다.

일치도란 두 확률변수의 값이 둘다 크게 나올 확률이 크고(또는 적고), 한 변수의 값이 클 때 다른 변수의 값이 적게 나올 확률이 적을 때(또는 클 때)를 말한다. 이 두 경우를 각각

comonotonic과 countermonotonic이라고 설명한다.

### 3.3.6.1 Kendall's tau

Nelson에 따르면 Kendall's tau는 1900년경에 Fechner에 의해서 소개되었다가 1938년에 Kendall에 의해서 재발견된 측도이다. 이 측도는 각각이 같은 확률분포함수 $F$와 코풀라함수 $C$를 가지는 두 개의 독립 확률벡터 $(X_1,\ Y_1)$과 $(X_2,\ Y_2)$의 일치도 확률과 불일치도 확률의 차이로 정의가 된다. 여기에서 $Y_1 > Y_2$일 때 $X_1 > X_2$이면 두 벡터가 일치(concordant)한다고 말하고, 이와 반대로 $Y_1 > Y_2$일 때 $X_1 < X_2$이면 불일치한다고 말한다. 따라서 코풀라함수 $C$로부터 독립상등인 주어진 두 확률벡터 $(X_1,\ Y_1)$과 $(X_2,\ Y_2)$에서 Kendall's tau, $\tau$는 다음과 같이 정의된다.

$$\tau = P((X_1 - X_2)(Y_1 - Y_2) > 0) - P((X_1 - X_2)(Y_1 - Y_2) < 0)$$

이 $\tau$값은 $-1$부터 $1$까지 움직이고 정형화된 기대치(normalized expected value)라고 불린다. 여기에서 $\tau = 1$이면 두 확률변수가 comonotonic을 따르고 $\tau = -1$이면 반대로 countermonotonic을 따른다. Gibons(1992)는 $n$개의 순서쌍을 가지는 확률샘플 $(X_i,\ Y_i)$, $i = 1,\ \cdots,\ n$에서 $\tau$를 추정하기 위해서 지시변수(indicator variables)를 정의하면 다음과 같다.

$$A_{ij} \equiv \text{sgn}((X_i - X_j)(Y_i - Y_j))$$

(sgn은 부호를 부여하는 함수)

$\tau$를 다음과 같이 나타낼 수 있다.

$$\tau = E(A_{ij}) \equiv (+1)P((X_i - X_j)(Y_i - Y_j) > 0) + (-1)P((X_i - X_j)(Y_i - Y_j) < 0)$$

다음으로 Kendall의 표본 tau라고 불리는 Kendall's tau의 불편향적인 추정치를 정의할 수 있다.

$$\tau_n = \frac{2}{n(n-1)} \sum_{i=1}^{n} \sum_{j>i} A_{ij}$$

### 3.3.6.2 Spearman's rho

1904년도에 처음으로 나온 Spearman's rho는 Kendall's tau와 마찬가지로 정형화된 평균치이고 순서상관관계를 나타내는 측도이다. 코풀라함수 $C$로부터 독립상등인 주어진 세 확률벡터 $(X_1,\ Y_1)$, $(X_2,\ Y_2)$과 $(X_3,\ Y_3)$에서 Spearman's rho, $\rho$는 다음과 같이 정의된다.

$$\rho_S = 3\left[P((X_1 - X_2)(Y_1 - Y_3) > 0) - P((X_1 - X_2)(Y_1 - Y_3) < 0)\right]$$

코풀라의 정의를 이용하면 Spearman's rho는 다음과 같이 정의되고

$$\rho_S = \frac{\mathrm{cov}(F_1(X),\ F_2(Y))}{\sqrt{\mathrm{Var}(F_1(X))\mathrm{Var}(F_2(Y))}}$$

두 확률변수 $X$와 $Y$의 Pearson 상관계수 $\rho = \dfrac{\mathrm{cov}(X,\ Y)}{\sqrt{\mathrm{Var}(X)\mathrm{Var}(Y)}}$ 와 비교하면 Spearman's rho는 $X$와 $Y$ 대신에 두 확률변수의 누적분포함수의 Pearson 상관계수이다. 따라서 $\rho_S$는 순서상관관계라고 불린다. Kendall's tau의 성질과 같이 $\rho_S = 1$이면 두 확률변수가 comonotonic을 따르고 $\rho_S = -1$이면 반대로 countermonotonic을 따른다. Gibons(1992)는 $n$개의 순서쌍을 가지는 확률샘플 $(X_i,\ Y_i)$, $i = 1,\ \cdots,\ n$에서 $\rho_S$를 추정하기 위해 각 변수의 순서를 나타내는 $R_i$와 $S_i$ 다음과 같이 정의하였다.

$$R_i \equiv \mathrm{rank}(X_i), \quad S_i \equiv \mathrm{rank}(Y_i)$$

추정된 $\rho_S$는 다음과 같이 표현하였다.

$$\frac{\sum_{i=1}^{n}(R_i - \check{R})(S_i - \check{S})}{\sqrt{\sum_{i=1}^{n}(R_i - \check{R})^2 \sum_{i=1}^{n}(S_i - \check{S})^2}}$$

$R_i$와 $S_i$는 각각 처음 $n$개의 자연수 $(1, 2,\ \cdots, n)$를 가지는 이산균등분포이므로 분모는 $\dfrac{n(n^2-1)}{12}$ 이고 더 간단히 하면 아래와 같다.

$$1 - 6\frac{\sum_{i=1}^{n}(R_i - S_2)^2}{n(n^2-1)}$$

위에서 다룬 두 측도 $\tau$와 $\rho_S$의 관계는 Durbin and Stuart(1951)에 따르면 다음과 같다.

$$\begin{cases} \dfrac{3}{2}\tau - \dfrac{1}{2} \leq \rho_S \leq \dfrac{1}{2} + \tau - \dfrac{1}{2}\tau^2 & \tau \geq 0 \\ -\dfrac{1}{2} + \tau + \dfrac{1}{2}\tau^2 \leq \rho_S \leq \dfrac{3}{2}\tau + \dfrac{1}{2} & \tau < 0 \end{cases}$$

마지막으로 Durbin and Stuart(1951)가 보여준 간단한 예를 통하여 $\tau$와 $\rho_S$를 추정해 보도록 하겠다. $n$개의 순서쌍을 가지는 확률샘플 $(X_i,\ Y_i)$, $i = 1,\ \cdots,\ n$을 $(R_i,\ S_i)$로 나타내고 $R_i$를 순서대로 나열하면 $R_i$에 대응하는 $S_i$에서 $d_{ij}$를 다음과 같이 정의한다.

$$d_{ij} = \begin{cases} +1 & j\text{번째 순서가 } i\text{보다 앞서면} \\ 0 & \text{그렇지 않은 경우} \end{cases}$$

그러면, $\tau$와 $\rho_S$의 추정치는 다음과 같다.

$$\tau_n = 1 - \frac{4\sum_{i<j} d_{ij}}{n(n-1)}$$

$$\rho_S = 1 - 1\frac{12\sum_{i<j}(j-i)d_{ij}}{n(n^2-1)}$$

여기에서 분자는 순서가 바뀐 수의 차이에 의한 가중치의 합으로 표현된다.

### 예제 14-5

6개의 확률샘플에서 다음의 순서쌍을 구하였다면,

| $R_i$ | 1 | 2 | 3 | 4 | 5 | 6 |
|---|---|---|---|---|---|---|
| $S_i$ | 4 | 1 | 6 | 3 | 2 | 5 |

다음의 값을 구할 수 있고 순서가 바뀐 개수와 가중치를 구할 수 있다.

바뀐 순서 개수와 가중치 :

| 바뀐 순서 | 가중치 |
|---|---|
| 4-1 | 3 |
| 4-3 | 1 |
| 4-2 | 2 |
| 6-3 | 3 |
| 6-2 | 4 |
| 6-5 | 1 |
| 3-2 | 1 |
| $\sum_{i<j} d_{ij} = 7$ | $\sum_{i<j}(j-i)d_{ij} = 15$ |

#### 풀이

앞의 표에 의해서

$$\tau_6 = 1 - \frac{4\sum_{i<j}d_{ij}}{n(n-1)} = 1 - \frac{4\times 7}{6\times 5} = \frac{1}{15}$$

$$\rho_S = 1 - \frac{12\sum_{i<j}(j-i)d_{ij}}{n(n^2-1)} = 1 - \frac{12\times 15}{6\times 35} = \frac{1}{7}$$

위의 두 추정치는 서로 일치하지 않는다. 이 값들을 통해서 대략 두 확률변수에 양의 상관관계가 있다고는 말할 수 있고 얼마만큼 강한 관계에 있는가에 대한 질문은 상대평가에 대한 내용으로 말할 수 있다. 예를 들어 하나의 순서쌍이 $\rho_S = 0.6$ 또 다른 순서쌍이 $\rho_S = 0.4$라고 하면, 첫 번째 순서상의 두 확률변수가 두 번째보다 더 양의 상관관계에 있다고 할 수 있다.

# 4. Solvency II

Solvency II는 EU에서 2016년부터 시행하고 있는 통일된 지급여력제도이다. 이 전 Solvency I에서는 다양한 리스크에 대한 평가가 미흡하여 재무건전성을 적절하게 판단하는데 부족한 면이 있었다. 유럽위원회는 2007년 7월 현행지급여력제도(Solvency I)의 개선을 위해 13개로 산재된 보험감독에 관한 지침을 1개로 단일화하는 Solvency II 안을 마련하여 유럽의회와 각료회의에 제출하였다. 이에 EU는 국제결제은행(BIS)의 Basel III와 유사한 구조로 Solvency II를 개발하여 보험회사에 적용하고 있다.

Solvency II의 가장 중요한 특징은 리스크 중심의 경제적 요구자본 개념을 도입하였다는 점이다. Solvency II는 회계상 지급여력자본과 경제적 요구자본 사이의 불일치를 완화하여 시장의 왜곡된 해석을 수정하며, 이에 따라서 회사의 리스크 특성을 반영하여 지급능력 요구자본(Solvency Capital Requirement), 규제자본인 최소요구자본(Minimum Capital Requirement), 그리고 책임준비금을 결정한다. 미국 중심의 RBC제도가 규칙중심(Rule-based)이었다면 Solvency II는 원칙중심(Principle-based)의 접근법을 사용한다. 여기에서는 Solvency II의 주요 특징과 RBC제도와의 차이점에 대해서 간단히 다루도록 하겠다.

## 4.1 경제적 요구자본(Economic Capital)

자본은 일반적으로 부채가치를 초과하는 자산가치를 말한다. 자본의 크기는 회계의 처리기준이나 사용목적에 따라 달라지며, 일반적으로 감독회계에서는 자산에서 특정한 자산(무형자산 등)을 제외한다. 회계기준에 따라 자본의 정의가 다르지만, 실제 회사가 이용 가능한 자본을 알아야 한다는 의미에서 경제적 요구자본은 중요한 의미를 지닌다.

주주는 배당소득세나 자본투자비용이 보험계약자에 비하여 많이 부담하기 때문에, 자본을 많이 보유할수록 자본비용이 높기 때문에 계약자보다 리스크를 더 부담하게 되며, 이 때문에 리스크를 최소화시키려고 한다. 따라서 자신이 보유한 리스크의 크기가 부담스러울 경우 주주들은 보다 적합한 곳으로 자신들의 자본을 옮기게 된다. 이런 주주의 리스크를 포함하여 전체적인 모든 리스크를 측정하고 이를 반영한 자본이 경제적 요구자본이다. 경제적 요구자본은 사실상 측정되는 기간, 측정방법, 포함되는 리스크, 목표신뢰수준에 따라 여러 가지로 정의될 수 있다. Var의 개념으로 표현한다면, 일정기간(1년 이상) 동안 일정수준(99.5% VaR)에서 부채의 공정가치를 보호하기 위해 요구되는 자본의 양을 말한다.

따라서 경제적 요구자본은 일정기간 동안 일정수준에서 부채의 공정(시장)가치를 보호하기 위하여 요구되는 자본의 양으로 정의될 수 있으며 이 평가에는 시장, 신용, 보험, 운영리스크를 포함한 모든 리스크가 고려된다. 부채의 시장가치는 정상적인 사업환경에서 독립된 당사자 간의 거래에서 자발적 구매자에게 부채를 이전하기 위하여 필요한 금액으로 정의될 수 있다.

즉 시장가치 잉여금(V) = 자산(시장가치) − 부채(시장가치)라고 할 경우 시장가치 잉여금은 다양한 경제 시나리오하에서 추정될 수 있다. 이 경우 1년간의 예상 잉여금의 시장가치와 최악의 잉여금의 시장가치의 차이를 경제적 요구자본으로 정의할 수 있을 것이다. 경제적 요구자본은 회사의 리스크에 기초하여 계산하기 때문에 회사의 특정 리스크들은 규제목적의 자본(Solvency II의 SCR)보다 경제적 요구자본에 더 적절히 반영될 수 있을 것이다.

## 4.2 Solvency II와 지급능력 요구자본(SCR)

Solvency II가 보험회사에 미치는 영향을 평가하기 위해 유럽보험연금감독자위원회(CEIOPS: Committee of European Insurance and Occupational Pensions Supervisor)에 의뢰하여 계량영향평가(QIS: Quantitative Impact Study)를 수행하였다. 그 후 2011년부터 EIOPA(European Insurance and Occupational Pension Authority)가 CEIOP역할을 대체하였다.

Solvency II는 은행권역의 신BIS협약과 유사한 3개축 구조이며, 이는 지급능력(pillar 1), 리스크관리(pillar 2), 공시(pillar 3)로 구분된다. Solvency II의 가장 중요한 특징은 리스크 중심의 경제적 요구자본(Economic Capital)의 개념을 도입하였다는 점이다. 그래서, 회사의 리스크 특성을 반영하여 지급능력 요구자본(SCR, Solvency Capital Requirement), 규제자본인 최소요구자본(MCR, Minimum Capital Requirement), 책임준비금을 결정하게 된다.

RBC에서는 요구자본을 세분화하지 않았으나 Solvency II에서는 지급여력요구자본(SCR, Solvency Capital Requirement)과 최소요구자본(MCR, Minimum Capital Requirement)으로 구분하였다. SCR은 목표요구자본의 성격으로 보험회사가 SCR을 충족하면 재무적 건전성을 인정받는 것으로 볼 수 있다. SCR에 미달한다는 것은 감독당국의 개입(intervene)을 의미한다. 규제의 목적으로 본다면 SCR은 유연한(soft) 감독당국의 개입 또는 규제인 데 반해 MCR은 강력한(hard) 감독당국의 개입 또는 제재로 간주된다. 보험회사는 한 번 SCR에 미달하게 되면 금융당국의 개입이 시작되어 MCR에 가까워질수록 더 강력한 제재로 감독당국은 신계약 판매금지 혹은 영업정지 등의 강력한 조치를 취할 수 있게 된다.

Solvency II는 여러 계량적 사항을 요구하고 있다. 즉 리스크의 잠재적인 영향을 종합적으로 감안하여 자산, 부채, 요구자본, 가용자본 간의 상호의존성과 리스크를 적정하게 인식·평가하는 총재무제표방식을 이용하여 책임준비금, 가용자본, 지급능력 요구자본, 최소요구자본 및 자산운용을 규정하고, 가용자산(available financial resources)이 부채와 자본요구량을 초과하도록 요구한다.

Solvency II는 각 회사 고유의 사정을 감안하지 않고 산출하는 표준모형, 감독기관의 승은 아래 회사 고유의 사정을 감안하여 산출하는 완전 내부모형과 부분내부모형에 의하여 SCR을 측정·평가할 수 있도록 하고 있다. 내부모형은 표준모형과 비교할 수 있어야 한다. 한편, 내부모형에 의한 SCR 측정평가에는 경제적 요구자본을 산출해야 하며, 이때 다양한 리스크의 특성에 맞는 여러 가지 가정이 적용된다. 경제적 요구자본은 규제자본과는 다른 관점을 가지고 있다. 규제자본이 파산 회피를 목적으로 하는 데 반하여 경제적 요구자본은 보험사업을 위협하는 예상하지 못한 손실에 대한 완충역할을 하는 것을 목적으로 한다.

## 4.3 지급능력 요구자본 산출 표준모형

지급능력 요구자본의 표준모형은 분류된 각 리스크별로 산출한 SCR을 결합하는 방식인 모듈방식을 이용하고 있으며 SCR 계산 시 리스크 간 상관계수가 이용된다. 이 방식은 모듈이 분명하게 정의되었을 때 감독기관은 보험회사의 상황에 따라 각 모듈별로 정보를 취합해 감독행위를 수행할 수 있다는 장점을 지니고 있다.

계량영향평가 QIS5에서는 〈그림 14-2〉와 같은 SCR 모듈구조를 제시하고 있다. 이 구조에 따르면 지급능력 요구자본은 기본요구자본(BSCR)과 운영리스크요구자본($SCR_{op}$)을 합산하고 경감효과를 조정하여 산출한다. BSCR과 SCRop을 분리한 것은 운영리스크 산출과 관련된 자료의 부족과 운영리스크와 다른 리스크 사이의 상관관계가 불명확한 것을 고려한 것이다.

기본요구자본은 상관관계를 이용하여 시장리스크 요구자본($SCR_{mkt}$), 건강보험리스크 요구자본($SCR_{health}$), 거래상대방 파산리스크 요구자본($SCR_{def}$), 생명보험리스크 요구자본($SCR_{life}$), 손해보험리스크 요구자본($SCR_{nl}$), 무형자산리스크 요구자본($SCR_{intantible}$)을 통합·산출한 요구자본이다.

SCR의 산출에는 금융자산과 보험인수에 의하여 노출되는 모든 계량화 가능한 리스크가 고려

그림 14-2 QIS5의 SCR 모듈

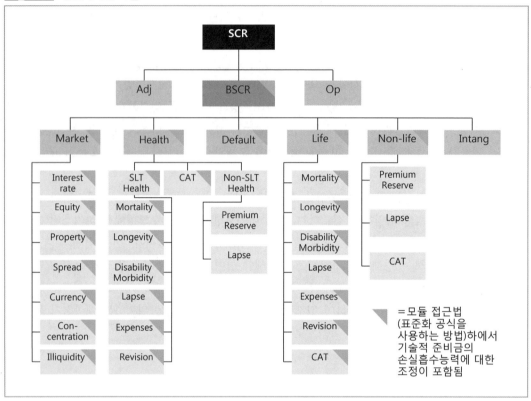

된다. 이에 따라 표준모형에 의한 BSCR 계산에는 시장리스크(금리, 주식, 부동산, 외환, 신용 스프레드, 집중, 비유동성), 신용부도리스크, 생명보험리스크(사망률, 장수, 장해/질병, 해약, 비용, 개정, 거대재해), 건강보험리스크(생명보험과 유사), 손해보험리스크(보험료/준비금, 해약, 거대재해), 무형자산리스크 등의 리스크가 고려되고 있다. 또 SCR의 계산시 표준모형에서는 운영리스크 외에도 장래배당정책의 변경과 이연세금의 효과로 인한 리스크 흡수효과를 명시적으로 경감효과로 반영하도록 하고 있다. QIS5에서 QIS4와 마찬가지로 SCR의 계산 시 경감효과를 명시적으로 표시한 것이 QIS3과 다른 점이다.

## 4.4 Solvency II의 보험부채평가 원칙

RBC제도에서는 공시용 재무제표를 원용하여 사용하는데 원가와 시가평가가 같이 사용된다. 반면에 Solvency II에서는 자체적인 재무제표가 작성된다. Solvency II에서는 총재무제표방식 (total balance sheet approach)이 사용되는데 이는 자산, 부채, 순자산 및 적정요구자본 상호간의 상관관계를 인식하여 자산 및 부채를 공정가치로 일관성 있게 평가하고 리스크를 측정하는 방식이다. Solvency II Directive에 나타난 가치평가의 주요한 목적은 자산과 부채를 평가할 때 경제적이며 시장과 일치된 방법의 접근법을 사용하여야 한다는 것이다. 이러한 접근에 따르면 자산은 합리적이고 자발적인 당사자들 간의 정상거래에서 참여자들이 교환(exchange)할 수 있는 금액으로 평가되어야 하며, 부채는 합리적이고 자발적인 당사자들 간의 정상거래에서 이전(transfer)되거나 정산(settle)될 수 있는 금액을 평가되어야 하고, 금융부채를 평가할 때 보험사의 자기신용상태 변화를 고려하는 후속 조정이 없어야 한다.

Solvency II에서 부채인 기술적 준비금(technical provision)은 보험사업자가 보유계약에 대한 권리와 의무를 다른 보험사업자에게 이전할 경우 지급하여야 하는 금액인 최선추정치(Best Estimates)와 보험계약에 내재된 불확실성에 대비한 버퍼(buffer)인 리스크 마진의 합으로 정의된다.

보험의무와 관련 있는 미래현금흐름이 신뢰성 있는 시장가치의 관찰이 가능한 금융상품을 이용하여 신뢰성 있게 복제가 될 수 있을 경우, 그러한 미래현금흐름과 관련된 기술적 준비금의 가치는 그러한 금융상품이 시장가치에 근거하여 결정되어야 한다. 이러한 경우, 최선추정치와 리스크마진의 분리계산은 요구되지 않는다. 신뢰성 있게 복제될 수 있기 위해서는 첫째, 보험의무에 연관된 현금흐름에 기초한 위험과 관련하여 모든 가능한 시나리오에서, 복제에서 사용된 금융상품의 현금흐름은 보험의무에 연관된 현금흐름의 금액과 시기의 불확실성을 복제해야 하며, 둘째 복제에 사용되기 위하여 금융상품은 국제회계기준에서 정의하는 활성시장에서 거래되어야 한다. 그러나 보험계약의 부채평가와 관련하여 계약자가 실효와 해약을 포함한 계약 옵션을 행사할 가능성에 의존하는 보험의무와 관련된 현금흐름 또는 사망, 재해, 질병, 질병률의 수준, 추세 또는 변동성에 의존하는 보험의무와 관련된 현금흐름 그리고 보험의무의 서비스에서 발생될 모든 사업비 등의 현금흐름은 신뢰성 있게 복제될 수 없다. 따라서 이러한 경우에는 모형평가접근(marking to model approach)이 사용되어야 하며 보험사의 실제 작업에서는 보험부채의 현금흐름 추정 시 보험수리적 기법을 사용한다.

가용자본은 자산가치에서 부채가치를 차감한 것이며 가용자본이 요구자본을 초과하여야 한다는 점에서 현행 RBC와 Solvency II는 동일하지만 부채가치를 평가하는 방법에서 큰 차이를 보이고 있다. 즉 현행 우리의 제도는 부채를 원가로 평가하고 있으나 Solvency II에서는 부채를 공정가치로 평가하고 있다. 우리나라에서도 보험부채를 평가할 때 부채적정성평가(LAT)를 수행하여 현행기초율로 부채를 평가하여 부족분이 있으면 추가로 적립하게 되어 있으나 현행기초율과 Solvency II에서 사용되는 시장과 일치된 가정은 차이가 크다.

## 4.5 RBC 제도와의 비교

RBC 제도와 Solvency II 제도와의 차이점을 살펴보면 다음과 같다.

## 4.5.1 재무제표

RBC 제도에서는 공시용 재무제표를 원용하여 사용하고 있고 공시용 재무제표에서는 원가와 시가평가를 같이 사용한다. 반면에 Solvency II에서는 총재무제표방식이 사용되는데 이는 자산, 부채, 순자산 및 적정요구자본 상호 간의 상관관계를 인식하여 자산 및 부채를 공정가치로 일관성 있게 평가하고 리스크를 측정하는 방식이다. Solvency II Directive에 나타난 가치평가의 주요한 목적은 자산과 부채를 평가할 때 경제적이며 시장과 일치된 방법의 접근법을 사용하여야 한다는 것이다. Solvency II에서 부채인 기술적 준비금은 앞에서 설명되었듯이 최선추정치(BE)와 리스크 마진(RM)의 합인데, 이때 부채는 합리적이고 자발적인 당사자들 간의 정상거래에서 이전되

**표 14-4** 대차대조표 항목별 평가기준 비교

| 비교항목 | | RBC | Solvency II |
|---|---|---|---|
| 일반적 평가 방법론 | Valuation 접근방법 | • (자산) 현행 회계기준 인정 (조정항목은 지정)<br>• (부채) 보험부채 평가는 현행 회계기준에 따름 | • (자산) 개별 자산별 valuation 방법론 제시, IFRS를 근간으로 하므로 현재의 RBC와 큰 차이는 없음<br>• (부채) 시가평가(market consistent valuation)요구, 보험부채평가는 marking to model |
| 자산 | 무형자산 | • 영업권, 소프트웨어, 개발비, 상표권 등 측정 곤란한 항목은 가용자본에서 제외 | • 분리 가능하고 시장에서 거래 가능할 경우 인정되나 조건 미충족시 제외 |
| | 유형자산 | • 회사 회계처리 금액 (원가, 공정가치 평가 선택) | • 원가 평가된 경우 공정가치 재평가 |
| | 투자유형자산 | • 회사 회계처리 금액 | • 원가 평가된 경우 공정가치 재평가 |
| | IAS39 해당 금융자산 | • 회사 회계처리 금액 (단기-손익반영 매도가능-OCI반영 만기보유-원가법) | • 원가 평가된 경우 공정가치 재평가 (만기보유증권 해당) |
| | 이연 법인세 | • 회사 회계처리 금액 | • 이월공제 및 세무상결손에 해당하는 부분은 IFRS와 동일하게 인정되나, 기타이연법인세부분은 Solvency II에 따른 자산부채 금액과 세무상금액의 차이를 기준으로 산출되어야 함 |
| 보험 부채 | 평가방법론 | • 현 회계제도에 의한 평가 인정(Lock-in) | • BE+RM에 의한 공정가치 평가 |
| | 할인율 | • 예정이율 | • 통화별 무위험이자율 기간구조 사용<br>  – 무위험이자율에 비유동프리미엄 가산 (100%, 75%, 50%) |
| | 리스크마진 | • 명시적으로는 계산되지 않음 | • LoB별로 명시적으로 계산되어야 함<br>  – 다양한 간편법 제시 |

거나 정산될 수 있는 금액으로 평가되어야 한다. RBC와 Solvency II 하에서 대차대조표 항목별 평가기준을 정리하면 〈표 14-4〉와 같다.

### 4.5.2 요구자본 산출 단위

현행 RBC에서는 요구자본 산출 단위를 생명보험, 장기손해보험, 일반손해보험으로 나누고 일반손해보험은 일반보험, 자동차보험 및 보증보험으로 구분하고 있다. 이를 기준으로 현행 RBC에서는 요구자본 산출 단위가 생명보험 4개 상품군, 장기손해보험 4개 상품군, 일반보험 6개 상품군, 자동차보험 3개 상품군, 보증보험으로 구분되어 있다. Solvency II에서는 기술적 준비금 평가 및 SCR 계산 최소한 LoB별 구분되어야 하고 생명보험 17개 상품군, 일반보험 12개 상품군으로 구분된다.

### 4.5.3 리스크의 분산효과 반영

RBC에서는 리스크 간 분산효과에서 상관계수가 0 또는 1을 사용하고 있다. RBC에서는 리스크 간의 상관관계만을 반영하여 금리위험과 신용위험액은 완전상관(상관계수 1), 보험, 금리·신용, 시장은 무상관(상관계수 0)을 가정하여 상관계수를 사용한다. Solvency II에서는 하부리스크 모듈별로 통합시마다 제시되는 리스크 간 상관계수를 0, 0.25, 0.5, 0.75, 1 및 음수의 상관계수 등 다양하게 사용하고 있다. 이와 같은 다양한 상관관계를 이용하는 것은 리스크의 분산효과를 더 적절히 측정하는 것으로 볼 수 있다. Solvency II에서는 상관관계와 상호작용 둘 다를 반영하여 요구자본을 산출하므로 RBC에 비해 요구자본량이 줄어들 수 있다.

### 4.5.4 리스크 계산방식

RBC에서는 계수(Factor)방식을 사용하여 익스포저×리스크계수의 공식을 사용하여 리스크량을 계산한다. 반면에 Solvency II에서는 간혹 계수방식을 제시하고도 있지만 주로 시나리오 방식이 사용되고 있다. 시나리오 방식은 금리, 사망률, 해약률 등 리스크요인에 shock을 주고 그에 따른 순자산가치의 변화분을 리스크양(SCR)으로 계산하며 임의배당 특성에 따른 위험완화효과도 반영하고 있다.

### 4.5.5 통계신뢰수준

RBC의 리스크계수를 구할 때 손해율분포를 근거로 VaR(95%)에 해당하는 리스크양을 계산하고 그와 매칭되는 리스크계수를 구하여 사용하고 있다. 반면에 Solvency II에서는 리스크계수를 구할 때 지급여력요구자본(SCR)을 99.5%의 신뢰수준으로 발생 가능한 최대손실 VaR값으로 측정한다. 즉, 리스크 측정수단으로 VaR을, 신뢰수준으로 99.5%를 리스크 측정기간은 1년으로 규정한다.

### 4.5.6 요구자본의 구분

Solvency II에서는 요구자본을 최소요구자본(MCR)과 지급능력 요구자본(SCR)으로 구분하고 있으나 현행 RBC는 요구자본에 대한 구분이 없으며 지급 여력비율로 필요한 요구자본을 나타내고 있다. RBC의 지급여력비율 0%는 가용자본이 0이기 때문에 MCR과 직접적인 비교는 어려울 것으로 보인다. 또 MCR 계산시 SCR의 일정비율뿐만 아니라 AMCR(absolute floor of the MCR)의 개념을 도입하여 보험사업별로 절대최소요구자본을 요구하고 있다.

### 4.5.7 가용자본의 계층화

Solvency II에서는 Tier 1과 Tier 2, Tier 3로 자본을 계층화하고 있으나 현행 RBC에서는 자본계층화가 없다. Solvency II에서는 SCR을 충족시키기 위하여 Tier 1의 비율은 적어도 SCR의 50%이어야 하고, Tier 3의 금액은 SCR의 15% 미만이어야 한다. MCR을 충족시키기 위하여 오직 Tier 1과 Tier 2 기본 자기자본만이 적격하며 적어도 MCR의 80%는 Tier 1이어야 한다. Tier 3 기본 자기자본과 보완 자기자본은 MCR에 적격하지 않다. 최근의 RBC제도는 기본자본과 보완자본으로 구분하는 자본의 계층화를 도입하였다.

### 4.5.8 내부모형의 적용

내부모형이란 보험회사의 전반적인 리스크를 분석·계량화하고 리스크를 흡수하기 위해 필요한 경제적 자본을 산정하는 보험회사 자체의 리스크 관리시스템을 말한다. Solvency II에서는 내부모형의 적용이 가능하나 현행 RBC에서는 적용되지 않고 있으며 표준방법만 허용된다. 표준방법이란 보험업감독업무 시행세칙 제5-7조의 3(지급여력기준금액) 규정에 따라 위험액을 산출하는 방법을 말한다.

### 4.5.9 리스크의 분류체계

현행 RBC는 보험(생·손보), 금리, 시장, 신용 및 운영리스크로 분류하고 있으나 Solvency II에서는 시장, 신용(거래상대방 부도리스크), 보험(생·손보, 건강보험), 무형자산리스크 및 운영리스크로 분류하고 있으며 금리리스크는 시장리스크에 포함되어 있다. Solvency II가 현행 RBC와 다른 점은 Solvency II에서는 미래 임의배당에 의해 제공된 위험경감효과와 이연법인세의 손실흡수에 대한 조정을 반영하고 있으며 무형자산리스크를 별도로 고려하고 있는 것이다.

Solvency II의 시장리스크에서는 RBC와는 달리 스프레드 리스크, 집중리스크, 비유동성 프리미엄에 대한 SCR을 고려하도록 되어 있다. 또 생명보험리스크에서는 RBC에서 다루지 않는 장수위험, 해약, 비용, 개정 및 대재해 리스크를 고려하도록 되어 있다. RBC의 운영리스크는 수입보험료를 익스포저로 하고 있으나 Solvency II에서는 수입보험료 기준과 책임준비금 기준으로 산출한 금액 중 큰 금액을 운영리스크양으로 하고 있다. 보험리스크에서 현행 RBC는 보험상품별로 리스크양을 산출하나 Solvency II에서는 사망, 장수 등 담보별로 리스크양을 산출하고 있다. 최근에 RBC도 보험리스크를 담보별로 산출하려고 제도 개선 중에 있다.

어떤 리스크는 분류기준이 다르기 때문에 직접적인 비교가 어려운 부분도 있지만 각 리스크별로 RBC와 Solvency II의 차이점을 요약 정리하면 다음과 같다.

### 4.5.9.1 보험위험

**표 14-5** RBC와 Solvency II의 보험위험 비교

| 비교항목 | RBC | Solvency II |
|---|---|---|
| 성의 | • 보험회사의 고유 업무인 보험계약의 인수 및 보험금 지급과 관련하여 발생하는 위험으로 보험가격 위험액과 준비금위험액(손보사만 해당)으로 구분 | Life underwriting risk:<br>• 생명보험의 인수로부터 발생하는 위험<br>Non-life underwriting risk:<br>• 일반보험계약에서의 의무로부터 발생하는 위험 |
| 산출대상 | • 보험가격위험액: 보험회사의 모든 보험계약<br>• 준비금위험액: 일반손해보험계약 | • 생명보험위험(life underwriting risk)<br>① 사망위험(mortality risk)<br>② 장수위험(longevity risk)<br>③ 장해/질병위험(disability/morbidity risk)<br>④ 해약위험(lapse risk)<br>⑤ 사업비위험(expense risk)<br>⑥ 계약전환위험(revision risk)<br>⑦ 대재해위험(CAT risk)<br>• 손해보험위험(non-life underwriting risk)<br>① 보험료/준비금위험(premium/reserve risk)<br>② 해약위험(lapse risk)<br>③ 대재해위험(CAT risk) |
| 산출방법 | • 보험위험액=<br>$$\sqrt{보험가격위험액^2 + 준비금위험액^2}$$<br>• 보험가격위험액: 보험가역위험 익스포저×위험계수<br>• 준비금위험액: 준비금위험액 익스포저×위험계수 | • 생명보험위험(SCR$_{life}$)<br>$$\sqrt{\sum CorrLife_{r,c} \cdot Life_r \cdot Life_c}$$<br> -각 위험간 상관관계표 제시됨<br> – 개별 리스크별로 시나리오에 따른 순자산 변동액을 요구자본으로 함<br>• 손해보험위험(SCR$_{non\text{-}life}$)<br>$$\sqrt{\sum CorrNL_{r,c} \cdot NL_r \cdot NL_c}$$<br> – 각 위험간 상관관계표 제시됨<br> – 각 LoB간 상관관계표 제시됨 |

### 4.5.9.2 금리위험

**표 14-6** RBC와 Solvency II의 금리위험 비교

| 비교항목 | RBC | Solvency II |
|---|---|---|
| 정의 | • 미래 시장금리 변동 및 자산과 부채의 만기구조 차이로 인해 발생하는 경제적 손실 위험 | Interest rate risk(Market risk에 포함)<br>• 이자율 기간구조 또는 이자율 변동에 의하여 가치가 변동하는 위험<br>• Solvency II에서는 시장위험의 하나로 분류됨 |
| 산출대상 | • 생명보험<br>• 특별계정(손해보험) 금리부자산 및 보험부채 (보험료적립금−해약공제액+미경과보험료적립금) | • 금리부자산 및 금리부부채(계정구분 없음) |
| 산출방법 | • 금리위험액=ABS(금리부자산금리민감액−보험부채금리민감액)×금리변동계수<br>• 금리민감액<br>　금리부자산 금리민감액=$\sum$(금리부자산 익스포저×금리민감도)<br>　보험부채 금리민감액=$\sum$(보험부채 익스포저×금리민감도)<br>　−자산금리민감도: 자산 만기별 제시<br>　−부채금리민감도: 부채 만기별 제시<br>• 금리변동계수: 하락시 .5%p, 상승시 2.0%p | • 금리 상승 시나리오와 하락 시나리오하 순자산 변동액 중 큰 금액<br>$Mkt_{int}^{up}=\triangle NAVI|_{up}$<br>$Mkt_{int}^{down}=\triangle NAVI|_{down}$<br>　− 이자율 상승 시나리오 및 하락 시나리오가 제시됨 |

### 4.5.9.3 RBC 시장위험 +RBC 신용위험 중 가격 변동 위험

**표 14-7** RBC와 Solvency II의 시장위험 비교

| 비교항목 | RBC | Solvency II |
|---|---|---|
| 정의 | • 주가, 금리, 환율 등 시장가격의 변동으로 자산의 가치가 하락함으로써 보험회사에 손실이 발생할 위험 | Market risk<br>• 금융자산 시장가격의 변동성으로 시장변수(주가, 금리, 부동산가격, 환율)의 영향으로부터 측정됨 |
| 산출대상 | • 시장변수의 변동에 따라 가치 및 손익이 변화하는 주식, 채권 등 유가증권, 파생상품거래, 외화표시 자산과 부채 | • 시장변수의 변동에 따라 가치 및 손익이 변화하는 주식, 채권, 부동산, 외화표시 자산과 부채<br>• 측정리스크는<br>① 주식위험(equity risk)<br>② 부동산위험(property risk)<br>③ 스프레드위험(spread risk)<br>④ 집중위험(concentration risk)<br>⑤ 환위험(currency risk)<br>⑥ 비유동프리미엄위험(illiquidity premium risk)<br>• 측정대상 자산 및 리스크 혼재<br>• Solvency II 시장리스크에는 이자율 위험이 포함되어 있으나 RBC와의 비교목적으로 분리하였음 |

산출방법 (RBC):

• $\sum$(익스포저×위험계수)
• 자산항목별 시장위험계수

| 항목 | 익스포저 | 위험계수 |
|---|---|---|
| 주식 | 보유금액 | 12%, 16%<br>(신용위험계수: 8%, 12%) |
| 채권 | 보유금액 | 금리민감도의 0.9%<br>(신용위험계수:등급별) |
| 외환 | 순노출규모 | 8% |
| 수익증권 | 편입자산별 | 편입자산별 |

산출방법 (Solvency II):

• 시장위험액은 이자율 상승 시나리오하 각 sub-module 집계 결과와 이자율 하락 시나리오하 각 sub-module집계 결과 중 큰 금액으로 결정 SCRmkt

$$=\max(\sqrt{\sum CorrMkt_{Up,r,c} \cdot Mkt_{up,r} \cdot Mkt_{up,c}},$$
$$\sqrt{\sum CorrMkt_{Down,r,c} \cdot Mkt_{down,r} \cdot Mkt_{down,c}})$$

• 리스크별 위험계수

| 항목 | 시나리오 |
|---|---|
| 주식 | 글로벌시장 주식: 30% 하락<br>기타시장 주식: 40% 하락 |
| 부동산 | 25% 하락 |
| 스프레드 | 신용등급별 0.9~7.5% |
| 외환 | 25% 상승, 하락 |
| 집중도 | 신용등급별 12~73% |

### 4.5.9.4 RBC 신용위험 중 부도위험

**표 14-8** RBC와 Solvency II의 부도위험 비교

| 비교항목 | RBC | Solvency II |
|---|---|---|
| 정의 | • 채무자의 부도, 거래상대방의 계약불이행 등으로 발생할 수 있는 손실 중 예상손실을 초과하는 위험액 | Counterparty default risk<br>• 채무자의 미예상부도, 신용도 저하에 따른 손실 |
| 산출대상 | • 거래상대방의 채무불이행 등에 의해 가치 또는 손익이 변화하는 예금, 당기손익인식지정증권, 매도가능증권, 만기보유증권 등<br>※ 보유목적에 따라 측정 위험이 다름<br>– 단기매매 목적 보유 ⇒ 시장위험<br>– 단기매매 이외 목적 보유 ⇒ 신용위험 측정 | • 재보험, 증권화, 파생상품과 같은 위험경감 계약(risk mitigating contracts), 중개회사에 대한 채권 등<br>• 2개 유형으로 구분<br>  – Type1: 분산되지 않고 거래 상대방에 대한 신용등급이 있는 경우<br>  ⇒ 재보험<br>    증권화, 파생상품<br>    은행예금, 보증 등<br>  – Type2: 통상 분산되고 거래 상대방에 대한 신용등급이 없는 경우<br>  ⇒ 중개사에 대한 미수금 |
| 산출방법 | • $\sum$ (익스포저×위험계수)<br><br>| 항목 | 위험계수 |<br>|---|---|<br>| 채권, 비소매대축 | 0.8~6% |<br>| 주택담보 | 1.4% |<br>| 소매대출 | 3.0% | | • Type1 및 Type2의 상관관계 반영하여 요구자본 산출<br>$$SCR_{def}=\sqrt{SCR_{def,1}^2+1.5SCR_{def,1}\cdot SCR_{def,2}+SCR_{def,2}^2}$$<br>•Type1: 거래상대방 부도율 및 부도시 손실률을 활용, 분산을 측정하여 자본요구량으로 활용<br>예: $\sqrt{V}\le 5\%\cdot\sum LGD_i$인 경우 자본요구량은<br>$SCR_{def,1}=3\cdot\sqrt{V}$<br>• Type2: 위험계수 적용<br>$SCR_{def,2}=15\%E+90\%E_{past-due}$<br>  – E: 3개월 이상 후에 만기가 되는 채권을 제외한 익스포저 합계<br>  – Epast-due : 3개월 이상 후에 만기가 되는 채권에 대한 익스포저 합계 |

## 4.5.9.5 무형자산 위험

**표 14-9** RBC와 Solvency II의 무형자산위험 비교

| 비교항목 | RBC | Solvency II |
|---|---|---|
| 정의 | 미적용 | Intangible asset risk<br>• 무형자산이 Solvency II의 요건을 만족하여 자산으로 평가된 경우 시장가치가 변동할 위험 및 내부 위험 (관련수익이 회사에 귀속되지 못할 위험) |
| 산출대상 | 미적용 | • 무형자산으로 기재된 금액 |
| 산출방법 | * 요구자본 산출시 미적용<br>* 가용자본 산출시 차감 | • 무형자산 평가액의 0.8<br>  – $SCR_{intangible}=0.8\times IA$ |

## 4.5.9.6 운영위험

**표 14-10** RBC와 Solvency II의 운영위험 비교

| 비교항목 | RBC | Solvency II |
|---|---|---|
| 정의 | • 보험회사의 부적절한 내부 절차, 인력, 시스템상의 문제 및 사고발생으로 인한 손실 가능성 | Opertational risk<br>• 보험회사의 부적절한 내부 절차, 인력, 시스템상의 문제 및 사고바생으로 인한 손실 가능성 |
| 산출대상 | – | – |
| 산출방법 | • 익스포저×1.0%<br>• 익스포저=수입보험료(손보), 보험료수익(생보) | • SCRop=min(0.3·BSCR, OP)+0.25Expul<br>  – OP=max(OPpremiums, OPprovisions)<br>  – OPpremiums:생명보험 경과보험료에 4%, 손해보험 경과보험료에 3%를 곱한 금액<br>  – OPprovisions: 생명보험 준비금에 0.45%, 손해보험 준비금에 3%를 곱한 금액 |

RBC와 Solvency II의 비교를 통하여 두 제도 사이의 차이점을 보았다. Solvency II도 완벽한 제도는 아니지만 보험회사의 채무불이행으로 인해 발생하는 리스크를 측정하기 위한 방법을 제시하였다. 우리나라도 2009년에 금융감독원 보도자료를 통해서 보험회사의 지급여력제도인 RBC제도에 필요한 자기 자본 산출에 내부모형 승인제도를 도입한다고 발표하였고, 그 결과 우리나라도 Solvency II와 같은 제도나 더 개선된 방법으로 회사의 자본과 부채를 정확하게 계산할 수 있는 제도를 도입하였다.

# 5. IFRS 17

2017년 5월 18일 국제회계기준위원회(International Accounting Standard Board(IASB))는 보험 계약에 대한 새로운 국제회계기준인 IFRS17 기준서를 확정·발표하였다. 이 기준서는 보험계약에 대한 포괄적인 신규 회계기준으로 2005년에 만들어진 IFRS4를 대체하여 2023년 1월 1일 이후 개시되는 연례 보고 기간부터 의무적으로 적용이 되고 있다. IFRS17의 전반적인 목표는 전 세계 적으로 보험 계약을 판매하는 단체 간에 보험 계약에 대한 보다 유용하고 일관된 회계 모델을 제 공하는 것이다. 2013년 6월에 발표된 수정된 공개초안은 다양한 의견을 반영해 제안된 모델의 여러 측면을 국제회계기준위원회는 재검토하였고 모델의 여러 영역이 변경되었지만 현재 기준의 보험계약을 측정하는 전반적인 목표는 유지되었다.

## 5.1 측정모형의 개요

예외를 인정하는 기존 로컬 회계정책을 대폭적으로 수용하고 있는 IFRS4의 요건과는 다르게 IFRS 17은 모든 관련 회계 측면을 망라하는 보험계약에 관한 포괄적인 모델을 제공한다. 〈그림 14−3〉을 보면 IFRS 17의 핵심은 일반(building block 접근법)모형에 보충적으로 직접적인 분배 기능을 갖춘 계약에 대한 구체적인 적합(Variable Fee Approach)과 주로 짧은 듀레이션을 가진 계 약에 대한 단순 접근법(Premium Allocation Approach)을 가진다.

**그림 14-3** IFRS 17 모형의 개요

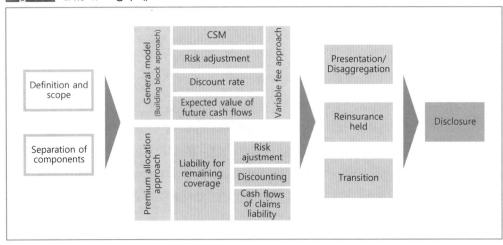

보험계약에 적용되는 새로운 회계모형의 주요 특징은 다음과 같다.

### 5.1.1 미래 현금흐름의 현재가치 평가

이행현금흐름(fulfillment cash flow)은 평가시점의 보험회사의 보유계약으로부터 발생하는 모든 장래현금흐름을 반영하며, 이에 시간가치의 조정을 하고, 또한 현금흐름의 불확실성을 감안한 위험조정을 모두 포함하는 개념으로 이를 식으로 표현하면 다음과 같다.

이행현금흐름＝미래현금유출 현가－미래현금유입 현가＋위험조정

현금흐름은 보험회사로부터 유출되고 유입되는 모든 사항을 포함하는 개념이며, 편견 없는 (unbiased) 가정하에서 생성되고 추정되는 확률적인 가중 평균값을 사용한다. 이렇게 생성된 현금흐름은 화폐의 시간가치를 고려해야 하는데 이러한 현금흐름을 평가하는 시점의 가치, 즉 현재가치(present value)로 할인(discounting)하는 것이다. 또한 미래의 현금흐름은 미래에 발생하는 것이기 때문에 발생할 현금규모와 발생시점의 불확실성이 존재하게 되어 이를 보완하기 위한 보상으로 위험조정을 포함한다. 위험조정은 신뢰수준기법에 의해 계산해야 하며, 그렇지 않으면 그 결과를 신뢰수준(confidence level)으로 변환하여 공시해야 한다.

### 5.1.2 계약서비스마진

계약서비스마진(Contractual Service Margin)은 자체적으로 계산되지 않으며, 미래현금흐름의 현가와 위험조정의 합이 음수가 되지 않게 하는 값을 설정하게 되는데, 이는 판매시점에 보험계약으로부터 이익을 재무제표에 인식하지 않도록 하는 조정분이며, 이후 보험계약에서 제공하는 서비스에 따라 수익으로 인식된다. 계약서비스마진을 제외한 이행현금흐름(fulfillment cash flow)의 각 요소는 매 보고기간마다 재측정 되며, 측정시점의 해당 보험회사의 최적가정을 사용하여 산출하게 되므로, 평가에 사용되는 경제적 가정 및 계리적 가정은 모두 locked-out방식의 가정을 사용해야 한다. 또한, 계약서비스마진은 판매시점에 이행현금흐름의 음수, 즉 보험계약의 마진을 이익으로 판매시점에 재무제표에 즉시 반영하지 않기 위한 항목이지만, 계약서비스마진이 음수일 경우, 즉 판매시점에 이행현금흐름이 양수일 경우 또는 판매시점 이후 평가 시 손실로 나타났을 때에는 즉시 장부상 당기손익에 반영해야 한다.

## 5.2 측정모형의 구성요소

### 5.2.1 미래현금흐름

미래현금흐름(future cash flows)은 이행현금흐름의 첫 번째 요소로서 회사가 보유하고 있는 보험계약으로부터 계약을 이행하기 위하여 발생하는 모든 현금흐름을 의미한다. 2단계의 부채평

가모델에서 가장 중요한 것은 평가에 대한 기본적인 접근 방식이다. 기준서에 나타난 보험부채 평가의 접근 방식은 이행현금흐름(fulfillment cash flow) 모델이다. 이행현금흐름이란 보험회사가 위험조정을 포함하여 보험계약의 의무를 수행할 때 발생하는 미래현금유출의 현가에서 미래현금유입의 현가를 차감한 금액의 명확하고 불편(unbiased)한 기댓값으로 정의된다. 그래서, 미래현금흐름의 기대가치(Expected value of the future cash flow)는 말 그대로 보험계약으로부터 발생될 것이라 기대(예상)하는 미래 현금유출입의 가치를 의미한다. 이를 수식으로 표현하면 다음과 같다:

미래현금흐름의 기대가치＝미래현금유출 기댓값－미래현금유입 기댓값

사용될 미래현금흐름은 보험회사의 고유한 현금흐름이며, 이를 이용하여 보험회사의 부채를 평가하겠다는 것이 기본 개념이다. 따라서 이행가치평가 모델에서는 보험사의 고유한 경험 데이터를 이용하여 장래 발생할 현금흐름을 예측하고 보험사의 특성을 현금흐름에 반영하는 것이 가능하다.

현금흐름의 구성요소에 대한 예시는 다음 〈표 14-11〉과 같다.

표 14-11 현금흐름의 구성요소

| | 현금유출 | 현금유입 |
|---|---|---|
| 포함<br>현금흐름 | • 계약자 지급금(현재, 미래 및 IBNR)<br>• 보험금 처리비용<br>• 내재된 옵션 및 보증에 따른 현금유출<br>• 보험계약 판매, 인수 등 위한 직접비<br>• 계약관련 유지비용(Over head 포함)<br>• 거래세<br>• 투자 수익 중 계약자 배당 부분<br>• 기타 | • 보험료(조정 및 분납 포함)<br>• 별도자산 불인정 구상채권<br>• 기타 |
| 불포함<br>현금흐름 | • 재보험 지급액<br>• 미래계약으로부터 현금 유출<br>• 계약과 직접적인 관련 없는 신계약비<br>• 비정상적 인건비<br>• 법인세 관련 비용<br>• 보험계약으로부터 분리되고 다른 기준서를 적용하는 요소로 인한 유출 | • 투자수익<br>• 재보험 수령액<br>• 미래 계약으로부터 현금 유입<br>• 보험계약으로부터 분리되고 다른 기준서를 적용하는 요소로 인한 유입 |

미래현금흐름의 기대가치를 측정할 때 다음 네 가지 조건을 만족해야 한다.
• 현금흐름은 명확히 보여야 한다. (Explicit cash flow)
• 적용된 경제적 가정들은 일관성 있게 시장가격과 일치해야 한다.
  (Consistent with market price)
• 미래현금흐름의 기댓값은 객관적인 평균값으로 편견 없이 추정해야 한다.

(Unbiased estimate)

- 보유계약의 현금흐름을 반영한 현재의 추정 값이어야 한다. (Current estimate)

### 5.2.2 화폐의 시간가치

보험회사는 할인율을 이용하여 첫 번째 Block인 현금흐름에 화폐의 시간가치를 고려하여 조정해서 현재가치(present value)로 산출해야 한다. IFRS17에서 요구하는 할인율은 시기(time), 환율(currency), 유동성(liquidity)을 반영하여 시장가격과 일관성을 유지해야 함이 핵심으로 아래와 같이 두 가지 조건을 충족해야 한다.

- 보험계약의 특성과 일관성이 있는 현금흐름을 가진 금융자산의 관찰가능한 현재 시장가격과 현금흐름의 시기, 환율 및 유동성의 관점에서 일관성이 있어야 함
- 관찰된 시장가격에 영향을 줄 수 있으나 보험계약의 현금흐름과 관련이 없는 요소라면 배제

또한, 이중계상이나 누락을 피하기 위해 다른 이행현금흐름을 측정하기 위한 요소들과의 일관성이 있어야 한다. 예를 들면, 계약상 부채에 전체적으로 또는 부분적으로 영향을 줄 수 있는 자산의 성과를 고려해야 하며 물가상승률과 같은 요소들도 일관성 있게 적용해야 한다. 즉, 특정 변액보험처럼 현금흐름이 특정자산의 성과에 의존하는 경우는 운용자산이익률 등과 함께 시기, 환율, 유동성의 관점에서 일관성이 있어야 한다. 반대로, 보험회사는 보험상품이 특정자산의 성과와 일부분이라도 의존하지 않는다면 보험부채 평가 시, 무위험수익률의 비유동성에 대한 조정을 감안하여 할인율을 결정해야 한다. 예를 들어, 일반 보장성 보험인 경우에는 시장정보를 반영하여 수익률곡선에 기반한 할인율을 산출한다.

위의 두 가지 조건에 의하면 보험회사는 측정대상의 보험계약이 특정자산의 운용성과에 부분적으로도 의존하지 않는다면 보험계약 부채의 측정 시 무위험이자율의 비유동성에 대한 조정분을 고려하여 할인율을 결정해야 하며 보험사의 자기 신용위험은 배제해야 한다.

### 5.2.2.1 비유동성에 대한 조정

보험계약은 시장에서 거래되는 일반적인 자산과는 다른 유동성을 가지고 있으므로, 보험회사는 보험계약 부채를 평가할 때 이러한 성격을 반영해서 부채를 측정해야 한다. 유동성프리미엄(liquidity premium)은 측정대상 자산의 환율과 듀레이션(duration)에 따라 차이가 있으며, 이행을 위한 지침에서는 top-down 방식과 bottom-up 방식을 권고하고 있다.

Top-down 방식은 회사의 투자수익률이나 해당 자산의 투자수익률에서 보험계약부채와 관련이 없는 투자위험과 신용위험에 대한 스프레드(spread)를 제거하는 방식이다. 신용위험이 배제되기 때문에 높은 할인율이 적용될 수 있으나 자산별로 신용위험을 산출하는 작업이 복잡할 수 있

고 경우에 따라 정보가 노출될 가능성도 있다. Bottom-up 방식은 국고채수익률 같은 무위험수익률에 해당 회사의 비유동성 프리미엄을 조정하는 것으로 이 방식은 상대적으로 단순하고 비교가 가능하나 다른 비유동성 프리미엄이 있을 가능성을 배제할 수 없다.

### 5.2.2.2 Replicating Portfolio의 활용

할인율의 측정방법으로서 회사는 부채의 현금흐름을 복제할 수 있는 자산의 묶음을 찾아 이러한 자산의 수익률을 이용하여 할인율로 사용할 수 있도록 허용하고 있다. 하지만, 단순한 현금흐름의 복제가 아니라 내재되어 있는 옵션이나 회사와 계약자 간의 이익공유로부터 발생하는 비대칭성(asymmetry)을 반영한 할인율을 사용할 수 있다.

### 5.2.2.3 위험조정

위험조정(RA, Risk Adjustment)은 보험계약 부채의 측정 시, 보험회사가 보험계약의 이행으로부터 발생되는 미래현금흐름의 금액과 시점에 대한 불확실성을 가지고 있는 문제에 대한 보상 성격을 가진다. 2010년 공개초안에서는 최종이행현금흐름이 예상을 초과할 위험으로부터 벗어나기(relieved) 위해 보험회사가 합리적으로 지불할 수 있는 최대금액으로 정의했으나, 기준서에서는 보험회사가 보험계약을 이행하는 데 있어 발생하는 현금흐름에 대한 금액과 시점에 대한 불확실성을 보유하는 대가로 요구하는 보상이라고 정의하였다. 또한, 위험조정을 측정하는 특별한 방법에 대하여 명시하지 않았으며, 방법 또한 제한을 두지 않았다. 다만, 신뢰수준기법이 아닌 다른 방법으로 위험조정을 측정한 때는 적용한 방법을 신뢰수준으로 변환시켜(translate) 공시하도록 요구하고 있다.

위험조정은 현금흐름이 예상보다 초과할 수 있는 위험을 제거하기 위해 필요한 최대 보상금액으로 모든 리스크를 반영한다. 그래서 위험조정은 매 측정 시마다 보유계약의 위험속성에 근거하여 재측정되며, 보유한 보험계약으로 발생하지 않는 위험들은 포함하지 않는다. 예를 들면, 투자위험(단, 투자위험이 계약자의 지급금에 영향을 주는 경우는 제외), 자산부채의 불일치(mismatch) 위험, 미래의 거래와 연계된 일반적인 운영리스크 등은 위험조정 측정 시 제외해야 한다. 또한, 측정 시 같은 위험의 속성을 가지고 있는 포트폴리오별로 측정을 하며, 이때 포트폴리오 안에서 발생하는 분산효과는 허용하지만, 포트폴리오 간의 분산효과는 반영하지 않는다.

### 5.2.2.4 계약서비스마진

계약서비스마진(Contract Service Margin)은 보험계약의 판매시점에 부채평가 시 발생하는 미래이익을 손익에 반영하지 않기 위한 조정항목이며, 장래 발생하는 현금유입의 현재가치가 장래 발생하는 현금유출의 현재가치와 이것에 해당하는 위험조정의 합을 초과했을 때 발생한다. 이 관계를 수식으로 표현하면 다음과 같다.

A = 미래현금흐름유입의 현재가치

B = 미래현금흐름유출의 현재가치 + 위험조정

계약시점에서, 만일 A > B이라면, 수익이 발생한 것으로 보고, 이 경우 계약서비스마진이 발생하며, 그 차액, 즉 A−B는 잔여마진으로 인식하여 보험부채(준비금)로 적립한 후 매 결산시점에서 단계적으로 상각하여 이익으로 인식한다. 반대의 경우, 즉 A < B이라면, 계약서비스마진은 0이고, 그 차액 B−A는 즉시 당기비용으로 처리하여 손실로 인식한다. 달리 표현하면, 계약서비스마진은 현금흐름의 현가와 위험조정의 합이 0보다 작을 시에 발생하며, 만약 현금흐름의 현가와 위험조정의 합이 0보다 클 경우에는 해당금액을 즉시 손익에 반영하도록 요구하고 있다.

따라서 계약서비스마진은 어떠한 기법을 통해 계산되는 것이 아니고, 직접 계산되는 보험부채 요소들을 측정한 후에 발생하는 조정항목이다. 계약서비스마진의 성격상 보험료에 포함되어 있는 계약이행을 위한 최적의 현금흐름과 이 현금흐름의 불확실성을 제외한 회사의 기대수익의 현가이므로, 판매시점에서 측정하고 이후 보장기간 동안 수익인식패턴에 따라 손익에 반영하게 된다. 즉, 계약서비스마진은 보장기간에 걸쳐서 제공된 서비스에 따라 체계적인 방법으로 인식되어야 한다. 그러므로, 측정 시에 가입시점과 잔여 보장기간 등을 고려한 포트폴리오 수준에서 측정하도록 요구하고 있다. 재측정 시에는 최초 적용한 할인율을 적용(locked-in)하여 계약서비스마진의 금액 계산에 이자를 고려하도록 요구하고 있다.

### 5.2.2.5 후속측정

측정 대상의 보험계약이 단기계약으로 분류되지 않는다면, 최초적용 이후 회계연도 말에 측정되는 보험계약 부채의 금액은 다음의 합이 된다.

- 측정시점(회계연도 말)의 이행현금흐름의 현가
- 측정시점에 남은 계약서비스마진

측정시점의 이행현금흐름의 현가는 위에서 설명한 것과 동일하고, 예상되는 미래현금흐름과 할인율의 조정은 매년 설정된 가정에 의하여 측정되며, 위험조정 또한 변동된 자료와 가정에 의하여 매년 측정된다. 측정시점에 남은 계약서비스마진은 다음과 같이 계산된다.

- 기시의 서비스마진을 서비스마진의 최초측정 시 사용하였던 할인율로 부리
- 당기에 인식해야 할 서비스마진을 차감
- 장래 보장과 관련된 미래현금흐름의 전기 예측과 현행 추정과의 차이, 이 금액은 서비스마진을 줄이는 효과도 발생하지만 예측치가 회사에게 좋은 방향으로 변동하였다면, 서비스마진을 늘리는 효과도 발생함

계약서비스마진의 인식은 남은 보장기간에 체계적인 방식으로 제공되는 서비스에 따라서 인

식해야 하며, 비슷한 예로서 호주의 Margin on Service 방식이 있다.

### 5.2.2.6 단기 계약

계약기간이 1년 미만인 단기보험에 대한 부채평가는 간편법인 Premium Allocation Approach(PAA)를 사용하도록 허용하고 있다. PAA는 아래와 같은 요소로 측정되며, 간편법을 적용하였으므로 손실계약에 대한 평가를 하여 반영하여야 한다.

- (+)보험료
- (−)신계약비용과 관련된 지급금
- (+ 또는 −)계약이전에 지출된 비용
- (+) 손실계약의 손실 인식분

PAA방식은 현재 적용하고 있는 미경과보험료 방식과 유사하나 발생된 직접신계약비를 바로 비용 인식한다는 점에서 차이가 있다.

### 5.2.2.7 재보험계약

원수사 재보험 자산과 재보사의 재보험부채에 대하여 모두 이행현금흐름을 측정하도록 요구하고 있으며, 재보험사의 경우 원수사에서 보험계약의 부채측정 시 고려되었던 현금흐름의 가정을 참고하여 재보험부채를 측정할 수 있으며 다음과 같은 요소를 추가로 고려해야 한다.

- 출재이익수수료를 포함한 계약상의 현금흐름
- 출재보험수수료
- 원수사로부터 이전된 위험을 표시할 수 있는 위험조정
- 담보나 분쟁 비용 등을 포함한 재보험사의 non-performance risk

재보험으로부터 측정된 자산은 향후 발생할 지급금에 대한 예상현금흐름과 기발생한 지급금에 대한 현금흐름을 모두 포함하며, 보험기간이 1년 미만일 경우 Premium Allocation Approach를 적용할 수 있다.

### 예제 14-6  (참고: 계리리스크관리 관련 내용과 중복)

IFRS17 도입에 의해 보험계약은 보험계약과 금융계약으로 분리한다. 이와 관련하여 아래의 질문에 답하라.

(1) 보험계약과 금융계약을 구분할 때 보험위험이 내재된 계약 또는 보험위험이 이전되는 계약이 중요한 구심점 역할을 한다. 여기에서 보험위험으로 판단하는 기준을 설명하라.

(2) IFRS17제도에 의해, 보험가입금액이 2,000만원인 만기 3년의 보험상품에 가입 후 해지할 경우, 다음 계약이 보험계약으로 평가받을 수 있는지를 판단하고 이유를 설명하라.

- 연납보험료 계약일 경우, 해약환급금이 1,000만원이다.
- 일시납 계약인 경우, 해약환급금이 1,850만원이다.

☼ **풀이**

(1) IFRS17에 의해 보험계약은 사고발생시기나 발생손해액 등이 불확실해야 하여, 보험계약자로부터 보험회사에게 실질적으로 보험위험이 이전되는 리스크의 전가(transfer)가 있어야 한다. 또한 보험계약의 판단여부는 판매시점의 개별계약을 기준으로 판단한다.

(2) IFRS17에 의하면 보험계약은 보험사건으로 인해 부가급부금을 지급할 때에만 인정받을 수 있다. 부가급부금은 보험사고 발생으로 보험회사가 지급해야 할 금액이 보험사고가 발생하지 않더라도 지급해야 하는 금액, 예를 들어, 만기환급금, 중도해지환급금, 연금지급금 등의 합계액을 초과하는 부분을 의미한다. 보험위험으로 인정되기 위한 판단기준은 부가급부금 비율 10% 이상이면 보험위험이 전가된 계약으로 인정받는다.

- 연납 계약; 부가급부금 비율=2,000/1,000 - 1=100% ⇒ 보험계약이다.
- 일시납 계약: 부가급부금 비율=2,000/1,850 - 1=8.1% < 10% ⇒ 보험계약으로 인정받지 못한다.

(참고사항) 부가급부금 비율은 원수보험 상품에 해당된다.

재보험계약의 위험평가 방법은 생명보험상품(장기손해보험 포함)은 부가급부금 비율 10% 이상은 위와 동일하다. 그러나 일반손해보험 상품인 경우에는 재보험자 기대손실(ERD, expected reinsurers deficit)이 1% 이상이어야만 보험계약으로 평가된다.

ERD=순손실액의 현재가치/재보험료

👥 **예제 14-7** 〔참고: 계리리스크관리 관련 내용과 중복〕

조선보험회사는 2022년 1월 1일에 4년 만기 정기보험계약을 체결하여 IFRS17제도의 BBA(Building Block Approach)방법으로 보험부채를 평가하려고 한다. 아래의 정보는 4년 만기 정기보험계약에 관한 것이다. (단, 할인율은 0%이다.)

일시납 보험료=1,600
매년 지급될 것으로 예상하는 항목:
보험금=250, 위험조정(RA)=30,
직접사업비=50, 간접사업비=20

(1) 2022년 12월 31일자, 계약서비스마진(CSM), 보험손익, 보험부채를 평가하라.
(2) 2024년 12월 31일자, 계약서비스마진(CSM), 보험손익, 보험부채를 평가하라.

☀ 풀이

연도별 예정 현금흐름

| | 2022 | 2023 | 2024 | 2025 |
|---|---|---|---|---|
| 현금유출 현가 | 300 | 300 | 300 | 300 |
| 현금유입 현가 | 1,600 | | | |
| 위험조정(RA) | 30 | 30 | 30 | 30 |

현금유출＝보험금＋직접사업비

☞ 간접사업비는 현금흐름에 포함되지 않으며 발생 즉시 당기 비용으로 인식한다.

| | 2022년 초 | 2022년 말 | 2023년 말 | 2024년 말 | 2025년 말 |
|---|---|---|---|---|---|
| 현금유출현가 | 1,200 | 900 | 600 | 300 | |
| 현금유입현가 | 1,600 | | | | |
| RA | 120 | 90 | 60 | 30 | |
| CSM | 280 | 210 | 140 | 70 | |
| 보험부채 | 0 | 1,200 | 800 | 400 | 0 |

2022년 12월 31일자 보험손익
＝70(CSM변동)＋30(RA변동) - 20(간접사업비)＝80
2024년 12월 31일자 보험손익
＝70(CSM변동)＋30(RA변동) - 20(간접사업비)＝80

# PART 05

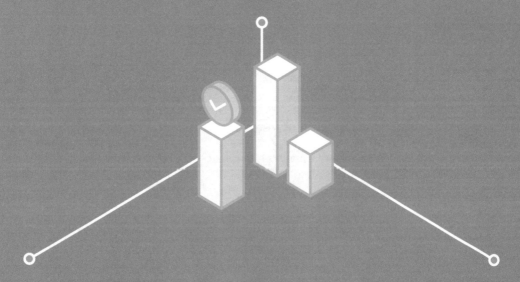

# 확률 모델
## Stochastic Model

# CHAPTER

# 15

# 확률과정(Stochastic Process)

　　확률론에서 확률과정은 시간의 흐름에 따라 무작위로 변하는 시스템의 상태에 관한 수학적인 모형이다. 이런 형태의 모형론은 여러 가지 다양한 영역인 경제, 금융, 물리, 생물학 등에서 기본이 된다. 만약 주어진 시간에서 시스템의 상태에 관심이 있다면 확률변수에 의해서 모형을 만들 수 있다. 시스템의 완벽한 변화를 모형으로 구축하기 위해서는 확률변수를 시간 안의 어떤 시점에 대해서 구해야 하는데, 이런 모든 확률변수들의 모임을 확률과정이라고 부른다.

　　확률변수가 서로 독립적일 때, 확률과정을 이해하는 것은 상대적으로 쉬워진다. 하지만 실제로 일어나는 현상을 분석하고 해석하는 데에 독립적이라는 가정을 하기에는 모순점을 쉽게 발견할 수 있다. 반면에, 종속성은 과거의 진화자료를 바탕으로 미래 시스템의 변화를 예측할 수 있다는 점에서 상당히 유용한 성질이 된다. 따라서 확률변수의 종속성을 어떻게 다룰 것인지를 알아야 한다. 종속성을 일반적으로 다루기에는 너무 복잡하여서 확률과정을 다룰 때 대부분 종속성의 종류에 따라 단순한 가정들을 사용하게 된다. 예를 들면, 시스템의 미래값이 과거 중 단지 현재의 시점에 종속이 된다고 가정하면 이것은 마르코프 성질(Markov Process)이 된다. 또 다른 예는 시스템 내에서 미래의 행동 양식이 과거의 동일한 길이의 구간 내의 행동과 같은 형태로 변할 때 이것을 정상성(stationarity)이라고 한다. 마지막으로 겹치지 않는 구간 내의 확률변수의 증가량은 독립적이고 동등하게 분포되었다는 가정은 독립 고정 증분(independent and stationary increments)이라고 한다. 이러한 성질들은 4절에서 자세히 다루도록 하겠다.

# 1. 확률과정의 정의와 기본정리

〈그림 15-1〉은 과거 1년 동안 한국의 종합주가지수(KOSPI)를 나타내는 그래프이다. 주어진 그래프를 보고 다음과 같은 질문들의 답을 구하고자 한다.

(1) 미래의 지수가 과거의 지수에 종속되어 있는가 아니면 독립되어 있는가?
(2) 연간 코스피 지수의 평균은 얼마인가?
(3) 현재의 코스피 지수가 2,000일 때 지수가 한 달 뒤에 1,900으로 떨어질 확률은?
(4) 코스피 지수가 1년 내에 2,500이 넘을 확률은?
(5) 코스피 지수가 2,500이 넘으려면 얼마만큼의 시간이 필요한가?

**그림 15-1** 한국의 종합주가지수(기간 : 2012.11~2013.10)

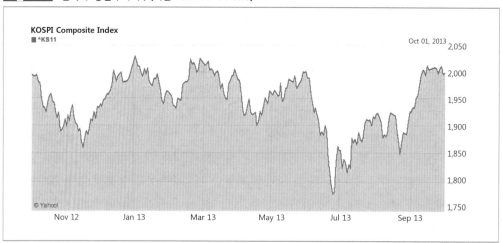

자료 : finance.yahoo.com

이와 같은 물음에 답을 하기 위해서 먼저 확률공간에 대한 정의부터 살펴보기로 하자. 확률공간(probability space)은 표본공간($\Omega$), 시그마-대수($F$), 그리고 확률측도($P$)로 이루어져 있다.

- 표본공간($\Omega$)은 확률공간에서 발생할 수 있는 모든 경우를 다 모은 집합, 즉 전체 사건이다.
- 시그마-대수($F$)는 표본공간 안에서의 발생 가능한 사건으로서, 표본공간의 가능한 모든 부분집합들의 모임이고 다음의 세 가지 성질을 만족한다. 공집합이 포함되어 있고 시그마-대수 안에 있는 어떤 집합의 여집합도 시그마-대수 안에 들어있다. 마지막으로 가산개의 합집합에 대해 닫혀 있다.
- 확률측도($P$)는 시그마-대수 안에 있는 각 집합에 확률을 부여하는 측도함수이며 단 확률의

공리(axioms of probability)를 만족해야 한다.

다음으로 여과(filtration)의 정의에 대해서 알아보도록 하겠다. 여과는 측도 가능한 공간 내에서 단조증가하는 시그마-대수를 정의하는 데 쓰인다. 구체적으로 이야기하면 확률공간에서 하나의 시그마-대수가 아닌 시간에 종속되고 모든 시간 $t$에 대해서 $F_t \subseteq F$을 만족하는 시그마-대수열, $\{F_t\}_{t \geq 0}$로 나타낼 수 있고 시그마-대수열이 $t \leq s$일 때 $F_t \subseteq F_s$의 조건을 만족하면 된다. 단순히 여과를 정의하면 어떤 예전의 시점에서 오늘까지 변할 수 있는 모든 가능성의 가짓수는 같은 예전의 시점에서 오늘이 아닌 다른 미래의 시점까지 변할 수 있는 가짓수보다 더 적다는 의미이다. 어떤 확률공간에서 여과의 정의가 되면 여과 확률공간이라고 하고 이는 금융공학(Finanacial Engineering)에서 가격의 움직임을 모형화하는 데 많이 쓰이고 있다.

확률과정은 여과 확률공간 $(\Omega, F, \{F_t\}_{t \geq 0}, P)$과 시간 지표집합이 주어졌을 때 시간의 진행에 대해 확률적인 변화를 가지는 구조를 의미한다. 이때 각 확률변수는 같은 확률공간 위에서 정의가 되고 같은 측정공간을 가진다. 여기에서 시그마-대수 $F_t$는 시간 $t$까지의 확률과정이 변할 수 있는 모든 가능성을 나타낸 것이고, 우리는 $t$까지의 확률과정을 통해서 $t$시점에서 나올 수 있는 한 가지의 가능성을 추론할 수 있다. 다시 말하면 표본공간의 각각 원소, $\omega \in \Omega$에 한 가지 일어날 수 있는 가능성, 표본통로(sample path) $X_t(\omega)$를 구할 수 있다. 하나의 확률과정 $\{X_t\}_{t \geq 0}$에서 우리는 두 가지의 변수가 있다는 것을 알 수 있다. 모든 $t$가 $T$에 포함되면 $T$는 주어진 확률과정의 시간공간(time space)이라고 하고 모든 가능한 $t$에 대해서 발생할 수 있는 $X_t$를 모은 집합 $S$를 주어진 확률과정의 상태공간(state space)이라고 한다. 상태공간과 시간공간은 가산이산이거나 연속으로 구분할 수 있다.

확률공간을 다음 예들과 함께 이해하도록 하겠다. 생명보험회사에서 보험계약자의 건강상태를 모형으로 하는 확률과정을 $\{X_t\}_{t \geq 0}$라고 하자. 만약 이 보험회사에서 보험계약자의 건강상태를 건강, 경상, 중상, 그리고 사망으로 분류했다면 $S = \{$건강, 경상, 중상, 사망$\}$이 상태공간이 된다. 보험계약자의 건강상태를 매년 초에 관찰한다면 시간공간은 $T = \{0, 1, 2, \cdots\}$이고 확률공간 $\{X_t\}_{t \geq 0}$은 이산 시간공간과 이산 상태공간을 가진다. 만약 건강상태를 연속적으로 관찰한다고 가정하면 $T = [0, \infty)$가 되고 여기에서의 확률공간은 연속 시간공간과 이산 상태공간을 가진다. 또 다른 예는 어느 회사가 주가지수를 확률과정을 $\{X_t\}_{t \geq 0}$라고 하자. 주가지수가 어떤 음이 아닌 수를 가질 수 있다면 상태공간은 $S = [0, \infty)$이다. 따라서 이 모형은 이산 시간공간과 연속 상태공간을 가지는 확률과정이다.

처음에 제시한 몇 가지 물음은 다음 장의 마르코프 과정에서 마르코프 성질을 이용하여 접근해 나가도록 하겠다.

**2. 평균과 공분산**

확률과정의 완전한 이해를 위해서는 각각의 표본통로의 확률을 구할 수 있어야 한다. 주어진 $t_1, \cdots, t_n \in T$에서 모든 $(X_{t_1}, \cdots, X_{t_n})$의 분포를 구할 수 있다면 이 분포들을 확률과정의 유한 차원 분포라고 부른다. 분포를 알 때 확률과정 $\{X_t\}_{t \geq 0}$의 평균은 $m$이라고 두고 모든 $t$에 대해서 $m(t) = E(X_t)$로 공분산은 $K$라 하고 모든 $(s, t) \in T^2$에 대해서 $K(s, t) = \mathrm{cov}(X_s, X_t)$로 각각 정의한다.

예를 들어, 확률변수 $X$가 구간 $[0, \pi]$에서 균일분포(uniform distribution)를 따르고 확률과정 $\{Y_t\}_{t \geq 0}$가 $X\cos(\omega t)$로 정의되어 있을 때, 확률과정 $\{Y_t\}_{t \geq 0}$의 평균과 공분산 Cov은 다음과 같다.

$$m(t) = E(Y_t) = E(X\cos(\omega t)) = \cos(\omega t)E(X) = \frac{\pi}{2}\cos(\omega t)$$

$$K(s, t) = E(X_s \cdot X_t) - E(X_s)E(X_t) = \frac{1}{12}\pi^2\cos(\omega s)\cos(\omega t)$$

 **3. 확률과정의 분류**

시간공간 $T$가 연속이거나 심지어 가산이산인 경우에 모든 표본통로에 직접적으로 확률을 부여하는 것은 불가능하다. 따라서 우리는 확률과정이 간단한 확률공간을 가진다고 가정을 한다.

### 3.1 정상성

다음의 흥미 있는 성질이 있다. 같은 길이의 구간 위에서 다른 관찰이 확률과정에서는 똑같은 정보를 제공한다는 것이다. 이것은 확률과정의 통계적인 특징이 시간의 이동에 따라서 변하지 않는다는 것을 의미한다. 유한차원 분포가 시간의 이동에 불변할 경우일 때 이 확률과정을 정상성 또는 절대 정상성이라고 말한다. 다시 말하면 시간 $s, t_1, t_2, \cdots, t_n$에 대해서 $(X_{t_1}, X_{t_2}, \cdots, X_{t_n})$과 $(X_{t_1+s}, X_{t_2+s}, \cdots, X_{t_n+s})$가 같은 분포를 가진다.

확률과정 $\{X_t\}_{t \geq 0}$에서 모든 시간 $t$를 위해 $X_t$가 독립적이고 동일한 분포를 가지면 이 확률과정은 정상(절대 정상)과정이다. 절대 정상성을 만족하는 확률과정은 드물고 파악하기도 쉽지 않다. 따라서 쉽게 다룰 수 있고 관계있는 특징인 약한 정상성에 대해 살펴볼 필요가 있다. 확률과정의 분포가 아닌 평균과 공분산함수가 시간의 이동에 따라서 변하지 않는 경우에 그 확률과정을 약한 정상성이라고 한다. 다시 말하면 $m(t) = m$, $K(t,\ t+s) = \gamma(s)$을 만족한다. 절대 정상성은 항상 약한 정상성을 만족하고 약한 정상성을 가진 확률과정의 분산도 상수이다. 그리고 위에 정의된 $\gamma$를 자기 공분산 함수(autocovariance)라고 하고 $\gamma(-t) = \gamma(t)$를 만족하게 된다.

백색소음(white noise)이란 약한 정상성을 따르는 확률과정이다. 평균함수는 상수이고 $m(t) = 0$, 자기 공분산 함수는 다음과 같이 정의된다.

$$\gamma(t) = \begin{cases} 0 & \text{if } t \neq 0 \\ \sigma^2 & \text{if } t = 0 \end{cases}$$

## 3.2 독립 증분과 정상 증분

시간구간이 서로 중복되지 않을 때 증분에 관계있는 두 가지 성질을 다루어 보겠다. 일단 확률과정 $\{X_t\}_{t \geq 0}$에서 시간 $s$와 $t(t > s)$ 사이에서의 증분을 $X_t$와 $X_s$의 차이로 정의하겠다. 그러면 첫째로 모든 시간 $t_0 < t_1 < t_2 < \ \cdots\ < t_n$에서 각각의 증분 $X_{t_0},\ X_{t_1} - X_{t_0},\ X_{t_2} - X_{t_1},\ \cdots,$ $X_{t_n} - X_{t_{n-1}}$들이 서로 독립적일 때 확률과정을 독립 증분과정이라고 하고 특히 모든 $i$와 $j(i \neq j)$에 대해서 $\text{cov}(X_{t_{i+1}} - X_{t_i},\ X_{t_{j+1}} - X_{t_j}) = 0$이고 둘째로 모든 시간 $t,\ t+h$에서 증분 $X_{t+h} - X_t$의 분포가 $h$에만 종속될 때 정상 증분과정이라고 정의한다.

## 3.3 독립 정상 증분과정의 예

무작위 행보(random walk)와 브라운 운동(Brownian Motion)은 독립 정상 증분 확률과정의 가장 대표적인 예들이다.

### 3.3.1 무작위 행보

무작위 행보(random walk)는 수학이나 물리학 분야에서 임의 방향으로 향하는 연속적인 걸음을 나타내는 수학적 개념이다. 무작위 행보는 시간에 따른 편차의 평균이 0이지만 분산은 시간에 비례하여 증가하게 된다. 따라서, 앞뒤로 움직일 확률이 동일하다고 해도 시간이 흐름에 따라 평균에서 점차 벗어나는 경향을 보인다. 무작위 행보의 가장 단순한 형태는 다음 규칙에 의해 생성된 경로이다.

- 시작점이 있다.
- 경로상의 한 점에서 다음 점까지의 거리는 상수(constant)이다.
- 경로상의 한 점에서 다음 점으로의 방향은 조건 없이 임의로 선택된다.

- 행적이 불규칙하다.

일반적으로 무작위 행보는 다음과 같은 확률과정 $\{X_n\}_{n \in N}$으로 정의가 된다.

$$X_n = X_0 + \sum_{i=1}^{n} Y_i$$

**그림 15-2** 무작위 행보

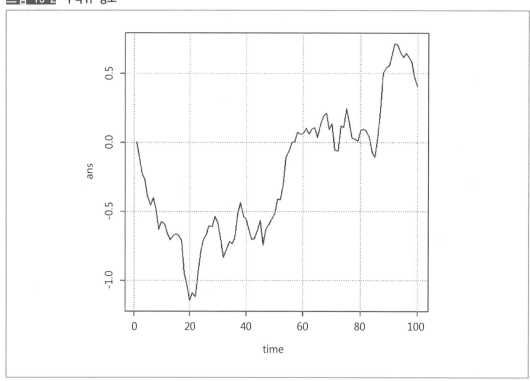

자료 : 통계 프로그램(R Project)

그리고 $Y_1$, $Y_2$, …는 독립이고 동일한 분포를 따르고 특히 $X_0$과는 서로 독립적이다. 〈그림 15-2〉는 통계 소프트웨어인 R을 사용하여 무작위 행보의 한 형태를 보여준다.

### 3.3.2 브라운 운동

또 다른 독립 정상 증분과정으로 스코틀랜드의 식물학자 로버트 브라운의 이름을 딴 브라운 운동은 무작위 행보의 연속형태이다. 브라운 운동은 원래 물리학에서 시작하여 경제학에서도 이용되었고 금융시장의 가격변동을 모형화했다. 워너는 이를 수학적 확률과정으로 만들었는데 브라운 운동은 연속시간과 공간상태를 가지는 확률과정의 일반적인 이론에서 중요한 역할을 하고 있다. 위너과정이라고도 불리는 브라운 운동 $\{W_t\}_{t \in R}$은 연속 시간상태의 확률과정으로 다음의 세 가지 조건을 만족한다.

(1) $W_0 = 0$

(2) $\{W_t\}_{t \in R}$가 독립 증분을 가진다.

(3) 증분 $W_{t+s} - W_t$가 평균이 0이고 분산이 $s$인 정규분포를 따른다.

다음은 브라운 운동의 공분산함수를 구하는 과정이다.

$\text{Cov}(W_s, W_t) = \text{Var}(W_{\min(s, t)}) = \min(s, t)$

$E(W_s) = 0$, $E(W_s^2) = s$라는 사실을 정의로부터 이용하자. $0 \le s < t$에 대해서,

$\text{Cov}(W_s, W_t) = E(W_s W_t) = E(W_s(W_t - W_s + W_s)) = E(W_s^2) + E(W_s)E(W_t - W_s)$

$= s + 0 = s$

만약, $0 \le t < s$이라면, 위의 방법에서 $t$시점이 빠르기 때문에 $W_t$로 묶어내면, $\text{Cov}(W_s, W_t)$ $= t$가 된다. 따라서, 브라운 운동의 공분산은 $\text{Cov}(W_s, W_t) = \min(s, t)$이다.


## 3.4 집계과정(Counting Processes)

집계과정 $\{N_t\}_{t \ge 0}$은 상태공간이 음이 아닌 정수이고 증가하는 확률과정의 하나이다. 집계과정은 임의 사건의 발생빈도를 모형화하는 데 쓰인다. 집계과정에서는 이항 집계과정과 포아송 과정이 있다.

### 3.4.1 이항 집계과정

이항 집계과정의 이해를 위해서 베르누이 과정의 정의를 보자. 베르누이 과정 $\{X_n\}_{n \in N}$에서 $X_n$은 독립이고 동일한 베르누이 분포를 따른다.

베르누이 분포는 다음과 같다.

$$X_n = \begin{cases} 1 & \text{with probability } p \\ 0 & \text{with probability } 1-p \end{cases}$$

베르누이 과정은 임의 발생사건을 모형화한다. 확률과정 $\{N_m\}_{m \in N}$이 $\sum_{i=1}^{m} X_i$로 정의된다면 구간이 $[1, m]$까지 일어난 사건의 개수를 모형화하는 집계과정이다. 그리고 이 과정을 이항 집계과정이라고 하고 $N_m$은 시행횟수가 $m$이고 각각의 시행에서 성공확률이 $p$인 이항분포를 따른다. 그래서 $n$번째 사건이 일어나는 시간을 모형화하는 확률과정 $\{T_n\}_{n \ge 1}$은 $\min\{K, N_K = n\}$로 정의된다. 또 다른 관련된 과정으로 연이은 두 개의 사건이 일어나기까지 경과시간을 모형화하는 과정 $\{Y_n\}_{n \ge 1}$은 다음과 같이 정의된다.

$$Y_1 = T_1$$
$$Y_n = T_n - T_{n-1}, \ n \geq 2$$

먼저 $Y_n$이 따르는 분포를 구하여 보자. 임의의 자연수 $m$에 대해서 $Y_n = m$이 되는 경우의 확률을 구한다. 만약 $n-1$번째 사건이 $s$라는 시점에서 일어났다면 그다음 사건이 $s+m$시점이 되어서야만 일어난다는 경우이다. 따라서 $s+1$번째부터 $s+m-1$번까지의 관찰에서 사건이 발생하지 않고 마지막 $s+m$에서 일어나야 한다. 이것이 기하분포(Geometric distribution)이고 모든 $m$에 관해서 $P(Y_n = m) = (1-p)^{m-1}p$이다.

다음은 $T_n$이 따르는 분포를 구하여 보자. 모든 1보다 큰 $n$에 대해서 $T_n = \sum_{i=1}^{n} Y_i$ 으로 정의된다. 첫 번째 방법으로 통계학의 기본원리를 이용하면 각각의 독립인 기하분포의 $n$개의 합은 음이항분포(negative binomial distribution)을 따르는 성질을 알 수 있고, 위의 방법으로 설명하면 임의의 자연수 $m$에 대해서 $T_n = m$이 되는 경우의 확률은 $m$번째 시점에 마지막 $n$번째 사건이 일어나야만 한다. 그러기 위해서는 $m-1$번째 시점까지 $n-1$의 사건이 일어나야만 한다. 이것은 음이항분포 $m \geq n$을 만족하는 모든 $m$에 관해서 $P(T_n = m) = \binom{m-1}{n-1}(1-p)^{m-n}p^n$이 된다.

### 3.4.2 포아송 과정

다음으로 포아송 과정의 정의에 대해서 알아보자. 모수가 $\lambda$인 포아송 과정은 연속 시간공간을 가지는 집계과정 $\{N_t\}_{t \in T}$이 다음과 같은 성질을 만족한다.

(1) $N_t = 0$

(2) $\{N_t\}_{t \in T}$가 독립 증분을 가진다.

(3) 구간의 길이가 $t$인 어느 구간에서도 사건의 발생수는 모수가 $\lambda t$인 포아송 분포를 따른다. 즉,

$$P(N_{t+s} - N_t = n) = \frac{e^{-\lambda s}(\lambda s)^n}{n!}$$

따라서, 포아송 과정은 독립 정상 증분과정이다. 포아송 과정은 하나의 부분 구간에서 하나의 사건이 일어나는 것과 다른 부분 구간에서 발생 가능성이 서로 독립적인 주어진 시간의 구간에서 사건의 발생횟수를 모형화한다. 작은 구간의 범위 내에서 한 번 초과 사건이 일어날 확률은 극히 드물고 딱 한 번의 사건이 일어날 확률은 구간의 범위에 비례한다. $N_t$는 구간 $(0, \ t]$ 사이에서 일어나는 사건의 개수를 모형화한다. $\{T_n\}_{n \in N}$을 사건이 일어나는 시간의 과정이라고 두면, $T_n$은 $n$번째 사건이 일어나는 순간을 나타낸다. 따라서, 다음과 같은 관계식을 얻을 수 있다.

$$\{N_t \geq n\} = \{T_n \leq t\}$$

모든 $n$에 관해서 $N_t = \max\{n,\ T_n \leq t\}$이 성립된다. 그리고, $\{N_t\}_{t \in T}$가 포아송 과정을 따르면 $\{T_n\}_{n \in N}$은 독립 지수분포 증분을 따른다. 그 역도 성립한다.

## 4. 보험과 금융분야에서의 확률과정

확률과정이 실제적으로 보험과 금융분야에서 어떻게 이용되고 있는지 가장 많이 쓰이는 예들을 통하여서 살펴보도록 하겠다.

### 4.1 보험분야에서 나타나는 확률과정의 예

파산정리(ruin theory)에서는 확률과정을 이용하여 지불 불능이 될 수 있는 보험회사의 취약점을 수학적 모형을 이용하여 설명한다. 이 모형에서는 파산확률, 파산 직전시점의 잉여금의 분포, 그리고 파산시점의 부족액 등이 중요한 관심 대상이 된다. 파산정리를 이해하기 위해서 크래머-룬드버그 모형(Cramér-Lundberg model) 또는 합성 포아송 모델이라고 불리는 기본 과정에 대해서 알아볼 필요가 있다. 〈그림 15-3〉은 크래머-룬드버그 모형에서 하나의 과정을 보여준다.

〈그림 15-3〉에서 보면 초기비용으로 $u$를 가지고 영업리스크 할증요금(gross risk premium rate) $c$의 비율로 일정하게 이익은 증가한다. 어느 순간 $s$시점에서 첫 번째 지불청구(claim)가 발생($N_1 = s$)하여 분포 $F$에서의 하나의 값 $\xi_{N_1}$의 금액을 보험금으로 지불하면 그 금액만큼 손실이 발생하고 다시 일정 보험료로 이익이 선형으로 증가한다. 이 모델은 보험회사의 수입과 지출 부분으로 나누어서 설명하고 있다. 즉, 보험료의 시간당 비율이 어떤 양의 상수 $c$로 피보험자에게서부터 보험료가 수입되고, 지출부분인 보험금은 청구가 일어나는 횟수(빈도)가 모수 $\lambda$인 포아송 분포를 따르고 보험금액은 평균(심도)이 $\mu$인 양의 독립 동일 분포 $F$를 따른다. 그러면 보험회사의 이익은 다음의 효용함수(utility function)로 나타나게 된다.

$$X_t = ct - \sum_{i=1}^{N_t} \xi_i, \quad t \geq 0$$

이 모형의 기대이익은 다음과 같다.

$$
\begin{aligned}
E(X_t) &= ct - E(\xi_{N_1} + \xi_{N_2} + \cdots + \xi_{N_t}) \\
&= ct - E(N_t)E(\xi_{N_i})
\end{aligned}
$$

$$= ct - \lambda t \mu = (c - \lambda \mu)t$$

여기에서 안전 하중 계수(safety loading coefficient)를 다음과 같이 정의한다.

$$\theta = \frac{c - \lambda \mu}{\lambda \mu} = \frac{c}{\lambda \mu} - 1$$

**그림 15-3** 합성 포아송 과정의 예

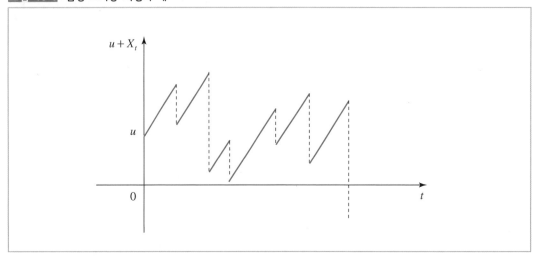

안전 하중 계수가 0보다 크면, 즉 $c > \lambda \mu$, $X_t$가 $\infty$로 가는 경향이 있는데 이것을 순이익 상태(net profit condition)라고 한다.

여기에서, 초기 비용 $x$를 가지는 파산확률 $\Psi(u)$을 어느 시점 $t$에서 다음과 같이 정의한다.

$$\Psi(u) = P(u + X_t < 0 \text{ for some } t > 0)$$

또 역으로 파산하지 않을 확률을 $\Phi(u) = 1 - \Psi(u)$로 정의하고 이 확률을 정적분형태로 나타내 보도록 하자. 이 포아송 과정을 재생과정이라고 생각하면, 즉 어떤 시점에서 지불청구가 일어나서 파산하지 않았다면 그 시점을 다시 처음의 시점이라고 가정한다. $T_1$을 첫 번째 지불청구가 일어난 시점이라고 하자. 그러면 $X_{T_1} = c\,T_1 - \xi_{T_1}$ 이고 $(0, \ T_1)$ 사이에서 지불청구가 없다는 조건하에 파산하지 않을 확률은 $\Phi(u) = E[1(\Phi(u))] = E[E[1(\Phi(u)) \,|\, T_1]]$이다.

$T_1$이 모수 $\lambda$를 가지는 지수분포를 따르고 1은 표시함수이면, 위의 식은 다음과 같이 표현된다.

$$\int_0^\infty \lambda e^{-\lambda s} \left( \int_0^{u+cs} \Phi(u + cs - z) dF(z) \right) ds$$

$x = u + cs$라고 치환하면,

$$\frac{\lambda}{c}e^{\lambda\frac{u}{c}}\int_u^\infty e^{-\lambda\frac{x}{c}}\left(\int_0^x \varPhi(x-z)dF(z)\right)dx$$

이고 $u$에 대해 미분 가능한 함수이므로, 곱의 미분법을 이용하면,

$$\varPhi'(u)=\frac{\lambda}{c}\varPhi(u)-\frac{\lambda}{c}\int_0^u \varPhi(u-z)dF(z)$$

여기에서 0부터 $t$까지 적분해 주면,

$$\varPhi(t)-\varPhi(0)=\frac{\lambda}{c}\int_0^t \varPhi(u)du-\frac{\lambda}{c}\int_0^t\left(\int_0^u \varPhi(u-z)dF(z)\right)du$$

두 번째 항에 부분적분을 이용하고 식을 간단히 하면

$$\varPhi(t)-\varPhi(0)=\frac{\lambda}{c}\varPhi(0)\int_0^t(1-F(u))du+\frac{\lambda}{c}\int_0^t\left(\int_0^u \varPhi'(u-z)(1-F(z))dz\right)du$$

위에서 두 번째 항을 영역의 순서로 바꾸어서 표현하면 다음과 같다.

$$\frac{\lambda}{c}\int_0^t\left(\int_z^t \varPhi'(u-z)(1-F(z))du\right)dz=\frac{\lambda}{c}\int_0^t(1-F(z))(\varPhi(t-z)-\varPhi(0))dz$$

따라서, $\varPhi(t)=\varPhi(0)+\dfrac{\lambda}{c}\displaystyle\int_0^t \varPhi(t-z)(1-F(z))dz$ 이고  $t$가  $\infty$로  접근하면,  $\varPhi(\infty)=$ $\varPhi(0)+\dfrac{\lambda\mu}{c}\varPhi(\infty)$, 그리고 오직 유한개의 지불청구가 $T$시점까지 있었다면, $\varPhi(\infty)=1$이다. 따라서 다음의 초기 조건 $\varPhi(0)=1-\dfrac{\lambda\mu}{c}=\dfrac{\theta}{1+\theta}$을 가진다.

정의에 의해서 파산확률은 다음과 같다.

$$\varPsi(u)=\frac{\lambda}{c}\int_u^\infty(1-F(z))dz+\frac{\lambda}{c}\int_0^u \varPsi(u-z)(1-F(z))dz$$

초기 조건은

$$\varPsi(0)=\frac{1}{1+\theta}\ \text{이다.}$$

위의 논리를 응용하여 심도가 지수분포일 때, 파산하지 않을 확률을 구해보도록 하겠다. 지불 금액의 평균이 $\mu$인 지수분포, 즉 $F(x)=1-e^{-\frac{x}{\mu}}$, $x\ge 0$를 따른다고 할 때 초기 비용이 $u$인 파산하지 않을 확률을 구해보자.

$$\Phi'(u) = \frac{\lambda}{c}\Phi(u) - \frac{\lambda}{c\mu}\int_0^u \Phi(u-z)e^{-\frac{z}{\mu}}dz$$

$$= \frac{\lambda}{c}\Phi(u) - \frac{\lambda}{\mu c}\int_0^u \Phi(z)e^{-\frac{u-z}{\mu}}dz$$

이 계도함수는

$$\Phi''(u) + \frac{1}{\mu}\frac{\theta}{1+\theta}\Phi'(u) = 0 \ \text{에서}$$

$$\Phi'(u) = c_1 e^{-\frac{1}{\mu}\frac{\theta}{1+\theta}u}$$

다시 한번 적분하면, $\Phi(u) = c_1\left(-\frac{\mu(1+\theta)}{\theta}\right)e^{-\frac{1}{\mu}\frac{\theta}{1+\theta}u} + c_2$

다음의 두 조건을 이용하면, $c_1$, $c_2$를 구할 수 있다.

$$\Phi(0) = \frac{\theta}{1+\theta}, \ \Phi(\infty) = 1$$

그래서, 초기 비용이 $u$인 파산하지 않을 확률은 다음과 같다.

$$\Phi(u) = 1 - \frac{1}{1+\theta}e^{-\frac{1}{\mu}\frac{\theta}{1+\theta}u}$$

## 4.2 금융분야에서 나타나는 확률과정의 예

### 4.2.1 위너과정(Wiener process)

금융분야에서 응용되는 확률과정 중 가장 기본이 되는 일반화된 위너과정(Generalized Wiener process)에 대해서 먼저 알아보도록 하겠다. 이 위너과정은 다음 장에서 배우게 될 마르코프 과정의 특수한 형태이며 특히 기본 위너과정이라 불리는 확률과정은 연간 변화의 평균이 0이고 분산이 1이고 각 증분이 서로 독립이며 그 궤적이 거의 확실하게 연속적인 연속시간 확률과정을 말한다. 어떤 변수 $x$가 일반화된 위너과정을 따른다면 다음의 식을 만족한다.

$$dx = adt + bdz$$

여기에서 $a$와 $b$는 상수이고, $dt$는 시간의 변화량, $dz$는 기본 위너과정이다. $dx$를 구성하는 두 가지 항을 구분해서 살펴보면, $b = 0$일 경우 $x = at + x_0$으로 표현되고 $x_0$은 초기 비용, $a$는 기대평균율이 된다. $a = 0$일 때, 두 번째 항의 $bdz$는 $x$값이 갖는 변동성을 합한 것으로 볼 수 있다. 기본 위너과정의 분산이 1이므로 이 과정의 분산은 $b^2$이다. 따라서 일반화된 위너과정은 $a$의 기대평균율과 $b^2$의 분산을 갖는 과정이다. 〈그림 15−4〉는 위너과정 $dz$와 $a = 0.2$, $b = 1.5$인 일반 위너과정을 스텝사이즈 100일 때 통계패키지 프로그램 R을 이용하여 나온 예이다.

다음으로 무배당 주식가격의 움직임을 나타내는 일반적인 확률과정을 알아보도록 하겠다. 주가가 일반화된 위너과정을 따르게 된다고 하면 주가에 관계없이 기대평균율을 가지게 된다는 모순에 빠진다. 따라서 무배당 주식의 주가를 모형화하는 것이 아닌 기대수익률이 일반화된 위너과정을 따른다고 가정을 하게 된다. 따라서 $S_t$를 $t$시간의 주식가격이라고 하면 기대수익률은 다음과 같이 표현된다.

$$\frac{dS}{S} = \mu dt + \sigma dz$$

**그림 15-4** 스텝사이즈=100인 위너과정(검정색)과 일반 위너과정(파란색)의 예

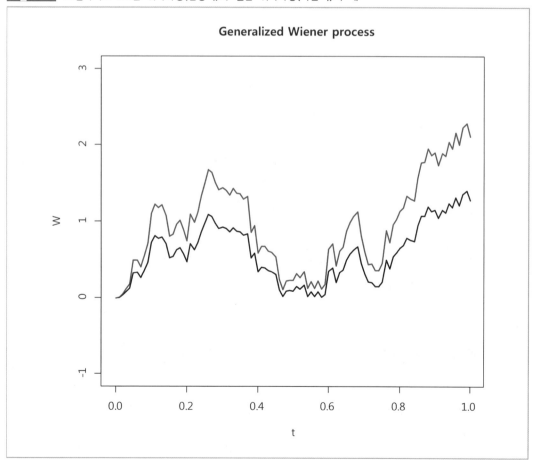

자료 : 통계 프로그램(R Project)

여기에서 $\mu$는 주식의 기대수익률이고 $\sigma$는 주가의 변동성이다. 만약 변동성이 없다고 가정되는 채권의 형태라면, $T$시점의 채권의 가격은 $S_T = S_0 e^{\mu^T}$이고 이 결과는 채권의 이력이 $\mu$인 연속복리로 계산됨을 알 수 있다. 만약, 주식가격이 일반 위너과정을 따른다면 단리를 이용한 형태의 모형이 된다.

### 4.2.2 이토의 보조정리

워너과정에서 $dx = a(x,t)dt + b(x,t)dz$의 $a,b$가 변수 $x$와 시간 $t$의 함수일 때, 이를 이토 확률과정(Ito process)이라고 한다.

주식 파생상품의 가격 $G$도 기초주식 $(S)$와 시간 $(t)$에 대한 함수이기 때문에 $G(S, t)$로 표현할 수 있고, 다변수 함수의 테일러급수를 전개하면 다음의 관계식을 얻을 수 있다.

$$dG = \frac{\partial G}{\partial S}dS + \frac{\partial G}{\partial t}dt + \frac{1}{2}\frac{\partial^2 G}{\partial S^2}dS^2 + \frac{1}{2}\frac{\partial^2 G}{\partial t^2}dt^2 + \frac{\partial^2 G}{\partial S\partial t}dSdt + \cdots$$

여기에서 주식가격이 기하 브라운 운동을 따른다는 가정을 이용하고 $\frac{dS}{S} = \mu dt + \sigma dz$ 또한, 이토의 보조정리인, $t \to 0$일 때, $dS^2 \to dt$이고 차수가 높은 나머지 항들이 0으로 수렴한다고 가정하면, 다음의 식을 얻게 된다.

$$dG = \left(\frac{\partial G}{\partial S}\mu S + \frac{\partial G}{\partial t} + \frac{1}{2}\frac{\partial^2 G}{\partial S^2}\sigma^2 S^2\right)dt + \frac{\partial G}{\partial S}\sigma Sdz$$

어떤 무배당 주식을 기초자산으로 하는 선도가격은 어떤 확률과정을 가지는 알아보도록 하자. 단, 무위험 이자율은 만기일까지 일정한 수 $r$이라고 가정하겠다. 무배당 주식의 현재가를 $S_0$, $T$시점을 만기일로 하는 선도의 현가(present value)는 무배당 주식의 다음과 같이 표현된다: $F_0 = S_0 e^{r^T}$

$t < T$에서의 선도가격과 주식가격을 $F$와 $S$라고 두면, 선도가격은 $F = Se^{r(T-t)}$로 표현 가능하고 무배당 주식이 기하 브라운 운동을 따르고 이토 보조정리를 이용한 $G$의 확률과정에 $\frac{\partial F}{\partial S} = e^{r(T-t)}$, $\frac{\partial^2 F}{\partial S^2} = 0$, $\frac{\partial G}{\partial t} = -rSe^{r(T-t)}$을 대입하면, 선도는 다음의 확률과정을 가진다.

$$dF = (e^{r(T-t)}\mu S - rSe^{r(T-t)})dt + e^{r(T-t)}\sigma Sdz$$

여기에서, $F = Se^{r(T-t)}$이기 때문에 선도의 확률과정은 $dF = (\mu - r)Fdt + \sigma Fdz$로 간단히 만들 수 있다. 무배당 주식의 가격과 같이 선도가격도 기하 브라운 운동을 따르고 기대수익률은 무배당 주식의 $\mu$가 아닌 $\mu - r$를 가진다.

위의 성질을 바탕으로 유럽피안 주식옵션의 가격을 결정하는 데 획기적인 방법을 제시한 블랙-숄즈(Black – Scholz) 미분방정식이라 불리는 모형을 도출할 수 있다. 블랙-숄즈-머튼은 다음의 가정을 이용하여 미분방정식을 유도하였다.

(1) 주가는 기하 브라운 운동을 따른다.

(2) 증권의 공매가 가능하고 공매대금은 헤어컷(평가절하) 없이 전액 사용할 수 있다.

(3) 거래 비용과 세금은 없다. 모든 증권은 완벽히 분할될 수 있다.

(4) 주식의 배당금이 없다.

(5) 무위험 차익거래 기회는 없다.

(6) 증권의 거래는 연속적으로 가능하다.

(7) 무위험 이자율은 만기시까지 일정하다.

여기에 머튼은 불확실을 포함한 위너과정을 제거하기 위해 적절한 포트폴리오를 구성하는데 델타헷징이라 불리는 방법은 다음과 같다. 파생상품 1개를 매도하고 주식을 $\Delta$개만큼 매입하여 이 포트폴리오가 짧은 시간 동안의 가치변화를 무위험 이자율로 구한 것과 확률과정을 이용한 것을 비교하여 미분방정식을 만든다. $\Delta$는 $\frac{\partial G}{\partial S}$라고 두면 위너과정을 포함한 불확실성을 제거하게 되고 다음의 블랙-숄즈-머튼의 미분방정식을 얻게 된다.

$$\frac{\partial G}{\partial t} + rS\frac{\partial G}{\partial S} + \frac{1}{2}\sigma^2 S^2 \frac{\partial^2 G}{\partial S^2} = rG$$

무배당 주식을 기초자산으로 하는 파생상품의 가격은 위의 미분방정식을 만족하게 된다. 이 파생상품의 해는 단말조건(terminal condition)을 이용하여 구할 수 있다. 대표적인 예로, 유럽피언 콜과 풋옵션의 경우

$$G(S,\ T) = \max(S-K,\ 0) \ \text{또는} \ G(S,\ T) = \max(K-S,\ 0)$$

이다. 여기에서 $K$는 권리행사가격(strike price)이다. 옵션가격(option pricing)에 관련된 세부내용들은 금융공학에서 다루어지는 분야이므로 본서에서는 더 이상의 설명을 포함하지 않을 것이다.

## Chapter 15

# 연습문제

1. $W_t = W(t)$가 기본 브라운 운동을 따르고 $c > 0$인 상수라고 할 때, $X_t = c\,W(t/c^2)$로 정의된 과정도 브라운 운동이 됨을 보여라.

2. 비동차(Nonhomogeneous) 포아송 과정은 모수 $\lambda$가 시간 $t$(단위 : 분)에 따라 변하는 포아송 과정이다. 지하철이 어느 역에 도착하는 시간이 아침 6시 이후로 다음의 비동차 포아송 과정을 따른다고 할 때, 그 역에 아침 6시부터 6시 30분까지 정확히 지하철 3대가 도착할 확률은?

$$\lambda(t) = \begin{cases} 0.05 & 0 \le t < 10 \\ t/200 & 10 \le t < 20 \\ 0.15 & t \ge 20 \end{cases}$$

3. 독립인 두 개의 확률분포 $X(t)$, $Y(t)$에 대해서 $X(t)$는 $X(0) = 0$이고 $\mu = 0$, $\sigma^2 = 0.5$인 브라운 운동을 따르고 $Y(t)$는 $Y(0) = 2$이고 $\mu = 0$, $\sigma^2 = 1$인 브라운 운동을 따른다고 할 때, $t$가 [0, 5] 사이에서 $X(t) \ge Y(t)$일 확률을 구하라.

4. (합성 포아송 과정) 모수가 $\lambda$ 포아송분포 $(N_t)_{t \ge 0}$와 포아송분포와 독립인 확률과정 $(X_n)_{n \ge 1}$이 있다. $S_t$를 다음과 같이 정의할 때,

$$S_t = \sum_{i=1}^{N_t} X_i$$

(1) $E(S_t) = E(N_t)E(X_i)$임을 보여라.

(2) $\mathrm{Var}(S_t) = E(N_t)\mathrm{Var}(X_i) + E^2(X_i)\mathrm{Var}(N_t)$임을 보여라.

(3) 어느 보험회사에 손해 청구가 하루에 $\lambda = 12$인 포아송분포를 따른다고 하자.

　　1) 손해 비용이 독립적이고 각각 [1,000, 10,000]인 균등분포를 따른다면, 한 주간의 예상 총 손해는 얼마인가? 한 주간의 총 손해의 표준편차는 얼마인가?

　　2) 손해가 비용에 따라 두 가지 그룹(큰 손해, 작은 손해)으로 나누고 큰 손해가 전체의 2%를 차지한다면, 이번 주에 큰 손해가 2번, 다음 주에 큰 손해가 2번 일어날 확률은?

5. 어느 위락항에서 보트를 수리하는 비용이 다음과 같은 특징을 가지고 있다. 매년 보트는 많아야 한 번 수리를 요한다. 위락항의 예산 $Y$는 총 평균 수리 비용에 총 수리 비용의 표준편차를 더

한 값이다. 예산을 구하라.

| 배 종류 | 대수 | 수리확률 | 평균수리비 | 수리비의 분산 |
|---|---|---|---|---|
| 모터보트 | 100 | 0.3 | 300 | 10,000 |
| 범선 | 300 | 0.1 | 1,000 | 400,000 |
| 호화요트 | 50 | 0.6 | 5,000 | 2,000,000 |

6. 연간 손해 청구가 평균 5인 포아송분포를 따른다고 하자. 손해액은 2변수($\theta = 10$, $\alpha = 2.5$) 파레토 분포(단위 : 만원)를 따른다. 이 손해보험의 자기부담금(deductible)은 각 손해당 5만원 이다. 이 손해보험의 평균 총 손해액을 구하라.

7. 한 도시의 축제기간 동안에 부채가 발생하는 것에 대해서 보험에 가입하였다. 보험회사는 보험 료를 연간 평균 손해액에 매입수수료 33%를 추가한다. 연간 손해발생액은 3,5 또는 7이고 독립적으로 발생한다. 보험료는 매년 초에 내고 이자율은 0, 초기 비용이 3천만원이 있다고 가 정한다. 첫 두 해 동안에 파산할 확률은?

| 손해액 | 3 | 5 | 7 |
|---|---|---|---|
| 발생확률 | 0.75 | 0.15 | 0.10 |

8. 확률변수 $X$가 $[0, \pi]$ 사이의 균등분포일 때, 확률과정 $(Y_t)_{t \geq 0}$가 다음과 같이 정의되어 있다.
$$Y_t = X\cos(\omega t)$$
   (1) 확률과정 $(Y_t)_{t \geq 0}$의 평균 $E(Y_t)$를 구하라.
   (2) $\text{Cov}(Y_t, Y_s)$를 구하라.

9. 주가 $S$가 $\mu$의 평균과 $\sigma$의 변동성을 갖고 기하 브라운 운동을 따른다고 하자. $S^2$이 따르는 과 정은 무엇인가? $S^2$도 기하 브라운 운동을 따름을 증명하라.

10. $T$시점에서 $S_T^2$의 이득을 지급하는 파생상품이 있다. 주가가 기하 브라운 운동을 따르면 $t$시점 에서 파생상품의 가격은 $h(t, T)S^2$이다.
   (1) 블랙-숄즈 편미분방정식에 대입하여 $h(t, T)$가 만족시켜야 하는 일반적인 미분방정식 을 유도하라.
   (2) $h(t, T)$의 단말조건(terminal condition)은 무엇인가?
   (3) $h(t, T) = e^{[0.5\sigma^2 + r](T-t)}$임을 증명하라.

# CHAPTER
# 16

# 마르코프 과정(Markov Process)

러시아 수학자 안드레이 마르코프(Andrey Markov)의 이름을 딴 확률과정으로서 마르코프 성질을 따르는 확률과정이다. 마르코프의 성질은 간단히 말해서 비기억(memoryless)성질이다. 다시 말해서 어느 확률과정에서 미래 시점의 변화를 관찰할 때 과거 자료가 아닌 지금 현재 상태만으로도 예측할 수 있다는 것이 마르코프 과정이다. 마르코프 과정은 상대적으로 단순한 모형이고 이 단순한 모델이 실제 현상을 완벽하게 모형화할 수 있는 큰 위력을 발휘하기도 한다.

 ## 1. 마르코프 과정의 정의와 기본정리

마르코프 성질은 시간공간 안에 존재하는 시간 $t_1 < t_2 < \cdots < t_n$과 상태공간 $S$의 부분집합 $B$에 대해서 아래의 관계가 만족하는 것을 말한다.

$$P(X_{t_{n+1}} \in B \mid X_{t_1}, \cdots, X_{t_n}) = P(X_{t_{n+1}} \in B \mid X_{t_n})$$

가산이산 시간공간과 상태공간을 가진 마르코프 과정을 마르코프 연쇄(Markov chain)라고 하고 가산 상태공간과 연속 시간공간을 가진 마르코프 과정을 마르코프 비약과정(Markov jump process)이라고 한다.

## 2. 마르코프 연쇄(Markov Chain)

이전에 독립 증분 확률과정에 대해서 다루었다. 이 독립 증분 확률과정은 마르코프 성질을 가지고 있음을 다음과 같이 증명할 수 있다.

독립 증분 확률과정 $\{X_t\}_{t \in T}$에서 다음의 확률을 구하면

$$P(X_{t_{n+1}} = x_{n+1} \mid X_{t_1} = x_1, \, \cdots, \, X_{t_n} = x_n) = \frac{P(X_{t_1} = x_1, \, \cdots, \, X_{t_{n+1}} = x_{n+1})}{P(X_{t_1} = x_1, \, \cdots, \, X_{t_n} = x_n)}$$

$$= \frac{P(X_{t_1} = x_1, \, X_{t_2} - X_{t_1} = x_2 - x_1, \, \cdots, \, X_{t_{n+1}} - X_{t_n} = x_{n+1} - x_n)}{P(X_{t_1} = x_1, \, X_{t_2} - X_{t_1} = x_2 - x_1, \, \cdots, \, X_{t_n} - X_{t_{n-1}} = x_n - x_{n-1})}$$

$$= \frac{\prod_{k=2}^{n+1} P(X_{t_k} - X_{t_{k-1}}) P(X_{t_1} = x_1)}{\prod_{k=2}^{n} P(X_{t_k} - X_{t_{k-1}}) P(X_{t_1} = x_1)}$$

$$= P(X_{t_{n+1}} - X_{t_n} = x_{n+1} - x_n)$$

그리고 다음의 확률은

$$P(X_{t_{n+1}} = X_{n+1} \mid X_{t_n} = x_n) = P(X_{t_{n+1}} - X_{t_n} = x_{n+1} - x_n \mid X_{t_n} = x_n)$$
$$= P(X_{t_{n+1}} - X_{t_n} = x_{n+1} - x_n)$$

위의 두 확률이 같기 때문에 마르코프 성질을 만족한다.

다음의 예를 통해서 마르코프 과정인지 아닌지를 이해하도록 하겠다. 어느 제조회사에서는 일주일에 한 번 재고를 검사하여 부족하면 다시 물량을 주문하여 채워 넣는다고 하자. $X_n$을 $n$주초에 검사한 재고품의 개수라고 하자. 다음 주에 상품 주문량이 과거의 재고품 개수에 종속되지 않는다면 이 과정은 마르코프 연쇄이다. 다른 예로는 만일, 10개의 빨간공과 10개의 파란공, 전체 20개의 공이 들어 있는 상자가 있다고 하자. 상자에서 차례로 하나씩 공을 꺼낸다고 할 때, $X_n$은 $n$번째 시행에서 빨간공을 뽑을 경우 1이라고 두고 파란공을 뽑을 경우 0이라고 한다. 이 경우는 마르코프 과정이 아니다. 예를 들면, 처음부터 10번째의 시행에서 모두 파란공을 뽑았다고 하면 11번째 시행에서는 빨간 공이 뽑힐 확률 $P(X_{11} = 1) = 1$이기 때문이다. 지금 예에서 공을 꺼내 색깔만 파악하고 다시 상자에 집어넣어서 다시 뽑는다면 이 과정은 마르코프 과정이다. 왜냐하면, 예전에 뽑힌 공의 결과가 다음의 시행에 영향을 주지 않기 때문이다.

## 2.1 전이 행렬

$X_n(k)$가 $k$단계에서의 상태를 나타내고 상태공간은 $S = \{0,\ 1,\ 2,\ \cdots,\ n\}$이라고 하자. $k$단계에서 $i$상태가 다음 단계에 $j$상태로 바뀔 전이확률을 다음과 같이 정의한다.

$$p_k^{ij} = P(X_{k+1} = j \,|\, X_k = i)$$

$k$단계 전이 확률 행렬은 위의 전이확률을 $i$번째 행과 $j$번째 열의 원소를 가지는 행렬로서 다음과 같이 표현할 수 있다.

$$P_k = \begin{pmatrix} p_k^{00} & \cdots & p_k^{0n} \\ \vdots & \ddots & \vdots \\ p_k^{n0} & \cdots & p_k^{nn} \end{pmatrix}$$

$P_k$는 정사각행렬(square matrix)이고 차원은 $n^2$이다. 그리고 다음 조건을 만족하기 때문에 전이 확률 행렬에서 각각 행의 값은 합이 1이다. 따라서 $P_k$를 확률행렬이라고 한다.

$$\sum_{j \in S} p_k^{ij} = \sum_{j \in S} P(X_{k+1} = j \,|\, X_k = i) = 1$$

마르코프 연쇄는 확률 행렬 $P_k$를 통해서 많은 정보를 얻게 된다. 다음의 챔프만-콜모고로프 (Chapman-Kolmogorov) 방정식을 통해서 더 많은 연관성을 알아보기로 하자.

## 2.2 챔프만-콜모고로프 방정식

$k$단계의 전이 확률 행렬(stochastic matrix) $P_k$가 단계 $k$에 종속이 되면 비상동(nonhomogeneous) 마르코프 연쇄라고 한다. 그렇지 않고 시간에 독립이면 상동(homo-geneous) 마르코프 연쇄라고 하며 전이 확률 행렬은 간단히 P로 표현한다.

다음은 $i$상태에서 $r$단계를 거쳐서 $j$상태로 가는 전이확률과 확률 행렬에 대해서 알아보도록 하자. 위의 전이확률과 확률 행렬은 각각 $_r p_k^{ij} = P(X_{k+r} = j \,|\, X_k = i)$와 $_r P_k$로 표현하고 다음과 같이 나타난다.

$$_r P_k = \begin{pmatrix} _r p_k^{00} & \cdots & _r p_k^{0n} \\ \vdots & \ddots & \vdots \\ _r p_k^{n0} & \cdots & _r p_k^{nn} \end{pmatrix}$$

챔프만-콜모고로프 방정식 $_{m+n} p_k^{ij} = \displaystyle\sum_{s \in S} {}_m p_k^{is}\, {}_n p_{k+m}^{sj}$ 에 의해서 다음의 정리를 증명할 수 있다.

$$_r P_k = P_k \times P_{k+1} \times \cdots \times P_{k+r-1}$$

시간상동(time homogeneous)은 마르코프 성질과 함께 가정에서 많이 쓰이는 성질이다. 즉, 시간상동은 시간이 흘러도 똑같다는 의미로 언제든지 과정의 상태가 주어진 값에서 다음번 과정의 분포는 같다는 것이다. 시간상동 성질은 수학적으로 다음과 같이 정의된다. 어떤 상태공간 안의 $i$와 $j$ 그리고 어떤 시간공간 $m$, $n$과 $k$에서

$$P(X_{n+m} = j \mid X_m = i) = P(X_{n+m+k} = j \mid X_{m+k} = i)$$

을 만족한다. 이 경우에도 챔프만-콜모고로프 방정식을 연속적으로 적용하면 1단계 전이확률로 $n$단계 전이확률을 다음과 같이 구할 수 있다. 단계가 독립적이기 때문에 전이 확률 행렬에서 첨자를 생략하고 간단히 $P$로 표기하여 $r$단계 전이확률 행렬은 다음과 같이 구할 수 있다.

$$_r P = P \times P \times \cdots \times P = P^r$$

따라서 $_r P$는 전이 확률 행렬에서 $r$번의 곱으로 표현된다. 마르코프 연쇄 모형에서 가장 중요한 값은 극한확률(limiting probability)이다.

$$\lim_{n \to \infty} {_n p_0^{ij}} = \lim_{n \to \infty} P(X_n = j \mid X_0 = i)$$

극한확률은 $P^n$의 극한을 연구함으로써 해결이 된다. 사실, 어느 확률 행렬에서의 고유치(eigenvalue)들 중 꼭 하나는 1이고 나머지는 1보다 작은 것을 보일 수가 있는데 극한확률은 $P^n$이 고유치가 1인 $P$의 고유벡터(eigenvector)를 행으로 가지는 행렬로 수렴한다는 것을 의미한다.

마르코프 연쇄를 이해하기 쉽게 도표로 표현하기도 한다. 〈그림 16-1〉은 영구적인 상해 모형(permanent disability model)을 도표로 나타낸 것이다.

**그림 16-1** 영구적 상해 모형

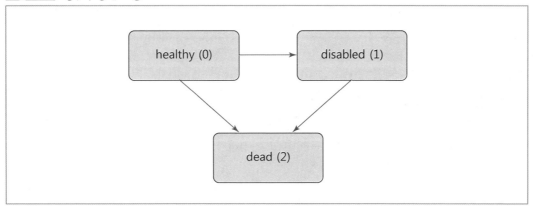

**예제 16-1**

〈시간상동 마르코프 인쇄〉

〈그림 16-1〉의 영구적 상해 모형에 대해서 생각해 보자. 상태공간은 다음과 같다. $S = \{$ 건강 (0), 영구적 상해(1), 죽음(2)$\}$. 시간상동 전이 확률 행렬이 다음과 같이 주어져 있다.

$$P = \begin{pmatrix} 0.92 & 0.05 & 0.03 \\ 0.00 & 0.76 & 0.24 \\ 0.00 & 0.00 & 1.00 \end{pmatrix}$$

(1) 이 행렬에서 각각의 행과 열의 성분이 뜻하는 것은 무엇인가?

(2) 기간이 2, 3일 때 각각의 상태의 확률을 구하라.

**풀이**

(1) 첫째 행의 성분들을 살펴보면,

건강한 사람이 1년이 지난 후에 계속 건강할 확률 = 0.92

건강한 사람이 1년 동안에 영구적 상해를 당할 확률 = 0.05

건강한 사람이 1년 동안에 죽을 확률 = 0.03이다.

나머지 행들의 성분들도 마찬가지 방법으로 설명할 수 있다. 그리고 여기에서 알아야 할 것은 같은 행 안의 성분들 합은 1이다. 이런 이유로 이 전이 확률 행렬을 확률 행렬이라고도 불린다.

(2) 전이 확률 행렬이 시간상동이기 때문에 $_rP$을 $P^r$로 구할 수 있다. 행렬의 곱을 이용하면, 두 행렬을 구할 수 있다.

$$_2P = P^2 = \begin{pmatrix} 0.8464 & 0.0840 & 0.0696 \\ 0 & 0.5776 & 0.4224 \\ 0 & 0 & 1 \end{pmatrix}$$

$$_3P = P^3 = \begin{pmatrix} 0.778688 & 0.106160 & 0.115152 \\ 0 & 0.438976 & 0.561024 \\ 0 & 0 & 1 \end{pmatrix}$$

마찬가지로 같은 행 안의 성분들 합은 1이다. 몇 가지 성분에 대해서 설명하면, 오늘 건강한 사람이 앞으로 2년 동안 영구적 상해를 당할 확률은 0.0840이다. 지금 영구적 상해를 당한 사람이 앞으로 3년 동안 죽을 확률은 0.561024이다. 행렬을 계속해서 곱하면 기간이 $r$일 때의 각각의 상태의 확률을 구할 수가 있게 된다.

**예제 16-2**

〈시간 비상등 마르코프 연쇄〉

자동차보험회사가 피보험자들을 처음 시점($t = 0$)에 선호(상태 1)와 보통(상태 2)의 두 가지 상태로 분류하고 매년 새로운 분류를 한다고 가정하자. $t$년도의 전이 확률 행렬이 다음과 같이 시간 비상등으로 주어져 있다.

$$P_t = \begin{pmatrix} 0.65 & 0.35 \\ 0.50 & 0.50 \end{pmatrix} + \frac{1}{t+1} \begin{pmatrix} 0.15 & -0.15 \\ -0.20 & 0.20 \end{pmatrix}$$

피보험자가 $t=2$일 때, 선호상태였다고 가정할 때 다음 질문에 답하라.

(1) 이 피보험자가 $t=3$일 때 여전히 선호상태일 확률은?

(2) 이 피보험자가 $t=3$일 때 선호상태로 바뀌었다가 $t=4$일 때 보통상태로 바뀔 확률을 구하라.

☼ 풀이

(1) 각 단계에서의 전이 확률 행렬을 구하면 다음과 같다.

$$P_1 = \begin{pmatrix} 0.725 & 0.275 \\ 0.4 & 0.6 \end{pmatrix}, \ P_2 = \begin{pmatrix} 0.7 & 0.3 \\ 0.433 & 0.567 \end{pmatrix}, \ P_3 = \begin{pmatrix} 0.6875 & 0.3125 \\ 0.45 & 0.55 \end{pmatrix}$$

$X_n$을 $n$단계에서의 상태를 나타낸다고 할때, 위의 문제는 다음의 식으로 바뀐다.

$$P(X_3 - 1 \mid X_2 = 1) = {}_1p_2^{11} = 0.7$$

(2) $P(X_4 = 2 \mid X_3 = 1, \ X_2 = 1) = P(X_4 = 2 \mid X_3 = 1) = {}_1p_3^{12} = 0.3125$

마지막으로 마르코프 연쇄에서 다룰 내용은 현금유동의 가치를 구하기 위한 모형이다. 현금유동의 보험계리적 가치를 알아보기 위해서 시간 $t+k$의 $i$상태에서 $t+k+1$의 $j$상태로 움직이는 $t+k+1$시간의 현금유동의 가치를 $_{t+k+1}C^{ij}$ 와 같이 표기하겠다. 여기에서 $k$시점에서의 할인계수는 $v^k$으로 쓰고, 시간 $t$에서 $s$상태에 있다고 가정하면 상태 $i$에서 상태 $j$로의 현금유동의 보험계리적 현재가치는 다음과 같이 정의된다.

$$\sum_{k=0}^{\infty} ({}_kP_t^{si} \cdot P_{t+k}^{ij}) \times {}_{t+k+1}C^{ij} \times v^{t+1}$$

다음의 예제를 통하여서 자세히 다루도록 하겠다.

**예제 16-3**

보험회사가 다음의 시간 상등 마르코프 연쇄를 따르는 고위험군 피보험자에게 특별한 3년 정기보험을 출시했다. 상태공간은 1=건강, 2=부상, 3=탈퇴, 그리고 4=죽음으로 네 가지가 주어져 있고, 전이 확률 행렬은 아래와 같이 주어져 있다.

$$\begin{pmatrix} 0.4 & 0.2 & 0.3 & 0.1 \\ 0.2 & 0.5 & 0.0 & 0.3 \\ 0 & 0 & 1 & 0 \\ 0 & 0 & 0 & 1 \end{pmatrix}$$

상태의 변화는 항상 매년 말에 일어난다고 가정하고 사망보험금은 죽은 해의 마지막 날에 1억원이 지불된다. 이자율은 매년 5%이고 피보험자가 $t=1$일 때에 부상을 당했다고 가정하

자. 두 번째 연도 처음시점에서 사망보험금의 보험계리적 현재가치를 구하라.

🔆 **풀이**

위의 특별한 정기보험은 〈그림 16-2〉로 표시가 된다.

**그림 16-2**

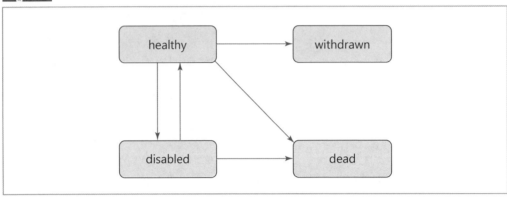

첫째로 사망보험금을 받을 수 있는 가능한 모든 전이를 살펴보자. 두 번째 연도에 사망을 하는 경우가 제일 처음이고 세 번째 연도에 사망을 하는 경우가 두 번째 경우이다. 세 번째 연도에 사망할 경우의 전이는 부상 → 부상 → 사망 또는 부상 → 건강 → 사망의 두 가지 경우밖에 없다. 각각의 전이에 대해서 확률과 할인된 사망보험금을 계산해 보도록 하자.

(1) $_1p_2^{24} \times$(사망보험금)$\times$(할인율)$= 0.3 \times 1$억원$\times \dfrac{1}{1.05}$

(2) $_1p_2^{22} \times {}_1p_3^{24} \times$(사망보험금)$\times$(할인율)$= 0.5 \times 0.3 \times 1$억원$\times \dfrac{1}{1.05^2}$

(3) $_1p_2^{21} \times {}_1p_3^{14} \times$(사망보험금)$\times$(할인율)$= 0.2 \times 0.1 \times 1$억원$\times \dfrac{1}{1.05^2}$

따라서 위의 모든 값을 더하면 4천 3백 9십만원이다. ■

**예제 16-4**

어떤 기계가 다음의 네 가지 $a$, $b$, $c$, 그리고 $d$의 상태공간을 가지고 시간 상등 전이 확률 행렬은 다음과 같다. 단, 시간 $t = 0$일 때, 기계의 상태가 $a$이다.

$$P = \begin{pmatrix} 0.25 & 0.75 & 0.00 & 0.00 \\ 0.50 & 0.00 & 0.50 & 0.00 \\ 0.80 & 0.00 & 0.00 & 0.20 \\ 1.00 & 0.00 & 0.00 & 0.00 \end{pmatrix}$$

고철처리장에서 그 기계의 상태가 3년 뒤에도 $a$상태이면 십만원을 준다고 가정한다. 할인율이 0.9라고 가정했을 때 이 보상의 시점 0에서의 보험계리적 현재가치는 얼마인가?

💡 **풀이**

상태 $a$인 기계가 3년 뒤에 여전히 상태 $a$일 확률을 구하는 가장 빠른 방법은 시작시점에서 기계의 상태가 $a$이기 때문에 초기 상태벡터 $M = (1,0,0,0)$을 사용하여 $MP^3$의 첫 번째 항을 가지고 오면 된다.

$MP^3 = (0.503125 \quad 0.38125 \quad 0.09375 \quad 0.075)$

따라서 ${}_3p_0^{aa} = 0.503125$이다.

보상의 보험계리적 현재가치는 $100,000 \times (0.9)^3 \times 0.503125 = 36,677.81$이다. 〈그림 16-3〉은 위의 예제에 대한 도표이다.

**그림 16-3**

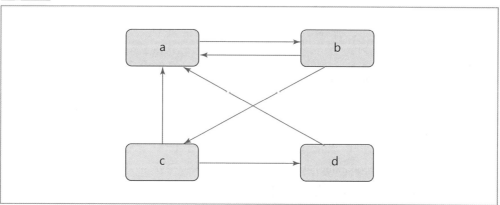

## 3. 마르코프 비약과정

지금부터 연속 시간공간을 가진 마르코프 과정에 대해 알아본다. 상태공간은 다음의 $n+1$개의 상태 $\{0, 1, \cdots, n\}$를 가지고 보험계리 부분에서 필요한 참고연령을 $x$라고 두면 이 연령은 상태과정의 시작할 때 나이이다. 그리고 $Y_x(t)$는 시간 $t$에서의 상태를 나타낸다고 한다. 가산이산의 시간공간을 가지는 과정처럼 전이확률을 정의할 수 있다.

$${}_tp_x^{ij} = P(Y_x(t) = j \mid Y_x(0) = i)$$

연속 시간공간을 가지기 때문에 전이강도(transition intensity) 또는 전이력(force of transition)이라는 연속 시간과정에서 필요한 순간 전이확률을 정의해야 한다. $i$가 $j$가 아닐 때 전이력의 정의는 다음과 같다.

$$\mu_x^{ij} = \lim_{h \to 0+} \frac{1}{h} \, _t p_x^{ij}$$

이것은 기본 생존 모델에서 사력(force of mortality) 또는 이자론에서 다룬 이력(force of interest)과 비슷하고 예를 들어 $\mu_x^{ij} = 0$은 언제든지 $i$상태에서 $j$상태로 옮길 경우는 없다는 뜻이다.

마르코프 비약과정에서는 두 가지 기본 가정들이 필요하다. 첫째, 시간이(일반적으로 매우) 작은 구간 $h$에서 2번 또는 그 이상 전이를 할 확률은 $o(h)$로 표기하고 거의 0에 가깝다. 둘째, 모든 나이 $x$와 모든 상태 $i$와 $j$에서 $_t p_x^{ij}$는 $t$에 대해서 미분 가능한 함수이다. 위의 가정으로 전이확률을 전이력으로 표현할 수 있다.

$$_h p_x^{ij} = h \mu_x^{ij} + o(h)$$

그리고 아주 작은 $h$에 대해서

$$_h p_x^{ij} \approx h \mu_x^{ij}$$

위의 근사치 값을 구할 수 있다. 모든 $_t p_x^{ij}$의 값을 직접적으로 구할 수는 없지만, 특수한 경우의 점유확률(occupancy probability)이라 불리는 전이확률은 구할 수 있다. 점유확률 $_t p_x^{\overline{ii}}$은 나이가 $x$인 어떤 사람이 지금 $i$상태에 있을 때, 그 사람이 $t$구간까지 계속 같은 상태로 있을 확률이다. 이 확률은 다음과 같이 정의된다.

$$_t p_x^{\overline{ii}} = \exp\left[-\int_0^t \sum_{j=0,\, j \neq i}^n \mu_{x+s}^{ij} ds\right]$$

점유확률이 아닌 일반적인 전이확률을 마르코프 비약과정의 전이확률로 표현하면 다음과 같이 정의된다.

$$_{t+h} p_x^{ij} = \, _t p_x^{ij} + h \sum_{k=0,\, k \neq j}^n (_t p_x^{ik} \mu_{x+t}^{kj} - \, _t p_x^{ij} \mu_{x+t}^{jk}) + o(h)$$

위의 식은 다음의 콜모고로프 포워드 방정식(Kolmogorov's forward equation)으로 나타내어진다.

$$\frac{d}{dt} \, _t p_x^{ij} = \sum_{k=0\, k \neq j}^n (_t p_x^{ik} \mu_{x+t}^{kj} - \, _t p_x^{ij} \mu_{x+t}^{jk})$$

전이확률은 시간에 대해서 미분 가능한 함수라는 가정을 이용해 미분방정식을 풀면 전이확률을 구할 수 있다. 전이확률의 수치 평가를 위해서 다음의 근사치를 이용한다.

$$\frac{d}{dt} \, _t p_x^{ij} \approx \frac{1}{h}(_{t+h} p_x^{ij} - \, _t p_x^{ij})$$

이것을 오일러(Euler) 방법이라 하며 적립금의 티엘 미분방정식(Thiele's differential equation)의 값을 근사할 때 구하는 같은 방법이다. 값은 다음의 초기 조건을 이용하여 계속해서 시간의 값을 증가하면서 구할 수 있다.

$$_0p_x^{ij} = \begin{cases} 1, & i = j \text{ 일 때} \\ 0, & i \neq j \text{ 일 때} \end{cases}$$

### 예제 16-5

다음은 건강 질병 모형에 대한 질문이다. 아래와 같이 상태공간은 0=건강, 1=질병, 그리고 2=사망이다. 전이력은 다음과 같다.

$$\mu_x^{01} = a_1 + b_1 \exp(c_1 x)$$
$$\mu_x^{10} = 0.10\,\mu_x^{01}$$
$$\mu_x^{02} = a_2 + b_2 \exp(c_2 x)$$
$$\mu_x^{12} = \mu_x^{02}$$

여기에서,

### 그림 16-4

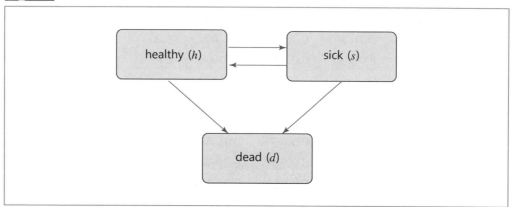

$$a_1 = 4 \times 10^{-4}, \quad b_1 = 3.4674 \times 10^{-6}, \quad c_1 = 0.138155$$
$$a_2 = 5 \times 10^{-4}, \quad b_2 = 7.5868 \times 10^{-5}, \quad c_2 = 0.087498$$

이다. $_{10}p_{60}^{00}$와 $_{10}p_{60}^{01}$, 그리고 $_{10}p_{60}^{02}$ 값을 구하라.

⚙ 풀이

위의 값을 구하기 위해서 각각의 전이확률이 다음의 콜모고로프 포워드 방정식을 만족하여야 한다.

$$\frac{d}{dt}\,_tp_{60}^{00} = {}_tp_{60}^{01}\mu_{60+t}^{10} - {}_tp_{60}^{00}(\mu_{60+t}^{01} - \mu_{60+t}^{02})$$

$$\frac{d}{dt}\,_tp_{60}^{01} = {}_tp_{60}^{00}\mu_{60+t}^{01} - {}_tp_{60}^{01}(\mu_{60+t}^{10} - \mu_{60+t}^{12})$$

$$\frac{d}{dt}\,_tp_{60}^{02} = {}_tp_{60}^{00}\mu_{60+t}^{01} + {}_tp_{60}^{01}\mu_{60+t}^{12}$$

다음의 근사수치 값을 이용하면

$$_{t+h}p_{60}^{00} \approx {}_tp_{60}^{00} + h\left[{}_tp_{60}^{01}\mu_{60+t}^{10} - {}_tp_{60}^{00}(\mu_{60+t}^{01} - \mu_{60+t}^{02})\right]$$

$$_{t+h}p_{60}^{01} \approx {}_tp_{60}^{01} + h\left[{}_tp_{60}^{00}\mu_{60+t}^{01} - {}_tp_{60}^{01}(\mu_{60+t}^{10} - \mu_{60+t}^{12})\right]$$

$$_{t+h}p_{60}^{02} \approx {}_tp_{60}^{02} + h\left[{}_tp_{60}^{00}\mu_{60+t}^{01} + {}_tp_{60}^{01}\mu_{60+t}^{12}\right]$$

여기에서 초기 조건은 $_0p_{60}^{00} = 1$과 $_0p_{60}^{01} = {}_0p_{60}^{02} = 0$이다.

〈표 16−1〉은 구간의 길이 $h = \frac{1}{12}$일 때의 값이다.

**표 16-1**

| $t$ | $\mu_{60+t}^{01}$ | $\mu_{60+t}^{02}$ | $\mu_{60+t}^{10}$ | $\mu_{60+t}^{12}$ | $_tp_{60}^{00}$ | $_tp_{60}^{01}$ | $_tp_{60}^{02}$ |
|---|---|---|---|---|---|---|---|
| 0 | 0.01420 | 0.01495 | 0.00142 | 0.01495 | 1.00000 | 0.00000 | 0.00000 |
| 1/12 | 0.01436 | 0.01506 | 0.00144 | 0.01506 | 0.99757 | 0.00118 | 0.00125 |
| 2/12 | 0.01453 | 0.01517 | 0.00145 | 0.01517 | 0.99512 | 0.00238 | 0.00250 |
| 3/12 | 0.01469 | 0.01527 | 0.00147 | 0.01527 | 0.99266 | 0.00358 | 0.00376 |
| 4/12 | 0.01485 | 0.01538 | 0.00149 | 0.01538 | 0.99018 | 0.00479 | 0.00503 |
| 5/12 | 0.01502 | 0.01549 | 0.00150 | 0.01549 | 0.98769 | 0.00601 | 0.00630 |
| 6/12 | 0.01519 | 0.01560 | 0.00152 | 0.01560 | 0.98518 | 0.00723 | 0.00759 |
| 7/12 | 0.01536 | 0.01571 | 0.00154 | 0.01571 | 0.98265 | 0.00847 | 0.00888 |
| 8/12 | 0.01554 | 0.01582 | 0.00155 | 0.01582 | 0.98011 | 0.00972 | 0.01017 |
| 9/12 | 0.01571 | 0.01593 | 0.00157 | 0.01593 | 0.97755 | 0.01097 | 0.01148 |
| 10/12 | 0.01589 | 0.01605 | 0.00159 | 0.01605 | 0.97497 | 0.01224 | 0.01279 |
| 11/12 | 0.01607 | 0.01616 | 0.00161 | 0.01616 | 0.97238 | 0.01351 | 0.01411 |

**표 16-2**

| $t$ | $\mu_{60+t}^{01}$ | $\mu_{60+t}^{02}$ | $\mu_{60+t}^{10}$ | $\mu_{60+t}^{12}$ | $_tp_{60}^{00}$ | $_tp_{60}^{01}$ | $_tp_{60}^{02}$ |
|---|---|---|---|---|---|---|---|
| 0 | 0.01420 | 0.01495 | 0.00142 | 0.01495 | 1.00000 | 0.00000 | 0.00000 |
| 1 | 0.01625 | 0.01628 | 0.00162 | 0.01628 | 0.96977 | 0.01479 | 0.01544 |
| 2 | 0.01860 | 0.01772 | 0.00186 | 0.01772 | 0.93713 | 0.03089 | 0.03198 |
| 3 | 0.02129 | 0.01929 | 0.00213 | 0.01929 | 0.90200 | 0.04833 | 0.04967 |
| 4 | 0.02439 | 0.02101 | 0.00244 | 0.02101 | 0.86432 | 0.06712 | 0.06856 |
| 5 | 0.02794 | 0.02289 | 0.00279 | 0.02289 | 0.82407 | 0.08722 | 0.08872 |
| 6 | 0.03202 | 0.02493 | 0.00320 | 0.02493 | 0.78127 | 0.10855 | 0.11018 |
| 7 | 0.03671 | 0.02717 | 0.00367 | 0.02717 | 0.73601 | 0.13100 | 0.13299 |
| 8 | 0.04209 | 0.02961 | 0.00421 | 0.02961 | 0.68846 | 0.15435 | 0.15719 |
| 9 | 0.04826 | 0.03227 | 0.00483 | 0.03227 | 0.63886 | 0.17835 | 0.18279 |
| 10 | 0.05535 | 0.03517 | 0.00554 | 0.03517 | 0.58756 | 0.20263 | 0.20981 |

**예제 16-6**

〈그림 16-4〉에 주어진 건강 질병 보험 모형에서 전이력이 모든 $t$에 대해서 다음과 같이 주어져 있을 때, 질문에 답하라.

$$\mu_{50+t}^{hs} = 0.040$$

$$\mu_{50+t}^{sh} = 0.005$$

$$\mu_{50+t}^{hd} = 0.010$$

$$\mu_{50+t}^{sd} = 0.020$$

(1) 점유확률 $_{10}p_{50}^{\breve{hh}}$와 $_{10}p_{50}^{\breve{ss}}$를 구하라.

(2) 나이가 50세인 건강한 사람의 $t$-년도의 전이확률을 콜모고로프 포워드 방정식으로 나타내어 보라.

**풀이**

(1) 점유확률은 다음과 같다.

$$_{101}p_{50}^{\breve{hh}} = \exp\left(-\int_0^{10}\left(\mu_{50+t}^{hs} + \mu_{50+t}^{hd}\right)dt\right) = 0.6065$$

$$_{101}p_{50}^{\breve{ss}} = \exp\left(-\int_0^{10}\left(\mu_{50+t}^{sh} + \mu_{50+t}^{sd}\right)dt\right) = 0.7788$$

(2) 나이가 50인 건강한 사람의 $t$-년도의 전이확률을 콜모고로프 포워드 방정식은 다음과 같다.

$$\frac{d}{dt}\,_tp_{50}^{hh} = \,_tp_{50}^{hs}\mu_{50+t}^{sh} - \,_tp_{50}^{hh}\left(\mu_{50+t}^{hs} - \mu_{50+t}^{hd}\right)$$

$$\frac{d}{dt}\,_tp_{50}^{hs} = {}_tp_{50}^{hh}\mu_{50+t}^{hs} - {}_tp_{50}^{hs}\big(\mu_{50+t}^{sh} - \mu_{50+t}^{sd}\big)$$

$$\frac{d}{dt}\,_tp_{50}^{hd} = {}_tp_{50}^{hh}\mu_{50+t}^{hd} + {}_tp_{50}^{hs}\mu_{50+t}^{sd}$$

### 예제 16-7

어느 보험회사가 건강 질병 모형을 사용하여 40세의 건강한 사람들에게 질병, 사망 보험금이 지불되는 보험료를 구하려고 한다. 다음의 조건들을 만족해야 한다. 아래의 질문에 전이확률과 전이력이 포함되어 있는 적분형태로 나타내어 보라.

- 25년 정기보험
- 25년 이내에 죽게 되면 죽는 순간에 2천만원을 사망보험금으로 받게 되고 질병으로 인한 사망이면 1천만원을 더 받게 된다.
- 25년 동안에 질병이 발생하면 매년 3백만원의 비율로 즉시 받게 된다.
- 보험료는 매년 6십만원 비율이다.

(1) 미래에 발생하는 보험료의 보험계리적 현재가치는?
(2) 미래 시점에서 발생하는 사망보험금의 보험계리적 현재가치는?
(3) 미래 시점에서 발생하는 질병으로 인한 보험금의 보험계리적 현재가치는?

#### 풀이

(1) 건강한 상태에서만 보험료를 연간 6십만원의 비율로 내기 때문에, 보험료를 25년보다 작은 $t$시점에서 낼 확률은 $_tp_{40}^{hh}$이고 보험료의 현재가치는 $600,000v^t$이다.

$$\text{보험계리적 현재가치} = \int_0^{25} 600,000\,v^t\,_tp_{40}^{hh}dt$$

(2) $t$시점에서 일반 사망인 경우의 확률은 $_tp_{40}^{hh}\mu_{40+t}^{hd}$이므로 일반 사망인 경우의 보험금의 보험계리적 현재가치는 $\int_0^{25} 20,000,000\,v^t\,_tp_{40}^{hh}\mu_{40+t}^{hd}dt$이다. 질병으로 인한 $t$시점에서의 사망인 경우의 확률은 $_tp_{40}^{hs}\mu_{40+t}^{sd}$이므로 질병으로 인한 사망보험금의 보험계리적 현재가치는 $\int_0^{25} 30,000,000\,v^t\,_tP_{40}^{hs}\mu_{40+t}^{sd}dt$ 이다. 두 가지 보험금의 합이 사망보험금의 보험계리적 현재가치이다.

(3) 연금의 보험계리적 현재가치를 계산할 때 현재 지불 방식(current payment method)을 써서 구할 수 있었다. 따라서 질병으로 인한 보험금은 $t$시점에서 질병이 유지되는 한 보험금을 받을 수 있다. 따라서, 질병으로 인한 보험금의 보험계리적 현재가치는 $\int_0^{25} 3,000,000\,v^t\,_tp_{40}^{hs}dt$이다.

## Chapter 16
# 연습문제

1. 어느 한 지역의 날씨를 분석한 결과 그곳은 이틀 연속으로 좋은 날씨가 되는 경우는 없었고 오늘 좋았다면, 그 다음날 같은 확률로 눈이 오거나 비가 왔다. 오늘 눈이나 비가 왔다면 그 다음날 같은 날씨가 될 확률은 각각 50%였고 눈이나 비에서 내일 좋은 날씨가 될 확률은 25%였다.
   (1) 상등 전이행렬을 구하라.
   (2) 오늘의 날씨가 좋거나 비 오거나 눈이 올 확률이 같다고 한다면, 10일 뒤에 날씨를 확률을 통해서 나타내라.

2. 세 가지 상태(1,2,3)를 가지는 비상등 마르코프 연쇄 모델이다. $n$년째 연간 전이행렬은 다음과 같다. 어느 손해보험상품에 대해 특정 피보험자가 상태 1에서 시작한다고 가정하자. 보험료는 상태 1과 2에 있을 때 매년 초 10,000원을 내고 피보험자가 상태 1일 때 매년 연말 50,000원을 받는다. 연간 실이율은 10%이다. 이 손해보험상품에 대하여 보험료의 보험계리적 가치에서 보험금의 보험계리적 가치를 뺀 가격은 얼마인가?

$$n=0,\ 1일\ 때\ Q_n = \begin{pmatrix} 0.5 & 0.3 & 0.2 \\ 0 & 0 & 1 \\ 0 & 0 & 1 \end{pmatrix}$$

$$n=2,\ 3일\ 때\ Q_n = \begin{pmatrix} 0 & 0.4 & 0.6 \\ 0 & 0 & 1 \\ 0 & 0 & 1 \end{pmatrix}$$

3. 3년 만기 손해보험상품은 기계가 작동 중이거나 고장상태에 있다가 파손되었을 때 연말에 1억원의 보험금이 지급된다. 보험료는 기계가 작동하면 연초에 지불하고 고장상태이면 보험료를 내지 않는다. 그 기계는 매년 세 가지 상태인 작동, 고장, 파손으로 나누어지고, 초기에 모든 기계는 작동된다. 매년 전이확률은 다음과 같다.

| | 작동 | 고장 | 파손 |
|---|---|---|---|
| 작동 | 0.90 | 0.05 | 0.05 |
| 고장 | 0.10 | 0.60 | 0.30 |
| 파손 | 0.00 | 0.00 | 1.00 |

연간 할인율은 $d=0.05$이라 하고, 이 보험의 보험료를 구하라.

**4.** 현재 60년 동안 사용한 기계가 있다. 이 기계는 작동을 하고 있고 10년만기 손해보험상품에 가입하려고 한다. 〈예제 16 − 5〉의 전이력과 〈그림 16 − 4〉의 값을 이용하여 다음을 구하라. 상태공간은 0 = 작동, 1 = 고장, 그리고 2 = 파손이다.

(1) 보험료는 기계가 작동되면 연속적으로 낸다. 기계 고장으로 물건을 생산하지 못하는 동안에는 연간 2천만원을 연속으로 받고 기계 파손시 5천만원을 즉시 받는다.

(2) 보험료는 매달 초 기계가 작동될 때만 내고 고장상태일 때는 2천만원을 매달 말에 받고 파손되는 순간 5천만원을 받는다.

**5.** 새로운 질병은 다음과 같은 특징을 가진다.

- 계산의 편의성을 위해서 연간 치료 비용(백만원)은 바뀌지 않는다.

| 상태 | 많이 아픔(1) | 차도(2) | 치유 또는 사망(3) |
|---|---|---|---|
| 연간 치료비용 | 10 | 1 | 0 |

- 상태 변화는 매년 말에 이루어진다.
- 올해 상태 1에서 내년에 상태 2로 갈 확률은 30%, 상태 3으로 갈 확률은 10%이다.
- 올해 상태 2에서 내년에 상태 1로 갈 확률은 20%이고 상태 3으로 갈 확률은 30%이다.
- 나은 사람은 다시는 상태 1이나 2로 가지 않는다.

현재 피보험자가 상태 1일 때 평균 총 치료 비용을 계산하라.

CHAPTER

17

# 시뮬레이션(Simulation)

　실제 현상을 설명하기 위한 확률론적 모형을 만들 때, 실제 상황을 얼마만큼 정확하게 복제를 잘한 모형인지 아니면 수학적인 분석을 다루기 쉬운 모형인지에 대한 판단은 단순하지 않다. 다시 말하면, 어떤 특정한 연구에 대해서 그 연구가 발생하는 현상을 충실히 따르는 모형이지만 수학적으로 분석하는 것이 불가능했다면 그 모형을 선택한 것에 대한 어떠한 이득은 없어 보였다. 하지만 최근에 비용과 시간 모든 면에서 효율적인 컴퓨터 프로그램의 혁신적인 개발로 인해 실제 상황을 가능하고 정확하게 모형화한 다음에 그 모형을 분석하는 시뮬레이션 방법을 의존할 수 있게 되었다.

　여기서는 어떻게 의사난수(pseudorandom numbers)를 생성하고 그다음에 이 의사난수를 이용하여 어떤 임의의 분포를 따르는 확률변수(random variable)를 생성하는지를 보이고 실제의 모형에 이용되는 예를 소개하기로 하겠다.

 ## 1. 의사난수 생성

　확률변수는 원래 빙고의 숫자를 뽑거나, 주사위를 굴리거나 카드를 뽑거나 하는 방법처럼 손으로 또는 기계적으로 생성할 수 있고 반면에 현대적인 방법인 컴퓨터를 이용하여 의사난수를 계속해서 생성할 수도 있다. 의사난수들은 값들의 수열 형태로 구성되어 있고, 이 값들은 결정적으로 생성되지만 모든 값들은 (0, 1) 사이의 독립 균일 분포(uniform distribution)를 따른다.

　의사난수를 생성하는데 가장 흔한 접근법 중의 하나는 초기값 $x_0$을 가지고 다음의 수 $x_n$, $n \geq 1$을 다음과 같이 반복적으로 구하는 것이다.

$$x_n = ax_{n-1} \quad \mod(m)$$

여기에서 $a$와 $m$은 양의 정수이고 위의 정의는 $ax_{n-1}$을 $m$으로 나누어서 나머지 값을 $x_n$으로 두는 것을 말한다. 따라서 $x_n$은 $0, 1, \cdots, m-1$의 값 중에 하나이고 $\dfrac{x_n}{m}$을 $(0, 1)$ 사이의 독립 균일 분포값의 근사로 생각한다. 여기에서 $m$은 큰 소수로서 예로 $2^{31}-1$ 또는 $2^{35}-31$의 값들이 쓰인다.

## 1.1 의사난수로 정적분값 구하기

$g(x)$를 임의의 함수라고 하고 다음의 정적분값 $\theta$를 구하도록 하자.

$$\theta = \int_0^1 g(x)dx$$

만약 $U$가 $(0, 1)$ 사이의 균일 분포라고 하면 $\theta$는 다음과 같이 표현할 수 있다.

$$\theta = E(g(U))$$

만약 $U_1, U_2, \cdots, U_k$가 $(0, 1)$ 사이의 독립 균일 분포라고 하면, 다음의 변수 $g(U_1)$, $g(U_2), \cdots, g(U_k)$는 독립 동등 분포를 따르고 평균이 $\theta$이다. 따라서 대수의 법칙에 따라서 $k$가 무한히 커질 때 다음은 확률 1로 수렴한다.

$$\sum_{i=1}^k \frac{g(U_i)}{k} \rightarrow E(g(U)) = \theta$$

따라서, 많은 수의 변수 $u_i$를 생성하여 $g(u_i)$의 평균의 근사치를 가져오면 $\theta$값을 근사할 수 있다. 이 방법을 몬테 카를로(Monte Carlo) 방식이라고 한다.

더 나아가서 일반적인 정적분 형태인 $\theta = \int_a^b g(x)dx$를 계산할 때는 다음의 간단한 치환으로 $\theta$를 다음과 같이 표현할 수 있다.

$$y = \frac{x-a}{b-a}, \quad dy = \frac{dx}{b-a}$$

$$\theta = \int_0^1 g(a+(b-a)y)(b-a)dy = \int_0^1 h(y)dy$$

여기에서 $h(y) = (b-a)g(a+(b-a)y)$이다. 구간이 $(0, 1)$로 바뀌었기 때문에 처음에 소개한 방식으로 정적분값을 근사할 수 있다.

$b = +\infty$인 특이적분의 경우, $\theta = \int_a^\infty g(x)dx$에는 다음의 치환이 이용된다.

$$y = \frac{1}{x+1}, \quad dy = -\frac{dx}{(x+1)^2} = -y^2 dx$$

따라서, $\theta = \int_0^1 h(y)dy$

여기에서 $h(y) = \dfrac{g\left(\dfrac{1}{y}-1\right)}{y^2}$ 이다.

## 2. 이산변수 생성

누적분포함수(cumulative distribution function)는 확률질량함수(probability mass function) 또는 연속인 확률변수일 경우 확률밀도함수(probability density function)를 이용하여 확률변수가 임의의 값 $x$보다 작거나 같은 값을 가지는 확률을 의미한다. 따라서 누적분포함수는 단조증가하고 함수값은 유계이다(bounded). 특히 함수값은 0과 1 사이의 값을 가진다. 앞 장에서 살펴본 (0, 1) 사이의 의사난수를 생성한 것과 위의 성질을 이용하여 임의의 확률질량함수 또는 확률밀도함수를 가지는 확률변수를 생성할 수 있다.

### 2.1 역변환 방법(Inverse Transform Method)

확률질량함수가 다음과 같이 주어진 가산 확률변수가 있다고 하자.

$$P(X = x_j) = p_j$$

확률의 공리에 의해서 다음을 만족한다.

$$\sum_j p_j = 1$$

일단 (0, 1) 사이의 균일 분포를 따르는 값을 생성하고 다음과 같이 $X$의 확률변수를 생성할 수 있다.

$$X = \begin{cases} x_0 & \text{if } U < p_0 \\ x_1 & \text{if } p_0 \leq U < p_0 + p_1 \\ \vdots & \vdots \\ x_j & \text{if } \sum_{i=1}^{j-1} p_i \leq U < \sum_{i=1}^{j} p_i \\ \vdots & \vdots \end{cases}$$

왜냐하면, 다음의 조건을 만족하기 때문이다.

$$P(X = x_j) = P\left(\sum_{i=1}^{j-1} p_i \leq U < \sum_{i=1}^{j} p_i\right) = \sum_{i=1}^{j} p_i - \sum_{i=1}^{j-1} p_i = p_j$$

### 예제 17-1

$X$가 성공확률 $p$를 가지는 기하확률변수(geometric random variable)를 생성하라.

#### 풀이

기하확률변수의 확률질량함수는 다음과 같다.

$$P(X = i) = pq^{i-1}, \quad i \geq 1$$

여기에서 $q$는 실패할 확률 $1-p$이다. 성공확률이 $p$인 각각의 독립적인 시행에서 $i$번째에 첫 번째 성공을 할 확률이기 때문에

$$\sum_{i=1}^{j-1} P(X = i) = 1 - P(X > j-1) = 1 - P(j-1 \text{까지의 시행이 모두 실패})$$

$$= 1 - q^{j-1} \quad j \geq 1$$

(0, 1) 사이의 균일 분포 $U$를 생성한 후에 $X$를 다음을 만족하는 $j$로 두면 확률변수 $X$를 생성할 수 있다.

$$1 - q^{j-1} \leq U < 1 - q^{j} \iff q^{j} < 1 - U \leq q^{j-1}$$

따라서, $X = \min\{j : q^{j} < 1 - U\}$로 정의가 되고 $j$에 대해서 풀면

$$X = \min\left\{j : j > \frac{\ln(1-U)}{\ln q}\right\}, \quad j \text{는 시행의 횟수를 나타내기 때문에 바닥함수(floor function)를}$$

이용하여 다음과 같이 $X$를 나타낼 수 있다.

$$X = \left\lfloor \frac{\ln(1-U)}{\ln q} \right\rfloor + 1$$

더 나아가서 $1-U$도 (0, 1) 사이에서 정의된 균일 분포이므로

$$X = \left\lfloor \frac{\ln U}{\ln q} \right\rfloor + 1$$로 표기할 수 있다.

## 2.2 포아송 확률변수 생성

평균이 $\lambda$인 포아송 확률질량함수는 다음과 같다.

$$p_x = P(X = x) = e^{-\lambda} \frac{\lambda^x}{x!}, \quad x = 0,\ 1,\ 2,\ \cdots$$

바로 다음에 일어날 확률과의 관계식은 다음과 같다.

$$p_{x+1} = e^{-\lambda} \frac{\lambda^{x+1}}{(x+1)!} = e^{-\lambda} \frac{\lambda^x}{x!} \frac{\lambda}{(x+1)} = \frac{\lambda}{(x+1)} p_x, \quad x \geq 0$$

위의 재귀적인 방법으로 포아송 확률변수를 다음과 같이 생성할 수 있다.

  (1단계) : 확률변수 $U$를 생성

  (2단계) : $i = 0,\ p = e^{-\lambda},\ F = p$

  (3단계) : $U < F$이면, $X$를 $i$라 두고 멈춤

  (4단계) : $p = \dfrac{\lambda p}{i+1},\ F = F + p,\ i = i + 1$

  (5단계) : 3단계로 이동

  위의 알고리즘을 이용하여 계속해서 포아송 확률변수가 0인지, 그다음에 1인지, 2인지를 살펴볼 수 있다. 비교의 횟수는 생성된 포아송 확률변수보다 한 번이 더 많다. 따라서 평균적으로 $1 + \lambda$만큼의 조사해야 한다. $\lambda$가 적은 값이면 별 무리가 없지만 $\lambda$가 큰 경우에는 효용성 차원에서 개선이 필요하다. 다른 방법으로 포아송 변수를 생성하는 것은 다음 부분에서 다루도록 하겠다.

## 3. 연속변수 생성

연속변수를 생성하는 것은 앞에서 다룬 이산변수를 생성하는 것과 거의 유사하다.

### 3.1 역변환 알고리즘

  $F$가 확률분포함수인 연속확률변수 $X$를 생각해 보자. 만약 $F$가 연속함수이면 $X = F^{-1}(U)$로 표현할 수 있다. 왜냐하면, $F^{-1}(U)$의 확률분포함수는 $P(F^{-1}(U) \leq x) = P(U \leq F(x)) = F(x)$이기 때문이다. 역함수의 성질과 $U$가 $(0,\ 1)$ 사이의 균등분포이기 때문에 $X$의 확률분포함수와 똑같다. 몇 가지 기본적인 연속확률변수를 생성하는 예를 보도록 하자.

### 예제 17-2

(1) 확률분포함수 $F(x) = x^n$, $0 < x < 1$로 정의된 연속확률변수를 생성하라.
(2) 평균이 1인 지수분포를 따르는 연속확률변수를 생성하라.

#### 풀이

(1) $x = F^{-1}(u)$라고 하면 $u = F(x) = x^n$이고 따라서 $x = u^{1/n}$이다. $U$를 생성한 후에 $X = U^{1/n}$로 두면 위의 확률분포를 가지는 연속확률변수를 생성할 수 있다.

(2) 평균이 1인 지수분포의 확률분포함수는 $F(x) = 1 - e^{-x}$이고 $x = F^{-1}(u)$라고 두면 $u = 1 - e^{-x}$이고 $x = -\ln(1-u)$이다. 따라서 $U$를 생성한 후 $X = -\ln(1-U)$ 또는 $X = -\ln U$라 두면 평균이 1인 지수분포를 따르는 변수를 생성할 수 있다. 게다가 $X$가 평균이 1인 지수분포이면 $cX$는 평균이 $c$인 지수분포를 따르는 성질을 이용해서 모수가 $\lambda$인, 즉 평균이 $\frac{1}{\lambda}$, 지수분포를 생성하기 위해서는 먼저 $U$를 생성한 후에 $X$를 다음과 같이 두면 된다.

$$X = -\frac{1}{\lambda}\ln U$$

가산변수인 포아송 확률변수를 재귀적인 비교 방법으로 생성하였지만 $\lambda$가 큰 경우에는 비교해야 하는 횟수가 증가하기 때문에 효율적인 생성법이 아니었다. 이곳에서는 모수가 $\lambda$인 포아송 확률과정에서 연속적으로 일어나는 사건의 시간이 독립이고 모수 $\lambda$인 지수분포를 따르는 것을 이용하여 포아송 확률변수를 생성하는 방법을 다루도록 하겠다.

앞의 집계과정에서 시간 1까지의 사건의 개수는 다음과 같이 표현된다.

$$N_1 = \max\{n,\ T_n \le 1\} = \max\left\{n,\ \sum_{i=1}^{n}X_i \le t\right\}$$

$X_i$가 모수 $\lambda$인 독립 지수분포를 따르기 때문에 일단 $U_1, U_2, \cdots, U_n, \cdots$을 생성하고 위의 성질을 이용하면 $X_i$를 생성할 수 있다. 따라서, 평균이 $\lambda$포아송 확률변수 $N = N_1$는 다음과 같이 표현된다.

$$\begin{aligned}
N &= \max\left\{n,\ \sum_{i=1}^{n} -\frac{1}{\lambda}\ln U_i \le 1\right\} \\
&= \max\left\{n,\ \sum_{i=1}^{n}\ln U_i \ge -\lambda\right\} \\
&= \max\left\{n,\ \ln(U_1 \cdots U_n) \ge -\lambda\right\} \\
&= \max\left\{n,\ U_1 \cdots U_n \ge e^{-\lambda}\right\}
\end{aligned}$$

따라서, 생성된 의사난수들의 곱이 $e^{-\lambda}$보다 적을 때까지 계속해서 의사난수를 생성한 후, $N$을 필요한 의사난수들의 수에서 1만큼 적게 두면 된다.

$$N = \min\left\{n,\ U_1\ \cdots\ U_n < e^{-\lambda}\right\} - 1$$

감마분포는 모수가 같은 독립 지수분포의 합으로 표현할 수 있다. 이와 같은 성질을 이용해서 감마분포를 따르는 확률변수를 생성할 수 있다. 감마분포 $(n,\ \lambda)$를 따르는 확률변수는 모수 $\lambda$인 $n$개의 독립 지수분포의 합으로 이루어진다. $n$개의 의사난수 $U_1,\ \cdots,\ U_n$을 생성한 후

$$X = -\frac{1}{\lambda}\ln U_1 - \cdots - \frac{1}{\lambda}\ln U_n$$

$$X = -\frac{1}{\lambda}\ln(U_1\ \cdots\ U_n)$$

로 두면 되고 $n$개의 로그값만 구하면 감마분포를 따르는 확률변수를 생성할 수 있다.

## 3.2 포아송 분포 생성

처음 $n$번째 사건이 일어나는 시간을 모수 $\lambda$인 포아송 분포에 따라 생성해보자. 여기에서 연이어 일어나는 사건 사이의 시간이 모수 $\lambda$인 독립 지수분포를 따르는 것을 이용하여 포아송 분포를 생성하는 방법은 아래와 같다.

$n$개의 의사난수 $U_1,\ \cdots,\ U_n$를 생성한 후 $X_i = -\frac{1}{\lambda}\ln U_i$라 하면, $X_i$는 포아송 분포의 $i-1$번째 사건과 $i$번째 사건 사이의 시간 간격을 나타낸다. $j$번째 사건이 일어나는 시간은 처음 $j$까지 연이은 사건들의 시간 간격 합과 같고 처음으로부터 $n$번째 사건이 일어나는 총 시간은 다음과 같이 표현된다.

$$\sum_{i=1}^{j} X_i,\quad j = 1,\ \cdots,\ n$$

처음부터 시간 $T$까지의 포아송 분포를 생성하기 위해서는 위의 방법으로 계속 생성하다 그 합이 $T$보다 크게 되면 멈추면 된다. 다음의 알고리즘에서 $t$는 시간을 나타내고 $I$는 시간 $t$까지 일어난 사건의 횟수, $S(I)$는 가장 최근에 일어난 사건의 시간을 나타낸다.

(1단계) : $t = 0,\ I = 0$
(2단계) : 확률변수 $U$를 생성
(3단계) : $t = t - \frac{1}{\lambda}\ln U,\ t > T$이면 멈춤
(4단계) : $I = I + 1,\ S(I) = t$
(5단계) : 2단계로 이동

$I$의 마지막 값이 $T$까지 일어난 사건의 총 횟수이고, $S(1),\ \cdots,\ S(I)$는 각각의 사건이 일어난 시간을 나타낸다.

# 4. 몬테 카를로 시뮬레이션을 이용한 위험측도 추정

손실분포를 추정할 때 분석하는 과정이 너무 복잡하게 되면 몬테 카를로 시뮬레이션(Monte Carlo Simulation)을 많이 활용하게 된다. 일반적인 몬테 카를로 시뮬레이션에서는 많은 수의 손실 확률변수 $L$은 독립적인 시뮬레이션을 통하여서 생성한다. 예를 들어, $N$개의 값을 생성한다면, 작은 수부터 큰 수로 순서를 부여하고 여기에 $L_{(j)}$은 생성된 $L$의 $j$번째 작은 수라고 가정한다. 이에 $L_{(j)}$의 실증적 분포가 실제 손실 확률분포를 추정한다고 가정한다.

지금부터 몬테 카를로 시뮬레이션을 이용하여 1,000개의 손실 확률변수를 생성했다고 가정하고 손실의 95%−VaR과 95%−CTE를 구하여 보도록 한다. 여기에서 두 가지 중대한 물음이 있다. 첫 번째는 나온 결과를 어떻게 위험측도를 추정하는 데 이용할 것인가이고 두 번째는 추정지에서 얼마만큼의 불확실성이 있는가이다. 이에 대한 해답을 찾도록 하겠다.

## 4.1 VaR 측도 추정

손실분포 $L$의 95%−VaR을 추정하면, 몬테 카를로 방식에 의해서 생성된 수 중에서 95% 분위수이기 때문에 $L_{(950)}$이 가능하다. 왜냐하면, 생성된 변수들 중 95%가 $L_{(950)}$보다 작거나 같기 때문이다. 반면에 $L_{(951)}$은 생성된 수 중에 5%가 크거나 같기 때문에 또 다른 가능한 추정치가 된다. Klugman, Panjer와 willmot이 쓴 "Loss Model"의 매끄럽게 한 경험적 추정(smoothed empirical estimate)에서는 $L_{(j)}$를 분포의 $j/N+1$분위의 추정치로 쓰고 있다. 따라서, $L_{(950)}$는 94.905% 분위이고, $L_{(951)}$은 95.005% 분위이다. 선형보간법에 의해서 95% 분위는 아래와 같다.

$$0.05 \times L_{(950)} + 0.95 \times L_{(951)}$$

좀 더 일반화하면 $N$개의 생성된 손실분포에서 가능한 세 가지 $\alpha$−VaR은 $L_{(N_\alpha)}$, $L_{(N_{\alpha+1})}$ 또는 이 두 값을 선형보간한 것이 가능하다. 이 세 가지 추정값 중 어느 것도 다른 것보다 더 좋다고 할 수는 없다. 각각은 많은 샘플에 대해서 편향성이 일반적으로 작지만 여전히 편향되어 있다. 또 심지어 실제 $\alpha$−분위가 $E(L_{(N_\alpha)})$와 $E(L_{(N_{\alpha+1})})$ 사이에 존재한다고 확신하지 못한다. 일반적으로 보험의 손실분포의 오른쪽 꼬리부분에서, $L_{(N_{\alpha+1})}$ 또는 매끄럽게 한 경험적 추정값을 사용함으로써 종종 더 낮은 쪽의 편향성을 갖게 된다. 위의 세 가지 추정값은 모두가 편향되어 있지 않다는 사실은 무의미한데, 샘플이 많을 때 편향성은 아주 작기 때문이다. 또 편향성은 분포의 더 먼 쪽의 꼬리부분에서 더 크게 나타나는 경향이 있다.

〈표 17−1〉은 평균이 30, 표준편차가 95.0인 정규 손실분포로부터 1,000개의 생성된 난수의 예로부터 발췌한 자료이다.

**표 17-1** 1,000개의 몬테 카를로 샘플 중 가장 나쁜 100개의 손실

| | | | | | | | | | | |
|---|---|---|---|---|---|---|---|---|---|---|
| $L_{(991)} \sim L_{(1000)}$ | 308.8 | 291.2 | 262.2 | 261.9 | 258.4 | 256.6 | 256.0 | 253.3 | 251.7 | 250.6 |
| $L_{(981)} \sim L_{(990)}$ | 247.6 | 244.1 | 240.6 | 237.2 | 235.5 | 235.5 | 233.3 | 226.3 | 225.6 | 225.6 |
| $L_{(971)} \sim L_{(980)}$ | 225.2 | 224.8 | 223.3 | 223.1 | 222.3 | 220.4 | 220.0 | 218.5 | 214.7 | 214.1 |
| $L_{(961)} \sim L_{(970)}$ | 213.7 | 213.5 | 212.0 | 206.6 | 205.8 | 202.5 | 197.7 | 197.5 | 195.5 | 194.6 |
| $L_{(951)} \sim L_{(960)}$ | 194.5 | 193.1 | 192.4 | 190.5 | 188.2 | 187.2 | 186.7 | 186.6 | 186.5 | 185.9 |
| $L_{(941)} \sim L_{(950)}$ | 184.5 | 184.5 | 184.4 | 183.7 | 182.4 | 180.6 | 180.2 | 179.3 | 176.8 | 176.4 |
| $L_{(931)} \sim L_{(940)}$ | 176.3 | 175.5 | 175.2 | 174.5 | 173.4 | 172.8 | 172.6 | 172.5 | 171.4 | 170.1 |
| $L_{(921)} \sim L_{(930)}$ | 168.5 | 166.9 | 165.0 | 164.0 | 163.9 | 163.8 | 163.8 | 163.7 | 163.2 | 162.8 |
| $L_{(911)} \sim L_{(920)}$ | 161.8 | 161.6 | 160.5 | 160.0 | 159.8 | 159.3 | 159.2 | 158.2 | 157.3 | 157.3 |
| $L_{(901)} \sim L_{(910)}$ | 156.6 | 156.4 | 155.5 | 155.4 | 154.0 | 153.7 | 153.4 | 153.4 | 152.6 | 152.3 |

**예제 17-3**

〈표 17−1〉의 자료를 바탕으로 평균 30, 표준편차가 95.0인 위의 정규 손실분포의 세 가지 추정값을 이용하여 95분위, 99분위값을 추정하라. 그리고 상대 오차는 얼마인가?

**풀이**

몬테 카를로를 이용할 때는 실제 분위값을 알지 못한다. 따라서 $L_{(N\alpha)}$를 분위의 추정치라고 가정하자. 이 추정치는 표본변동성에 이용될 것이다. 분포의 실제 $\alpha$−분위, $Q_\alpha$의 비모수의 신뢰구간을 구성하기 위해서 추정치 주위에서 시뮬레이션을 이용할 것이다.

실제 $\alpha$−분위, $Q_\alpha$의 값보다 생성된 값이 적은 개수를 $M$이라 하면 이 확률변수는 이항분포를 따른다. 왜냐하면, 손실 $L$의 각각 생성된 값은 $\alpha$의 확률로 $Q_\alpha$보다 작든지 아니면 $1-\alpha$의 확률로 크든지 할 것이다. 따라서, $M \sim \text{b} \in \text{omial}(N, \alpha)$이고 이항분포의 성질에 의해서 $E(M) = N\alpha$, $\text{Var}(M) = N\alpha(1-\alpha)$이다. 만약 $Q_\alpha$의 90% 신뢰구간을 구하려면, 먼저 다음을 만족하는 $E(M)$의 90% 신뢰구간, $(m_L, m_U)$을 구성해야 한다. $P(m_L < M \leq m_U) = 0.9$과 구간이 $N\alpha$를 중심으로 대칭이라는 제약을 둔다면, $m_L - N\alpha - a$로 $m_U = N\alpha + a$로 둘 수 있다. 따라서 $F_M(x)$를 $M$의 이항분포함수라고 하면, $F_M(N\alpha + a) - F_M(N\alpha - a) = 0.9$이다. 이항분포의 정규근사, $M \sim \text{Normal}(N\alpha, N\alpha(1-\alpha))$를 이용하면 $a = \Phi^{-1}(0.95)\sqrt{N\alpha(1-\alpha)}$ $E(M)$의 90% 신뢰구간이 $Q_\alpha$의 90% 신뢰구간에 상응하는 순서 몬테 카를로 생성값의 범위를 준다.

$$P(Q_\alpha \in (L_{(N\alpha - a)}, L_{(N\alpha + a)})) = 0.9$$

실제는 $a$가 정수가 아니면, 비록 보간법이 받아들여진다고 하더라도, 반올림하여 다음 정수를 택한다.

여기에서 생성된 샘플의 $L_{(950)}$의 추정치는 171.6이다. 이 추정치의 90% 신뢰구간을 구한다면 다음과 같은 값을 구할 수 있다.

$$a = \Phi^{-1}(0.95)\sqrt{1000(0.95)(0.05)} = 11.33$$

$a$는 반올림하면 12이고, $Q_{0.95}$의 90% 신뢰구간은 $(L_{(938)}, L_{(962)}) = (175.17, 195.45)$이다. 따라서, 일반적으로 $N\alpha$ 순서통계량의 비모수 $q$-신뢰구간을 구하는 과정은 다음과 같다.

(1) 다음을 만족하는 $a$를 구한다.

$$a = \Phi^{-1}\left(\frac{1+q}{2}\right)\sqrt{N\alpha(1-\alpha)}$$

(2) $a$를 반올림한다.
(3) $q$-신뢰구간은 $(L_{(N\alpha-a)}, L_{(N\alpha+a)})$이다.

이항분포에서 정규근사를 적용하기 위해서는 $N(1-\alpha)$이 적어도 5가 되어야 한다. 따라서 $N$이 크면 비록 $1-\alpha$가 적더라도 정규근사를 사용할 수 있다.

불확실성을 조사하기 위한 또 다른 방법은 시뮬레이션을 반복적으로 많이 시행하는 것이다. $N$개를 생성하는 시뮬레이션을 아주 많은 $R$번을 시행했다고 하자. 각각의 생성된 샘플은 분위 위험측도를 추정하는 데 사용된다. 여기에서 $i$번째의 시뮬레이션에서 추정된 $\alpha$ 분위값을 $\hat{Q}_\alpha(i)$라 하면, 이 $R$개의 추정된 분위값들은 독립 동등 분포 표본이다. 이 값들의 평균을 다음과 같이 추정된 위험측도로 사용할 수 있다.

$$\hat{Q} = \frac{1}{R}\sum_{i=1}^{R}\hat{Q}_\alpha(i)$$

위험측도의 표본표준편차, $\hat{s}_Q$는 다음과 같이 표준오차의 추정치로 사용된다.

$$\hat{s}_Q^2 = \frac{1}{R-1}\sum_{i=1}^{R}(\hat{Q}(i) - \hat{Q})^2$$

다음은 표본표준편차를 이용하여 위험측도의 근사 신뢰구간을 만들 수 있다. 예를 들면, 90% 신뢰구간은 다음과 같이 주어진다.

$$(\hat{Q} - 1.64\hat{s}_Q, \ \hat{Q} + 1.64\hat{s}_Q)$$

평균 30에 표준편차 95를 가지는 정규분포의 예에서 각각의 샘플의 크기가 1,000개인 1,000번의 시뮬레이션 통한 몬테 카를로 추정치는

$$\overline{L}_{(950)} = 185.34, \ s_{L_{(950)}} = 7.58$$

$$\overline{L}_{(951)} = 186.88, \ s_{L_{(951)}} = 7.63$$

그리고 매끄럽게 한 추정치는 $185.34 \times 0.05 + 186.88 \times 0.95 = 186.80$이고, 실제 95% 분위값은 186.27이다. 매끄럽게 한 추정치는 평균 0.29%의 상대오차를 가지고, $L_{(950)}$와 $L_{(951)}$은 각각 평균 $-0.49\%$, $0.33\%$의 상대오차를 가진다. $Q_{0.95}$의 추정치로 $L_{(951)}$를 사용하면, 평균은 186.88이고 1,000개의 시뮬레이션에 의한 결합된 표준편차 $s_{Q_{0.95}}$는 7.63이다. 위의 두 값으로부터 $Q_{0.95}$의 90% 신뢰구간

을 구하면 (174.37, 199.39)이고 이 구간은 결과론적으로 이전에 구한 비모수 90% 신뢰구간과 비슷하다. 하지만 999번의 시뮬레이션이 더 이루어졌고 그만큼의 비용도 더 추가되었다.

## 4.2 CTE 측도 추정

CTE는 손실분포 최악의 $100(1-\alpha)\%$ 값의 평균이기 때문에, 최악의 $100(1-\alpha)\%$ 시뮬레이션의 평균값을 이용하여 CTE값을 추정할 수 있다. 즉, $N(1-\alpha)$를 정수라고 가정하면,

$$\widehat{\text{CTE}}_\alpha = \frac{1}{N(1-\alpha)} \sum_{j=N\alpha+1}^{N} L_{(j)}$$

예를 들면, 〈표 17-1〉에서 N=1,000인 샘플에서 가장 나쁜 100개의 손실을 보여주고 있다. 95% CTE를 추정하기 위해서 가장 나쁜 50개의 손실의 평균을 구하면, 222.79이다. 제13장 〈예제 13-4〉에서 구한 실제 CTE값 225.91과 비교할 수 있다.

CTE 추정치의 표준편차를 추정하기 위한 가장 좋은 값은 일반적으로 샘플에서 평균의 분산은 샘플의 분산을 샘플의 크기로 나눈 것과 같기 때문에, $\frac{s_1}{\sqrt{N(1-\alpha)}}$으로 사용하면 된다. 단, 여기에서 $s_1$은 다음과 같이 정의된 가장 나쁜 $100(1-\alpha)\%$의 생성된 손실의 표준편차이다.

$$s_1 = \sqrt{\frac{1}{N(1-\alpha)-1} \sum_{j=N\alpha+1}^{N} (L_{(j)} - \widehat{\text{CTE}}_\alpha)^2}$$

하지만, 이것은 평균적으로 불확실성을 과소평가하는 경향이 있다. 우리가 관심이 있는 양은 $\text{Var}(\widehat{\text{CTE}}_\alpha)$이다. 이 분산은 분위 추정치 $\hat{Q}_\alpha$의 조건부 평균과 분산으로 다음과 같이 표현할 수 있다.

$$\text{Var}(\widehat{\text{CTE}}_\alpha) = E(\text{Var}(\widehat{\text{CTE}}_\alpha \mid \hat{Q}_\alpha)) + \text{Var}(E(\widehat{\text{CTE}} \mid \hat{Q}_\alpha))$$

사용된 $\frac{s_1^2}{N(1-\alpha)}$은 첫 번째 항을 추정하게 되고 우리는 분위값의 불확실성에 대한 영향을 고려함으로써 두 번째 항을 감안해야 한다.

분산을 구하는 데 쓰이는 두 개의 항을 허용하기 위해서 Manistre and Hancock(2005)의 영향 함수 접근법(influence function approach)을 사용하면, CTE 추정치의 분산은 다음과 같이 추정된다.

$$S^2_{CTE_\alpha} = \frac{s_1^2 + \alpha(\widehat{CTE}_\alpha - \hat{Q}_\alpha)}{N}$$

예를 들어, 〈표 17-1〉의 자료를 이용하면 $\alpha = 0.95$일 때 매끄럽게 한 추정치에 의해 $\hat{Q}_{0.95}$ $= 186.80$이고, 95% CTE는 222.79로 추정된다. 〈표 17-1〉에서 큰 손실 50개의 표준편차는 28.19이다. 또, $N = 1,000$, $\alpha = 0.95$에 대한 표준편차 추정치는 다음과 같다.

$$\sqrt{\frac{s_1^2 + \alpha(\widehat{CTE}_\alpha - \hat{Q}_\alpha)}{N}} = \sqrt{\frac{(28.19)^2 + 0.95(222.79 - 186.60)}{50}} = 4.07$$

이 공식의 첫 번째 항은 앞에서 말한 것과 같이 $\frac{s_1}{\sqrt{N(1-\alpha)}}$ 와 같고 두 번째 항은 분위값의 불확실성을 감안한다. 표준오차를 구하는 또 다른 접근법은 샘플 시뮬레이션을 무수히 반복하여 분위값을 구할 때에 사용한 것과 같이 추정치의 표준오차를 계산하는 것이다. 이 방법은 효과적 이지만 실행해야 하는 추가적인 시뮬레이션의 크기 때문에 매우 비용이 많이 발생한다.

## Chapter 17

# 연습문제

1. 확률질량함수 $p_1 = \dfrac{1}{3}$, $p_2 = \dfrac{2}{3}$인 $n$개의 확률변수를 생성하는 알고리즘을 만들어라.

2. 다음의 확률밀도함수를 가지는 확률변수를 생성하는 방법을 보여라.

$$f(x) = \frac{e^x}{e^2 - 1}, \quad 0 \le x \le 2$$

3. 다음의 확률분포함수를 가지는 확률변수를 생성하는 방법을 보여라.

$$F(x) = 1 - e^{-x^2}, \quad x > 0$$

4. 손해보험회사에게 1,000명의 피보험자가 있고 각각의 피보험자가 한 달 동안 독립적으로 손해 배상을 청구할 확률은 0.03이다. 각각의 한 달 동안의 손해액이 독립적이고 평균이 1,000,000인 지수분포를 따른다고 할 때, 시뮬레이션을 통하여 한 달 동안의 총 손해액이 50,000,000을 초과할 확률을 구하라.

5. 손실이 모수 $\lambda = 10$인 지수분포를 따른다고 할 때, 몬테카를로 시뮬레이션을 이용하여 1,000개의 데이터를 생성 후 95%-VaR과 $\text{CTE}_{95}$값을 구하라.

6. 다음과 같은 이익/손해 모형을 시뮬레이션하였다.

- 손해 발생건수는 $\lambda = 2/3$인 포아송 분포를 따른다.
- 각각의 손해액은 1, 2, 또는 3이고 확률은 $p(1) = 0.25$, $p(2) = 0.25$, $p(3) = 0.50$이다.
- 손해 발생건수와 손해액은 서로 독립이다.
- 연간 보험료는 평균 연간 손해액 더하기 연간 손해액의 표준편차에 1.8을 곱한 가격이다.
- 편의상 연간이자율은 0으로 한다.

의사난수 0.75, 0.60, 0.35, 0.12를 생성하여 손해 발생 사이의 시간을 생성하고 의사난수 0.30, 0.60, 0.25, 0.77을 생성하여 손해액을 생성하였다. 이 시뮬레이션에서 첫 2년 동안의 이익/손해를 구하라.

7. 연간 치과 손해액은 발생건수는 평균이 2이고 손해액은 $\theta = 500$, $\alpha = 2$인 파레토 분포(천원)를 따르는 합성 포아송 분포를 이용하여 모형화할 수 있다. 보험회사는 연간 손해의 처음 750,000의 80%를 지급하고 750,000 이상은 100% 지급한다. 역변환 방법을 이용한 시뮬레이션을 통하여 생성된 손해 지급은 0.8이고 손해액은 0.60, 0.25, 0.70, 0.40, 0.85이다. 1년 동안의 총 손해액은 얼마인가?

# 표준 정규분포표

| z | 0.00 | 0.01 | 0.02 | 0.03 | 0.04 | 0.05 | 0.06 | 0.07 | 0.08 | 0.09 |
|---|------|------|------|------|------|------|------|------|------|------|
| 0.0 | 0.0000 | 0.0040 | 0.0080 | 0.0120 | 0.0160 | 0.0199 | 0.0239 | 0.0279 | 0.0319 | 0.0359 |
| 0.1 | 0.0398 | 0.0438 | 0.0478 | 0.0517 | 0.0557 | 0.0596 | 0.0636 | 0.0675 | 0.0714 | 0.0753 |
| 0.2 | 0.0793 | 0.0832 | 0.0871 | 0.0910 | 0.0948 | 0.0987 | 0.1026 | 0.1064 | 0.1103 | 0.1141 |
| 0.3 | 0.1179 | 0.1217 | 0.1255 | 0.1293 | 0.1331 | 0.1368 | 0.1406 | 0.1443 | 0.1480 | 0.1517 |
| 0.4 | 0.1554 | 0.1591 | 0.1628 | 0.1664 | 0.1700 | 0.1736 | 0.1772 | 0.1808 | 0.1844 | 0.1879 |
| 0.5 | 0.1915 | 0.1950 | 0.1985 | 0.2019 | 0.2054 | 0.2088 | 0.2123 | 0.2157 | 0.2190 | 0.2224 |
| 0.6 | 0.2257 | 0.2291 | 0.2324 | 0.2357 | 0.2389 | 0.2422 | 0.2454 | 0.2486 | 0.2517 | 0.2549 |
| 0.7 | 0.2580 | 0.2611 | 0.2642 | 0.2673 | 0.2703 | 0.2734 | 0.2764 | 0.2794 | 0.2823 | 0.2852 |
| 0.8 | 0.2881 | 0.2910 | 0.2939 | 0.2967 | 0.2995 | 0.3023 | 0.3051 | 0.3078 | 0.3106 | 0.3133 |
| 0.9 | 0.3159 | 0.3186 | 0.3212 | 0.3238 | 0.3264 | 0.3289 | 0.3315 | 0.3340 | 0.3365 | 0.3389 |
| 1.0 | 0.3413 | 0.3438 | 0.3461 | 0.3485 | 0.3508 | 0.3531 | 0.3554 | 0.3577 | 0.3599 | 0.3621 |
| 1.1 | 0.3643 | 0.3665 | 0.3686 | 0.3708 | 0.3729 | 0.3749 | 0.3770 | 0.3790 | 0.3810 | 0.3830 |
| 1.2 | 0.3849 | 0.3869 | 0.3888 | 0.3907 | 0.3925 | 0.3944 | 0.3962 | 0.3980 | 0.3997 | 0.4015 |
| 1.3 | 0.4032 | 0.4049 | 0.4066 | 0.4082 | 0.4099 | 0.4115 | 0.4131 | 0.4147 | 0.4162 | 0.4177 |
| 1.4 | 0.4192 | 0.4207 | 0.4222 | 0.4236 | 0.4251 | 0.4265 | 0.4279 | 0.4292 | 0.4306 | 0.4319 |
| 1.5 | 0.4332 | 0.4345 | 0.4357 | 0.4370 | 0.4382 | 0.4394 | 0.4406 | 0.4418 | 0.4429 | 0.4441 |
| 1.6 | 0.4452 | 0.4463 | 0.4474 | 0.4484 | 0.4495 | 0.4505 | 0.4515 | 0.4525 | 0.4535 | 0.4545 |
| 1.7 | 0.4554 | 0.4564 | 0.4573 | 0.4582 | 0.4591 | 0.4599 | 0.4608 | 0.4616 | 0.4625 | 0.4633 |
| 1.8 | 0.4641 | 0.4649 | 0.4656 | 0.4664 | 0.4671 | 0.4678 | 0.4686 | 0.4693 | 0.4699 | 0.4706 |
| 1.9 | 0.4713 | 0.4719 | 0.4726 | 0.4732 | 0.4738 | 0.4744 | 0.4750 | 0.4756 | 0.4761 | 0.4767 |
| 2.0 | 0.4772 | 0.4778 | 0.4783 | 0.4788 | 0.4793 | 0.4798 | 0.4803 | 0.4808 | 0.4812 | 0.4817 |
| 2.1 | 0.4821 | 0.4826 | 0.4830 | 0.4834 | 0.4838 | 0.4842 | 0.4846 | 0.4850 | 0.4854 | 0.4857 |
| 2.2 | 0.4861 | 0.4864 | 0.4868 | 0.4871 | 0.4875 | 0.4878 | 0.4881 | 0.4884 | 0.4887 | 0.4890 |
| 2.3 | 0.4893 | 0.4896 | 0.4898 | 0.4901 | 0.4904 | 0.4906 | 0.4909 | 0.4911 | 0.4913 | 0.4916 |
| 2.4 | 0.4918 | 0.4920 | 0.4922 | 0.4925 | 0.4927 | 0.4929 | 0.4931 | 0.4932 | 0.4934 | 0.4936 |
| 2.5 | 0.4938 | 0.4940 | 0.4941 | 0.4943 | 0.4945 | 0.4946 | 0.4948 | 0.4949 | 0.4951 | 0.4952 |
| 2.6 | 0.4953 | 0.4955 | 0.4956 | 0.4957 | 0.4959 | 0.4960 | 0.4961 | 0.4962 | 0.4963 | 0.4964 |
| 2.7 | 0.4965 | 0.4966 | 0.4967 | 0.4968 | 0.4969 | 0.4970 | 0.4971 | 0.4972 | 0.4973 | 0.4974 |
| 2.8 | 0.4974 | 0.4975 | 0.4976 | 0.4977 | 0.4977 | 0.4978 | 0.4979 | 0.4979 | 0.4980 | 0.4981 |
| 2.9 | 0.4981 | 0.4982 | 0.4982 | 0.4983 | 0.4984 | 0.4984 | 0.4985 | 0.4985 | 0.4986 | 0.4986 |
| 3.0 | 0.4987 | 0.4987 | 0.4987 | 0.4988 | 0.4988 | 0.4989 | 0.4989 | 0.4989 | 0.4990 | 0.4990 |

# 빈도/심도 통계 분포

이항분포(Binomial Distribution)

가정 : $x = 0,\ 1,\ 2,\ 3,\ \cdots,\ n$

조건 : $0 < p < 1,\ n \geq 1,\ q = 1 - p$

확률 밀도 함수 : $f(x) = \binom{n}{x} p^x q^{n-x}$

평균 $= np$

분산 $= npq$

특별한 경우 : $n = 1$일 때, 벌루니 분포가 된다.

포아송 분포(Poisson Distribution)

가정 : $x = 0,\ 1,\ 2,\ 3,\ \cdots$

조건 : $\lambda > 0$

확률 밀도 함수 : $f(x) = \lambda^x e^{-\lambda}/x!$

평균 $= \lambda$

분산 $= \lambda$

부정이항분포(Negative Binomial Distribution)

가정 : $x = 0,\ 1,\ 2,\ 3,\ \cdots$

조건 : $k \geq 0,\ 0 < p < 1,\ q = 1 - p$

확률 밀도 함수 : $f(x) = \binom{x+k-1}{x} p^k q^x$

평균 $= kq/p = k(1-p)/p$

분산$=kq/p^2=k(1-p)/p^2$

특별한 경우 : $n=1$일 때, 기하학적(Geometric) 분포를 갖는다.

### 손해액(심도) 통계 분포

#### 지수분포(Exponential Distribution)

가정 : $x>0$

조건 : $\lambda>0$

분포 함수 : $F(x)=1-e^{-\lambda x}$

확률 밀도 함수 : $f(x)=\lambda e^{-\lambda x}$

Moments : $E[X^n]=(n!)/\lambda^n$

평균$=1/\lambda$

분산$=1/\lambda^2$

#### 감마 분포(Gamma Distribution)

가정 : $x>0$

조건 : $\alpha,\ \lambda>0$

분포 함수 : $F(x)=\Gamma(\alpha\ ;\ \lambda x)$

확률 밀도 함수 : $f(x)=\lambda^\alpha x^{\alpha-1}e^{-\lambda x}/\Gamma(\alpha)$

Moments : $E[X^n]=\displaystyle\prod_{i=0}^{n-1}(\alpha+i)/\lambda^n=\lambda^{-n}\Gamma(\alpha+n)/\Gamma(\alpha)$

평균$=\alpha/\lambda$

분산$=\alpha/\lambda^2$

특별한 경우 : $\alpha=1$일 때, 지수분포를 갖는다.

#### 웨이블 분포(Weibull Distribution)

가정 : $x>0$

조건 : $c,\ \tau>0$

분포 함수 : $F(x)=1-\exp(-cx^\tau)$

확률 밀도 함수 : $f(x)=c\tau x^{\tau-1}\exp(-cx^\tau)$

Moments : $E[X^n]=\Gamma(1+n/\tau)/c^{n/\tau}$

특별한 경우 : $\tau=1$일 때, 지수분포를 갖는다.

로그정규분포(LogNormal Distribution)

　가정 : $x > 0$

　조건 : $-\infty < \mu < +\infty,\ \sigma > 0$

　분포 함수 : $F(x) = \Phi[\ln(x) - \mu/\sigma]$

　확률 밀도 함수 : $f(x) = \exp[-.5\{(\ln(x) - \mu)/\sigma\}^2]/\{x\sigma\sqrt{2\pi}\}$

　Moments : $E[X^n] = \exp(n\mu + .5n^2\sigma^2)$

　평균 $= \exp(\mu + .5\sigma^2)$

　분산 $= \exp(2\mu + \sigma^2)\exp(\sigma^2) - 1$

파레토 분포(Pareto Distribution)

　가정 : $x > 0$

　조건 : $\alpha,\ \lambda > 0$

　분포 함수 : $F(x) = 1 - \{\lambda/(\lambda + x)\}^\alpha = 1 - (1 + x/\lambda)^{-\alpha}$

　확률 밀도 함수 : $f(x) = (\alpha\lambda^\alpha)(\lambda + x)^{-(\alpha+1)} = (\alpha/\lambda)(1 + x/\lambda)^{-(\alpha+1)}$

　Moments : $E[X^n] = \lambda^n n! \prod_{i=1}^{n}(\alpha - i),\ \alpha > n$

　평균 $= \lambda/(\alpha - 1),\quad \alpha > 1$

　분산 $= \lambda^2\alpha/\{(\alpha - 2)(\alpha - 1)^2\},\ \alpha > 2$

# 풀이 및 해답

1장

1. 표본공간＝{HHH, HHT, HTH, THH, HTT, THT, TTH, TTT}

   확률 분포표($X=$앞면의 수)

   | $X$ | 0 | 1 | 2 | 3 |
   |------|------|------|------|------|
   | 확률 | 1/8 | 3/8 | 3/8 | 1/8 |

2. 0

3. (1) 함수를 0에서 무한대까지 적분하여 1임을 증명

   (2) $1-\exp(-1)$,  $\exp(-2)$

   (3) $\exp(-1)-\exp(-2)$

4. (1)

   | $X$ | 1 | 2 | 3 | 4~ |
   |------|------|------|------|------|
   | 확률 | 1/2 | 3/4 | 7/8 | 1 |

   (2) 1/4

5. (1) $F(x)=1-\exp(-x)$

   (2) $\exp(-3)$

6. (1) 주어진 범위 내에서 적분한 값이 1임을 증명

   (2) $f(x)=\exp(-x)$, $f(y)=\exp(-y)$

   (3) $f(x, y)=f(x)f(y)$임을 증명

7. (1) $E(X)=1,720/12$

   (2) $E(X)+10$

8. (1) 300, 500

   (2) 700, 2,500

9. (1) 0.4, 0.36
   (2) $4 \times (0.1) \times (0.9)^3$, $1 - P(X=0) - P(X=1)$

10. (1) $B(10, 0.3)$
    (2) $P(X=2) + P(X=3)$
    (3) $E(X) = 3$, $V(X) = 2.1$

11. (1) 25/216
    (2) 6

12. 포아송 분포의 모수가 1인 경우로 계산 가능

13. (1) 1/2
    (2) $P(-10 < Z < 0)$
    (3) $P(Z > 70)$
    (4) (5) 표준정규분포표의 확률값을 이용하여 계산 가능

14. 기본 단위를 분으로 하는 경우 모수가 0.5인 지수분포로 적용
    〈예제 1-23〉 참조

15. (1) 모수가 3인 지수분포
    (2) 평균 10, 분산이 4인 정규분포

16. 평균 11, 분산 9인 정규분포

## 2장

1. (1) 20
   (2) 1/2

2. (1) $\exp(-5)$
   (2) $1 - \exp(-5)$

3. (1) 10, 10
   (2) 10, 20

4. (1) B(3, 1/2)
   (2) 음이항분포 $r = 4$, $p = 1/2$

5. 0.01

6. (1) 10,000
   (2) $V(T) = E(N)V(X) + E(X^2)V(N)$의 공식을 이용하여 계산 가능

## 3장

1. 표본 평균의 기댓값이 모수와 일치함

2. 카이제곱 분포의 특성을 고려하여 계산 가능

3. (146.08, 153.92)

4. (1) (16.08, 23.92)
   (2) (16.08, 23.92)

5. 통계학 서적 참고

6. 귀무가설 기각

7. 검정통계량＝4, 귀무가설 기각

8.

| 손해액 | ~100 | 100~200 | 200~300 | 300~400 | 400~500 | 500~ |
|--------|------|---------|---------|---------|---------|------|
| 확률   | 0.3  | 0.2     | 0.1     | 0.1     | 0.2     | 0.1  |

## 4장

1. 통계학 추정 부분 참고

2. 표본 평균

3. 베이즈 이론과 독립의 정의를 통하여 해답 유도 가능

4. (1) 0.1, 0.2, 0.3, 0.4
   (2) 3번과 동일하게 베이즈 이론을 적용하여 계산 가능

5. 정규분포

6. 감마분포(책의 예제 참조)

7. 분포의 발산여부 확인(책의 예제 참조)

## 5장

1. 0.9282

2. 10,617

3. 1.429배 크다.

4. 162,360

5. 4N

6. 2,083,333

7. 평균＝616,547   분산＝87,910,000

8. 500

9. 0.75

10. 5.9/5.95

11. 0.80

12. 0.261

13. 1.50

14. 5,410

15. 6,675

16. 4

17. 0.86

18. 49,725

19. (1) 0.25   (2) 3,360

20. 0.866

21. 17.5%

22. 2/3

23. (1) 0.64   (2) 1.00   (3) 1.00/0.64   (4) 0.39   (5) 1.756

24. (1) 196   (2) 6440   (3) 230/7   (4) 7/237

25. 61.5%

26. 1/2

27. 13/7

28. (1) 0.618   (2) 0.618   (3) 0.088   (4) 7.02   (5) 0.125   (6) 0.791

29. (1) 0.50   (2) 0.50   (3) 0.038   (4) 13.2   (5) 0.07   (6) 0.465

30. (1) 15.75  (2) 15.92  (3) 15.93

31. (1) 0.0939  (2) 약 30,980,000  (3) 약 940,000  (4) 4,075  (5) 3,500,000
    (6) 67,083  (7) 691

32. (1) 37.4%  (2) 5.2%

33. 14.8

34. (1) 1.186  (2) 1.162

35. $n=3,\ m=7$

36. 0.0028

37. 0.159

38. 0.735

39. 2.39

40. 35

41. (1) 9,375,000  (2) 7,500,000  (3) 5,625,000

42. 2,213,900

43. 175

44. 242

45. (1) 0.03  (2) 11.97  (3) 399  (4) 1/400

## 8장

1. (1) 250  (2) 160  (3) 50.000

2. (1) 1.104  (2) 1.066  (3) 1.147

3. 0.921

4. (1) $300+500+700+900=2,400$
   (2) $300(0.25)+500(0.50)+700(0.75)+900(1.0)+1,100(0.75)+1,300(0.50)+1,500(0.25)$
       $=3,600$
   (3) 익스포저 확장법과 평행사변형법
   (4) 만일 계약이 1년 동안 대체로 균등하게 체결된다면 평행사변형법이 적당한 방법이나, 데이터는 균등하게 체결되지 않으므로 익스포저 확장법이 더 적당하다.
   (5) 2024년 경과익스포저×요율인상×2023년 대당 수입보험료

$$= 3,600 \times 1.15 \times 500 = 2,070,000$$

## 9장

1. 20개월

2. (1) 1.3527
   (2) 3,275
   (3) 3,669
   (4) 첫째, 보고된 사고의 진전
       둘째, 사고가 발생했으나 늦게 보고된 경우
       셋째, 예전에 종결된 사고가 다시 오픈된 경우

3. 193,000

4. 15,456

5. (1) 2.041
   (2) 1.722
   (3) 1.834
   (4) 1.800

6. 2019년 $= 2,350(1.000) = 2,350$
   2020년 $= 2,500(1.000) = 2,500$
   2021년 $= 2,700(1.021) = 2,757$
   2022년 $= 2,900(1.086) = 3,149$
   2023년 $= 2,750(1.210) = 3,328$

7. (1) 2021년 $= 10,000(3/4) = 7,500$
       2022년 $= 10,000(1/4) + 1,000 = 3,500$
       2023년 $= 0$
   (2) 2021년 $= 0$
       2022년 $= 5,000$
       2023년 $= 25,000 - 5,000 = 20,000$
   (3) 2021/12/31자, 2021년 $= 7,500$
       2022/12/31자, 2021년 $= 11,000$, 2022년 $= 0$
       2023/12/31자, 2021년 $= 11,000$, 2022년 $= 0$, 2023년 $= 0$
   (4) 2021/12/31자, 2021년 $= 0$
       2022/12/31자, 2021년 $= 5,000$, 2022년 $= 0$
       2023/12/31자, 2021년 $= 25,000$, 2022년 $= 0$, 2023년 $= 0$

(5) 2021/12/31자, 2021년＝0

　　 2022/12/31자, 2021년＝0, 2022년＝5,000

　　 2023/12/31자, 2021년＝0, 2022년＝25,000, 2023년＝0

8. 2021년＝73.0%

　 2022년＝72.6%

　 2023년＝68.0%

## 10장

1. 264.7

2. 0.40

3. 1.0802

4. (1) 진전 추이 '17년 손해액＝$(1,800,000)(1.022)^{5.25}＝2,017,854$

　　 진전 추이 '18년 손해액＝$(2,388,750)(1.022)^{4.25}＝2,620,216$

　　 진전 추이 '19년 손해액＝$(2,468,750)(1.022)^{3.25}＝2,649,675$

　 (2) 828.5

　 (3) 1,226.61

5. 0.945

6. (1) 경과 익스포저 계산: $25.3/420＝60,238$, $18.7/550＝34,000$, $10/300＝33,333$,

　　　　　　　　　　　　 $8/185＝43,243$

$$\text{현재 상대도 평균}＝\frac{1.00(60,238)+\left(\frac{550}{420}\right)(34,000)+\left(\frac{300}{420}\right)(33,333)+\left(\frac{185}{420}\right)(43,243)}{60,238+34,000+33,333+43,243}$$

$$＝0.8642$$

$$\text{추천 상대도 평균}＝\frac{1.00(60,238)+(1.3125)(34,000)+(0.7530)(33,333)+(0.500)(43,243)}{60,238+34,000+33,333+43,243}$$

$$＝0.8874$$

$$\text{추천기본요율}＝\frac{\text{현재 기본요율}\times\text{변경률}\times\text{현상대도 평균}}{\text{추천상대도 평균}}$$

$$＝(420)(1.078)(0.8642)/(0.8874)＝441$$

　　 형태 1＝441,　　　　　　　　 형태 2＝441(1.3125)＝578.71

　　 형태 3＝441(0.7530)＝332.01　　 형태 4＝441(0.5000)＝220.46

　 (2) 주어진 가정하에 현재 상대도 평균

$$＝\frac{1.00(30,119)+\left(\frac{550}{420}\right)(34,000)+\left(\frac{300}{420}\right)(33,333)+\left(\frac{185}{420}\right)(43,243)}{30,119+34,000+33,333+43,243}＝0.8351$$

상대도 평균은 감소하고 불균형 요율의 수정이 없는바, 전체적으로 보험료는 다소 적당하지 못할 것이다.

7. 64

8. (1) $T = \dfrac{1-V-Q}{1+G} = \dfrac{1-0.18-0.02}{1+\left(\dfrac{100,000}{750,000}\right)} = 0.706$ 또는 70.6%

   (2) 최종 조정률 $= \dfrac{\text{경험손해율}}{\text{목표손해율}} - 1 = \dfrac{750,000/1,000,000}{0.706} - 1 = 6.25\%$

   (3) 최종 평균보험료 $= \dfrac{\text{순보험료} + \text{고정비}}{1-\text{변동비율}-\text{목표손익율}}$ $\dfrac{\left(\dfrac{750,000}{2,500}\right) + \left(\dfrac{100,000}{2,500}\right)}{1-0.18-0.02} = 425$

   현재 요율 $= 1,000,000/2,500 = 400$

   최종 조정률 $= 425/400 - 1 = 6.25\%$

   (4) 손해율 방법은 온레벨 경과보험료를 사용하나, 순보험료 방법은 익스포저를 사용한다. 손해율 방법은 최종 조정률을 계산하지만, 순보험료 방법은 추천보험료를 계산한다.

9. (1) 2019년 온레벨 경과보험료 $= 1,027,283$
      2020년 온레벨 경과보험료 $= 1,039,200$

   (2) 68.4%

   (3) 1.25%

10. 14,927

11. (1) $R = \dfrac{P+F}{1-V-Q}$

    (2) $P = L/E$, $EP = L$

    손해율방식: $\dfrac{L\left(1+\dfrac{FE}{L}\right)}{E(1-V-Q)} = \dfrac{L/E+F}{1-V-Q} = \dfrac{P+F}{1-V-Q}$

12. 0.8975

## 12장

1. 48차월 예측 지급보험금 $= 193,200$
   최종 예측 지급보험금 $= 208,656$
   지급준비금 $= 15,456$

2. (1) 지급보험금 $= 3,000 + 3,200 + 3,200 + 2,900 = 12,300$
   (2) 예측 지급보험금 $= 3,060 + 3,427 + 3,941 + 4,643 = 15,072$

지급준비금 = 15,072 − 12,300 = 2,772

3. (1) 건당 평균 예측 지급보험금:

2020년 = 1,522,989

2021년 = 1,611,111 × 1.013 = 1,632,056

2022년 = 1,631,579 × 1.046 × 1.013 = 1,728,818

2023년 = 1,578,947 × 1.112 × 1.046 × 1.013 = 1,860,431

(2) 예측 보험금

2020년 = 1,522,989 × 1,740 = 2,650,000,000

2021년 = 1,632,056 × 1,810 = 2,954,020,556

2022년 = 1,728,818 × 1,930 = 3,336,618,334

2023년 = 1,860,431 × 2,020 = 3,758,070,650

(3) 지급 준비금 = 예측된 지급 보험금 − 실제 지급된 보험금

2020년 = 2,650,000,000 − 2,650,000,000 = 0

2021년 = 2,954,020,556 − 2,900,000,000 = 54,020,556

2022년 = 3,336,618,334 − 3,100,000,000 = 236,618,334

2023년 = 3,758,070,650 − 3,000,000,000 = 758,070,650

합계 = 1,048,709,539

4. (1) 최종 발생손해액 = 299 + 405 + 456 + 543 = 1,703

2020년: 100 + 75 + 60 + 40 + 24 = 299

2021년: 125 + 80 + 90 + 69 + 41 = 405

2022년: 150 + 90 + 101 + 72 + 43 = 456

2023년: 200 + 110 + 109 + 78 + 47 = 543

(2) 미지급 보험금 = 24 + 110 + 216 + 344 = 694

현재 개별추산액 = 20 + 120 + 250 + 360 = 750

개별추산액 적정성 = 750/694 − 1 = 8.1%

현재 개별추산액은 약 8.1% 높게 평가하고 있다.

5. (1) IBNR = $\Sigma$(기대손해율)(경과보험료)(IBNR계수)

= (0.70)[(250)(0.662) + (220)(0.347) + (200)(0.149)] = 190

(2) IBNR = $\Sigma$(최근발생손해액)(종결진전계수 − 1)

= (63)(2.955 − 1) + (110)(1.531 − 1) + (108)(1.175 − 1) = 200

(3) IBNR = 114 + 55 + 20 = 189

6. 580

7. (1) 8,927

(2) 5,927

### 13장

1. $99 - VaR : 100$, $\text{CTE}(99) = 910$

2. $95 - VaR = 31.65$, $99 - VaR = 56.56$, $\text{CTE}(95) = 51.24$, $\text{CTE}(99) = 63.10$

3. $95 - VaR = 297.57$, $99 - VaR = 460.52$

4. 145.39(만원)

5. 6,252.05(만원)

6. 143

7. 33

8. (1) $VaR_A = 3.615$, $VaR_B = 0.904$

   (2) 0.457

   (3) $VaR$의 공헌도(contribution)란 포트폴리오의 $VaR$에는 개별자산별로 기여한 부분이 혼재되어 있어 개별자산의 공헌도 또는 기여도를 측정하는 것으로 개별자산 공헌VaR의 합은 포트폴리오의 $VaR$과 일치한다. 개별자산 공헌 $VaR$의 공식은 아래와 같다.

   자산A의 공헌 $VaR_A = VaR_P \times (VaR_A^2 + \rho_{AB} \times VaR_A \times VaR_B) / VaR_P^2$

   공헌 $VaR_A = 3.539$, 공헌 $VaR_B = 0.523$

9. (1) 5.10

   (2) 10.51 (동일포지션을 취할 때보다 분산효과는 5.41만큼 더 커진다.)

10. (1) 280

    (2) 460

11. 11,667

12. (1) 0.01

    (2) 921,013.50

    (3) 0.25

### 15장

1. $X_0 = 0$, $X_t$는 독립 증분, $X_{t+s} - X_t$는 평균 0, 분산 $s$

2. 0.2216

3. 0.4652

4. (1) 평균 462,000, 표준편차 60621.78

   (2) 0.069

5.  209,000

6.  18.15(만원)

7.  0.01

8.  $\dfrac{\pi}{2}\cos(\omega t)$, $\dfrac{\pi^2}{12}\cos(\omega t)\cos(\omega s)$

9.  $dG = [2\mu G + \sigma^2 G]dt + 2\sigma G dz$

    따라서 $S^2$이 평균 $2\mu + \sigma^2$, 분산 $2\sigma$인 기하 브라운 운동을 따른다.

10. (1) $h_t + 2rh + \sigma^2 h = rh$

    (2) $h(T,\ T) = 1$

### 16장

1.  (1) $\begin{pmatrix} 0 & 0.5 & 0.5 \\ 0.25 & 0.5 & 0.25 \\ 0.25 & 0.25 & 0.5 \end{pmatrix}$ 상태 1=좋음, 상태 2=비, 상태 3=눈

    (2) $\begin{pmatrix} 0.2 & 0.4 & 0.4 \\ 0.2 & 0.4 & 0.4 \\ 0.2 & 0.4 & 0.4 \end{pmatrix}$ 좋을 확률 0.2, 비 오거나 눈 올 확률 각각 0.4

2.  2261.46

3.  5,655,901

4.  3,254,650  연간 3,257,200  월간 271,430

5.  37,857,143

### 17장

1.  $n$개의 의사난수 $U$를 생성, $U \le \dfrac{2}{3}$이면, $X=2$, $U > \dfrac{2}{3}$이면, $X=1$

2.  $F(x) = \begin{cases} 0 & x < 0 \\ \dfrac{e^x - 1}{e^2 - 1} & 0 \le x \le 2 \\ 1 & x > 2 \end{cases}$

    의사난수 $U$를 생성, $X = \ln(U(e^2 - 1) + 1)$

3.  의사난수 $U$를 생성, $X = \sqrt{-\ln U}$인 $X$값

6.  5 이익

7.  631,000

# 참고문헌

Adler and Kline, Jr., *Evaluating Bodily Injury Liabilities Using a Claims Closure Model*, CAS Discussion Paper Program, 1988.

Andblom, Michael, "Generalized Bühlmann−Straub Credibility Theory for Correated Date," Stockholms University, 2023.

Anderson, Feldblum, Modlin, Schrimacher, D., Schrimacher, M., and Thandi, "A Practitioner's Guide to Generalized Linear Models," Watson Wyatt, 2004.

Balkema, A., and de Haan, L. "Residual life time at great age", *Annals of Probability*, 2, 1974.

Berquist, James, and Sherman, Richard, *Loss Reserve Adequacy Testing: A Comprehensive, Systematic Approach*, PCAS LXIV, CAS, 1977.

Boor, Joseph, *The Complement of Credibillity*, CAS Forum, 2004.

Bornhuetter and Ferguson, *The Actuary and IBNR*, PCAS LIX, CAS, 1972.

Bouska, Amy, *Exposure Bases Revisited*, Proceeding Number 12, 13, 14, 15, CAS, 1989.

Brosius, Eric, Computing on−level factors, NEAS, Study, 2001.

Broverman, Samuel, ACTEX C/4 Study Manual, Volume Ⅱ, ACTEX Publications, Inc., Fall 2009.

Brown, "Minimum Bias with Generalized Linear Models," PCAS LXX, 1988.

Brown, Robert, *"Introduction to Ratemaking and Loss Reserving for Property and Casualty Insurance,"* 5th Edition, Actex Publications, Inc., 2022.

Casualty Actuarial Society, *Foundations of Casualty Actuarial Science*, 4th edition, CAS, 2001.

Casualty Actuarial Society, *Statement of Principles Regarding Property and Casualty Insurance Ratemaking*, CAS, 1988.

Cherubini, Umberto et al., "Copula methods in Finance," Wiley Finance, 2004.

Cook, "Trend and Loss Development Factors," PCAS LVⅢ, 1970.

Cooper, Warren, and White, Hugh, *The Actuary and IBNR*, PCAS LX, CAS, 1973.

David B. Atkinson, "Credibility Applications for Life & Health Insurers & Pension Plans, Society of Actuary, 2019.

Dickson, David, C. et al., "Actuarial Mathematics for Life contingent Risks," Cambridge University Press, 2009.

Durbin, J., and Stuart, A., "Inversions and Rank Correlation Coefficients," Journal of the Royal Statistical Society, Series B, 303-309, 1951.

Embrechts, Paul, Klüppelberg, Clandia, and Mikosch, Thomas, *Modelling Extremal Events for Insurance and Finance*, Springer, 2010.

Embrechts, Paul, Resnick, Sidney I., and Samorodnitsky, Gennady, "Extreme Value Theory as a Risk Management Tool", *North American Actuarial Journal*, Vol. 3, No. 2, April 1999.

Etheridge, Alison, "A Course in Financial Calculus," Cambridge, 2002.

Feldblum, "Brown on Minimum Bias," NEAS Study Aid, 1998.

Feldblum and Brosius, "The Minimum Bias Procedures: A Practioner's Guide," NEAS, 2002.

Feldblum, Sholom, Ratemaking, NEAS Study, 1998.

Fisher, Wayne, and Lester, Edward, "*Loss Reserve Testing in a Changing Environment*," PCAS LXII, CAS, 1975.

Friedland, Jacqueline, "Estimating Unpaid Claims Using Basic Techniques," Version 3, Casualty Actuarial Society, 2010.

Hardy, Mary R., "An Introduction to Risk Measures for Actuarial Applications," Education and Examination Committee of the Society of Actuaries, 2006.

Herzog, Thomas, *Introduction to Credibility Theory*, Actex Publication, Inc., 1994.

Hoel, Paul, Introduction to Mathematical Statistics, 5th ed., Wiley, 1984.

Hogg, Robert V. and Klugman, Stuart A., Application of Distribution Models, L, ACTEX, 1984.

Hogg, Robert V. and Klugman, Stuart A., Loss Distributions, 1984, Wiley.

Hull, John. C., *Options, Futures, and Other Derivatives*, Prentice Hall, 2012.

Ingram, David, "Getting to Know CTE," Risk Management, July 2004.

Jaffee, Dwight M., "Catastrophe Insurance, Capital Markets and Uninsurable Risks," Working Paper 96-12, The Wharton School, University of Pennsylvania.

Kang, Gary, *NSA Special Studies-Territorial Credibility*, Nationwide Insurance Company, 2003.

Klugman, Panjer, Willmot, Loss Models from data to decisions, 4th ed., Willey, 2012.

Klugman, Stuart A., Panjer, Harry H., Willmot, Gordon E., Loss Models, 2013, Wiley.

Mahler, Howard C., "An Example of Credibility and Shifting Risk Parameters," PLAS LXXVII, CAS, 1990.

McClenahan, "Ratemaking," Foundation of CAS, 4th ed., Willey, 2001.

Miccolis, Robert, "On the Theory of Increased Limits and Excess of Loss Pricing," PCAS LXIV, 1977, pp. 27~73.

Miller, Davis, "A Refined Model for Premium Adjustment," PCAS LXIII, 1976.

Nelson, Roger B., "An Introduction to Copulas," Springer, 2006.

Pickands, J., "Statistical inference using extreme order statistics," *Annals of Statistics*, 3, 119-

131, 1975.

Ross, Sheldon M., "Simulation," Academic Press, 2013.

Ross, Sheldon M., "Stochastic Processes," Wiley, 1996.

Werner, and Guven, "GLM Basic Modeling: Avoiding Predictive Modeling Pitfalls," 2007.

Werner, G., and Modlin, C., Basic Ratemaking, Casualty Actuarial Society, 2010.

Wikipedia

강계욱, 계리리스크관리, 2020, 박영사

나무위키 백과사전

보험개발원, 보험용어사전.

보험업법 감독규정시행세칙.

이용구·김상용, 통계학의 이해, 제5판, 2008, 율곡출판사.

한국계리학회, 손해보험 선임계리사 검증 실무표준, 보험계리실무표준위원회, 2012.

# 찾아보기

## 공저자 약력

### 강계욱(Kyewook Gary Kang), FCAS, ASA, MAAA

- FCAS(Fellow of Casualty Actuarial Society), 미국 손해보험 공인(정)계리사(2003~ )
- ASA(Associate of Society of Actuaries), 미국 생명보험 공인(부)계리사(1994~ )
- MAAA(Member of American Academy of Actuaries), 미국 보험계리학회 회원(1997~ )
- 미국 손해보험계리사회 평생명예회원(Lifetime honorary member of CAS)
- 전 보험개발원 Sr. Vice President
- 전 삼성화재해상보험주식회사 Associate Vice President & Principal Actuary
- 전 한국계리학회 상임위원
- 전 한양대학교 에리카캠퍼스 보험계리학과 강의전담교수
- 전 미국 Nationwide Insurance Company, Sr. Pricing Managing Director & Sr. Actuary
- 전 미국 Allstate Insurance Company, Product Director & Associate Actuary
- 미국 손해보험 계리사시험 출제, 채점 및 선정위원 (2004~2012), Examination Committee of CAS
- 미국 손해보험계리사회 요율산정위원회 위원(2012~2015), Ratemaking Committee of CAS
- 미국 손해보험계리사회 교육정책위원회 상임위원(2010~2018), Education Policy Committee of CAS
- 미국 손해보험계리사회 세미나 주제발표 다수, Speaker and Moderator in the CAS meetings
- 금융보험학 박사과정 수료, Completed the doctorate courses, Hanyang University(2018)
- 보험계리학 석사, Master of Arts in Actuarial Science, Georgia State University(1993)
- 보험학 석사, Master of Science in Risk Management & Insurance, Georgia State University(1990)
- 경영학 학사, Bachelor of Arts in Business Administration, Aurora University(1987)

### 최양호 교수, Ph D., ASA

- 현 한양대학교 에리카캠퍼스 경상대학 보험계리학과 교수
- 현 한국보험계리사회 정회원
- ASA(Associate of Society of Actuaries), 미국 생명보험 공인(부)계리사(2016~ )
- 전 한국계리학회 학회장
- 전 Kettering University 응용수학과 조교수
- 이학사, 이학석사 부산대학교 수학과
- 이학석사, 보험계리학 석사, Master of Mathematics in Actuarial Science, University of Iowa
- 이학박사, Ph. D of Applied Mathematics, University of Iowa

제4판
계리모형론

| | |
|---|---|
| 초판발행 | 2014년 7월 10일 |
| 제2판발행 | 2018년 2월 28일 |
| 제3판발행 | 2021년 3월 10일 |
| 제4판발행 | 2025년 2월 28일 |
| 지은이 | 강계욱·최양호 |
| 펴낸이 | 안종만·안상준 |
| 편 집 | 김다혜 |
| 기획/마케팅 | 김한유 |
| 표지디자인 | BEN STORY |
| 제 작 | 고철민·김원표 |
| 펴낸곳 | (주) 박영사 |
| | 서울특별시 금천구 가산디지털2로 53, 210호(가산동, 한라시그마밸리) |
| | 등록 1959. 3. 11. 제300-1959-1호(倫) |
| 전 화 | 02)733-6771 |
| f a x | 02)736-4818 |
| e-mail | pys@pybook.co.kr |
| homepage | www.pybook.co.kr |
| ISBN | 979-11-303-2158-5 93320 |

copyright©강계욱·최양호, 2025, Printed in Korea

* 파본은 구입하신 곳에서 교환해 드립니다. 본서의 무단복제행위를 금합니다.

정 가    49,000원